KOMMENTIERTE KOLLEKTIVVERTRÄGE
Nr 7

Reihe: Kommentierte Kollektivverträge

Hrsg. Univ.Prof. iR. DDr. Günther Löschnigg

Handelsangestellten-KV 2023

Kommentiert von

Univ.Prof. iR. DDr. Günther Löschnigg
Mag.ª Silvia Sarny
Florian Löschnigg, B.A., M.A.

ÖGB VERLAG

Alle Angaben in diesem Band sind vom Autor und vom Verlag sorgfältig erwogen und geprüft, dennoch kann eine Garantie nicht übernommen werden. Eine Haftung der Autoren bzw. des Verlages und seiner Beauftragten für Personen-, Sach- und Vermögensschäden ist ausgeschlossen.

Verlag des Österreichischen Gewerkschaftsbundes GmbH
Johann-Böhm-Platz 1
1020 Wien
Tel. Nr.: 01/662 32 96-0
Fax Nr.: 01/662 32 96-39793
E-Mail: office@oegbverlag.at
Web: www.oegbverlag.at

10. neu bearbeitete Auflage 2023

Rechtsstand: 1. Jänner 2023

Medieninhaber: Verlag des ÖGB GmbH, Wien

Hersteller: Verlag des ÖGB GmbH, Wien
Verlags- und Herstellungsort: Wien
Druck: CPI Druckdienstleistungen GmbH,
Ferdinand-Jühlke-Straße 7, 99095 Erfurt
ISBN 978-3-99046-659-9

Inhalt

Abschnitt 3

Abschnitt 4

Abschnitt 5

Abschnitt 6

Abschnitt 7

Anhänge

Vorwort

Der vorliegende Kollektivvertrag ist das Ergebnis schwieriger Verhandlungen und großer Herausforderungen. Das Jahr 2022 war gekennzeichnet von der Abschwächung der Folgen der Covid-Pandemie, aber auch von den Herausforderungen, welche die Folgen der kriegerischen Ereignisse in der Ukraine mit sich gebracht haben.

Österreich leidet ganz besonders unter den Auswirkungen des Angriffskrieges durch Russland. Nicht nur die Schwierigkeiten bei der Energieversorgung und der damit verbundenen Teuerung in der Beschaffung, sondern auch das Abschneiden von Exportwegen war nur sehr schwer zu verkraften. Unser Land war vor Kriegsbeginn wirtschaftlich eng mit Russland und der Ukraine verbunden. Beide Länder waren für die österreichische Wirtschaft wichtige Import- und Exportmärkte.

Der durch diesen Krieg ausgelöste massive Preisanstieg hat die Kollektivvertragsverhandlungen wesentlich beeinflusst und erschwert. Es ging vor allem darum, den Beschäftigten im österreichischen Handel die Kaufkraft abzusichern. Inflationsraten, die Österreich seit vielen Jahrzehnten nicht mehr kannte, sind plötzlich in unserer Gesellschaft angekommen. Der Bundesregierung fehlte der Wille, dämpfende Maßnahmen bei der Inflation durchzusetzen. Daher war das vorrangige Bestreben, eine nachhaltige Gehaltserhöhung zu erzielen, die nicht durch Einmalzahlungen verwässert werden durfte.

Der Handel ist einer der großen Nutznießer einer höheren Kaufkraft. Einen Beitrag dafür zu leisten, fällt diesem Bereich jedoch alle Jahre schwer – im Jahr 2022 ganz besonders. Das vorliegende Ergebnis konnte erst nach fünf Verhandlungsrunden und mit großem Aufwand (Betriebsrätekonferenzen, Betriebsversammlungen, öffentliche Kundgebungen etc) erreicht werden. Es beinhaltet nicht nur eine Absicherung der Kaufkraft, sondern auch einen realen Einkommenszuwachs und eine soziale Gestaltungskomponente. Auf Lehrlinge und deren wirtschaftliche Situation wurde beim Abschluss besonders Rücksicht genommen.

Durch die lange geforderte Abschaffung der „kalten Progression“ ist sichergestellt, dass auch mehr „Netto“ bei den Arbeitnehmer:innen ankommt. Dies alles ist nur möglich, weil es Gewerkschaften gibt, die durch die Unterstützung ihrer Mitglieder und Betriebsrät:innen eine entsprechende Verhandlungsmacht aufbauen und herzeigbare Ergebnisse mit der Arbeitgeberseite – im Rahmen einer „gelebten Sozialpartnerschaft“ – erzielen können.

Wien, im Februar 2023

Karl Dürtscher
Bundesgeschäftsführer der GPA

Abkürzungsverzeichnis

aA	andere/anderer Ansicht
AB	Augsburger Bekenntnis/Ausschussbericht
ABGB	Allgemeines bürgerliches Gesetzbuch JGS 946
abl	ablehnend
ABl	Amtsblatt der Europäischen Union
Abs	Absatz
AEUV	Vertrag über die Arbeitsweise der Europäischen Union
AG	Aktiengesellschaft; Arbeitgeber; Arbeitsgericht
AHGB	Allgemeines Handelsgesetzbuch, RGBl 1/1863
allg	allgemein
AlVG	Arbeitslosenversicherungsgesetz 1977, BGBl 609/1977
AMS	Arbeitsmarktservice
AngG	Angestelltengesetz, BGBl 292/1921
APSG	Arbeitsplatz-Sicherungsgesetz 1991, BGBl 683/1991
Arb	Sammlung arbeitsrechtlicher Entscheidungen der Gerichte und Einigungsämter, hrsg v *Tades*
ArbG	Arbeitsgericht
ArbVG	Arbeitsverfassungsgesetz, BGBl 22/1974
ARD	ARD-Betriebsdienst
ARG	Arbeitsruhegesetz, BGBl 144/1983
arg	argumento (folgt aus)
Art	Artikel
ASG	Arbeits- und Sozialgericht (Wien)
ASGG	Arbeits- und Sozialgerichtsgesetz, BGBl 104/1985
ASoK	Arbeits- und Sozialrechtskartei
ASVG	Allgemeines Sozialversicherungsgesetz, BGBl 189/1955
AÜG	Arbeitskräfteüberlassungsgesetz, BGBl 196/1988
AuR	Arbeit und Recht, Zeitschrift für Arbeitsrechtspraxis (BRD)
AVRAG	Arbeitsvertragsrechts-Anpassungsgesetz, BGBl 459/1993
AZG	Arbeitszeitgesetz, BGBl 461/1969
AZO	Arbeitszeitordnung, dRGBl I 1923/1249
BäckAG 1996	Bäckereiarbeiter/innengesetz 1996, BGBl 410/1996
BAG	Berufsausbildungsgesetz, BGBl 142/1969; Bundesarbeitsgericht (BRD)
BAGS	Berufsvereinigung von Arbeitgebern für Gesundheits- und Sozialberufe

BEA	Bundeseinigungsamt
Bespr	Besprechung
BGBl	Bundesgesetzblatt
BlgNR	Beilagen zu den stenographischen Protokollen des Nationalrates
BMAW	Bundesministerium für Arbeit und Wirtschaft
BMWFJ	Bundesministerium für Wirtschaft, Familie und Jugend
BMSVG	(früher BMVG) Betriebliches Mitarbeiter- und Selbständigenvorsorgegesetz, BGBl I 100/2002 (früher Betriebliches Mitarbeitervorsorgegesetz)
BPGG	Bundespflegegeldgesetz, BGBl 110/1993
BRD	Bundesrepublik Deutschland
BRGO	Betriebsrats-Geschäftsordnung 1974, BGBl 355/1974
bspw	beispielsweise
BVA	Versicherungsanstalt öffentlich Bediensteter
BV-Kasse	betriebliche Vorsorgekasse
B-VG	Bundes-Verfassungsgesetz, BGBl 1/1930
bzw	beziehungsweise
ca	zirka
dens	denselben
ders	derselbe
dies	dieselbe
dh	das heißt
DHG	Dienstnehmerhaftpflichtgesetz, BGBl 80/1965
dies	dieselbe
DRdA	Das Recht der Arbeit
ds	das sind
E	Entscheidung; Erkenntnis
EA	Einigungsamt
ecolex	Fachzeitschrift für Wirtschaftsrecht
EDV	Elektronische Datenverarbeitung
EG	Europäische Gemeinschaft(en) (nunmehr EU)
EGV	Vertrag zur Gründung der Europäischen Gemeinschaft, BGBl III 86/1999
EPG	Bundesgesetz über die eingetragene Partnerschaft, BGBl I 135/2009
Erl	Erläuternde Bemerkungen; Erlass
EStG	Einkommensteuergesetz 1988, BGBl 400/1988
etc	et cetera
EU	Europäische Union
EuGH	Europäischer Gerichtshof

EVÜ	Übereinkommen über das auf vertragliche Schuldverhältnisse anzuwendende Recht, BGBl III 208/1998
EWG	Europäische Wirtschaftsgemeinschaft
EWR	Europäischer Wirtschaftsraum
f	und der, die folgende
Fachorganisationso	Fachorganisationsordnung, Verlautbarungsblatt der Wirtschaftskammer Österreich, Nr 2/2008, Nr 2/2009, Nr. 1/2010, Nr. 1/2012, Nr. 2/2012, Nr. 1/2014, Nr. 1/2015, Nr. 1/2016, Nr. 4/2016 und Nr. 1/2022
ff	und der, die folgenden
FH	Fachhochschule
FLAG	Familienlastenausgleichsgesetz 1967, BGBl 376/1967
FLD	Finanzlandesdirektion
Fr	Freitag
FS	Festschrift
GBK/GAW-G	Bundesgesetz über die Gleichbehandlungskommission und die Gleichbehandlungsanwaltschaft, BGBl 108/1979
GehO	Gehaltsordnung
gem	gemäß
GesmbH	Gesellschaft mit beschränkter Haftung
GesRZ	Der Gesellschafter
GewO	Gewerbeordnung, RGBl 227/1859
GlBG	Gleichbehandlungsgesetz, BGBl I 66/2004
GmbH	Gesellschaft mit beschränkter Haftung
GP	Gesetzgebungsperiode
GPA	Gewerkschaft der Privatangestellten, Druck, Journalismus, Papier
H	Heft
hA	herrschende Ansicht
HausbG	Hausbesorgergesetz, BGBl 16/1970
HB	Helvetisches Bekenntnis
HGB	Handelsgesetzbuch, dRGBl 219/1897
HKG	Handelskammergesetz, BGBl 182/1946
HaRÄG	Handelsrechts-Änderungsgesetz, BGBl 120/2005
Hrsg	Herausgeber
IEF	Insolvenz-Entgelt-Fonds
idF	in der Fassung
idgF	in der geltenden Fassung

IESG	Insolvenz-Entgeltsicherungsgesetz, BGBl 324/1977
infas	Informationen aus dem Arbeits- und Sozialrecht
insb	insbesondere
IO	Insolvenzordnung, RGBl 337/1914
IPRG	Internationales Privatrechtsgesetz, BGBl 304/1978
iS	im Sinne
iSd	im Sinne des/der
IT	Informationstechnologie
IT-KV	Kollektivvertrag für Angestellte von Unternehmen im Bereich Dienstleistungen in der automatischen Datenverarbeitung und Informationstechnik
iVm	in Verbindung mit
JAS	Journal für Arbeitsrecht und Sozialrecht
JBl	Juristische Blätter
JRP	Journal für Rechtspolitik
KatFG 1996	Katastrophenfondsgesetz 1996, BGBl 201/1996
KBGG	Kinderbetreuungsgeldgesetz, BGBl 103/2001
KFZ	Kraftfahrzeug
KJBG	Gesetz über die Beschäftigung von Kindern und Jugendlichen 1987, BGBl 599/1987
km	Kilometer
KO	Konkursordnung, RGBl 337/1914 (siehe auch IO)
krit	kritisch/kritischer
KV	Kollektivvertrag
KVG	Kollektivvertragsgesetz, BGBl 76/1947
L	Legislatio (Kennbuchstabe)
LadenschlussG	Ladenschlussgesetz, BGBl 156/1958
LG	Landesgericht
LGBl	Landesgesetzblatt
LH	Landeshauptmann/Landeshauptfrau
lit	litera
Losebl	Loseblattsammlung
LSD-BG	Lohn- und Sozialdumping-Bekämpfungsgesetz, BGBl I 44/2016
LVaktuell	Praxismagazin für die Personalverrechnung (jetzt: PVinfo)
mbH	mit beschränkter Haftung
Min	Minute/Minuten
mind	mindestens
Mo	Montag
MSchG	Mutterschutzgesetz 1979, BGBl 221/1979

MV-Kasse	Mitarbeitervorsorgekasse
mwN	mit weiteren Nachweisen
Nichtdrog	Nichtdrogisten
NN	nomen nescio (Name unbekannt); auch: nomen nominandum (der zu nennende Name)
Nr	Nummer
ÖBB	Österreichische Bundesbahnen
ÖffnungszeitenG	Öffnungszeitengesetz 2003, BGBl I 48/2003
ÖGB	Österreichischer Gewerkschaftsbund
OGH	Oberster Gerichtshof
ÖJZ	Österreichische Juristenzeitung
OLG	Oberlandesgericht
OMV	Österreichische Mineralölverwaltung
oö	oberösterreichisch/e
ÖZG	Öffnungszeitengesetz 2003, BGBl I 48/2003
ÖZW	Österreichische Zeitschrift für Wirtschaftsrecht
Pkt	Punkt
Pkw	Personenkraftwagen
PVInfo	Fachzeitschrift für Personalverrechnung
PVP	Personalverrechnung für die Praxis
RdW	Recht der Wirtschaft
REDOK	Rechtsdokumentation
RFG	Recht und Finanzen für Gemeinden (Zeitschrift)
RGBl	Reichsgesetzblatt
RL	Richtlinie
Rom-I-VO	Verordnung 593/2008/EG über das auf vertragliche Schuldverhältnisse anzuwendende Recht, ABl I 2008/177, 6
Rs	Rechtssache
Rsp	Rechtsprechung
Rz	Randziffer
s	siehe
Sa	Samstag
sa	siehe auch
SAP	Systeme, Anwendungen und Produkte in der Datenverarbeitung
SchOG	Schulorganisationsgesetz, BGBl 242/1962
SchPflG	Schulpflichtgesetz 1985, BGBl 76/1985

Slg	Sammlung; im Zusammenhang mit dem EuGH: „Gerichtshof der Europäischen Gemeinschaften, Sammlung der Rechtsprechung des Gerichtshofes und des Gerichtes erster Instanz“
sog	so genannte
SozM	Sozialrechtliche Mitteilungen der Kammer für Arbeiter und Angestellte für Wien (1950–1983)
SpartenO	Spartenordnung
SSV-NF	Entscheidungen des Österreichischen Obersten Gerichtshofes in Sozialrechtssachen, hrsg v *Resch/Bauer*
St	Sankt
Std	Stunde
SWÖ	Sozialwirtschaft Österreich – Verband der österreichischen Sozial- und Gesundheitsunternehmen
SZ	Entscheidungen des Österreichischen Obersten Gerichtshofs in Zivil- (und Justizverwaltungs-) sachen, veröffentlicht von seinen Mitgliedern
taxlex	Zeitschrift für Steuer-, Arbeits- und Sozialversicherungsrecht
TB	Tatbestand
u	und
ua	unter andere, unter anderem
UGB	Unternehmensgesetzbuch dRGBl 219/1897
UrlG	Urlaubsgesetz, BGBl 390/1976
Üst	Überstunde/Überstunden
uU	unter Umständen
v	von; vom
va	vor allem
VAR	Voest-Alpine Rohstoffhandel
VfGH	Verfassungsgerichtshof
vgl	vergleiche
VKG	Väter-Karenzgesetz, BGBl 651/1989
VO	Verordnung
VÖK	Verkaufsstelle österreichischer Kaltwalzwerke
VStG	Verwaltungsstrafgesetz 1991, BGBl 52/1991
VwGH	Verwaltungsgerichtshof
VwSlg	Sammlung der Erkenntnisse und Beschlüsse des Verwaltungsgerichtshofes
wbl	Wirtschaftsrechtliche Blätter

WG	Wehrgesetz 2001, BGBl I 146/2001
WIFI	Wirtschaftsförderungsinstitut
WKG	Wirtschaftskammergesetz 1998, BGBl 103/1998
Z	Ziffer
ZAS	Zeitschrift für Arbeits- und Sozialrecht
zB	zum Beispiel
ZDG	Zivildienstgesetz 1986, BGBl 679/1986
ZfVB	Die administrativrechtlichen Entscheidungen des VwGH und die verwaltungsrechtlich relevanten Entscheidungen des VfGH in lückenloser Folge (Beilage zur ZfV)
zT	zum Teil

Zur Entwicklung des Handelsangestellten-KV

1. Der erste Handelsangestellten-KV 1948

Als im Jahr 1948 der erste bundeseinheitliche Kollektivvertrag für die Handelsangestellten Österreichs abgeschlossen wurde, geschah dies in einer der schwierigsten Perioden der österreichischen Wirtschaftsgeschichte. Die Zerstörung wichtiger Produktionsstätten, weitreichende Schäden am Verkehrsnetz sowie eine akute Knappheit an Produktionsmitteln und Energie hatten die österreichische Wirtschaft nach dem zweiten Weltkrieg in eine tiefe Krise gestürzt. Der Mangel an Nahrungsmitteln und Bedarfsartikeln führte zu einem ständigen Steigen der Lebenshaltungskosten, während das Realeinkommen nach dem Krieg auf ein Drittel des Niveaus von 1937 gesunken war. Versuche, die Realeinkommen durch höhere Geldeinkommen zu erhöhen, misslangen und führten letztlich dazu, dass die verfügbare Geldmenge das vorhandene Warenangebot um ein Vielfaches überstieg. Um ein Fortschreiten der Inflation zu vermeiden, einigten sich die Bundeswirtschaftskammer, die Landwirtschaftskammer, die Arbeiterkammern, die Industriellenvereinigung und der Gewerkschaftsbund darauf, eine zentrale Lenkung der Preise und Löhne vorzunehmen. Als Institution, in deren Rahmen entsprechende Abkommen getroffen werden sollten, wurde die Wirtschaftskommission eingerichtet, deren Tätigkeit die Wirtschaftspartnerschaft einleitete und 1957 schließlich zur Gründung der Paritätischen Kommission führte. Im Juli 1947 wurde – in Form eines Kollektivvertrags zwischen der Bundeswirtschaftskammer und dem ÖGB – das erste von insgesamt fünf **Preis- und Lohnabkommen** abgeschlossen, das die Handelsspannen und Lebensmitteldetailpreise, die Tarife öffentlicher Verkehrsmittel sowie die Gas- und Strompreise festsetzte und die Löhne und Gehälter diesen Beträgen anpasste. Daneben wurde ein sog **„Lohnstopp“**, eine Art Stillhalteabkommen verankert, der die Kollektivvertragsparteien in ihrem Recht, Löhne und Gehälter festzusetzen, beschränkte. Auch das Kollektivvertragsgesetz 1947, BGBl 76/1947, hielt angesichts der damaligen wirtschaftlichen Verhältnisse vorerst an einer staatlichen Lenkung der Lohnpolitik fest, sodass gem § 45 Abs 2 KVG die Festsetzung kollektivvertraglicher Löhne und Gehälter einer Genehmigung durch die Zentrallohnkommission bedurfte.

Vor diesem Hintergrund wurde am 16. August 1948 der **erste Kollektivvertrag für die Handelsangestellten** Österreichs abgeschlossen und rückwirkend mit 1. August 1948 in Kraft gesetzt. Der Handelsangestellten-KV wurde unter der Registerzahl Ke 60/48 beim Bundesministerium für Wirtschaft und Arbeit hinterlegt und am 12. Oktober 1948 im Amtsblatt zur Wiener Zeitung kundgemacht. Der Geltungsbereich dieses Kollektivvertrags entsprach bereits in räumlicher und persönlicher Hinsicht den Geltungsbereichsbestimmungen des Handelsangestellten-KV 2020 und umfasste somit wie heute noch die Angestellten und Lehrlinge des gesamten Bundesgebietes. In fachlicher Hinsicht hingegen galt der Handelsangestellten-KV 1948 für sämtliche der Sektion Handel der Bundeskammer der gewerblichen Wirtschaft angehörenden Betriebe. Die derzeitige Ausnahme von bestimmten Berufsgruppen und Firmen, die den fachlichen Geltungsbereich des Kollektivvertrags einschränkt, wurde erst im Jahr 1961 in den Kollektivvertragstext aufgenommen und seither mehrfach verändert.

Bis zum In-Kraft-Treten des ersten Handelsangestellten-KV waren auch für die Handelsangestellten die sog **Tarifordnungen** nach dem Gesetz zur Ordnung der Arbeit, das in Österreich mit 1. Jänner 1939 in Kraft getreten war, maßgeblich. Es handelte sich dabei um behördlich jeweils für ein bestimmtes Wirtschaftsgebiet festgelegte Mindestarbeitsbedingungen, für deren Erlass die sog Treuhänder der Arbeit, dem Reichsarbeitsminister unterstellte Reichsbeamte, zuständig waren. Diese Rechtslage wurde durch das Kollektivvertragsgesetz 1947, BGBl 76/1947, das unter anderem Rechtsgrundlage für den im August 1948 abgeschlossenen ersten Handelsangestellten-KV war, beseitigt. Arbeitsbedingungen konnten damit wieder durch frei vereinbarte Kollektivverträge geregelt werden. Um jedoch einen regelungsfreien Zeitraum zu vermeiden, waren die 1947 bestehenden Tarifordnungen auch nach In-Kraft-Treten des neuen Gesetzes vorerst in Geltung belassen worden. Gem § 45 Abs 1 KVG sollten sie erst mit Abschluss entsprechender Kollektivverträge für ihren Geltungsbereich ihre Wirksamkeit verlieren. Die Tarifordnungen im räumlichen, fachlichen und persönlichen Geltungsbereich des Handelsangestellten-KV 1948 wurden durch die Bestimmung des Abschnittes XVII Z 2 KV 1948 noch einmal ausdrücklich außer Kraft gesetzt.

Bereits in der Fassung von 1948 war der Handelsangestellten-KV insofern zweigeteilt, als die „Allgemeinen Bestimmungen" in den 17 Abschnitten des Hauptteiles geregelt waren und die Gehaltsordnung als Anhang – wenngleich als integrierender Bestandteil – beigefügt wurde. Diese Zweiteilung des Handelsangestellten-KV ist bis zum Inkrafttreten des Handels-KV in der Fassung vom 1.12.2017 (s unter d.) unverändert geblieben, jedoch wurde die Abschnittsgliederung in den letzten 60 Jahren mehrmals verändert bzw ergänzt. Mit dem Handelsangestellten-KV in der Fassung vom 1.12.2017 wurde der KV einer gänzlich neuen Gliederung unterzogen und der bisherige Aufbau bereinigt. So wurden etwa sämtliche Bestimmungen zum Verfall und der Verjährung in einem eigenen Abschnitt (siehe Abschnitt XX) zusammengefasst. Eine Besonderheit bestand darin, dass der Handelsangestellten-KV seit 2018 zwei verschiedene Gehaltssysteme – die Gehaltsordnung ALT und das Gehaltssystem NEU – enthielt. Die Gehaltsordnung ALT kam solange für alle Arbeitnehmerinnen und Arbeitnehmer zur Anwendung, bis der Betrieb (längstens bis zum 1.1.2022) in das Gehaltssystem NEU umgestiegen war. Ein Großteil der sonstigen neuen Rahmenbestimmungen war bereits mit 1.12.2017 in Kraft getreten. Einzelne Bestimmungen wurden dem Kollektivvertrag erst im Zuge der Erhöhungen der kollektivvertraglichen Mindestentgelte mit Wirkung am 1.1.2018 hinzugefügt.

Während mit 1.1.2019 wesentliche Neuerungen im Bereich der arbeitszeitrechtlichen Rahmenbedingungen in den Kollektivvertrag eingearbeitet wurden, wurden mit dem Kollektivvertrag per 1.1.2020 branchenspezifische Sonderbestimmungen eingefügt.

Der Handels-KV 2021 stand ganz unter dem Zeichen der Corona-Pandemie, sodass keine wesentlichen strukturellen Veränderungen im rahmenrechtlichen Teil vorgenommen wurden. Eingeführt wurden aber zB Zuschläge für die Normalarbeitszeit am 31. Dezember. Der verpflichtende Umstieg in das neue Gehaltssystem wurde um ein Monat, nämlich bis 1.1.2022, hinausgeschoben. In einer ergänzenden Sozialpartnererklärung wurden Betriebe mit einer „guten Umsatzentwicklung" aufgefordert, eine einmalige (steuerbegünstigte) Corona-Prämie in der Höhe von mindestens 150 Euro als Anerkennung des besonderen Einsatzes auszubezahlen.

Der Kollektivvertrag 2022 befasste sich durch das Auslaufen des Gehaltssystems ALT mit der endgültigen Umstellung auf das Gehaltssystem NEU und den diesbezüglichen Änderungen. Neu geschaffen wurde die Möglichkeit, in einer Betriebsvereinbarung Rahmenbedingungen über die Erhöhung der vereinbarten wöchentlichen Normalarbeitszeit bei regelmäßig geleisteter Mehrarbeit festzulegen. Desweiteren enthielt der Handels-KV 2022 – neben einem Digitalisierungsbonus für Lehrlinge – neue Bestimmungen für den Versand- und Onlinehandel sowie Tabaktrafiken.

Der Abschluss des Handels-KV 2023 war von schwierigen Gehaltsverhandlungen geprägt. Die Dienstgeberseite sprach von einer multiplen Krise in Hinblick auf Inflation, Energiepreise und Lieferschwierigkeiten. Die Gewerkschaft begründete die Gehaltsforderungen mit der hohen Inflationsrate. Ergebnis war eine lineare Gehaltserhöhung ohne Einmalprämien: Anstieg der Gehälter um 7 %, mindestens um € 145. Dieser Kompromiss wurde erst in der fünften Verhandlungsrunde und nach Androhung einer (stundenweisen) Arbeitsniederlegung an einem Weihnachtseinkaufssamstag erreicht.

2. Geänderte Arbeitsbedingungen – veränderte Kollektivvertragsinhalte

Der Handelsangestellten-KV kann durchaus als Spiegelbild der wirtschafts- und sozialpolitischen Entwicklung der zweiten Republik verstanden werden, wenngleich stets das retardierende und reagierende Moment eines Kollektivvertragsabschlusses mit zu berücksichtigen ist. Typischerweise wird die Gehaltsordnung jährlich neu verhandelt, sodass der Kollektivvertrag einen wesentlichen Indikator der gesamtwirtschaftlichen Lohn- und Gehaltsentwicklung darstellt. Hiebei sind die Entgelte für niedrigere Beschäftigungsgruppen mit wenigen Berufsjahren und die Lehrlingsentschädigungen (nunmehr Lehrlingseinkommen) am aussagekräftigsten, da in diesen Fällen die Mindestentgelte kaum von den Ist-Löhnen abweichen.

Die Entwicklung des Handelsangestellten-KV dokumentiert aber auch die Veränderung der gesetzlichen Rahmenbedingungen. Zweifellos hat der Handelsangestellten-KV stets versucht seiner sozialpolitischen Vorreiterrolle gerecht zu werden und die Arbeitsrechtsgesetzgebung zu antizipieren. Bestes Beispiel ist hiefür wohl das Ringen um die Verkürzung der Normalarbeitszeit (allg vgl hiezu *Tomandl/Vogt/Winkler ua*, Kollektivvertragspolitik in Österreich 1985–1990 [1992] 49). Mitunter sind dem Kollektivvertragsrecht durch die gesetzlichen Bestimmungen klare Grenzen gesetzt. Veränderungen der gesetzlichen Rahmenbedingungen haben – zB im Zuge der Flexibilisierung des Arbeitszeitrechts – rasch zu Anpassungen im Kollektivvertrag geführt.

Im Folgenden sollen ausgehend vom Handelsangestellten-KV 1948 einzelne Entwicklungen, Phänomene und teilweise bereits wieder verschwundene Rechte und Pflichten – ohne Anspruch auf Vollständigkeit – kurz dargestellt werden, wobei Änderungen der letzten Jahre (2000–2020) einer näheren Betrachtung unterzogen werden.

a) Begründung des Dienstverhältnisses

Die **Mitwirkung der Belegschaftsvertretung** bei der Anstellung von Angestellten war bereits im Handelsangestellten-KV 1948 im Abschnitt III geregelt. In Entsprechung des damals in Geltung stehenden § 14 Abs 1 Z 5 Betriebsrätegesetz, BGBl 97/1947, sah Abschnitt III Z 1 vor, dass jede Neuaufnahme von Dienstnehmern dem Betriebsrat bzw dem Vertrauensmann vor deren Einstellung in den Betrieb, spätestens aber gleichzeitig mit deren Anmeldung zur Sozialversicherung vom Dienstgeber mitzuteilen war. Diese Bestimmung findet sich noch heute – wenn auch angesichts des geänderten gesetzlichen Hintergrundes nicht völlig wortgleich – im Kollektivvertragstext.

Der extrem hohen Rechtsunsicherheit des Arbeitnehmers über den Bestand des Arbeitsverhältnisses während des **Probemonats** versuchte Abschnitt III Z 2 des Handelsangestellten-KV 1948 durch eine Vorwarnpflicht zu begegnen: „Eine Anstellung auf Probe kann nur für die Dauer eines Monats erfolgen. Mindestens eine Woche vor Ablauf der Probezeit ist dem Dienstnehmer mitzuteilen, ob seine Übernahme in ein Dauerbeschäftigungsverhältnis erfolgt oder nicht. Wird diese Frist nicht eingehalten, so gilt die Anstellung auf unbestimmte Zeit als abgeschlossen. Sie unterliegt dann der gesetzlichen Kündigung gem Abschnitt IX.“ Die Verpflichtung des Dienstgebers, dem Dienstnehmer eine Woche vor Ende der Probezeit mitzuteilen, ob er das Dienstverhältnis fortsetzen will, fand sich ab 1956 nicht mehr im Handelsangestellten-KV. Dafür wurde ab 1957 der Hinweis in den Kollektivvertragstext aufgenommen, dass für Lehrlinge hinsichtlich der Probezeit die Bestimmungen der GewO 1859 bzw ab 1971 die Bestimmungen des BAG zu beachten sind. Während bis 1999 ein Probemonat von den beteiligten Personen vereinbart werden musste, gilt ab 2000 der erste Monat mangels abweichender Vereinbarung automatisch als Probemonat iSd § 19 Abs 2 AngG.

Hervorzuheben ist, dass bereits im Handelsangestellten-KV 1948 eine Verpflichtung des Dienstgebers zur Ausfolgung eines **Dienstzettels** an den Arbeitnehmer normiert war, während das Angestelltengesetz (§ 6 Abs 3 AngG) zu diesem Zeitpunkt die Ausfolgung eines Dienstzettels lediglich auf Verlangen des Arbeitnehmers vorsah. Eine umfassende gesetzliche Verpflichtung zur Ausstellung von Dienstzetteln wurde erst in Umsetzung der sog Nachweisrichtlinie der EU (RL 91/533/EWG ABl L 288, 32) durch das AVRAG, BGBl 459/1993, eingeführt. Die Bestimmung des Abschnittes 1 Pkt C Z 1.3. wurde diesem neuen gesetzlichen Hintergrund angepasst, sodass der derzeit in Geltung stehende Handelsangestellten-KV diesbezüglich auf die Bestimmung des § 2 AVRAG verweist.

Noch nicht im Handelsangestellten-KV 1948 geregelt waren die Punkte C 1.4. und 1.5. des Handelsangestellten-KV 2020. So musste der Angestellte bis Ende 1999 Vordienstzeiten, welche bei der Berechnung der Berufsjahre zu berücksichtigen sind, bekanntgeben und nachweisen. Ab dem KV 2000 obliegt es dem Dienstgeber, den Angestellten spätestens bei Abschluss des Arbeitsvertrages nach entsprechenden Vordienstzeiten zu befragen, die dieser dann glaubhaft zu machen hat.

b) Allgemeine Pflichten

Abschnitt IV des Handelsangestellten-KV 1948 über die **Allgemeinen Pflichten** der Dienstnehmer zählt zu jenen Teilen des Kollektivvertragstextes, die bis heute lediglich sprachlich verändert wurden. Durch die Einführung des neuen Abschnittes IV über die Gleichbehandlung kam es lediglich zu einer neuen Abschnittsnummerierung, sodass die „Allgemeinen Pflichten" der Dienstnehmer in Abschnitt V geregelt waren. Seit der Neugliederung des Handels-KV im Jahr 2018 sind die „Allgemeinen Pflichten" im 1. Abschnitt unter Pkt E geregelt.

c) Arbeitszeit

Der wichtige Bereich der **Arbeitszeit** zählt zu jenen Teilen des Kollektivvertrags, die seit In-Kraft-Treten des ersten Handelsangestellten-KV wohl die meisten und weitreichendsten Änderungen erfahren haben. Die wöchentliche Normalarbeitszeit eines Handelsangestellten betrug im Jahre 1948 ohne Ruhepausen **48 Stunden**, für Angestellte des Großhandels lediglich **46 Stunden**. Die 48-Stunden-Woche entsprach auch der Wochenarbeitszeit nach der damals in Geltung stehenden Arbeitszeitordnung vom 30. April 1938, RGBl I S 447/1938. Für die Angestellten des Großhandels hingegen schuf der Handelsangestellten-KV mit der Einführung einer 46-Stunden-Woche eine gegenüber dem Gesetz günstigere Regelung. Kürzere vertraglich vereinbarte Arbeitszeiten sollten gem Abschnitt V Z 1 lit b Handelsangestellten-KV von der kollektivvertraglichen Normalarbeitszeit unberührt bleiben, sofern sie nicht auf außerordentlichen Kriegs- oder Nachkriegsverhältnissen beruhten. Pro Woche war den Handelsangestellten – tunlichst ortseinheitlich – ein halber Tag Freizeit zu gewähren, wobei die Festlegung dieses halben Tages in jedem Bundesland einer Vereinbarung zwischen der Landesleitung der GPA und der Landeskammer der Gewerblichen Wirtschaft überlassen blieb. Die entsprechenden Ladenschlusszeiten waren dabei zu berücksichtigen. Für jugendliche Arbeitnehmer unter 18 Jahren verwies der Handelsangestellten-KV auf die damals in Geltung stehenden Bestimmungen des Gesetzes über die Beschäftigung von Kindern und Jugendlichen, BGBl 146/1948, wonach die tägliche Arbeitszeit eines Jugendlichen acht Stunden und die wöchentliche Arbeitszeit 44 Stunden nicht überschreiten durfte.

Im Jahre 1959 wurde die kollektivvertragliche Normalarbeitszeit für Handelsangestellte von 48 Stunden generell auf 45 Stunden – entsprechend dem hiezu vereinbarten Generalkollektivvertrag (vgl auch *Talos*, Staatliche Sozialpolitik in Österreich – Rekonstruktion und Analyse [1981] 335; *Reithofer*, Sozialpolitik in Österreich [1995] 120) – verkürzt.

Eine kürzere Wochenarbeitszeit für Angestellte des Großhandels gab es nicht mehr. In einem Durchrechnungszeitraum von drei Wochen konnte die wöchentliche Arbeitszeit auf 48 Stunden ausgedehnt werden, wenn die durchschnittliche Wochenarbeitszeit in diesem Zeitraum 45 Stunden nicht überstieg. Des Weiteren wurde eine Ermächtigung in den Kollektivvertragstext aufgenommen, wonach die Verteilung der wöchentlichen Arbeitszeit auf die einzelnen Wochentage, der Beginn und das Ende der täglichen Arbeitszeit sowie die Lage der Pausen unter Berücksichtigung der jeweiligen Betriebserfordernisse nach Maßgabe der gesetzlichen Bestimmungen festzulegen waren.

Mit dem Handelsangestellten-KV 1970 kam es erneut zu einer Verkürzung der Wochenarbeitszeit auf **43 Stunden**, was der damals geltenden gesetzlichen Normalarbeitszeit gem § 3 Abs 1 AZG entsprach. ISd Bestimmung des § 3 Abs 2 AZG, wonach sich die gesetzliche Wochenarbeitszeit im Jahre 1972 auf **42 Stunden** und im Jahre 1975 auf **40 Stunden** verkürzen sollte, sah auch der Handelsangestellten-KV ab Jänner 1972 eine wöchentliche Normalarbeitszeit von 42 und ab Jänner 1975 von 40 Stunden vor. Hinsichtlich der Arbeitszeit von Kindern und Jugendlichen verwies der Handelsangestellten-KV nach wie vor auf die diesbezüglich geltenden Bestimmungen des Gesetzes über die Beschäftigung von Kindern und Jugendlichen, das parallel zu den Bestimmungen des AZG eine schrittweise Verkürzung der Wochenarbeitszeit vornahm. Die Wochenarbeitszeit eines Jugendlichen durfte im Jahre 1970 43 Stunden, im Jahre 1972 42 Stunden und im Jahre 1975 40 Stunden nicht überschreiten.

Eine Normalarbeitszeit von **38,5 Stunden** pro Woche sah der Handelsangestellten-KV erstmals 1989 vor, während das AZG ebenso wie das KJBG nach wie vor von einer 40-Stunden-Woche ausgehen.

Auch innerhalb der letzten zehn Jahre wurde Abschnitt VI des Handelsangestellten-KV umfassend geändert und weiterentwickelt. So wurde im Handelsangestellten-KV 2000 eine Gliederung in Allgemeine Bestimmungen des Groß- und Einzelhandels (A), die Arbeitszeit im Großhandel (B) und die Arbeitszeit im Kleinhandel (C) vorgenommen und die Regelung über die Vier-Tage-Woche eingeführt. 2002 folgte eine Änderung dahingehend, dass empfohlen wurde, speziell auf die Situation von Angestellten mit längerer An- und Heimreise Rücksicht zu nehmen. Im Anschluss daran brachte der Handelsangestellten-KV 2003 eine eigene Regelung in Pkt A Z 8 betreffend die Ruhezeiten mit sich. Durch den Handelsangestellten-KV 2006 hielten Sonderbestimmungen für Teilzeitbeschäftigte Einzug in den KV. Im Handelsangestellten-KV 2011 wurden kleine Änderungen im zeitlichen Ausmaß vorgenommen.

Gegenstand von Abschnitt VI des Handelsangestellten-KV 1948 waren die den Handelsangestellten zustehenden **Ruhetage**. Als solche galten einerseits sämtliche Sonntage, sowie andererseits die gesetzlichen Feiertage nach dem damals in Geltung stehenden Feiertagsruhegesetz, BGBl 116/1945. Gesetzliche Feiertage waren zu diesem Zeitpunkt der 1. Jänner, der Ostermontag, der 1. Mai, Christi Himmelfahrt, Pfingstmontag, Fronleichnam, der 15. August, der 1. November sowie der 25. und 26. Dezember. Seit 1955 kamen auch der 6. Jänner sowie Mariä Empfängnis hinzu. Der 26. Oktober gilt erst seit dem Jahre 1967 als Feiertag. Für Angehörige der evangelischen Kirche AB und HB, der altkatholischen Kirche sowie der Methodistenkirche wurde im Jahr 1955 zusätzlich der Karfreitag als gesetzlicher Feiertag eingeführt. Der EuGH kam allerdings zum Ergebnis, dass die Karfreitagsregelung als Begünstigung einer Religionszugehörigkeit eine ungerechtfertigte Diskriminierung darstellt (vgl EuGH 22. Jänner 2019, C-193/17, *Cresco Investigation GmbH*, s hiezu die Bespr v *Löschnigg*, Karfreitagsregelung – Diskriminierung aufgrund der Religion, DRdA 2019, 502). Dies nahm der Gesetzgeber zum Anlass, die Feiertagsruhe am Karfreitag zu beseitigen und einen „persönlichen Feiertag" unter Anrechnung auf den Urlaubsanspruch zu schaffen (s hiezu Erl 1 zu Abschnitt 2 Pkt I). Mit dem Handelsangestellten-KV 2000 wurde für Angehörige der israelitischen Glaubensgemeinschaft der Versöhnungstag als arbeitsfreier Tag eingeführt, soweit der Arbeitnehmer die Freistellung gegen Entgeltfortzahlung begehrt.

Sonderbestimmungen für Arbeitsleistungen am 8. Dezember fanden erstmalig im Handelsangestellten-KV 2000 Eingang. Sie stehen bis zum derzeitigen KV unverändert in Geltung.

Hinsichtlich der Gehaltsfortzahlung an Feiertagen sowie hinsichtlich der Zulässigkeit und Entlohnung von Feiertagsarbeit verwies der Handelsangestellten-KV bis zum In-Kraft-Treten des Arbeitsruhegesetzes im Jahre 1984 auf die Bestimmungen des Feiertagsruhegesetzes und die Verordnung über die Lohnzahlung an Feiertagen, BGBl 212/1945. Diesen Regelungen zufolge hatte die mindestens 24-stündige Feiertagsruhe für alle Arbeitnehmer eines Betriebes gleichzeitig frühestens um 0.00 Uhr und spätestens um 06.00 Uhr des jeweiligen Feiertages zu beginnen. Ausnahmen von der Feiertagsruhe waren lediglich in den durch Gesetz oder Verordnung vorgesehenen Fällen zulässig. Die Verordnung der Bundesregierung vom 28. Juni 1933, betreffend Ausnahmen von der Arbeitsruhe an Feiertagen, BGBl 262/1933 idF des Gesetzes BGBl 455/1937, sah diesbezüglich vor, dass in bestimmten Gewerben – zB im Kleinhandel mit Lebensmitteln – auch an gesetzlichen Feiertagen von 8.00 Uhr bis 11.00 Uhr gearbeitet werden durfte. Lediglich am 25. Dezember sowie an auf einen

Sonntag fallenden Feiertagen war auch in diesen Betrieben die Beschäftigung von Arbeitnehmern unzulässig. Nach den Bestimmungen der Verordnung über die Lohnzahlung an Feiertagen, BGBl 212/1945, durften Entgelte, die nach Wochen, Monaten oder längeren Zeiträumen bemessen wurden, durch die Arbeitsausfälle an Feiertagen nicht gemindert werden. In allen anderen Fällen hatten die Arbeitnehmer Anspruch auf das „regelmäßige Entgelt". Wurde aufgrund der bereits angesprochenen Ausnahmebestimmungen an einem Feiertag gearbeitet, gebührte darüber hinaus noch „das auf die am Feiertag geleistete Arbeit entfallende Entgelt", was im Fall einer Bemessung nach Monaten bzw Wochen 1/26 des Monatslohns bzw 1/6 des Wochenlohns entsprach und damit einem Zuschlag von 100 % gleichkam. Die heute in Geltung stehende Fassung des Handelsangestellten-KV verweist diesbezüglich auf die Bestimmungen des Arbeitsruhegesetzes, BGBl 144/1983 (vgl hiezu Erl 2 zu Abschnitt 2 Pkt I).

Einer gesonderten kollektivvertraglichen Regelung zugeführt war lange Zeit auch die Arbeit am dritten und vierten Adventsonntag, die auch als **Silberner und Goldener Sonntag** bezeichnet wurden. Der Handelsangestellten-KV sah diesbezüglich stets Zeitausgleichsregelungen vor. Der Handelsangestellten-KV 1948 etwa ordnete an, dass in Betrieben, in denen am Goldenen Sonntag gearbeitet wurde, die Arbeitszeit am 6. Jänner um 13.00 Uhr zu enden hatte. In ähnlicher Weise normierten die Kollektivverträge der Folgejahre, dass Angestellten, die am Silbernen und am Goldenen Sonntag gearbeitet hatten, zwei Halbtage im Jänner freizugeben waren, sofern nicht in den einzelnen Bundesländern günstigere Regelungen bestanden. Für Wien wurden beispielsweise in den Fünfziger-Jahren mehrere sowohl den Handelsangestellten-KV als auch den Handelsarbeiter-KV ergänzende Vereinbarungen zwischen der Kammer der gewerblichen Wirtschaft, der GPA und der Gewerkschaft der Bediensteten im Handel, Transport und Verkehr abgeschlossen, die für Arbeitnehmer, die sowohl am Silbernen als auch am Goldenen Sonntag zu Arbeiten herangezogen wurden, einen in der Regel bis Ende März des darauffolgenden Jahres zu konsumierenden Zeitausgleich im Ausmaß von zwei Tagen vorsahen. Die Regelungen zum Silbernen und Goldenen Sonntag fanden sich bis ins Jahr 1973 im Handelsangestellten-KV. Die Regelungen zur Zulässigkeit, zur Entlohnung sowie zum Verfall von **Überstunden** zählen ebenfalls zu jenen Kollektivvertragsteilen, die im Laufe der Jahrzehnte vielfach verändert wurden. Als gesondert zu entlohnende Überstunden galten nach der Definition des Handelsangestellten-KV 1948 Überschreitungen der kollektivvertraglich festgelegten täglichen Arbeitszeit, an Sonntagen erbrachte Arbeitsstunden sowie Arbeiten an Feiertagen, sofern dabei die für den entsprechenden Wochentag festgelegte Normalarbeitszeit überschritten wurde. Die Anordnung von Überstunden durch den Dienstgeber hatte tunlichst nach Anhörung des Betriebsrates bzw in Betrieben, in denen kein Betriebsrat zu errichten war, nach Anhörung des Vertrauensmannes zu erfolgen.

Geringfügige Überschreitungen der Arbeitszeit von bis zu 20 Minuten waren dem Handelsangestellten-KV 1948 zufolge nicht besonders zu vergüten. Für Angestellte, die im Großhandel oder in Büros tätig waren, kam diese Bestimmung ab 1959 nicht mehr zur Anwendung. Im Handelsangestellten-KV 1963 wurde die Grenze der geringfügigen Arbeitszeitüberschreitung auf 15 Minuten herabgesetzt und im Jahr 1974 wurde die Regelung schließlich ersatzlos aus dem Kollektivvertragstext gestrichen.

Die kollektivvertragliche Überstundenentlohnung bestand nach dem Handelsangestellten-KV 1948 einerseits aus einem Grundstundenlohn in Höhe eines Zweihundertstels (1/200) des Bruttomonatsgehalts und andererseits aus einem **Zuschlag** von 50 %. Für Überstunden, die in der Nacht bzw an Sonn- oder Feiertagen geleistet wurden, betrug der kollektivvertragliche Überstundenzuschlag 100 %. Wurden Lehrlinge zur Leistung von Überstunden herangezogen, waren sie dafür nach den für Gehilfen im ersten Berufsjahr geltenden Sätzen zu entlohnen. Die Überstundenentlohnung war gem Abschnitt VII Z 2 Handelsangestellten-KV 1948 ebenso wie nach der heute geltenden Fassung des Handelsangestellten-KV spätestens am Ende der ihrer Leistung folgenden Gehaltsperiode auszubezahlen. Insgesamt schuf der Handelsangestellten-KV damit eine gegenüber dem Gesetz deutlich günstigere Regelung. Die damals in Geltung stehende Bestimmung des § 15 AZO sah für Überschreitungen der gesetzlichen Tagesarbeitszeit lediglich eine über den Lohn für die regelmäßige Arbeitszeit hinausgehende „angemessene Vergütung" in Form eines Zuschlages von 25 % vor.

Sowohl der kollektivvertragliche Grundstundenlohn als auch der Überstundenzuschlag wurden im Laufe der Jahrzehnte mehrfach geändert. Die Überstundengrundvergütung wurde entsprechend den Arbeitszeitverkürzungen von 1/200 des Bruttomonatsgehalts im Jahre 1970 zunächst auf 1/170 und 1975 schließlich auf 1/165 erhöht. Eine weitere Erhöhung auf 1/158 folgte und wurde bis heute beibehalten. Der Überstundenzuschlag wurde 1959 für die ersten drei Überstunden einer Arbeitswoche auf 25 % herabgesetzt. Zwischen 1970 und 1972 galt dies sogar für die ersten vier Überstunden jeder Arbeitswoche. Für die darüberhinausgehenden Überstunden blieb es bei einem Zuschlag von 50 %. Überstunden, die in der Nacht sowie an Sonn- bzw Feiertagen erbracht wurden, waren weiterhin mit einem Zuschlag von 100 % zu vergüten. Seit 1972 betrug der Überstundenzuschlag wieder ab der ersten Überstunde 50 %.

Ein erhöhter Zuschlag gebührte ab dem Jahr 1971 auch für Überstunden, die nach 13.00 Uhr an den verkaufsoffenen Samstagen vor Weihnachten erbracht wurden. Hiefür wurde zunächst ein Zuschlag von 75 %, ab 1977 in Höhe von 85 % und seit 1978 in Höhe von 100 % gewährt. Seit 1999 wird eine weitere Differenzierung bei der Art der erbrachten Überstunden vorgenommen. So sind Überstunden im Rahmen der erweiterten Öffnungszeiten mit einem Zuschlag von 70 % bzw 100 % zu vergüten (vgl Erl 8 zu Abschnitt 2 Pkt G).

Die Vereinbarung einer **Überstundenpauschale** erklärte der Handelsangestellten-KV 1948 nur unter der Voraussetzung für zulässig, dass der Arbeitnehmer dadurch insgesamt nicht ungünstiger gestellt wird als bei einer regulären Überstundenentlohnung. Diese Bestimmung findet sich bis heute wortgleich im Kollektivvertrag.

Hinsichtlich der Geltendmachung und des **Verfalls von Überstunden** sah der Handelsangestellten-KV 1948 folgendes Verfahren vor: Der Dienstgeber hatte laufend Aufzeichnungen über die Überstundenleistungen seiner Dienstnehmer zu führen und musste diese am Ende der entsprechenden Gehaltsperiode den Dienstnehmern zur Bestätigung vorlegen. Weigerte sich ein Dienstnehmer die Aufzeichnungen des Dienstgebers zu bestätigen, so galt dies als Geltendmachung eines höheren Anspruchs, was die Anwendung der Verjährungsfristen des ABGB zur Folge hatte. Überstunden, die nicht nach diesem Verfahren geltend gemacht wurden, verfielen hingegen binnen drei Monaten. Kam der Dienstgeber seiner Verpflichtung zur laufenden Führung von Überstundenaufzeichnungen nicht nach, so fanden ebenfalls die Verjährungsbestimmungen des ABGB Anwendung bzw ab 1957 verjährten Überstundenansprüche in diesem Fall nach Ablauf von zwei Jahren. Seit dem Handelsangestellten-KV 2002 werden die Verfallsbestimmungen in einem eigenen Abschnitt geregelt. Mit der Ausgliederung in einen neuen Abschnitt änderten sich auch die Bestimmungen betreffend den Verfall von Überstunden. Weiterhin sind durch den Dienstgeber Arbeitszeitaufzeichnungen zu führen, die dem Dienstnehmer zur Bestätigung vorzulegen sind. Wurde die Verweigerung der Bestätigung bis 2000 als gleichzeitige Geltendmachung höherer Ansprüche verstanden, sind die höheren Ansprüche seit 2001 durch den Dienstnehmer innerhalb von sechs Monaten ab Vorlage gesondert einzufordern. Die Verjährungsfristen des ABGB greifen weiterhin. 2001 wurde eine Kürzung sowohl der dreimonatigen Frist bei nicht geltend gemachten Arbeitszeiten auf zwei Monate, als auch der zweijährigen Frist bei nicht geführten bzw vorgelegten Aufzeichnungen auf sechs Monate vorgenommen.

Von 2002 bis 2018 fanden sich die Bestimmungen im Abschnitt XX, danach wurden die Bestimmungen im Abschnitt 6 geregelt. Seit 2020 sind diese inhaltsgleich in den Abschnitt 7 übernommen worden

d) Entgelt

Seit dem Handelsangestellten-KV 1948 war die Gehaltsordnung dem KV als Anhang beigefügt, der als integrierender Bestandteil des Kollektivvertrages anzusehen war. Diese Zweiteilung des KV wurde mit dem Handelsangestellten-KV in der Fassung vom 1.12.2017 aufgehoben und die Gehaltsordnung im Zuge der neuen Abschnittsgliederung in den 3. Abschnitt (Entgelt) integriert. Der Handelsangestellten-KV enthielt seit 2018 zwei verschiedene Gehaltssysteme – die Gehaltsordnung ALT und das Gehaltssystem NEU. Die Gehaltsordnung ALT kam für alle dem KV unterliegenden Arbeitnehmerinnen und Arbeitnehmer bis zum Übertritt des Betriebes in das Gehaltssystem NEU zur Anwendung. Der Umstieg konnte längstens bis zum 1.1.2022 erfolgen. Die Gehaltsordnung ALT wurde somit erst mit dem Handelsangestellten-KV 2022 zur Gänze durch das neue Gehaltssystem ersetzt.

Die Einstufung von Arbeitnehmern und Arbeitnehmerinnen in das Gehaltsschema der Gehaltsordnung ALT erfolgte nach Kriterien, die sich aus den Gehaltstafeln, den Gehaltsgebieten, den seit 45 Jahren unverändert gebliebenen Beschäftigungsgruppen und den Berufsjahren zusammensetzten. Die Gehaltsordnung bestand aus acht Gehaltstafeln (A bis H), die in diverse Handelsbranchen unterteilt waren (zB Allgemeiner Groß- und Kleinhandel, Fotohandel, Drogenhandel, Handel mit Büchern, Kunstblättern, Musikalien, Zeitungen und Zeitschriften; Buch-, Kunst- oder Musikalienverlag, Großhandel mit Eisen und Eisenwaren, Metallen und Metallwaren, Röhren, Fittings und sanitärem Installationsbedarf laut Firmenliste oder Warenhäuser).

Das Gehaltsschema der Gehaltsordnung ALT teilte das österreichische Bundesgebiet in zwei Gehaltsgebiete mit jeweils unterschiedlichen Gehaltssätzen. Gehaltsgebiet A umfasste alle Orte der Bundesländer Burgenland, Kärnten, Niederösterreich, Oberösterreich, Steiermark, Tirol und Wien; Gehaltsgebiet B alle Orte des Bundeslandes Salzburg und Vorarlberg. Zur Bestimmung des kollektivvertraglichen Mindestgehalts war der Arbeitnehmer bzw die Arbeitnehmerin überdies in eine der sechs Beschäftigungsgruppen der Gehaltsordnung einzuordnen.

Das Gehaltssystem NEU unterteilt den Handel nicht mehr nach den Branchen der Gehaltstafeln in der Gehaltsordnung ALT, sondern in sieben „Arbeitswelten“ (Einkauf, Verkauf/Vertrieb, Logistik, kaufm./administrative Dienstleistungen, Marketing/Kommunikation, IT, technische Dienste). Für die Einstufung der Arbeitnehmer und Arbeitnehmerinnen sieht das Gehaltssystem NEU nunmehr acht Beschäftigungsgruppen (A bis H) vor, wobei die Einstufung in die richtige Beschäftigungsgruppe durch sogenannte „Referenzfunktionen“, welche die typischen Tätigkeiten der jeweiligen Arbeitswelt in den einzelnen Beschäftigungsgruppen beispielhaft beschreiben, erleichtert werden soll. Die Unterteilung in Gehaltsgebiete fällt durch eine einheitliche Gehaltstabelle für das gesamte Bundesgebiet und sämtliche Beschäftigungsgruppen weg (s hiezu die Erl zu Abschnitt 3 Pkt A).

Für beide Gehaltssysteme (ALT und NEU) wurde mit 1.1.2020 die Karenzzeitanrechnung neu gefasst.

e) Urlaub

Die kollektivvertragliche **Urlaubsregelung** des Handelsangestellten-KV verwies hinsichtlich des Urlaubsausmaßes und der Gewährung des Urlaubes stets auf die geltenden einschlägigen Gesetzesbestimmungen. Abschnitt VIII Handelsangestellten-KV 1948 verwies daher auf die Bestimmung des § 17 AngG in der damals in Geltung stehenden Fassung, wonach jeder Angestellte Anspruch auf einen ununterbrochenen Urlaub im Ausmaß von zwölf Werktagen im Jahr hatte. Nach einer Dienstzeit von fünf Jahren erhöhte sich dieser Anspruch auf 18 Werktage, nach zehn Dienstjahren auf 24 Werktage und nach 25 Dienstjahren auf 30 Werktage. Jugendliche hatten bis zur Vollendung ihres 18. Lebensjahres Anspruch auf einen Jahresurlaub im Ausmaß von 18 Werktagen, ab 1947 im Ausmaß von 24 Werktagen. Durch BGBl 317/1971 wurde das gesetzliche Urlaubsausmaß dahingehend verändert, dass jeder Angestellte mit einer Dienstzeit von weniger als zehn Jahren Anspruch auf 18 Werktage Urlaub hatte. Nach zehn Dienstjahren erhöhte sich der Urlaubsanspruch auf 24 Werktage, nach 25 Dienstjahren betrug er 30 Werktage im Jahr.

Da die Urlaubsbestimmungen des AngG mit 1. Jänner 1977 durch jene des UrlG ersetzt wurden, verweist auch der Handelsangestellten-KV seit 1977 auf das Bundesgesetz betreffend die Vereinheitlichung des Urlaubsrechtes und die Einführung einer Pflegefreistellung, BGBl 390/1976. Damit hatte ab 1977 jeder Arbeitnehmer mit einer Dienstzeit von weniger als 20 Jahren Anspruch auf 24 Werktage Urlaub im Arbeitsjahr. Nach 20 Dienstjahren wuchs der Urlaubsanspruch auf 30 Werktage im Jahr. Das derzeitige Urlaubsausmaß von 30 Werktagen bzw 36 Werktagen nach Vollendung des 25. Dienstjahres gilt seit 1986. Dem vorausgegangen war eine durch BGBl 81/1983 normierte schrittweise Anhebung des gesetzlichen Urlaubsanspruches seit 1984.

Einen über den gesetzlichen Anspruch hinausgehenden kollektivvertraglichen Urlaubsanspruch hatten seit jeher kriegsversehrte Arbeitnehmer im Anwendungsbereich des Handelsangestellten-KV. Nach dem Handelsangestellten-KV 1948 war „Schwerkriegsbeschädigten der Versehrtenstufe III und IV sowie Teilnehmern am ersten Weltkrieg mit einer mindestens 50 % Invalidität" neben dem gesetzlichen Urlaub ein **Zusatzurlaub** im Ausmaß von drei Tagen zu gewähren. Mit In-Kraft-Treten des Kriegsopferversorgungsgesetzes 1957 wurde diese Formulierung dahingehend geändert, dass man von „Kriegsbeschädigten beider Weltkriege mit einer mindestens 50 % Minderung der Erwerbsfähigkeit" sprach. In der Folge wurde der Hinweis auf die beiden Weltkriege aus dem Kollektivvertragstext gestrichen, sodass auch Arbeitnehmer, deren Erwerbsfähigkeit durch andere Kriege entsprechend gemindert wurde, Anspruch auf einen dreitägigen Zusatzurlaub haben. Neben Kriegsversehrten gewährt der Handelsangestellten-KV auch jenen Arbeitnehmern und Arbeitnehmerinnen einen dreitägigen Zusatzurlaub, deren Erwerbsfähigkeit in Folge eines Arbeitsunfalls oder einer Berufskrankheit zu mindestens 50 % vermindert ist.

Von 1948 bis ins Jahr 1976 sah Abschnitt VIII des Handelsangestellten-KV auch die Möglichkeit eines sog **Krankenurlaubes** vor. Wurde einem Dienstnehmer von der zuständigen Krankenkasse ein Krankenurlaub gewährt, so war dieser nicht auf den gesetzlich zu gewährenden Erholungsurlaub anzurechnen. Dem gleichzuhalten waren auf Kosten der Krankenkasse verbrachte Heim- oder Landaufenthalte außerhalb des Wohnortes des Arbeitnehmers.

f) Beendigung des Arbeitsverhältnisses

Abschnitt IX Handelsangestellten-KV 1948 über die **Kündigung** des Arbeitsverhältnisses zählt zu jenen Teilen des Handelsangestellten-KV, die im Laufe der Jahrzehnte vergleichsweise wenig verändert wurden.

In Bezug auf die **Abfertigung** verwies der Handelsangestellten-KV 1948 ebenso wie der heute in Geltung stehende Handelsangestellten-KV 2021 grundsätzlich auf die einschlägigen Bestimmungen des Angestelltengesetzes, sah darüber hinaus aber stets noch für die Arbeitnehmer günstigere Regelungen vor. Seit In-Kraft-Treten des BMVG, BGBl I 100/2002, gelten allerdings weder der Hinweis auf das Angestelltengesetz noch die kollektivvertraglichen Abfertigungsbestimmungen selbst für sämtliche Handelsangestellten, sondern ausschließlich für jene Arbeitnehmer, deren Dienstverhältnis vor dem 1. Jänner 2003 begonnen hat und die nicht in das System des BMVG übergetreten sind. Durch den Handelsangestellten-KV 1948 erfuhren insbesondere weibliche Handelsangestellte in Bezug auf die Abfertigung eine wesentliche Besserstellung gegenüber dem Gesetz. Während nämlich gem § 23 Abs 7 AngG im Fall einer Arbeitnehmerkündigung kein Abfertigungsanspruch bestand, begründete Abschnitt X des Handelsangestellten-KV 1948 einen Anspruch auf die halbe gesetzliche Abfertigung, wenn eine Angestellte ihr Dienstverhältnis binnen sechs Wochen nach der **Geburt ihres Kindes** beendete. Frauen hatten somit im Anwendungsbereich des Handelsangestellten-KV bereits seit 1948, dh lange vor In-Kraft-Treten der gesetzlichen Regelung des § 23a Abs 3 AngG durch BGBl 292/1971, auch im Fall einer Selbstkündigung nach einer Geburt einen Abfertigungsanspruch. Voraussetzung für das Bestehen dieses in seiner Höhe nach oben hin mit drei Monatsentgelten begrenzten Anspruches war, dass die betreffende Arbeitnehmerin zumindest fünf Jahre im selben Betrieb beschäftigt war. Ab 1963 hatte die Arbeitnehmerin das Dienstverhältnis nicht mehr binnen sechs Wochen nach der Geburt, sondern „innerhalb der Schutzfrist nach dem Mutterschutzgesetz bzw bei Inanspruchnahme eines Karenzurlaubes nach dem Mutterschutzgesetz innerhalb von sechs Monaten nach der Niederkunft“ zu beenden, um ihren kollektivvertraglichen Abfertigungsanspruch zu wahren. Seit 1990 muss eine Kündigung bei Inanspruchnahme des Karenzurlaubes bei sonstigem Verlust des Abfertigungsanspruches binnen drei Monaten erfolgen (BGBl 408/1990). Mit dem Handelsangestellten-KV 2002 wurden auch die Väter bei Inanspruchnahme des Karenzurlaubes iSd VKG den Müttern gleichgestellt.

Für den Fall, dass ein Arbeitsverhältnis durch den **Tod des Arbeitnehmers** beendet wurde, sah der Handelsangestellten-KV 1948 – alternativ zum Abfertigungsanspruch der gesetzlichen Erben gem § 23 Abs 6 AngG – einen Anspruch auf Fortzahlung des Gehalts für den Sterbemonat sowie den darauffolgenden Monat vor. Diese Bestimmung ist dem Grunde nach bis heute unverändert geblieben, lediglich im Hinblick auf die Anspruchsberechtigten wurde die kollektivvertragliche Formulierung verändert. Nach dem Handelsangestellten-KV 1948 galt diesbezüglich Folgendes: „Anspruchsberechtigt sind der hinterbliebene Ehegatte, soferne beim Tode eine eheliche Gemeinschaft bestand, sonst die Kinder und sonstige Unterhaltsberechtigte, die der Verstorbene erhalten hat. Sind solche Personen nicht vorhanden, dann die physischen Personen, welche die Begräbniskosten bezahlen.“ 1961 wurde diese Formulierung dahingehend abgeändert, dass die Gehaltsfortzahlung nun „nur den gesetzlichen Erben, zu deren Erhaltung der Erblasser gesetzlich verpflichtet war“ bzw wiederum den physischen Personen, die die Begräbniskosten bezahlen, gebühren sollte. Dies entspricht dem heute in Geltung stehenden Kollektivvertragstext.

g) Entgeltfortzahlungspflicht

Die kollektivvertraglichen Regelungen über die Fortzahlung des Gehaltes im Fall einer **Dienstverhinderung** wurden zwar seit In-Kraft-Treten des ersten Handelsangestellten-KV einige Male verändert und ergänzt, im Wesentlichen entspricht die heute in Geltung stehende Regelung jedoch noch weitgehend der Fassung von 1948. Die Dienstverhinderungsgründe von 1948 wurden Ende der Fünfziger-Jahre um die heutige Z 1.4. des Abschnittes 1 Pkt G (Teilnahme an der Beerdigung des Ehegatten) erweitert und im Laufe der Jahre um einzelne Freizeitansprüche erhöht. Infolge zahlreicher ähnlicher Anpassungen im Gesetz wurde schließlich im Handelsangestellten-KV 1977 der Begriff des Ehegatten durch die Formulierung „Ehegatten bzw Lebensgefährten, wenn er/sie mit dem Angestellten im gemeinsamen Haushalt lebt“ ersetzt. Die Regelung der Z 2 über die Entgeltfortzahlung in Lehrverhältnissen ist seit 1975 Teil des Kollektivvertrages.

h) Lehrlinge

Von 1948 bis 1970 befasste sich ein eigener Abschnitt mit der „**Lehrlingshaltung**“, der das zulässige Verhältnis zwischen Lehrlingen und Angestellten im Handelsbetrieb zum Gegenstand hatte. So durfte bei bis zu zwei Angestellten nur ein Lehrling im Betrieb beschäftigt werden. Bei einer Belegschaft von drei bis fünf Angestellten konnten zwei Lehrlinge eingestellt werden; bei sechs bis zehn Angestellten drei Lehrlinge und bei einer Beschäftigtenzahl von elf bis 20 Angestellten war es erlaubt, vier Lehrlinge einzustellen. Wurden in einem Betrieb mehr als 20 Angestellte tätig, war es möglich höchstens 20 % der tatsächlich im Betrieb Beschäftigten an Lehrlingen zu beschäftigen. Im Jahre 1957 wurde die zulässige Lehrlingszahl pro Handelsangestelltem einmal erhöht und im Jahr 1961 wurde die Anordnung in den Kollektivvertragstext aufgenommen, dass der Gewerbeinhaber diesbezüglich den Angestellten hinzuzurechnen ist. Ansonsten blieb der damalige Abschnitt XIII bis zu seinem Außer-Kraft-Treten unverändert. Im Jahre 1970 wurde durch das In-Kraft-Treten des BAG das Verhältnis zwischen Lehrlingen und Angestellten im Betrieb durch Ausbildungsvorschriften gem § 8 Abs 3 BAG geregelt. Die kollektivvertraglichen Regelungen sollten jedoch erst durch In-Kraft-Treten einer Verordnung gem § 8 Abs 3 BAG ihre Wirksamkeit verlieren.

Im Bereich der Weiterverwendungs- oder **Behaltezeit von Lehrlingen** nach Vollendung ihrer Lehre kam es mehrmals zu textlichen Veränderungen. Seit 22.3.2020 spricht das BAG hiebei von Weiterbeschäftigung. Der Handelsangestellten-KV 1948 sah diesbezüglich Folgendes vor:

„Kaufmännische Lehrlinge müssen nach ordnungsgemäßer Beendigung der Lehrzeit noch sechs Monate als Angestellte beschäftigt werden; wenn diese Behaltezeit nicht mit dem Letzten eines Kalendermonats endigt, ist sie auf diesen zu erstrecken. Will der Dienstgeber das Dienstverhältnis mit dem Angestellten nicht über die Behaltezeit hinaus fortsetzen, so hat er es mit vorhergehender sechswöchiger Kündigungsfrist zum Ende der im Abs 2 bestimmten Behaltezeit zu kündigen". Die damals in Geltung stehende gesetzliche Regelung des § 105a GewO 1859 sah hingegen lediglich eine dreimonatige Weiterverwendung ausgelernter Lehrlinge vor, die sich darüber hinaus noch verhältnismäßig verkürzte, wenn der Lehrling nicht seine gesamte Lehrzeit im Betrieb des Lehrherrn zugebracht hatte. Im Vergleich zum Gesetz traf der Handelsangestellten-KV 1948 somit eine für den Lehrling günstigere Regelung, die bis ins Jahr 1953 unverändert blieb. Mit In-Kraft-Treten des Handelsangestellten-KV 1953 blieb es zwar im Ergebnis regelmäßig bei einer sechsmonatigen Behaltezeit, der kollektivvertragliche Anspruch war jedoch anders konstruiert. Abschnitt IX Z 2 Handelsangestellten-KV verwies nun hinsichtlich der Weiterverwendung auf die Bestimmung des § 105a GewO 1859, die „in vollem Umfang" Anwendung finden sollte. An diese gesetzliche Weiterverwendung sollte sich eine kollektivvertragliche Behaltezeit im Ausmaß der bereits zurückgelegten Behaltezeit anschließen, die ab dem KV 1956 entfiel, wenn dem Dienstgeber die gesetzliche Weiterverwendung durch die Gewerbebehörde zur Gänze erlassen oder zumindest verkürzt wurde. Mit In-Kraft-Treten des Berufsausbildungsgesetzes, BGBl 142/1969, verloren die §§ 97 ff GewO 1859 über das Lehrverhältnis ihre Wirksamkeit. Die Weiterverwendung ausgelernter Lehrlinge war daher ab 1. Jänner 1970 in § 18 BAG geregelt, der wie bereits § 105a GewO 1859 eine dreimonatige Weiterverwendung des Lehrlings im Betrieb des Lehrherren vorsah. Entsprechend dieser Gesetzesänderung verwies auch Abschnitt IX Z 2 Handelsangestellten-KV ab 1970 nicht mehr auf die einschlägigen Bestimmungen der GewO 1859, sondern auf § 18 BAG: „Hinsichtlich der Weiterverwendung von ausgelernten Lehrlingen gilt § 18 BAG. An die Zeit der Weiterverwendung gem § 18 BAG schließt sich eine Weiterverwendungszeit im Ausmaß der schon zurückgelegten Weiterverwendung an. Wird gem § 18 (3) BAG die Verpflichtung zur Weiterverwendung erlassen oder die Bewilligung zur Kündigung erteilt, so schließt sich keine weitere kollektivvertragliche Weiterverwendungszeit an. Endet die Zeit der Weiterverwendung nicht mit dem Letzten eines Kalendermonats ...". Als im Jahre 1978, BGBl 232/1978, die gesetzliche Weiterverwendungszeit auf vier Monate erhöht wurde, wurde auch der Kollektivvertragstext angepasst. Diese Regelung ließ der Kollektivvertrag bis 1984 unverändert. Die spätere Verkürzung der gesetzlichen Weiterverwendungszeit auf drei Monate wurde nicht berücksichtigt. Während der Handelsangestellten-KV 1998 noch die Formulierung des KV 1953 beibehielt und an die gesetzliche Weiterverwendung eine zweimonatige kollektivvertragliche Weiterverwendung (sechs Monate) anschloss, geht der Handelsangestellten-KV wieder auf die Formulierung der Stammfassung zurück. Mit der Novelle des § 18 BAG (BGBl I 83/2000) wurde die gesetzliche Behaltefrist auf drei Monate verkürzt, so dass die Kollektivverträge von 2000 bis 2007 eine Behaltefrist von fünf Monaten (eine zweimonatige Weiterverwendungszeit schließt sich an jene der § 18 BAG an) vorsahen (vgl auch OGH 25. Jänner 2006, 9 ObA 170/05y, ARD 5661/7/2006). Seit 2008 beträgt die kollektivvertragliche Behaltefrist fünf Monate (vgl Erl 7 zu Abschnitt 4 Pkt A).

Die Anordnung, dass für die „Dauer der Behaltezeit“ keine „Halbtagsbeschäftigung“ vereinbart werden kann, wurde 1955 – zunächst allerdings in der Gehaltsordnung – in den Kollektivvertragstext aufgenommen, wobei die Begriffe der „Behaltezeit“ und der „Halbtagsbeschäftigung“ in den Siebziger-Jahren durch „Weiterverwendungszeit“ und „Teilzeitbeschäftigung“ ersetzt wurden.

i) Sonderbestimmungen

Für langjährige Dienste im Betrieb waren Handelsangestellten bereits seit 1948 **Jubiläumsgelder** zu gewähren. Diese „einmaligen Anerkennungszahlungen“ des Dienstgebers fanden sich zunächst unter der Bezeichnung „Sonderzulagen“. Die Bezeichnung „Jubiläumsgelder“ taucht erst seit 1963 im Kollektivvertrag auf. Neben der Ausbezahlung der Sonderzulage bzw des Jubiläumsgeldes war der betreffende Dienstnehmer an seinem **Ehrentag** unter Fortzahlung seines Entgelts vom **Dienst befreit**. Das Ausmaß dieser Dienstfreistellung und in erster Linie auch die Anerkennungszahlungen wurden im Laufe der Jahrzehnte immer wieder erhöht – zuletzt 1980 auf zwei arbeitsfreie Tage und ein Bruttomonatsgehalt nach 20 Dienstjahren, auf 1,5 Bruttomonatsgehälter nach 25 Dienstjahren, auf 2,5 Bruttomonatsgehälter nach 35 Dienstjahren bzw auf 3,5 Bruttomonatsgehälter nach 40 Dienstjahren. Seit 2020 können anstelle des Jubiläumsgeldes Zeitguthaben vereinbart werden.

Eine historische Besonderheit bildet der mit dem Handelsangestellten-KV 1948 eingeführte sog **Wirtschaftstag für Frauen**. Danach hatten weibliche Dienstnehmer, die einen eigenen Haushalt führten und deren Arbeitszeit auf sechs Tage pro Woche verteilt war, Anspruch auf einen freien Wirtschaftstag im Monat. Der Anspruch entfiel lediglich in jenem Monat, in dem die Angestellte den Großteil ihres gesetzlichen Urlaubs konsumierte. Im Jahre 1972 wurde der Wirtschaftstag auf einen halben Tag verkürzt, er blieb aber bis 1974 im Handelsangestellten-KV verankert.

j) Mediation/Evaluierung

Die Bestimmungen des Abschnittes XXI des Handelsangestellten-KV 2017 in Bezug auf die Einrichtung und Anrufung eines **Schiedsgerichtes** im Fall von Streitigkeiten über die Auslegung des Kollektivvertrags (Z 1) haben sich bislang mit jenen des Handelsangestellten-KV 1948 gedeckt. Lediglich die Anordnung, dass das Schiedsgericht innerhalb von drei Monaten nach seiner Anrufung zusammenzutreten hat, wurde nachträglich in den Kollektivvertrag eingefügt. Mit dem Handelsangestellten-KV in der Fassung vom 1.12.2017 wurde anstelle der Einrichtung eines Schiedsgerichts in Z 1, in Abschnitt 6 Pkt B Z 1 die Einrichtung einer **Schlichtungsstelle** für Meinungsverschiedenheiten und Auslegungsstreitigkeiten vorgesehen.

Die Regelung der Z 2 (Schaffung von Schlichtungsstellen in den Bundesländern zur Beilegung von Streitigkeiten und Meinungsverschiedenheiten im Zusammenhang mit der Beschäftigung am 8. Dezember) besteht erst seit 2000.

Hinzugefügt wurde dem Abschnitt 6 Pkt B die Z 3 zur Schaffung einer **Begleitgruppe** für die Dauer des Übergangs in das seit dem Handelsangestellten-KV 2018 bestehende neue Beschäftigungsgruppenschema.

Mit dem Kollektivvertrag 2020 wurden die Bestimmungen zur Begleitgruppe und Schlichtungsstelle inhaltsgleich in den neu eingefügten Abschnitt 7 übernommen.

k) Geschlechtersensible Sprache

Der Handels-KV 2018 hat den Genderaspekt besonders hervorgehoben und eine begriffliche Umstellung vollzogen: verwendet wird ausschließlich der Begriff Arbeitgeberin und Arbeitnehmerin (s hiezu Erl 3 zu Abschnitt 1 Pkt A). Damit soll insb auch dem Umstand Rechnung getragen werden, dass rund 63 % Prozent der Beschäftigten im Handel Frauen sind.

KOMMENTAR

Kollektivvertrag[1]) für Angestellte und Lehrlinge in Handelsbetrieben

abgeschlossen am 29. November 2022 zwischen der Wirtschaftskammer Österreich, Bundessparte Handel, 1045 Wien, Wiedner Hauptstraße 63, und der Gewerkschaft GPA, Wirtschaftsbereich Handel, 1030 Wien, Alfred-Dallinger-Platz 1[2]).

Die Begriffe „Arbeitgeberin“, „Angestellte“, „Arbeitnehmerin“, „Lehrling“ sowie „Pflichtpraktikantin“ sind geschlechtsneutral zu verstehen[3]).

ABSCHNITT 1
ALLGEMEINE BESTIMMUNGEN

A. Geltungsbereich

1. Räumlich
Für das gesamte Bundesgebiet Österreich[4])

2. Fachlich
Für sämtliche der Sparte Handel der Wirtschaftskammer Österreich, dem Fachverband der Versicherungsmakler und Berater in Versicherungsangelegenheiten oder dem Fachverband Buch- und Medienwirtschaft angehörenden Betriebe, mit folgenden Ausnahmen[5]):

2.1. die dem Kollektivvertrag für die Angestellten des pharmazeutischen Großhandels unterliegenden Betriebe, soweit der Umstieg in den Kollektivvertrag für Angestellte und Lehrlinge in Handelsbetrieben noch nicht erfolgt ist.

2.2. OMV-Aktiengesellschaft

2.3. VOEST-ALPINE Rohstoffhandel GmbH, Wien (VAR) und Verkaufsstelle österreichischer Kaltwalzwerke GmbH Wien (VÖK).

2.4. Österreichische Salinen AG

2.5. Betriebe, deren Zugehörigkeit zum Gremium des Handels mit Mode- und Freizeitartikeln ausschließlich durch die Vermietung

von Fahrrädern und Sportartikeln oder Sportgeräten (Fitnessgeräte) begründet wird.

2.6. Lottokollekturen

3. Persönlich
Für alle Angestellte[6]), Lehrlinge[7]), Pflichtpraktikantinnen[8]) und Trainees[9]). Angestellte im Sinne dieses Kollektivvertrages sind alle Arbeitnehmerinnen (auch Aushilfskräfte), auf welche das AngG Anwendung findet.

[1]) **Kollektivverträge** sind schriftliche Vereinbarungen zwischen kollektivvertragsfähigen Körperschaften (vgl Erl 2), in Österreich zumeist zwischen dem ÖGB und der Wirtschaftskammer Österreich, in Angelegenheiten, die gem § 2 Abs 2 ArbVG dem Kollektivvertrag vorbehalten sind. Zulässiger **Inhalt des Kollektivvertrages** sind somit vor allem die Rechte und Pflichten der Arbeitnehmer und Arbeitnehmerinnen sowie der Arbeitgeber und Arbeitgeberinnen aus dem Arbeitsverhältnis (zB Regelungen zur Arbeitszeit, zum Arbeitsentgelt, zur Entgeltfortzahlung bei Dienstverhinderungen; Näheres bei *Strasser* in *Strasser/Jabornegg/Resch* [Hrsg], ArbVG [Losebl] Rz 14 ff zu § 2).

Kollektivverträge kommen nach überwiegender Auffassung als **privatrechtliche Verträge** zwischen den Kollektivvertragsparteien zustande. Der sog normative Teil eines Kollektivvertrages – das sind jene Bestimmungen, die nicht ausschließlich die Rechtsbeziehungen zwischen den Kollektivvertragsparteien regeln – ist jedoch für die durch den räumlichen, fachlichen und persönlichen Geltungsbereich des Kollektivvertrages erfassten Arbeitsverhältnisse unmittelbar rechtsverbindlich (§ 11 Abs 1 ArbVG, **Normwirkung des Kollektivvertrages**). Welcher Kollektivvertrag für ein konkretes Dienstverhältnis zur Anwendung kommt, ist gem § 2 Abs 2 Z 12 AVRAG im **Dienstzettel** festzuhalten.

Vom Kollektivvertrag abweichende Bestimmungen können durch Arbeitsvertrag oder Betriebsvereinbarung nur dann zulässigerweise vereinbart werden, wenn sie günstiger sind als der Kollektivvertrag. Sämtliche aus der Sicht des Arbeitnehmers bzw der Arbeitnehmerin nachteiligen Regelungen sind hingegen nichtig und inhaltlich durch die Bestimmungen des Kollektivvertrages zu ersetzen (**Günstigkeitsprinzip**). In gleicher Weise muss aber auch der Kollektivvertrag günstigere Bestimmungen als das Gesetz enthalten. Dies gilt nicht, wenn das Gesetz den Kollektivvertrag ermächtigt, vom Gesetz abweichende ungünstigere Regelungen festzulegen (vgl *Löschnigg*, Arbeitsrecht[13] [2017] 3/027). Kollektivvertragliche Abweichungen sind nicht zulässig, wenn das Gesetz zweiseitig zwingende Regelungen enthält (**Ordnungsprinzip**).

Eine Besonderheit des österreichischen Kollektivvertrages ist die sog **Außenseiterwirkung** gem § 12 Abs 1 ArbVG, durch die sich die Rechtswirkung des Kollektivvertrages auch auf jene Arbeitnehmer und Arbeitnehmerinnen erstreckt, die nicht Mitglieder der auf Arbeitnehmer- bzw Arbeitnehmerinnenseite abschließenden Kollektivvertragspartei sind. Daher gelten etwa die vom ÖGB abgeschlossenen Kollektivverträge (zB der vorliegende Handelsangestellten-KV) auch für die nicht gewerkschaftlich organisierten Arbeitnehmer und Arbeitnehmerinnen eines erfassten Arbeitgebers bzw einer erfassten Arbeitgeberin.

2) Kollektivverträge iSd ArbVG können nur von Institutionen abgeschlossen werden, die die sog **Kollektivvertragsfähigkeit** besitzen (allg dazu *Strasser* in *Strasser/Jabornegg/Resch* [Hrsg], ArbVG [Losebl] Rz 1 ff zu § 4). Dies sind insbesondere die gesetzlichen Interessenvertretungen der Arbeitnehmer und Arbeitnehmerinnen sowie der Arbeitgeber und Arbeitgeberinnen (zB Kammer für Arbeiter und Angestellte, Wirtschaftskammer), aber auch die freiwilligen Interessenvertretungen, denen die Kollektivvertragsfähigkeit durch das Bundeseinigungsamt verliehen worden ist (zB ÖGB oder Industriellenvereinigung). Zumeist werden Kollektivverträge in Österreich von der Wirtschaftskammer Österreich einerseits und dem ÖGB andererseits abgeschlossen.

Der Handelsangestellten-KV wird auf Arbeitnehmer- bzw Arbeitnehmerinnenseite von der **Gewerkschaft GPA, Wirtschaftsbereich Handel** abgeschlossen, die diese Kompetenz für den ÖGB wahrnimmt. Nach herrschender Auffassung kommt die Kollektivvertragsfähigkeit ausschließlich dem ÖGB zu. Die jeweilige **Fachgewerkschaft** ist zwar konkreter Verhandlungspartner, sie schließt den Kollektivvertrag aber für den ÖGB ab. Da ihr rechtlich keine Selbständigkeit zukommt, übt sie die Kollektivvertragsfähigkeit demnach grundsätzlich in dessen Namen aus. Unabhängig davon hat das Bundeseinigungsamt 2010 bei der Fachgewerkschaft PRO-GE eine eigene Kollektivvertragsfähigkeit festgestellt (vgl BEA 20. Jänner 2010, BEA/4-3/2009, ARD 6027/1/2010).

Auf Arbeitgeber- bzw Arbeitgeberinnenseite kommt die Kollektivvertragsfähigkeit nicht nur der **Wirtschaftskammer Österreich**, sondern jedenfalls auch den Landeskammern, den Fachgruppen und den Fachverbänden zu (s insb § 3 WKG 1998; noch zum HKG 1946 *Schrank*, Kollektivvertragsangehörigkeit und Handelskammermitgliedschaft, ZAS 1978, 129; s auch *Marhold*, Theorie und Praxis der österreichischen Kollektivvertragsverhandlungen, in *Giesen/Junker/Rieble* [Hrsg], Arbeitskampf,

Verhandlung und Schlichtung [2018], 51). Der Handelsangestellten-KV wurde auf Arbeitgeber- bzw Arbeitgeberinnenseite von der Wirtschaftskammer Österreich, Bundessparte Handel (s hiezu auch Erl 5), verhandelt und abgeschlossen.

[3]) Der Hinweis, dass die Begriffe „Arbeitgeberin“, „Arbeitnehmerin“, „Lehrling“ sowie „Pflichtpraktikantin“ geschlechtsneutral zu verstehen sind, soll vorweg zumindest in sprachlicher Hinsicht den Grundsatz der Geschlechtergleichbehandlung im Arbeitsleben betonen. Gleichzeitig ist er als **Programmsatz** zu verstehen, dessen Ursprung in den gesetzlichen Verpflichtungen zur Gleichbehandlung aufgrund des Geschlechts liegt (vgl die §§ 2 ff GlBG) und der insofern über die bloß verbale Gleichstellung im Normtext hinausgeht, als er auch als Interpretationsmaxime für den gesamten Kollektivvertrag Bedeutung besitzt. Mit dem Handelsangestellten-KV 2018 wurde erstmals die weibliche Form gewählt.

[4]) Der Handelsangestellten-KV gilt gem Abschnitt 1 Pkt A Z 1 für das **gesamte Bundesgebiet** Österreich, dh in erster Linie für Arbeitsverhältnisse zwischen einem Dienstgeber bzw einer Dienstgeberin, der/die dem fachlichen Geltungsbereich des Kollektivvertrages angehört (vgl Erl 5), und einem Arbeitnehmer bzw einer Arbeitnehmerin, der/die in Österreich tätig ist. In diesen Fällen ist es gleichgültig, ob der Arbeitnehmer bzw die Arbeitnehmerin ständig, überwiegend oder nur gelegentlich in Österreich tätig wird. Für Arbeitsverhältnisse mit Auslandsbezug (zB Arbeitsverhältnisse von Österreichern mit einem österreichischen Unternehmen mit fast ausschließlicher Tätigkeit im Ausland) gilt das sog **Arbeitskollisionsrecht**. Rechtsgrundlagen sind – je nachdem, wann das Arbeitsverhältnis zustande gekommen ist – das IPRG, das EVÜ oder die Rom-I-Verordnung. Entscheidend für die Anwendung der einen oder anderen nationalen Arbeitsrechtsordnung ist vor allem der gewöhnliche Arbeitsort des Arbeitnehmers bzw der Arbeitnehmerin. Einzelnen Bestimmungen eines Kollektivvertrags kann aber auch derart wesentliche Bedeutung zukommen, dass sie jedenfalls rechtsverbindlich sind (**Eingriffsnormen**; allg hiezu vgl etwa OGH 2. September 1998, 9 ObA 189/98d, ZAS 1999, 47 mit Bespr v *John-Rummelhardt*; OGH 23. Dezember 1998, 9 ObA 252/98v, DRdA 2000, 33 mit Bespr v *Müller*; *Horn*, Internationales Vertragsrecht [1999]; *Czernich*, EVÜ – das europäische Schuldvertragsübereinkommen [1999]; *Ganglberger*, Der Übergang vom IPRG zum EVÜ bei Arbeitsverhältnissen mit Auslandsbezug [2001]; *Wolfsgruber*, Die grenzüberschreitende Entsendung von Arbeitnehmern [2001]; *Binder*, Die Arbeitnehmerentsendung aus EU-/EWR-Staaten nach Österreich unter besonde-

rer Berücksichtigung eines möglichen Sozialdumpings, DRdA 1999, 1 bzw 100; *Rebhahn*, Österreichisches Arbeitsrecht bei Sachverhalten mit Auslandsberührung, in FS Strasser II [1993] 59).

Eine gesetzliche Erweiterung erfährt der Geltungsbereich des Kollektivvertrages durch das LSD-BG (**Lohn- und Sozialdumping-Bekämpfungsgesetz**, BGBl 44/2016), welches mit 1.1.2017 in Kraft getreten ist. Die enthaltenen Regelungen sind nicht durchwegs neu, der Gesetzgeber löste bestehende Normen zum Lohn- und Sozialdumping aus dem AVRAG und dem AÜG heraus, ergänzte diese zum Teil durch Neuerungen und schuf ein formal neues Gesetz (vgl *Burger*, Die strafbare Unterlentlohnung nach dem LSD-BG, JAS 2017, 233; *Felten/Pfeil*, Strafbare Unterentlohnung nach dem LSD-BG und Verfall von Entgeltansprüchen, DRdA 2017, 79; *Sabara*, Umfassende Novelle zum LSD-BG, ARD 6765/13/2021; *Schrank/Schrank/Lindmayr*, Lohn- und Sozialdumping-Bekämpfungsgesetz² [2021]; *Lindmayr*, Das neue Lohn- und Sozialdumping-Bekämpfungsgesetz [2016]; *Kühteubl/Waidmann*, Aller guten Dinge sind drei? Das [wieder] neue Lohn- und Sozialdumping-Bekämpfungsgesetz, ZAS 2016, 318; *Krömer*, Entsendung oder grenzüberschreitende Arbeitskräfteüberlassung? Die Gretchenfrage des LSD-BG, ecolex 2016, 660; *Schitter*, Das Lohn- und Sozialdumping-Bekämpfungsgesetz – Die wichtigsten Neuerungen im Überblick, ecolex 2016, 656; *Rath*, Zum Anwendungsbereich des LSD-BG bei grenzüberschreitender Tätigkeit, ecolex 2016, 663; *Karl*, Grenzüberschreitende Entsendungen, ZAS 2015, 196; *Königsberger/Scala*, Lohndumpingverbot: Ausgewähltes zu Anwendungsbereich und Strafbarkeit, RdW 2015, 493). Beschäftigt ein **Arbeitgeber ohne Sitz in Österreich**, der kein Mitglied einer kollektivvertragsfähigen Körperschaft in Österreich ist, einen Arbeitnehmer mit gewöhnlichem Arbeitsort in Österreich, hat dieser zwingend Anspruch auf jenes gesetzliche, durch Verordnung festgelegte oder kollektivvertragliche Entgelt, das am Arbeitsort vergleichbaren Arbeitnehmern von vergleichbaren Arbeitgebern gebührt (§ 3 Abs 2 LSD-BG). Es müssen also auch solche Arbeitgeber das kollektivvertragliche Mindestentgelt beachten, die nicht Mitglied des jeweiligen Fachverbandes sind. Selbiges gilt auch für Arbeitnehmer ohne gewöhnlichen Arbeitsort in Österreich, die nach Österreich entsandt werden (§ 3 Abs 3 LSD-BG, Ausnahme hiezu ist nur das sog „Montageprivileg" des § 3 Abs 5 LSD-BG) und für überlassene Arbeitskräfte (§ 10 Abs 1 AÜG). Für überlassene Arbeitskräfte besteht darüber hinaus, soweit günstiger als das sonst anzuwendende Recht, Anspruch auf Gleichstellung mit vergleichbaren Arbeitnehmern bei Entgeltfortzahlung, Kündigungsfristen und Kündigungsterminen, Normen über den besonderen Kündigungs- und Entlassungsschutz sowie hinsichtlich der Kündigungsentschädigung

(§ 6 LSD-BG). Entsandte und grenzüberscheitend überlassene Arbeitskräfte haben auch Anspruch auf alle per Gesetz, Verordnung oder Kollektivvertrag vorgesehenen Sonderzahlungen (§ 3 Abs 4 LSD-BG) sowie, sofern günstiger, auf die Anwendung österreichischen Urlaubsrechts (§ 4 LSD-BG). Für entsandte Arbeitnehmer gelten zwingend die österreichischen Höchstarbeits- und die Mindestruhezeiten einschließlich der kollektivvertraglich festgelegten Arbeitszeit- und Arbeitsruheregelungen (§ 5 LSD-BG). Eine besondere Haftungsregel für die sich nach § 3 ergebenden Entgeltansprüche von entsandten Arbeitnehmern enthält § 8 LSD-BG. Der (österreichische) Auftraggeber haftet als Bürge und Zahler, dh als Mitschuldner des ausländischen Auftragnehmers, sodass sich die überlassene Arbeitskraft hinsichtlich des Entgelts auch direkt an den österreichischen Auftraggeber wenden kann. Für die Beurteilung, ob überhaupt ein Arbeitsverhältnis, eine grenzüberschreitende Entsendung oder eine Arbeitskräfteüberlassung vorliegt, sind nicht formale Aspekte ausschlaggebend, sondern ausschließlich der „wahre wirtschaftliche Gehalt“, also ein rein materieller Prüfungsmaßstab (§ 2 LSD-BG).

[5]) Der **fachliche Geltungsbereich** des Handelsangestellten-KV umfasst – mit einigen taxativ aufgezählten Ausnahmen – sämtliche der **Sparte Handel** der Wirtschaftskammer Österreich, dem **Fachverband der Versicherungsmakler und Berater in Versicherungsangelegenheiten** oder **dem Fachverband Buch- und Medienwirtschaft** angehörende Betriebe. Die Wirtschaftskammer Österreich gliedert sich in fachlicher Hinsicht gem § 13 WKG – ebenso wie ihre Landeskammern – in Sparten, die gem § 14 WKG in Fachverbände (auf Landesebene: Fachgruppen) unterteilt sind. Die Abgrenzung des fachlichen Geltungsbereiches erfolgt somit anhand der in der Spartenordnung sowie der Fachorganisationsordnung vorgenommenen internen Gliederung der Wirtschaftskammer, die aufgrund der gem § 2 WKG bestehenden Pflichtmitgliedschaft sämtliche Arbeitgeber und Arbeitgeberinnen des Handels umfasst. Gem § 1 SpartenO bestehen derzeit **sieben Sparten** (Gewerbe und Handwerk, Industrie, Handel, Bank und Versicherung, Transport und Verkehr, Tourismus und Freizeitwirtschaft, Information und Consulting). Die Sparte Handel wiederum gliedert sich gem § 4 FachorganisationsO in 20 Fachverbände. Die Mitglieder des Fachverbandes der Buch und Medienwirtschaft sowie der Versicherungsmakler und Berater in Versicherungsangelegenheiten gehören gem § 8 Pkt 8 und 9 FachorganisationsO nicht der Sparte Handel, sondern der Sparte Information und Consulting an, fallen gem Abschnitt 1 Pkt A Z 2 Handelsangestellten-KV aber ausdrücklich in den fachlichen Geltungsbereich des Handelsangestellten-KV.

Der Hinweis auf den Kollektivvertrag für die Angestellten des pharmazeutischen Großhandels in Z 2.1. ist überholt, da sämtliche Angestellen, die diesem Kollektivvertrag angehörig waren, laut Pkt III. Z 2. des Kollektivvertrages für die Angestellten des pharmazeutischen Großhandels spätestens mit 1.1.2022 in den KV Handel überführt werden mussten (vgl Erl 1 zu Abschnitt 6 Pkt A Z 1).

Übt ein Arbeitgeber bzw eine Arbeitgeberin mehrere fachlich verschiedene Tätigkeiten aus und ist er/sie dadurch **mehrfach kammerzugehörig**, kann – wenn jeder Fachverband einen eigenen Kollektivvertrag abschließt – die Situation eintreten, dass für ein Arbeitsverhältnis die Anwendung mehrerer Kollektivverträge in Frage kommt. Zu beachten ist dabei, dass auf ein Arbeitsverhältnis stets nur ein Kollektivvertrag Anwendung findet (**Grundsatz der Tarifeinheit**; vgl zB OGH 28. Juni 1976, 4 Ob 40/76, ZAS 1977, 212 mit Bespr v *Tomandl*). Die Lösungsmechanismen für diese Fälle sind in § 9 ArbVG geregelt: Verfügt ein fachlich mehrfach kollektivvertragsangehöriger Arbeitgeber bzw eine fachlich mehrfach kollektivvertragsangehörige Arbeitgeberin über **mehrere Betriebe** oder organisatorisch und fachlich abgegrenzte **Betriebsabteilungen**, so findet auf die Arbeitnehmer und Arbeitnehmerinnen gem § 9 Abs 1 ArbVG der jeweils dem Betrieb bzw der Betriebsabteilung in fachlicher und örtlicher Beziehung entsprechende Kollektivvertrag Anwendung (allg dazu *Resch* in *Jabornegg/Resch* [Hrsg], ArbVG [Losebl] Rz 7 ff zu § 9; *Löschnigg*, Arbeitsrecht[13] [2017] 3/125 f). Besteht **keine organisatorische Trennung** in Haupt- und Nebenbetriebe bzw in Betriebsabteilungen, findet gem § 9 Abs 3 ArbVG jener Kollektivvertrag Anwendung, der für den fachlichen Wirtschaftsbereich gilt, der für den Betrieb die **maßgebliche wirtschaftliche Bedeutung** besitzt (OGH 12. September 1990, 9 ObA 194/90, DRdA 1991, 316 mit Bespr v *Resch*; OGH 24. November 2010, 9 ObA 46/10w, DRdA 2011, 457).

Durch Betriebsvereinbarung kann festgestellt werden, welcher fachliche Wirtschaftsbereich für den Betrieb die maßgebliche wirtschaftliche Bedeutung hat. Die Betriebsvereinbarungsparteien haben hiebei nicht die Kompetenz, völlig losgelöst von den realen Gegebenheiten die Geltung eines Kollektivvertrages beliebig festzulegen. Die Betriebsvereinbarung hat vielmehr nur eine im Zweifelsfall klarstellende Bedeutung (vgl *Pfeil* in *Gahleitner/Mosler* [Hrsg], Arbeitsverfassungsrecht 2[6] [2020] Rz 28 ff zu § 9; aA *Resch* in *Jabornegg/Resch* [Hrsg], ArbVG [Losebl] Rz 35 ff zu § 9). Liegt keine organisatorische Trennung vor und lässt sich keine maßgebliche wirtschaftliche Bedeutung eines fachlichen Wirtschaftsbereiches feststellen, findet der **Kollektivvertrag** jenes Wirtschaftsbereiches Anwendung, dessen Geltungsbereich unbeschadet der Verhältnisse im Betrieb die **größere Anzahl von Arbeitnehmern und Arbeitnehmerinnen** auf Branchenebene erfasst (vgl *Löschnigg*, Arbeitsrecht[13] [2017] 3/124).

[6]) Der **persönliche Geltungsbereich** des Handelsangestellten-KV umfasst gem Abschnitt 1 Pkt A Z 3 sämtliche **Angestellte, Lehrlinge, Pflichtpraktikantinnen und Trainees** (s die Erl zu Abschnitt 4) jener Arbeitgeber und Arbeitgeberinnen, die dem fachlichen Geltungsbereich des Kollektivvertrages unterliegen (vgl Erl 5). Der Handelsangestellten-KV begnügt sich nicht, den Angestelltenbegriff als bekannt vorauszusetzen, sondern er definiert, wer als Angestellter zu verstehen ist: Angestellte iSd Handelsangestellten-KV sind alle Arbeitnehmer und Arbeitnehmerinnen (auch Aushilfskräfte), auf welche das AngG Anwendung findet. Die Anwendung des AngG kann jedoch auf unterschiedlichen Rechtsgrundlagen basieren. Im Regelfall gilt das AngG kraft Gesetzes, dh wenn Angestelltentätigkeiten bei einem vom AngG erfassten Arbeitgeber bzw bei einer vom AngG erfassten Arbeitgeberin erbracht werden (**Angestellte ex lege**). Gem § 1 AngG handelt es sich hiebei entweder um kaufmännische Tätigkeiten, höhere nicht kaufmännische Tätigkeiten oder Kanzleiarbeiten (zur umfangreichen Rsp hiezu vgl *Löschnigg/Reiff* in *Löschnigg/Melzer* [Hrsg], AngG Bd I[11] [2021] Rz 94–118 zu § 1). Die in den kollektivvertraglichen Beschäftigungsgruppen aufgelisteten Tätigkeitsbeispiele können als Anhaltspunkt dafür dienen, was der Kollektivvertrag selbst als Angestelltentätigkeit betrachtet.

Das AngG kommt aber auch dann zur „Anwendung", wenn ein Arbeitnehmer bzw eine Arbeitnehmerin keine Angestelltentätigkeiten erbringt, mit ihm/ihr aber arbeitsvertraglich das AngG vereinbart wurde (**Angestellte ex contractu**; Ehrenangestellte). Diese Angestellten kraft Vertrages sollten offensichtlich auch vom Handelsangestellten-KV miterfasst werden. Dies bedeutet im Ergebnis, dass die Vereinbarung des Angestelltengesetzes im Arbeitsvertrag zur zwingenden Anwendung des Handelsangestellten-KV führt. ISd Günstigkeitsprinzips (vgl *Kallab* in *Löschnigg/Melzer* [Hrsg], AngG Bd II[11] [2021] Rz 2 f zu § 40) müsste aber nicht das gesamte AngG übernommen werden. Werden nur einzelne Bestimmungen vereinbart, wird der Handelsangestellten-KV nicht zwingend zur Anwendung kommen. Den Vertragsparteien bleibt es aber unbenommen, neben einzelnen Teilen des Angestelltengesetzes auch den Handelsangestellten-KV – eventuell auch nur teilweise – mitzuvereinbaren (zu den mit dem neuen Gehaltssystem des Kollektivvertrages eigens für Arbeiter und Arbeiterinnen, die freiwillig in den KV für Handelsangestellte eingestuft werden, geschaffenen Beschäftigungsgruppen A und B s die Erl zu Abschnitt 3 Pkt A Z 3.1. und Z 3.2.)

Aus Sicht der **Betriebsverfassung** (Betriebsratswahl, Mitwirkungsrechte des Betriebsrates etc) ist zu beachten, dass Angestellte kraft Vertrages nur dann den Angestellten zugerechnet werden, wenn das gesamte AngG und der gesamte Kollektivvertrag (einschließlich einer Einordnung in die Gehaltsordnung) unwiderruflich vereinbart wurden (s *Löschnigg* in *Jabornegg/Resch* [Hrsg], ArbVG [Losebl] Rz 17 ff zu § 41; *Risak* in *Tomandl* [Hrsg], ArbVG [Losebl] Rz 7 f zu § 41).

Vom Handelsangestellten-KV erfasst werden insbesondere auch **leitende Angestellte**, die der Kategorie der **Arbeitnehmer mit leitenden Funktionen** zuzuordnen sind. Eine Reihe von Gesetzen nimmt diese Gruppe von Angestellten aufgrund ihrer arbeitgeberähnlichen Stellung aus ihrem Geltungsbereich aus, wobei die sondergesetzlichen Begriffsbildungen zwar ähnlich, aufgrund der jeweiligen Zielsetzungen der gesetzlichen Regelungen aber nicht ident sind. Während leitende Angestellte im Betriebsverfassungsrecht als Personen anzusehen sind, denen maßgebender Einfluss auf die Führung des Betriebes zusteht (§ 36 Abs 2 Z 3 ArbVG), nehmen das Arbeitszeitgesetz (§ 1 Abs 2 Z 8 AZG) und das Arbeitsruhegesetz (§ 1 Abs 2 Z 5 ARG) jene leitenden Angestellten von ihrem Geltungsbereich aus, denen maßgebliche selbständige Entscheidungsbefugnis übertragen ist und deren gesamte Arbeitszeit entweder nicht gemessen bzw im Voraus festgelegt wird oder selbständig eingeteilt werden kann. **Maßgebliche selbständige Entscheidungsbefugnisse** liegen vor, wenn leitende Angestellte maßgeblichen Einfluss auf den Betrieb haben. Vor der Novelle BGBl I 53/2018 war im Arbeitszeitrecht die Rede von leitenden Angestellten mit **maßgeblichen Führungsaufgaben** (s hiezu der Erlass des BMAS v 15. März 1990, 62.080/23-3/90, ARD 4464/16/93 sowie VwGH 28. Oktober 1993, 91/19/0134, ARD 4525/14/94; OGH 6. April 1994, 9 ObA 93/94, DRdA 1994, 494 mit Bespr v *Beck-Mannagetta* = Arb 11.175; VwGH 26. September 2013, 2013/11/0116, ARD 6372/2/2013 = RdW 2014, 37; *Wolfsgruber*, Der Geltungsbereich des Arbeitszeitgesetzes, in *Resch* (Hrsg), Arbeitszeitrecht [2001] 13). Den Gesetzesmaterialien zufolge werden unter den leitenden Angestellten mit maßgeblicher selbständiger Entscheidungsbefugnis nunmehr, im Gegensatz zum Begriff des leitenden Angestellten mit maßgeblichen Führungsaufgaben, Arbeitnehmer der 1., 2. und **nunmehr auch 3. Führungsebene** verstanden (s die Erläuterungen zum IA 303/A 26. GP 6). Das AZG und das ARG gehen insofern noch einen Schritt weiter, als nicht nur leitende Angestellte sondern auch **sonstige Angestellte und Arbeiter** vom Anwendungsbereich ausgeschlossen sind, wenn ihnen **maßgebliche selbständige Entscheidungsbefugnis** übertragen ist und deren gesamte Arbeitszeit nicht gemessen bzw im Voraus festgelegt wird oder selbständig eingeteilt werden kann (vgl *Friedrich*, Neue Geltungsbereichsausnahmen im AZG/ARG, ZAS 2018, 273 [274]; *Födermayr*, Änderungen im Anwendungsbereich der Arbeitszeitgesetze, in *Resch* [Hrsg], Das neue Arbeitszeitrecht [2019]).

Obwohl die obengenannten **Arbeitnehmergruppen mit leitenden Funktionen** vom AZG ausgenommen sind, kommen grundsätzlich die arbeitszeitrechtlichen Bestimmungen (zB Grenzen der täglichen und wöchentlichen Arbeitszeit, Überstundenzuschläge) des Handelsangestellten-KV zur Anwendung (vgl insb OGH 23. Februar 1994, 9 ObA 367/93, ARD 4580/32/94 = infas 1994, A 102; OGH 27. Oktober 1994, 8 ObA 272/94, DRdA 1995, 325 mit Bespr v *Andexlinger*; s auch *Schrank*, Kollektivvertragliches Mindestentgelt: Lohndumping-Risiken bei leitenden Angestellten?, ZAS 2016, 300). Dies gilt insbesondere für **leitende Angestellte**, aber auch für **sonstige Arbeitnehmer** mit maßgeblicher selbständiger Entscheidungsbefugnis, für die das AngG zur Anwendung gelangt (vgl Erl 6 zu Abschnitt 1 Pkt A).

Zu beachten ist, dass ein Kollektivvertrag stets nur für **Arbeitnehmer und Arbeitnehmerinnen iSd Arbeitsvertragsrechts** gelten kann (allg zum Arbeitnehmerbegriff vgl *Födermayr/Resch*, Arbeitsrecht[7] [2020] Rz 32 ff; *Löschnigg*, Arbeitsrecht[13] [2017] 4/054 ff; s weiters *Löschnigg/Reiff* in *Löschnigg/Melzer* [Hrsg], AngG Bd I[11] [2021] Rz 3 ff zu § 1; *Marhold/Brameshuber/Friedrich*, Österreichisches Arbeitsrecht[4] [2021] 49 f; *Strasser* in *Strasser/Jabornegg/Resch* [Hrsg], ArbVG [Losebl] Rz zu § 36; *Tomandl* in *Tomandl* [Hrsg], ArbVG [Losebl] Rz zu § 36 ArbVG; krit zum geltenden Arbeitnehmerbegriff s insb *Tomandl*, Wie tragfähig ist der Arbeitnehmerbegriff?, ZAS 2018, 174). Dies ergibt sich bereits aus der Rechtsgrundlage für den Kollektivvertrag: Zum einen findet der I. Teil des ArbVG, die sog kollektive Rechtsgestaltung, ausschließlich auf Arbeitsverhältnisse, die auf einem privatrechtlichen Vertrag beruhen, Anwendung (§ 1 Abs 1 ArbVG), zum anderen ermächtigt § 2 Abs 2 Z 2 ArbVG den Kollektivvertrag nur zur Regelung von Rechten und Pflichten von Arbeitgebern bzw Arbeitgeberinnen und Arbeitnehmern bzw Arbeitnehmerinnen. Personengruppen, denen es an einem Arbeitsvertrag mangelt (zB Vorstandsmitglieder einer Aktiengesellschaft, Volontäre und Praktikanten, die ihr Praktikum nicht im Rahmen eines Arbeitsverhältnisses absolvieren; zu den ausdrücklich in den Geltungsbereich einbezogenen Pflichtpraktikanten und -praktikantinnen s Erl 8), könnten nicht in einen unmittelbar anwendbaren Kollektivvertrag einbezogen werden, selbst wenn darüber auf Seiten der Kollektivvertragsparteien Konsens besteht.

Nicht erfasst vom persönlichen Geltungsbereich des Kollektivvertrages sind daher folgende Gruppen:

- **Arbeiter und Arbeiterinnen**, sofern das AngG nicht kraft Vertrages zur Anwendung kommt (s oben).
- Beschäftigte mit **freiem Dienstvertrag**: Der freie Dienstvertrag ist ebenso wie der Arbeitsvertrag ein Dauerschuldverhältnis, dh ein Rechtsverhältnis, das mit der einmaligen Erfüllung einer Verpflichtung nicht erlischt, sondern bei dem immer wiederkehrende Leistungen geschuldet werden. Während das Arbeitsverhältnis durch die sog persönliche Abhängigkeit charakterisiert ist, fehlt eine solche beim freien Dienstverhältnis. Der echte „freie Dienstnehmer" bzw die echte „freie Dienstnehmerin" ist somit frei von Beschränkungen des persönlichen Verhaltens. Er/Sie ist nicht oder nur in geringem Ausmaß an eine bestimmte Arbeitszeit, einen bestimmten Arbeitsort, einen vorgegebenen Arbeitsablauf, sonstige persönliche Weisungen etc gebunden. Vielfach liegt auch keine persönliche Arbeitspflicht vor (allg zum freien Dienstverhältnis vgl insb *Strasser*, Abhängiger Arbeitsvertrag oder freier Dienstvertrag, DRdA 1992, 93; *Wachter*, Dienstleistungen am Rande des Arbeitsrechts, wbl 1991, 81; VwGH 26. Mai 2014, 2012/08/0233, ASoK 2014, 314 mit Bespr v *Shubshizky* = ARD 6419/14/2014; OGH 26. November 2012, 9 ObA 16/12m, ARD 6318/4/2013; OGH 22. März 2011, 8 ObA 49/10d, ARD 6162/3/2011; OGH 5. Mai 2004, 9 ObA 53/04s, RdW 2004, 610; OGH 30. Oktober 2003, 8 ObA 45/03f, infas 2004, A 23; OGH 24. Jänner 2001, 9 ObA 276/00d, DRdA 2002, 56 mit Bespr v *Ganglberger* = Arb 12.076; OGH 5. Mai 1999, 9 ObA 10/99g, ASoK 1999, 400 = infas 1999, A 90 = ARD 5043/10/99; OGH 28. August 1991, 9 ObA 99/91, DRdA 1992, 294 mit Bespr v *Löschnigg*; OGH 13. April 1988, 9 ObA 52/88, ZAS 1989, 136 mit Bespr v *Schäffl*; OGH 29. September 1981, 4 Ob 45/81, DRdA 1984, 134 mit Bespr v *Grillberger* = ZAS 1983, 29 mit Bespr v *Wachter*). Maßgeblich für die Nichtanwendung eines Kollektivvertrages ist stets, ob die Arbeiten tatsächlich frei von den Kriterien der persönlichen Abhängigkeit erbracht werden, ob also tatsächlich ein „echtes freies Dienstverhältnis" vorliegt. Handelt es sich hingegen um ein verschleiertes Arbeitsverhältnis, ist der betreffende Kollektivvertrag sehr wohl anzuwenden (allg zur Problematik von Scheinkonstruktionen vgl *Peschek*/*Micheler*, [Schein-]Werkverträge, Ketten arbeitsverhältnisse, kollektive Rechtsgestaltung und betriebliche Mitbestimmung bei Wissenschaftern [1996]; *Resch* [Hrsg], [Schein-]Selbständigkeit [2000]).
- Vertragspartner und Vertragspartnerinnen mit **Werkvertrag**: Während sich beim Arbeitsvertrag jemand auf gewisse Zeit zur Dienstleistung für eine andere Person verpflichtet, wird beim Werkvertrag ein bestimmtes Werk oder ein bestimmter Erfolg geschuldet. Diese er-

folgsorientierte Ausrichtung beim Werkvertrag führt auch zu dessen Einordnung in die sog Zielschuldverhältnisse. Die Tätigkeit der aus dem Werkvertrag verpflichteten Person unterscheidet sich von jener des Arbeitnehmers bzw der Arbeitnehmerin dadurch, dass es sich weitgehend um selbständige Arbeit handelt, die unter eigener Verantwortung durchgeführt wird (vgl zB OGH 10. Dezember 1963, 4 Ob 112/63, Arb 7848; OGH 6. Oktober 1970, 4 Ob 62/70, Arb 8802; VwGH 24. Jänner 2004, 2004/08/0101, DRdA 2007, 288 mit Bespr v *Mosler*; va in Hinblick auf die Abgrenzung zum Arbeitsverhältnis *Tomandl*, Wesensmerkmale des Arbeitsvertrages in rechtsvergleichender und rechtspolitischer Sicht [1971]; *Löschnigg/Reif* in *Löschnigg/ Melzer* [Hrsg], AngG Bd I[11] [2021] Rz 34 ff zu § 1).

[7]) Ausdrücklich vom persönlichen Geltungsbereich des Handelsangestellten-KV erfasst sind – bereits seit der Stammfassung 1948 – **Lehrlinge**. Für sie kommen die Sonderbestimmungen des BAG zur Anwendung (zum Lehrlingsrecht vgl insb *Aust/Gittenberger/Knallnig-Prainsack/ Strohmayer*, [Hrsg], Berufsausbildungsgesetz[2] [2017]; *Spielbüchler*, Ausbildung und Arbeitsrecht, in FS Schnorr [1988] 299). Das BAG definiert Lehrlinge als Personen, die aufgrund eines Lehrvertrages zur Erlernung eines in der Lehrberufsliste angeführten Lehrberufes bei einem/einer Lehrberechtigten fachlich ausgebildet und im Rahmen dieser Ausbildung tätig werden. Das Lehrverhältnis wird durch den Eintritt des Lehrlings in die fachliche Ausbildung und die Beschäftigung begründet und durch den Lehrvertrag geregelt. Es handelt sich dabei um ein besonders typisiertes und vom Ausbildungszweck geprägtes Arbeitsverhältnis (vgl auch OGH 7. Oktober 1998, 9 ObA 193/98t, DRdA 1999, 269 mit Bespr v *Wachter*).

Die Bestimmungen des AngG kommen für Lehrlinge iSd BAG gem § 5 AngG nicht zur Anwendung (vgl *Löschnigg/Reiff* in *Löschnigg/Melzer* [Hrsg], AngG Bd I[11] [2021] Rz 1–5 zu § 5; *Schrammel* in *Marhold/ Burgstaller/Preyer* [Hrsg], AngG [Losebl] Rz 1 zu § 5; *Kozak* in *Reissner* [Hrsg], AngG[4] [2022] Rz 2f zu § 5). Um die Lehrlinge dennoch in den Handelsangestellten-KV einzubeziehen, werden sie unter Abschnitt 1 Pkt A Z 3 explizit erwähnt.

Der Handelsangestellten-KV spricht nur von „Lehrlingen“ ohne nähere Spezifikation. Unklar ist damit, ob nur Lehrlinge in kaufmännischen Lehrberufen oder auch sonstige Lehrlinge („Arbeiterlehrlinge“) eines Arbeitgebers bzw einer Arbeitgeberin, der/die dem Handelsangestellten-KV unterworfen ist, diesem KV unterliegen. Diese Frage stellt sich jedoch nur in einem sog Mischbetrieb. Hat der Arbeitgeber bzw die Arbeitgeberin neben der Lehrberechtigung für sein/ihr Handelsgewerbe auch eine Lehrberechtigung in einem anderen Lehrgewerbe (Glasbläserei, wobei die überwiegende Tätigkeit im Bereich des Verkaufes/Handels liegt), ist auch der Handelsangestellten-KV auf den Lehrling im Glasbläsereigewerbe anzuwenden (OGH 12. September 1990, 9 ObA 194/90, ARD 4221/3/90), wenn der Arbeiter-KV aufgrund der Kollisionsbestimmungen der §§ 9 und 10 ArbVG ausscheidet.

Kaufmännische Lehrberufe sind zB: Einzelhandelskaufmann/-frau; Betriebsdienstleistungskaufmann/-frau; Bürokaufmann/-frau; EDV-Kaufmann/-frau; Finanzdienstleistungskaufmann/-frau; Fotokaufmann/-frau; Großhandelskaufmann/-frau; Immobilienkaufmann/-frau; Industriekaufmann/-frau; IT-Kaufmann/-frau; Mobilitätsservicekaufmann/-frau; Speditionskaufmann/-frau; Versicherungskaufmann/-frau.

[8]) Allgemein werden Praktika immer häufiger als integraler Bestandteil der Berufsausbildung in Ausbildungsvorschriften verankert. Die Zielsetzung solcher Praktika ist mit jener eines regulären Arbeitsverhältnisses nicht ganz vergleichbar. Dennoch wurden mit dem Handelsangestellten-KV 2018 erstmals **Pflichtpraktikanten bzw -praktikantinnen** ausdrücklich in den persönlichen Geltungsbereich des Kollektivvertrages einbezogen. Damit gilt der Kollektivvertrag grundsätzlich wie für sonstige Arbeitnehmer und Arbeitnehmerinnen. Sonderregelungen finden sich in Abschnitt 4 allerdings zu den Entgelten. Die in **der Gehaltsordnung ALT** des Handelsangestellten-KV 2018 enthaltene Einstufung für **Ferialangestellte** in Abschnitt 3 Pkt B Z 1.13., die höchstens drei Monate pro Kalenderjahr im Betrieb beschäftigt sind, wurde mit **31.12.2018** ersatzlos gestrichen.

Unter dem Begriff der Pflichtpraktikanten und -praktikantinnen versteht der Kollektivvertrag Schüler und Schülerinnen sowie Studierende, die aufgrund **schul- oder studienrechtlicher Vorschriften** einer berufsbildenden mittleren oder höheren Schule bzw einer (Fach-)Hochschule oder Universität ein Pflichtpraktikum absolvieren (s auch Erl 1 f zu Abschnitt 4 Pkt B). Damit sind sowohl die Studierenden an den Universitäten, vor allem aber auch die Studierenden an den Fachhochschulen erfasst, die de facto immer Praktika zu absolvieren haben. Der Hinweis im Kollektivvertrag auf studienrechtliche Vorschriften scheint relativ klar zu sein. In der Praxis der österreichischen Landschaft postsekundärer Bildungseinrichtungen findet sich eine Fülle von Lehrinstitutionen (universitätsnahe, aber ausgegliederte Lehreinrichtungen), studiengangsähnlichen Ausbildungen und universitären Lehrgängen, die im Einzelfall Zuordnungsprobleme verursachen. Vom Kollektivvertrag werden auch Schülerinnen und Schüler erfasst, wenn sie aufgrund von Vorschriften einer berufsbildenden mittleren oder höheren Schule ein Praktikum zu absolvieren haben. Damit wird klargestellt, dass der Kollektivvertrag nicht nur auf jene Praktika zur Anwendung kommt, bei denen nicht die Vor- und Ausbildung im Vordergrund steht, sondern insbesondere auch solche Praktika erfasst, bei denen der **Ausbildungszweck** sehr stark ausgeprägt ist. Dies ergibt sich auch aus den Bestimmungen des Abschnittes 4 Pkt B des Kollektivvertrages, wonach dem Pflichtpraktikanten bzw der Pflichtpraktikantin dann eine monatliche Vergütung in Höhe des Lehrlingseinkommens gebührt, wenn nur eine „teilweise Arbeitspflicht" besteht (s hiezu Erl 2 zu Abschnitt 4 Pkt B).

Das allgemeine Problem in diesem Zusammenhang besteht darin, dass der Kollektivvertrag eine Entlohnung nach den Sonderregelungen des 4. Abschnittes mit normativer Wirkung nur für jene Personen vorsehen kann, die als Arbeitnehmer und Arbeitnehmerinnen iSd Arbeitsvertragsrechts anzusehen sind (s hiezu Erl 6). Liegt kein Arbeitsverhältnis vor und wird der Kollektivvertrag angewandt, gilt er nicht als unmittelbar anwendbare Norm, sondern als arbeitsvertraglich vereinbarte Bestimmung (zum Phänomen des sogenannten „freien KV" s *Löschnigg*, Arbeitsrecht[13] [2017] 3/095).

Die Rsp verneint eine Qualifikation als Arbeitsverhältnis für Praktika (und Volontariate), wenn der Ausbildungszweck der Beschäftigung die Merkmale des Arbeitnehmerbegriffs derart zurückdrängt, dass diesen keine überwiegende Bedeutung mehr zukommt (vgl insb OGH 11. Oktober 1995, 9 ObA 176/95, DRdA 1996, 408 mit Bespr v *Spitzl*). Als Indizien für das Überwiegen des Ausbildungszwecks werden zB die Möglichkeit einer freien Zeiteinteilung des Praktikanten (OGH 13. März 2002, 9 ObA 288/01w, ARD 5366/11/2002), die Unentgeltlichkeit der Beschäftigung (LG Wien 3. August 1926, Arb 3644; LGZ Wien 15. Dezember 1934, Arb 4467), eine fehlende Eingliederung in den Betrieb (OGH 25. Jänner 2001, 8 ObA 6/01t, ARD 5296/15/2002; OGH 17. Mai 2000, 9 ObA 75/00w, DRdA 2000, 533), keine oder eine stark verringerte Arbeitspflicht (KG Wels 11. September 1981, 17 Cg 4/81, Arb 10.014; OLG Wien 6. September 1988, 31 Ra 68/88, ARD 4042/21/89), eine fehlende Weisungsgebundenheit (OGH 16. November 1988, 9 ObA 255/88, ARD 4049/15/89) sowie die Verrichtung von Tätigkeiten nach der Wahl des Auszubildenden und nicht nach betrieblichen Interessen (OGH 13. März 2002, 9 ObA 288/01w, ARD 5366/11/2002; s hiezu insb *Resch*, Wirtschaftliches Eigeninteresse und Arbeitnehmerbegriff, Anmerkung zu OGH 29. Oktober 2009, 9 ObA 105/09w, ZAS 2011, 19) angesehen. Letztlich ist aber stets eine Gesamtbeurteilung der einzelnen Kriterien vorzunehmen (vgl OGH 28. Jänner 2010, 8 ObA 5/10h, ASoK 2010, 225; zur Literatur s *Ercher*, Beschäftigung von Schülern und Studenten, ASoK 2005, 264; zur Abgrenzungsproblematik s insb *Radner*, Die (arbeits-)rechtliche Stellung von Praktikanten und Volontären – 1. Teil, DRdA 2001, 8; vgl auch *Przeszlowska*, Praktikum: Ausbildungs- oder Arbeitsverhältnis?, ZAS 2015, 52).

Ein Hinweis darauf, dass der Handelsangestellten-KV nur jene Pflichtpraktika erfassen will, die im Rahmen eines Arbeitsverhältnisses absolviert werden, findet sich im seit 2019 eingefügten Anhang 8) – nunmehr Anhang 3) – des Kollektivvertrages, wonach das Vertragsmuster für Pflichtpraktikanten und -praktikantinnen (das mit „Vertrag für Ferialpraktikantinnen" betitelt ist, obwohl der Handelsangestellten-KV ansonsten nicht auf die Ferialzeit abstellt) ausdrücklich auf die Begründung eines „als Ausbildungsverhältnis gestalteten Arbeitsverhältnisses" abstellt.

[9]) Den Begriff der **„Trainees"** definiert der Kollektivvertrag in Abschnitt 3 Pkt A Z 5.1. Darunter sind Arbeitnehmerinnen und Arbeitnehmer zu verstehen, die im Rahmen eines **betriebsinternen Förder- und Schulungsprogramms** als vielfältig einsetzbare **Führungskraft** oder als **Spezialisten** aufgebaut werden. Der Kollektivvertrag sieht vor, dass das „Traineeprogramm" typischerweise Praxiseinsätze in verschiedenen Abteilungen oder Filialen des Unternehmens, den Besuch von Einführungs- und Netzwerkveranstaltungen sowie die Teilnahme an allgemeinen Seminaren zu Fach- und Führungsthemen enthält. Auch Traineeprogrammen liegt damit – wie dem Lehrverhältnis (vgl Erl 7) und dem Pflichtpraktikum (vgl Erl 8) – ein **Ausbildungszweck** zu Grunde, der sich jedoch auf eine rein betriebsinterne Ausbildung bezieht und auf die spätere Ausübung einer bestimmten Zielposition im Betrieb gerichtet ist.

Ab Übertritt des Betriebes in das **Gehaltssystem NEU** ist der Kollektivvertrag für Trainees zur Gänze anzuwenden. Trotz des Ausbildungszwecks unterliegen Trainees nicht den in einem eigenen Abschnitt zusammengefassten Rahmen- und Entgeltbestimmungen zur **Aus- und Weiterbildung** (vgl die Erl zu Abschnitt 4). Ihnen gebührt eine im Gehaltssystem NEU vorgesehene **„Entwicklungseinstufung"** (s hiezu Erl 2 zu Abschnitt 3 Pkt A Z 5).

B. Geltungsbeginn und Geltungsdauer

1. Dieser Kollektivvertrag tritt am 1.1.2023 in Kraft[1]).

2. Dieser Vertrag kann mit Ausnahme des Abschnittes 3) Entgelt unter Einhaltung einer dreimonatigen Kündigungsfrist zum Ende eines Kalendervierteljahres gelöst werden.

Die Bestimmungen des Abschnittes 3) Entgelt können ab Geltungsbeginn unter Einhaltung einer zweimonatigen Kündigungsfrist gelöst werden[2]).

Die Kündigung ist mittels eingeschriebenen Briefes auszusprechen[3]).

Während der Kündigungsfrist sollen Verhandlungen über die Erneuerung bzw Abänderung des Kollektivvertrages geführt werden[4]).

[1]) Kollektivverträge sind unverzüglich nach deren Abschluss von der kollektivvertragsfähigen Interessenvertretung der Arbeitnehmer und Arbeitnehmerinnen beim Bundesministerium für soziale Verwaltung zu hinterlegen, welches die **Kundmachung** des Kollektivvertragsabschlusses innerhalb einer Woche nach **Hinterlegung** durch Einschaltung im „Amtsblatt zur Wiener Zeitung" zu veranlassen hat (§ 14 ArbVG). Fehlt es an der Hinterlegung oder der ordnungsgemäßen Kundmachung, so kann der Kollektivvertrag seine unmittelbare Rechtsverbindlichkeit für die Arbeitnehmer bzw Arbeitnehmerinnen und Arbeitgeber bzw Arbeitgeberinnen (Normwirkung) nicht entfalten (vgl VwGH 5. Juni 1968, Zl 265/68, Arb 8534). Kollektivverträge sind ab 2017 gem § 7 LSD-BG von den Kollektivvertragsparteien in elektronischer Form zugänglich zu machen. Einen entsprechenden Zugang hat sowohl die WKO unter https://www.wko.at/branchen/handel/Kollektivvertrag_Handelsangestellte.html als auch die GPA unter https://www.gpa.at/kollektivvertrag/handel/handelsangestellte geschaffen. Die auf den Homepages der Interessenvertretungen ausgewiesenen Fassungen weichen mitunter von der beim Bundeseinigungsamt hinterlegten Fassung des Kollektivvertrages (eingelangt am 28.2.2023, Registerzahl KV 174/2023, Kasterzahl XV/71-76/2, kundgemacht im Amtsblatt zur Wiener Zeitung am 7.3.2023) ab (Stand 13.3.2023).

Der Handelsangestellten-KV ist mit 1. Jänner 2023 (rückwirkend) in Kraft getreten, obwohl er erst Ende Februar 2023 beim Bundeseinigungsamt hinterlegt wurde.

Darüber hinaus findet sich im Kollektivvertrag keine Regelung zu dessen Dauer. Der Handelsangestellten-KV wurde daher **auf unbestimmte**

Zeit, dh unbefristet, abgeschlossen und kann insbesondere durch **Kündigung** (vgl Erl 2) beendet werden.

Das ArbVG schreibt ein **Auflegen des Kollektivvertrages** im Betrieb, in einem für alle Arbeitnehmer und Arbeitnehmerinnen zugänglichen Raum, zwingend vor. Diese Verpflichtung trifft den Arbeitgeber bzw die Arbeitgeberin. Das Auflegen hat binnen drei Tagen nach dem Tag der Kundmachung des Kollektivvertrages im Amtsblatt zur Wiener Zeitung zu erfolgen. In einer Betriebskundmachung ist darauf hinzuweisen und insbesondere mitzuteilen, wo der Kollektivvertrag tatsächlich aufliegt (§ 15 ArbVG). Eine **Verletzung** dieser **Pflicht** durch den Arbeitgeber bzw die Arbeitgeberin kann zur Verhängung von Geldstrafen bis zu € 2.180,– führen (Verwaltungsstrafe gem § 160 Abs 1 ArbVG; s *Melzer-Azodanloo/Schoditsch* in *Tomandl* [Hrsg], ArbVG [Losebl] Rz 10 zu § 160). Die **Gültigkeit** des Kollektivvertrages oder die Anwendbarkeit desselben im Betrieb wird dadurch aber **nicht beeinträchtigt** (OGH 18. Mai 1982, 4 Ob 56/82, Arb 10.112); Fristen beginnen uU aber nicht zu laufen.

Fraglich ist in diesem Zusammenhang, inwieweit **neue Informations- und Kommunikationstechnologien** nutzbar gemacht werden können bzw ein tatsächliches Auflegen des Kollektivvertrages einer virtuellen Kundmachung weichen darf. Ausgehend von der Rechtsprechung ist das Wort „Auflegen“ nicht ident mit dem bloßen Vorhandensein im Betrieb (VwGH 26. Mai 1986, 86/08/0026, ZfVB 1987, 144). Als nicht gehörig kundgemacht ist etwa eine Betriebsvereinbarung im Personalbüro ohne nähere Hinweise auf die Einsichtmöglichkeiten angesehen worden (OGH 23. Oktober 1991, 9 ObA 206/91, DRdA 1992, 202 mit Bespr v *Apathy*; OGH 28. Jänner 2009, 9 ObA 168/07g, ARD 5953/4/2009). Einen wichtigen Beitrag können die neuen Medien aber jedenfalls insoweit leisten, als **im betrieblichen Rundschreiben per E-Mail** auf den Ort der Auflage hingewiesen werden kann. Den gesetzlichen Anforderungen wird auch Genüge getan, wenn der Kollektivvertrag im Intranet zur Verfügung gestellt wird und jeder Arbeitnehmer bzw jede Arbeitnehmerin Zugang zum System besitzt (vgl zur ordnungsgemäßen Kundmachung einer Betriebsvereinbarung in einem internen Computernetz OGH 26. Juli 2012, 8 ObA 3/12t, ARD 6260/4/2012, s weiters *Geist*, Wie fit ist das ArbVG für das digitale Zeitalter?, DRdA 2019, 313 [315]). Bereits *Haslinger* (Die Kundmachung des Kollektivvertrages im Betrieb, ZAS 1968, 129 [134 f]) verweist darauf, dass die Aushändigung an die Beschäftigten eine besonders wirksame Publikationsform darstellt. In diesem Sinne wäre auch die Übermittlung des Kollektivvertrages per E-Mail durchaus zu bejahen (zu den Begriffen „Auflegen“ und „Anschlagen“ im ArbVG iVm dem Intranet vgl auch *Melzer-Azodanloo*, Tele-Arbeitsrecht [2001] 132, 139 f, 147).

[2]) Besonders bei der **Beendigung** von Kollektivverträgen tritt deren Vertragscharakter deutlich zu Tage. Die Beendigungsmodalitäten orientieren sich dementsprechend an jenen von sonstigen Dauerschuldverhältnissen. Zentrale einschlägige Norm ist diesbezüglich § 17 ArbVG, der die **Kündigung** bestimmten Voraussetzungen unterwirft und die Beendigung durch **Zeitablauf** (Befristung) erwähnt. Andere Beendigungsformen, wie die vorzeitige Auflösung aus **wichtigem Grund** oder die **einvernehmliche** Beendigung, sind hingegen keiner eigenen gesetzlichen Regelung zugeführt worden. Ihre Zulässigkeit ergibt sich aus allgemeinen vertragsrechtlichen Grundsätzen (*Löschnigg*, Arbeitsrecht[13] [2017] 3/171; *Marhold/Friedrich*, Österreichisches Arbeitsrecht[4] [2021] 526).

Für den Handelsangestellten-KV wurden **autonome Kündigungsvereinbarungen** getroffen, sodass die gesetzlichen Bestimmungen zur Beendigung von Kollektivverträgen in den Hintergrund treten (Subsidiarität der gesetzlichen Bestimmungen). Das ArbVG erlaubt die Kündigung eines Kollektivvertrages grundsätzlich nach Ablauf eines Kalendervierteljahres unter Einhaltung einer dreimonatigen Kündigungsfrist zu jedem Monatsletzten. Eine Kündigung des Handelsangestellten-KV mit Ausnahme des Abschnittes 3 ist im Unterschied dazu unter Einhaltung einer ebenfalls **dreimonatigen Kündigungsfrist** nur zum **Ende eines Kalendervierteljahres** möglich (Quartalskündigung). Der Handelsangestellten-KV verzichtet damit zwar formell darauf, eine Kündigung erst ein Jahr nach seinem In-Kraft-Treten zuzulassen, schafft jedoch durch nur vier Kündigungstermine für seinen ersten Teil einen im Vergleich zum Gesetz deutlich strengeren Kündigungsmechanismus. Auch die Kündigungsbestimmungen für **den 3. Abschnitt** des Handelsangestellten-KV weichen von jenen des § 17 ArbVG ab. Abschnitt 3 erlaubt eine Kündigung der gehaltsrechtlichen Bestimmungen **ab Geltungsbeginn des Kollektivvertrages** unter Einhaltung einer **zweimonatigen Kündigungsfrist**. Ein Kündigungstermin muss hier nicht eingehalten werden.

Wird der Kollektivvertrag gekündigt, dann sieht das ArbVG eine sog Nachwirkung vor. **Nachwirkung** bedeutet, dass die Rechtswirkungen des Kollektivvertrages auch nach seinem Erlöschen so lange aufrecht bleiben, bis ein neuer Kollektivvertrag wirksam oder mit den betroffenen Arbeitnehmern und Arbeitnehmerinnen eine neue Einzelvereinbarung abgeschlossen wird. Dabei können auch für die Arbeitnehmer und Arbeitnehmerinnen ungünstigere Vereinbarungen getroffen werden. Von der Nachwirkung des Kollektivvertrages sind aber nur jene Arbeitsverhältnisse erfasst, für die der Kollektivvertrag vor seinem Erlöschen gegolten hat. Auf Arbeitsverhältnisse, die erst nach dem Erlöschen des Kollektivvertrages begründet worden sind, kommt der nachwirkende Kollektivvertrag nicht mehr zur Anwendung (Näheres vgl *Löschnigg*, Arbeitsrecht[13] [2017] 3/175); *Resch* in *Jabornegg/Resch* [Hrsg], ArbVG [Losebl] Rz 9 f zu § 13; *Pfeil* in *Gahleitner/Mosler* [Hrsg], Arbeitsverfassungsrecht 2^6 [2020] Rz 4 ff zu § 13; sa OGH 28. Mai 2013, 8 ObA 40/12b, ARD 6334/2/2013 = infas 2013, A 70).

[3]) Die Voraussetzung des **eingeschriebenen Briefes** ist (ebenso wie die Schriftlichkeit des § 17 Abs 1 ArbVG) als echte Gültigkeitsvoraussetzung für die Kündigung zu verstehen. Ohne Einhaltung dieser Form ist somit die Kündigung des Kollektivvertrages rechtsunwirksam (vgl hiezu insb *Resch* in *Jabornegg/Resch* [Hrsg], ArbVG [Losebl] Rz 31 zu § 17).

[4]) Mit der Bestimmung, dass während einer Kündigungsfrist Verhandlungen über einen Neuabschluss bzw Abänderung des Kollektivvertrages geführt werden sollen, werden typische Rechtsbeziehungen zwischen den Kollektivvertragsparteien iSd § 2 Abs 2 Z 1 ArbVG geregelt. Bestimmungen dieser Art haben bloß **schuldrechtliche (obligatorische) Wirkung**, dh sie begründen anders als die normativ geltenden Regelungen keine unmittelbaren Rechte und Pflichten für die kollektivvertragsunterworfenen Arbeitnehmer bzw Arbeitnehmerinnen und Arbeitgeber bzw Arbeitgeberinnen. Während die Kollektivvertragsfähigkeit als eine besondere Rechtsfähigkeit anzusehen ist, bedarf es zur Begründung schuldrechtlicher Beziehungen keines spezifisch arbeitsrechtlichen Geltungsgrundes. Die Kollektivvertragsparteien sind juristische Personen, woraus eine allgemeine Handlungsfähigkeit zum Abschluss aller zulässigen vertraglichen Abmachungen resultiert.

Die schuldrechtliche Funktion umfasst Selbstpflichten und Einwirkungspflichten. **Selbstpflichten** sind von den abschließenden Kollektivvertragsparteien selbst zu erfüllen, während **Einwirkungspflichten** substantiell die erfassten Arbeitsverhältnisse betreffen und die Verbände nur verhalten sind, nach Maßgabe ihrer zur Verfügung stehenden Mittel auf ihre Mitglieder iS eines pflichtgemäßen Verhaltens einzuwirken.

Wenn dem Kollektivvertrag zufolge während der Kündigungsfrist **Verhandlungen wegen Erneuerung bzw Abänderung des Kollektivvertrages** geführt werden sollen, dann ist die Absicht der Kollektivvertragsparteien klar. Ein **regelungsloser Zustand soll vermieden werden**. Die Absicht auch zu zukünftiger Kooperation wird damit zum Ausdruck gebracht. De facto kann aber eine Kooperationsbereitschaft in Hinblick auf zukünftige Kollektivverträge nicht erzwungen werden.

C. Anstellung

1.1. Die Arbeitgeberin hat dem Betriebsrat jede Neuaufnahme einer Angestellten vor deren Einstellung in den Betrieb, in begründeten Ausnahmefällen spätestens gleichzeitig mit der Anmeldung zur Sozialversicherung, mitzuteilen[1]).

1.2. Soweit keine andere Vereinbarung getroffen wurde, gilt für alle Angestellten der erste Monat als Probemonat im Sinne des § 19 Abs (2) AngG[2]). Nach Ablauf des Probemonates unterliegt das Arbeitsverhältnis den gesetzlichen Kündigungsbestimmungen und den Bestimmungen des Punktes J. dieses Abschnittes.

1.3. Der Angestellten ist bei Abschluss des Arbeitsvertrages bzw unverzüglich bei Arbeitsantritt eine schriftliche Aufzeichnung über die wesentlichen Rechte und Pflichten aus dem Arbeitsvertrag (Dienstzettel) auszuhändigen (ein Muster eines solchen Dienstzettels befindet sich im Anhang). Diese Verpflichtung entfällt, wenn ein schriftlicher Arbeitsvertrag alle notwendigen Angaben enthält. § 2 AVRAG ist anzuwenden[3]).

1.4. Die Angestellte ist spätestens bei Abschluss des Arbeitsvertrages nach Vordienstzeiten, die im Sinne dieses Kollektivvertrages von Bedeutung sein können, zu befragen. Die Angestellte hat diese spätestens bei Beginn des Arbeitsverhältnisses glaubhaft zu machen bzw nachzuweisen. Nicht oder verspätet glaubhaft gemachte bzw nachgewiesene Vordienstzeiten sind für die Einstufung erst ab dem Zeitpunkt der Geltendmachung zu berücksichtigen[4]).

1.5. Die Sozialpartner empfehlen Filialbetrieben, beim Einsatz eines Angestellten in Filialen soweit als möglich, auf die Nähe zum Wohnsitz des Angestellten Rücksicht zu nehmen[5]).

[1]) Die **gesetzlichen Mitwirkungsrechte** des Betriebsrates im Zusammenhang mit Neueinstellungen sind in den §§ 98 und 99 ArbVG geregelt und greifen in den einzelnen Phasen der Einstellung unterschiedlich ein (s *Löschnigg*, Arbeitsrecht[13] [2017] 11/171 ff): Der Betriebsrat kann gem § 99 Abs 1 ArbVG von sich aus, dh unabhängig von einer Initiative des Arbeitgebers bzw der Arbeitgeberin, die Ausschreibung eines zu besetzenden Arbeitsplatzes vorschlagen. Gem § 98 ArbVG hat der Betriebsinhaber bzw die Betriebsinhaberin den Betriebsrat über den künftigen

Bedarf an Arbeitnehmern bzw Arbeitnehmerinnen sowie über in Aussicht genommene personelle Maßnahmen rechtzeitig zu unterrichten. Er/Sie hat gem § 99 Abs 2 ArbVG dieser Informationspflicht nachzukommen, sobald die Zahl der aufzunehmenden Arbeitnehmer bzw Arbeitnehmerinnen, deren geplante Verwendung sowie die in Aussicht genommenen Arbeitsplätze bekannt sind. Verlangt der Betriebsrat eine darüber hinausgehende Information oder Beratung über einzelne Einstellungen, hat der Betriebsinhaber bzw die Betriebsinhaberin dem Folge zu leisten. Zur Entgegennahme der einschlägigen Mitteilungen ist der Betriebsrat jener Gruppe zuständig, welcher der/die Einzustellende angehören würde. Festzuhalten ist jedoch, dass der Betriebsrat keine Befugnis besitzt, auf die konkrete Einstellung von Dienstnehmern bzw Dienstnehmerinnen Einfluss zu nehmen (EA St. Pölten 15. Juni 1920, Reg I 43/20, Arb 3045) und auch zu Vertragsverhandlungen anlässlich Neueinstellungen nicht beigezogen werden muss (EA Wien 2. Mai 1925, A 327/25, Arb 3602). Jede erfolgte Einstellung eines Arbeitnehmers bzw einer Arbeitnehmerin ist der zuständigen betrieblichen Belegschaftsvertretung gem § 99 Abs 4 ArbVG wiederum unverzüglich mitzuteilen, wobei diese Mitteilung Angaben über die vorgesehene Verwendung und Einstufung des Arbeitnehmers bzw der Arbeitnehmerin, das Entgelt sowie eine allenfalls vereinbarte Probezeit oder Befristung des Arbeitsverhältnisses zu enthalten hat. Diese Bestimmung soll dem Betriebsrat die Möglichkeit bieten, seine Schutz- und Überwachungsfunktionen wirksam auszuüben.

Die Mitwirkungsrechte des Betriebsrates sind im ArbVG bzw in Sondergesetzen grundsätzlich abschließend geregelt. Eine Ausweitung der betriebsverfassungsrechtlichen Befugnisse durch Kollektivvertrag ist daher – abgesehen von den im ArbVG selbst vorgesehenen Fällen (vgl zB § 102 ArbVG – Mitwirkung bei der Verhängung von Disziplinarmaßnahmen) – unzulässig. Die **Bestimmung des Abschnittes 1 Pkt C Z 1.1** ist gesetzeskonform als Konkretisierung der §§ 98 und 99 ArbVG zu deuten. Die Kollektivvertragsparteien wollen jedenfalls klarstellen, dass zwischen Vertragsabschluss („Neuaufnahme“) und Aufnahme der Beschäftigung iSd konkreten Arbeitsbeginns („Einstellung“) zu unterscheiden ist und die Information des Betriebsrates vor Beginn der Tätigkeit im Betrieb durchzuführen ist.

²) Durch **Vereinbarung** einer **Probezeit** hat der Arbeitgeber bzw die Arbeitgeberin die Möglichkeit, sich von der Eignung des Arbeitnehmers bzw der Arbeitnehmerin für die ihm/ihr zugedachte Tätigkeit zu überzeugen (vgl hiezu *Löschnigg*, Arbeitsrecht[13] [2017] 5/137 f). Das Wesen eines solchen Arbeitsverhältnisses auf Probe besteht darin, dass es **jederzeit von**

beiden Seiten ohne Einhaltung von Fristen und Terminen sowie ohne Vorliegen bestimmter Gründe gelöst werden kann. Der Probezeitraum kann jedoch nicht beliebig lang festgelegt werden, sondern ist für Angestellte gem § 19 Abs 2 AngG mit einem Monat limitiert. Im Anwendungsbereich des Handelsangestellten-KV ist eine besondere Vereinbarung der Probezeit **nicht erforderlich**, da der erste Monat eines Dienstverhältnisses, sofern nichts anderes vereinbart wurde, gem Abschnitt 1 Pkt C Z 1.2. automatisch als Probemonat anzusehen ist. Die im Angestelltendienstverhältnis höchstens zulässige Dauer einer Probezeit ist damit ausgeschöpft, sodass die Vereinbarung einer darüber hinausgehenden Erprobungsphase nicht in Frage kommt. Ein **arbeitsvertraglicher Ausschluss** oder eine **Verkürzung** des Probemonats ist hingegen zulässig.

Die **Probezeit beginnt** grundsätzlich mit dem **vereinbarten Zeitpunkt des Arbeitsantritts**, unabhängig von einem allenfalls verspäteten tatsächlichen Beginn der Arbeitsleistung. Bei der Berechnung der Monatsfrist wird jener Tag mitgerechnet, an dem das Arbeitsverhältnis beginnt, sodass ein Probemonat, der am 1. Juni beginnt, am 30. Juni endet. Sämtliche Lösungserklärungen, die dem Arbeitnehmer bzw der Arbeitnehmerin nach diesem Termin zukommen, sind nicht mehr als Auflösung des Probedienstverhältnisses, sondern als Beendigung des regulären Dienstverhältnisses zu betrachten (LG Wien 18. Februar 1957, 44 Cg 27/57, Arb 6602; ArbG Wien 21. Dezember 1966, 8 Cr 292/66, SozM III B, 159).

Wird ein neues Arbeitsverhältnis zum selben Arbeitgeber bzw zur selben Arbeitgeberin begründet, kann grundsätzlich keine zweite Probezeit vereinbart werden (OGH 7. Juni 2006, 9 ObA 45/06t, ARD 5713/6/2006; zu Ausnahmen unter besonderen Umständen vgl OGH 30. Juli 1963, 4 Ob 59/63, Arb 7801; OGH 25. Jänner 2011, 8 ObA 3/11s, ZAS 2011, 268 mit Bespr v *Schörghofer* = infas 2011, A 42; OGH 22. August 2012, 9 ObA 68/12h, DRdA 2013, 312 mit Bespr v *Kozak* = ARD 6273/3/2012; vgl auch *Rauch*, Probezeit bei weiterem Arbeitsverhältnis, ASoK 2011, 347). Die kollektivvertraglich festgelegte Lösungsmöglichkeit während des Probemonats kann hiebei nur für die erstmalige Erprobung in Frage kommen (OLG Linz 20. Juli 1989, 13 Ra 43/89, Arb 10.793).

[3]) Die Bestimmung des Abschnittes 1 Pkt C Z 1.3. Handelsangestellten-KV, wonach der Arbeitgeber bzw die Arbeitgeberin dem/der Angestellten bei Abschluss des Arbeitsvertrages bzw unverzüglich bei Arbeitsantritt einen Dienstzettel auszuhändigen hat, dient insofern lediglich der Klarstellung, als bereits eine gleichlautende gesetzliche Verpflichtung in **§ 6 Abs 3 AngG iVm § 2 Abs 1 AVRAG** verankert ist. Abschnitt 1 Pkt C

Z 1.3. letzter Satz des Handelsangestellten-KV verweist dementsprechend auf die Bestimmungen des § 2 AVRAG.

Beim sog **Dienstzettel** oder **Dienstschein**, der nicht mit dem Arbeitsvertrag verwechselt werden darf, handelt es sich um eine schriftliche Aufzeichnung der wesentlichen Rechte und Pflichten aus dem Arbeitsvertrag. Im Gegensatz zum konstitutiv wirkenden Arbeitsvertrag hat der Dienstzettel rein deklarative Bedeutung. Gem § 2 Abs 2 AVRAG hat ein Dienstzettel grundsätzlich **folgende Angaben** zu enthalten:

- Name und Anschrift des Arbeitgebers bzw der Arbeitgeberin,
- Name und Anschrift des Arbeitnehmers bzw der Arbeitnehmerin,
- Beginn des Arbeitsverhältnisses,
- bei Arbeitsverhältnissen auf bestimmte Zeit das Ende des Arbeitsverhältnisses,
- Dauer der Kündigungsfrist, Kündigungstermin,
- gewöhnlicher Arbeits(Einsatz)ort, erforderlichenfalls Hinweis auf wechselnde Arbeits(Einsatz)orte,
- allfällige Einstufung in ein generelles Schema,
- vorgesehene Verwendung,
- die betragsmäßige Höhe des Grundgehalts oder -lohns, weitere Entgeltbestandteile wie zB Sonderzahlungen, Fälligkeit des Entgelts (vgl hiezu auch Erl 10 zu Abschnitt 2 Pkt G Z 3),
- Ausmaß des jährlichen Erholungsurlaubes,
- vereinbarte tägliche oder wöchentliche Normalarbeitszeit des Arbeitnehmers bzw der Arbeitnehmerin und
- Bezeichnung der auf den Arbeitsvertrag allenfalls anzuwendenden Normen der kollektiven Rechtsgestaltung (Kollektivvertrag, Satzung, Mindestlohntarif, festgesetzte Lehrlingsentschädigung, Betriebsvereinbarung) und Hinweis auf den Raum im Betrieb, in dem diese zur Einsichtnahme aufliegen,
- Name und Anschrift der Betrieblichen Vorsorgekasse (BV-Kasse) des Arbeitnehmers bzw der Arbeitnehmerin.

Im Fall einer **Auslandsentsendung** von mehr als einem Monat hat der Dienstzettel gem § 2 Abs 3 AVRAG darüber hinaus noch weitere Informationen zu enthalten. Ein Teil der im Dienstzettel festzuhaltenden Angaben kann gem § 2 Abs 5 AVRAG auch durch Verweis auf entsprechende Gesetze, Normen der kollektiven Rechtsgestaltung oder betriebsüblich angewandte Reiserichtlinien erfolgen.

Änderungen der im Dienstzettel zu vermerkenden Rechte und Pflichten sind dem Arbeitnehmer bzw der Arbeitnehmerin gem § 2 Abs 6 AVRAG unverzüglich, spätestens jedoch einen Monat nach ihrer Wirksamkeit schriftlich mitzuteilen. Der Dienstzettel ist insofern dynamisch ausgestaltet.

Auch der Hinweis, dass die Ausfertigung eines Dienstzettels unterbleiben kann, wenn ein dem Arbeitnehmer bzw der Arbeitnehmerin ausgehändigter schriftlicher Arbeitsvertrag alle notwendigen Angaben enthält, wiederholt lediglich die Bestimmung des § 2 Abs 4 Z 2 AVRAG. Das Gesetz sieht darüber hinaus jedoch noch weitere Ausnahmen von der Verpflichtung zur Ausstellung eines Dienstzettels vor, wenn die Dauer des Arbeitsverhältnisses höchstens einen Monat beträgt oder wenn im Fall einer Auslandsentsendung die zusätzlich erforderlichen Angaben in anderen schriftlichen Unterlagen enthalten sind. Die kollektivvertragliche Regelung betont zwar grundsätzlich die Geltung des § 2 AVRAG, schafft jedoch für den Bereich der Ausnahmen von der Verpflichtung, einen Dienstzettel auszustellen, eine eigene Regelung, die diese zusätzlichen Ausnahmen nicht erwähnt. Hier wird daher von einer speziellen kollektivvertraglichen Verpflichtung auszugehen sein.

[4]) Der Arbeitgeber bzw die Arbeitgeberin ist nach den Bestimmungen des Handelsangestellten-KV verpflichtet, den Arbeitnehmer bzw die Arbeitnehmerin zu Beginn des Dienstverhältnisses in das kollektivvertragliche Gehaltsschema einzustufen und ihm/ihr das Ergebnis dieser Einstufung durch Aushändigung eines Dienstzettels bekannt zu geben. Im Rahmen dessen ist er/sie gem Abschnitt 1 Pkt C Z 1.4. Handelsangestellten-KV ausdrücklich verpflichtet, den Angestellten bzw die Angestellte spätestens bei Abschluss des Arbeitsvertrages nach **Vordienstzeiten**, die bei der Berechnung der Berufsjahre von Bedeutung sein könnten, **zu befragen** (OLG Wien 24. August 2007, 9 Ra 178/06x, ARD 5837/8/2008; sa OLG Wien 25. März 2021, 9 Ra 16/21w, ARD 6765/8/2021). Dem allgemeinen Sprachgebrauch zufolge handelt es sich bei Vordienstzeiten um Zeiten, die vor dem aktuellen Arbeitsverhältnis liegen und für das aktuelle Arbeitsverhältnis rechtliche Relevanz besitzen. Die ebenfalls in Abschnitt 1 Pkt C Z 1.4. Handelsangestellten-KV verankerte Obliegenheit des Arbeitnehmers bzw der Arbeitnehmerin, relevante Vordienstzeiten spätestens zu Beginn des Arbeitsverhältnisses **glaubhaft zu machen** bzw **nachzuweisen**, ist in diesem Zusammenhang so zu verstehen, dass eine Glaubhaftmachung bzw ein Nachweis nur dann zu erbringen ist, wenn dies vom Arbeitgeber bzw der Arbeitgeberin verlangt wird. Unterlässt es der Arbeitgeber bzw die Arbeitgeberin den Arbeitnehmer bzw die Arbeitnehmerin nach Vordienstzeiten zu fragen, mindert auch die Tatsache, dass der Arbeitnehmer bzw die Arbeitnehmerin von sich aus keinen Nachweis erbracht hat, dessen/deren Ansprüche nicht (vgl OGH 17. Juni 1986, 14 Ob

17/86, ARD 3862/15/87; OLG Wien 22. Juni 1988, 31 Ra 37/88, ARD 4011/13/88; OGH 21. November 1990, 9 ObA 252/90, ARD 4235/24/91; OGH 10. September 1997, 9 ObA 220/97m, infas 1998, A 45; OLG Wien 1. Dezember 1999, 9 Ra 264/99 f, ARD 5117/11/2000); OLG Wien 25. Oktober 2016, 9 Ra 37/16a, ARD 6538/9/2017).

Der Hinweis, dass nicht oder verspätet geltend gemachte Vordienstzeiten erst ab dem Zeitpunkt der Geltendmachung zu berücksichtigen sind, bezieht sich daher nur auf jene Fälle, in denen der Arbeitnehmer bzw die Arbeitnehmerin der Aufforderung des Arbeitgebers bzw der Arbeitgeberin, einstufungsrelevante Vordienstzeiten geltend zu machen, nicht nachgekommen ist. In allen anderen Fällen kann der Arbeitnehmer bzw die Arbeitnehmerin das auf die nicht berücksichtigten Vordienstzeiten entfallende Entgelt – im Rahmen der kollektivvertraglichen Verfallsfrist des Abschnittes 7 Pkt A Z 4 – auch für die Vergangenheit beanspruchen.

[5]) Bei Abschnitt 1 Pkt C Z 1.5. handelt es sich um eine Empfehlung der Sozialpartner. Da der Einsatz eines/einer Angestellten unter Rücksichtnahme auf die Nähe des Wohnsitzes zur Filiale dem Arbeitgeber bzw der Arbeitgeberin überlassen bleibt und dadurch unmittelbar weder Rechte noch Pflichten für die einzelnen Arbeitgeber bzw Arbeitgeberinnen und Arbeitnehmer bzw Arbeitnehmerinnen erwachsen, wird die Bestimmung des Abschnittes 1 Pkt C Z 1.5. Handelsangestellten-KV dem obligatorischen Teil des Kollektivvertrages zuzurechnen sein und allenfalls Einwirkungspflichten der Kollektivvertragsparteien auslösen.

D. Gleichbehandlung

Im Zusammenhang mit einem Arbeitsverhältnis darf niemand auf Grund seines Geschlechtes unmittelbar oder mittelbar diskriminiert werden, insbesondere nicht

1. **bei der Begründung des Arbeitsverhältnisses,**
2. **bei der Festsetzung des Entgelts,**
3. **bei der Gewährung freiwilliger Sozialleistungen, die kein Entgelt darstellen,**
4. **bei Maßnahmen der Aus- und Weiterbildung auf betrieblicher Ebene,**
5. **beim beruflichen Aufstieg, insbesondere bei Beförderungen,**
6. **bei den sonstigen Arbeitsbedingungen und**
7. **bei der Beendigung des Arbeitsverhältnisses.**

Diskriminierung ist jede benachteiligende Differenzierung, die ohne sachliche Rechtfertigung vorgenommen wird (§ 2 GlBG)[1]).

[1]) Arbeitsverhältnisse, die dem Handelsangestellten-KV unterliegen, fallen als privatrechtliche Dienstverhältnisse gem § 1 Abs 1 Z 1 GlBG auch in den Geltungsbereich des **Gleichbehandlungsgesetzes 2004** (GlBG), BGBl I 66/2004, das einen weit über die Bestimmung des Abschnittes 1 Pkt D Handelsangestellten-KV hinausgehenden sachlichen Anwendungsbereich besitzt (allg vgl *Windisch-Graetz* [Hrsg], GlBG[2] [2022]; *Hopf/Mayr/Eichinger/Erler*, GlBG[2] [2021]; *dies*, GlBG-Novelle 2011 [2011]; *Naderhirn*, Die Neuregelung der Gleichbehandlung, RFG 2004/5; *Sturm*, Richtlinienumsetzung im neuen GlBG und GBK/GAW-G, DRdA 2004, 574; *Ercher-Lederer/Rath*, Novelle zum GlBG: Umsetzung der Selbständigen-Gleichbehandlungsrichtlinie und Verbesserungen bei der Gleichbehandlung in der Arbeitswelt, ASoK 2013, 241). Das kollektivvertragliche Gleichbehandlungsgebot kann daher lediglich der Klarstellung und der Bekräftigung der **zwingenden Bestimmungen** des GlBG dienen.

Das in Abschnitt 1 Pkt D des Handelsangestellten-KV verankerte Verbot der Diskriminierung aufgrund des Geschlechts im Zusammenhang mit dem Arbeitsverhältnis entspricht – wie durch den Klammerausdruck angedeutet – der Bestimmung des **§ 2 GlBG in der überholten Fassung**, BGBl 108/1979, das mit 1. Juli 2004 jedoch weitgehend durch ein **neues Gleichbehandlungsgesetz ersetzt** wurde (zum alten GlBG vgl *Smutny/Mayr*, GlBG [2001]; *Mayer-Maly*, GlBG [1981]; *Eichinger*, Die Frau im Arbeitsrecht [1991]; *dies*, Rechtsfragen zum Gleichbehandlungsgesetz [1993]; *Weinmeier*, Gleichbehandlung von Männern und Frauen, in *Koppensteiner*

[Hrsg], Österreichisches und Europäisches Wirtschaftsprivatrecht, Teil 5, Arbeitsrecht [1997] 1; *Smutny*, Geschlechtsbezogene Diskriminierung bei der Einstellung von ArbeitnehmerInnen, DRdA 2000, 122; *Gerlach*, Gleichbehandlung bei der Begründung des Dienstverhältnisses, RdW 2000, 610). Das GlBG 2004 wird durch das Gleichbehandlungskommissions- und Gleichbehandlungsanwaltschafts-Gesetz (GBK/GAW-G), BGBl 108/1979, ergänzt. Das in Geltung stehende GlBG wurde ebenso wie das Bundes-Gleichbehandlungsgesetz, BGBl I 65/2004, in Umsetzung der Richtlinie 2000/43/EG des Rates vom 29. Juni 2000 zur Anwendung des Gleichbehandlungsgrundsatzes ohne Unterschied der Rasse und der ethnischen Herkunft (**Antirassismus-RL**), der Richtlinie 2000/78/EG des Rates vom 27. November 2000 zur Festlegung eines allgemeinen Rahmens für die Verwirklichung der Gleichbehandlung in Beschäftigung und Beruf (**Gleichbehandlungsrahmen-RL**) sowie der durch die Richtlinie 2002/73/EG geänderten Richtlinie 76/207/EWG des Rates vom 9. Februar 1976 zur Verwirklichung des Grundsatzes der Gleichbehandlung von Männern und Frauen hinsichtlich des Zugangs zur Beschäftigung, zur Berufsbildung und zum beruflichen Aufstieg sowie in Bezug auf die Arbeitsbedingungen (**Gleichbehandlungs-RL**) erlassen (zu den RL vgl *Urlesberger*, Von Gleichen und Gleicheren, ZAS 2001, 72; *Stalder*, Spannungsfelder und Perspektiven der Umsetzung der Europäischen Antidiskriminierungsrichtlinien, JRP 2002, 227; *Birk*, Neuere Entwicklungen des Europäischen Arbeitsrechts, DRdA 2002, 455; *Winkler*, Die neuen europäischen Gleichbehandlungsregeln, ZAS 2004, 52). Das GlBG hat – anders als seine Vorgängerregelung – nicht mehr nur die **Gleichbehandlung von Männern und Frauen** zum Gegenstand, sondern regelt darüber hinaus in einem zweiten Teil auch die Gleichbehandlung in Bezug auf die **ethnische Zugehörigkeit, die Religion oder Weltanschauung, das Alter oder die sexuelle Orientierung** in der Arbeitswelt sowie in einem dritten Teil die Gleichbehandlung in Bezug auf die ethnische Zugehörigkeit in sonstigen Bereichen außerhalb des Arbeitslebens. Mit 1. März 2011 trat eine umfangreiche Novelle des GlBG und des GBK/GAW-G in Kraft. Die Gleichbehandlungsnovelle 2011, BGBl I 7/2011, brachte eine Änderung der Systematik des GlBG mit sich. Zudem wurden vielfältige inhaltliche Änderungen und Ergänzungen vorgenommen. Die Novelle 2011 hat vier Regelungsschwerpunkte:

- Die Verpflichtung größerer Unternehmer zur Erstellung eines Einkommensberichtes an die Belegschaftsvertretung (§ 11a GlBG; s unten),
- die Verpflichtung von Arbeitgebern bzw Arbeitgeberinnen und Arbeitsvermittlern bzw Arbeitsvermittlerinnen, in Stellenausschreibun-

gen das kollektivvertragliche Mindestentgelt und gegebenenfalls eine Überzahlungsbereitschaft anzugeben,
- die Festlegung des Schutzes vor Diskriminierung aufgrund des Naheverhältnisses zu Trägern bzw Trägerinnen geschützter Unterscheidungsmerkmale und
- die Erhöhung des Mindestschadenersatzes bei sexueller Belästigungen und anderen Belästigungsformen von € 720,– auf € 1.000,–.

Mit dem ersten Teil des GlBG über die Gleichbehandlung von Männern und Frauen in der Arbeitswelt wurde die durch die Richtlinie 2002/73/EG novellierte und an die Richtlinie 2000/78/EG angepasste **Gleichbehandlungs-RL** in nationales Recht umgesetzt. Auch in diesem ersten Teil geht das GlBG insofern über den sachlichen Anwendungsbereich des alten GlBG und des Handelsangestellten-KV hinaus, als es neben dem auch bisher geltenden Verbot der **Diskriminierung im Zusammenhang mit einem Arbeitsverhältnis** auch eine Diskriminierung in **sonstigen Bereichen der Arbeitswelt** untersagt. § 3 GlBG entspricht weitgehend der Bestimmung des Abschnittes 1 Pkt D Handelsangestellten-KV und verbietet insbesondere jede unmittelbare oder mittelbare Diskriminierung in Bezug auf ein Arbeitsverhältnis aufgrund des Geschlechts, insbesondere unter Bezugnahme auf den Familienstand oder den Umstand, ob jemand Kinder hat. Insbesondere sind danach Ungleichbehandlungen

1. bei der Begründung des Arbeitsverhältnisses;
2. bei der Festsetzung des Entgelts;
3. bei der Gewährung freiwilliger Sozialleistungen, die kein Entgelt darstellen;
4. bei Maßnahmen der Aus- und Weiterbildung und Umschulung;
5. beim beruflichen Aufstieg, insbesondere bei Beförderungen;
6. bei sonstigen Arbeitsbedingungen sowie
7. bei der Beendigung des Arbeitsverhältnisses verboten.

Darüber hinaus untersagt § 4 GlBG, insbesondere unter Bezugnahme auf den Familienstand oder den Umstand, ob jemand Kinder hat, jede unmittelbare oder mittelbare Diskriminierung aufgrund des Geschlechts beim Zugang zur Berufsberatung sowie bei beruflicher Weiterbildung und Umschulung außerhalb eines Arbeitsverhältnisses, bei der Mitgliedschaft, Mitwirkung oder Inanspruchnahme beruflicher Interessenvertretungen sowie bei den Bedingungen für den Zugang zu selbständiger Erwerbstätigkeit. Auch **sexuelle Belästigung** sowie jede andere Form einer **geschlechtsbezogenen Belästigung** im Bereich der Arbeitswelt qualifiziert das GlBG ausdrücklich als verbotene Diskriminierung aufgrund des

Geschlechts (s hiezu etwa *Hess-Knapp*, Sexuelle Belästigung junger ArbeitnehmerInnen, insb von Lehrlingen, und die Rechtsfolgen, DRdA 2009, 163; *Amon-Konrath/Prisching*, Sexuelle Belästigung – straf- und zivilrechtliche Aspekte, DRdA 2010, 80; s weiters OGH 2. September 2008, 8 ObA 59/08x, DRdA 2010, 243 mit Bespr v *Thomasberger* = taxlex 2009, 118 mit Bespr v *Gerhartl* sowie *Braun*, Ansprüche bei sexueller Belästigung im Arbeitsverhältnis, ASoK 2016, 479). Der Diskriminierungsbegriff des ersten Teiles des GlBG entspricht jenem der Gleichbehandlungs-RL. Eine **unmittelbare Diskriminierung** liegt gem § 5 Abs 1 GlBG vor, wenn eine Person aufgrund ihres Geschlechts in einer vergleichbaren Situation eine weniger günstige Behandlung erfährt, als es eine andere Person erfährt, erfahren hat oder erfahren würde. Um eine **mittelbare Diskriminierung** handelt es sich gem § 5 Abs 2 GlBG hingegen, wenn dem Anschein nach neutrale Vorschriften, Kriterien oder Verfahren Personen, die einem Geschlecht angehören, in besonderer Weise gegenüber Personen des anderen Geschlechts benachteiligen können, es sei denn, die betreffenden Vorschriften, Kriterien oder Verfahren sind durch ein rechtmäßiges Ziel sachlich gerechtfertigt und die Mittel sind zur Erreichung dieses Zieles angemessen und erforderlich. Auch die **Anweisung einer anderen Person zur Diskriminierung** ist gem § 5 Abs 3 GlBG eine Diskriminierung iSd GlBG. Seit der Novelle 2011 liegt eine Diskriminierung auch dann vor, wenn eine Person auf Grund ihres Naheverhältnisses zu einer Person wegen deren Geschlechts diskriminiert wird (Abs 4).

Wurde das Dienstverhältnis infolge einer Diskriminierung gem § 3 Z 1 GlBG nicht begründet, verpflichtet § 12 Abs 1 GlBG den Arbeitgeber bzw die Arbeitgeberin sowohl zum **Ersatz des dadurch erlittenen Vermögensschadens** als auch zu einer **Entschädigung für die persönliche Beeinträchtigung**. Hätte der diskriminierte Bewerber bzw die diskriminierte Bewerberin die Stelle bei diskriminierungsfreier Auswahl erhalten, gebühren ihm/ihr zumindest zwei Monatsentgelte. Wenn der Arbeitgeber bzw die Arbeitgeberin nachweisen kann, dass der einem Stellenwerber bzw einer Stellenwerberin durch die Diskriminierung entstandene Schaden nur darin besteht, dass die Berücksichtigung seiner/ihrer Bewerbung verweigert wird, limitiert das GlBG seinen/ihren Ersatzanspruch mit höchstens € 500,–. Eine ähnliche Regelung trifft § 12 Abs 5 GlBG für den Fall einer Diskriminierung im Zusammenhang mit dem beruflichen Aufstieg. Wäre der/die Betreffende ohne Diskriminierung beruflich aufgestiegen, gebührt ihm/ihr neben einer Entschädigung für die erlittene persönliche Beeinträchtigung die Entgeltdifferenz für mindestens drei Monate. Wäre jedoch auch bei diskriminierungsfreier Auswahl ein anderer bzw eine andere aufgestiegen, limitiert das GlBG den Ersatzanspruch mit höchstens € 500,–. Besteht die Diskriminierung darin, dass ein Arbeitnehmer bzw eine Arbeitnehmerin für gleiche oder gleichwertige Arbeit ein geringeres Entgelt erhält als ein Arbeitnehmer bzw eine Arbeitnehmerin des anderen Geschlechts, hat er/sie gegenüber dem Arbeitgeber bzw der Arbeitgeberin gem § 12 Abs 2 GlBG Anspruch auf Bezahlung der Differenz sowie auf eine Entschädigung für die erlittene persönliche Beeinträchtigung. Auch im Fall einer Diskriminierung durch die Nichtgewährung freiwilliger Sozialleistungen oder durch den Ausschluss von betrieblichen Aus- und Weiterbildungsmaßnahmen hat der/die Diskriminierte einerseits Anspruch auf Entschädigung für die erlittene persönliche Beeinträchtigung und andererseits auf Einbeziehung in die entsprechende Maßnahme oder auf Ersatz des durch die Nichteinbeziehung entstandenen Vermögensschadens. Dasselbe gilt, wenn einem Arbeitnehmer bzw einer Arbeitnehmerin aufgrund seines/ihres Geschlechts schlechtere Arbeitsbedingungen gewährt werden als einem Arbeitnehmer bzw einer Arbeitnehmerin des anderen Geschlechts. Im Fall einer sexuellen Diskriminierung oder einer sonstigen geschlechtsbezogenen Diskriminierung hat der/die Belästigte sowohl gegenüber dem Belästiger bzw der Belästigerin als auch gegenüber dem Arbeitgeber bzw der Arbeitgeberin, der/die es schuldhaft unterlässt, Abhilfe zu schaffen, Anspruch auf Ersatz des erlittenen Schadens. Soweit der erlittene Schaden nicht nur in einer Vermögenseinbuße besteht, hat der/die Betroffene für die erlittene persönliche Beeinträchtigung Anspruch auf einen angemessenen Schadenersatz, mindestens jedoch auf € 1.000,– (§ 12 Abs 11 GlBG).

Für die Geltendmachung einer Diskriminierung im Streitfall sieht § 12 Abs 12 GlBG insofern eine **Beweiserleichterung für den Diskriminierten bzw die Diskriminierte** vor, als er/sie die Diskriminierung lediglich glaubhaft zu machen hat, während der/die Beklagte den Gegenbeweis antreten muss. § 13 GlBG normiert darüber hinaus ein **Benachteiligungsverbot** für Arbeitnehmer und Arbeitnehmerinnen, die eine Beschwerde innerhalb des Unternehmens einlegen oder ein Verfahren zur Durchsetzung des Gleichbehandlungsgebotes einleiten. Ebenso wie Arbeitnehmer und Arbeitnehmerinnen, die eine unternehmensinterne Beschwerde unterstützen oder die als Zeugen in einem Verfahren auftreten, dürfen sie deshalb weder gekündigt, entlassen noch sonst benachteiligt werden.

§ 9 Abs 1 GlBG normiert schließlich noch ein **Gebot der geschlechtsneutralen Stellenausschreibung**, das für Arbeitgeber bzw Arbeitgeberinnen, private Arbeitsvermittler bzw Arbeitsvermittlerinnen sowie für mit der Arbeitsvermittlung betraute juristische Personen des öffentlichen Rechts gilt. Danach darf ein Arbeitsplatz **weder öffentlich noch innerhalb des Unternehmens** nur für Männer oder nur für Frauen ausgeschrieben werden, es sei denn, ein bestimmtes Geschlecht ist unverzichtbare Voraussetzung für die Ausübung der vorgesehenen Tätigkeit. Ist dies nicht der Fall, darf die Ausschreibung auch keine sonstigen Anmerkungen enthalten, die auf ein bestimmtes Geschlecht schließen lassen (vgl hiezu *Geiblinger*, Gesetzeskonformität personenbildbezogener Stellenausschreibungen, ASoK 2015, 140). Seit der Novelle 2011 sind die in Abs 1 genannten Personen bzw Stellen des Weiteren dazu verpflichtet, in der Ausschreibung das für den ausgeschriebenen Arbeitsplatz geltende kollektivvertragliche oder das durch Gesetz oder andere Normen der kollektiven Rechtsgestaltung geltende Mindestentgelt anzugeben und auf eine Bereitschaft zur Überzahlung hinzuweisen, sofern eine solche besteht (§ 9 Abs 2 GlBG). Verstößt ein Arbeitgeber oder eine Arbeitgeberin gegen das Gebot der geschlechtsneutralen Stellenausschreibung oder gegen das Gebot zur Angabe des geltenden Mindestentgelts, so ist er/sie auf Antrag eines Stellenwerbers bzw einer Stellenwerberin, des Anwalts bzw der Anwältin für Gleichbehandlung von Frauen und Männern in der Arbeitswelt oder eines Regionalanwalts bzw einer Regionalanwältin von der Bezirksverwaltungsbehörde zunächst zu **ermahnen** und bei weiteren Verstößen mit **Geldstrafe** von bis zu € 360,– zu bestrafen (vgl § 10 Abs 3 GlBG).

Ferner werden durch die GlBG-Novelle im Rahmen der Einkommenstransparenz Unternehmen mit mehr als 150 Arbeitnehmern und Arbeitnehmerinnen zur jährlichen Erstellung von **Einkommensberichten** verpflichtet (vgl hiezu *Schrank*, Die geschlechtsdifferenzierende Entgeltberichtspflicht größerer Arbeitgeber gemäß § 11a GlBG (Teil 1 und 2), RdW 2011, 542 u 599; *Firlei*, Entgelttransparenz ultra light – der Einkommensbericht gem § 11a GlBG, DRdA 2011, 238). Die Verpflichtung zur Erstellung des Berichts zur Einkommensanalyse nach § 11a GlBG, der auch dem Zentralbetriebsrat/Betriebsrat zur Verfügung zu stellen ist, trat nach Maßgabe des zeitlichen Etappenplans nach § 63 Abs 6 GlBG in Kraft. Für Arbeitgeber bzw Arbeitgeberinnen, die dauernd weniger als 1.001, aber mehr als 500 Arbeitnehmer bzw Arbeitnehmerinnen beschäftigen, trat diese Verpflichtung mit 1. Jänner 2012 in Kraft. Für jene Arbeitgeber bzw Arbeitgeberinnen, die dauernd weniger als 501, aber mehr als 250 Arbeitnehmer bzw Arbeitnehmerinnen beschäftigen, besteht die Verpflichtung zur Erstellung eines Einkommensberichts seit 1. Jänner 2013. Für Arbeitgeber bzw Arbeitgeberinnen, die dauernd weniger als 251, aber mehr als 150 Arbeitnehmer bzw Arbeitnehmerinnen beschäftigen, trat diese Verpflichtung mit 1. Jänner 2014 in Kraft. Der Bericht ist jeweils für das vorangegangene Kalenderjahr zu erstellen.

E. Allgemeine Pflichten der Angestellten

1. **Die Angestellte ist verpflichtet, alle mit ihrer Stellung verbundenen Arbeitsleistungen nach Maßgabe der gesetzlichen Bestimmungen und der Aufträge des Vorgesetzten ordnungsgemäß durchzuführen.**

2. **Die Angestellte ist nicht berechtigt, eine Provision oder sonstige Entlohnung von Kundinnen oder sonstigen Geschäftspartnerinnen ohne Bewilligung der Arbeitgeberin anzunehmen[1]).**

3. **Sie ist ferner weder berechtigt ein selbstständiges kaufmännisches Unternehmen zu betreiben, noch ohne Bewilligung der Arbeitgeberin für eigene oder fremde Rechnung Handelsgeschäfte im Geschäftszweig der Arbeitgeberin zu machen oder zu vermitteln[2]).**

4. **Sie ist, soweit keine gesetzliche Auskunftspflicht besteht, zur Geheimhaltung sämtlicher geschäftlicher Angelegenheiten gegenüber jedermann verpflichtet[3]).**

5. **Die Nichteinhaltung dieser Bestimmungen ist ein wichtiger Grund für die Auflösung des Arbeitsverhältnisses (Entlassung) gemäß § 27 AngG.**

[1]) Die Bestimmung des Abschnittes 1 Pkt E Handelsangestellten-KV ähnelt jener des **§ 13 Abs 1 AngG**, entspricht ihr jedoch nicht wörtlich. Nach § 13 AngG dürfen Angestellte, die mit dem Abschluss oder der Vermittlung von Geschäften betraut sind, ohne Einwilligung des Arbeitgebers bzw der Arbeitgeberin, von dessen/deren Geschäftspartnern bzw Geschäftspartnerinnen weder Provisionen noch sonstige Belohnungen annehmen (vgl hiezu *Jabornegg* in *Löschnigg/Melzer* [Hrsg], AngG Bd I[11] [2021] § 13; *Gerlach* in *Marhold/Burgstaller/Preyer* [Hrsg], AngG [Losebl] § 13). Abschnitt 1 Pkt E Handelsangestellten-KV **geht** nun insofern über § 13 AngG **hinaus**, als er sich nicht nur an Angestellte richtet, die mit dem Abschluss oder der Vermittlung von Geschäften betraut sind, sondern an sämtliche Angestellten im Anwendungsbereich des Kollektivvertrages, dh auch an Verkäufer bzw Verkäuferinnen, Dekorateure bzw Dekorateurinnen, Buchhalter bzw Buchhalterinnen, Kundendienstbetreuer bzw Kundendienstbetreuerinnen, Lagerpersonal etc. Das Verbot des § 13

Abs 1 AngG erhält damit einen durch Kollektivvertrag **erweiterten Geltungsbereich**, wobei zu beachten ist, dass nur § 13 Abs 1 AngG und nicht auch die Absätze 2 und 3 übernommen wurden. § 13 Abs 2 und 3 AngG über den Anspruch des Arbeitgebers bzw der Arbeitgeberin auf Herausgabe der unrechtmäßig empfangenen Belohnung sowie über die Frist zu dessen Geltendmachung gelten daher weiterhin nur für Angestellte iSd § 13 Abs 1 AngG. Übertritt ein Angestellter bzw eine Angestellte, der/die mit dem Abschluss oder der Vermittlung von Geschäften betraut ist, die Bestimmung des § 13 AngG, kann der Arbeitgeber bzw die Arbeitgeberin gem § 13 Abs 2 AngG neben allfälligen Schadenersatzansprüchen auch die Herausgabe der unrechtmäßig empfangenen Provision oder Belohnung verlangen. Darüber hinaus kann er/sie – gestützt auf den Entlassungsgrund des § 27 Z 1 AngG (Annahme unberechtigter Vorteile) – die Entlassung des/der betreffenden Angestellten aussprechen (vgl *Grillberger/ Warter* in *Löschnigg/Melzer* [Hrsg], AngG Bd II[11] [2021] § 27; *Friedrich* in *Marhold/ Burgstaller/Preyer* [Hrsg], AngG [Losebl] Rz 64 ff zu § 27). Nimmt hingegen ein Angestellter bzw eine Angestellte, der/die nicht mit dem Abschluss oder der Vermittlung von Geschäften betraut ist, entgegen Abschnitt 1 Pkt E Handelsangestellten-KV eine Belohnung an, wird der Arbeitgeber bzw die Arbeitgeberin zwar bei Vorliegen der allgemeinen Voraussetzungen Schadenersatz fordern können, nicht jedoch die Herausgabe der zu Unrecht erhaltenen Entlohnung. Eine Entlassung kann der Arbeitgeber bzw die Arbeitgeberin jedoch auch in diesem Fall aussprechen, da die Provisionsannahme nach § 13 AngG in § 27 Z 1 AngG nur beispielhaft angeführt wird und der Entlassungstatbestand weder auf die gem § 13 AngG tatbestandsmäßige Provisionsannahme noch auf Angestellte iSd § 13 AngG beschränkt ist (OGH 24. März 1959, 4 Ob 13/59, Arb 7022; OGH 2. September 1987, 9 ObA 89/87, ARD 3933/85/87; OGH 13. November 1997, 8 ObA 195/97b, ARD 4923/7/98; ASG Wien 17. Mai 2000, 23 Cga 166/99w, ARD 5181/34/2001; *Grillberger/Warter* in *Löschnigg/Melzer* [Hrsg], AngG Bd II[11] [2021] § 27; *Friedrich* in *Marhold/ Burgstaller/Preyer* [Hrsg], AngG [Losebl] Rz 65 zu § 27).

[2]) Abschnitt 1 Pkt E des Handelsangestellten-KV wiederholt das **Konkurrenzverbot**, das **§ 7 Abs 1 AngG** für Angestellte iSd § 1 AngG aufstellt. Das gesetzliche Konkurrenzverbot gilt nicht für alle Angestellten, sondern nur für jene iSd § 1 AngG (vgl *Resch* in *Löschnigg/Melzer* [Hrsg], AngG Bd I[11] [2021] Rz 1 zu § 7). Der persönliche Anwendungsbereich des Handelsangestellten-KV umfasst im Unterschied zu § 7 AngG sämtliche Arbeitnehmer und Arbeitnehmerinnen, auf die das Angestelltengesetz Anwendung findet, faktisch handelt es sich dabei aber ebenfalls nur um

Angestellte iSd § 1 AngG. Der persönliche Geltungsbereich des kollektivvertraglichen Konkurrenzverbots geht daher über jenen des § 7 AngG nicht hinaus. Da § 7 AngG in der Aufzählung der zwingenden Bestimmungen des § 40 AngG nicht genannt ist und auch sonst kein Anhaltspunkt für eine zwingende Wirkung besteht, kann das gesetzliche Konkurrenzverbot eingeschränkt oder aufgehoben, aber auch erweitert werden. Dasselbe gilt auch für Abschnitt 1 Pkt E des Handelsangestellten-KV.

Verboten ist – ohne Zustimmung des Arbeitgebers bzw der Arbeitgeberin – einerseits das **Betreiben eines jeden selbständigen kaufmännischen Unternehmens** und andererseits der Abschluss und die Vermittlung von Handelsgeschäften für eigene oder fremde Rechnung im Geschäftszweig des Arbeitgebers bzw der Arbeitgeberin (vgl hiezu *Resch* in *Löschnigg/Melzer* [Hrsg], AngG Bd I[11] [2021] § 7; *ders*, Arbeitsvertrag und Nebenbeschäftigung [1991] 37 ff; *Löschnigg*, Arbeitsrecht[13] [2017] 6/081 ff). Unter „**Betreiben**" ist die Führung eines kaufmännischen Unternehmens auf eigene Rechnung zu verstehen, gleichgültig ob im Geschäftszweig des Arbeitgebers bzw der Arbeitgeberin oder in einem anderen Bereich. Zweck dieser Regelung ist demnach weniger eine Konkurrenzierung des Arbeitgebers bzw der Arbeitgeberin zu verhindern, als die Leistungsfähigkeit des Arbeitnehmers bzw der Arbeitnehmerin im Dienstverhältnis zu wahren. Die bloße Gründung eines selbständigen kaufmännischen Unternehmens ohne Aufnahme des Geschäftsbetriebes fällt daher nicht unter den Begriff des Betreibens (OGH 18. November 1986, 14 Ob 193/86, infas 1986, A 193). Vorbereitungshandlungen eines/einer Angestellten zur Eröffnung eines Betriebes verstoßen nicht gegen das Konkurrenzverbot (OGH 21. September 1971, 4 Ob 58/71, ZAS 1972 mit Bespr v *Andexlinger*; OGH 11. Februar 1986, 5 Ob 301/86, RdW 1986, 120). Unbeachtlich ist, ob der/die Angestellte Alleineigentümer bzw Alleineigentümerin des Unternehmens ist, oder ob er/sie nur in irgendeiner Form daran beteiligt ist. Eine ausschließlich kapitalmäßige Beteiligung ist nicht als Betreiben eines selbständigen kaufmännischen Unternehmens iSd Konkurrenzverbotes anzusehen (OGH 27. Juni 1990, 9 ObA 148/90, infas 1991, A 15), erfüllt unter Umständen jedoch den Tatbestand des Abschließens von Handelsgeschäften auf eigene Rechnung, wenn das Unternehmen im Geschäftszweig des Arbeitgebers bzw der Arbeitgeberin tätig wird und der/die Angestellte über eine hinreichende Beteiligung verfügt. Kommt zu einer kapitalmäßigen Beteiligung eine Mitwirkung an der Geschäftsführung des Unternehmens hinzu, wird hingegen regelmäßig der erste Tatbestand des § 7 Abs 1 erfüllt sein (OGH 24. Jänner 2001, 9 ObA 217/00b, RdW 2001, 613).

Neben dem Betreiben eines selbständigen kaufmännischen Unternehmens ist es dem/der Angestellten weiters untersagt, **im Geschäftszweig des Arbeitgebers bzw der Arbeitgeberin** ohne dessen/deren Zustimmung, **Handelsgeschäfte auf eigene oder auf fremde Rechnung** abzuschließen. Hintergrund dieser Regelung ist weniger die Wahrung der Leistungsfähigkeit des Arbeitnehmers bzw der Arbeitnehmerin, sondern das Bestreben, eine Konkurrenzierung des Arbeitgebers bzw der Arbeitgeberin durch die eigenen Angestellten zu verhindern. Der Begriff des Geschäftszweiges ist nach jüngerer Rechtsprechung eng zu interpretieren und entsprechend dem Schutzzweck der Norm nur auf die vom Arbeitgeber bzw der Arbeitgeberin tatsächlich entfaltete Geschäftstätigkeit zu beziehen (OGH 29. Mai 1991, 9 ObA 74/91, ARD 4301/18/91; OGH 10. Dezember 1993, 9 ObA 370/93, Arb 11.130; OGH 2. März 2000, 9 ObA 8/00t, ARD 5185/18/2001; OGH 29. September 2010, 9 ObA 15/10m, Arb 12.922). Der Begriff der Handelsgeschäfte ist iSd zur Zeit des In-Kraft-Treten des AngG geltenden AHGB auszulegen und umfasst in erster Linie die Anschaffung und Weiterveräußerung von Waren (OGH 19. Mai 1981, 4 Ob 22/81, SozM I A/d, 1241; OGH 10. September 1985, 4 Ob 90/85, infas 1986, A 36).

Das **Konkurrenzverbot** betrifft die gesamte Dauer des Dienstverhältnisses und umfasst somit auch die Phase der Kündigungsfrist. Dies gilt selbst dann, wenn der/die Angestellte während der Kündigungsfrist den Urlaub konsumiert (LG Linz 25. April 1956, 5 Cg 7/56, Arb 6431) oder der Arbeitgeber bzw die Arbeitgeberin während dieser Zeit auf die Dienstleistung verzichtet hat (OGH 11. Februar 1986, 5 Ob 301/86, RdW 1986, 120). Einschränkungen der Erwerbstätigkeit des/der Angestellten nach Beendigung des Arbeitsverhältnisses bedürfen einer vertraglichen **Konkurrenzklausel** und sind nur nach Maßgabe des § 36 AngG zulässig (vgl *Resch* in *Löschnigg/Melzer* [Hrsg], AngG Bd II[11] [2021] § 36).

Verstößt ein Angestellter bzw eine Angestellte gegen das Konkurrenzverbot, läuft er/sie Gefahr, einen Entlassungsgrund zu setzen. Sowohl der **Entlassungsgrund** des § 27 Z 3 AngG (Verstoß gegen das Konkurrenzverbot) als auch jener des § 27 Z 1 AngG (Vertrauensunwürdigkeit; vgl OGH 10. Dezember 1993, 9 ObA 370/93, wbl 1994, 164) kommen in Frage (vgl *Grillberger/Warter* in *Löschnigg/Melzer* [Hrsg], AngG Bd II[11] [2021] Rz 21 ff zu § 27; *Friedrich* in *Marhold/Burgstaller/Preyer* [Hrsg], AngG [Losebl] Rz 15 ff zu § 27; *Heinrich*, Sind Nebenbeschäftigungen zulässig?, RdW 1986, 18; *Petrovic*, Die Vertrauensunwürdigkeit als Entlassungsgrund nach § 27 Abs 1 letzter Satz AngG, ZAS 1983, 49). Weitere nicht im Handelsangestellten-KV wiedergegebene Rechtsfolgen ergeben sich aus § 7 Abs 2 AngG: Betreibt der/die Angestellte verbotenerweise ein selbständiges kaufmännisches Unternehmen, kann der Arbeitgeber bzw die Arbeitgeberin neben **Schadenersatzansprüchen** die Unterlassung der Weiterführung und die **Einstellung des Konkurrenzbetriebes** verlangen. Hat der/die Angestellte hingegen im Geschäftszweig des Arbeitgebers bzw der Arbeitgeberin Handelsgeschäfte im eigenen Namen getätigt, kann der Arbeitgeber bzw die Arbeitgeberin entweder Schadenersatz oder den **Eintritt in die abgeschlossenen Geschäfte** mit anschließender Rechnungslegung fordern. In Bezug auf für fremde Rechnung abgeschlossene Geschäfte kann der Arbeitgeber bzw die Arbeitgeberin ebenfalls wiederum Schadenersatz geltend machen oder die **Herausgabe der bezogenen Vergütung** einschließlich der Bekanntgabe aller abgeschlossenen Geschäfte begehren (*Egermann/Hauer*, Zu den Ansprüchen des Arbeitgebers nach § 7 Abs 2 AngG, RdW 2012, 669). Gem § 7 Abs 3 AngG erlöschen diese Ansprüche des Arbeitgebers bzw der Arbeitgeberin nach drei Monaten ab dem Zeitpunkt, in dem dieser/diese Kenntnis vom Abschluss des Geschäftes erlangt hat, jedenfalls aber fünf Jahre nach Geschäftsabschluss (vgl *Resch* in *Löschnigg/Melzer* [Hrsg], AngG Bd I[11] [2021] Rz 45 ff zu § 7; *ders*, Arbeitsvertrag und Nebenbeschäftigung [1991] 64 ff).

Die **Ausübung anderer Nebenbeschäftigungen**, die weder der Bestimmung des § 7 Abs 1 AngG noch einem vertraglichen Konkurrenzverbot widersprechen, ist hingegen grundsätzlich zulässig und muss dem Arbeitgeber bzw der Arbeitgeberin auch nicht gemeldet werden (OGH 15. September 1981, 4 Ob 69/81, Arb 10.017). Entsprechende Fragen des Arbeitgebers bzw der Arbeitgeberin hat der/die Angestellte allerdings wahrheitsgetreu zu beantworten, vor allem wenn die Information zur Erfüllung gesetzlicher Verpflichtungen benötigt wird. Als Beispiel ist § 2 Abs 2 AZG zu nennen, wonach die gesetzlichen Höchstgrenzen der Arbeitszeit auch dann nicht überschritten werden dürfen, wenn ein Arbeitnehmer bzw eine Arbeitnehmerin von mehreren Arbeitgebern bzw Arbeitgeberinnen beschäftigt wird.

[3]) Im Angestelltengesetz findet sich keine ausdrückliche Bestimmung über den Schutz von **Geschäfts- und Betriebsgeheimnissen**, weder im Zusammenhang mit den Dienstpflichten noch im Bereich des Entlassungsrechts. Nach herrschender Auffassung stellt jedoch der Verrat sämtlicher nicht allgemein bekannter Tatsachen, an deren Geheimhaltung der Arbeitgeber bzw die Arbeitgeberin ein berechtigtes Interesse hat, eine schwere Verletzung der **Treuepflicht des Arbeitnehmers bzw der Arbeitnehmerin** dar (vgl *Grünberger*, Die Verschwiegenheitspflicht des Arbeitnehmers [2000] 29; *Marhold*, Geheimnisschutz und Verschwiegen-

heitspflichten im Arbeitsrecht, in *Ruppe* [Hrsg], Geheimnisschutz im Wirtschaftsleben [1980] 103 ff; *Firlei*, Geheimhaltungspflichten und Informationsbedürfnis im österreichischen Arbeitsrecht [1976] 24 ff; *Brameshuber*, Treuepflichten im Arbeitsrecht, in *Kalss/U. Torggler* [Hrsg], Treuepflichten [2018] 105 ff; vgl zu einem Verstoß gegen die Treuepflicht nach Ende des Arbeitsverhältnisses OGH 24. Juni 2015, 9 ObA 70/15g, ARD 6468/13/2015 = DRdA-infas 2015, 239). Im Bereich des Entlassungsrechts zieht die hA – mangels eines speziellen Entlassungstatbestandes – die Tatbestände der Untreue (§ 27 Z 1 TB 1 AngG) und der Vertrauensunwürdigkeit (§ 27 Z 1 TB 3 AngG) heran (vgl *Grillberger/Warter* in *Löschnigg/Melzer* [Hrsg], AngG Bd II[11] [2021] Rz 21 ff zu § 27; *Friedrich* in *Marhold/Burgstaller/Preyer* [Hrsg], AngG [Losebl] Rz 163 ff zu § 27; *Kuderna*, Entlassungsrecht[2] (1994) 81 ff).

F. Urlaub

1. Für den Urlaub gilt gemäß § 17 AngG das BGBlNr 390/76, betreffend die Vereinheitlichung des Urlaubsrechtes und die Einführung einer Pflegefreistellung[1]).

2. Vordienstzeiten, die im selben Betrieb zugebracht wurden, werden bei Wiedereintritt in den Betrieb bei der Urlaubsberechnung, wenn die Unterbrechung nicht länger als 180 Tage gedauert hat und die Lösung des Arbeitsverhältnisses durch die Arbeitgeberin erfolgt ist, sofort angerechnet[2]).

3. Kriegsbeschädigten und Personen, deren Erwerbsminderung auf einem Arbeitsunfall oder einer Berufskrankheit beruht, mit einer mindestens 50 %igen Minderung der Erwerbsfähigkeit, gebührt außer dem gesetzlichen Urlaub ein Zusatzurlaub von 3 Tagen.

[1]) Das **gesetzliche Urlaubsausmaß** gem § 2 Abs 1 UrlG beträgt bei einer Dienstzeit von weniger als 25 Jahren 30 Werktage und erhöht sich nach Vollendung des 25. Jahres auf 36 Werktage (allg vgl zB *Gerhartl*, Urlaubsrecht [2015] Rz 30 zu § 16; *Drs*, Urlaubsrecht[11] [2019]; *Mayr/Erler*, UrlG[3] [2019]; *Schrank*, Aktuelle Rechtsfragen zu Ausmaß und Verbrauch des Urlaubs, ZAS 1992, 181; *Winkler*, Der Urlaubsanspruch bei atypischer Arbeitszeit, ZAS 1967, 6; *Resch*, Teilzeitbeschäftigung und Erholungsurlaub, ecolex 1993, 840).

Gem § 2 Abs 4 UrlG kann bei der Urlaubsberechnung auf das Arbeitsjahr, auf das Kalenderjahr oder auf einen anderen Jahreszeitraum umgestellt werden. Die Umstellung ist durch Kollektivvertrag, Betriebsvereinbarung oder in Betrieben ohne Betriebsrat durch schriftliche Einzelvereinbarung möglich. Derartige Vereinbarungen können vorsehen, dass

a) Arbeitnehmer und Arbeitnehmerinnen, deren Arbeitsvertrag im laufenden Urlaubsjahr begründet wurde und welche die Wartezeit von sechs Monaten zu Beginn des neuen Urlaubsjahres noch nicht erfüllt haben, für jeden begonnenen Monat ein Zwölftel des Jahresurlaubes erhalten; ist die Wartezeit erfüllt, gebührt der volle Urlaub;
b) ein höheres Urlaubsausmaß erstmals in jenem Kalenderjahr (Jahreszeitraum) gebührt, in das (in den) der überwiegende Teil des Arbeitsjahres fällt;
c) die Ansprüche der zu Beginn des neuen Urlaubsjahres mindestens ein Jahr beim selben Arbeitgeber bzw derselben Arbeitgeberin beschäf-

tigten Arbeitnehmer und Arbeitnehmerinnen für den Umstellungszeitraum gesondert berechnet werden.

Kommt es zu einer Umstellung iSd § 2 Abs 4 UrlG und zu Dezimalstellen bei der Berechnung der Urlaubstage im Umstellungszeitraum, dann sind diese Urlaubstage (zu Gunsten des Arbeitnehmers bzw der Arbeitnehmerin) **aufzurunden**.

Der Anspruch auf Urlaub entsteht **in den ersten sechs Monaten des ersten Arbeitsjahres im Verhältnis zu der im Arbeitsjahr zurückgelegten Dienstzeit, nach sechs Monaten in voller Höhe**. Ab dem zweiten Arbeitsjahr entsteht der gesamte Urlaubsanspruch mit Beginn des Arbeitsjahres (§ 2 Abs 2 UrlG). Der Urlaubsanspruch entsteht ex lege. Er ist nicht von der Geltendmachung durch den Arbeitnehmer bzw die Arbeitnehmerin abhängig. Ein Verfall infolge einzel- oder kollektivvertraglicher Vereinbarung ist nicht möglich.

Der Gesetzgeber bestimmt ein anteiliges Anwachsen des Urlaubsanspruches innerhalb des ersten halben Jahres des Arbeitsverhältnisses. Eine genaue Aliquotierungsregelung sieht er nicht vor. Die kleinste in natura verbrauchbare Urlaubseinheit ist ein Werktag. Bruchteile von **Werktagen** müssen daher **aufgerundet** werden. Ein Urlaubsverbrauch ist bei entsprechender Vereinbarung zwischen Arbeitgeber bzw Arbeitgeberin und Arbeitnehmer bzw Arbeitnehmerin auch über den anteilig angewachsenen Urlaubsanspruch zulässig. Eine **Rückzahlungsverpflichtung** des über das anteilige Ausmaß hinausgehenden Urlaubsentgelts ist bei Beendigung jedoch aufgrund ausdrücklicher gesetzlicher Anordnung nur bei verschuldeter Entlassung oder ungerechtfertigtem, vorzeitigem Austritt anzunehmen.

Ab dem Beginn des zweiten Arbeitsjahres entsteht der Urlaubsanspruch zur Gänze mit dessen Beginn. Ein derartiger Anspruch entsteht auch, wenn zu diesem Zeitpunkt kein Entgeltanspruch besteht, da der Urlaubsanspruch in entgeltfreien Zeiten nicht geschmälert werden darf (§ 2 Abs 1 UrlG).

Eine **Urlaubsaliquotierung** auch im Sinne eines Anwachsens des Urlaubsanspruches während des aufrechten Arbeitsverhältnisses sieht das UrlG nur in zwei Fällen vor: Zum einen innerhalb des ersten halben Jahres des Arbeitsverhältnisses und zum anderen innerhalb der engen Grenzen der Umstellung des Urlaubsjahres vom Arbeitsjahr auf einen anderen Zeitraum, wie dies § 2 Abs 4 UrlG vorsieht. Darüber hinaus besteht keine Möglichkeit zur Aliquotierung.

Vereinbaren die Arbeitsvertragsparteien bei aufrechtem Arbeitsverhältnis eine Änderung der Anzahl der wöchentlichen Arbeitstage (**Wechsel von Teilzeit- in Vollzeitarbeit**) und besteht bei Beginn dieser Phase noch ein unverbrauchtes Urlaubsguthaben aus der vorangegangenen Periode, dann ist der Urlaubsanspruch den geänderten Arbeitszeitverhältnissen anzupassen. Das Ausmaß des dem Arbeitnehmer bzw der Arbeitnehmerin zustehenden Naturalurlaubs von insgesamt fünf (bzw sechs) Wochen im laufenden Arbeitsjahr darf jedenfalls nicht verringert werden. Um dieses Ergebnis zu erreichen, muss der aliquot stehengebliebene Anspruch aus der Teilzeitperiode angepasst, dh im Fall der Erhöhung der Wochenarbeitstage, aufgewertet werden (OGH 24. Oktober 2012, 8 ObA 35/12y, DRdA 2013, 337 mit Bespr v *Gerhartl* = ZAS 2014, 178 mit Bespr v *Drs* = infas 2013, A 37). Eine Anpassung hat auch bei einem Wechsel von Vollzeit- auf Teilzeitarbeit zu erfolgen (OGH 22. Juli 2014, 9 ObA 20/14b, DRdA 2015, 190 mit Bespr v *Kozak* = DRdA-infas mit Bespr v *Klein*; s auch *Jobst*, Der Wechsel zwischen Vollzeit und Teilzeit [2016] 73 ff).

Beispiel: Eine Arbeitnehmerin arbeitet in den ersten Monaten ihres Urlaubsjahres auf Basis einer Drei-Tage-Woche, sodass ihr grundsätzlich ein Urlaubsanspruch von 15 Arbeitstagen (3 Tage × 5 Wochen) zukommen würde. Kommt es infolge eines Wechsels von Teilzeit- auf Vollzeitarbeit zu einer Umstellung von drei auf fünf Arbeitstage, ist das Urlaubsguthaben von 15 auf 25 Tage aufzuwerten (15/3 × 5). Im Ergebnis kommt die Arbeitnehmerin damit wieder auf fünf Wochen Urlaub.

Beispiel: Sachverhalt wie oben. Die Arbeitnehmerin hat im Rahmen der Drei-Tage-Woche bereits drei Urlaubstage verbraucht, sodass ein Urlaubsguthaben von zwölf Tagen noch offen ist (= vier Wochen). Die Umrechnung ergibt in diesem Fall damit ein Urlaubsguthaben von 20 Tagen (12/3 × 5). Im Ergebnis stehen der Arbeitnehmerin vier Wochen Urlaub zu (für weitere Beispiele vgl *Schulz/Vogt-Majarek*, Die Berechnung des Urlaubsanspruchs bei Änderung des Beschäftigungsausmaßes anhand praktischer Beispiele, ARD 6463/5/2015; vgl auch *Löschnigg*, Arbeitsrecht[13] [2017] 6/678).

Der Zeitpunkt des Urlaubsantrittes ist zwischen dem Arbeitgeber bzw der Arbeitgeberin und dem Arbeitnehmer bzw der Arbeitnehmerin zu vereinbaren (vgl § 4 Abs 1 UrlG). Die Vereinbarung ist grundsätzlich **formfrei**, kann somit schriftlich, mündlich oder auch schlüssig getroffen werden. Sie setzt jedoch einen **übereinstimmenden Willen beider Parteien** des Arbeitsverhältnisses über die wesentlichen Punkte einer Urlaubsvereinbarung voraus. Im Normalfall wird notwendig sein, dass auch Übereinstimmung hinsichtlich des Beginns und des Endes des Urlaubs besteht.

Im Zusammenhang mit der **Corona-Virus-Krise** wurden Sonderregelungen zum Urlaubsverbrauch geschaffen (vgl *Löschnigg*, Arbeitsrecht[13] –

Nachtrag 2020 6/691aH; *dens*, Zulässige Urlaubsanordnung an den Universitäten im Lichte der Corona-Krise?, UNILEX 2020, 3; *Bremm*, Rechtsfragen zum Erholungsurlaub während COVID-19 – Zur Besonderheit der COVID-19-bedingten Änderungen in ArbVG und ABGB, ecolex 2020, 580). Trotz Andauern der Krise wurden aber diese Bestimmungen teilweise über den 31.12.2020 hinaus nicht verlängert. Unverändert in Kraft ist § 170 Abs 3 ArbVG, wonach Betriebsvereinbarungen nach § 97 Abs 1 Z 13 ArbVG in Zusammenhang mit der Corona-Kurzarbeit auch Regelungen zum Verbrauch des Erholungsurlaubs treffen können. Die Bundesregierung hat jedoch im Februar 2023 angekündigt, alle Corona-Maßnahmen zum 30.6.2023 beenden zu wollen.

[2]) Abschnitt 1 Pkt F regelt, ähnlich wie § 3 Abs 1 UrlG, dass Dienstverhältnisse bei demselben Arbeitgeber bzw bei derselben Arbeitgeberin **zusammenzurechnen** sind, wenn zwischen den Dienstverhältnissen keine längeren Unterbrechungen als jeweils 180 Tage liegen. Der Begriff der **Betriebszugehörigkeit** ist weit gefasst und mit dem aufrechten Bestehen des Arbeitsverhältnisses gleichzusetzen. Die Betriebszugehörigkeit wäre etwa auch gegeben, wenn kein Entgeltanspruch besteht (zB bei langer Krankheitsdauer) oder wenn die Hauptpflichten im Arbeitsverhältnis ruhend gestellt sind (zB Karenzzeiten). Für Zeiten einer Karenz nach dem Mutterschutzgesetz bzw dem Väterkarenzgesetz bzw für Zeiten einer Hospizkarenz sieht jedoch Abschnitt 1 Pkt I Sonderbestimmungen vor.

Eine Anrechnung von **Vordienstzeiten bei anderen** in Österreich tätigen Arbeitgebern bzw Arbeitgeberinnen erfolgt, sofern sie mindestens sechs Monate gedauert haben, bis zu maximal fünf Jahren. Die Anrechnung eines Studiums an höheren Schulen im Anschluss an die allgemeine Schulpflicht ist bis zu höchstens vier Jahren anzurechnen. Bei Vorliegen von anrechenbaren Vordienstzeiten und Zeiten eines Studiums an höheren Schulen sind höchstens sieben Jahre zu berücksichtigen. Ein erfolgreich abgeschlossenes Hochschulstudium ist mit höchstens fünf Jahren anzurechnen (vgl § 3 UrlG; *Rath*, Anrechnung von Schul- und Studienzeiten, ecolex 2009, 61).

G. Fortzahlung des Entgeltes bei Arbeitsverhinderung[1,8,9])

1. Bei angezeigtem[2]) und nachträglich nachgewiesenem Eintritt nachstehender[3]) Familienangelegenheiten besteht gemäß § 8 Abs (3) AngG Anspruch auf Fortzahlung des Entgeltes zB in folgenden Fällen:

1.1. bei eigener Eheschließung bzw Eintragung der Partnerschaft[4]) (3 Arbeitstage[5]),

1.2. bei Teilnahme an der Eheschließung bzw Eintragung der Partnerschaft der Kinder und Geschwister (1 Arbeitstag),

1.3. bei Tod der Ehegattin bzw Lebensgefährtin bzw eingetragenen Partnerin, wenn sie mit der Angestellten im gemeinsamen Haushalt lebte[6]) (2 Arbeitstage),

1.4. bei Teilnahme an der Beerdigung der Ehegattin bzw Lebensgefährtin bzw eingetragenen Partnerin (1 Arbeitstag),

1.5. bei Tod der Eltern, Schwiegereltern oder der Kinder (1 Arbeitstag),

1.6. bei Teilnahme an der Beerdigung der Eltern, Schwiegereltern, Kinder, Geschwister oder Großeltern (1 Arbeitstag),

1.7. bei Niederkunft der Ehegattin bzw Lebensgefährtin bzw eingetragenen Partnerin (1 Arbeitstag),

1.8. bei Wohnungswechsel die notwendige Zeit, jedoch höchstens 2 Arbeitstage innerhalb eines halben Jahres,

1.9. für die Zeit notwendiger ärztlicher und zahnärztlicher Behandlung, sofern eine ärztliche Bescheinigung vorgewiesen wird.

2. Für Lehrlinge gelten für die Fortzahlung des Lehrlingseinkommens die Bestimmungen der §§ 17 und 17 a BAG mit der Maßgabe, dass diese auch für den Tag der Ablegung der Lehrabschlussprüfung gebührt. Die beispielsweise Aufzählung unter Punkt 1 gilt auch für Lehrlinge[7]).

[1]) Wird der normale Arbeitsablauf im Arbeitsverhältnis gestört und kommt es zu einer Nichterfüllung der arbeitsvertraglichen Pflichten, dann bedarf es zur Regelung der arbeitsrechtlichen Frage, wer diese **Dienstverhinderungen** zu vertreten hat, arbeitsrechtlicher Bestimmungen. Für das

Arbeitsrecht als Teil des Privatrechts ist grundsätzlich von der Geltung der allgemeinen Regelungen des Schuldrechts über die Leistungsstörungen auszugehen (vgl insb §§ 918, 920, 1419, 1447 ABGB). Die schwächere Position des Arbeitnehmers bzw der Arbeitnehmerin hat allerdings seit jeher Abweichungen notwendig gemacht, sodass Gründe, die in der Sphäre des Arbeitnehmers bzw der Arbeitnehmerin gelegen sind, dieser bzw diese nicht schlechthin zu vertreten hat. So ist etwa bei Krankheit oder Unfällen des Arbeitnehmers bzw der Arbeitnehmerin der Arbeitgeber bzw die Arbeitgeberin verpflichtet, für gewisse Zeiträume das Entgelt trotz Nichtleistung der Arbeit fortzuzahlen. Für die Entgeltfortzahlung bei Krankheit und Unglücksfall sieht der Handelsangestellten-KV keine Sonderregelungen vor, sodass diesbezüglich auf die einschlägigen Bestimmungen des § 8 AngG zu verweisen ist (allg vgl zB *Melzer* in *Löschnigg/Melzer* [Hrsg], AngG Bd I[11] [2021] § 8; *Löschnigg*, Arbeitsrecht[13] [2017] 6/648 ff; *ders*, Arbeitsrechtsänderungsgesetz 2000 – Dienstverhinderungen/Krankenstand und Freizeit während der Kündigungsfrist, in *Resch* [Hrsg], Aktuelle Neuerungen im Arbeits- und Sozialrecht [2001] 13; *Rauch*, Rechtslage bei Dauerkrankenständen, insbesondere im Hinblick auf die Krankenentgeltregelungen, ASoK 2018, 135).

Neben Krankheiten oder Unfällen können auch noch **andere wichtige**, die **Person** des Arbeitnehmers bzw der Arbeitnehmerin **betreffende Gründe** (vgl § 8 Abs 3 AngG) diesen/diese berechtigen, für einige Zeit nicht seiner/ihrer Arbeit nachzukommen und trotzdem den Entgeltanspruch zu behalten: **familiäre Gründe** (zB Geburten, Todesfälle, Hochzeiten, Erkrankungen Angehöriger), **tatsächliche Verhinderungen** (zB Verkehrseinstellungen, aber auch Übersiedlung), Befolgung **öffentlicher** bzw **religiöser Verpflichtungen** (zB Vorladungen vor Ämter und Behörden sowie Aufsuchen eines Gerichts, Tauf-, Hochzeits- oder Begräbniszeremonien), Aufsuchen eines **Arztes bzw einer Ärztin** (Gesundenuntersuchung oder Impfungen, dh Fälle, in denen noch keine Krankheit vorliegt).

Beispiele aus der **Judikatur** für anerkannte Verhinderungsgründe sind: Die behördliche Vorladung zur Kraftfahrzeugüberprüfung (OGH 5. Oktober 1965, 4 Ob 106/65, Arb 8147), die vorübergehende Einstellung des zur Erreichung der Arbeitsstätte erforderlichen Massenverkehrsmittels (AG Wr Neustadt 3. September 1948, Cr 70/48, Arb 4990), ein Eisenbahnerstreik (AG Wien 16. Juni 1965, 1 Cr 104/65, Arb 8097), aber auch Elementarereignisse, wie außergewöhnlich ergiebige Schneefälle (OGH 16. Dezember 1987, 9 ObA 202/87, ZAS 1988, 167 mit Bespr v *Schnorr*), die Behebung einer Telefonstörung (OGH 27. Mai 1992, 9 ObA 70/92, DRdA 1993, 45 mit krit Bespr v *Ritzberger-Moser*) oder die Tätigkeit als fachkundiger Laienrichter beim Arbeits- und Sozialgericht (OGH 26. Februar 2004, 8 ObA 71/03d, ARD 5506/1/2004, insgesamt vgl hiezu die Übersicht in ABC der Dienstverhinderungsgründe, ARD 5336/2/2002 u ARD 5344/2/2002).

Allgemein kann gesagt werden, dass eine unvorhersehbare **Kollision von Vertragspflichten** mit einer höherwertigen Pflicht das Unterlassen der Dienstleistung grundsätzlich zu rechtfertigen vermag (vgl auch OGH 13. Mai 1986, 14 Ob 74/86, Arb 10.521). Im Einzelfall hat es stets zu einer Abwägung zwischen den betrieblichen Interessen und jenen des Arbeitnehmers bzw der Arbeitnehmerin zu kommen. Ergibt sich eine übermäßige Beeinträchtigung der Interessenlage des Arbeitgebers bzw der Arbeitgeberin, können Umstände, die an sich durchaus als Dienstverhinderungsgründe qualifizierbar wären, sogar zum Ausspruch einer gerechtfertigten Entlassung führen, wenn der Arbeitnehmer bzw die Arbeitnehmerin auf die Freistellung beharrt (zu exzessiven Gebetsritualen vgl OGH 27. März 1996, 9 ObA 18/96, DRdA 1997, 35 mit Bespr v *Mosler*).

Bei Vorliegen „sonstiger" Dienstverhinderungsgründe sieht § 8 Abs 3 AngG eine Entgeltfortzahlungspflicht des Arbeitgebers bzw der Arbeitgeberin für die **Dauer einer verhältnismäßig kurzen Zeit** vor. Eine konkrete kalendermäßige Begrenzung ist in der genannten gesetzlichen Regelung nicht vorgesehen, sodass eine Berücksichtigung der Interessenlagen der Arbeitsvertragsparteien möglich ist. Üblicherweise wird diesbezüglich von einer Fortzahlungspflicht für die **Dauer** von **einer Woche** ausgegangen (generell für einen Maximalzeitraum von einer Woche *Schrank,* Arbeitsrecht und Sozialversicherungsrecht [Losebl] 348), wobei in besonders berücksichtigungswürdigen Fällen diese Grenze jedoch **auch überschritten** werden darf (vgl insb *Holzer,* Die Dienstverhinderung aus anderen wichtigen die Person des Dienstnehmers betreffenden Gründen, DRdA 1970, 121; *Spielbüchler* in *Floretta/Spielbüchler/Strasser,* Arbeitsrecht I[4] [1998] 288; *Melzer* in *Löschnigg/Melzer* [Hrsg], AngG Bd I[11] [2021] Rz 218 ff zu § 8; *Holzer* in *Marhold/Burgstaller/Preyer* [Hrsg], AngG [Losebl] Rz 60 zu § 8).

§ 8 Abs 3 AngG regelt die Entgeltfortzahlung mit **zwingender** Wirkung, dh in untergeordneten Rechtsquellen darf nur zu Gunsten des Arbeitnehmers bzw der Arbeitnehmerin Abweichendes festgelegt werden. Werden in Kollektivverträgen hinsichtlich konkreter Verhinderungsgründe konkrete Entgeltfortzahlungsfristen bestimmt, wie dies auch in Abschnitt 1 Pkt G Handelsangestellten-KV der Fall ist, dann bilden die **kollektivvertraglichen Fristen** für die genannten Dienstverhinderungen nicht das Maximum, sondern das **Minimum** der Entgeltfortzahlungsdauer. Bei entsprechendem Mehrbedarf kann daher – gestützt auf das Gesetz – auch ein über die kollektivvertragliche Frist hinausgehender Anspruch geltend gemacht werden (*Löschnigg*, IT-KV [2001] 112; *Melzer* in *Löschnigg/Melzer* [Hrsg], AngG Bd I[11] [2021] Rz 212 f zu § 8).

[2]) Der Handelsangestellten-KV verlangt, dass die Dienstverhinderung dem Arbeitgeber bzw der Arbeitgeberin **angezeigt** und nachträglich **nachgewiesen** werden muss. Im Gegensatz zu § 8 Abs 8 AngG sieht der Kollektivvertrag keine „unverzügliche" Mitteilungspflicht vor. Allerdings darf daraus nicht gefolgert werden, dass die Benachrichtigung hinausgezögert werden darf. Es ergibt sich aus der Natur der Bestimmung und den Grundsätzen der Treuepflicht, dass der Arbeitnehmer bzw die Arbeitnehmerin ohne schuldhafte Verzögerung, dh sobald es ihm/ihr trotz der Dienstverhinderung möglich ist, entsprechende Mitteilung zu machen bzw einen Nachweis zu erbringen hat (vgl ASG Wien 28. März 1991, 20 Cga 241/89, ARD 4368/40/92).

Unterblieben ist im Kollektivvertrag ein Hinweis auf eine **Sanktion** bei **Nichterfüllung** der Mitteilungs- bzw Nachweispflicht. Diesbezüglich ist anzunehmen, dass die Kollektivvertragsparteien zumindest im Falle des Unterbleibens einer Mitteilung nicht vom Unterlassen jeglicher Sanktion ausgehen wollten, sondern vielmehr, dass die gesetzliche Bestimmung unberührt bleiben sollte. Kommt daher der Arbeitnehmer bzw die Arbeitnehmerin der angesprochenen Verpflichtung schuldhaft nicht nach, verliert er/sie für die Dauer der Säumnis seinen/ihren Entgeltfortzahlungsanspruch (vgl § 8 Abs 8 AngG; s hiezu ASG Wien 5. Februar 2001, 25 Cga 125/00k, ARD 5208/15/2001; *Melzer* in *Löschnigg/Melzer* [Hrsg], AngG Bd I[11] [2021] Rz 296 ff zu § 8; *Winter/Wartinger*, Pflichten des Arbeitnehmers bei Krankenstand, ZAS 2010, 59; *Holzer*, Die Dienstverhinderung aus anderen wichtigen die Person des Dienstnehmers betreffenden Gründen, DRdA 1970, 104 [120]). Eine Entlassung des Arbeitnehmers bzw der Arbeitnehmerin als Sanktion für die Verletzung der Mitteilungspflicht kommt nur in Ausnahmefällen in Frage (OGH 25. April 1996, 8 ObA 2058/96x, ZAS 1997, 55 mit Bespr v *Apathy* = infas 1996, A 128; OGH 26. November 2013, 9 ObA 115/13x, ARD 6385/8/2014; *Heinz-Ofner*, Die Entlassungsjudikatur zum genesungsvereitelnden Verhalten während des Krankenstandes, DRdA 2007, 11).

[3]) Abschnitt 1 Pkt G bringt eine **demonstrative (arg: „zB") Aufzählung** von Tatbeständen, bei deren Verwirklichung ein unbedingter Freistellungsanspruch besteht, ohne dass der Arbeitnehmer bzw die Arbeitnehmerin nachweisen muss, dass er die konkrete Zeit für den Anlass tatsächlich benötigt hat. Es handelt sich also um einen anlassbezogenen pauschalen Freistellungsanspruch.

[4]) Gleichgeschlechtliche Paare können mittels Eintragung ihrer Partnerschaft bereits seit 2010 ein „familienähnliches" Rechtsverhältnis eingehen. Explizite arbeitsrechtliche Konsequenzen hat der Handels-KV erst 2022 gezogen. Im Zusammenhang mit der Entgeltfortzahlung bei sonstigen Dienstverhinderungen wurde die **eingetragene Partnerschaft** iSd EPG der Eheschließung gleichgestellt.

[5]) Der Handelsangestellten-KV spricht in Abschnitt 1 Pkt G stets ausdrücklich von Arbeitstagen. Als **Arbeitstage** werden mitunter im Gegensatz zu den Werktagen (das sind die Wochentage von Montag bis einschließlich Samstag) nur solche Tage verstanden, an denen aufgrund der betrieblichen Arbeitszeiteinteilung die Mehrzahl der Arbeitnehmer und Arbeitnehmerinnen im Betrieb beschäftigt ist (vgl zB § 63 Abs 5 BRGO; OGH 21. Oktober 1999, 8 ObA 256/99a, DRdA 2000, 413 mit Bespr v *Trost*; OGH 10. Oktober 1990, 9 ObA 215/90, DRdA 1991, 299 mit Bespr v *Petrovic*). Diese Begriffsbildung, die auf die Beschäftigung und die Arbeitszeiteinteilung der Gesamtbelegschaft bzw die Mehrheit der Belegschaft eines Betriebes abstellt, ist dann nicht zielführend, wenn mittels der Arbeitstage Einzelansprüche der Arbeitnehmer und Arbeitnehmerinnen festgelegt werden. Hätte ein Arbeitnehmer bzw eine Arbeitnehmerin aufgrund der Arbeitszeiteinteilung an einem bestimmten Tag ohnedies nicht gearbeitet, dann kann er/sie an diesem Tag nicht freigestellt werden, auch wenn der Rest der Belegschaft an diesem Tag Dienstleistungen erbringt. Der Arbeitstag iSd Abschnittes 1 Pkt G Handelsangestellten-KV kann daher nur als ein Tag verstanden werden, an dem der betroffene Arbeitnehmer bzw die betroffene Arbeitnehmerin aufgrund seiner/ihrer konkreten Arbeitszeiteinteilung gearbeitet hätte.

[6]) Zusätzlich zur Sterbeurkunde als Nachweis des Todes, wird der Arbeitgeber bzw die Arbeitgeberin als Nachweis für die **Lebensgemeinschaft** auch einen entsprechenden Meldezettel verlangen dürfen. Wie lange die Lebensgemeinschaft bereits gedauert hat, ist für den Anspruch irrelevant. Darüber hinaus sind durch den offenen Wortlaut der Bestimmung auch gleichgeschlechtliche Lebensgemeinschaften erfasst (vgl in diesem Zusammenhang EuGH 12. Dezember 2013, C-267/12, *Hay*, DRdA 2014, 143).

[7]) Für **Dienstverhinderungen bei Lehrlingen** verweist der Handelsangestellten-KV auf die Bestimmungen der §§ 17 und 17a BAG (s hiezu *Aust* in *Aust/Gittenberger/Knallnig-Prainsack/Strohmayer* [Hrsg], Berufsausbildungsgesetz[2] [2017] §§ 17, 17a). Gem § 17a BAG hat der/die

Lehrberechtigte im Fall einer Arbeitsverhinderung durch **Krankheit** oder **Unglücksfall** das volle Lehrlingseinkommen bis zur Dauer von acht Wochen fortzubezahlen. Für maximal vier weitere Wochen ist dem Lehrling ein Teilentgelt in Höhe der Differenz zwischen dem Krankengeld und dem Lehrlingseinkommen zu gewähren. Ist dieser Anspruch innerhalb eines Lehrjahres bereits ausgeschöpft, gebührt dem Lehrling bei jeder weiteren Arbeitsverhinderung infolge Krankheit oder Unglücksfall innerhalb desselben Lehrjahres für die ersten drei Tage das volle Lehrlingseinkommen. Für die übrige Zeit der Arbeitsunfähigkeit, längstens bis zur Dauer von weiteren sechs Wochen, ist wiederum ein Teilentgelt in Höhe der Differenz zwischen Krankengeld und Lehrlingseinkommen zu gewähren.

Gem § 17 Abs 3 BAG ist das Lehrlingseinkommen auch für die Dauer der **Unterrichtszeit in der Berufsschule** unter Ausschluss der Mittagspause sowie für die Dauer der **Lehrabschlussprüfung** und der in den Ausbildungsvorschriften vorgesehenen Teilprüfungen weiterzuzahlen. In Bezug auf die Lehrabschlussprüfung trifft der Handelsangestellten-KV insofern eine für den Lehrling günstigere Regelung, als das Lehrlingseinkommen nicht nur für die Dauer der Prüfung selbst, sondern für den ganzen Tag fortzubezahlen ist. Im Anwendungsbereich des Handelsangestellten-KV sind Lehrlinge somit am Tag ihrer Lehrabschlussprüfung zur Gänze von der Dienstleistung befreit. Werden der schriftliche und der mündliche Teil der Lehrabschlussprüfung nicht am selben Tag abgelegt, sind beide Prüfungstage arbeitsfrei.

Zur Entgeltfortzahlung im Fall, dass der Lehrling durch **andere wichtige, seine Person betreffende Gründe** an der Dienstleistung gehindert wird, trifft das BAG keine Regelung. Da das Angestelltengesetz gem § 5 AngG auf Lehrlinge keine Anwendung findet, kann auch § 8 Abs 3 AngG nicht herangezogen werden. Vielmehr ist § 1154b Abs 5 ABGB anzuwenden, der ebenso wie § 8 Abs 3 AngG eine Entgeltfortzahlungspflicht des Dienstgebers bzw der Dienstgeberin für die Dauer einer verhältnismäßig kurzen Zeit vorsieht (vgl Erl 1). Bis 30.6.2018 handelte es sich bei § 1154b Abs 5 ABGB – anders als bei § 8 Abs 3 AngG – um eine kollektivvertragsdispositive Norm (vgl § 1154b Abs 6 leg cit). Kollektivverträge konnten daher bis zu diesem Zeitpunkt auch (im Vergleich zum Gesetz) ungünstigere Bestimmungen enthalten (vgl *Löschnigg*, Arbeitsrecht[13] [2017] 6/648). Seit 1.7.2018 kommt dem § 1154b Abs 5 ABGB durch die Aufhebung des § 1154b Abs 6 ABGB eine einseitig zwingende Wirkung zu, sodass der Kollektivvertrag lediglich Regelungen im Sinne des Günstigkeitsprinzips treffen darf (s etwa *Glowacka*, Angleichung Arbeiter – Angestellte bei der Entgeltfortzahlung, ZAS 2017, 339 [341]).

Die Bestimmung des Abschnittes 1 Pkt G Handelsangestellten-KV, die ausdrücklich auch für Lehrlinge gilt, wird durch den Kollektivvertrag selbst als bloß beispielhafte Aufzählung bezeichnet und beschränkt den Entgeltfortzahlungsanspruch des § 1154b Abs 5 ABGB damit keinesfalls auf die im Kollektivvertrag genannten Fälle (nunmehr sa *Maska/Steinlechner*, Kollektivvertrag für Angestellte und Lehrlinge in Handelsbetrieben[2] [2020] 30). Auch für Lehrlinge begründet Abschnitt 1 Pkt G Z 1 Handelsangestellten-KV daher einen Mindestanspruch auf Entgeltfortzahlung. Bei entsprechendem Mehrbedarf kann aber auch ein Lehrling – gestützt auf § 1154b Abs 5 ABGB – einen über die kollektivvertragliche Frist hinausgehenden Anspruch geltend machen.

[8]) Ist hingegen eine Arbeitnehmerin wegen eines Einsatzes bei einer Katastrophe iSd § 3 Z 3 lit b KatFG 1996 oder wegen einer Tätigkeit bei der Bergrettung an der Arbeitsleistung verhindert, hat sie Anspruch auf Freistellung unter Fortzahlung des Entgelts, wenn das Ausmaß und die Lage der Dienstfreistellung mit der Arbeitgeberin vereinbart wird (insb § 8 Abs 3a AngG und § 1154b Abs 6 ABGB). Diese Bestimmungen sind ebenso einseitig zwingender Natur. Die Arbeitgeberin erhält in diesen Fällen eine Refundierung von € 200 pro Tag und Arbeitnehmerin vom Katastrophenfonds § 3 Z 3 lit b KatFG 1996 (vgl *Löschnigg*, Arbeitsrecht[13] – Nachtrag 2020 6/648a).

[9]) Im Zuge der Corona-Virus-Krise kam es auch zur Einführung einer befristeten **Sonderbetreuungszeit** für Kinder bis zum (vollendenden) 14. Lebensjahr und für Menschen mit Behinderung – s § 18b Abs 1 AVRAG; hiezu vgl *Ettl*, Corona, Arbeit und wo bleiben die Kinder? Kinderbetreuung und Dienstverhinderung in Zeiten einer Pandemie, DRdA-infas 2021, 58; *Dullinger*, COVID-19-bedingte Dienstverhinderung in der Arbeitnehmersphäre, ZAS 2021, 12; *Mazal*, Entgeltfortzahlung bei pandemiebedingter Einschränkung des sozialen Lebens, ecolex 2020, 280; *Ercher-Lederer/Dujmovits*, COVID-19: Arbeits- und sozialversicherungsrechtliche Maßnahmen, ASoK 2020, 155; *Saurugger*, Sonderbetreuungszeit – Phase 7: Neuerlicher Anspruch auf Sonderbetreuungszeit bis Jahresende 2022, ASoK 2022, 429.

Für **werdende Mütter** gab es gleichfalls gesonderte Freistellungsansprüche unter Fortzahlung des Entgelts (s *Stech*, Covid-19-Sonderfreistellung, ASoK 2022, 114 und 254; *Sabara*, Sonderfreistellung COVID-19 für Schwangere – Rechtslage ab 1.7.2022, ARD 6807/1/2022; *dies*, Sonderfreistellung COVID-19 für Schwangere – Anpassung ab 1.7.2022 bis

31.12.2022, Stand 1.7.2022, Lexis Briefings in lexis360.at; *Stupar*, Änderungen im Arbeits- und Sozialrecht ab 1.7.2022, ZAS 2022, 226).

Im Februar 2023 hat jedoch die Bundesregierung angekündigt, alle Corona-Maßnahmen bis 30.6.2023 beenden zu wollen.

H. Jubiläumsgelder

Für langjährige Dienste[1]) werden der Arbeitnehmerin nach einer Beschäftigung im gleichen Betrieb[2]) von

20 Jahren[3]) mindestens	**1**	**Brutto-Monatsgehalt[4]),**
25 Jahren mindestens	**1,5**	**Brutto-Monatsgehälter,**
35 Jahren mindestens	**2,5**	**Brutto-Monatsgehälter,**
40 Jahren mindestens	**3,5**	**Brutto-Monatsgehälter**

als einmalige Anerkennungszahlung gewährt.

2. Das Dienstjubiläum[5]) gebührt grundsätzlich in Geld. Auf Wunsch der Arbeitnehmerin und sofern dies betrieblich möglich ist, kann in beiderseitigem Einvernehmen alternativ zum Geldanspruch, die Umwandlung des Jubiläumsgeldes in Zeitguthaben vereinbart werden[6]).

2.1. Dabei gilt, dass für vollzeitbeschäftigte Arbeitnehmerinnen ein Monatsgehalt 22 Arbeitstagen entspricht. Arbeiten vollzeitbeschäftigte Arbeitnehmerinnen auf Grund einer Vereinbarung regelmäßig weniger als fünf Tage in einer Kalenderwoche, ist das Zeitguthaben entsprechend (regelmäßige Arbeitstage × 4,33 Kalenderwochen) anzupassen. Der Anspruch für teilzeitbeschäftigte Arbeitnehmerinnen wird aliquot berechnet (durchschnittliche Arbeitstage in den letzten 12 Monaten vor dem Dienstjubiläum. Das Ergebnis wird kaufmännisch gerundet.)[7]).

2.2. Die Umwandlung dieser Geldansprüche in Zeitguthaben ist im Vorhinein schriftlich zwischen Arbeitnehmerin und Arbeitgeberin zu vereinbaren[8]). Die Umwandlung von Geldansprüchen kann auch nur teilweise in Zeitguthaben erfolgen (zB nach 25 Jahren ein Monatsgehalt in Zeit und ein halbes Monatsgehalt in Geld).

2.3. Der Verbrauch der Zeitguthaben kann ab dem Fälligkeitszeitpunkt in einem oder mehreren Teilen vereinbart werden. Ebenso ist die Vereinbarung eines vorgezogenen Verbrauchs zulässig[9]).

2.4. Nicht verbrauchte Zeitguthaben sind am Ende des Dienstverhältnisses auf Grundlage des zum Zeitpunkt der Beendigung des Dienstverhältnisses aktuellen Monatsgehaltes auszuzahlen[10]).

2.5. Während des Verbrauchs des Zeitguthabens richtet sich die Entgeltfortzahlung nach dem vertraglich vereinbarten Bruttomonatsgehalt. Variable Entgeltbestandteile bleiben dabei ohne Be-

rücksichtigung. Ein Krankenstand unterbricht die Konsumation des Zeitguthabens[11]).

3. Die Arbeitnehmerin wird im Zusammenhang mit ihrem Jubiläum unter Fortzahlung ihres Entgeltes wie folgt vom Dienst freigestellt[12]).

10 Jahre	**ein Arbeitstag**
15 Jahre	**ein Arbeitstag**
20 Jahre	**zwei Arbeitstage**
25 Jahre	**zwei Arbeitstage**
35 Jahre	**zwei Arbeitstage**
40 Jahre	**zwei Arbeitstage**

3.1. Der Anspruch für das 10-jährige und das 15-jährige Jubiläum gilt für Dienstjubiläen, die ab dem 1.1.2020 entstehen.

3.2. Bestehen betriebliche Regelungen über die Gewährung eines 10-jährigen oder 15-jährigen Dienstjubiläums, so gelten diese anstatt der obigen Regelung, soweit sie insgesamt zumindest gleich günstig sind.

[1]) Dienstjubiläen werden in Kollektivverträgen häufig zum Anlass genommen, Anerkennungsbeiträge für die **langjährige Betriebszugehörigkeit** vorzusehen. Der Handelsangestellten-KV weist diesbezüglich eine lange Tradition auf (zur Entwicklung des Rechtsanspruchs s Zur Entwicklung des Handelsangestellten-KV 2.i). Honoriert werden soll die Betriebstreue und weniger die durch die lange Beschäftigungsdauer erworbene Erfahrung. Die langfristige innere Verbundenheit mit dem Unternehmen ist als eigenständiger Wert zu verstehen. Trotz der Ferne von der konkreten Arbeitsleistung haben die entsprechenden Zuwendungen Entgeltcharakter.

[2]) Voraussetzung für die Gewährung von Jubiläumsgeldern gem Abschnitt 1 Pkt H Handelsangestellten-KV ist jeweils eine bestimmte **Beschäftigungsdauer** im selben Betrieb. Dabei ist nicht erforderlich, dass diese Beschäftigungsdauer im Rahmen eines einzigen, ununterbrochenen Arbeitsverhältnisses erreicht wird (OGH 16. September 1992, 9 ObA 209/92, RdW 1993, 117). Vielmehr sind sämtliche Beschäftigungszeiten, dh sowohl Angestelltendienstzeiten als auch Lehrzeiten, die in einem Betrieb erbracht wurden, zusammenzurechnen. War ein Angestellter bzw eine Angestellte zuvor als Arbeiter bzw Arbeiterin im Betrieb beschäftigt, werden auch diese Dienstzeiten zu berücksichtigen sein. Für die Anrech-

nung des Karenzurlaubes nach dem MSchG und VKG sowie von Zeiten einer Hospizkarenz sieht Abschnitt 1 Pkt I Sonderregelungen vor.

[3]) Im Anwendungsbereich des Handelsangestellten-KV haben Angestellte jeweils aus Anlass ihres 20jährigen, 25jährigen, 35jährigen und 40jährigen Betriebsjubiläums Anspruch auf Auszahlung einer solchen einmaligen Anerkennungszahlung. Durch eine fakultative Betriebsvereinbarung iSd § 97 Abs 1 Z 15 ArbVG kann eine im Vergleich zum Kollektivvertrag für den Arbeitnehmer bzw die Arbeitnehmerin günstigere Regelung getroffen werden (vgl OGH 29. September 1981, 4 Ob 41/81, ZAS 1982, 223 mit Bespr v *Tomandl*). Ebenso sind günstigere Einzelvereinbarungen zulässig.

Der Anspruch auf Jubiläumsgeld gem Abschnitt 1 Pkt H Handelsangestellten-KV ist nach dem sog **Stichtagsprinzip** konstruiert. Der Anspruch des/der einzelnen Angestellten wird somit nicht aliquot mit der Dauer des Arbeitsverhältnisses erworben, sondern entsteht – sofern zu diesem Zeitpunkt ein Arbeitsverhältnis besteht – zur Gänze am Stichtag. Voraussetzung für die Gewährung der kollektivvertraglichen Jubiläumsgelder ist daher, dass der/die Angestellte am Tag seines/ihres Jubiläums in einem aufrechten Angestelltenverhältnis steht. Endet das Dienstverhältnis vor Erreichung des Stichtages, hat der/die Angestellte auch keinen aliquoten Anspruch. Anders als etwa Weihnachtsremuneration und Urlaubsbeihilfe (vgl die Erl zu Abschnitt 3 Pkt A Z 6) sind Jubiläumsgelder nach hA nicht vom Aliquotierungsgebot des § 16 AngG erfasst (*Runggaldier*, Grenzen der Kollektivvertragsautonomie bei der Regelung des Entgelts [1995] 132 ff mwN; *Winkler*, Aliquotierungsgebot und Jubiläumsgelder, RdW 1996, 367).

[4]) **Bemessungsgrundlage** für Jubiläumsgelder iSd Abschnittes 1 Pkt H Handelsangestellten-KV ist das jeweilige **Bruttomonatsgehalt** des/der Angestellten. Da der Handelsangestellten-KV selbst den Begriff des Monatsgehalts nicht definiert, ist davon auszugehen, dass die im Arbeitsrecht übliche Begriffsbildung übernommen werden soll. Das Gehalt ist nur einer von zahlreichen Begriffen, die im Arbeitsrecht für die dem Arbeitnehmer bzw der Arbeitnehmerin gebührende Abgeltung seiner/ihrer Dienstleistung gebräuchlich sind, ist jedoch deutlich enger zu verstehen als etwa der Begriff des Entgelts, des Verdienstes oder des Bezuges (vgl zum Entgeltbegriff *Burgstaller/Schorn*, Entgelt nicht gleich Entgelt, ZAS 2013, 99). Unter dem Monatsgehalt versteht man allgemein jenes grundsätzlich gleich bleibende Entgelt, das in monatlichen Abständen, unabhängig von der Erreichung bestimmter Arbeitsziele, für die Arbeitsleistung

während der Normalarbeitszeit zur Auszahlung gelangt (OGH 6. Dezember 1989, 9 ObA 301/89, ARD 4160/11/90). Ausschließlich zeitbezogene Zulagen, wie etwa Funktions- oder Tätigkeitszulagen, sind dieser Definition zufolge vom Begriff des Monatsgehalts erfasst. In die Bemessungsgrundlage einzubeziehen sind gem Abschnitt 3 Pkt A Z 1.2. auch allfällige **Reformbeträge**, die im Zuge des Umstiegs in das Gehaltssystem NEU anfallen können (zum Reformbetrag 1 s Erl 7 zu Abschnitt 3 Pkt C Z 3.2.2. und Erl 7 zu Abschnitt 3 Pkt A Z 4.4.2.). Die Bestimmung wurde mit dem Handelsangestellten-KV 2019 eingeführt. Andere Entgeltbestandteile, wie Prämien, Provisionen, Sonderzahlungen oder Überstundenentgelte, sind hingegen nicht in die Berechnung des Jubiläumsgeldes einzubeziehen.

Problematisch ist die Bemessung von Jubiläumsgeldern daher bei jenen Arbeitnehmern und Arbeitnehmerinnen, die primär oder ausschließlich **variable Entgelte** beziehen. Im Fall von Angestellten mit Provision ist – ausgehend von Abschnitt 3 Pkt A Z 1.1. der Gehaltsordnung – grundsätzlich das der Einstufung entsprechende Mindestgehalt heranzuziehen. Sollte allerdings ein vereinbartes Fixum das kollektivvertragliche Gehalt übersteigen, würde das Fixum die Bemessungsgrundlage für die Jubiläumsgelder bilden.

[5]) Sprachlich sind die Regelungen vor allem in Z 2. nicht sehr geglückt. Der Begriff des Dienstjubiläums wird nämlich entgegen dem Sprachgebrauch in einem doppelten Sinn verwendet. Grundsätzlich bildet das Dienstjubiläum ein Phänomen für die Zulagengewährung, dh den Anlass für das Jubiläumsgeld. Dieses Verständnis ergibt sich auch etwa aus der Überschrift unter H. oder aus dem Sinnzusammenhang in Z 3. Nach dem ersten Satz der Z 2. der Bestimmung bildet hingegen das Dienstjubiläum den Geldanspruch an sich, der aber im letzten Satz der Z 2. wiederum als Jubiläumsgeld bezeichnet wird.

[6]) Grundsätzlich handelt es sich beim Jubiläumsgeld um einen Anspruch in **Geldform**, der aber auf Wunsch des Arbeitnehmers bzw der Arbeitnehmerin in ein **Zeitguthaben** umgeändert werden kann. Vorausgesetzt wird, dass die Initiative vom Arbeitnehmer bzw von der Arbeitnehmerin ausgeht und dass die Vereinbarung des Zeitguthabens „betrieblich möglich“ ist. Als echte Gültigkeitsvoraussetzungen wird man diese Prämissen aber nicht verstehen können. Das in der Vereinbarung zum Ausdruck kommende **Einvernehmen** der Arbeitsvertragsparteien genügt.

[7]) Als Alternative zum Jubiläumsgeld wird im Kollektivvertrag ein Zeitguthaben vorgesehen **(Jubiläumszeitguthaben)**, das nicht mit der zusätzlichen Freistellung vom Dienst anlässlich des Dienstjubiläums **(Jubiläumsfreistellung;** s Erl 12) verwechselt werden darf. Das Jubiläumszeitguthaben bildet kein entgeltmäßiges sondern ein **zeitmäßiges Äquivalent** für die Jubiläumszulage. Dies zeigt sich darin, dass ein Monatsgehalt 22 Arbeitstagen entspricht und dass das Guthaben von der Verteilung der Arbeitszeit auf die einzelnen Wochentage abhängt. Werden Teilzeitbeschäftigte an gleich vielen Tagen wie Vollzeitbeschäftigte eingesetzt, dann ist der Anspruch auf das Zeitguthaben – in Tagen gerechnet – gleich hoch. Insofern ist der Hinweis auf einen „aliquoten" Anspruch in Z 2.1. eher irreführend.

Beispiel 1:

Beschäftigungsdauer des Arbeitnehmers:	20 Jahre
Entgelt:	€ 2.800,–
Wöchentliche Normalarbeitszeit:	38,5 Stunden
Arbeitstage pro Woche:	5
Jubiläumsgeld:	1 Bruttomonatsgehalt
Alternatives Zeitguthaben:	22 Arbeitstage

Beispiel 2:

Beschäftigungsdauer der Arbeitnehmerin:	20 Jahre
Entgelt:	€ 1.600,–
Wöchentliche Normalarbeitszeit:	20 Stunden
Arbeitstage pro Woche:	4
Jubiläumsgeld:	1 Bruttomonatsgehalt
Alternatives Zeitguthaben:	17 Arbeitstage (= 4 × 4,33)

Beispiel 3:

Beschäftigungsdauer des Arbeitnehmers:	20 Jahre
Entgelt:	€ 1.600,–
Wöchentliche Normalarbeitszeit:	20 Stunden
Arbeitstage pro Woche:	3
Jubiläumsgeld:	1 Bruttomonatsgehalt
Alternatives Zeitguthaben:	13 Arbeitstage (= 3 × 4,33)

[8]) Die **Vereinbarung**, anstelle des Jubiläumsgeldes das Zeitguthaben zu konsumieren, bedarf der Schriftform. Das Schriftformgebot ist insofern eine Gültigkeitsvoraussetzung, als eine bloß mündlich abgeschlossene Vereinbarung weder von Arbeitnehmer- noch von Arbeitgeberseite durch-

gesetzt werden könnte. Wurde das Zeitguthaben hingegen auf Basis einer mündlichen Vereinbarung verbraucht, kann der Arbeitnehmer bzw die Arbeitnehmerin im Nachhinein nicht zusätzlich das Jubiläumsgeld einfordern.

[9]) Wird ein **vorgezogener Verbrauch** des Zeitguthabens vereinbart, dann sollte diese Vereinbarung auch den Fall mitberücksichtigen, dass das Arbeitsverhältnis unter Umständen vor Erreichung des Dienstjubiläums beendet wird.

[10]) Kommt es zu einer Vereinbarung über ein Jubiläumszeitguthaben, dann ist auch dieses Guthaben in das **Zeitkonto** nach Abschnitt 7 Pkt A Z 3. aufzunehmen. Ein **Verfall** tritt damit nicht ein. Jedenfalls ist das Zeitguthaben am Ende des Arbeitsverhältnisses auszuzahlen. Basis für die Abrechnung ist in diesem Fall das Bruttomonatsgehalt des letzten Monats im aufrechten Arbeitsverhältnis.

[11]) Ein **Krankenstand** unterbricht den Verbrauch des Jubiläumszeitguthabens unabhängig davon, wie lange die Krankheit andauert. Im Gegensatz zum Erholungsurlaub wäre daher eine Krankheit von einem Tag aus dem konsumierten Zeitguthaben herauszurechnen.

[12]) Dienstjubiläen führen nach dem Handelsangestellten-KV auch zu Freistellungstagen **(Jubiläumsfreistellung)**. Seit dem Kollektivvertrag 2020 stehen die Freistellungstage nicht nur in Kombination mit dem Jubiläumsgeld zu: Nach 10-jähriger und 15-jähriger Beschäftigungsdauer gebührt jeweils ein Arbeitstag, ohne dass gleichzeitig eine Geldleistung fällig wird.

Wann die Freistellungstage konsumiert werden sollen oder müssen, lässt der Kollektivvertrag offen. Die Grundidee wird wohl darin gelegen sein, dass ein zeitlicher Zusammenhang zwischen dem Tag der Betriebszugehörigkeit und den Freistellungstagen erhalten bleibt. Letztlich wird man zu einem sinnvollen Ergebnis nur kommen, wenn man von der Notwendigkeit einer Vereinbarung zwischen den Arbeitsvertragsparteien ausgeht.

I. Anrechnung des Karenzurlaubes und Hospizkarenz bei dienstzeitabhängigen Ansprüchen

1. Karenzurlaube nach dem MSchG und VKG, die ab dem 1.1.2019 oder danach beginnen, werden für die Bemessung der Kündigungsfrist, die Dauer der Entgeltfortzahlung im Krankheitsfall (Unglücksfall) und das Urlaubsausmaß sowie das Jubiläumsgeld bis zum 2. Geburtstag jedes Kindes angerechnet.[1])

2. Sterbebegleitung für nahe Angehörige[2]) oder Begleitung von schwersterkrankten Kindern[3]) nach den §§ 14 a und b AVRAG, die ab dem 1.1.2019 oder danach beginnen, werden für die Bemessung der Kündigungsfrist, die Dauer der Entgeltfortzahlung im Krankheitsfall (Unglücksfall) und das Urlaubsausmaß sowie das Jubiläumsgeld[4]) im Höchstausmaß von jeweils im Gesetz zulässigen Ausmaß angerechnet.

3. Der erste Karenzurlaub nach dem MSchG und VKG sowie Sterbebegleitung für nahe Angehörige und Begleitung von schwersterkrankten Kindern nach den §§ 14 a und b AVRAG, die vor dem 1.1.2019 angetreten wurden, werden für die Bemessung der Kündigungsfrist, die Dauer der Entgeltfortzahlung im Krankheitsfall (Unglücksfall) und das Urlaubsausmaß sowie das Jubiläumsgeld[4]) im Höchstausmaß von jeweils 10 Monaten angerechnet.

[1]) Bis 1999 konnte der erste Karenzurlaub bis zu einem Höchstausmaß von zehn Monaten angerechnet werden, sofern das Dienstverhältnis der Dienstnehmerin mindestens fünf Jahre gedauert hat. Bereits ab 2000 war die fünfjährige Beschäftigung keine Voraussetzung für die Anrechnung des Karenzurlaubes mehr. 2003 erfolgte die Gleichstellung des Karenzurlaubes gem § 15 MSchG mit jenem nach § 2 VKG.

Eine Anrechnung ist für den ersten Karenzurlaub (sowie bei Sterbebegleitung für nahe Angehörige und bei Begleitung von schwersterkrankten Kindern nach den §§ 14a und 14b AVRAG), der vor dem 1.1.2019 angetreten wurde, nach wie vor im Höchstausmaß von jeweils zehn Monaten vorgesehen (s Abschnitt 1 Pkt I Z 3). Für Karenzurlaube, die ab oder nach dem 1.1.2019 beginnen, sah der Handelsangestellten-KV in Z 1 für die Anrechnung nunmehr ein Höchstausmaß von jeweils 24 Monaten vor. Seit 1.1.2020 sind diese Karenzurlaube nunmehr bis zum 2. Geburtstag jedes Kindes anzurechnen.

[2]) Seit 1.1.2012 kommt es nicht nur zu einer Anrechnung des ersten Karenzurlaubes im Arbeitsverhältnis nach dem MSchG bzw VKG, sondern darüber hinaus auch zu einer Anrechnung der Zeiten der Familienhospizkarenz iSd §§ 14a und 14b AVRAG. Beide Karenzzeiten werden jeweils im Ausmaß von maximal zehn Monaten angerechnet, wobei aus beiden Formen der Karenz max 20 Monate angerechnet werden können, sofern diese vor dem 1.1.2019 angetreten wurden (s Abschnitt I Pkt I Z 3). Für Antritte ab oder nach dem 1.1.2019 legt der Kollektivvertrag in Z 2 fest, dass das Höchstausmaß der möglichen Anrechnung mit dem jeweils im Gesetz zulässigen Ausmaß begrenzt ist.

§ 14a AVRAG gibt dem Arbeitnehmer bzw der Arbeitnehmerin die Möglichkeit zur **Sterbebegleitung** eines nahen Angehörigen durch befristete Herabsetzung der Normalarbeitszeit, durch Änderung der Lage der Arbeitszeit oder durch gänzliche Freistellung von der Arbeitsleistung. Der Arbeitnehmer bzw die Arbeitnehmerin hat während dieser Zeit zwar keinen Entgeltanspruch, allerdings steht ihm/ihr **Pflegekarenzgeld** für die Dauer der Familienhospizkarenz zu (§ 21c Abs 3 Z 1 BPGG). Die Arbeitszeitänderung bzw Karenzierung ist schriftlich für einen bestimmten, drei Monate nicht übersteigenden Zeitraum zu verlangen, wobei der Arbeitnehmer bzw die Arbeitnehmerin eine Verlängerung der Maßnahme schriftlich verlangen kann. Die Gesamtdauer pro Anlassfall ist aber mit sechs Monaten begrenzt. Nahe Angehörige iSd Bestimmung sind der Ehegatte, eingetragene Partner, Personen, die mit dem Arbeitnehmer bzw der Arbeitnehmerin in gerader Linie verwandt sind (ds insb Großeltern, Eltern, Kinder, Enkel), Wahl- oder Pflegekinder sowie Wahl- oder Pflegeeltern, Geschwister, Schwiegereltern, Schwiegerkinder, leibliche Kinder des anderen Ehegatten, eingetragenen Lebenspartners oder Lebensgefährten sowie die Person, mit der der Arbeitnehmer bzw die Arbeitnehmerin in Lebensgemeinschaft lebt. Ein Zusammenleben in einem gemeinsamen Haushalt mit dem schwer kranken Angehörigen ist keine Voraussetzung.

[3]) Die Arbeitszeitänderung bzw Karenzierung kann sich auch auf die **Begleitung** von **schwersterkrankten Kindern** (Wahl- bzw Pflegekindern oder leiblichen Kindern des anderen Ehegatten, des eingetragenen Partners oder Lebensgefährten) beziehen. Voraussetzung ist aber ein gemeinsamer Haushalt der betreuenden Person mit dem zu betreuenden Kind (§ 14b AVRAG). Auch in diesem Fall hat der Arbeitnehmer bzw die Arbeitnehmerin einen Anspruch auf **Pflegekarenzgeld** (§ 21c Abs 3 Z 1 BPGG). Die Maßnahme kann für einen bestimmten, fünf Monate nicht übersteigenden Zeitraum verlangt werden. Wird eine Verlängerung der

Maßnahme verlangt, darf die Gesamtdauer der Maßnahme neun Monate nicht überschreiten. Ist die Maßnahme voll ausgeschöpft, kann diese höchstens zweimal in der Dauer von jeweils höchstens neun Monaten verlangt werden, sofern die Maßnahme für eine weitere medizinisch notwendige Therapie für das schwersterkrankte Kind erfolgen soll (vgl hiezu *Maca*, Familienhospizkarenz [2004]; *dies*, 10 Jahre Familienhospizkarenz – ein Grund zum Feiern?, infas 2012, 101; *Sabara*, Freistellung bzw Arbeitszeitreduktion zur Betreuung von Angehörigen – eine Übersicht, ARD 6385/7/2014; *Ercher/Rath*, Arbeitsrechtliche Begleitmaßnahmen im Zusammenhang mit der eingetragenen Partnerschaft, ZAS 2011, 68; *Ercher*, Neuerungen bei der Familienhospizkarenz, ASoK 2006, 136; *Kreil*, Familienhospizkarenz und betriebliche Erfordernisse, RdW 2003, 332; *Thomasberger*, Familienhospizkarenz, infas 2002, 128). Zur Differenzierung bezüglich des Ausmaßes der Anrechnung von Karenzzeiten vor und ab dem 1.1.2019 s Erl 2.

[4]) Eine **Anrechnung** des **Karenzurlaubes** sowie der **Hospizkarenz** ist dem Wortlaut des Handelsangestellten-KV zufolge für

- die Bemessung der Kündigungsfrist,
- die Dauer der Entgeltfortzahlung im Krankheitshall (Unglücksfall),
- das Urlaubsausmaß und
- das Jubiläumsgeld

im jeweils vorgesehenen Ausmaß vorzunehmen.

Mit der Neufassung des § 15f Abs 1 MSchG, gültig ab 1.8.2019, gilt für Mütter (Adoptiv- oder Pflegemütter) und Väter, deren Kind ab diesem Zeitpunkt geboren wird, dass Zeiten der Karenz bei Rechtsansprüchen, die sich nach der Dauer der Dienstzeit richten, für jedes Kind in vollem in Anspruch genommenen Umfang bis zur maximalen Dauer gemäß den §§ 15 Abs 1 und 15c Abs 2 Z 3 und Abs 3 MSchG angerechnet werden.

Hinsichtlich des Anspruchs auf Abfertigung ist aber va auch auf § 14a Abs 7 AVRAG zu verweisen (*Gruber*, Familienhospizkarenz aus arbeitsrechtlicher Sicht, ecolex 2003, 4).

J. Kündigung[1])

1. **Die Lösung eines Arbeitsverhältnisses durch die Arbeitgeberin kann, soweit dieser Kollektivvertrag nicht günstigere Regelungen enthält, nur nach den Bestimmungen des AngG erfolgen[2]). Hat das Arbeitsverhältnis der tatsächlichen kaufmännischen Tätigkeit im gleichen Betrieb länger als 5 Jahre gedauert, so ist die Kündigung durch die Arbeitgeberin nur nach den Bestimmungen des § 20 Abs (2) AngG zum Ende eines Kalenderviertels möglich, soweit § 20 Abs (1) AngG anzuwenden ist[3]).**

2. **Bei Lösung des Arbeitsverhältnisses durch die Angestellte gelten die Kündigungsbestimmungen des § 20 Abs (4) AngG[4]).**

[1]) Die **Kündigung** ist eine **einseitige Willenserklärung**, die von jeder Vertragspartei ohne besonderen Grund ausgesprochen werden kann. Abgesehen von gewissen gesetzlichen oder vertraglich vereinbarten Einschränkungen liegt es im freien Ermessen der Vertragspartner, das Arbeitsverhältnis unter Einhaltung gewisser Termine und Fristen durch Kündigung zu beenden. Als einseitige Willenserklärung kann die Kündigung angefochten werden, wenn sie an **Willensmängeln** leidet. Vor allem im Fall der Kündigung durch den Arbeitnehmer bzw die Arbeitnehmerin kann der Fall eintreten, dass die Kündigung nur unter Druck des Arbeitgebers bzw der Arbeitgeberin zu Stande gekommen ist. Nicht jede Druckausübung ist widerrechtlich.

Unzulässig ist die Drohung mit einem Übel nur dann, wenn sie nach Treu und Glauben bzw nach der Auffassung aller billig und gerecht Denkenden kein angemessenes Mittel zur Erreichung des angestrebten Zwecks darstellt und wenn der/die Drohende keinen Anspruch auf Erreichung gerade dieses Zwecks hat. Strebt etwa der Dienstgeber bzw die Dienstgeberin die Beendigung des Arbeitsverhältnisses an und droht er/sie mit einer Strafanzeige, wenn der Arbeitnehmer bzw die Arbeitnehmerin nicht kündigt, liegen aber keine, eine Strafanzeige rechtfertigenden Umstände vor, dann kann die Kündigung gem § 870 ABGB angefochten werden (vgl insb OGH 13. Oktober 1999, 9 ObA 205/99h, DRdA 2000, 293 mit Bespr v *Rummel* = ZAS 2000, 153 mit Bespr v *Gerlach*).

Eine **bestimmte Form** ist für die Kündigung normalerweise nicht vorgeschrieben. Sie kann schriftlich oder auch mündlich erklärt werden. Denkbar ist auch, dass eine Vertragspartei Handlungen setzt, die in konkludenter Weise als Kündigung zu deuten sind (§ 863 ABGB). Eine solche schlüssige Handlungsweise wird etwa dann anzunehmen sein, wenn der Dienstgeber bzw die Dienstgeberin im Anschluss an eine vorerst nur grundsätzlich abgegebene Absichtserklärung, einige Arbeitnehmer und Arbeitnehmerinnen kündigen zu wollen, diesen die Arbeitspapiere und die Arbeitszeugnisse übergibt. Häufiger und eindeutiger werden konkludente Handlungen im Zusammenhang mit der Rücknahme von Kündigungen gesetzt: Wird zB ein gekündigter Arbeitnehmer nach Ablauf der Kündigungsfrist ohne Unterbrechung und unter denselben Arbeitsbedingungen weiterbeschäftigt, so ist dieses Verhalten als schlüssige, im beiderseitigen Einvernehmen jederzeit zulässige Rücknahme der Kündigung anzusehen und damit als Fortsetzung des ursprünglichen Dienstverhältnisses zu werten (OGH 24. Jänner 1978, 4 Ob 135/77, Arb 9663).

[2]) Der Handelsangestellten-KV verweist auf **§ 20 AngG**, sofern kollektivvertraglich keine günstigeren Regelungen getroffen werden. Dies bedeutet, dass der Arbeitgeber bzw die Arbeitgeberin das Arbeitsverhältnis grundsätzlich mit Ablauf eines jeden Kalendervierteljahres durch eine vorher ausgesprochene Kündigung lösen kann (**Quartalskündigung**). Vereinbart werden kann jedoch auch, dass die Kündigungsfrist nicht nur zum Kalendervierteljahr sondern jeweils am **Fünfzehnten** oder am **Letzten** eines Kalendermonats endet (Kündigungstermin; s aber auch Erl 3). Die **Kündigungsfrist** beträgt sechs Wochen und erhöht sich nach dem vollendeten zweiten Dienstjahr auf zwei Monate, nach dem vollendeten fünften Dienstjahr auf drei, nach dem vollendeten 15. Dienstjahr auf vier und nach dem vollendeten 25. Dienstjahr auf fünf Monate.

[3]) Nach einer **kaufmännischen Tätigkeit** von mehr als fünf Jahren kann nur mehr zum Ende des jeweiligen Kalendervierteljahres (Quartalskündigung) gekündigt werden. Eine Abdingung der Quartalskündigung (s Erl 2) lässt der Handelsangestellten-KV dann nicht mehr zu.

Die Bezugnahme auf „tatsächlich kaufmännische Tätigkeiten" soll eine Einschränkung innerhalb der Angestelltentätigkeiten bewirken. Damit scheidet insbesondere bei Lehrlingstätigkeiten und bei Dienstverhältnissen, die die Verrichtung höherer, nicht kaufmännischer Dienste bzw von Kanzleiarbeiten zum Gegenstand haben, die Anwendung des Abschnittes 1 Pkt J Z 1 zweiter Satz aus (EDV-Servicemitarbeiter, OGH 1. Juli 2010, 8 ObA 74/09d, ARD 6071/1/2010; sa *Rauch*, Aktuelle Judikatur zu einzelnen Kollektivverträgen, ASoK 2009, 88).

Das enge Verständnis des Begriffs „tatsächlich kaufmännische Tätigkeiten" führt auch dazu, dass Arbeitnehmer bzw Arbeitnehmerinnen, mit denen Angestelltenrecht vereinbart wird, obwohl sie Arbeitertätigkeiten verrichten (**Angestellte ex contractu**), nicht unter die Begünstigung des Abschnittes 1 Pkt J Z 1 zweiter Satz des Handelsangestellten-KV fallen (OGH 12. Juli 2006, 9 ObA 107/05h, ARD 5713/3/2006; s weiters OGH 3. Juni 1980, 4 Ob 66/80, ARD 3260/10/80).

[4]) Ein **Angestellter bzw eine Angestellte** kann das Arbeitsverhältnis gem § 20 Abs 4 AngG mit dem letzten Tag eines Kalendermonats unter Einhaltung einer einmonatigen **Kündigungsfrist** lösen. Diese Kündigungsfrist kann durch Vereinbarung bis zu einem halben Jahr unter der Voraussetzung ausgedehnt werden, dass die arbeitgeber- bzw arbeitgeberinnenseitig einzuhaltende Frist nicht kürzer als die für den Arbeitnehmer bzw die Arbeitnehmerin geltende Frist ist (vgl auch *Resch*, Grenzen privatautonomer Dispositionen über das Auflösungsrecht des Arbeitnehmers, ZAS 1991, 4).

K. Abfertigung

1. **Hinsichtlich der Abfertigung[1]) gilt, so weit in diesem Vertrag nicht günstigere Regelungen erfolgen, die Bestimmungen des AngG[2]).**

2. **Eine Angestellte mit einer Mindestdienstzeit von 5 Jahren im selben Betrieb, die innerhalb der Schutzfrist nach dem MSchG bzw bei Inanspruchnahme eines Karenzurlaubes nach dem MSchG spätestens 3 Monate vor Ende des Karenzurlaubes erklärt, das Arbeitsverhältnis auf eigenen Wunsch nicht mehr fortzusetzen, hat Anspruch auf die Hälfte der ihr nach § 23 AngG zustehenden Abfertigung, höchstens jedoch auf 3 Monatsentgelte. Zeiten geringfügiger Beschäftigungen nach § 15 Abs (1a) MSchG, bleiben für den Abfertigungsanspruch außer Betracht. Die gleiche Regelung gilt auch für einen männlichen Angestellten, sofern er einen Karenzurlaub nach dem VKG in Anspruch nimmt und seinen vorzeitigen Austritt aus dem Arbeitsverhältnis spätestens 3 Monate vor Ende des Karenzurlaubes erklärt. Erfolgt die Lösung des Arbeitsverhältnisses durch die Arbeitgeberin, so gilt für die Bemessung der Abfertigung das AngG.**

3. **Im Falle des Todes einer Angestellten, die länger als 1 Jahr im Betrieb tätig war, ist das Gehalt für den Sterbemonat und den folgenden Monat weiterzuzahlen. Nach fünfjähriger Betriebszugehörigkeit der Angestellten ist das Gehalt für den Sterbemonat und die beiden folgenden Monate weiterzuzahlen.**

4. **Anspruchsberechtigt sind nur die gesetzlichen Erben, zu deren Erhaltung der Erblasser gesetzlich verpflichtet war. Sind solche Personen nicht vorhanden, dann die physischen Personen, welche die Begräbniskosten bezahlen.**

5. **Besteht neben dem Anspruch auf Weiterzahlung des Gehaltes nach dieser Bestimmung ein gesetzlicher Abfertigungsanspruch nach dem AngG, so gilt nur der günstigere Anspruch[3]).**

6. **Die Punkte 1 bis 3 dieser Regelung sind auf Arbeitsverhältnisse, die nach dem 31.12.2002 beginnen, nicht anzuwenden. Das gilt auch für Arbeitsverhältnisse, die vor dem 1.1.2003 bestanden haben und für die ein Übertritt (Teil- oder Vollübertritt) vereinbart**

wurde, sofern in der Übertrittsvereinbarung nichts anderes festgelegt ist[4]).

7. **Die Vereinbarung, die für das am 31.12.2002 bestehende Dienstverhältnis den Übertritt nach § 47 BMSVG bewirkt, kann von der Angestellten widerrufen werden, sofern die Arbeitgeberin binnen 3 Wochen ab dem Abschluss der Übertrittsvereinbarung schriftlich Kenntnis vom Widerruf der Angestellten erhält. Der Übertrittsvertrag muss die dreiwöchige Rücktrittsfrist enthalten. Bei Übertrittsverträgen, die die dreiwöchige Rücktrittsfrist nicht enthalten, verlängert sich diese auf 6 Monate ab Vertragsunterfertigung.[5])**

[1]) Die Abfertigung ist ein mit der Beendigung des Arbeitsvertrages verbundenes **Entgelt** (allg dazu s *Drs* [Hrsg], Abfertigungsrecht [2012]; *Mayr* in *Löschnigg/Melzer* [Hrsg], AngG Bd II[11] [2021] §§ 23, 23a; *Wachter* in *Reissner* [Hrsg], AngG[4] [2022] §§ 23, 23a).

Mit In-Kraft-Treten des neuen Abfertigungsrechts bestehen **zwei Abfertigungssysteme** nebeneinander. Dementsprechend ist zu unterscheiden, ob ein beendetes Arbeitsverhältnis unter die neuen oder die alten Regelungen fällt. Für Angestellte, die ab 1. Jänner 2003 eingetreten sind, ist für die Abfertigung das Betriebliche Mitarbeiter- und Selbständigenvorsorgegesetz (BMSVG) anzuwenden (s Erl 4).

[2]) Die **Abfertigung beträgt** gem §§ 23, 23a AngG

ab vollendetem 3. Dienstjahr	2 Monatsentgelte
ab vollendetem 5. Dienstjahr	3 Monatsentgelte
ab vollendetem 10. Dienstjahr	4 Monatsentgelte
ab vollendetem 15. Dienstjahr	6 Monatsentgelte
ab vollendetem 20. Dienstjahr	9 Monatsentgelte
ab vollendetem 25. Dienstjahr	12 Monatsentgelte

Für die Berechnung der Abfertigung sind sämtliche Dienstzeiten, die der/die Angestellte in **unmittelbar vorausgegangenen Dienstverhältnissen** als Arbeiternehmer bzw Arbeitnehmerin beim selben Dienstgeber bzw bei der selben Dienstgeberin zurückgelegt hat, einzubeziehen (vgl *Gerhartl*, Zusammenrechnung von Arbeitsverhältnissen für die Abfertigung, taxlex 2011, 418). Nur wenn die Lehrzeit und das anschließende Dienstverhältnis mindestens sieben Jahre ununterbrochen gedauert haben, ist auch das Lehrverhältnis für die Abfertigung zu berücksichtigen.

In die Monatsentgelte einzubeziehen sind gem Abschnitt 3 Pkt A Z 1.2. des Handelsangestellten-KV allfällige, durch den Übertritt in das Gehaltssystem NEU gebührende **Reformbeträge** (zum Reformbetrag 1 s Erl 7 zu Abschnitt 3 Pkt C Z 3.2.2. und Erl 7 zu Abschnitt 3 Pkt A Z 4.4.2.).

Hat das Dienstverhältnis mindestens zehn Jahre ununterbrochen gedauert, besteht der Anspruch auf Abfertigung auch bei Arbeitnehmerkündigung in folgenden Fällen:

- Nach Vollendung des 65. Lebensjahres bei Männern und bei Frauen nach Vollendung des 60. Lebensjahres (Pensionsantritt ist keine Voraussetzung);
- bei Inanspruchnahme der vorzeitigen Alterspension;
- bei Inanspruchnahme einer Pension wegen geminderter Arbeitsfähigkeit aus der gesetzlichen Pensionsversicherung;
- bei Feststellung einer voraussichtlich mindestens sechs Monate dauernden Berufsunfähigkeit oder Invalidität durch den Versicherungsträger; dasselbe gilt auch schon während eines anhängigen Leistungsstreitverfahrens über das Vorliegen der Berufsunfähigkeit bzw Invalidität, wenn die arbeits- und sozialrechtlichen Ansprüche (auf Entgeltfortzahlung bzw Krankengeld) erschöpft sind (Näheres vgl *Mayr* in *Löschnigg/Melzer* [Hrsg], AngG Bd II[11] [2021], Erl zu § 23a).

[3]) Der Handelsangestellten-KV bezieht sich auf die Bestimmung des § 23 Abs 6 AngG, wonach im Fall des **Todes** eines Arbeitnehmers bzw einer Arbeitnehmerin den gesetzlichen Erben, zu deren Erhaltung dieser/diese gesetzlich verpflichtet war, die halbe Abfertigung gebührt. Ob die genannten Erben tatsächlich als Erben zum Zug kommen, ist dabei gleichgültig, denn der Anspruch steht ihnen nicht kraft allfälliger Erbenstellung, sondern aus eigenem Recht zu. Er gehört nicht in den Nachlass, kann den Erben nicht entzogen werden und ist mit Forderungen gegenüber dem Verstorbenen nicht aufrechenbar (OGH 15. Mai 1996, 9 ObA 2012/96i, DRdA 1997, 186; *Spielbüchler* in *Floretta/Spielbüchler/Strasser*, Arbeitsrecht I[4] [1998] 239).

[4]) Für **ab 1. Jänner 2003 neu begründete Dienstverhältnisse** finden die Ziffern 1–3 keine Anwendung. Für diese Dienstverhältnisse gilt das Betriebliche Mitarbeiter- und Selbständigenvorsorgegesetz. Auf die bis 31. Dezember 2002 abgeschlossenen Dienstverhältnisse bleiben die Ziffern 1–3 anwendbar, sofern bei Übertritten in das neue Abfertigungsrecht im Übertrittsvertrag das Weitergelten der Ziffern 1–3 vereinbart wurde. Liegt

keine solche Vereinbarung vor, gelten bei Übertritt in das neue Abfertigungsrecht die Ziffern 1–3 nicht mehr.

[5]) Für zum 31. Dezember 2002 **schon bestandene** Arbeitsverhältnisse kann gem § 47 BMSVG schriftlich vereinbart werden, dass ab einem bestimmten Stichtag das **BMSVG anstelle des Abfertigungsrechts nach AngG** zur Anwendung kommt. Falls in dieser Vereinbarung keine Übertragung der Altabfertigungsanwartschaft festgelegt wird, findet auf die Altabfertigungsanwartschaft weiterhin altes Abfertigungsrecht Anwendung, dh es kommt zu einer Teilung der Abfertigung: Bis zum Stichtag gilt das Abfertigungsrecht nach AngG, nach dem Stichtag gilt neues Abfertigungsrecht (BMSVG) auch hinsichtlich des Anspruchs und der Auszahlung der Abfertigung (vgl insb *Gruber*, Übertritt in das neue Abfertigungssystem, ecolex 2002, 484; *Rath/Kaszanits*, Übertritt in das neue Abfertigungssystem – Inkrafttreten und Übergangsrecht, ASoK 2002, 322; *Geist*, BMVG: Zeitlicher Geltungsbereich und Gestaltungsmöglichkeiten bei Übertrittsvereinbarungen – Beibehalten, einfrieren oder übertragen?, ASoK 2002, 282; *Grillberger*, Der Übergang zur Abfertigung Neu, DRdA 2003, 211; *Mazal*, „Umstieg" auf das BMVG – Rechtsprobleme der innerbetrieblichen Umstellung des Abfertigungsrechts, ZAS 2003, 27; *Resch*, Betriebliches Mitarbeitervorsorgegesetz – Abfertigung neu, ÖJZ 2004, 486 f; *Lang*, Abfertigung neu – Personeller, örtlicher und zeitlicher Anwendungsbereich [2015]).

Für die Übertragung von Altabfertigungsanwartschaften verlangt § 47 Abs 3 BMSVG das Vorliegen einer Reihe von Voraussetzungen.

Um einer Übervorteilung des Arbeitnehmers bzw der Arbeitnehmerin bei der Übertragung von Altanwartschaften in das neue System entgegenzuwirken, sieht der Handelsangestellten-KV ein **Widerrufsrecht** vor.

ABSCHNITT 2
ARBEITSZEIT

A. Allgemeine Bestimmungen für den Groß- und Einzelhandel[1])

1. Kollektivvertragliche Normalarbeitszeit
Die wöchentliche Normalarbeitszeit[2]) beträgt ohne Ruhepausen 38,5 Stunden[3]).

2. Verteilung der Normalarbeitszeit

2.1. Die Verteilung der wöchentlichen Normalarbeitszeit auf die einzelnen Wochentage, der Beginn und das Ende der täglichen Arbeitszeit sowie die Dauer und Lage der Pausen sind nach Maßgabe der gesetzlichen und der folgenden kollektivvertraglichen Bestimmungen zu vereinbaren. Diese Regelung kann durch Betriebsvereinbarung oder durch Einzelvereinbarung erfolgen[4]).

2.2. Wird an einem Werktag weniger als 8 Stunden oder überhaupt nicht gearbeitet, kann die entfallende Arbeitszeit auf die anderen Tage in der Woche verteilt werden, doch darf die tägliche Normalarbeitszeit in diesem Falle 9 Stunden nicht überschreiten[5]).

2.3. Bei wechselnder Lage der Normalarbeitszeit ist deren Lage unbeschadet § 19c Abs (3) AZG für die jeweilige Woche mindestens zwei Wochen im Vorhinein zu vereinbaren[6]).

2.4. Die Sozialpartner empfehlen, Angestellte mit längerer An- und Heimreise in größeren zusammenhängenden Zeiträumen mit möglichst kurzer Arbeitsunterbrechung zu beschäftigen[7]).

3. Gleitende Arbeitszeit

In einer Gleitzeitvereinbarung gemäß § 4 b AZG (Betriebsvereinbarung bzw schriftliche Einzelvereinbarung in Betrieben, in denen kein Betriebsrat errichtet ist)[8]) kann die tägliche Normalarbeitszeit von Erwachsenen bis auf 10 Stunden verlängert werden[9]).

4. Andere Verteilung der Normalarbeitszeit (max. 4-Tage Woche)

4.1. Auf Antrag der Arbeitnehmerin ist die vereinbarte wöchentliche Normalarbeitszeit regelmäßig auf vier oder weniger Tage zu verteilen[10]).

4.2. Die Arbeitgeberin kann diesen Antrag binnen zwei Wochen ablehnen, wenn

4.2.1. die Einhaltung von Betriebsabläufen gefährdet ist oder

4.2.2. die Aufrechterhaltung des Geschäftsbetriebes nicht mehr gewährleistet werden kann.

4.3. Wird der Antrag gemäß 4.2. abgelehnt ist in Betrieben mit Betriebsrat dieser zu informieren und ein Vermittlungsgespräch zu führen.

4.4. Wird die wöchentliche Normalarbeitszeit von Vollzeitbeschäftigten regelmäßig auf vier Tage verteilt, kann die tägliche Normalarbeitszeit auf zehn Stunden ausgedehnt werden.

Wird die wöchentliche Normalarbeitszeit von Teilzeitbeschäftigten regelmäßig auf vier oder weniger Tage verteilt, kann die tägliche Normalarbeitszeit auf zehn Stunden ausgedehnt werden, wenn die Angestellte an jedem Tag, an dem sie zum Einsatz kommt, mindestens 4 Stunden zusammenhängend beschäftigt wird[11]).

4.5. Im laufenden Dienstverhältnis ist die andere Verteilung der Normalarbeitszeit nach Antragstellung mit dem nächst möglichen Zeitpunkt bei der Arbeitszeitplanung zu berücksichtigen. Die Bestimmung gemäß diesem Abschnitt 2.1. ist zu berücksichtigen.

5. Einarbeiten in Verbindung mit Feiertagen

Fällt in Verbindung mit Feiertagen die Arbeitszeit an Werktagen aus, um der Arbeitnehmerin eine längere zusammenhängende Freizeit zu ermöglichen, kann die ausfallende Normalarbeitszeit auf die Werktage von höchstens 13 zusammenhängenden, die Ausfalltage einschließenden Wochen verteilt werden. Bei Jugendlichen kann dieser Einarbeitungszeitraum gemäß KJBG höchstens 7 Wochen – durch Betriebsvereinbarung 13 Wochen – betragen[12]).

6. Reisezeiten

Passive Reisezeiten, das sind Zeiten, in denen die Angestellte ein Verkehrsmittel benützt, ohne es selbst zu lenken, werden mit dem Normalstundensatz vergütet, es sei denn, die Angestellte verrichtet in dieser Zeit Arbeitsleistungen im Rahmen des ihr erteilten Auftrages[13]).

7. Durchrechenbare Arbeitszeit[14])

7.1. Die wöchentliche Normalarbeitszeit kann in einzelnen Wochen eines Zeitraumes von 26 Wochen bis zu 44 Stunden ausgedehnt werden, wenn innerhalb dieses Durchrechnungszeitraumes die wöchentliche Normalarbeitszeit 38,5 Stunden nicht überschreitet.

7.2. Der Durchrechnungszeitraum kann in Betrieben mit Betriebsrat durch Betriebsvereinbarung, sonst durch Einzelvertrag auf maximal ein Jahr ausgedehnt werden.

7.3. Die Dauer der wöchentlichen Normalarbeitszeit im Durchrechnungszeitraum ist im Vorhinein zu vereinbaren. Bei einem Durchrechnungszeitraum von mehr als 13 Wochen muss die Dauer der wöchentlichen Normalarbeitszeit zumindest für 13 Wochen im Vorhinein vereinbart werden.

7.4. Änderungen, die sich aus den jeweiligen Betriebserfordernissen oder aus der Bedachtnahme auf die Interessen der Arbeitnehmerin ergeben, sind rechtzeitig vorher zu vereinbaren.

7.5. Der zur Erreichung dieser durchschnittlichen Arbeitszeit im Durchrechnungszeitraum erforderliche Zeitausgleich ist unter Berücksichtigung der jeweiligen Betriebserfordernisse und unter Bedachtnahme auf die Interessen der Arbeitnehmerin mindestens in halben Tagen zu gewähren[15]).

7.6. Ist es nicht möglich, die erforderliche durchschnittliche Arbeitszeit zu erreichen, kann ein Zeitguthaben oder eine Zeitschuld im Höchstausmaß der halben vertraglich vereinbarten wöchentlichen Normalarbeitszeit in den nächsten Durchrechnungszeitraum übertragen werden.

8. Ruhezeiten[16])

8.1. Die Ruhezeit nach § 12 AZG darf in Einzelfällen auf bis zu 10 Stunden verkürzt werden. Das im Vergleich zum gesetzlichen Anspruch entfallende Ruhezeitausmaß ist im Zusammenhang mit einer täglichen oder wöchentlichen Ruhezeit innerhalb der nächsten 10 Kalendertage auszugleichen[17]).

8.2. Die Ruhezeit nach § 12 AZG darf in Einzelfällen auf bis zu 8 Stunden verkürzt werden. Das im Vergleich zum gesetzlichen Anspruch entfallende Ruhezeitausmaß ist im Zusammenhang mit einer täglichen oder wöchentlichen Ruhezeit innerhalb der

nächsten 10 Kalendertage auszugleichen. Zusätzlich gebührt der Arbeitnehmerin eine Ausgleichsruhezeit in gleichem Ausmaß, welche innerhalb von einem Monat durch eine entsprechende Verlängerung einer täglichen oder wöchentlichen Ruhezeit zu verbrauchen ist[18]).

8.3. Wird die Ausgleichsruhezeit nicht verbraucht, gebührt der Arbeitnehmerin Zeitausgleich im selben Ausmaß[19]).

8.4. Für Jugendliche gelten die Bestimmungen des KJBG[20]).

9. Zeitguthaben

Für Zeitguthaben am Ende des Dienstverhältnisses gebührt der Normalstundenlohn, wenn das Dienstverhältnis wegen Entlassung aus Verschulden der Arbeitnehmerin, Kündigung durch die Arbeitnehmerin oder Austritt der Arbeitnehmerin ohne wichtigen Grund endet[21]).

10. Altersteilzeit[22])

10.1. Will die Arbeitnehmerin die kontinuierliche Variante der Altersteilzeit zur Erreichung ihres Pensionsantrittsstichtages in Anspruch nehmen, und auch das Dienstverhältnis bei Erreichung ihres Pensionsstichtages beenden, hat sie die Arbeitgeberin schriftlich darüber zu informieren. Diese Information hat die gewünschte Reduktion der wöchentlichen Normalarbeitszeit und die Dauer der geförderten Altersteilzeit zu enthalten[23]).

10.2. Weiters müssen auf die Arbeitnehmerin folgende Voraussetzungen zutreffen[24]):

10.2.1. Betriebszugehörigkeit von mindestens einem Jahr zum Zeitpunkt der Information an die Arbeitgeberin.

10.2.2. Das monatliche Bruttoentgelt darf die Höchstbeitragsgrundlage zur Sozialversicherung nicht überschreiten.

10.2.3. Die rechtlichen Anforderungen zur Inanspruchnahme der gesetzlich geregelten und geförderten Altersteilzeit müssen erfüllt sein.

10.2.4. Nachweis über den persönlichen Pensionsantrittsstichtag und rechtzeitige Vorlage aller erforderlichen Unterlagen für die Antragstellung bei der Förderstelle durch die Arbeitgeberin.

10.3. Die Arbeitgeberin hat bei Erfüllung der Voraussetzungen innerhalb von 4 Wochen eine Vereinbarung über die geförderte Altersteilzeit mit der Arbeitnehmerin zu treffen. Darauf basierend wird der Antrag auf geförderte Altersteilzeit bei der abwickelnden Förderstelle eingebracht.

10.4. Die Arbeitgeberin kann die Vereinbarung über die geförderte Altersteilzeit[25])

10.4.1. auf einen späteren Zeitpunkt verschieben oder

10.4.2. Gespräche über ein geändertes Ausmaß der Reduzierung der Normalarbeitszeit führen oder

10.4.3. auf die geblockte Variante ändern oder

10.4.4. ablehnen,
wenn die Einhaltung von Betriebsabläufen gefährdet ist oder die Aufrechterhaltung des Geschäftsbetriebes nicht mehr gewährleistet werden kann.

10.5. Soll der Antrag gemäß 10.4. geändert, verschoben oder abgelehnt werden ist in Betrieben mit Betriebsrat dieser zu informieren und ein Vermittlungsgespräch zu führen.

10.6. Bei Änderung der gesetzlichen Bestimmungen zur kontinuierlichen Altersteilzeit tritt diese Regelung außer Kraft. Ausgenommen davon sind die bereits beschlossenen Änderungen bei Inkrafttreten dieser Regelung zum 1.1.2019. Die Sozialpartner nehmen in diesem Fall Verhandlungen über die Erneuerung bzw. Abänderung des Kollektivvertrages auf[26]).

11. Betriebsvereinbarung zur Erhöhung der wöchentlichen Normalarbeitszeit bei Teilzeitbeschäftigung[27])

In einer Betriebsvereinbarung können Rahmenbedingungen über die Erhöhung der vereinbarten wöchentlichen Normalarbeitszeit bei regelmäßig geleisteter Mehrarbeit festgelegt werden. Darin können der Beobachtungszeitraum, die Voraussetzungen für den Anspruch auf die Erhöhung der vereinbarten wöchentlichen Normalarbeitszeit, der Zeitraum in dem die Erhöhung umzusetzen ist, ein mögliches Rückkehrrecht zur ursprünglich vereinbarten Arbeitszeit sowie Maßnahmen zur Einhaltung der vereinbarten wöchentlichen Normalarbeitszeit, ... usw festgelegt werden.

[1]) Der Handelsangestellten-KV normiert in Abschnitt 2 Pkt A zunächst allgemeine arbeitszeitrechtliche Bestimmungen (Ausmaß und Verteilung der Normalarbeitszeit, Gleitzeit, Vier-Tage-Woche etc), die für sämtliche Arbeitnehmer und Arbeitnehmerinnen seines Anwendungsbereiches gelten. In den Punkten B und C findet man in der Folge Sonderregelungen, die den unterschiedlichen Arbeitsbedingungen und Bedürfnissen im Groß- und Einzelhandel gerecht werden sollen.

[2]) Gesetzliche Grundlage für die Arbeitszeit bildet das Arbeitszeitgesetz (allg zur geltenden Rechtslage nach der AZG-Novelle 2018 [BGBl I 2018/53] s *Schrank*, Arbeitszeitgesetze[6] [2021]; *ders*, Arbeitszeit-Betriebs- und Einzelvereinbarungen – Auswirkungen der Arbeitszeitnovellierung – Anwendungsprobleme? Anwendungschancen?, ZAS 2018, 267; *Tomandl*, Die Neuerungen im Arbeitszeitrecht, ZAS 2018, 260; *Dunst*, Arbeitszeitgesetz und Arbeitsruhegesetz – Die Neuerungen seit 1.9.2018 im Überblick, DRdA-infas 2018, 381; *Gasteiger/Heilegger/Klein* [Hrsg], AZG[7] [2021]; zur alten Rechtslage vgl *Schrank*, Arbeitszeitgesetze[4] [2017]; *Heilegger/Klein* [Hrsg], AZG[4] [2016]; *Grillberger*, AZG[3] [2011]). § 2 Abs 1 AZG definiert die **Arbeitszeit** als die Zeit vom Beginn bis zum Ende der Arbeit ohne die Ruhepausen. Die Arbeitszeit beginnt mit der Aufnahme der vereinbarten Arbeit bzw mit dem Zeitpunkt, ab dem der Arbeitnehmer bzw die Arbeitnehmerin dem Arbeitgeber bzw der Arbeitgeberin zur Verfügung steht. **Wegzeiten**, das sind jene Zeiten, die der Arbeitnehmer bzw die Arbeitnehmerin für den Weg von der Wohnung zur Arbeitsstätte und zurück benötigt, zählen nicht zur Arbeitszeit (vgl OGH 24. September 1968, 4 Ob 50/68, Arb 8565; OGH 5. Oktober 1971, 4 Ob 72/71, Arb 8910; OGH 14. September 1982, 4 Ob 92 u 93/82, Arb 10.180; OGH 15. Dezember 2009, 9 ObA 6/09m, DRdA 2011, 536 mit Bespr v *Schindler* = ARD 6043/5/2010; vgl hiezu auch *Rauch*, Wegzeit, Ruhepause und Arbeitszeit, ASoK 2012, 452; *Mosing*, Weg- und Reisezeiten im Arbeitsrecht, RdW 2012, 157). Hat ein Arbeitnehmer bzw eine Arbeitnehmerin keinen gewöhnlichen Arbeitsort oder keinen Arbeitsort, der zumindest vorübergehend ein gleichbleibender ist, und bildet die Fahr-/Reisezeit des Arbeitnehmers bzw der Arbeitnehmerin ein wesentliches Element der Tätigkeit, dann wird auch die Arbeitszeit mit Beginn dieser Fahr-/Reisetätigkeit beginnen (zB Reisende, Provisionsvertreter, Servicetechniker ohne Bindung an die Betriebsstätte; vgl EuGH 10. September 2015, C-266/14, *Tyco*, DRdA-infas 2015, 312). Für gewisse Formen der Inanspruchnahme des Arbeitnehmers bzw der Arbeitnehmerin durch den Arbeitgeber bzw durch die Arbeitgeberin (zB Arbeitsbereitschaft, Reisezeiten, Rufbereitschaft) sieht das AZG Sonderbestimmungen vor. Das AZG bildet den Rahmen

für den Kollektivvertrag und vor allem für die individuellen Regelungen im Arbeitsvertrag und ist insofern überwiegend dem Arbeitnehmer- bzw Arbeitnehmerinnenschutz zuzurechnen. Über die Abgeltung der Arbeitszeit trifft das AZG nur ausnahmsweise (so im Falle von Überstundenarbeit, s hiezu die Erl 1 u 6 ff zu Abschnitt 2 Pkt G; vgl hiezu *Klein* in *Gasteiger/Heilegger/Klein* [Hrsg], AZG[7] [2021] Erl 1 zu §§ 3 bis 4c) Aussagen. Die Abgeltung der Arbeitszeit ist Sache des Kollektiv- bzw Arbeitsvertrages.

Unter **Tagesarbeitszeit** ist die Arbeitszeit innerhalb eines ununterbrochenen Zeitraums von 24 Stunden zu verstehen, wobei dieser nicht mit dem Kalendertag übereinstimmen muss, sondern mit der Aufnahme der Arbeit zu laufen beginnt. Unter **Wochenarbeitszeit** versteht das AZG die Arbeitszeit innerhalb des Zeitraums von Montag bis einschließlich Sonntag.

[3]) Die Normalarbeitszeit setzt sich aus zwei Komponenten zusammen, nämlich dem Ausmaß der täglichen und dem Ausmaß der wöchentlichen Arbeitszeit. Gem § 3 Abs 1 AZG darf grundsätzlich die **tägliche Normalarbeitszeit** acht Stunden, die **wöchentliche Normalarbeitszeit** 40 Stunden nicht überschreiten. Der Handelsangestellten-KV geht – wie eine Reihe anderer Kollektivverträge – von der gesetzlichen 40-Stunden-Woche ab und verkürzt die wöchentliche Normalarbeitszeit auf **38,5 Stunden**. Die Reduktion der Normalarbeitszeit ist als klassischer Sozialpartnerkompromiss zu verstehen: Zum einen wurde das Ausmaß der Arbeitszeit verringert, zum anderen schafft der Kollektivvertrag die Rahmenbedingungen für eine gewisse innerbetriebliche Arbeitszeitflexibilisierung. Der Kollektivvertrag schreibt aber nicht einzelne Arbeitszeitmodelle vor, sondern ermöglicht die Einführung betriebsadäquater Lösungen im Konsens zwischen Betriebsinhaber bzw Betriebsinhaberin und Betriebsrat.

[4]) Gem § 19c Abs 1 AZG sind die **Lage der Arbeitszeit** und ihre Änderungen arbeitsvertraglich zu vereinbaren, sofern sie nicht durch Normen der kollektiven Rechtsgestaltung festgesetzt werden. Unter Lage der Arbeitszeit sind in diesem Zusammenhang sowohl Beginn und Ende der täglichen Arbeitszeit als auch die Verteilung der wöchentlichen Normalarbeitszeit auf die einzelnen Wochentage zu verstehen. Der Handelsangestellten-KV setzt die Lage der Arbeitszeit nicht fest, sondern stellt in Abschnitt 2 Pkt A Z 2.1. stattdessen klar, dass dies – nach Maßgabe der gesetzlichen und kollektivvertraglichen Vorgaben – durch **Betriebsvereinbarung** oder **Einzelvereinbarung** zu erfolgen hat. Im Rahmen der verschiedenen Modelle, die Abschnitt 2 Pkt A zur Verteilung der Arbeits-

zeit vorsieht, ermöglicht der Kollektivvertrag damit individuelle bzw betriebsadäquate Lösungen (etwa freie Samstagnachmittage, freie Halbtage in den Monaten Jänner bis November etc). Betriebsvereinbarungen über die generelle Festsetzung des Beginns und des Endes der täglichen Arbeitszeit sowie über die Verteilung der Arbeitszeit auf die einzelnen Wochentage können auf den Betriebsvereinbarungstatbestand des § 97 Abs 1 Z 2 ArbVG gestützt werden. Es handelt sich daher um erzwingbare Betriebsvereinbarungen.

Auch die **Dauer und Lage der Arbeitspausen** sind gem Abschnitt 2 Pkt A Z 2.1. Handelsangestellten-KV zu vereinbaren. Ein entsprechender Betriebsvereinbarungstatbestand ist wiederum in § 97 Abs 1 Z 2 ArbVG enthalten. In diesem Zusammenhang ist § 11 Abs 1 AZG zu beachten, wonach eine Ruhepause von mindestens einer halben Stunde einzuhalten ist, wenn die Tagesarbeitszeit eines Arbeitnehmers bzw einer Arbeitnehmerin mehr als sechs Stunden beträgt. Im Arbeitnehmer- bzw Arbeitnehmerinneninteresse sowie aus betrieblichen Gründen kann diese halbstündige Pause auf zwei Pausen zu je 15 Minuten oder drei Pausen zu je zehn Minuten aufgeteilt werden, wobei eine solche Teilung in Betrieben, in denen ein Betriebsrat errichtet wurde, der Zustimmung des Betriebsrates bedarf. Durch Einzelvereinbarung oder Weisung des Arbeitgebers bzw der Arbeitgeberin kann eine solche Veränderung der halbstündigen Pause nicht erfolgen. Damit verleiht das AZG der an sich erzwingbaren Betriebsvereinbarung nach § 97 Abs 1 Z 2 ArbVG auch einen notwendigen Charakter. Bei Vorliegen der oben genannten Gründe können durch Betriebsvereinbarung bzw in Betrieben, in denen kein Betriebsrat besteht, durch das Arbeitsinspektorat auch andere Teilungen der Arbeitspause zugelassen werden, wobei ein Teil mindestens zehn Minuten zu betragen hat. Ebenso kann gem § 11 Abs 5 AZG eine Verkürzung der Ruhepause auf mindestens 15 Minuten durch Betriebsvereinbarung bzw Arbeitsinspektorat vorgenommen werden. Kommt es sowohl zu einer Verkürzung als auch zu einer Teilung der Ruhepause, dann muss ein Teil zumindest 15 Minuten betragen. Bei erschwerten Arbeitsbedingungen konnte das Arbeitsinspektorat gem § 11 Abs 6 AZG über § 11 Abs 1 AZG hinausgehende Mindestruhepausen anordnen (vgl *Schrank*, Arbeitszeitgesetze[6] [2021] Rz 35 ff zu § 11 AZG; *Grillberger*, AZG[3] [2011] 118; *Klein* in *Gasteiger/Heilegger/Klein* [Hrsg], AZG[7] [2021]; § 11 Rz 8; *Löschnigg*, Arbeitsrecht[13] [2017] 6/505 ff). Abs 6 wurde mit Wirkung vom 31.7.2017 durch das ArbeitnehmerInnenschutz-Deregulierungsgesetz (BGBl I 2017/126) aufgehoben (s hiezu *Schrank*, Arbeitszeitgesetze[6] [2021] Rz 36 zu § 11 AZG). Jugendliche iSd KJBG haben ab einer Tagesarbeitszeit von 4,5 Stunden Anspruch auf eine Pause von mindestens einer halben Stunde, die spätestens nach sechs Stunden zu gewähren ist.

[5]) Soll an einem Werktag weniger als acht Stunden gearbeitet werden, besteht gem Abschnitt 2 Pkt A Z 2.2. Handelsangestellten-KV die Möglichkeit, die entfallende Arbeitszeit auf die anderen Tage der Kalenderwoche zu verteilen, wobei die tägliche Normalarbeitszeit dabei neun Stunden nicht überschreiten darf. Obwohl nicht ausdrücklich erwähnt, wird der Zweck dieser Regelung darin bestehen, den Arbeitnehmern und Arbeitnehmerinnen durch diese andere Verteilung der wöchentlichen Normalarbeitszeit **längere zusammenhängende Freizeiten** zu ermöglichen. Im Ergebnis trifft Abschnitt 2 Pkt A Z 2.2. Handelsangestellten-KV damit dieselbe Regelung wie § 4 Abs 2 AZG. Das Gesetz normiert darüber hinaus Kriterien für die Zulässigkeit einer solchen Regelung, die im Handelsangestellten-KV fehlen (vgl *Schrank*, Arbeitszeitgesetze[6] [2021] Rz 26 ff zu § 4 AZG; *Pfeil* in *Auer-Mayer/Felten/Pfeil* [Hrsg], AZG[4] [2019] § 4 Rz 27 ff; *Klein* in *Gasteiger/Heilegger/Klein* [Hrsg], AZG[7] [2021] §§ 3 bis 4c Rz 7ff). Gem § 4 Abs 2 AZG muss die durch die andere Verteilung der Wochenarbeitszeit gewonnene Freizeit jedenfalls **mit der wöchentlichen oder einer täglichen Ruhezeit zusammenhängen**. Darüber hinaus verlangt § 4 Abs 2 AZG, dass die Wochenarbeitszeit regelmäßig, dh über einen längeren Zeitraum, gleichmäßig wiederkehrend auf diese Weise verteilt wird. Das Erfordernis der **Regelmäßigkeit** soll im Interesse des Arbeitnehmers bzw der Arbeitnehmerin eine vorhersehbare Arbeitszeiteinteilung sichern.

Da die Anwendung des § 4 Abs 2 AZG weder einer Zulassung noch einer echten Regelung durch Kollektivvertrag bedarf, kann die Bestimmung des Abschnittes 2 Pkt A Z 2.2. Handelsangestellten-KV nur der Klarstellung und Bekräftigung dienen. Unter diesem Aspekt wird den Kollektivvertragsparteien erst recht nicht unterstellt werden können, bewusst in rechtswidriger Weise von den Bestimmungen des AZG abgegangen zu sein. Die Kriterien des Zusammenhangs mit der wöchentlichen oder einer täglichen Ruhezeit sowie der Regelmäßigkeit sind daher jedenfalls auch im Anwendungsbereich des Handelsangestellten-KV beachtlich.

> **Beispiel:** Eine Arbeitnehmerin arbeitet von Montag bis Donnerstag von 7.30 Uhr bis 16.00 Uhr, dafür am Freitag nur von 7.30 Uhr bis 12.00 Uhr. Durch den freien Freitagnachmittag kommt es zu einer Verlängerung der Wochenendruhe.

[6]) Die Lage der Normalarbeitszeit sowie ihre Änderungen sind gem § 19c Abs 1 AZG zu **vereinbaren**, sofern sie nicht durch Normen der kollektiven Rechtsgestaltung festgesetzt werden. Gem § 19c Abs 2 AZG kann der Arbeitgeber bzw die Arbeitgeberin eine **Änderung der Lage der Normalarbeitszeit** jedoch **anordnen**, wenn dies aus objektiven, in der Art der Arbeitsleistung gelegenen Gründen sachlich gerechtfertigt ist, dem Arbeitnehmer bzw der Arbeitnehmerin die Lage der Normalarbeitszeit für die jeweilige Woche mindestens zwei Wochen im Vorhinein mitgeteilt wurde und wenn weder berücksichtigungswürdige Interessen des Arbeitnehmers bzw der Arbeitnehmerin noch eine Vereinbarung dieser Einteilung entgegenstehen. Vom Erfordernis, dass die geänderte Lage der Normalarbeitszeit dem Arbeitnehmer bzw der Arbeitnehmerin mindestens zwei Wochen im Vorhinein mitzuteilen ist, kann gem § 19c Abs 3 AZG abgesehen werden, wenn dies in unvorhersehbaren Fällen zur Verhinderung eines unverhältnismäßigen wirtschaftlichen Nachteils erforderlich ist und andere Maßnahmen nicht zumutbar sind.

Der Handelsangestellten-KV trifft diesbezüglich eine zu Gunsten des Arbeitnehmers bzw der Arbeitnehmerin vom AZG abweichende Regelung. Gem Abschnitt 2 Pkt A Z 2.3. Handelsangestellten-KV sind Änderungen der Lage der Normalarbeitszeit – unbeschadet § 19c Abs 3 AZG – **mindestens zwei Wochen im Vorhinein zu vereinbaren**. Dies schränkt die Möglichkeit nach § 19c Abs 1 AZG Änderungen der Lage der Normalarbeitszeit zu vereinbaren insofern ein, als solche Vereinbarungen im Anwendungsbereich des Handelsangestellten-KV zumindest zwei Wochen im Vorhinein getroffen werden müssen. Nach § 19c Abs 1 AZG wären mit der – allenfalls unter dem Druck des Arbeitgebers bzw der Arbeitgeberin zustande gekommenen – Zustimmung des Arbeitnehmers bzw der Arbeitnehmerin auch ganz kurzfristige Änderungen der Lage der Normalarbeitszeit zulässig. Darüber hinaus wird durch die Bestimmung des Abschnitt 2 Pkt A Z 2.3. Handelsangestellten-KV die Möglichkeit einer einseitigen Anordnung von Änderungen durch den Arbeitgeber bzw die Arbeitgeberin auf jene unvorhersehbaren Fälle beschränkt, in denen gem § 19c Abs 3 AZG auch kurzfristig Änderungen der Normalarbeitszeit angeordnet werden können, um einen unverhältnismäßigen wirtschaftlichen Schaden zu verhindern. Eine Vereinbarung im Arbeitsvertrag, wonach der Arbeitgeber bzw die Arbeitgeberin die Lage der Normalarbeitszeit generell einseitig verändern kann, würde der zwingenden Bestimmung des Abschnitt 2 Pkt A Z 2.3. widersprechen.

[7]) Die in Abschnitt 2 Pkt A Z 2.4. Handelsangestellten-KV enthaltene **Empfehlung der Sozialpartner**, Angestellte mit längerer An- und Heim-

reise in größeren zusammenhängenden Zeiträumen mit möglichst kurzer Unterbrechung zu beschäftigen, ist dem schuldrechtlichen Teil des Kollektivvertrages zuzurechnen und hat keine unmittelbar rechtsverbindliche Wirkung. Es soll dadurch aber einer **Zersplitterung der täglichen Arbeitszeit** entgegengewirkt werden (vgl Erl 2).

[8]) **Gleitzeit** iSd § 4b AZG liegt dann vor, wenn der Arbeitnehmer bzw die Arbeitnehmerin innerhalb eines vereinbarten Rahmens Beginn und Ende seiner/ihrer täglichen Normalarbeitszeit selbst bestimmen kann (zur „Einschränkung" des Selbstbestimmungsrechts s Erl 9; allg zur gleitenden Arbeitszeit s *Jöst*, Gleitzeitvereinbarung, in *Reissner/Neumayr* [Hrsg], Zeller Handbuch Arbeitsvertrags-Klauseln[2] [2019], 403 ff; *ders*, Gleitzeit- und Durchrechnungsvereinbarungen, ZAS 2011, 118; vgl *Klein/Schwarz*, Die Neuerungen im Arbeitszeitrecht [1994]; *Pfeil* in *Auer-Mayer/Felten/Pfeil* [Hrsg], AZG[4] [2019] Rz zu § 4b AZG; sa *Steiner*, Grenzen der Arbeitszeitflexibilität bei gleitender Arbeitszeit, wbl 2015, 70; *Schrank*, Arbeitszeitgesetze[6] [2021] Rz zu § 4b AZG). Die gleitende Arbeitszeit muss in Betrieben, in denen ein Betriebsrat errichtet ist, durch **Betriebsvereinbarung** geregelt sein (§ 4b Abs 2 AZG). Besteht kein Betriebsrat, bedarf es einer schriftlichen Vereinbarung mit jedem einzelnen Arbeitnehmer bzw jeder einzelnen Arbeitnehmerin (**Gleitzeitvereinbarung**).

Dem AZG zufolge hat jede Gleitzeitvereinbarung zwingend zu enthalten (**Mindestinhalt**):

- Die **Dauer der Gleitzeitperiode**, wobei eine Höchstgrenze für die Gleitzeitperiode im AZG nicht vorgesehen ist.
- Den **Gleitzeitrahmen**, dh jenen zeitlichen Rahmen, innerhalb dessen der Arbeitnehmer bzw die Arbeitnehmerin Beginn und Ende seiner/ihrer täglichen Arbeitszeit selbst bestimmen kann.
- Das Höchstausmaß allfälliger **Übertragungsmöglichkeiten** von Zeitguthaben und Zeitschulden in die nächste Gleitzeitperiode. Wird über dieses Höchstausmaß hinaus gearbeitet, liegt Überstundenarbeit vor.
- Dauer und Lage der **fiktiven Normalarbeitszeit**. Mit der fiktiven Normalarbeitszeit wird festgelegt, wann die tägliche Normalarbeitszeit im Falle der Geltung fixer Arbeitszeit beginnen bzw enden würde (vgl zB *Klein/Schwarz*, Die Neuerungen im Arbeitszeitrecht [1994] 70). Fallen Dienstverhinderungen in die fiktive Normalarbeitszeit, dann sind sie insbesondere im Hinblick auf die Entgeltfortzahlung der Arbeitszeit gleich zu setzen.

Gleitzeitregelungen sind Regelungen über die Lage der Normalarbeitszeit. Insofern sind aus betriebsvereinbarungsrechtlicher Sicht vorweg § 19c Abs 1 AZG und § 97 Abs 1 Z 2 ArbVG angesprochen. § 19c Abs 1 AZG überlässt die Bestimmung der Lage der Arbeitszeit und ihre Änderung neben dem Kollektivvertrag und dem Arbeitsvertrag der Betriebsvereinbarung. Aus § 97 Abs 1 Z 2 ArbVG ergibt sich, dass es sich hiebei um erzwingbare Betriebsvereinbarungen handelt. Mit der Einfügung des § 4b in das AZG ist insofern eine Änderung eingetreten, als die Einführung von Gleitzeitmodellen der **notwendigen Mitbestimmung mit Zwangsschlichtung** zugeordnet wird (vgl *Strasser*, Zu den Rechtsgrundlagen für Betriebsvereinbarungen im Arbeitszeitgesetz, wbl 1995, 399; *Löschnigg*, Probleme der AZG-Novelle BGBl I 1997/46, in FS Tomandl [1998] 254; *Schrank*, Arbeitszeitgesetze[6] [2021] Rz 32 ff zu § 4b AZG; *Pfeil* in *Auer-Mayer/Felten/Pfeil* [Hrsg], AZG[4] [2019] § 4b Rz 11 f AZG). Dies bedeutet, dass in Betrieben mit Betriebsrat die Einführung von gleitender Arbeitszeit nur mit Zustimmung des Betriebsrates im Rahmen einer förmlichen Betriebsvereinbarung erfolgen kann. Kommt es zwischen Betriebsrat und Betriebsinhaber bzw Betriebsinhaberin zu keiner konsensualen Lösung, kann sowohl der Betriebsrat als auch der Betriebsinhaber bzw die Betriebsinhaberin die **Schlichtungsstelle** anrufen und versuchen, über die Schlichtungsstelle ein Gleitzeitmodell zu erzwingen.

In Betrieben ohne Betriebsrat hat die Gleitzeit durch eine **schriftliche Einzelvereinbarung** zu erfolgen. Die Schriftlichkeit ist hiebei Voraussetzung für die Gültigkeit der Gleitzeitregelung. Da die Einzelvereinbarung naturgemäß auf individuelle Bedürfnisse abstellt, wird auch die Gleitzeitvereinbarung individuell unterschiedlich ausgestaltet sein. Eine Verpflichtung, dass für den gesamten Betrieb einheitliche individuelle Gleitzeitregelungen zustande kommen, ist aus dem AZG nicht ableitbar, wenngleich aus Sicht des Arbeitgebers bzw der Arbeitgeberin aus Gründen der Praktikabilität eher gleichlautende Vereinbarungen getroffen werden.

Wenn das AZG zwischen Betrieben mit und ohne Betriebsrat differenziert und zum einen nur die Betriebsvereinbarung, zum anderen den Arbeitsvertrag als Grundlage für die gleitende Arbeitszeit zulässt, dann ist zu klären, wie sich die **Bildung von Belegschaftsorganen** in Betrieben auswirkt, in denen bis zu diesem Zeitpunkt noch kein Betriebsrat gewählt war. Beruht eine Gleitzeitregelung mangels Bestehens eines Betriebsrates auf einer Individualvereinbarung, wird in weiterer Folge aber ein Betriebsrat eingerichtet, dann bedarf die gleitende Arbeitszeit ab diesem Zeitpunkt einer Betriebsvereinbarung. Eine gewisse Übergangsfrist wird den Betriebsvereinbarungsparteien hiebei zugestanden werden müssen. Es wird eher nicht davon auszugehen sein, dass mit der Konstituierung des Betriebsrates auch bereits eine Gleitzeitbetriebsvereinbarung existieren muss, andernfalls das Gleitzeitsystem rechtswidrig wäre. Kommt es in absehbarer Zeit und bei Ernstlichkeit der Verhandlungen zu keiner Einigung über eine Gleitzeitbetriebsvereinbarung, dann ist entweder die Schlichtungsstelle anzurufen oder auf die fixe Arbeitszeit umzustellen. Bis zum Ende des Verfahrens der Schlichtungsstelle wird die Gleitzeit auf Basis der Einzelarbeitsverträge als zulässig erachtet werden können.

Tritt der umgekehrte Fall ein, dass nämlich der **Betriebsrat auf Dauer untergeht**, erlischt die Betriebsvereinbarung über die gleitende Arbeitszeit. Wird das Gleitzeitmodell aber weiterhin angewandt, dann ist iS einer freien Betriebsvereinbarung anzunehmen, dass die Gleitzeitregelung (schriftlicher) Bestandteil des Arbeitsvertrages geworden ist (allg zur freien Betriebsvereinbarung vgl *Löschnigg*, Arbeitsrecht[13] [2017] 3/268 ff; *Drs*, Die freie Betriebsvereinbarung, in FS Binder [2010] 461 ff). ISd § 4b AZG ist dann aber zu prüfen, ob das Schriftformgebot im Verhältnis zwischen Arbeitgeber bzw Arbeitgeberin und Arbeitnehmer bzw Arbeitnehmerin beachtet worden ist. Unabhängig davon, ob die Gleitzeit durch Betriebsvereinbarung oder durch Arbeitsvertrag (individuelle Gleitzeitvereinbarung) zustande kommt, begrenzt der Kollektivvertrag die tägliche Rahmenzeit auf zehn Stunden (s Erl 9).

[9]) Das Wesen der Gleitzeit besteht in der Selbstbestimmung der Arbeitszeit durch den Arbeitnehmer bzw die Arbeitnehmerin (s Erl 8). Dieses **arbeitszeitrechtliche Selbstbestimmungsrecht** ist aber nicht so weit zu verstehen, dass sich der Arbeitnehmer bzw die Arbeitnehmerin – völlig losgelöst von den betrieblichen Anforderungen – die Arbeitszeit einteilen kann. Insbesondere kann der Arbeitnehmer bzw die Arbeitnehmerin nicht gerade dann im Betrieb erscheinen, wenn mit hoher Wahrscheinlichkeit kein oder ein nur geringer Arbeitsanfall zu erwarten ist. Dementsprechend finden sich in Gleitzeitvereinbarungen regelmäßig Hinweise, dass sich der Arbeitnehmer bzw die Arbeitnehmerin bei der Arbeitszeiteinteilung an gewissen **betrieblichen Vorgaben**, Wünschen der Kunden und Kundinnen etc zu orientieren hat. Sollten jedoch die betrieblichen Rahmenbedingungen für den Arbeitnehmer bzw die Arbeitnehmerin nur mehr einen geringen oder überhaupt keinen Spielraum zur Festlegung seiner/ihrer Arbeitszeit zulassen, kann nicht mehr von Gleitzeit ausgegangen werden. An diesem Umstand ändert sich auch nichts, wenn direkte Eingriffe und Weisungen des Arbeitgebers bzw der Arbeitgeberin nicht erfolgen.

Dass die Gleitzeit durchaus mit Beschränkungen für den Arbeitnehmer bzw die Arbeitnehmerin verbunden sein kann, zeigt insbesondere die Festlegung von **Kernarbeitszeiten**, die durchaus als typisch für Gleitzeitmodelle angesehen werden können und die das AZG mit Sicherheit nicht ausschließen wollte.

Vom Arbeitgeber bzw der Arbeitgeberin **angeordnete Arbeitsstunden** widersprechen an sich einer Gleitzeitregelung. Dennoch wird aus betrieblichen Gründen immer wieder die Notwendigkeit eintreten, dass die Arbeitsleistung zu vom Arbeitgeber bzw von der Arbeitgeberin bestimmten Zeiten zu erbringen ist. Gleitzeitvereinbarungen sollten diesen Umstand mitberücksichtigen und konkrete Regelungen vorsehen. Längere Phasen angeordneter Arbeitszeiten (zB mehrere Tage im Falle betriebstechnischer Umstellungen, Inventuren etc) könnten generell zu einem Sistieren der Gleitzeitregelung führen. Die Aussetzung des Gleitzeitsystems könnte aber auch auf unvorhersehbare Fälle zur Vermeidung eines unverhältnismäßigen wirtschaftlichen Nachteils beschränkt werden, bei denen andere Maßnahmen nicht zumutbar sind. Diese Formulierung würde § 19c Abs 3 AZG entsprechen.

Ob angeordnete Arbeitszeiten als **Überstunden** zu werten sind, regelt seit der AZG-Novelle BGBl I 53/2018 die Bestimmung des § 4b Abs 5 AZG zumindest teilweise. Dieser Regelung zufolge handelt es sich dann um Überstunden, wenn der Arbeitgeber bzw die Arbeitgeberin Arbeitsstunden anordnet, die „über die Normalarbeitszeit gemäß § 3 Abs 1 AZG hinausgehen". § 3 Abs 1 AZG enthält die Begrenzung der täglichen Normalarbeitszeit mit 8 Stunden und der wöchentlichen Normalarbeitszeit mit 40 Stunden. Unabhängig von den betrieblichen Regelungen zur fiktiven Normalarbeitszeit liegen Überstunden damit erst vor, wenn diese Grenzen überschritten werden. Angeordnete Stunden außerhalb des Gleitzeitrahmens sind stets als Überstunden anzusehen (*Mosing*, Gleitzeit und Überstunden, ecolex 2018, 1017; *Jöst*, Die „neue" Gleitzeit, ecolex 2018, 796; zum **Ablehnungsrecht** des Arbeitnehmers bzw der Arbeitnehmerin ab der elften Überstunde nach § 7 Abs 6 AZG s Erl 7 zu Abschnitt 2 Pkt G).

Im Fall angeordneter Arbeitsstunden ist vorweg zu prüfen, ob der Arbeitnehmer bzw die Arbeitnehmerin überhaupt **verpflichtet** ist, der Anordnung des Arbeitgebers bzw der Arbeitgeberin nachzukommen. Die Zulässigkeit der Abweichung von der Gleitzeit muss sich aus der Betriebsvereinbarung – in Betrieben ohne Betriebsrat aus der Gleitzeitvereinbarung (Arbeitsvertrag) – ergeben.

Dem AZG zufolge liegt die Grenze für die **tägliche Normalarbeitszeit** bei gleitender Arbeitszeit zwar grundsätzlich bei 10 Stunden, unter gewissen Voraussetzungen (insb bei ganztägigem Verbrauch der Arbeitszeitguthaben) kann diese Grenze aber auf 12 Stunden angehoben werden (s etwa *Glowacka*, Flexibilisierung der Arbeitszeit ab September – Erweiterung der Gestaltungsmöglichkeiten bei Gleitzeit, ASoK 2018, 285; *Dunst*,

Arbeitszeitgesetz und Arbeitsruhegesetz – Die Neuerungen seit 1.9.2018 im Überblick, DRdA-infas 2018, 381; *Tomandl*, Die Neuerungen im Arbeitszeitrecht, ZAS 2018, 260 [264 f]). Der Handelsangestellten-KV sieht allerdings weiterhin vor, dass die tägliche Normalarbeitszeit (von Erwachsenen) in Gleitzeitvereinbarungen nur auf bis zu 10 Stunden verlängert werden kann. Damit stellt sich die Frage, ob Betriebsvereinbarungen bzw arbeitsvertragliche Regelungen zur Gleitzeit an die Grenze des Kollektivvertrags jedenfalls gebunden sind oder ob sie bei Vorliegen der gesetzlichen Voraussetzungen (insb bei ganztägigem Verbrauch der Arbeitszeitguthaben) eine Tagesnormalarbeitszeit von 12 Stunden vorsehen können. In Hinblick darauf, dass die durch das BGBl I 53/2018 geänderte Fassung des § 4b AZG bereits mit 1.9.2018 in Kraft getreten ist, hätten die Kollektivvertragsparteien bei den Verhandlungen 2018 durchaus reagieren können. Wenn der Kollektivvertrag daher unverändert die zeitliche Obergrenze von 10 Stunden beibehält, dann hat dies auch bindende Wirkung auf Gleitzeitregelungen in Betriebsvereinbarungen und individuelle Gleitzeitvereinbarungen. Dies deckt sich auch mit der sozialpolitischen Tendenz der Gewerkschaften, einen 12-Stunden-Tag nur in besonderen Fällen zu akzeptieren. Wäre die gleitende Arbeitszeit aus Sicht der Interessenvertretung der Arbeitnehmer ein solcher Fall gewesen, dann wäre auch der Kollektivvertrag geändert worden. Ein Versehen der Kollektivvertragsparteien kann bei dieser sozialpolitisch höchst sensiblen Materie nicht angenommen werden. Auch Günstigkeitsüberlegungen können nicht ins Treffen geführt werden, da man in diesem Zusammenhang eher von günstigkeitsneutralen Normen ausgehen muss. Auch wenn im Fall gleitender Arbeitszeit das Stundenausmaß – zumindest vom Grundprinzip her (s aber oben) – vom Willen des Arbeitnehmers abhängig ist, ist die physische und psychische Belastung durch einen 12-Stunden-Tag erheblich. Insofern ist die kollektivvertragliche Absicht, die tägliche Normalarbeitszeit mit 10 Stunden zu begrenzen, durchaus nachvollziehbar (aA *Schrank*, Arbeitszeitgesetze[6] [2021] Rz 106 zu § 4b AZG; so auch *Wiesinger*, Gleitzeit in der Bauwirtschaft – Unter besonderer Berücksichtigung der Änderungen durch die Arbeitszeitnovelle 2018, bauaktuell 2018, 181 in Bezug auf den KV für Angestellte der Baugewerbe und der Bauindustrie).

Der Handelsangestellten-KV stellt in Abschnitt 2 Pkt A Z 3 ausdrücklich auf **Erwachsene** ab. Zu beachten ist hiebei die **Begrenzung der täglichen und wöchentlichen Arbeitszeit** auf höchstens **9** bzw **40 Stunden** für **werdende und stillende Mütter** nach § 8 MSchG. **Jugendliche** unterliegen den Sonderbestimmungen des KJBG, wonach die Möglichkeit einer Gleitzeitvereinbarung nicht vorgesehen ist (aA *Schrank*, Arbeitszeitgesetze[6] [2021] Rz 108 zu § 4b AZG).

[10]) Mit dem Handelsangestellten-KV 2019 wurde ein beachtlicher Schritt in Richtung Arbeitszeitsouveränität für Arbeitnehmer und Arbeitnehmerinnen erreicht. Ausgangspunkt ist die in § 4 Abs 8 AZG vorgesehene **4-Tage-Woche**. Nach der gesetzlichen Bestimmung kann eine Betriebsvereinbarung eine tägliche Normalarbeitszeit von bis zu 10 Stunden zulassen, wenn die gesamte Wochenarbeitszeit regelmäßig auf vier Tage verteilt wird. In Betrieben, in denen kein Betriebsrat errichtet ist, kann eine solche Arbeitszeitverteilung schriftlich mit den einzelnen Arbeitnehmern und Arbeitnehmerinnen vereinbart werden. Erforderlich war somit ein Konsens zwischen Arbeitgeber/Arbeitgeberin und Betriebsrat bzw zwischen Arbeitgeber/Arbeitgeberin und dem einzelnen Mitarbeiter. Durch die kollektivvertragliche Regelung 2019 wird ein **Anspruch** des Arbeitnehmers bzw der Arbeitnehmerin auf eine 4-Tage-Woche geschaffen, den er/sie einseitig geltend machen und auch durchsetzen kann. Will der Arbeitgeber bzw die Arbeitgeberin die Verteilung der Arbeitszeit auf vier Tage nicht akzeptieren, muss er bzw sie dies innerhalb von zwei Kalenderwochen ab Mitteilung des Arbeitnehmers/der Arbeitnehmerin ablehnen. Als Ablehnungsgründe lässt der Kollektivvertrag allerdings nur die Gefährdung von Betriebsabläufen sowie das Risiko, dass der Geschäftsbetrieb nicht mehr aufrecht gehalten werden kann, zu.

Beide Ablehnungsgründe können oder werden sich auf betriebliche Phasen beziehen, die nicht von Dauer sind. Wird also das Ansinnen auf Reduktion der Arbeitstage zu Recht abgelehnt, kann es zu einem **späteren Zeitpunkt** wiederholt werden, wenn sich die Umstände zugunsten des Unternehmens verändert haben. Umgekehrt ist fraglich, ob eine erfolgte Umstellung auf die 4-Tage-Woche vom Arbeitgeber bzw von der Arbeitgeberin einseitig beendet werden kann, wenn Umstände vorliegen, die den Ablehnungsgründen entsprechen. In der betrieblichen Praxis sollte dieses Problem durch entsprechende Widerrufsklauseln in konkreten Vereinbarungen entschärft werden. Fehlt es an Vereinbarungen und wird nur (einseitig) vom kollektivvertraglichen Anspruch (durch Mitteilung) Gebrauch gemacht, wird man bei Vorliegen derart gravierender Gründe eine Sistierung iS eines vorübergehenden Aussetzens der Arbeitszeiteinteilung zubilligen müssen.

Von jeder Ablehnung des Antrags auf Umstellung einer 4-Tage-Woche ist dem Kollektivvertrag zufolge der **Betriebsrat** zu informieren, mit dem auch ein Vermittlungsgespräch zu führen ist.

Damit überhaupt eine 4-Tage-Woche erreicht werden kann, muss eine tägliche Normalarbeitszeit von über 8 Stunden zugelassen sein. Aus diesem Grund enthält der Kollektivvertrag die Erlaubnis, die **Normalarbeitszeit** in diesen Fällen auf bis zu **10 Stunden** auszudehnen.

[11]) Wenn der Kollektivvertrag von einer Verteilung der wöchentlichen Normalarbeitszeit auf **weniger als 4 Tage** spricht, dann bezieht er sich auf die **Teilzeitbeschäftigung**. So wird dadurch etwa ermöglicht, dass eine Teilzeitarbeit im Ausmaß von 20 Wochenstunden zur Gänze an nur zwei Wochentagen erbracht wird.

Als Voraussetzung für eine tägliche Normalarbeitszeit von 10 Stunden für Teilzeitbeschäftigte verlangt der Kollektivvertrag nur, dass die Angestellten an jedem Tag, an dem sie zum Einsatz kommen, mindestens vier Stunden zusammenhängend beschäftigt werden. Möglich wäre damit zum Beispiel ein Modell, demzufolge ein Teilzeitmitarbeiter seine wöchentliche Arbeitszeit von 18 Stunden so aufteilt, dass er montags 10 Stunden und donnerstags sowie freitags jeweils 4 Stunden arbeitet. Ob diese Konstellation gesetzeskonform ist, ist eher fraglich. § 4 Abs 8 AZG geht zwar nicht explizit auf Teilzeitarbeit ein. Dem AZG kann aber unterstellt werden, dass eine Ausweitung der täglichen Normalarbeitszeit nur dann zulässig ist, wenn die Anzahl der Arbeitstage pro Woche reduziert wird. In obigem Beispiel könnte etwa die Wochenarbeitszeit auf zwei Tage (zB montags 10 Stunden und donnerstags 8 Stunden) verteilt werden. Dies entspräche der Zwecksetzung des AZG; eine Verteilung auf drei Arbeitstage wäre aber auch ohne Ausweitung der täglichen Normalarbeitszeit möglich (zB montags 8 Stunden und donnerstags sowie freitags jeweils 5 Stunden; allgemein zu dieser Problematik s *Löschnigg*, Probleme der AZG-Novelle BGBl I 1997/46 in FS Tomandl [1998], 241). Bei gesetzeskonformer Interpretation des Handelsangestellten-KV muss man daher zu dem Ergebnis gelangen, dass eine Tagesarbeitszeit von zehn Stunden (iS von Normalarbeitszeit) nur dann zulässig ist, wenn ohne diese Verlängerung ein zusätzlicher Arbeitstag in Anspruch genommen werden müsste. Zusätzlich muss die Arbeitszeit pro Arbeitstag zusammenhängend vier Stunden betragen.

Dem OGH zufolge bedarf es für die Anwendung des Modells der Viertagewoche mit einer Ausdehnung der Normalarbeitszeit auf 10 Arbeitsstunden an einem einzelnen Arbeitstag einer Vereinbarung (OGH 25. November 2020, 9 Ob 31/20d, infas 2021,79 mit Bespr von *Tinhof* und ZAS 2022,166 mit abl Bespr v *Schrank*). Andernfalls riskiert der Arbeitgeber eine Abgeltung mit Überstundenzuschlag (s Erl 1 zu Abschnitt 2 Pkt E).

[12]) An sog **Fenstertagen** – in der Regel Werktage zwischen einem Feiertag und dem Wochenende – ist es möglich, die Arbeit ausfallen zu lassen, um den Arbeitnehmern und Arbeitnehmerinnen eine längere zusammenhängende Freizeit zu gewähren. Gem § 4 Abs 3 AZG kann die ausfallende

Normalarbeitszeit auf die Werktage von höchstens 13 zusammenhängenden, die Ausfalltage einschließenden Wochen verteilt werden. Die tägliche Normalarbeitszeit darf in diesem Fall zehn Stunden nicht überschreiten. Der Kollektivvertrag kann eine Verlängerung dieses Zeitraums vornehmen. In all jenen Fällen, in denen der Einarbeitungszeitraum 13 Wochen übersteigt, darf die tägliche Normalarbeitszeit jedoch maximal neun Stunden betragen. Für die Praxis bedeutet dies, dass Fenstertage innerhalb eines Zeitraums von bis zu 13 Wochen innerhalb einer täglichen Normalarbeitszeit von zehn Stunden oder aber innerhalb eines Zeitraums ab 13 Wochen mit einer maximalen Tagesarbeitszeit von neun Stunden eingearbeitet werden können.

Für **Jugendliche** iSd KJBG gilt gem § 11 Abs 2b KJBG, dass die an Fenstertagen ausfallende Normalarbeitszeit innerhalb von höchstens sieben, die Ausfalltage einschließenden Wochen eingearbeitet werden kann, wobei dieser Einarbeitungszeitraum durch Betriebsvereinbarung auf höchstens 13 Wochen verlängert werden kann. Der Kollektivvertrag wiederholt diese Ermächtigung an die Betriebsvereinbarung lediglich. Die Tagesarbeitszeit darf dabei neun Stunden und die Wochenarbeitszeit in den einzelnen Wochen des Einarbeitungszeitraumes 45 Stunden nicht überschreiten.

[13]) **Reisezeit** liegt gem **§ 20b AZG** vor, wenn der Arbeitnehmer bzw die Arbeitnehmerin über Auftrag des Arbeitgebers bzw der Arbeitgeberin vorübergehend seinen/ihren Dienstort verlässt, um an anderen Orten seine/ihre Arbeitsleistung zu erbringen, sofern der Arbeitnehmer bzw die Arbeitnehmerin während der Reisebewegung keine Arbeitsleistung zu erbringen hat. Arbeitet der Arbeitnehmer bzw die Arbeitnehmerin hingegen während der Reisebewegung oder wird er/sie durch die Dienstreise auf andere Art und Weise – etwa durch das Lenken eines Fahrzeuges – in Anspruch genommen, liegt vollwertige Arbeitszeit iSd AZG vor. Der Handelsangestellten-KV unterscheidet diesbezüglich zwischen **aktiver und passiver Reisezeit**, wobei passive Reisezeit gem Abschnitt 2 Pkt A Z 6 stets dann vorliegt, wenn der/die Angestellte ein Verkehrsmittel benutzt, ohne es selbst zu lenken. In allen anderen Fällen einer dienstlichen Reisebewegung handelt es sich um aktive Reisezeit. Arbeitszeit iSd AZG liegt daher einerseits stets bei aktiver Reisezeit und andererseits bei jenen passiven Reisezeiten vor, in denen der/die Angestellte Arbeitsleistungen im Rahmen des ihm/ihr erteilten Auftrages verrichtet (vgl zur Wegzeit Erl 2).

Die Unterscheidung zwischen Arbeitszeit und Reisezeit ist zum einen aus arbeitszeitrechtlicher Sicht und zum anderen aus entgeltrechtlicher

Sicht von Bedeutung. Gem § 20b Abs 2 AZG können durch Reisezeiten iSd § 20b AZG (s oben) die **Höchstgrenzen der Arbeitszeit** – seit 1.9.2018 zwölf Stunden täglich und 60 Stunden wöchentlich (vgl § 9 Abs 1 AZG) sowie durchschnittlich 48 Stunden wöchentlich innerhalb eines Durchrechnungszeitraumes von 17 Wochen (vgl § 9 Abs 4 AZG) – **überschritten** werden. Die **tägliche Ruhezeit** kann gem § 20b Abs 3 AZG **verkürzt** werden, wenn während der Reisezeit ausreichend Erholungsmöglichkeiten bestehen. Durch Kollektivvertrag kann festgelegt werden, wann ausreichend Erholungsmöglichkeiten gegeben sind. Bestehen keine ausreichenden Erholungsmöglichkeiten, kann die tägliche Ruhezeit durch Kollektivvertrag höchstens auf acht Stunden verkürzt werden. Der Handelsangestellten-KV macht von diesen Möglichkeiten jedoch keinen Gebrauch.

Aus entgeltrechtlicher Sicht spielt die Qualifikation als Reisezeit stets dann eine Rolle, wenn die Reisebewegung des Arbeitnehmers bzw der Arbeitnehmerin außerhalb seiner/ihrer vereinbarten Normalarbeitszeit stattfindet. Aktive Reisezeiten iSd Handelsangestellten-KV sind in diesem Fall als Arbeitszeit iSd AZG zwingend **als Überstundenarbeit zu vergüten** (vgl Abschnitt 2 Pkt G). Dasselbe gilt für passive Reisezeiten, in denen der/die Angestellte Arbeitsleistungen im Rahmen des ihm/ihr erteilten Auftrages verrichtet. Für Reisezeit iSd AZG, dh für passive Reisezeiten, in denen keinerlei Arbeitsleistung erbracht wird, ordnet Abschnitt 2 Pkt A Z 6 Handelsangestellten-KV eine **Vergütung mit dem Normalstundensatz** an. Zur Berechnung des Normalstundensatzes ist das Bruttomonatsgehalt des/der Angestellten durch die kollektivvertraglich festgelegte Normalarbeitszeit sowie durch 4,33 zu teilen.

[14]) Die **wöchentliche Normalarbeitszeit** des Personals in Verkaufsstellen iSd Öffnungszeitengesetzes 2003 sowie sonstiger Arbeitnehmer und Arbeitnehmerinnen im Handel kann gem § 4 Abs 4 AZG in einzelnen Wochen eines Durchrechnungszeitraumes von vier Wochen **auf bis zu 44 Stunden ausgedehnt** werden, wenn innerhalb dieses Zeitraumes die durchschnittliche wöchentliche Normalarbeitszeit die gesetzliche bzw hier die durch Kollektivvertrag festgelegte wöchentliche Normalarbeitszeit von 38,5 Stunden nicht überschreitet. Die tägliche Normalarbeitszeit ist dabei mit neun Stunden begrenzt. Der Kollektivvertrag kann gem § 4 Abs 4 AZG sowohl selbst eine **Verlängerung des vierwöchigen Durchrechnungszeitraumes** zulassen als auch die Betriebsvereinbarung mit der Verlängerung betrauen (vgl *Schrank*, Arbeitszeitgesetze[6] [2021] Erl 52 ff zu § 4 AZG; *Pfeil* in *Auer-Mayer/Felten/Pfeil* [Hrsg], AZG[4] [2019] § 4 Rz 30 AZG; *Klein* in *Gasteiger/Heilegger/Klein* [Hrsg], AZG[7] [2021] §§ 3 bis 4c Rz 9 ff). Der Handelsangestellten-KV macht von beiden Möglich-

keiten Gebrauch, indem er den vierwöchigen Durchrechnungszeitraum des AZG zum einen selbst auf 26 Wochen verlängert (Abschnitt 2 Pkt A Z 7.1.) und zum anderen eine Verlängerung auf maximal ein Jahr durch Betriebsvereinbarung zulässt (Abschnitt 2 Pkt A Z 7.2.). In Betrieben, in denen kein Betriebsrat errichtet ist, kann diese Verlängerung durch Einzelvereinbarung erfolgen. Festzuhalten ist, dass es sich bei Betriebsvereinbarungen iSd Abschnittes 2 Pkt A Z 7.2. Handelsangestellten-KV nicht um erzwingbare Betriebsvereinbarungen iSd § 97 Abs 1 Z 2 ArbVG, sondern um einen Fall der notwendigen Mitbestimmung handelt. Eine Verlängerung des Durchrechnungszeitraumes kann daher nicht durch eine Entscheidung der Schlichtungsstelle erfolgen (*Pfeil* in *Auer-Mayer/Felten/Pfeil* [Hrsg], AZG[4] [2019] § 4 Rz 54 AZG; *Löschnigg*, Probleme der AZG-Novelle BGBl I 1997/46, in FS Tomandl [1998] 254).

Konkret bedarf eine Durchrechnung der Arbeitszeit gem Abschnitt 2 Pkt A Z 7 zunächst einer **Vereinbarung zwischen Arbeitgeber bzw Arbeitgeberin und Arbeitnehmer bzw Arbeitnehmerin**, in der – im Rahmen der durch Kollektivvertrag bzw durch Betriebsvereinbarung vorgegebenen Höchstdauer – die **Dauer des Durchrechnungszeitraumes** fixiert wird. Bereits im Vorhinein ist gem Abschnitt 2 Pkt A Z 7.3. auch das Ausmaß der **Normalarbeitszeit in den einzelnen Wochen** des Durchrechnungszeitraumes zu vereinbaren. Dies hat so zu erfolgen, dass einerseits die wöchentliche Normalarbeitszeit 44 Stunden nicht übersteigt und andererseits im vereinbarten Durchrechnungszeitraum insgesamt eine wöchentliche Normalarbeitszeit von 38,5 Stunden nicht überschritten wird. Wurde ein Durchrechnungszeitraum von mehr als 13 Wochen vereinbart, muss das Ausmaß der wöchentlichen Normalarbeitszeit für zumindest 13 Wochen im Vorhinein feststehen. Ebenso sind gem Abschnitt 2 Pkt A Z 7.4. **Änderungen der Arbeitszeiteinteilung** innerhalb des Durchrechnungszeitraumes rechtzeitig vorher zu vereinbaren.

> **Beispiel:** Bei einem vereinbarten sechswöchigen Durchrechnungszeitraum wäre etwa folgende Einteilung der wöchentlichen Normalarbeitszeit möglich: 1. Woche: 44 Stunden, 2. Woche: 33 Stunden, 3. Woche: 34 Stunden, 4. Woche: 40 Stunden, 5. Woche: 42 Stunden, 6. Woche: 38 Stunden.

Der **Zeitausgleich**, der zur Erreichung der durchschnittlichen Wochenarbeitszeit von 38,5 Stunden im Durchrechnungszeitraum erforderlich ist, ist gem § 4 Abs 5 AZG unter Berücksichtigung der jeweiligen Betriebserfordernisse möglichst zusammenhängend zu gewähren. Ein Zeitausgleich von mehr als vier Stunden kann in zwei Teilen gewährt werden, wobei ein Teil zumindest vier Stunden zu betragen hat. Der Handelsangestellten-KV fordert bei der Gewährung des Zeitausgleichs ausdrücklich auch eine Berücksichtigung von Arbeitnehmer- bzw Arbeitnehmerinnen-interessen und ordnet eine Gewährung in zumindest halben Tagen an. „Halbe Tage“ können bei einer maximalen täglichen Normalarbeitszeit von 9 Stunden bis zu 4,5 Stunden betragen.

Eine Durchrechnung der Arbeitszeit ist gem § 11 Abs 2a KJBG auch für Jugendliche iSd KJBG zulässig,

- wenn der Kollektivvertrag dies vorsieht,
- wenn für vergleichbare erwachsene Arbeitnehmer und Arbeitnehmerinnen des Betriebes eine solche Arbeitszeiteinteilung besteht und
- wenn eine abweichende Arbeitszeiteinteilung für Jugendliche dem Arbeitgeber bzw der Arbeitgeberin nicht zugemutet werden kann (vgl *Dirschmied/Nöstlinger*, KJBG^4 [2002] Erl 2 zu § 11).

Unter diesen Voraussetzungen kann gem Abschnitt 2 Pkt A Z 7 Handelsangestellten-KV daher auch die wöchentliche Normalarbeitszeit Jugendlicher in einzelnen Wochen eines Durchrechnungszeitraumes von 26 Wochen auf bis zu 44 Stunden ausgedehnt werden, wenn innerhalb dieses Durchrechnungszeitraumes die wöchentliche Arbeitszeit von 38,5 Stunden nicht überschritten wird. Die tägliche Normalarbeitszeit darf nicht mehr als neun Stunden betragen.

Mit dem Handelsangestellten-KV 2019 wurde dem Abschnitt 2 Pkt A die Z 7.6. hinzugefügt, wonach bei Nichterreichung der erforderlichen durchschnittlichen Arbeitszeit **Zeitguthaben** und **Zeitschulden** in den nächsten Durchrechnungszeitraum übertragen werden können. Die Übertragungsmöglichkeit ist mit der **halben vertraglich vereinbarten wöchentlichen Normalarbeitszeit** beschränkt. Während eine kollektivvertragliche Zulassung der Übertragung von Zeitguthaben bereits bisher auf Grundlage des § 4 Abs 7 AZG möglich war, der Handelsangestellten-KV davon aber bislang nicht Gebrauch gemacht hat, beruht die Zulassung der Übertragung von **Zeitschulden** in den nächsten Durchrechnungszeitraum auf der dahingehenden Ergänzung des § 4 Abs 7 AZG durch die AZG-Novelle 2018, BGBl I 53/2018.

[15]) Aufgrund der **Corona-Virus-Krise** wurde seitens des Gesetzgebers in § 170 Abs 3 ArbVG eine sondergesetzliche Vorschrift zum Verbrauch von Zeitausgleich geschaffen. Dieser Bestimmung zufolge können **Betriebsvereinbarungen** im Zusammenhang mit Corona-Kurzarbeit auch Regelungen zum Verbrauch von Zeitguthaben treffen (zB die Verpflichtung, Zeitguthaben vor Beginn der Kurzarbeit abzubauen).

[16]) Gem § 12 Abs 1 AZG ist den Arbeitnehmern bzw Arbeitnehmerinnen nach Beendigung der Tagesarbeitszeit eine ununterbrochene Ruhezeit von mindestens **elf Stunden** zu gewähren. Der Kollektivvertrag kann gem § 12 Abs 2 AZG diese **tägliche Ruhezeit** auf bis zu acht Stunden verkürzen, wobei derartige Verkürzungen innerhalb der nächsten zehn Kalendertage durch Verlängerung einer anderen täglichen oder wöchentlichen Ruhezeit auszugleichen sind (vgl *Schrank*, Arbeitszeitgesetze[6] [2021] Rz 11 zu § 12 AZG; *Pfeil* in *Auer-Mayer/Felten/Pfeil* [Hrsg], AZG[4] [2019] § 12 Rz 7 f AZG; *Klein* in *Gasteiger/Heilegger/Klein* [Hrsg] AZG[7] [2021] § 12 Rz 3). Der Handelsangestellten-KV macht insofern von dieser Möglichkeit Gebrauch, als die tägliche Ruhezeit **in Einzelfällen** unter obiger Voraussetzung des **Ausgleichs innerhalb von zehn Kalendertagen** grundsätzlich auf bis zu **zehn Stunden** reduziert werden darf. Eine dauerhafte oder regelmäßige Verkürzung der Ruhezeit – etwa einmal in der Woche – ist damit ausgeschlossen. Verkürzungen gem Abschnitt 2 Pkt A Z 8 Handelsangestellten-KV sind stets zu vereinbaren. Eine einseitige Anordnung durch den Arbeitgeber bzw die Arbeitgeberin ist nicht zulässig.

[17]) Eine Verkürzung der täglichen Ruhezeit auf weniger als zehn Stunden ist gem § 12 Abs 2 AZG nur dann zulässig, wenn der Kollektivvertrag weitere Maßnahmen zur Sicherstellung der Erholung der Arbeitnehmer und Arbeitnehmerinnen trifft. So könnten etwa über einen bloßen Ausgleich hinaus verlängerte Ruhezeiten gewährt oder ein kürzerer Ausgleichszeitraum vorgesehen werden.

[18]) Der Handelsangestellten-KV lässt eine Verkürzung der **Ruhezeit auf 8 Stunden** nur zu, wenn eine zusätzliche **Ausgleichsruhezeit** gewährt wird. Diese zusätzliche Ausgleichsruhezeit gebührt in der Höhe der auszugleichenden Ruhezeit. Die Verkürzung der Ruhezeit von 11 auf 8 Stunden führt somit zu einem doppelten Ausgleich im Gesamtausmaß von 6 Stunden.

[19]) Im Normalfall wird die Gewährung bzw die Inanspruchnahme der Ausgleichsruhezeit kein großes Problem darstellen. Sollte jedoch die Ausgleichsruhezeit nicht verbraucht werden, dann wird die **Ausgleichsruhezeit zu Arbeitszeit**, die in Form von Zeitausgleich geltend gemacht werden kann.

[20]) Die kollektivvertraglichen Verkürzungen der Ruhezeit gelten für **Jugendliche** nicht. Gemäß § 16 Abs 1 KJBG ist jugendlichen Beschäftigten eine ununterbrochene Ruhezeit von mindestens 12 Stunden zu gewähren,

Jugendlichen unter 15 Jahren sogar eine Ruhezeit von mindestens 14 Stunden.

[21]) Das allfällige Zeitguthaben sollte vor Beendigung des Arbeitsverhältnisses abgebaut werden, was vor allem aus der Sicht des Arbeitgebers bzw der Arbeitgeberin verständlich ist, da **Guthaben an Normalarbeitszeit bei Beendigung** des Arbeitsverhältnisses gem § 19e Abs 2 AZG mit einem Zuschlag **von 50 %** abzugelten sind. Dies gilt Abschnitt 2 Pkt A Z 9 des Kollektivvertrages zufolge nicht bei verschuldeter Entlassung, bei Kündigung durch den Arbeitnehmer bzw die Arbeitnehmerin oder wenn der Arbeitnehmer bzw die Arbeitnehmerin ohne wichtigen Grund vorzeitig austritt.

[22]) **Altersteilzeit in einem weiteren Sinn** kann als Überbegriff für Teilzeitarbeit verstanden werden, die ab einem gewissen Alter aus unterschiedlichen Gründen (zB wegen wirtschaftlicher Schwierigkeiten des Arbeitgebers bzw der Arbeitgeberin, wegen arbeitsmarktpolitischer Überlegungen zur Vermeidung von Arbeitslosigkeit, wegen eingeschränkter physischer oder psychischer Kapazitäten des Arbeitnehmers bzw der Arbeitnehmerin, wegen pensionsrechtlicher Zielsetzungen) zustande kommt. Altersteilzeit kann insofern als schlichte Vereinbarung über die **Reduktion der Arbeitszeit** verstanden werden. Teilweise ist diese **Teilzeitvereinbarung** insofern sozialpolitisch/sozialrechtlich motiviert, als unter bestimmten Voraussetzungen öffentliche Transferleistungen oder Sozialversicherungsleistungen (Altersteilzeitgeld, Teilpension etc) gewährt werden: Erst die arbeitsrechtlichen Elemente der Vereinbarung bedingen den sozialrechtlichen Leistungsanspruch. In diesem engen Sinn einer Altersteilzeit normiert **§ 27 AlVG** die Voraussetzungen, bei deren Vorliegen das sog **Altersteilzeitgeld** gebührt (vgl hiezu *Weikinger*, AlVG [Losebl] § 27 AlVG; *Sdoutz/Zechner*, Arbeitslosenversicherungsgesetz: Praxiskommentar [Losebl] § 28 AlVG; OGH 6. April 2005, 9 ObA 96/04i, DRdA 2006, 219 mit Bespr v *Schindler* = infas 2005, A 65; OGH 30. September 2005, 9 ObA 27/05v, DRdA 2006, 479 mit Bespr v *Pfeil*). Anspruchsberechtigt ist der **Arbeitgeber** bzw die **Arbeitgeberin**, wenn er/sie ältere Arbeitnehmer bzw Arbeitnehmerinnen beschäftigt, die ihre Arbeitszeit verringern und denen ein Lohnausgleich gewährt wird.

Gem § 27 Abs 2 AlVG gebührt das **Altersteilzeitgeld** längstens fünf Jahre für Personen, die vor Ablauf des Jahres 2018 das Regelpensionsalter nach spätestens sieben Jahren, – aufgrund der Erhöhung des Zugangsalters zur Altersteilzeit mit dem BudgetbegleitG 2018–2019, BGBl I 30/2018 – ab 2019 nach spätestens sechs Jahren und ab 2020 nach spätestens fünf Jahren vollenden und die in den letzten 25 Jahren vor der Geltendmachung des Anspruches 780 Wochen (15 Jahre) arbeitslosenversicherungspflichtig beschäftigt waren. Für die erforderliche Anwartschaft sind anrechenbare Zeiten nach § 14 Abs 4 und 5 AlVG zu berücksichtigen. Die Rahmenfrist von 25 Jahren ist um arbeitslosenversicherungsfreie Kinderbetreuungszeiten für Kinder bis zur Vollendung des 15. Lebensjahres zu erstrecken. Die Arbeitszeit muss im **letzten Jahr mindestens 60 % der gesetzlichen oder kollektivvertraglichen Normalarbeitszeit** betragen haben (s hiezu Erl 24). Die **verkürzte Arbeitszeit** muss zwischen **40 % und 60 % dieser Arbeitszeit** des letzten Jahres umfassen. Die Altersteilzeit wird häufig als Vorruhestandsmodell gewählt, da das AlVG nicht verlangt, dass die Arbeitszeit während des gesamten Betrachtungszeitraums reduziert wird. Es kann vielmehr die Gesamtarbeitsleistung so aufgeteilt werden, dass in einer Phase weiterhin Vollzeitarbeit erbracht wird (Arbeitsphase) und in einer weiteren Phase (Freizeitphase) nicht mehr gearbeitet wird. Für die Vereinbarung dieser **Blockvariante** muss der Durchrechnungszeitraum entweder mehr als ein Jahr betragen oder es müssen sich Schwankungen in der Arbeitszeit ergeben, die mehr als 20% der Normalarbeitszeit betragen (zur Abgeltung von Zeitguthaben im „Blockmodell“ s OGH 23. November 2006, 8 ObA 63/06g, DRdA 2008, 43; OGH 22. Februar 2007, 8 ObS 4/07g, DRdA 2008, 45 mit Bespr v *Schindler*). Diese **geblockte Altersteilzeit** wird durch § 27 Abs 5 AlVG insb dadurch eingeschränkt, dass die Freizeitphase nicht mehr als 2 ½ Jahre betragen darf. Spätestens ab Beginn der Freizeitphase ist zusätzlich eine zuvor arbeitslose Person nicht nur vorübergehend versicherungspflichtig über der Geringfügigkeitsgrenze zu beschäftigen oder zusätzlich ein Lehrling auszubilden, und vom Dienstgeber darf im Zusammenhang mit dieser Maßnahme kein Dienstverhältnis aufgelöst werden. Überdies kann die Blockvariante nur bis zum **frühestmöglichen Pensionsstichtag** vereinbart werden, es sei denn, es besteht ein (nicht geltend gemachter) Anspruch auf **Korridorpension** nach § 4 Abs 2 APG. In diesem Fall gebührt nach § 27 Abs 3 AlVG das Altersteilzeitgeld für die Dauer eines Jahres, längstens jedoch bis die Anspruchsvoraussetzungen für eine vorzeitige Alterspension bei langer Versicherungsdauer erreicht werden. Der dem Arbeitgeber bzw der Arbeitgeberin entstehende Mehraufwand wird durch das AMS zu 50 % vergütet.

Bei der **kontinuierlichen Altersteilzeit** (s hiezu die Regelung in Abschnitt 2 Pkt A Z 10.1. des Handelsangestellten-KV; vgl Erl 23) wird die Wochenstundenanzahl hingegen für die gesamte Dauer der Altersteilzeit **gleichbleibend reduziert**, sodass während der gesamten Laufzeit Arbeit geleistet wird. Eine ungleichmäßige Verteilung der Arbeit ist in gewissem

Ausmaß aber auch bei dieser Variante möglich. Die kontinuierliche Variante liegt vor, wenn Schwankungen der Arbeitszeit in einem Durchrechnungszeitraum von **längstens einem Jahr** ausgeglichen werden oder Abweichungen von der **Normalarbeitszeit nicht mehr als 20 %** betragen und insgesamt ausgeglichen werden (vgl § 27 Abs 4 AlVG). Die Vereinbarung der kontinuierlichen Altersteilzeitvariante ist bis zum **Regelpensionsalter** möglich. Die Vergütung durch das AMS an den Arbeitgeber bzw die Arbeitgeberin beträgt 90 % der Mehraufwendungen (zum Unterschied zwischen der kontinuierlichen und geblockten Variante sa AB 249 BlgNR 24. GP 3; *Golic*, Altersteilzeit/Teilpension, DRdA-infas 2016, 234; *Schrank*, Neue Altersteilzeit: Kontinuierliche und geblockte Arbeitszeitvereinbarungen, ecolex 2009, 784; *ders*, Heikle Fragen der Altersteilzeit – Neuerungen per 2013 und Grundprobleme, ZAS 2013, 207; *Sdoutz/Zechner*, Arbeitslosenversicherungsgesetz: Praxiskommentar [Losebl] Rz 612 zu § 27 AlVG).

Ein weiteres Modell einer Altersteilzeit enthält **§ 27a AlVG**, nämlich die am 1.1.2016 in Kraft getretene sogenannte **erweiterte Altersteilzeit**, für Personen, die bereits Anspruch auf eine **Korridorpension** nach § 4 Abs 2 APG hätten, aber noch im Arbeitsleben verbleiben wollen. Arbeitgeber bzw Arbeitgeberin und Arbeitnehmer bzw Arbeitnehmerin können vereinbaren, dass die bisherige Arbeitszeit auf 40-60 % gesenkt wird und der Arbeitnehmer bzw die Arbeitnehmerin einen 50%igen Lohnausgleich erhält. Der dem Arbeitgeber entstehende Mehraufwand wird durch das AMS zu 100 % vergütet (**Teilpension**), maximal aber bis zum Regelpensionsalter (65 Jahre). Bei der Teilpension kann nur die Variante der **kontinuierlichen Reduktion der Arbeitszeit** vereinbart werden; eine geblockte Teilpension kommt nach dem Gesetzeswortlaut nicht in Betracht (*Golic*, Altersteilzeit/Teilpension, DRdA-infas 2016, 234 [235]).

Sämtliche Varianten der (erweiterten) Altersteilzeit bedürfen **dem Gesetz zufolge** einer **Vereinbarung** zwischen dem Arbeitgeber bzw der Arbeitgeberin und dem Arbeitnehmer bzw der Arbeitnehmerin. Ein gesetzlicher Rechtsanspruch auf Altersteilzeit (zum kollektivvertraglichen Anspruch s Erl 23) besteht damit nicht (*Golic*, Altersteilzeit/Teilpension, DRdA-infas 2016, 234 [236]). Die (Arbeitszeit-)Vereinbarung hat das **Ausmaß der Arbeitszeitreduzierung**, die **Verteilung der Arbeitszeit** sowie **den Beginn und die Dauer der Altersteilzeit** zu enthalten. Überdies muss ein **Lohnausgleich des Arbeitgebers** bzw **der Arbeitgeberin** in der Höhe von **mindestens 50%** des Unterschiedsbetrages zwischen dem Entgelt vor und dem Entgelt nach der Arbeitszeitreduktion bis zur Höchstbeitragsgrundlage nach § 45 ASVG sowie die Entrichtung der **Sozialversicherungsbeiträge** durch den Arbeitgeber bzw die Arbeitgeberin entsprechend der Beitragsgrundlage **vor der Herabsetzung der Normalarbeitszeit** und die Berechnung der **Abfertigung** auf Basis der Arbeitszeit **vor der Arbeitszeitreduktion** durch die Vereinbarung sichergestellt sein. Richten sich Abfertigungsansprüche bzw Abfertigungsanwartschaften nach dem **BMSVG**, dann ist § 6 Abs 4 dieses Gesetzes zu beachten, wonach für die Dauer der Inanspruchnahme der Altersteilzeit nach § 27 AlVG die Abfertigungsbeiträge des Arbeitgebers auf Grundlage der Arbeitszeit vor der Herabsetzung der Normalarbeitszeit zu berechnen sind. Der **Lohnausgleich**, die Entrichtung der **Sozialversicherungsbeiträge** sowie die Regelung zur **Abfertigung** können auch im **Kollektivvertrag** oder einer **Betriebsvereinbarung** enthalten sein (vgl § 27 Abs 2 AlVG). Für die Geltendmachung des Anspruchs des Arbeitgebers bzw der Arbeitgeberin auf Altersteilzeitgeld ist keine bestimmte Form vorgesehen (vgl *Sauer/Furtlehner* in *Pfeil* [Hrsg], Der AlV-Komm [Losebl] Rz 25 zu §§ 27–28 AlVG).

[23]) Der **Handelsangestellten-KV** enthält seit **1.1.2019** in Abschnitt 2 Pkt A Z 10 Regelungen zur Altersteilzeit, wobei sich diese ausschließlich auf die **kontinuierliche Variante** der Arbeitszeitreduktion (vgl § 27 Abs 4 AlVG) beziehen. Da auch die **erweiterte Altersteilzeit (Teilpension)** nach § 27a AlVG nur in dieser Form möglich ist und sich der Kollektivvertrag mit der Bezugnahme auf die **kontinuierliche Variante** lediglich auf die arbeits(zeit)rechtlichen Aspekte der Altersteilzeit bezieht bzw – da es sich beim Anspruch des Arbeitgebers auf Altersteilzeitgeld um einen nicht von der Regelungsbefugnis des Kollektivvertrages umfassten öffentlich-rechtlichen Anspruch handelt – nur drauf beziehen kann, wird auch dieses Modell der Arbeitszeitreduktion von der Bestimmung umfasst sein (s hiezu Erl 22).

Will der Arbeitnehmer bzw die Arbeitnehmerin Altersteilzeit in Anspruch nehmen, ist der Arbeitgeber bzw die Arbeitgeberin nach Abschnitt 2 Pkt A Z 10.1. darüber zu **informieren**. Als Mindestinhalt dieser Information legt der Kollektivvertrag die vom Arbeitnehmer bzw der Arbeitnehmerin gewünschte Reduktion der wöchentlichen Normalarbeitszeit sowie die Dauer der Altersteilzeit fest. Neben der vorgesehenen Information ist jedenfalls eine **Vereinbarung** zwischen Arbeitnehmer bzw Arbeitnehmerin und Arbeitgeber bzw Arbeitgeberin über die Altersteilzeit erforderlich (sa Erl 22). Die Kollektivvertragsparteien haben aber insofern eine für den Arbeitnehmer bzw die Arbeitnehmerin **günstigere Regelung** geschaffen, als die Vereinbarung **innerhalb von vier Wochen** nach Information zu treffen ist (vgl Abschnitt 2 Pkt A Z 10.3.) und diese nur aus bestimmten betriebsbedingten Gründen unter Beiziehung des Betriebsrats abgelehnt, verschoben oder geändert werden kann (vgl Abschnitt 2 Pkt A Z 10.4. f; s hiezu Erl 25).

Aus rechtlicher Sicht ist die Vorgangsweise allerdings ergänzungsbedürftig. Kommt es vor allem innerhalb von vier Wochen zu keiner Vereinbarung, weil der Arbeitgeber bzw die Arbeitgeberin mit dem Antrag/der „Information" des Arbeitnehmers bzw der Arbeitnehmerin nicht einverstanden ist, ist die weitere Vorgangsweise unklar. Besteht in diesem Fall ein Recht auf die Inanspruchnahme der Altersteilzeit nach den Vorstellungen/nach der „Information" des Arbeitnehmers bzw der Arbeitnehmerin oder muss der Arbeitnehmer bzw die Arbeitnehmerin beim Arbeits- und Sozialgericht auf Abschluss der Vereinbarung klagen. Eine weitere Interpretation könnte in die Richtung gehen, dass das Verstreichen der 4-Wochen-Frist mit keinen weiteren Rechtsfolgen verbunden ist. Letztere Variante würde aber der Zielsetzung der Kollektivvertragsparteien, bei Vorliegen der kollektivvertraglichen Voraussetzungen dem Modell der Altersteilzeit in verbindlicher Form zur Durchsetzung zu verhelfen, nicht gerecht werden. Am ehesten wird aus dem kollektivvertraglichen Stufenmodell ein gerichtlich durchsetzbarer Rechtsanspruch abgeleitet werden können.

Der Handelsangestellten-KV geht von der Beendigung des Dienstverhältnisses mit Erreichen des jeweiligen Pensionsantrittsstichtages aus. Wird das Dienstverhältnis (vorzeitig) beendet, sind etwaige **Zeitguthaben** abzugelten (§ 19e Abs 1 AZG). Das AZG sieht für die Abgeltung von Guthaben an **Normalarbeitszeit** einen Zuschlag von 50 % vor. Es gebührt nur dann kein Zuschlag, wenn der Arbeitnehmer bzw die Arbeitnehmerin vorzeitig austritt (§ 19e Abs 2 AZG). Nach Ansicht des OGH ist diese Wertung auch auf die **geblockte Altersteilzeit** (s Erl 22) zu übertragen (OGH 10. Juli 2008, 8 ObA 30/08g, DRdA 2010, 143 mit Bespr v *Felten*; s weiters OGH 28. Februar 2011, 9 ObA 127/10g, ASoK 2011, 293 mit Bespr v *Trattner* = infas 2011, A 47). Der Zuschlag kann dann nicht geltend gemacht werden, wenn der Arbeitnehmer bzw die Arbeitnehmerin treuwidrig die Altersteilzeitvereinbarung verletzt. Eine solche Pflichtverletzung liegt nach Ansicht des Höchstgerichts nicht vor, wenn der Arbeitnehmer bzw die Arbeitnehmerin im Hinblick auf die zunächst nicht voraussehbare Möglichkeit eines früheren Pensionsantritts in Verhandlungen mit dem Arbeitgeber bzw der Arbeitgeberin über eine Änderung der Teilzeitvereinbarung eintreten wollte. Die **geblockte Altersteilzeit** wird von der Rechtsprechung als Modell einer schlichten **Durchrechnung der Arbeitszeit** verstanden. Zeitguthaben können sich aber nicht nur bei Wahl der geblockten Altersteilzeit ergeben, sondern aufgrund der Abweichungstoleranz von 20 % auch bei Durchrechnungsvereinbarungen der **kontinuierlichen Altersteilzeitvariante** (vgl Erl 22; s *Schrank*, Heikle Fragen der Altersteilzeit – Neuerungen per 2013 und Grundprobleme, ZAS 2013, 207). Zu beachten ist, dass § 19e Abs 2 letzter Satz AZG eine Abweichungsmöglichkeit durch Kollektivvertrag enthält, von welcher der Handelsangestellten-KV in Abschnitt 2 Pkt A Z 9 Gebrauch gemacht hat. Für Zeitguthaben am Ende des Dienstverhältnisses gebührt demnach anstelle des Zuschlags von 50 % eine Abgeltung nur mit dem **Normalstundenlohn**, sofern das Dienstverhältnis wegen verschuldeter Entlassung, Arbeitnehmerkündigung oder unberechtigtem vorzeitigen Austritt des Arbeitnehmers bzw der Arbeitnehmerin geendet hat (s Erl 21). Nach Ansicht des OGH kann zulässigerweise vereinbart werden, dass im Fall der vorzeitigen Beendigung des Modells eine Abgeltung auf Basis des Normallohns **ohne Einbeziehung** des vom AlVG geforderten **Lohnausgleichs** erfolgt (OGH 10. April 2008, 9 ObA 21/07i, DRdA 2010, 37 mit krit Bespr v *Schindler*).

[24]) Als Voraussetzung für die Inanspruchnahme von Altersteilzeit sieht § 27 Abs 2 Z 2 AlVG eine Arbeitszeit im Ausmaß von mindestens 60 % der gesetzlichen oder kollektivvertraglichen Normalarbeitszeit **im letzten Jahr** vor (s hiezu auch Erl 22). Während nach Z 3 lit a leg cit für die Berechnung des **Lohnausgleiches** das letzte Jahr oder bei kürzeren Beschäftigungszeiten in einem **neuen Betrieb** der kürzere Zeitraum heranzuziehen ist, wobei eine mindestens dreimonatige Beschäftigung im neuen Betrieb für den Bezug von Altersteilzeitgeld erforderlich ist, geht aus dem Gesetzeswortlaut für die Ermittlung der vorherigen Normalarbeitszeit nach Z 2 nicht hervor, dass **Beschäftigungszeiten in anderen Betrieben** innerhalb des einjährigen Beobachtungszeitraumes nicht zu berücksichtigen wären. Die Materialien weisen jedoch auch in Bezug auf § 27 Abs 2 Z 2 AlVG auf eine Mindestbeschäftigungsdauer von drei Monaten im selben Betrieb hin (59 BlgNR 22. GP 348; s hiezu auch *Sauer/Furtlehner* in *Pfeil* [Hrsg], Der AlV-Komm [Losebl] Rz 13 zu §§ 27–28 AlVG).

Der Handelsangestellten-KV 2023 sieht in **Abschnitt 2 Pkt A Z 10.2.1.** eine **Betriebszugehörigkeit von einem Jahr** für die Inanspruchnahme von Altersteilzeit nach den kollektivvertraglichen Bestimmungen und damit eine gewisse **Einschränkung** im Vergleich zu den Bestimmungen des AlVG vor (zum Begriff der Betriebszugehörigkeit s Erl 2 zu Abschnitt 1 Pkt F). Dies ist insofern keine echte Einschränkung in Relation zum Gesetz, als der Handelsangestellten-KV bei Vorliegen der von ihm aufgestellten Voraussetzungen einen Anspruch auf Altersteilzeit schafft, dass AlVG hingegen auf eine (nicht erzwingbare) Vereinbarung zwischen den Arbeitsvertragsparteien aufbaut. Vereinbarungen mit Arbeitnehmern bzw Arbeitnehmerinnen, die eine kürzere Betriebszugehörigkeit aufweisen, sind weiterhin zulässig (s Erl 1 zu Abschnitt 1 Pkt A); die für den Arbeitnehmer bzw die Arbeitnehmerin günstigeren Regelungen der

Z 10.4. des Kollektivvertrages, wonach der Arbeitgeber bzw die Arbeitgeberin eine Vereinbarung nur aus bestimmten, im Kollektivvertrag vorgegebenen Gründen ablehnen, abändern oder verschieben kann, kommen in diesem Fall aber nicht (zwingend) zur Anwendung (s Erl 25).

Nach **Z 10.2.3.** des Abschnittes 2 Pkt A des Handelsangestellten-KV müssen die rechtlichen Anforderungen zur Inanspruchnahme „der gesetzlich geregelten und geförderten Altersteilzeit“ erfüllt sein. Genau genommen ist nicht die Möglichkeit der Inanspruchnahme von Altersteilzeit gesetzlich geregelt – hiezu bedarf es einer arbeitsrechtlichen Vereinbarung – sondern die Voraussetzungen für den Anspruch auf Altersteilzeitgeld des Arbeitgebers bzw der Arbeitgeberin (vgl § 27 AlVG). Der Kollektivvertrag wird dabei vorwiegend auf die Voraussetzungen des § 27 Abs 2 AlVG abstellen. Demnach ist der kollektivvertraglich geschaffene Anspruch auf Vereinbarung von Altersteilzeit nur unter den gesetzlichen Voraussetzungen für den Bezug von Altersteilzeitgeld des Arbeitgebers bzw der Arbeitgeberin möglich (s hiezu Erl 22). Für (Alters-)Teilzeitvereinbarungen, die nicht zu einem Bezug von Altersteilzeitgeld nach § 27 AlVG berechtigen, kommen wiederum insbesondere die Regelungen der Z 10.4. des Kollektivvertrages nicht zur Anwendung.

Von der Möglichkeit, die Höhe des **Lohnausgleiches** und die Verpflichtung der **Entrichtung der Sozialversicherungsbeiträge** und **Berechnung der Abfertigung** entsprechend der (Beitrags-)Grundlage **vor der Normalarbeitszeitherabsetzung** festzulegen, hat der Handelsangestellten-KV nicht Gebrauch gemacht. Es bedarf somit einer Regelung in einer Betriebsvereinbarung oder einer Einzelvereinbarung (vgl § 27 Abs 2 Z 3 und 4 AlVG).

[25]) Der Handelsangestellten-Kollektivvertrag begrenzt die für das Arbeitsverhältnis typische (wirtschaftliche) Überlegenheit des Arbeitgebers bzw der Arbeitgeberin und die damit einhergehende stärkere Verhandlungsposition in Bezug auf die Vereinbarung der Altersteilzeit zu Gunsten des Arbeitnehmers bzw der Arbeitnehmerin dadurch, dass die gewünschte Vereinbarung nur aus bestimmten betriebsbedingten Gründen (s hiezu auch Erl 2 zu Abschnitt 4 Pkt C Z 2) **abgelehnt**, **verschoben** oder einer **Änderung des Ausmaßes der Arbeitszeitreduktion** unterzogen werden kann.

Beruft sich der Arbeitgeber bzw die Arbeitgeberin auf eine der in Z 10.4. genannten Gründe, sieht Z 10.5. in **Betrieben mit Betriebsrat** die Information des **Betriebsrats** zur Führung eines **Vermittlungsgespräches** vor. Der Arbeitnehmer bzw die Arbeitnehmerin kann die Beiziehung des Betriebsrates zu den Verhandlungen über die Teilzeitarbeit überdies auf Grundlage des § 14 Abs 1 AVRAG verlangen (s auch *Löschnigg*, Arbeitsrecht[13] [2017] Rz 6/439).

[26]) Die mit dem BudgetbegleitG 2018-2019, BGBl I 30/2018 erfolgte **Anhebung des Zugangsalters** für Altersteilzeit von 53/58 auf 55/60 Jahre (vgl 59 BlgNR 26. GP 6; s Erl 22) ist mit 1.1.2019 in Kraft getreten (vgl § 79 Abs 162 AlVG) und damit von den kollektivvertraglichen Bestimmungen bereits umfasst.

[27]) Das **Ausmaß der Arbeitszeit**, dh die Zeit, die der Arbeitnehmer bzw die Arbeitnehmerin gewillt ist, dem Arbeitgeber bzw der Arbeitgeberin zur Verfügung zu stellen, ist grundsätzlich individuell zwischen Arbeitnehmer bzw Arbeitnehmerin und Arbeitgeber bzw Arbeitgeberin im Arbeitsvertrag zu **vereinbaren** (allg hiezu s *Löschnigg*, Arbeitsrecht[13] [2017] Rz 6/367 und Rz 6/372; zur kollektivvertraglichen Normalarbeitszeit vgl Erl 3 zu Abschnitt 2 Pkt A). Dies gilt für Vollzeitarbeit ebenso wie für Teilzeitarbeit (s auch Erl 7 zu Abschnitt 3 Pkt A Z 6.1.4. der Gehaltsordnung NEU). Auch Überstundenarbeit und Mehrarbeit (zum Begriff s Erl 1 zu Abschnitt 2 Pkt E) muss vereinbart werden, sofern Normen der kollektiven Rechtsgestaltung nicht schon Regelungen enthalten. Der Handels-KV sieht etwa im Abschnitt 2 Pkt G Z 1.6. eine solche Verpflichtung zur Erbringung von Überstunden vor (s Erl 7 zu Abschnitt 2 Pkt G). Eine Verpflichtung zu Mehrarbeit enthält der Handels-KV nicht (s Erl 7 zu Abschnitt 3 Pkt A Z 6.1.4. der Gehaltsordnung NEU).

Mehrarbeitsstunden können vereinzelt, ausnahmsweise oder regelmäßig anfallen. Wann **regelmäßige Mehrarbeit** vorliegt, ist begrifflich nicht leicht fassbar. Teilweise wird hiebei ein Zeitraum von 13 Wochen bzw 3 Monaten herangezogen, in dem geprüft wird, ob Mehrarbeitsstunden in zumindest 7 Wochen (= mehr als die Hälfte der 13 Wochen) erbracht werden. Ist dies der Fall, wird der Durchschnitt der Mehrarbeitsstunden in diesen 13 Wochen errechnet (vgl dazu *Heilegger* in *Gasteiger/Heilegger/Klein* [Hrsg], AZG[7] [2021] § 19d Rz 98). Teilweise wird auch ein Jahreszeitraum, in dem der Durchschnitt der Mehrarbeitsstunden ermittelt wird, herangezogen (s *Mosler* in *Neumayr/Reissner* [Hrsg], Zeller Kommentar zum Arbeitsrecht[3] [2018] Rz 23 zu § 19d AZG). Im Falle regelmäßiger Mehrarbeit verlangt jedenfalls **§ 19d Abs 4 AZG**, dass sie bei der Berechnung von Ansprüchen, deren Ausmaß von jenem der Arbeitszeit abhängt, mitzuberücksichtigen ist. Welcher Zeitraum für die Berechnung der regelmäßig geleisteten Mehrarbeit heranzuziehen ist, kann gem § 19d Abs 7 AZG durch Kollektivvertrag geregelt werden. Der Handelskollektivvertrag greift diese Kompetenz etwa bei den Sonderzahlungen auf und sieht dort generell einen Beobachtungszeitraum von 13 Wochen vor (vgl Erl 8 zu Abschnitt 3 Pkt A Z 6.1.4. der Gehaltsordnung NEU).

Der Regelung im Handels-KV zufolge können die **Rahmenbedingungen** zur **Anhebung der Normalarbeitszeit** bei regelmäßig geleisteter Mehrarbeit in einer Betriebsvereinbarung festgelegt werden. Als Beispiele für diese Rahmenbedingungen führt der Handels-KV an: den Beobachtungszeitraum, die Voraussetzungen für den Anspruch auf die Erhöhung der vereinbarten wöchentlichen Normalarbeitszeit, den Zeitraum, in dem die Erhöhung umzusetzen ist, ein mögliches Rückkehrrecht zur ursprünglich vereinbarten Arbeitszeit sowie Maßnahmen zur Einhaltung der vereinbarten wöchentlichen Normalarbeitszeit.

Diese Betriebsvereinbarungskompetenz bezieht sich nicht auf die Berechung von Entgelten wie etwa von Sonderzahlungen (s oben), sondern auf einen möglichen **Anspruch** auf Erhöhung des vereinbarten Ausmaßes der Arbeitszeit.

> **Beispiel:** Eine Betriebsvereinbarung sieht vor, dass ein teilzeitbeschäftigter Arbeitnehmer Anspruch auf Anhebung seiner Normalarbeitszeit (jeweils mit Beginn des Kalenderjahres) um jenes Ausmaß an Mehrarbeitsstunden hat, die er zumindest in 40 Wochen des vergangenen Kalenderjahres erbracht hat.

Die Betriebsvereinbarung nach Abschnitt 2 Pkt A Z 11 des Handels-KV ist zwar eine sog **freiwillige** oder **fakultative Betriebsvereinbarung**, die nur einvernehmlich zwischen Betriebsrat und Arbeitgeber zustande kommen kann (vgl hiezu *Löschnigg*, Arbeitsrecht[13] [2017] Rz 3/235), sie bildet aber einen wesentlichen Fortschritt im Sinne einer betriebspartnerschaftlichen Lösungskompetenz. Zum einen vermag sie einen klagbaren Anspruch auf Erhöhung der Normalarbeitszeit zu schaffen, zum anderen eröffnet sie die Möglichkeit zur Reduktion der durch Mehrarbeitszuschläge verursachten Personalkosten.

B. Arbeitszeit im Großhandel

1. Allgemeine Bestimmungen

1.1. Mit Ausnahme der Beschäftigung nach 2.1. endet für die Arbeitnehmerin, die im Großhandel beschäftigt ist, die Normalarbeitszeit an Samstagen um 13.00 Uhr.

1.2. Soweit keine Regelung durch Betriebsvereinbarung gemäß A. 2.1. dieses Abschnittes besteht, ist der Arbeitnehmerin in den Monaten Jänner bis November neben dem arbeitsfreien Samstagnachmittag wöchentlich ein freier Halbtag zu gewähren. Diese Freizeit ist unter Berücksichtigung der jeweiligen Betriebserfordernisse und unter Bedachtnahme auf die Interessen der Arbeitnehmerin einmal innerhalb eines Zeitraumes von 6 Wochen am Samstag (freier Samstag) zu gewähren. Abweichend kann auch vereinbart werden, dass in einem Durchrechnungszeitraum von 8 Wochen zumindest 8 ganze Werktage arbeitsfrei bleiben.

1.3. Die Gewährung freier Halbtage gilt nicht für jene Betriebe und in jenen Wochen, in denen mehrere halbe Werktage oder ein ganzer Werktag geschlossen gehalten werden. Durch Betriebsvereinbarung können abweichende Regelungen getroffen werden.

1.4. Am 24. und 31. Dezember endet die Normalarbeitszeit um 13.00 Uhr. Wenn diese Tage auf einen Samstag fallen, um 12.00 Uhr. Danach sind nur unbedingt notwendige Abschlussarbeiten zulässig. Diese gelten als Überstunden.

2. Verkaufsstellen des Großhandels

2.1. In Verkaufsstellen des Großhandels (Merkmale: unmittelbarer Kundenkontakt, Verrichtung der Dienstleistung vor Ort) ist zur Beratung und Betreuung der Kunden, im Warenverkauf und für Tätigkeiten, die mit diesen in unmittelbarem Zusammenhang stehen oder ohne die diese nicht durchführbar wären, eine Beschäftigung am Samstag bis 18.00 Uhr zulässig (§ 12a ARG). Mit unbedingt notwendigen Abschluss-, Reinigungs-, Instandhaltungs- oder Instandsetzungsarbeiten dürfen Arbeitnehmerinnen höchstens eine weitere Stunde beschäftigt werden.

2.2. Wird die Arbeitnehmerin gemäß 2.1. am Samstag nach 13.00 Uhr beschäftigt, so hat der folgende Samstag zur Gänze arbeitsfrei zu bleiben. Es gelten die Ausnahmen nach C. 2.1., 2.2. und 3. sowie

die Durchrechnungsbestimmungen nach 2.3. und 2.4. dieses Abschnittes sinngemäß.

2.3. Bezüglich der Vergütung der Arbeitsleistung gemäß 2.1. an Samstagen ab 13.00 Uhr gilt für dabei geleistete Normalarbeits- und Mehrarbeitsstunden Punkt F.1. dieses Abschnittes sinngemäß, für dabei geleistete Überstunden gilt ein Zuschlag von 70 %.

2.4. Für Arbeitsleistungen nach 2.1., die zwischen 20.00 und 5.00 Uhr von Montag 0.00 Uhr bis Samstag 5.00 Uhr stattfinden, gebührt bei Normal- oder Mehrarbeit eine Zeitgutschrift von 50 %. Mit Betriebsvereinbarung oder schriftlicher Einzelvereinbarung kann die Vergütung in Geld vereinbart werden.

2.5. Kommt die Arbeitnehmerin zwischen 20.00 und 5.00 Uhr gemäß 2.1. mehr als 6 Stunden zum Einsatz, beträgt die Ruhezeit nach § 12 AZG unmittelbar nach dem Einsatz 13 Stunden. Wahlweise kann vereinbart werden, dass die Arbeitnehmerin zusätzlich zur Wochenendruhe nach § 3 AZG Anspruch auf eine ununterbrochene Ruhezeit von 24 Stunden in der Woche hat.

2.6. Arbeitnehmerinnen, die mindestens 24 Nächte im Kalenderjahr im Sinne von 2.5. zum Einsatz kommen, haben Anspruch auf eine Untersuchung nach § 12b AZG.

2.7. Durch Betriebsvereinbarung können weitergehende Regelungen bezüglich Beschäftigung und Vergütung gemäß Unterabschnitt 2 getroffen werden.

C. Arbeitszeit im Einzelhandel

1. Allgemeine Bestimmungen für den Einzelhandel

1.1. In den Monaten Jänner bis November sind der Arbeitnehmerin wöchentlich zwei freie Halbtage zu gewähren.

1.2. Diese Freizeit ist unter Berücksichtigung der jeweiligen Betriebserfordernisse und unter Bedachtnahme auf die Interessen der Arbeitnehmerin einmal innerhalb eines Zeitraumes von 6 Wochen am Samstag (freier Samstag) zu gewähren. Abweichend kann auch vereinbart werden, dass in einem Durchrechnungszeitraum von 8 Wochen zumindest 8 ganze Werktage arbeitsfrei bleiben.

1.3. Die Gewährung freier Tage bzw Halbtage gilt nicht für:

1.3.1. jene Betriebe und in jenen Wochen, wo mehrere halbe Werktage oder ein ganzer Werktag geschlossen sind.

1.3.2. Betriebe des Lebensmitteleinzelhandels bis zu 4 Arbeitnehmerinnen.

1.3.3. Betriebe des Drogenkleinhandels bis zu 4 Arbeitnehmerinnen.

1.3.4. Gemischtwarenbetriebe bis zu 4 Arbeitnehmerinnen, deren wertmäßiger Umsatz aus dem Verkauf von Lebensmitteln 75 % des Gesamtumsatzes beträgt.

1.3.5. Tabaktrafiken mit bis zu 4 Arbeitnehmerinnen

Bei Filialbetrieben ist die Gesamtzahl der Angestellten und Lehrlinge des Unternehmens zu Grunde zu legen.

1.4. Am 24. Dezember und 31. Dezember endet die Arbeitszeit mit dem durch das Öffnungszeitengesetz oder einer Verordnung der Landeshauptfrau oder einer Marktordnung festgesetzten Ende der Öffnungszeit.

1.4.1. Die Beschäftigung und damit die Normalarbeitszeit endet allerdings am 24. Dezember um 13:00 Uhr. Ausnahmen gemäß § 6 Abs. 1 zweiter Satz Öffnungszeitengesetz (betreffend Verkaufsstellen für Süßwaren und Naturblumen sowie Christbäume), gemäß Verordnungen der Landeshauptleute zum Öffnungszeitengesetz oder gemäß der Arbeitsruhegesetzverordnung bleiben davon unberührt.

1.4.2. Die Normalarbeitszeit endet am 31. Dezember um 17:00 Uhr wenn durch die Landeshauptfrau keine oder spätere Ladenschlusszeiten festgesetzt sind.

1.4.3. Für Normalarbeitszeit am 31. Dezember zwischen 13:00 und 15:00 Uhr gebührt ein Zuschlag von 50 %, nach 15:00 Uhr gebührt ein Zuschlag von 100 %[1]).

Danach sind nur unbedingt notwendige Abschlussarbeiten zulässig, diese gelten als Überstunden.

1.5. An den vier verkaufsoffenen Samstagen vor dem 24. Dezember endet die Normalarbeitszeit von Angestellten und Lehrlingen, die an den übrigen Samstagen öfter als einmal im Monat nach 13.00 Uhr beschäftigt wurden, um spätestens 13.00 Uhr.

2. Verkaufsstellen, die an mehr als einem Samstag im Monat nach 13.00 Uhr offen gehalten werden

2.1. Beschäftigung am Samstag – arbeitsfreier Samstag

Angestellte und Lehrlinge in Verkaufsstellen dürfen an Samstagen nach 13.00 Uhr beschäftigt werden, soweit die jeweils geltenden Öffnungszeitenvorschriften das Offenhalten zulassen. In diesem Fall hat der folgende Samstag zur Gänze arbeitsfrei zu bleiben, außer in folgenden Fällen[2]):

Wenn die Arbeitnehmerin nach 13.00 Uhr beschäftigt wurde mit

2.1.1. Verkaufstätigkeiten, die nach den §§ 17 und 18 ARG oder einer Verordnung gemäß § 12 ARG zulässig sind,

2.1.2. Verkaufstätigkeiten an den vier Weihnachtssamstagen,

2.1.3. dem Fertigbedienen von Kunden gemäß § 8 des ÖZG 1991 (in der Fassung 2003),

2.1.4. Abschlussarbeiten gemäß § 3 Abs. 2 ARG.

2.2. Ausnahmen zum arbeitsfreien Samstag

In folgenden weiteren Fällen dürfen Angestellte und Lehrlinge, die an einem Samstag nach 13.00 Uhr beschäftigt wurden, am folgenden Samstag beschäftigt werden:

2.2.1. Teilzeitbeschäftigte, mit denen eine Arbeitsleistung gemäß F, 1, 1.11. vereinbart ist.

2.2.2. Angestellte und Lehrlinge in Verkaufsstellen, mit Ausnahme der vier Weihnachtssamstage – lediglich an einem Samstag im Monat nach 13:00 Uhr offen gehalten werden, gemäß C. 3. dieses Abschnittes.

2.2.3. Verkaufstätigkeiten, die aufgrund einer Verordnung gem § 12 und/oder § 13 ARG während der Wochenendruhe zum Stichtag 31. Dezember 1996 zugelassen sind.

2.2.4. Teilzeitbeschäftigte, mit denen eine Arbeitsleistung von bis zu 18 Stunden pro Woche im Rahmen einer Beschäftigung nach § 15h oder § 15i MSchG bzw § 8 oder § 8a VKG vereinbart ist[3]).

2.2.5. Teilzeitbeschäftigte, mit denen eine Arbeitsleistung von bis zu 18 Stunden pro Woche vereinbart ist, wenn auf Verlangen der Arbeitnehmerin eine schriftliche Vereinbarung, welche die Arbeitstage festlegt, getroffen wird. Die wöchentliche Normalarbeitszeit darf dabei auf maximal max. 3 Tage verteilt werden[4]).

2.3. Allgemeine Durchrechnungsbestimmung

In Betrieben mit Betriebsrat kann durch Betriebsvereinbarung, sonst durch schriftliche Einzelvereinbarung die Beschäftigung an zwei Samstagen innerhalb eines Zeitraumes von 4 Wochen ermöglicht werden. In diesem Fall haben die übrigen Samstage dieses Zeitraumes arbeitsfrei zu bleiben.

Jene Wochen, in denen eine Samstagnachmittagsbeschäftigung auf Grund dieser Bestimmung zulässig ist, bleiben bei der Bemessung des Durchrechnungszeitraumes außer Betracht (Fortlaufhemmung).

2.4. Durchrechnungsbestimmung für Einzelhandelsunternehmen mit geringer Beschäftigtenzahl

2.4.1. In Einzelhandelsunternehmen mit nicht mehr als 25 dauernd Beschäftigten kann durch Betriebsvereinbarung oder – in Betrieben, in denen kein Betriebsrat errichtet ist – durch schriftliche Einzelvereinbarung zusätzlich wahlweise vereinbart werden:

a) dass die Arbeitnehmerin innerhalb eines Zeitraumes von 8 Wochen an bis zu 4 Samstagen nach 13.00 Uhr beschäftigt werden kann, wenn sie an ebenso vielen Samstagen arbeitsfrei bleibt oder,

b) dass die Arbeitnehmerin innerhalb eines Durchrechnungszeitraumes von 4 Wochen an 3 Samstagen nach 13.00 Uhr beschäftigt werden kann, wenn innerhalb des Durchrechnungszeitraumes jeweils ein Samstag und ein Montag arbeitsfrei bleibt oder

c) dass die Arbeitnehmerin innerhalb eines Zeitraumes von 10 Wochen an 5 Samstagen beschäftigt werden kann. Abweichend davon kann die Arbeitnehmerin an 6 Samstagen beschäftigt werden, wenn ein Montag arbeitsfrei bleibt, bzw an 7 Samstagen beschäftigt werden, wenn zwei Montage arbeitsfrei bleiben.

2.4.2. In jener Woche, in der der Samstag arbeitsfrei ist, ist gemäß C dieses Abschnittes die wöchentliche Normalarbeitszeit auf die Werktage Montag bis Freitag zu verteilen. In jener Woche, in der gemäß einer Vereinbarung auf Grund der Bestimmung in 2.4.1. lit b der Montag arbeitsfrei ist, ist die wöchentliche Normalarbeitszeit auf die Werktage Dienstag bis Samstag zu verteilen.

2.4.3. Jene Wochen, in denen eine Samstagnachmittagsbeschäftigung auf Grund dieses Abschnittes zulässig ist, bleiben bei der Bemessung des Durchrechnungszeitraumes außer Betracht (Fortlaufhemmung).

2.5. Andere Verteilung des arbeitsfreien Samstages

2.5.1. Grundsätzlich sind die Bestimmungen des Punktes C., 2., 2.1. (Beschäftigung am Samstag – arbeitsfreier Samstag) dieses Abschnittes in den Verkaufsstellen anzuwenden. In Betrieben mit Betriebsrat durch Betriebsvereinbarung, sonst durch schriftliche Einzelvereinbarung kann stattdessen eine andere Verteilung des arbeitsfreien Samstages nach folgenden Bestimmungen eingeführt werden[5]).

2.5.2. Ausnahmen von der Anwendung[6])
Für folgende Fälle kann die andere Verteilung nicht vereinbart werden:

a) Teilzeitbeschäftigte, mit denen eine Arbeitsleistung ausschließlich für Samstag vereinbart ist,

b) Lehrlinge,

c) Teilzeitbeschäftigte, mit denen eine Arbeitsleistung von bis zu 18 Stunden pro Woche im Rahmen einer Beschäftigung nach § 15h oder § 15i MSchG bzw § 8 oder § 8a VKG vereinbart ist,

d) Angestellte während des Probemonats (Abschnitt 1) C.),

2.5.3. Dauer des Durchrechnungszeitraumes

Der Durchrechnungszeitraum beträgt 52 Wochen. Durch Betriebsvereinbarung können Gruppen von Arbeitnehmerinnen von der Lage des festgelegten Durchrechnungszeitraums ausgenommen werden[7]).

2.5.4. Anzahl der Blockfreizeiten

Arbeitnehmerinnen können an Samstagen nach 13.00 Uhr beschäftigt werden, wenn sie innerhalb des Durchrechnungszeitraumes von 52 Wochen insgesamt zehn Mal eine zusammenhängende Wochenfreizeit (Blockfreizeit) von drei Kalendertagen erhalten, welche den Samstag und den Sonntag einschließt (Freitag, Samstag, Sonntag oder Samstag, Sonntag, Montag). Fällt einer der Werktage der Blockfreizeit auf einen Feiertag, dann ist der vorangegangene oder der folgende Werktag in die Blockfreizeit einzubeziehen[8]).

Jeweils während der ersten als auch während der zweiten Hälfte des Durchrechnungszeitraumes ist in fünf von sechs Kalendermonaten je eine Blockfreizeit zu konsumieren. Sowohl in der ersten Hälfte des 52-wöchigen Durchrechnungszeitraums als auch in der zweiten Hälfte des 52-wöchigen Durchrechnungszeitraums kann ein Monat ohne Blockfreizeit vereinbart werden (beispielsweise die vier Samstage vor dem 24. Dezember)[9]).

Ist die Arbeitnehmerin aufgrund des Beginns, des Endes oder der Dauer ihres Dienstverhältnisses nur für einen Teil des festgelegten Durchrechnungszeitraumes in Beschäftigung, ist die Anzahl der Blockfreizeiten im Verhältnis zur geleisteten Dienstzeit zu aliquotieren. Ist die Arbeitnehmerin durch Krankheit oder unbezahlten Urlaub jeweils zusammenhängend länger als ein Monat abwesend, ist die Anzahl der Blockfreizeiten im Verhältnis zur geleisteten Dienstzeit zu aliquotieren. Sich ergebende Bruchteile von Blockfreizeiten sind kaufmännisch auf ganze Zahlen zu runden. Wenn das Dienstverhältnis durch Dienstnehmerinnenkündigung, verschuldete Entlassung oder unberechtigten vorzeitigen Austritt endet, bleiben Bruchteile von Blockfreizeiten unberücksichtigt[10]).

Ergibt sich im Zusammenhang mit der Gewährung von Blockfreizeit (Freitag, Samstag und Sonntag) bei Vollzeit- oder Teilzeitbeschäftigten eine 4-Tage-Woche, kann die tägliche Normalarbeitszeit auf 10 Stunden ausgedehnt werden[11]).

2.5.5. Einteilung und Verbrauch der Blockfreizeit[12])

Planung und notwendige Änderungen sind einvernehmlich unter Bedachtnahme der betrieblichen Erfordernisse und persönlicher wichtiger Gründe der Arbeitnehmerin vorzunehmen[13]).

Ist die Lage der Blockfreizeit vereinbart, gebührt für die in diesen Zeitraum fallenden Zeiten gemäß § 8 AngG und § 16 UrlG kein Ersatz[14]).

Steht zum Zeitpunkt der Vereinbarung von Blockfreizeit für diesen Zeitraum Urlaub bereits aufgrund einer früheren Vereinbarung zwischen Arbeitnehmerin und Arbeitgeberin fest, kann für diese Tage keine Blockfreizeit vereinbart werden.

Im Falle der erstmaligen Anwendung der anderen Verteilung des arbeitsfreien Samstages, insbesondere der Einführung dieses Arbeitszeitmodelles oder bei Eintritten während der ersten sechs Monate des Durchrechnungszeitraums, muss die erste Blockfreizeit spätestens zwei Wochen vor deren Antritt vereinbart werden[15]).

2.5.6. Besondere Bestimmungen zu Blockfreizeiten

Wenn aus betrieblichen Erfordernissen oder aus persönlichen wichtigen Gründen der Arbeitnehmerin der Verbrauch einer Blockfreizeit im Monat nicht möglich ist, kann in den drei darauffolgenden Kalendermonaten eine zweite Blockfreizeit zum Ausgleich vereinbart werden, sofern dabei nicht der Durchrechnungszeitraum überschritten wird[16]).

Wenn die Arbeitnehmerin jegliche Vereinbarung zur Konsumierung von Blockfreizeit verweigert, kann die Arbeitgeberin von sich aus mangels Vereinbarung Blockfreizeiten für die Arbeitnehmerin einteilen.

Wurden Blockfreizeiten gemäß 2.5.4. dieser Bestimmung nicht innerhalb eines Durchrechnungszeitraumes von 52 Wochen konsumiert, erhält die Arbeitnehmerin als Ersatz für je eine Blockfreizeit einen Urlaubstag (= Werktag)[17]).

Die Blockfreizeit darf bei aufrechtem Dienstverhältnis nicht in Geld abgelöst werden.

Ein Verzicht auf Konsumierung oder den Urlaubstag als Ersatz für nicht konsumierte Blockfreizeit im Durchrechnungszeitraum durch die Arbeitnehmerin ist nicht möglich.

Blockfreizeit stellt keinen Zeitausgleich im Sinne des Punktes F., 1.4. dieses Abschnittes dar und führt nicht zur Anwendung der 30 % Zeitgutschrift[18]).

2.5.7. Beendigung des Dienstverhältnisses

Bei Beendigung des Dienstverhältnisses ist noch nicht vereinbarte Blockfreizeit tunlichst während der Kündigungsfrist auszugleichen. Ist ein Ausgleich nicht möglich, hat die Arbeitnehmerin pro vereinbarte Blockfreizeit Anspruch auf je einen zusätzlichen Urlaubstag bzw nach Ablauf des Dienstverhältnisses auf entsprechende Urlaubsersatzleistung, ausgenommen bei einem ungerechtfertigten vorzeitigen Austritt[19]).

3. Verkaufsstellen, die mit Ausnahme der 4 Samstage vor dem 24. Dezember an nicht mehr als einem Samstag im Monat nach 13.00 Uhr offen gehalten werden

3.1. Die Beschäftigung einer Angestellten an Samstagen nach 13.00 Uhr ist zulässig, auch wenn der folgende Samstag nicht arbeitsfrei bleibt.

3.2. Die Gewährung der freien ganzen bzw halben Tage gemäß C. 1. dieses Abschnittes gilt weiters nicht für Vollzeitbeschäftigte in Verkaufsstellen, deren Gesamtoffenhaltezeit innerhalb einer Kalenderwoche 44 Stunden nicht überschreitet.

4. Zustelltätigkeiten am Samstagnachmittag

Entsprechend § 12a ARG[20]) wird die Beschäftigung für die Zustellung von Produkten, die im stationären oder im Online Handel vom Letztverbraucher bestellt oder gekauft wurden, am Samstagnachmittag, sofern dies ein Werktag ist, bis 18.00 Uhr zugelassen. Für die Zeit von 13.00 Uhr bis 18.00 Uhr gebührt ein Zuschlag für die Normalarbeitszeit von 50 %.

5. Nachtzuschlag

Für Arbeitsleistungen, welche zur Vorbereitung von Verkaufstätigkeiten in einer Verkaufsstelle in der Zeit zwischen 21.00 und 05.00 Uhr von Montag 00.00 bis Samstag 05.00 Uhr stattfinden, gebührt bei Normal- oder Mehrarbeit ein Zuschlag von 50 %. Bestehende günstigere Vereinbarungen werden durch diese Regelung nicht berührt. Bei Zusammentreffen mehrere Zuschläge gebührt jeweils der Höhere.

[1]) Für Arbeiten am **31. Dezember** sieht der Handels-KV seit 2021 (klare) Zuschlagsregelungen in Relation zur Ruhezeit vor. Grundsätzlich qualifiziert der Handels-KV die Arbeitszeit bis 17:00 Uhr weiterhin als Normalarbeitszeit. Arbeiten danach sind Überstunden. Obwohl es sich aber um Normalarbeitszeit handelt, gebührt für Arbeiten zwischen 13:00 Uhr und 15:00 Uhr ein Zuschlag von 50 % und nach 15:00 Uhr ein Zuschlag von 100 %. Bei Überschreiten der Normalarbeitszeit (s dazu die Erl zu Abschnitt 2 Pkt A Z 1 und 2) fallen auch am 31. Dezember **Überstunden** an.

Abschlussarbeiten nach 17:00 Uhr qualifiziert der Handels-KV gemäß Abschnitt 2, C, 1.4.2. jedenfalls als Überstunden. Die Überstundenzuschläge sind je nach zeitlichem Anfall unterschiedlich (s Abschnitt 2 Pkt G Z 2.9.).

Zu beachten ist, dass der Handels-KV bei Überstundenzuschlägen und bei Zuschlägen zur Normalarbeitszeit von **unterschiedlichen Entgeltfaktoren/Teilern** ausgeht; die Überstundengrundvergütung errechnet sich aus 1/158 des Bruttomonatsgehalts. Im Fall der Normalarbeitszeitzuschläge ist hingegen das Bruttomonatsgehalt durch die kollektivvertraglich festgelegte Normalarbeitszeit sowie durch 4,33 zu teilen.

[2]) Voraussetzung für jegliche Beschäftigung von Arbeitnehmern und Arbeitnehmerinnen am Samstag ist, dass das Offenhalten des Betriebes/der Verkaufsstelle nach den jeweiligen Öffnungszeitenvorschriften zulässig ist (vgl auch Erl 1 zu Abschnitt 2 Pkt F). Unter dieser Prämisse erlaubt der Handelsangestellten-KV ganz allgemein auch die **Arbeit am Samstag** nach Abschnitt 2 Pkt C Z 2.1.

Für Verkaufsstellen, die an mehr als einem Samstag im Monat nach 13.00 Uhr geöffnet haben, gilt aber die Grundregel, dass einem Samstag, an dem gearbeitet wird, ein arbeitsfreier Samstag folgen muss („**Schwarz-Weiß-Regelung**"). Ausnahmen von der „Schwarz-Weiß-Regelung" finden sich sowohl unter Abschnitt 2 Pkt C Z 2.1. als auch unter der Überschrift 2.2. „Ausnahmen zum arbeitsfreien Samstag". Insofern ist die Systematik der Norm nicht sehr geglückt.

Arbeitet ein Arbeitnehmer bzw eine Arbeitnehmerin an zwei aufeinanderfolgenden Samstagen, gebührt keine „Ruhetagsentschädigung". Der Handelsangestellten-KV gewährt dem Arbeitnehmer bzw der Arbeitnehmerin keine bezahlte Freizeit, sondern schreibt lediglich eine bestimmte Verteilung der Normalarbeitszeit vor (OGH 29. April 2014, 9 ObA 25/14p, ARD 6416/7/2014 = infas 2014, A 91).

Werden die kollektivvertraglichen Sonderbestimmungen zur Arbeitszeit am Samstag nicht eingehalten, dann riskiert der Arbeitgeber bzw die Arbeitgeberin Verwaltungsstrafen wie bei Verstößen gegen die gesetzlichen Arbeitszeitbestimmungen (VwGH 13.12.2018, Ro 2016/11/0013). Rechtsgrundlage für Verwaltungsstrafen bildet § 27 ARG.

[3]) Der Handelsangestellten-KV 2014 hat eine weitere Beschäftigungsgruppe hinzugefügt, die an zwei aufeinanderfolgenden Samstagen tätig werden darf: Es handelt sich um Teilzeitarbeitnehmer und Teilzeitarbeitnehmerinnen, die anstelle einer Karenz eine Teilzeitbeschäftigung nach den §§ 15h u 15i MSchG bzw nach den §§ 8 u 8a VKG beansprucht bzw vereinbart haben. In der (offensichtlich taxativen) Auflistung des Handelsangestellten-KV nicht enthalten sind (geringfügige) Beschäftigungen iSd § 15e MSchG bzw des § 7b VKG.

[4]) Der Handels-KV 2021 erweiterte die Ausnahmeregelung von Abschnitt 2 Pkt C Z 2.2. um eine weitere Gruppe von **Teilzeitbeschäftigten.** Es handelt sich um Beschäftigte, die nicht mehr als **18 h pro Woche** tätig sind und die ihre Arbeitszeit **maximal auf drei Arbeitstage pro Woche** verteilt haben. Zum Nachweis wird eine schriftliche Vereinbarung mit fixen Arbeitstagen auf Verlangen des Arbeitnehmers bzw der Arbeitnehmerin verlangt. Inwieweit dies eine konstitutive Voraussetzung ist, ist fraglich. Der Kollektivvertragstext weist eher darauf hin. Für die Praxis ist daher jedenfalls eine schriftliche Festlegung (zB im Arbeitsvertrag) anzuraten.

[5]) Abweichend von der allgemeinen Regelung im Abschnitt 2 Pkt C Z 2.1. ff kann in Betrieben mit Betriebsrat durch **Betriebsvereinbarung** oder, wenn ein solcher nicht vorhanden ist, durch **schriftliche Einzelvereinbarung** eine andere Verteilung des arbeitsfreien Samstages eingeführt werden (Abschnitt 2 Pkt C Z 2.5.). Dieses Alternativmodell wird auch als „**Blockfreizeit**" oder „**Super-Wochenende**" betitelt (vgl *Großinger*, Neue Regelungen zur Samstagsbeschäftigung für Handelsangestellte, ARD 6346/6/2013). Mit dieser Regelung haben die Kollektivvertragsparteien eine Alternative zur „**Schwarz-Weiß-Regelung**" getroffen (vgl Erl 2).

[6]) **Ausgenommen** von den Bestimmungen über die andere Verteilung des arbeitsfreien Samstages sind die in Abschnitt 2 Pkt C Z 2.5.2. taxativ genannten Arbeitnehmer bzw Arbeitnehmerinnen. Dazu zählen **Teilzeitbeschäftigte**, mit denen eine Arbeitsleistung **ausschließlich** für **Samstag** vereinbart ist, **Lehrlinge**, **Teilzeitbeschäftigte**, mit denen eine **Elternteilzeit** von bis zu 18 Stunden pro Wochen vereinbart ist sowie **Angestellte** während des **Probemonats** (vgl Erl 2 zu Abschnitt 1 Pkt C).

Wird mit Teilzeitbeschäftigten eine Arbeitsleistung **ausschließlich für Samstag** vereinbart, sind diese weder von der „Schwarz-Weiß-Regelung“ noch von der „Blockfreizeit“ betroffen. Sie dürfen an jedem Samstagnachmittag nach 13.00 Uhr beschäftigt werden (Abschnitt 2 Pkt C Z 2.5.2. lit a). **Teilzeitbeschäftigte**, mit denen eine **Elternteilzeit** vereinbart ist, sind sowohl von der „Schwarz-Weiß-Regelung“ als auch vom Alternativmodell der Blockfreizeit ausgenommen. Voraussetzung dafür ist, dass eine **Arbeitsleistung von bis zu 18 Stunden pro Woche** vereinbart ist. Wird eine Elternteilzeit von mehr als 18 Stunden pro Woche vereinbart, kommt diese Ausnahmebestimmung nicht zur Anwendung.

Für **Lehrlinge** gelten die Bestimmungen des KJBG, wonach Jugendliche, die an einem Samstag nach 13.00 Uhr beschäftigt werden, am darauffolgenden Samstag frei haben (vgl § 19a KJBG). Insofern kommt ausnahmslos die „**Schwarz-Weiß-Regelung**“ zur Anwendung (vgl Erl 3 zu Abschnitt 2 Pkt D).

Arbeitnehmer und Arbeitnehmerinnen während des Probemonats unterliegen ebenfalls der „**Schwarz-Weiß-Regelung**“. Erst nach Ende des Probemonats kann demnach auf „Blockfreizeit“ umgestellt werden. Fällt der Beginn des Arbeitsverhältnisses nach dem **Probemonat** nur in einen Teil des festgelegten Durchrechnungszeitraumes, kommt die **Aliquotierungsbestimmung** (vgl Erl 10) des Abschnittes 2 Pkt C Z 2.5.4. zur Anwendung.

[7]) Werden Arbeitnehmer an **Samstagen nach 13.00 Uhr** beschäftigt, steht ihnen innerhalb eines **Durchrechnungszeitraumes** von **52 Wochen zehn Mal eine Blockfreizeit** zu. Bestimmte Arbeitnehmergruppen können durch Betriebsvereinbarung von der Lage des Durchrechnungszeitraumes von 52 Wochen ausgenommen werden.

[8]) Die Blockfreizeit umfasst **drei zusammenhängende Kalendertage**, wobei jedenfalls der Samstag und der Sonntag davon erfasst werden. Die Blockfreizeit dauert daher entweder von **Freitag bis einschließlich Sonntag**, oder von **Samstag bis einschließlich Montag**. Fällt einer der Blockfreizeittage auf einen Feiertag, verlängert sich die Blockfreizeit um den dem Feiertag vorangehenden oder folgenden Werktag.

> **Beispiel:** Ein Arbeitnehmer möchte die Blockfreizeit von Samstag, 4. Juni 2022, bis einschließlich Montag, 6. Juni 2022, konsumieren. Der Montag, 6. Juni 2022, fällt auf einen Feiertag (Pfingstmontag). Da für einen Feiertag keine Blockfreizeit vereinbart werden kann, muss ein anderer Werktag vorher oder nachher in die Blockfreizeit einbezogen werden. Die Blockfreizeit kann sich daher entweder von Frei-

tag, 3. Juni 2022, bis Montag, 6. Juni 2022, erstrecken oder von Samstag, 4. Juni 2022, bis einschließlich Dienstag, 7. Juni 2022.

9) Kommt es zur Anwendung dieses Alternativmodells, dann stehen im Durchrechnungszeitraum jedenfalls 10 Blockfreizeiten zu, unabhängig davon, wie häufig es zur Samstagsarbeit gekommen ist. Die Zahl der 10 Blockfreizeiten steht also nicht in einem bestimmten Verhältnis zur Häufigkeit der Samstagsarbeit.

Sowohl in den ersten 26 Wochen des Durchrechnungszeitraumes (s Erl 7) als auch in den zweiten 26 Wochen ist in 5 von 6 Kalendermonaten eine Blockfreizeit anzusetzen. In Zeiten einer Spitzenauslastung wie in der Vorweihnachtszeit muss nicht jedenfalls eine Blockfreizeit konsumiert werden. Im Ergebnis kann hiebei ein fast viermonatiger Zeitraum entstehen, in dem keine Blockfreizeit zustande kommt.

Beispiel: Im November 2021 wird die Blockfreizeit von Freitag, dem 5. November, bis Sonntag, dem 7. November, vereinbart. Sowohl im Dezember 2021 als auch im Jänner 2022 wird keine Blockfreizeit anberaumt. Im Februar kommt es erst von Samstag, dem 19. Februar, bis Montag, dem 21. Februar, zu einer Blockfreizeit.

10) Sofern der Beginn, das Ende oder die Dauer des Dienstverhältnisses nur in einen Teil des festgelegten Durchrechnungszeitraumes fällt, ist die Anzahl der Blockfreizeiten im Verhältnis zur geleisteten Dienstzeit zu aliquotieren. Ergeben sich bei dieser **Aliquotierung** Bruchteile, dann werden diese kaufmännisch auf ganze Zahlen gerundet. Endet das Dienstverhältnis durch Dienstnehmerkündigung, verschuldete Entlassung oder durch unberechtigten vorzeitigen Austritt, bleiben Bruchteile von Blockfreizeiten jedoch unberücksichtigt.

Beispiel: Der Durchrechnungszeitraum von 52 Wochen dauert von 1. Jänner 2022 bis 31. Dezember 2022. Das Arbeitsverhältnis einer Arbeitnehmerin beginnt am 1. Februar 2022. Da während des Probemonats die „Schwarz-Weiß-Regelung“ zum Tragen kommt, dauert der verkürzte Durchrechnungszeitraum vom 1. März 2022 bis 31. Dezember 2022 (= 306 Kalendertage). Die Anzahl dieser Kalendertage ist mit den zehn Blockfreizeiten innerhalb des Durchrechnungszeitraumes von 52 Wochen (= 365 Kalendertage) in Verhältnis zu setzen: 10/365 × 306 = 8,383, das entspricht (gerundet) 8 Blockfreizeiten.

Beispiel: Der Durchrechnungszeitraum von 52 Wochen dauert von 1. Jänner 2022 bis 31. Dezember 2022. Mit einem Arbeitnehmer wird ein befristetes Arbeitsverhältnis vom 1. Februar 2022 bis 30. April

2022 vereinbart. Da während des Probemonats die „Schwarz-Weiß-Regelung“ zum Tragen kommt, dauert der verkürzte Durchrechnungszeitraum vom 1. März 2022 bis 30. April 2022 (= 61 Kalendertage). Die Anzahl dieser Kalendertage ist mit den zehn Blockfreizeiten innerhalb des Durchrechnungszeitraumes von 52 Wochen (= 365 Kalendertage) in Verhältnis zu setzen: 10/365 × 61 = 1,671, das entspricht (gerundet) zwei Blockfreizeiten.

Beispiel: Der Durchrechnungszeitraum von 52 Wochen dauert von 1. Jänner 2022 bis 31. Dezember 2022. Das Arbeitsverhältnis eines Arbeitnehmers endet am 1. Juli 2022 durch einen unberechtigten vorzeitigen Austritt. Für die Berechnung der Anzahl der Blockfreizeiten ist der Zeitraum vom 1. Jänner 2022 bis 1. Juli 2022 zu berücksichtigen (= 181 Kalendertage). Die Anzahl dieser Kalendertage (181) ist mit den zehn Blockfreizeiten innerhalb des Durchrechnungszeitraumes von 52 Wochen (= 365 Kalendertage) in Verhältnis zu setzen: 10/365 × 181 = 4,96, das entspricht 4 Blockfreizeiten (Bruchteile bleiben bei einem unberechtigten vorzeitigen Austritt unberücksichtigt).

Die Aliquotierungsregel für nicht ganzjährige Beschäftigung wurde durch den Handels-KV 2022 auch auf jene Fälle ausgedehnt, die zu Unterbrechungen der Beschäftigungen (insb bei längeren Krankheiten) von zusammenhängend länger als ein Monat führen.

[11]) Ergibt sich im Zusammenhang mit der Gewährung von Blockfreizeit von Freitag bis einschließlich Sonntag bei Vollzeit- oder Teilzeitbeschäftigten eine Vier-Tage-Woche, so kann die tägliche Normalarbeitszeit auf zehn Stunden ausgedehnt werden.

[12]) Der Unterpunkt 2.5.5. ist mit „Einteilung und Verbrauch der Blockfreizeit“ überschrieben, enthält aber nicht alle Regelungen hiezu. Sowohl im vorangehenden Punkt 2.5.4. als auch im nachfolgenden Punkt 2.5.6. finden sich einschlägige Regelungen, sodass eine für den Rechtsanwender nicht leicht verständliche Normierung zustande kommt.

[13]) Die Blockfreizeit ist an sich zu vereinbaren. Sie kann grundsätzlich weder vom Arbeitnehmer bzw von der Arbeitnehmerin einseitig in Anspruch genommen, noch einseitig vom Arbeitgeber bzw von der Arbeitgeberin angeordnet werden. Dieser Grundsatz wird durch Punkt 2.5.6. durchbrochen, wenn der Arbeitnehmer bzw die Arbeitnehmerin „jegliche“ Vereinbarung verweigert, dh die Konsumation der Blockfreizeit auf Dauer und grundlos vereitelt. In diesem Fall ist der Arbeitgeber bzw

die Arbeitgeberin zur einseitigen Festlegung der Blockfreizeit berechtigt (s auch Erl 17). Von einer einmal vereinbarten Blockzeit kann wieder nur einvernehmlich abgegangen werden (zum Eintritt einer Dienstverhinderung während einer vereinbarten Blockfreizeit s Erl 14). Daran ändert auch die erstmals in den Handels-KV 2017 (unter Punkt 2.5.6.) aufgenommene Bestimmung nichts, wonach eine zweite Blockfreizeit innerhalb von 3 Monaten vereinbart werden kann, wenn eine Blockfreizeit aus betrieblichen oder in der Sphäre des Arbeitnehmers gelegenen Gründen nicht möglich ist (s auch Erl 16).

[14]) Ist der Arbeitnehmer bzw die Arbeitnehmerin infolge **Krankheit** oder **Unglücksfall** (§ 8 Abs 1 AngG), aufgrund sonstiger **Dienstverhinderungsgründe** (§ 8 Abs 3 AngG) oder aufgrund einer **Pflegefreistellung** (§ 16 UrlG) an der Konsumation einer bereits vereinbarten Blockfreizeit **verhindert**, so gebührt ihm/ihr **kein Ersatz**, dh diese Blockfreizeit gilt als vom Arbeitnehmer bzw von der Arbeitnehmerin konsumiert.

[15]) Grundsätzlich sieht der Handelsangestellten-KV seit 2018 nicht mehr vor, dass die Blockfreiheit innerhalb einer gewissen Frist vor Antritt der Freizeit (zB nach dem Handelsangestellten-KV 2016 13 Wochen) vereinbart werden muss. Eine Planungszeit von **zwei Wochen** ist allerdings dann einzuhalten, wenn dieses Arbeitszeitmodell erstmals im Betrieb eingeführt wird oder wenn das Arbeitsverhältnis des Arbeitnehmers bzw der Arbeitnehmerin während der ersten sechs Monate des Durchrechnungszeitraumes beginnt.

[16]) Blockfreizeiten müssen innerhalb des Durchrechnungszeitraumes von 52 Wochen verbraucht werden. Die Übertragung der Blockfreizeiten von einem Durchrechnungszeitraum in den nächsten ist daher nicht mehr vorgesehen. Innerhalb des Durchrechnungszeitraumes besteht jedoch die Möglichkeit einer Verschiebung. Sowohl betriebliche als auch in der Person des Arbeitnehmers bzw der Arbeitnehmerin gelegene Gründe können dazu führen, dass die Vereinbarung einer Blockfreizeit in einem Monat nicht zustande kommt. Ist dies der Fall, kann dies in den nächsten drei Monaten nachgeholt werden, auch wenn dies regelmäßig dazu führt, dass in dem „Ersatzmonat" zwei Blockfreizeiten konsumiert werden.

[17]) Werden die Blockfreizeiten nicht innerhalb des Durchrechnungszeitraumes von 52 Wochen verbraucht, dann erhält der Arbeitnehmer bzw die Arbeitnehmerin einen **Ersatzanspruch**. Dieser Ersatzanspruch beträgt für je eine Blockfreizeit **einen Urlaubstag**. Der Handelsangestellten-KV

setzt den Urlaubstag mit einem Werktag gleich und verwendet damit die Berechnungslogik des Urlaubsgesetzes. Damit käme es zu einer Einbeziehung (arbeitsfreier) Samstage, die auch iSd UrlG als Werktage zu rechnen sind. Im Ergebnis soll aber schlichtweg ein Urlaubstag anstelle der Blockfreizeit gewährt werden müssen. Der zusätzliche Urlaubstag entspricht daher weniger einem Werktag als einem Arbeitstag.

Eine **einseitige Anordnung** der Konsumierung der Blockfreizeit durch den Arbeitgeber bzw die Arbeitgeberin ist dann möglich, wenn der **Arbeitnehmer** bzw die **Arbeitnehmer** die Vereinbarung zur Konsumierung verweigert.

[18]) Eine Abgeltung der Blockfreizeit in Geld bei aufrechtem Arbeitsverhältnis und ein Verzicht auf die Konsumierung oder den Ersatzurlaubstag für nicht konsumierte Blockfreizeit im Durchrechnungszeitraum ist nicht zulässig. Insbesondere ist zu beachten, dass die Blockfreizeit keinen Zeitausgleich iSd Abschnittes 2 Pkt F Z 1.4. (Regelungen im Rahmen der erweiterten Öffnungszeiten) darstellt.

[19]) Wird das **Arbeitsverhältnis beendet**, so ist die noch nicht vereinbarte Blockfreizeit während der Kündigungsfrist zu verbrauchen. Abweichend von Abschnitt 2 Pkt C Z 2.5.5. ist in diesem Fall eine kürzere Planungszeit zulässig. Ist der Verbrauch während der Kündigungsfrist nicht möglich, erhält der Arbeitnehmer bzw die Arbeitnehmerin pro Blockfreizeit einen zusätzlichen Urlaubstag.

Kann dieser Urlaubstag während der Kündigungsfrist nicht verbraucht werden, so hat der Arbeitnehmer bzw die Arbeitnehmerin Anspruch auf entsprechende **Urlaubsersatzleistung**, ausgenommen das Arbeitsverhältnis endet durch unberechtigten vorzeitigen Austritt.

[20]) Nach § 12a ARG kann ein Kollektivvertrag Ausnahmen von der Wochenend- und Feiertagsruhe zulassen, wenn dies zur Verhinderung eines wirtschaftlichen Nachteils sowie zur Sicherung der Beschäftigung erforderlich ist (vgl *Lutz/Heilegger/Dunst*, ARG[6] [2021] Rz 4 zu § 12a).

D. Wochenfreizeit für Jugendliche[1])

1. Für Jugendliche bis zur Vollendung des 18. Lebensjahres ist der Sonntag ausnahmslos arbeitsfrei zu halten[2]).

1.1. Zusätzlich hat in dieser Woche ein ganzer Kalendertag, der mit dem Sonntag nicht zusammenhängen muss, arbeitsfrei zu bleiben. Wenn es organisatorisch möglich und im Interesse der Jugendlichen ist, hat dieser freie Tag auf einen Samstag oder Montag zu fallen. Jedenfalls muss der Zeitraum von Samstag 18.00 Uhr bis Montag 7.00 Uhr arbeitsfrei bleiben[3]).

1.2. Abweichend kann im Falle eines Jugendlichen, der in einer Verkaufsstelle im Sinne des ÖZG mit einer 55 Stunden nicht überschreitenden wöchentlichen Gesamtoffenhaltezeit beschäftigt wird, die Wochenfreizeit auf 43 zusammenhängende Stunden, in die der Sonntag zu fallen hat, verkürzt werden. In diesem Fall muss jedoch innerhalb eines Zeitraumes von höchstens 8 Wochen die durchschnittliche Wochenfreizeit mindestens 48 Stunden betragen. Der erforderliche Ausgleich ist in Form von ganzen oder halben Tagen zu vereinbaren[4]). Mit Betriebsvereinbarung kann diese Abweichung auch für Jugendliche in anderen Verkaufsstellen vereinbart werden.

2. Für Jugendliche in Verkaufsstellen gemäß ÖZG, die in einer Kalenderwoche einen ganzen oder halben Werktag geschlossen werden, kann die Arbeitgeberin den Ruhetag, der nicht auf den Sonntag fällt, auf den Sperrtag festsetzen.

Die freien Halbtage gemäß B. und C. dieses Abschnittes sind auf diese ganzen oder halben freien Tage anzurechnen, wobei sicherzustellen ist, dass zumindest jeder sechste Samstag arbeitsfrei bleibt[5]).

[1]) Das Gesetz über die Beschäftigung von Kindern und Jugendlichen 1987 (**KJBG**) enthält für Kinder und Jugendliche bis zur Vollendung des 18. Lebensjahres, die in einem Dienst-, Lehr- oder Ausbildungsverhältnis stehen, eine Reihe von Schutzbestimmungen. Einzelne Bestimmungen des KJBG gelten darüber hinaus auch für Lehrlinge, die das 18. Lebensjahr bereits vollendet haben. Gem § 11 KJBG darf die tägliche **Arbeitszeit von Jugendlichen** acht Stunden und ihre Wochenarbeitszeit 40 Stunden nicht überschreiten. Im Anwendungsbereich des Handelsangestellten-KV

beträgt die wöchentliche Normalarbeitszeit Jugendlicher 38,5 Stunden. Zur Erfüllung ihrer Berufsschulpflicht ist Jugendlichen gem § 11 Abs 4 KJBG unter Fortzahlung der Lehrlingsentschädigung (numehr Lehrlingseinkommen) freizugeben. Die **Unterrichtszeit in der Berufsschule**, zu deren Besuch der/die Jugendliche gesetzlich verpflichtet ist, ist auf die Dauer der wöchentlichen Arbeitszeit anzurechnen. Beträgt die Unterrichtszeit an einem Schultag bereits mehr als acht Stunden, ist eine Beschäftigung im Betrieb gem § 11 Abs 7 KJBG nicht mehr zulässig. Arbeitszeit, Unterrichtszeit und Wegzeiten zwischen Berufsschule und Betrieb dürfen insgesamt acht Stunden pro Tag nicht überschreiten.

Ähnlich wie bei erwachsenen Arbeitnehmern bzw Arbeitnehmerinnen kann der Kollektivvertrag gem § 11 Abs 2 KJBG auch für Jugendliche zur **Erreichung einer längeren Wochenendfreizeit** eine andere Verteilung der Arbeitszeit auf die Wochentage zulassen, wobei die Tagesarbeitszeit dabei neun Stunden nicht überschreiten darf. Der Handelsangestellten-KV macht von dieser Möglichkeit in Abschnitt 2 Pkt A Z 2.2. Gebrauch (vgl Erl 5 zu Abschnitt 2 Pkt A). Dabei ist aber zu beachten, dass die gewonnene Freizeit – obwohl vom Handelsangestellten-KV nicht erwähnt – jedenfalls mit der Wochenfreizeit zusammenhängen muss.

[2]) § 18 Abs 1 KJBG verbietet die Beschäftigung von Kindern und Jugendlichen an Sonntagen sowie an den gesetzlichen Feiertagen iSd § 1 ARG. Ausnahmen gelten lediglich für Tätigkeiten im Gastgewerbe, in Krankenanstalten, Pflegeheimen, bei Musikaufführungen, Theatervorstellungen, sonstigen Aufführungen und auf Sport- und Spielplätzen. Im Handel ist **Sonntagsarbeit für Jugendliche** unter 18 Jahren jedenfalls verboten. Abschnitt 2 Pkt D Z 1 Handelsangestellten-KV bekräftigt dieses Verbot.

[3]) Gem § 19 Abs 1 KJBG ist Jugendlichen wöchentlich eine ununterbrochene Freizeit von zwei Kalendertagen zu gewähren, die den Sonntag zu umfassen hat. Wenn es aus organisatorischen Gründen notwendig oder im Interesse des/der Jugendlichen gelegen ist, müssen die beiden Kalendertage der **Wochenfreizeit** nicht aufeinander folgen. Die Bestimmung des Abschnittes 2 Pkt D Z 1.1. Handelsangestellten-KV wiederholt dem Grunde nach die Regelung des KJBG, wählt jedoch die umgekehrte Formulierung. Danach muss der zweite arbeitsfreie Wochentag eines/einer Jugendlichen grundsätzlich nicht mit dem Sonntag zusammenhängen. Er hat nur dann auf einen Samstag oder Montag zu fallen, wenn dies aus organisatorischen Gründen möglich und im Interesse des/der Jugendlichen gelegen ist. Diese Konstruktion führt zwar letztlich zum selben Ergebnis wie die

gesetzliche Regelung, erweckt jedoch den Eindruck, eine Teilung der Wochenfreizeit sei der gewünschte Regelfall. Kommt es zu einer Teilung der Wochenfreizeit, hat jener Teil, in den der Sonntag fällt, gem § 19 Abs 1a KJBG mindestens 43 Stunden zu betragen, sofern der Kollektivvertrag nichts anderes vorsieht. Der Handelsangestellten-KV ordnet an, dass lediglich der Zeitraum zwischen **Samstag 18.00 Uhr und Montag 7.00 Uhr** zwingend **arbeitsfrei** zu bleiben hat, was nur 37 Stunden ergibt, jedoch eine zulässige vom KJBG abweichende Regelung darstellt.

Fällt der zweite arbeitsfreie Kalendertag eines/einer Jugendlichen nicht auf den Samstag, hat die **Wochenfreizeit** gem § 19 Abs 1 KJBG **spätestens am Samstag um 13.00 Uhr** zu beginnen; für Jugendliche, die mit unbedingt notwendigen Abschlussarbeiten beschäftigt sind, spätestens um 15.00 Uhr. Sonderregelungen bestehen für Jugendliche, die in Verkaufsstellen iSd ÖffnungszeitenG tätig sind. Sie dürfen gem § 19a KJBG an Samstagen auch nach 13.00 Uhr beschäftigt werden, soweit die jeweils geltenden Öffnungszeitenvorschriften ein Offenhalten der Verkaufsstelle vorsehen. Arbeitet ein Jugendlicher bzw eine Jugendliche am Samstag nach 13.00 Uhr, hat der folgende Samstag gem § 19a Abs 2 KJBG zur Gänze arbeitsfrei zu bleiben, sofern nicht an einem der Adventsamstage gearbeitet wurde oder lediglich bis 15.00 Uhr Arbeiten zur abschließenden Kundenbedienung bzw Abschlussarbeiten geleistet wurden. Durch Betriebsvereinbarung kann zugelassen werden, dass Jugendliche an zwei Samstagen innerhalb eines Zeitraumes von vier Wochen arbeiten. In Betrieben, in denen kein Betriebsrat errichtet ist, kann dies durch schriftliche Einzelvereinbarung mit Zustimmung des/der Erziehungsberechtigten erfolgen.

[4]) Gem § 19 Abs 7 KJBG kann durch Kollektivvertrag zugelassen werden, dass bei Vorliegen organisatorischer Gründe oder im Interesse des/der Jugendlichen das Ausmaß der Wochenfreizeit in einzelnen Wochen auf 43 zusammenhängende, den Sonntag einschließende Stunden verkürzt werden kann, wenn die durchschnittliche Wochenfreizeit in einem kollektivvertraglich festzulegenden Durchrechnungszeitraum zumindest 48 Stunden beträgt. Der Handelsangestellten-KV macht in Abschnitt 2 Pkt D Z 1.2. von dieser Möglichkeit Gebrauch, beschränkt sie jedoch auf Jugendliche, die in einer **Verkaufsstelle iSd ÖffnungszeitenG** mit einer **Gesamtoffenhaltezeit von höchstens 55 Stunden** pro Woche beschäftigt sind. Die Wochenfreizeit dieser Jugendlichen kann demnach in einzelnen Wochen auf 43 Stunden verkürzt werden, wenn die restlichen Stunden in einem Durchrechnungszeitraum von höchstens acht Wochen in ganzen oder halben Tagen ausgeglichen werden. Voraussetzung für eine derartige

Durchrechnung der Wochenfreizeit ist – obwohl im Kollektivvertrag nicht ausdrücklich erwähnt – das Vorliegen organisatorischer Gründe oder eines Arbeitnehmer- bzw Arbeitnehmerinneninteresses.

[5]) Die Bestimmung des Abschnittes 2 Pkt D Z 2 Handelsangestellten-KV stützt sich auf § 19a Abs 5 KJBG, wonach der Kollektivvertrag für Jugendliche, die in Verkaufsstellen iSd ÖffnungszeitenG beschäftigt sind, Abweichungen von den Bestimmungen des § 19 KJBG über die Wochenfreizeit zulassen kann.

E. Mehrarbeit

1. Arbeitsleistung im Ausmaß der Verkürzung der wöchentlichen Arbeitszeit (bei bisher 40 Stunden Normalarbeitszeit) von 1,5 Stunden pro Woche ist Mehrarbeit. Diese Mehrarbeit (von 38,5 Stunden bis einschließlich 40 Stunden) ist zuschlagsfrei zu behandeln und wird auf das erlaubte Überstundenausmaß nicht angerechnet[1]). Dieser Grundsatz gilt auch bei anderer Verteilung der Normalarbeitszeit nach den Punkten A. 2., 4. und 7., B. sowie C. 1. dieses Abschnittes mit der Maßgabe, dass jeweils 1,5 Stunden pro Woche über die sich aus der anderen Verteilung der Normalarbeitszeit ergebenden jeweiligen wöchentlichen Arbeitszeit als Mehrarbeit gelten. Durch Mehrarbeit darf – ausgenommen bei Einarbeiten in Verbindung von Feiertagen gemäß § 4 Abs (3) AZG – eine Wochenarbeitszeit von 44 Stunden nicht überschritten werden[2]). Hinsichtlich der Anordnung dieser Mehrarbeit gelten die Bestimmungen über die Anordnung von Überstunden sinngemäß[3]).

2. Arbeitszeiten, für die gemäß Punkt G. dieses Abschnittes ein Zuschlag von mehr als 50 % gebührt, gelten nicht als Mehrarbeit im Sinne des Punktes 1., sondern als Überstunden[4]).

3. Die tägliche Arbeitszeit von 9 Stunden und die Arbeitszeit gemäß der Punkte B. 1.4. und C. 1.4. dieses Abschnittes dürfen durch Mehrarbeit im Sinne des Punktes 1 nicht überschritten werden[5]).

4. Zur Berechnung der Vergütung für Mehrarbeit ist das Bruttomonatsgehalt durch die in diesem Kollektivvertrag festgelegte Normalarbeitszeit sowie durch 4,33 zu teilen.[6])

5. An Stelle der Bezahlung von Mehrarbeit kann eine Abgeltung durch Zeitausgleich im Ausmaß von 1 : 1 vereinbart werden.

6. Die Bestimmungen dieses Abschnittes gelten bis zum Inkrafttreten einer weiteren Verkürzung der wöchentlichen Arbeitszeit.

[1]) Gem **§ 19d Abs 3 AZG** liegt Mehrarbeit dann vor, wenn teilzeitbeschäftigte Arbeitnehmer und Arbeitnehmerinnen über das vereinbarte Arbeitszeitausmaß hinaus tätig werden. Das AZG umschreibt somit den Be-

griff der Mehrarbeit über die Teilzeitarbeit als **Überschreiten der vereinbarten Teilzeitarbeit** (vgl *Lukan*, Mehrarbeit aus arbeitsrechtlicher und europarechtlicher Sicht [2018]; *Hörmann*, Besonderheiten der Teilzeitarbeit, JAP 2018/2019, 102; *Schrank*, Arbeitszeitgesetze[6] [2021] Rz 54 f zu § 19d AZG; *Klein* in *Gasteiger/Heilegger/Klein* [Hrsg], AZG[7] [2021] §§ 3 bis 4c Rz 1; *Felten* in *Auer-Mayer/Felten/Pfeil* [Hrsg], AZG[4] [2019] Rz zu § 19d AZG; *Löschnigg*, Teilzeitarbeit – alte und neue Begriffsbildung im AZG, in *Wachter/Burger* [Hrsg], Aktuelle Entwicklungen im Arbeits- und Sozialrecht 2008 – Schwerpunkt: Arbeitszeitrecht [2008] 81). Gem Abschnitt 2 Pkt E Z 1 Handelsangestellten-KV liegt Mehrarbeit darüber hinaus auch dann vor, wenn die kollektivvertragliche Normalarbeitszeit von 38,5 Stunden pro Woche bis zum Ausmaß der gesetzlichen Normalarbeitszeit überschritten wird. Der **Handelsangestellten-KV** definiert damit – anders als das AZG – die **Mehrarbeit als Differenz zwischen kollektivvertraglicher und gesetzlicher Normalarbeitszeit**. Überstundenarbeit liegt gem § 6 AZG bzw gem Abschnitt 2 Pkt G Z 1 Handelsangestellten-KV hingegen erst dann vor, wenn entweder die Grenzen der zulässigen wöchentlichen Normalarbeitszeit überschritten werden oder die tägliche Normalarbeitszeit, die sich aufgrund der Verteilung der wöchentlichen Normalarbeitszeit ergibt, überschritten wird.

Der Handelsangestellten-KV ist bemüht, eine klare Abgrenzung zwischen **Mehrstunden** iSd Kollektivvertrages einerseits und **Überstunden** andererseits zu treffen, da Gesetz und Kollektivvertrag eine Reihe von Rechtsfolgen an die Überstundenarbeit knüpfen, die im Fall der Mehrarbeit nicht eintreten. So sieht etwa § 7 AZG ein **Höchstmaß an Überstunden** vor, das nicht überschritten werden darf, auf das Mehrstunden jedoch nicht anzurechnen sind. Insbesondere aber sind Überstunden, sowohl wenn sie ausbezahlt werden als auch wenn sie durch Zeitausgleich abgegolten werden, gem § 10 AZG bzw gem Abschnitt 2 Pkt G Z 2.3. Handelsangestellten-KV zwingend mit einem Zuschlag von 50 % zu versehen. Mehrarbeit ist hingegen, sofern nichts anderes vereinbart ist, mit dem Normalstundensatz zu vergüten (vgl Erl 6). Abschnitt 2 Pkt G Z 1.4. ordnet für den Anwendungsbereich des Handelsangestellten-KV ausdrücklich an, dass im Fall einer Teilzeitbeschäftigung Überstunden erst dann vorliegen, wenn das Ausmaß der für Vollzeitbeschäftigte festgesetzten täglichen oder wöchentlichen Normalarbeitszeit überschritten wird. Bis zum Erreichen dieser Grenzen gebührt keine **Überstundenvergütung**. Damit bleibt der Handelsangestellten-KV bei der Rechtslage, die sich durch das AZG ergibt und zu der sich der OGH in einer Reihe von Entscheidungen bekannt hat, indem er als Maßstab für die Überstundenarbeit Teilzeitbeschäftigter die Normalarbeitszeit von vergleichbaren vollzeitbeschäftigten Arbeitnehmern und Arbeitnehmerinnen des Betriebes herangezogen hat (OGH 31. Oktober 1967, 4 Ob 48/67, Arb 8469; OGH 3. Februar 1976, 4 Ob 84/75, DRdA 1976, 160 mit abl Bespr v *Wachter*; OGH 13. Jänner 1993, 9 ObA 275/92, ARD 4437/22/93; OGH 5. Mai 1999, 9 ObA 84/99i, Arb 11.868 = RdW 1999, 677; OGH 20. September 2000, 9 ObA 163/00m, ARD 5267/16/2001; vgl weiters die Kritik v *Wachter*, Die Überstundenentlohnung bei Teilzeitarbeitnehmern in Österreich, AuR 1980, 328; *Mengl*, Zur Diskriminierung von Teilzeitbeschäftigten in Kollektivverträgen, ecolex 2005, 143; *Mosing*, Einordnungsfragen von Mehr- und Überstundenarbeit, RdW 2013, 147).

Den Bezug auf die Vollbeschäftigten im Betrieb und auf die Unterscheidung zwischen Überschreitung der täglichen und wöchentlichen Normalarbeitszeit hat der OGH in der E v 25. November 2020, 9 Ob 31/20d (infas 2021,79 mit Bespr von *Tinhof* und ZAS 2022,166 mit abl Bespr v *Schrank*), besonders deutlich gemacht: Wird mit einer Angestellten eine tägliche Normalarbeitszeit von nur 8 Stunden an vier Tagen/Woche vereinbart, dann kommt es auf die grundsätzliche Zulässigkeit der Vereinbarung einer Normalarbeitszeit bis zu 10 Stunden iSd Handels-KV nicht an. Die neunte Stunde an einem Arbeitstag ist dann bereits eine Überstunde. Maßstab für die Überstundenarbeit Teilzeitbeschäftigter ist nach dem Handels-KV die Normalarbeitszeit von vergleichbaren Vollzeitbeschäftigten des Betriebs (s auch oben sowie Erl 11 zu Abschnitt 2 Pkt A).

In Bezug auf die 1,5 Mehrstunden, die sich aus der Differenz zwischen kollektivvertraglicher und gesetzlicher Normalarbeitszeit ergeben, stellt Abschnitt 2 Pkt E Z 1 Handelsangestellten-KV klar, dass auch hier keine Verpflichtung zur Bezahlung eines Überstundenzuschlages besteht.

Andere Kollektivverträge sehen teilweise in Bezug auf die Vergütung von Mehrarbeit im Vergleich zum AZG günstigere Regelungen vor (wie etwa ein Mehrarbeitszuschlag von 50 % gem § 10 Abs 8 SWÖ-KV 2021 bzw 33,3 % gem § 10 Abs 8 SWÖ-KV 2022 oder 50 % gem § 12 Abs 3 Forschungs-KV 2022). Der Handelsangestellten-KV trifft eine solche Regelung jedoch nicht.

Die kollektivvertragliche Regelung zur zuschlagsfreien Mehrarbeit bezieht sich nur auf die Mehrarbeit iSd Handelsangestellten-KV, dh auf die Differenz zwischen kollektivvertraglicher und gesetzlicher Normalarbeitszeit. Auf die Mehrarbeit iSd § 19d AZG, dh der Differenz zwischen vereinbarter und mehr erbrachter Arbeitszeit (s Erl 1), geht der Handelsangestellten-KV nicht näher ein. Er belässt es damit bei der gesetzlichen Regelung des § 19d AZG, wonach ein Zuschlag von 25 % gebührt, sofern die Mehrarbeitsstunden nicht innerhalb des Kalendervierteljahres oder eines anderen festgelegten Zeitraumes von drei Monaten, in dem sie angefallen sind, durch Zeitausgleich im Verhältnis 1:1 ausgeglichen werden, oder bei gleitender Arbeitszeit die vereinbarte Arbeitszeit innerhalb der Gleitzeitperiode im Durchschnitt nicht überschritten wird. § 6 Abs 1a AZG ist sinngemäß anzuwenden (vgl zur Durchrechnung der Arbeitszeit von Teilzeitbeschäftigten OGH 25. Juni 2013, 9 ObA 18/13g, DRdA 2014, 58 mit Bespr v *Eypeltauer* = ARD 6344/6/2013 = infas 2013, A 83).

Zu beachten ist aber, dass für 1,5 Stunden an Mehrarbeit iSd § 19d AZG für den Geltungsbereich des Handelsangestellten-KV der Zuschlag von 25 % von vornherein nicht zum Tragen kommt. Dies resultiert aus § 19d Abs 3c AZG, wonach sich die zuschlagsfreie Mehrarbeit eines Kollektivvertrages (iS von kollektivvertraglicher Arbeitszeitverkürzung) auch auf die Mehrarbeit von Teilzeitbeschäftigten niederschlägt.

> **Beispiel:** Ein Handelsangestellter mit einer wöchentlichen Normalarbeitszeit von 20 Stunden wird (bei fixer Arbeitszeitregelung) in einer Woche ausnahmsweise 30 Stunden eingesetzt. – Von den zehn Stunden an Mehrarbeit sind jedenfalls 1,5 Stunden zuschlagsfrei. Die restlichen 8,5 Stunden wären mit einem Zuschlag von 25 % abzugelten, wenn es nicht zu einem Ausgleich im Kalendervierteljahr oder einem anderen 3-Monats-Zeitraum kommt.

[2]) Kommt es zu einer anderen Verteilung der Normalarbeitszeit (vgl Abschnitt 2 Pkt A Z 2) und zu einer Ansammlung von Mehrarbeitsstunden in den einzelnen Wochen, dann können diese Mehrarbeitsstunden in einer Woche nur bis zur **Höchstgrenze** von 44 Stunden abgebaut werden, dh 5,5 angesammelte Stunden pro Woche. Nicht zur Anwendung kommt diese Grenze für Arbeitstage zwischen Feiertagen (zB für einen Freitag nach Christi Himmelfahrt mit einer Arbeitszeit von 8 Stunden).

[3]) Vgl Erl 6 zu Abschnitt 2 Pkt G.

[4]) Abschnitt 2 Pkt E Z 2 dient lediglich der Klarstellung, da Abschnitt 2 Pkt G nur die Vergütung von Überstunden zum Gegenstand hat. Mit einem Zuschlag von mehr als 50 % sind Überstunden in der Nacht, während der erweiterten Öffnungszeiten, an den Weihnachtssamstagen und für Inventurarbeiten an Samstagnachmittagen zu vergüten.

[5]) Auch bei **Teilzeitarbeit** hängt die Beurteilung, ob Überstunden vorliegen, vom im Betrieb geltenden Arbeitszeitmodell ab. So kann zB ein Teilzeitarbeitnehmer bzw eine Teilzeitarbeitnehmerin, der/die üblicherweise nur fünf Stunden am Tag beschäftigt ist, die tägliche Arbeitszeit bis zu

zehn Stunden (vgl Erl 9 zu Abschnitt 2 Pkt A) ausdehnen, ohne dass Überstundenarbeit gegeben ist, wenn er/sie in ein Gleitzeitsystem eingebunden ist.

Gem § 7 Abs 1 AZG darf bei Vorliegen eines **erhöhten Arbeitsbedarfes** die durchschnittliche Wochenarbeitszeit innerhalb eines Durchschnittszeitraumes von 17 Wochen 48 Stunden nicht überschreiten. Wöchentlich sind jedoch nicht mehr als zwanzig Überstunden zulässig. Außerdem darf die Tagesarbeitszeit zwölf Stunden nicht überschreiten.

[6]) Für die Berechnung der Vergütung für Mehrarbeit ist das Bruttomonatsgehalt durch die vereinbarte wöchentliche Normalarbeitszeit sowie durch 4,33 zu teilen. Die Ausgestaltung im Gehaltssystem ALT war insofern anders, als das Bruttomonatsgehalt durch 167 zu teilen war (vgl *Löschnigg/Sarny/Löschnigg*, Handels-KV 2021[8] [2021], 333). Die Beträge ändern sich damit zugunsten der Arbeitnehmer und Arbeitnehmerinnen.

Beispiel: Ein teilzeitbeschäftigter Arbeitnehmer arbeitet 20 Stunden pro Woche und erhält dafür ein Bruttomonatsentgelt von € 1.400,–. Dies entspricht einem Entgelt von € 2.695,– für 38,5 Stunden/Woche. Die unterschiedliche Berechnung für die Basis der Mehrarbeitsvergütung würde zu folgenden Ergebnissen führen:

Gehaltssystem NEU: € 2.695,– : 38,5 : 4,33 = € 16,17
Gehaltssystem ALT: € 2.695,– : 167 = € 16,14

F. Normalarbeitszeit und Mehrarbeit während der erweiterten Öffnungszeiten

1. Allgemeines

1.1. Der Anspruch auf Zeitgutschrift bzw Bezahlung im Sinne dieses Punktes steht für Arbeitsleistungen im Rahmen der Regelung der Öffnungszeiten gemäß ÖZG[1]) zur Beratung und Betreuung der Kunden, im Warenverkauf und für Tätigkeiten, die mit diesen in unmittelbarem Zusammenhang stehen oder ohne die diese nicht durchführbar wären, sowie für sonstige Arbeitsleistungen, die von der Arbeitgeberin im Zusammenhang mit der Inanspruchnahme der erweiterten Öffnungszeiten verlangt werden, dann und insoweit zu, als diese im Rahmen von Öffnungszeiten erbracht werden, die die vor dem 1. September 1988 geltenden Offenhaltemöglichkeiten überschreiten[2]).

1.2. Für Normalarbeitsstunden (innerhalb der geltenden wöchentlichen Normalarbeitszeit) und für Mehrarbeitsstunden (im Ausmaß von 1,5 Stunden pro Woche gemäß Punkt E. dieses Abschnittes), die an Werktagen von Montag bis Freitag zwischen 18.30 Uhr und 21.00 Uhr zuzüglich der mit der erweiterten Öffnungszeit bis 21.00 Uhr zusammenhängenden Arbeiten, insbesondere Abschlussarbeiten, und am Samstag zwischen 13.00 Uhr und 18.00 Uhr geleistet werden, wird eine Zeitgutschrift gewährt, die grundsätzlich in Freizeit zu verbrauchen ist[3]).

1.3. Die Möglichkeit der Abgeltung nach den folgenden Absätzen 4 und 5 setzt eine Betriebsvereinbarung oder – in Betrieben, in denen kein Betriebsrat errichtet ist – eine schriftliche Einzelvereinbarung voraus. Die Betriebsvereinbarung kann auch die Einzelvereinbarung zur Festlegung der Form der Abgeltung ermächtigen[4]).

1.4. Erfolgt der Ausgleich der Zeitgutschrift in Form eines ganzen arbeitsfreien Tages derart, dass eine ununterbrochene Freizeit gewährleistet ist, die die wöchentliche Ruhezeit oder eine Feiertagsruhe einschließt, so beträgt diese Zeitgutschrift für Arbeitsleistungen von Montag bis Freitag von 18.30 Uhr bis 20.00 Uhr und am Samstag zwischen 13.00 Uhr und 18.00 Uhr 30 % = 18 Minuten je tatsächlich geleisteter Normalarbeitsstunde bzw Mehrarbeitsstunde[4]).

1.5. Erfolgt der Ausgleich der Zeitgutschrift in Form eines ganzen arbeitsfreien Tages, so beträgt diese Zeitgutschrift für Arbeitsleistungen von Montag bis Freitag zwischen 18.30 Uhr und 20.00 Uhr und am Samstag zwischen 13.00 Uhr und 18.00 Uhr 50 % = 30 Minuten je tatsächlich geleisteter Normalarbeitsstunde bzw Mehrarbeitsstunde. Diese Zeitgutschrift kann auch in Zusammenhang mit vereinbartem Zeitausgleich für geleistete Mehr- und Überstunden konsumiert werden[4]).

1.6. Können vereinbarte Zeitgutschriften gemäß 1.4. und 1.5. wegen Beendigung des Arbeitsverhältnisses nicht mehr verbraucht werden, sind diese in der Höhe der jeweiligen Zeitgutschriften zu bezahlen. Zur Berechnung ist das Bruttomonatsgehalt durch die in diesem Kollektivvertrag festgelegte Normalarbeitszeit sowie durch 4,33 zu teilen[5]).

1.7. Bei jeder anderen Form des Ausgleiches durch Zeitgutschrift beträgt dieselbe

1.7.1. von Montag – Freitag zw 18.30 Uhr und 20.00 Uhr 70 % = 42 Minuten

1.7.2. von Montag bis Freitag ab 20.00 Uhr 100 % = 60 Minuten

1.7.3. am Samstag zwischen 13.00 Uhr und 18.00 Uhr 50 % = 30 Minuten

der in diesen Zeiträumen tatsächlich geleisteten Normalarbeitsstunden bzw Mehrarbeitsstunden[6]).

1.8. Wird die Abgeltung der Zeitgutschriften gemäß 1.7. durch Bezahlung vereinbart, erfolgt diese in der Höhe der jeweiligen Zuschläge bzw Zeitgutschriften. Zur Berechnung der Vergütung ist das Bruttomonatsgehalt durch die in diesem Kollektivvertrag festgelegte Normalarbeitszeit sowie durch 4,33 zu teilen[7]).

1.9. Verursacht die Arbeitgeberin, dass entgegen einer Vereinbarung der Ausgleich der Zeitgutschriften gemäß 1.4. und 1.5. nicht erfolgt, gebührt bei Beendigung des Arbeitsverhältnisses die Bezahlung gemäß 1.7. und 1.8.[5]).

1.10. Die Beschäftigung von Arbeitnehmerinnen gemäß 1. ist nur dann und insoweit zulässig, als berücksichtigungswürdige Interessen der Arbeitnehmerin – wie beispielsweise die Versorgung von Kindern und Eltern, unzumutbare Heimfahrtsmöglichkeiten,

die Teilnahme an Schul- und Weiterbildungsveranstaltungen – dieser Arbeitsleistung nicht entgegenstehen.

1.11. Diese Bestimmungen gelten nicht für Angestellte, mit denen eine Arbeitsleistung ausschließlich an Samstagen vereinbart ist. Wird mit diesen Angestellten eine befristete Vereinbarung über die Erhöhung oder Änderung der Lage der Arbeitszeit, die neben dem Samstag auch Arbeitsleistung an anderen Tagen zulässt, abgeschlossen, gelten die Zuschlagsregelungen gemäß F. für den festgelegten Zeitraum, jedenfalls immer für den gesamten Kalendermonat. Die Dauer der befristeten Vereinbarung darf zwei Kalendermonate im Jahr nicht überschreiten[8]).

2. Besondere Verkaufsveranstaltungen[9])

2.1. Folgende Bestimmungen gelten für Arbeitsleistungen im Sinne 1., die außerhalb der allgemeinen Öffnungszeiten gemäß ÖZG 2003 idF 2007 stattfinden und aufgrund einer Verordnung gemäß § 4a Abs (1) Z 3 und 4 ÖZG zugelassen sind[10]).

2.2. Arbeitgeberinnen, die ihre Verkaufsstelle im Rahmen einer solchen Verkaufsveranstaltung nach 21.00 Uhr offen halten und Arbeitsleistungen im Sinne von 1. in Anspruch nehmen wollen, haben dies der Arbeitnehmerin bis spätestens zwei Wochen vor der Veranstaltung mitzuteilen. Die Arbeitnehmerin, der eine solche Mitteilung zeitgerecht zugegangen ist, hat das Recht, binnen einer Woche nach Zugang dieser Mitteilung die Arbeitsleistung abzulehnen. Keine Arbeitnehmerin darf wegen der Ablehnung der Arbeitsleistung benachteiligt werden[11]).

2.3. Für solche Arbeitsleistungen nach 21.00 Uhr gebührt die Zeitgutschrift von 100 % bis zum Ende der Verkaufsveranstaltung zuzüglich der damit zusammenhängenden Arbeiten, insbesondere Abschlussarbeiten. Die Vergütung in Geld kann vereinbart werden.

2.4. Ansprüche gemäß 1. bzw 2.3. gelten nicht für Arbeitnehmerinnen, die ausschließlich für Arbeitsleistungen im Rahmen der besonderen Verkaufsveranstaltung aufgenommen werden.

2.5. Nach einem Einsatz nach 21.00 Uhr ist der Arbeitnehmerin eine Ruhezeit von mindestens 11 Stunden zu gewähren. Wenn betrieblich nicht anders organisierbar, ist insbesondere in Kleinst-

betrieben eine Verkürzung auf bis zu 8 Stunden nach A. 8. dieses Abschnittes zulässig.

2.6. Arbeitnehmerinnen mit längerer Heimreise und ohne individuelle Heimfahrtmöglichkeit (KFZ, öffentliche Verkehrsmittel) sind tunlichst nicht gemäß 2.1. zu beschäftigen, oder es sind von der Arbeitgeberin Fahrgemeinschaften für diese zu organisieren. Der Ersatz der Mehrkosten durch die Arbeitgeberin kann vereinbart werden

2.7. Mit Betriebsvereinbarung kann vereinbart werden, dass die Arbeitgeberin die Kosten für Kinderbetreuung, die durch die Arbeitsleistung der Arbeitnehmerin gemäß 2.1. entstehen, dieser ersetzt.

[1]) Die Öffnungszeiten der Verkaufsstellen des Handels sind durch das **ÖffnungszeitenG 2003**, BGBl I 48/2003, gewissen Beschränkungen unterworfen (allg vgl *Zabukovec*, Neuerungen im ÖZG: Besondere Offenhaltezeiten, ÖZW 2008, 22; *Schneller*, Öffnungszeitengesetz 2003 – Auf dem Weg zum Konkurrenzföderalismus, DRdA 2003, 594; *Spenger/Lutz*, Das neue Öffnungszeitengesetz 2003, infas 2003, 172). Gem § 4 Abs 1 ÖffnungszeitenG dürfen Verkaufsstellen grundsätzlich von **Montag bis Freitag von 6.00 Uhr bis 21.00 Uhr und an Samstagen von 6.00 Uhr bis 18.00 Uhr** offengehalten werden. An Samstagen nach 18.00 Uhr, an Sonntagen, den gesetzlichen Feiertagen sowie an Montagen bis 6.00 Uhr haben sie gem § 3 ÖffnungszeitenG geschlossen zu bleiben. Dabei darf eine **Gesamtoffenhaltezeit** von **72 Stunden pro Woche** nicht überschritten werden. Der **Landeshauptmann bzw die Landeshauptfrau** kann im Rahmen dieser Vorgaben nach Anhörung der zuständigen gesetzlichen Interessenvertretungen, unter Berücksichtigung der Einkaufsbedürfnisse der Bevölkerung und der Touristen bzw Touristinnen sowie besonderer regionaler und örtlicher Gegebenheiten abweichende **Offenhaltezeiten durch Verordnung festlegen**. Macht er/sie von dieser Ermächtigung keinen Gebrauch, darf von Montag bis Freitag von 6.00 Uhr bis 21.00 Uhr und an Samstagen von 6.00 Uhr bis 18.00 Uhr offengehalten werden. Für Verkaufsstellen von Bäckereibetrieben, für Naturblumen, Süßwaren, Obst und Gemüse ist auch eine über 72 Stunden hinausgehende Gesamtoffenhaltezeit möglich.

Gem § 5 Abs 1 ÖffnungszeitenG dürfen Verkausstellen an **Samstagen nach 18 Uhr, an Sonntagen, an Feiertagen und an Montagen bis 6 Uhr** nur für Verkaufstätigkeiten offen gehalten werden, für die durch **Verord-**

nung seitens des **Landeshauptmanns bzw der Landeshauptfrau** bestimmte **Offenhaltezeiten festgelegt** wurden.

In der **Steiermark** wurden die allgemeinen Öffnungszeiten durch die Verordnung LGBl 65/2003 von Montag bis Freitag auf 6.00 Uhr bis 19.30 Uhr und an Samstagen auf 6.00 Uhr bis 17.00 Uhr festgelegt. Diese Verordnung ist mit LBGl 101/2007 außer Kraft getreten. Durch die neue Steiermärkische Öffnungszeitenverordnung 2008 werden keine allgemeinen Regelungen mehr getroffen. Die Verordnung enthält aber Sonderregelungen bspw für den Verkauf bestimmter Waren (Backwaren, Süßwaren, Naturblumen) oder für Verkaufsstellen im Gelände von Camping- und Badeplätzen.

Ebenso fixierte die **oberösterreichische Verordnung** LGBl 93/2003 eine allgemeine Offenhaltezeit von Montag bis Freitag von 6.00 Uhr bis 19.30 und an Samstagen von 6.00 Uhr bis 17.00 Uhr. Die oberösterreichische Verordnung wurde durch die Verordnung betreffend längere Offenhaltezeiten an Samstagen, LGBl 118/2007, ebenfalls außer Kraft gesetzt. Nunmehr enthält die Verordnung Sonderregelungen für den Verkauf an Samstagen nach 18.00 Uhr.

Für **Salzburg** legt die Verordnung LGBl 109/2007 die allgemeine Offenhaltezeit von Montag bis Freitag auf 6.00 Uhr bis 21.00 Uhr sowie an Samstagen von 6.00 Uhr bis 18.00 Uhr fest. Die Gesamtoffenhaltezeit beträgt 72 Stunden. Davon bestehen tourismusorientierte regionale Ausnahmen sowie Sonderregelungen für den Verkauf bestimmter Waren und für bestimmte Verkaufsstellen.

In **Tirol** wurde die allgemeine Offenhaltezeit durch die Verordnung LBGl 71/2003 von Montag bis Freitag auf 6.00 Uhr bis 19.30 Uhr sowie an Samstagen von 6.00 Uhr bis 17.00 Uhr festgesetzt. Diese Verordnung trat mit LGBl 97/2007, welche unterschiedliche Öffnungszeiten für unterschiedliche Verkaufsstellen normiert, außer Kraft. Die Verordnung regelt bspw, dass Verkaufsstellen für Lebensmittel und Campingartikel innerhalb eines Campingplatzes an Samstagen bis 21.00 Uhr offen gehalten werden dürfen. Darüber hinaus legt die Verordnung unterschiedliche Öffnungszeiten von Verkaufsstellen an Sonntagen und Feiertagen fest, je nachdem, ob eine Beschäftigung von Arbeitnehmern bzw Arbeitnehmerinnen erfolgt oder nicht.

Für **Kärnten** normierte die Verordnung LGBl 46/2003 idF LGBl 76/2005 eine allgemeine Offenhaltezeit von Montag bis Freitag von 6.00 Uhr bis 19.30 Uhr sowie an Samstagen von 6.00 Uhr bis 17.00 Uhr. Taxativ aufgezählte Ausnahmen bestanden für bestimmte Ortschaften, für den Verkauf bestimmter Waren sowie für bestimmte Verkaufsstellen. An den letzten vier Samstagen vor dem 24. Dezember durften die Verkaufsstellen bis 18.00 Uhr offen gehalten werden. Die Kärntner Verordnung wurde durch die Kärntner Öffnungszeiten-Verordnung 2010, LGBl 29/2010, ebenfalls außer Kraft gesetzt. Die Verordnung enthält nunmehr ua Sonderregelungen für die Ortschaften Pörtschach am Wörther See sowie Velden am Wörther See, in denen der Verkauf von Waren des täglichen Bedarfs an Sonntagen und Feiertagen vom 1. Mai eines Jahres bis einschließlich dem 2. Sonntag im September in der Zeit bis 22.00 Uhr zulässig ist. In Pörtschach am Wörther See ist der Verkauf von Waren des täglichen Bedarfs an Sonntagen und Feiertagen auch vom 1. Oktober bis zum 30. April in der Zeit von 9.00 Uhr bis 18.00 Uhr zulässig.

In **Vorarlberg** ist die allgemeine Offenhaltezeit durch die Verordnung LGBl 34/2003 idF LGBl 50/2005 ebenfalls von Montag bis Freitag auf 6.00 Uhr bis 19.30 Uhr sowie an Samstagen von 6.00 Uhr bis 17.00 Uhr fixiert. Zusätzlich dürfen die Verkaufsstellen einmal pro Kalenderwoche an einem Werktag ihrer Wahl, ausgenommen Samstag, bis 21.00 Uhr geöffnet bleiben. Verkaufsstellen in Gebieten, die in einem Flächenwidmungsplan als Kernland gewidmet sind, dürfen auf eine Gesamtoffenhaltezeit von 72 Stunden kommen. Darüber hinaus bestehen regionale Sonderregelungen sowie Sonderregelungen für bestimmte Verkaufsstellen. An den letzten vier Samstagen vor Weihnachten dürfen sämtliche Verkaufsstellen bis 18.00 Uhr geöffnet bleiben. Weitere Regelungen trifft die Verordnung über Öffnungszeiten an Sonn- und Feiertagen, LGBl 58/2022.

Für das **Burgenland** fixiert die Verordnung LGBl 18/2004 idF LGBl 43/2004 die allgemeine Offenhaltezeit von Montag bis Freitag von 6.00 Uhr bis 19.30 Uhr sowie an Samstagen von 6.00 Uhr bis 18.00 Uhr. Darüber hinaus dürfen die Verkaufsstellen an einem Werktag pro Kalenderwoche, ausgenommen Samstag, von 6.00 Uhr bis 21.00 offen halten. Sonderregelungen bestehen für bestimmte Regionen, bestimmte Verkaufsstellen sowie für Familienbetriebe. An den Adventsamstagen darf bis 18.00 Uhr offen gehalten werden.

In **Wien** legte die Verordnung LGBl 35/2003 idF LGBl 50/2003 eine allgemeine Offenhaltezeit von Montag bis Freitag von 6.00 Uhr bis 19.30 Uhr sowie an Samstagen von 6.00 Uhr bis 18.00 Uhr fest. Zusätzlich durften die Verkaufsstellen an zwei Tagen pro Kalenderwoche, ausgenommen Samstag, von 6.00 Uhr bis 21.00 Uhr geöffnet bleiben. Die wöchentliche Gesamtoffenhaltezeit durfte dabei 66 Stunden nicht überschreiten, wobei an den letzten vier Samstagen vor Weihnachten die Zeit zwischen 17.00 Uhr und 18.00 Uhr nicht in die Gesamtoffenhaltezeit von 66 Studen eingerechnet wurde. Sonderregelungen bestanden für bestimmte Verkaufsstellen. Durch die Öffnungszeitenverordnung 2008, LGBl 41/2007, wurden die bestehenden Regelungen ebenfalls außer Kraft gesetzt. Nunmehr enthält die Öffnungszeitenverordnung 2008 Sonderregelungen für Verkaufsstellen für Süßwaren, für Naturblumen und in Krankenanstalten. Des Weiteren werden Sonderregelungen für Verkaufsstellen im Prater normiert. So dürfen etwa die in der Verordnung genannten Verkaufsstellen im Prater an Sonntagen und Feiertagen von 9.00 Uhr bis 22.00 Uhr offen gehalten werden.

Für das Bundesland **Niederösterreich** normiert die Verordnung LGBl 7010/1 idF LGBl 100/2020 die § 4 Abs 3 ÖffnungszeitenG entsprechende allgemeine Öffnungszeit von Montag bis Freitag von 5.00 Uhr bis 21.00 Uhr sowie an Samstagen von 5.00 Uhr bis 18.00 Uhr. Dabei darf eine Gesamtoffenhaltezeit von 72 (für Verkaufsstellen von Süßwaren 75) Stunden pro Kalenderwoche nicht überschritten werden. Für bestimmte Verkaufsstellen trifft die Verordnung zahlreiche Sonderregelungen.

Als „**erweiterte Öffnungszeiten**" bezeichnet der Handelsangestellten-KV jene Offenhaltemöglichkeiten, die vor dem **1. September 1988** nicht bestanden (vgl Neuerungen im Ladenöffnungsrecht Bundesgesetz vom 6. Juli 1988, BGBl Nr 421/88, infas 1988 H 5, 3). Bis zum In-Kraft-Treten der Novelle BGBl 421/1988 zum damals in Geltung stehenden LadenschlussG hatten die Verkaufsstellen an Werktagen grundsätzlich von 18.00 Uhr bis 7.30 Uhr und im Lebensmittelhandel von 18.30 Uhr bis 6.30 Uhr geschlossen zu halten. An Donnerstagen waren die Verkaufsstellen grundsätzlich ab 13.00 Uhr zu schließen, wobei dieser Sperrhalbtag durch Verordnung des Landeshauptmannes bzw der Landeshauptfrau auf Mittwoch oder Samstag verlegt werden konnte. In der Praxis wurde der Sperrhalbtag auf diese Art auf den Samstagnachmittag verlegt. Lediglich in Vorarlberg bestand die Möglichkeit, einmal im Monat auch am Samstagnachmittag zu öffnen. Diese Sperrhalbtagsregelung wurde vom VfGH mit Wirkung vom 1. Dezember 1988 für verfassungswidrig erklärt und aufgehoben (VfGH 1. Dezember 1987, G 132, 133/87, G 181/87, G 183/87, DRdA 1988, 150). In Reaktion auf das Sperrhalbtagserkenntnis des VfGH wurde – auf 15 Monate befristet – die **Novelle BGBl 421/1988 zum LadenschlussG** erlassen. Danach waren die Verkaufsstellen werktags wiederum grundsätzlich von 18.00 Uhr bis 7.30 Uhr geschlossen zu halten, im Lebensmittelhandel von 18.30 Uhr bis 6.30 Uhr. Der Sperrhalbtag wurde generell auf den Samstagnachmittag verlegt. Ein Offenhalten an Samstagen nach 13.00 Uhr war nur noch in Ausnahmefällen möglich (zB aufgrund einer Verordnung des/der LH für Fremdenverkehrsgebiete, an Adventsamstagen). Darüber hinaus wurde den Verkaufsstellen ein Wahlrecht eingeräumt, entweder einmal in der Woche, ausgenommen Samstag, bis längstens 20.00 Uhr oder einmal im Monat am Samstag bis längstens 17.00 Uhr offen zu halten. Durch BGBl 633a/1989 wurde der Ladenschluss an Werktagen generell auf 18.30 Uhr gelegt.

Erweiterte Öffnungszeiten iSd Abschnittes 2 Pkt F Handelsangestellten-KV liegen daher vor, wenn eine Verkaufsstelle von Montag bis Freitag nach 18.30 Uhr bis 21.00 Uhr oder an Samstagen nach 13.00 Uhr bis 18.00 Uhr geöffnet hat.

[2]) Voraussetzung für einen Anspruch gem Abschnitt 2 Pkt F Handelsangestellten-KV ist das Vorliegen einer der in Z 1.1. genannten **Tätigkeiten**. Demnach gebührt eine Zeitgutschrift bzw Abgeltung nur für Arbeitsleistungen, welche im Rahmen der Regelung der Öffnungszeiten gemäß Öffnungszeitengesetz zur Beratung und Betreuung von Kunden und Kundinnen, im Warenverkauf und für Tätigkeiten, die mit diesen in unmittelbarem Zusammenhang stehen oder ohne die diese nicht durchführbar wären, sowie für sonstige Arbeitsleistungen, die vom Arbeitgeber bzw der Arbeitgeberin im Zusammenhang mit der Inanspruchnahme der erweiterten Öffnungszeiten verlangt werden.

[3]) Unter **Normalarbeitsstunden** sind im Fall einer Vollzeitbeschäftigung jene 38,5 Stunden pro Woche zu verstehen, die mit dem vereinbarten Monatsgehalt eines/einer Angestellten abgegolten werden (vgl Erl 3 zu Abschnitt 2 Pkt A Z 1). Ihre Verteilung auf die einzelnen Tage der Kalenderwoche sowie Beginn und Ende der täglichen Normalarbeitszeit sind im Rahmen der in Abschnitt 2 Pkt A Z 2 Handelsangestellten-KV vorgesehenen Modelle zu vereinbaren. Nach Maßgabe dieser Vereinbarung ist festzustellen, ob Arbeit während der Normalarbeitszeit, Mehrarbeit oder ob Überstundenarbeit vorliegt. Im Fall einer Teilzeitbeschäftigung ist die Verteilung der vereinbarten geringeren Wochenarbeitszeit heranzuziehen. Unter **Mehrarbeitsstunden** versteht man einerseits jene Stunden, die ein Teilzeitbeschäftigter bzw eine Teilzeitbeschäftigte über das vereinbarte Beschäftigungsausmaß hinaus tätig wird und andererseits die Differenz von 1,5 Stunden zwischen der kollektivvertraglichen und der gesetzlichen Normalarbeitszeit eines/einer Vollzeitbeschäftigten (vgl Erl 1 zu Abschnitt 2 Pkt E).

Die Arbeit während der Normalarbeitszeit sowie Mehrarbeit werden grundsätzlich mit dem Normalstundensatz vergütet. Für Normal- und Mehrarbeitsstunden, die während der sog **erweiterten Öffnungszeiten** erbracht werden, gewährt Abschnitt 2 Pkt F Handelsangestellten-KV darüber hinaus einen Anspruch auf **Zeitausgleich**. Das Zeitguthaben gebührt je nachdem, wann die auszugleichende Arbeitsleistung erbracht wurde und in welcher Form Ausgleich gewährt wird, in unterschiedlicher

Höhe (s Erl 4) und ist grundsätzlich in Freizeit zu verbrauchen. Eine Abgeltung durch Bezahlung bedarf einer gesonderten Vereinbarung.

[4]) Das **Ausmaß** des für Normal- und Mehrarbeit während der erweiterten Öffnungszeiten gebührenden Zeitausgleiches hängt zum einen von der zeitlichen Lage der auszugleichenden Arbeitsstunden und zum anderen von der Art seiner Gewährung ab. Wird der **Zeitausgleich in ganzen arbeitsfreien Tagen** gewährt, erwirbt der/die Angestellte gem Abschnitt 2 Pkt F Z 1.4. Handelsangestellten-KV pro geleisteter Normalarbeits- bzw Mehrstunde ein geringeres Zeitguthaben als wenn nur stundenweise Zeitausgleich gewährt wird. Dieser Satz verringert sich gem Abschnitt 2 Pkt F Z 1.5. Handelsangestellten-KV nochmals, wenn der in ganzen Tagen gewährte Zeitausgleich mit einer **Wochenend- oder Feiertagsruhe** zusammenhängt. Zweck dieser Regelung ist es, einen Anreiz für die Gewährung längerer zusammenhängender Ruhezeiten zu bieten, die bekanntermaßen einen größeren Erholungswert für die Arbeitnehmer bzw Arbeitnehmerinnen besitzen.

Voraussetzung für eine Abgeltung nach den geringeren Zeitausgleichssätzen der Z 1.4. und 1.5. ist gem Abschnitt 2 Pkt F Z 1.3. Handelsangestellten-KV allerdings das Bestehen einer **Betriebsvereinbarung**, die dies entweder selbst vorsieht oder welche die Arbeitsvertragsparteien zur Festlegung der Form der Abgeltung ermächtigt. In Betrieben, in denen kein Betriebsrat errichtet ist, kann die Abgeltung nach den Sätzen der Z 1.4. und 1.5. durch **schriftliche Einzelvereinbarung** vorgesehen werden. Um Erwerb und Ausgleich von Zeitguthaben abrechnen zu können, muss die Vereinbarung die Anwendung entweder der Z 1.4. oder der Z 1.5. vorsehen. Wird auf Wunsch des Arbeitnehmers bzw der Arbeitnehmerin ausnahmsweise ein Zeitausgleich von nur ein paar Stunden gewährt oder hängt der gewährte Zeitausgleich – entgegen der Vereinbarung – nicht mit einer Wochenend- oder Feiertagsruhe zusammen, ändert dies nichts am Erwerb des Zeitguthabens nach den Sätzen der Z 1.4. oder der 1.5.

Ist eine Abgeltung nach Abschnitt 2 Pkt F Z 1.4. oder Z 1.5. Handelsangestellten-KV durch Betriebsvereinbarung bzw Einzelvereinbarung vorgesehen, gebührt für während der erweiterten Öffnungszeiten erbrachte Normal- und Mehrarbeit Zeitausgleich nach folgenden Sätzen:

	Gewährung des Zeitausgleichs		
		in ganzen Tagen	**in ganzen Tagen iVm Wochenend- oder Feiertagsruhe**
Lage der erbrachten Normal- und Mehrstunden	**Mo bis Fr, zwischen 18.30 Uhr und 20.00 Uhr**	50 % (30 Min/erbrachter Arbeitsstunde)	30 % (18 Min/erbrachter Arbeitsstunde)
	Mo bis Fr, nach 20.00 Uhr	100 % (60 Min/erbrachter Arbeitsstunde)	100 % (60 Min/erbrachter Arbeitsstunde)
	Sa, zwischen 13.00 Uhr und 18.00 Uhr	50 % (30 Min/erbrachter Arbeitsstunde)	30 % (18 Min/erbrachter Arbeitsstunde)

Fraglich ist, ob **Trafikangestellte** in den Genuss der **Zuschlagsregelung** während der erweiterten Öffnungszeiten iSd Abschnittes 2 Pkt F des Handelsangestellten-KV kommen. Ein Anspruch auf Zeitgutschrift bzw Bezahlung iSd Abschnittes 2 Pkt F steht nach Z 1.1. nur für Arbeitsleistungen zu, welche im Rahmen der Regelung der Öffnungszeiten gemäß Öffnungszeitengesetz

- zur Beratung und Betreuung von Kunden und Kundinnen,
- im Warenverkauf und für Tätigkeiten, die mit diesen in unmittelbarem Zusammenhang stehen oder ohne die diese nicht durchführbar wären, sowie
- für sonstige Arbeitsleistungen, die vom Arbeitgeber bzw von der Arbeitgeberin im Zusammenhang mit der Inanspruchnahme der erweiterten Öffnungszeiten verlangt werden, sofern diese Arbeiten im Rahmen der erweiterten Öffnungszeiten liegen (vgl dazu Erl 1).

Trafikangestellte fallen nicht unter das ÖffnungszeitenG 2003, da dieses nur für Unternehmen gilt, welche der Gewerbeordnung unterliegen (§ 1 ÖffnungszeitenG 2003). Tabakerzeugnisse sind aber dem Bund als Monopolgegenstände zugeordnet (§ 1 Abs 1 Tabakmonopolgesetz 1996 – TabMG 1996) und daher gem § 2 Abs 1 Z 24 GewO 1994 vom Geltungsbereich der GewO 1994 ausgenommen.

Allerdings liefert der Handelsangestellten-KV in einigen Bestimmungen selbst Anhaltspunkte dafür, dass auch Trafikangestellte unter Abschnitt 2 Pkt F fallen und somit in den Genuss der Zuschlagsregelung kommen (aA *Maska/Steinlechner*, Kollektivvertrag für Angestellte und Lehrlinge in Handelsbetrieben[2] [2020] 160).

Zum einen ist in Abschnitt 2 Pkt F Z 1.1. lediglich von Öffnungszeiten gemäß Öffnungszeitengesetz die Rede, wogegen unter Pkt F Z 2.1. konkret auf das Öffnungszeitengesetz 2003 idF 2007 und unter Pkt C Z 2.1.3. auf das Öffnungszeitengesetz 1991 idF 2003 hingewiesen wird. Daraus ist zu erschließen, dass sich die Kollektivvertragsparteien mit der Bestimmung des Abschnittes 2 Pkt F Z 1.1. lediglich an die erweiterten Öffnungszeiten des ÖffnungszeitenG anlehnen und nicht die Geltung des ÖffnungszeitenG 2003 selbst zur Voraussetzung machen wollten.

Zum anderen knüpft auch Abschnitt 2 Pkt H über Inventurarbeiten hinsichtlich der Vergütung von Inventurarbeiten an Abschnitt 2 Pkt F Z 1 an, sodass es für Trafikangestellte – wollte man sie von den Bestimmungen des Abschnittes 2 Pkt F ausschließen – keine Regelung hinsichtlich der Verrichtung von Inventurarbeiten geben würde, da auch der einschlägige Zusatzkollektivvertrag keine Sonderbestimmungen diesbezüglich für Angestellte in Tabaktrafiken normiert.

[5]) Besteht eine Betriebsvereinbarung bzw eine Einzelvereinbarung gem Abschnitt 2 Pkt F Z 1.3. Handelsangestellten-KV, dann richtet sich der Erwerb der Zeitgutschriften für Arbeiten während der erweiterten Öffnungszeiten nach den geringeren Sätzen der Z 1.4. und 1.5. (s Erl 4). Kann ein solches Zeitguthaben wegen **Beendigung des Arbeitsverhältnisses** nicht mehr verbraucht werden, dann ist es grundsätzlich unter Heranziehung des Normalstundensatzes auszubezahlen. Dies gilt jedoch gem Abschnitt 2 F Z 1.9. Handelsangestellten-KV dann nicht, wenn die Nicht-Gewährung des Zeitausgleiches vom Arbeitgeber bzw der Arbeitgeberin verursacht wurde. In diesen Fällen richtet sich das Ausmaß des auszubezahlenden Zeitguthabens nach den Sätzen der Z 1.7. (s Erl 6). Ein Arbeitgeber bzw eine Arbeitgeberin, der/die seine/ihre Arbeitnehmer bzw Arbeitnehmerinnen um den ihnen gebührenden Zeitausgleich bringt, soll seinerseits/ihrerseits auch nicht den Vorteil haben, ein nach den Sätzen der Z 1.4. und 1.5. berechnetes und damit geringeres Zeitguthaben ausbezahlen zu müssen.

[6]) Wird das während der erweiterten Öffnungszeiten erworbene Zeitguthaben hingegen **nicht in ganzen Tagen**, sondern **in einzelnen Stunden verbraucht** oder besteht **keine Betriebsvereinbarung** bzw **keine Einzelvereinbarung** gem Z 1.3., richtet sich der Erwerb des Zeitguthabens nach Abschnitt 2 Pkt F Z 1.7. Handelsangestellten-KV:

Lage der erbrachten Normal- und Mehrstunden	Zeitgutschrift
Mo bis Fr, zwischen 18.30 Uhr und 20.00 Uhr	**70 % (42 Minuten/erbrachter Arbeitsstunde)**
Mo bis Fr, nach 20.00 Uhr	**100 % (60 Minuten/erbrachter Arbeitsstunde)**
Sa, zwischen 13.00 Uhr und 18.00 Uhr	**50 % (30 Minuten/erbrachter Arbeitsstunde)**

[7]) Abschnitt 2 Pkt F Handelsangestellten-KV gewährt für Normal- und Mehrstunden während der erweiterten Öffnungszeiten ein Zeitguthaben, das gem Abschnitt 2 Pkt F Z 1.2. grundsätzlich in Freizeit zu verbrauchen ist. Eine Abgeltung durch Bezahlung, gewissermaßen als Zuschlag zum gebührenden Normalstundensatz für Normal- bzw Mehrarbeit, bedarf daher einer gesonderten Vereinbarung und richtet sich nach den Sätzen der Z 1.7. (s Erl 5). Zur Ermittlung des Normalstundensatzes ist das Bruttomonatsgehalt durch die kollektivvertraglich festgelegte Normalarbeitszeit sowie durch 4,33 zu teilen (s hiezu auch Erl 6 zu Abschnitt 2 Pkt E).

[8]) Pkt 1.11. bestand bis zum Inkrafttreten des Handels-KV 2022 nur aus dem ersten Satz. Angestellte, mit denen Arbeitsleistungen ausschließlich an Samstagen vereinbart sind, haben demnach für Arbeitsstunden, die sie an Samstagen nach 13.00 Uhr erbringen, keinen Anspruch auf Zeitgutschriften (bzw entsprechende Bezahlung) nach Abschnitt 2 Pkt F. Diese Guppe von Arbeitnehmern und Arbeitnehmerinnen – häufig Studierende, die an den überwiegend lehrveranstaltungsfreien Samstagen Nebenjobs ausüben – soll in Relation zu anderen Teilzeitbeschäftigten, die von Montag bis Freitag tätig werden, nicht bevorzugt werden. Voraussetzung für diesen Ansatz der Bezahlung ist, dass diese Mitarbeiter und Mitarbeiterinnen nur am Samstag beschäftigt werden. Jegliche Mischverwendung würde dieses Privileg für die Unternehmen zunichte machen.

Satz 2 und 3 des Pkt 1.11. wurden durch den Handels-KV 2022 eingeführt. Dieser Bestimmung zufolge soll eine befristete Vereinbarung über die Erhöhung oder Änderung der Lage der Arbeitszeit, die neben dem Samstag auch andere Tage als Arbeitstage enthält, die Zuschlagsregelungen von Pkt F des Abschnittes 2 zur Anwendung bringen. Die inhaltliche

Bedeutung dieser Ergänzung ist nicht leicht zu deuten, da jegliche Vereinbarung, die andere Tage als den Samstag einbezieht, zur Geltung der Sondervorschriften des Pkt F führt, unabhängig davon, ob es sich um eine befristete oder unbefristete Beschäftigung außerhalb des Samstags handelt.

[9]) Durch Abschnitt 2 Pkt F Z 2 Handelsangestellten-KV wird die Sonderbestimmung des § 4a ÖffnungszeitenG betreffend **Pendler** bzw **Pendlerinnen**, **Tourismusgebiete** und **Einkaufsevents** berücksichtigt.

[10]) Bei der Regelung des § 4a Abs 1 Z 3 ÖffnungszeitenG handelt es sich um die sog **Eventregelung**. So darf „aus Anlass von Orts- und Straßenfesten, insbesondere in historischen Orts- oder Stadtkernen oder in Gebieten, in denen bedeutende Veranstaltungen stattfinden, am Tag der Veranstaltung über 21 Uhr hinaus offen gehalten werden". Z 3 ermöglicht nur das Offenhalten an Werktagen von Montag bis Freitag. Z 4 regelt, dass durch Verordnung des Landeshauptmannes bzw der Landeshauptfrau Geschäfte im Rahmen von Märkten, unter Bekanntgabe des Markttages, der Marktzeit und der betreffenden Gemeinde offen gehalten werden dürfen. Auch diese Möglichkeit ist auf Werktage, ausgenommen Samstag, beschränkt.

[11]) Ein Arbeitgeber bzw eine Arbeitgeberin, die im Rahmen einer besonderen Verkaufsveranstaltung oder eines Marktes die betreffende Verkaufsstelle offen halten möchte, muss dies spätestens zwei Wochen vor dem Tag der Veranstaltung den Arbeitnehmern und Arbeitnehmerinnen mitteilen. Der/Die Angestellte kann ohne Begründung die Arbeitsleistung nach 21.00 Uhr verweigern. Für Arbeitsleistungen vor 21.00 Uhr gilt die bestehende allgemeine Entschlagungsregelung, wonach Angestellte aus berücksichtigungswürdigen Gründen (Verkehrsverbindungen, Betreuungspflichten, Fortbildung) nicht beschäftigt werden dürfen.

G. Überstunden

1. Allgemeines

1.1. Als Überstunde gilt jede Arbeitsstunde, durch die das Ausmaß der auf Grund der Bestimmungen gemäß A. dieses Abschnittes jeweils festgelegten täglichen Arbeitszeit einschließlich allfälliger Mehrarbeit gemäß E. dieses Abschnittes überschritten wird[1]).

1.2. Als Überstunden gelten Arbeiten an Feiertagen, soweit die für den betreffenden Wochentag festgelegte Normalarbeitszeit überschritten wird[2]). Als Überstunden gelten weiters Arbeiten an Sonntagen[3]).

1.3. Bei anderer Verteilung der Normalarbeitszeit gemäß A. dieses Abschnittes liegen Überstunden erst dann vor, wenn die auf Grund der anderen Verteilung der Normalarbeitszeit auf die einzelnen Wochen jeweils vereinbarte tägliche Arbeitszeit einschließlich der Mehrarbeit gemäß E. dieses Abschnittes überschritten wird[4]).

1.4. Bei Teilzeitbeschäftigten liegen Überstunden erst vor, wenn das Ausmaß der für die Vollzeitbeschäftigten festgesetzten täglichen oder wöchentlichen Arbeitszeit überschritten wird[5]).

1.5. Die rechtzeitige Anordnung von Überstunden durch die Arbeitgeberin erfolgt tunlichst nach Anhörung des Betriebsrates im Rahmen der gesetzlich zulässigen Arbeitszeitüberschreitungen[6]).

1.6. Sofern vertraglich nicht ausgeschlossen, sind Arbeitnehmerinnen im Falle rechtzeitiger Anordnung im Rahmen der gesetzlich zulässigen Arbeitszeitüberschreitungen zur Leistung von Überstunden verpflichtet, wenn berücksichtigungswürdige Interessen der Arbeitnehmerin nicht entgegenstehen[7]).

1.7. Jugendliche, die das 18. Lebensjahr noch nicht vollendet haben, sind zur Leistung von Überstunden grundsätzlich nicht heranzuziehen. Sollte in Ausnahmefällen eine Überstundenleistung notwendig sein, so sind die Überstunden nach den für Arbeitnehmerinnen in Beschäftigungsgruppe C Stufe 1, geltenden Sätzen zu entlohnen. Bei Lehrlingen, die das 18. Lebensjahr vollendet haben, ist für die Berechnung der Grundstundenvergütung und des Zuschlages das niedrigste im Betrieb vereinbarte Ange-

stelltengehalt (mind. Beschäftigungsgruppe C Stufe 1) heranzuziehen.

2. Überstundenvergütung[8])

2.1. Die Überstundenvergütung besteht aus der Grundstundenvergütung und einem Zuschlag.

2.2. Die Grundstundenvergütung beträgt 1/158 des Bruttomonatsgehaltes.

2.3. Der Überstundenzuschlag beträgt 50 %.

2.4. Überstunden in der Zeit von 20.00 Uhr bis 6.00 Uhr und an Sonn- und Feiertagen sind mit einem Zuschlag von 100 % zu vergüten.

2.5. Überstunden im Rahmen der erweiterten Öffnungszeiten (Bestimmung F.), die in der Zeit von Montag bis Freitag zwischen 18.30 Uhr und 20.00 Uhr und am Samstag zwischen 13.00 Uhr und 18.00 Uhr zuzüglich der mit der erweiterten Öffnungszeit zusammenhängenden Arbeiten, insbesondere Abschlussarbeiten, geleistet werden, sind mit einem Zuschlag von 70 % zu vergüten.

2.6. Überstunden im Rahmen der erweiterten Öffnungszeiten (Bestimmung F.), die in der Zeit von Montag bis Freitag ab 20.00 geleistet werden, sind mit einem Zuschlag von 100 % zu vergüten.

2.7. Überstunden, die an den verkaufsoffenen Samstagen vor Weihnachten nach 13.00 Uhr geleistet werden, sind mit einem Zuschlag von 100 % zu vergüten.

2.8. Überstunden, die an Samstagen nach 13.00 Uhr im Rahmen von Inventurarbeiten bis 18.00 Uhr geleistet werden, sind mit einem Zuschlag von 70 % zu vergüten. Von 18.00 bis 20.00 Uhr gebührt ein Zuschlag von 100 %.

2.9. Überstunden, die am 31. Dezember zwischen 13:00 und 15:00 geleistet werden, sind mit einem Zuschlag von 50 % zu vergüten, Überstunden ab 15:00 Uhr mit einem Zuschlag von 100 %[9]).

2.10. Überstunden sind spätestens am Ende der ihrer Leistung folgenden Gehaltsperiode zu bezahlen.

3. Pauschalabfindung

Durch Vereinbarung zwischen einzelnen Arbeitgeberinnen und Arbeitnehmerinnen kann ein Überstundenpauschale festgesetzt werden, doch darf es im Durchschnitt der Geltungsdauer die Arbeitnehmerin nicht ungünstiger stellen als die Überstundenvergütung[10]).

4. Abgeltung in Freizeit

Anstelle der Bezahlung von Überstunden kann eine Abgeltung in Freizeit vereinbart werden. Überstunden mit einem Zuschlag von 50 % sind im Verhältnis 1 : 1,5, Überstunden mit einem Zuschlag von 70 % sind im Verhältnis 1 : 1,7 und solche mit einem Zuschlag von 100 % im Verhältnis 1 : 2 abzugelten. Wird eine Abgeltung im Verhältnis 1 : 1 vereinbart, bleibt der Anspruch auf den Überstundenzuschlag bestehen[11]).

[1]) Dem Handelsangestellten-KV zufolge liegen **Überstunden** vor, wenn das Ausmaß der aufgrund der Bestimmungen des Abschnittes 2 jeweils festgelegten täglichen Arbeitszeit einschließlich allfälliger Mehrarbeit gem Abschnitt 2 Pkt E überschritten wird. Dies ist insofern unvollständig, als gem § 6 AZG auch ein Überschreiten der wöchentlichen Normalarbeitszeit zu Überstunden führt. Da die Differenz von 1,5 Stunden zwischen der gesetzlichen Wochenarbeitszeit und der kürzeren kollektivvertraglichen Normalarbeitszeit als Mehrarbeit gilt (vgl Erl 1 zu Abschnitt 2 Pkt E), liegt Überstundenarbeit erst bei Überschreiten der gesetzlichen Normalarbeitszeit von 40 Stunden pro Woche vor.

[2]) Wird an **Feiertagen** (s hiezu Erl 1 zu Abschnitt 2 Pkt I) gearbeitet, muss es sich dabei nicht immer um Überstundenarbeit handeln. Überstunden fallen gem Abschnitt 2 Pkt G Z 1.2. Handelsangestellten-KV auch an Feiertagen erst dann an, wenn die für den betreffenden Wochentag festgelegte Normalarbeitszeit überschritten wird. Auch eine Überstundenvergütung gebührt dementsprechend erst dann, wenn über die Normalarbeitszeit hinaus gearbeitet wird (zur Vergütung von Feiertagsarbeit s Erl 2 zu Abschnitt 2 Pkt I). Damit bleibt der Handelsangestellten-KV bei der Rechtslage, die sich auch aus dem AZG ergibt (OGH 19. April 1977, 4 Ob 72/77, Arb 9582; *Grillberger*, AZG[3] [2011] 72; *Löschnigg*, Arbeitsrecht[13] [2017] 6/467).

Beispiel: In einem Großhandelsbetrieb ist die Dienstzeit von Montag bis Donnerstag mit 8.00 Uhr bis 16.30 Uhr und am Freitag mit 8.00 Uhr bis 15.00 Uhr (jeweils einschließlich einer halbstündigen Mittagspause) festgelegt. Am 6. Jänner, der auf einen Freitag fällt, muss aufgrund eines erhöhten Arbeitsbedarfs von 8.00 Uhr bis 17.00 Uhr gearbeitet werden. Die Arbeitsleistung zwischen 8.00 Uhr und 15.00 Uhr ist zwar Feiertagsarbeit, jedoch keine Überstundenarbeit.

[3]) Sämtliche Arbeitsstunden, die an einem **Sonntag** geleistet werden, gelten als Überstunden und sind als solche zu vergüten.

[4]) Ob Überstundenarbeit vorliegt, hängt ganz wesentlich von dem im Betrieb eingeführten Arbeitszeitmodell ab. Wurden Arbeitszeitmodelle iSd Abschnittes 2 vereinbart, ist die tatsächliche Arbeitszeit des/der einzelnen Arbeitnehmers bzw Arbeitnehmerin im **Dienstzettel** festzuhalten. Aus dieser Aufzeichnung lassen sich Überstundenzeiten ermitteln.

[5]) Der OGH hat in mehreren Entscheidungen die Auffassung vertreten, dass **Überstundenarbeit** und damit ein Anspruch auf Überstundenvergütung bei teilzeitbeschäftigten Arbeitnehmern und Arbeitnehmerinnen nicht vorliegt, wenn deren Arbeitszeit zwar über die vereinbarte **Teilzeit**, nicht aber über die Normalarbeitszeit eines/einer Vollzeitbeschäftigten hinausgeht (s OGH 31. Oktober 1967, 4 Ob 48/67, Arb 8469; OGH 3. Februar 1976, 4 Ob 84/75, DRdA 1976, 160 mit abl Bespr v *Wachter*; OGH 13. Jänner 1993, 9 ObA 275/92, ARD 4437/22/93; OGH 5. Mai 1999, 9 ObA 84/99i, Arb 11.868 = RdW 1999, 677; OGH 20. September 2000, 9 ObA 163/00m, ARD 5267/16/2001; vgl weiters die Kritik von *Wachter*, Die Überstundenentlohnung bei Teilzeitarbeitnehmern in Österreich, AuR 1980, 328; *Mengl*, Zur Diskriminierung von Teilzeitbeschäftigten in Kollektivverträgen, ecolex 2005, 143; *Mosing*, Einordnungsfragen von Mehr- und Überstundenarbeit, RdW 2013, 147). Auch im Fall Teilzeitbeschäftigter liegt Überstundenarbeit daher erst dann vor, wenn entweder die tägliche Normalarbeitszeit eines/einer Vollzeitbeschäftigten oder die Wochenarbeitszeit von 40 Stunden überschritten wird. Abschnitt 2 Pkt G Z 1.4. stellt diese Rechtslage für den Anwendungsbereich des Handelsangestellten-KV noch einmal ausdrücklich klar.

Auch bei Teilzeitarbeit hängt die Beurteilung, ob Überstunden vorliegen, vom im Betrieb geltenden Arbeitszeitmodell ab. So kann ein Teilzeitarbeitnehmer bzw eine Teilzeitarbeitnehmerin, der/die üblicherweise nur fünf Stunden pro Tag beschäftigt ist, die tägliche Arbeitszeit auf bis zu zehn Stunden ausdehnen, ohne dass Überstunden anfallen, wenn er/sie in ein Gleitzeitsystem eingebunden ist (s hiezu Erl 9 zu Abschnitt 2 Pkt A).

Wird über die vereinbarte Teilzeitarbeit hinaus gearbeitet, liegt aber **Mehrarbeit** iSd § 19d AZG vor, sodass es bei Vorliegen der gesetzlichen Voraussetzungen zum Mehrarbeitszuschlag von 25 % kommen kann (vgl Erl 1 zu Abschnitt 2 Pkt E).

[6]) Das AZG erlaubt Überstundenarbeit in erster Linie bei Vorliegen eines **erhöhten Arbeitsbedarfes.** Grundsätzlich darf die durchschnittliche **Wochenarbeitszeit** innerhalb eines **Durchrechnungszeitraumes** von **17 Wochen 48 Stunden nicht überschreiten.** Die Tagesarbeitszeit ist jedoch mit zwölf Stunden begrenzt. Außerdem dürfen pro Woche höchstens 20 Überstunden geleistet werden (§ 7 Abs 1 AZG). Die Möglichkeit, Sonderüberstunden bis zu zwölf Stunden pro Tag bzw 20 Stunden pro Woche zu leisten, wurde durch das BGBl I 53/2018 eingeführt. Allerdings bleiben laut § 32c Abs 10 Satz 2 AZG günstigere Regelungen in Kollektivverträgen und Betriebsvereinbarungen davon unberührt (Näheres hiezu s *Schrank*, Arbeitszeit- Betriebs- und Einzelvereinbarungen – Auswirkungen der Arbeitszeitnovellierung – Anwendungsprobleme? Anwendungschancen?, ZAS 2018, 270). Durch Betriebsvereinbarung kann eine Verlängerung der Wochenarbeitszeit durch Überstunden auf bis zu 60 Stunden sowie der Tagesarbeitszeit auf bis zu 13 Stunden zugelassen werden, wenn regelmäßig und in erheblichem Umfang **Arbeitsbereitschaft** in die Arbeitszeit eines Arbeitnehmers bzw einer Arbeitnehmerin fällt (§ 7 Abs 3 AZG). Wurden diese Verlängerungsmöglichkeiten bereits ausgeschöpft, kann das Arbeitsinspektorat gem § 7 Abs 5 AZG bei Nachweis eines dringenden Bedürfnisses und nach Anhörung der gesetzlichen Interessenvertretungen eine weitere Arbeitszeitverlängerung bewilligen. Weiters ist Überstundenarbeit gem § 8 Abs 1 AZG für die Vornahme von **Vor- und Abschlussarbeiten** zulässig, wobei die Arbeitszeit dadurch um eine halbe Stunde täglich, grundsätzlich jedoch höchstens bis zu einer Tagesarbeitszeit von zwölf Stunden überzogen werden darf. In **außergewöhnlichen Fällen** finden die Regelungen des AZG über das höchstzulässige Ausmaß an Überstundenarbeit gem § 20 AZG keine Anwendung auf Arbeiten, die zur Abwendung einer unmittelbaren Gefahr für Leben oder Gesundheit von Menschen oder bei Notstand sofort vorgenommen werden müssen, oder die zur Behebung einer Betriebsstörung, zur Verhütung des Verderbens von Gütern oder eines sonstigen unverhältnismäßigen wirtschaftlichen Schadens erforderlich sind, wenn unvorhergesehene und nicht zu verhindernde Gründe vorliegen und andere zumutbare Maßnahmen zur Erreichung dieses Zwecks nicht getroffen werden können.

Festzuhalten ist in diesem Zusammenhang, dass ein Anspruch auf Vergütung angeordneter Überstunden auch dann besteht, wenn die nach dem AZG höchstzulässige Arbeitszeit überschritten wurde. Geleistete Überstunden sind in jedem Fall auch dann zu bezahlen, wenn sie **unzulässigerweise** erbracht wurden (OGH 3. November 1981, 4 Ob 111/81, Arb 10.059; OGH 14. Jänner 1986, 4 Ob 176/85, infas 1987, A 85).

[7]) Das AZG regelt die öffentlich-rechtlichen Rahmenbedingungen, innerhalb derer Überstundenarbeit zulässig ist, enthält jedoch grundsätzlich keine Verpflichtung des Arbeitnehmers bzw der Arbeitnehmerin, Überstunden zu erbringen. Lediglich in gewissen begründeten Fällen, beispielsweise bei Vorliegen eines Betriebsnotstandes iSd § 20 AZG, kann der Arbeitnehmer bzw die Arbeitnehmerin aufgrund seiner/ihrer Treuepflicht zur Überstundenleistung verpflichtet sein. Darüber hinaus bedarf eine **Verpflichtung zur Erbringung von Überstunden** jedoch einer Rechtsgrundlage im Kollektivvertrag, in der Betriebsvereinbarung oder in einer Einzelvereinbarung (OGH 29. Jänner 1965, 4 Ob 8/65, ZAS 1967, 11 mit Bespr v *Gürtler*; OGH 23. April 1985, 4 Ob 49/85, Arb 10.449; OGH 4. November 1986, 4 Ob 156/85, Arb 10.563; OGH 16. Mai 2002, 8 ObA 268/01x, ARD 5389/2/2003; *Jöst*, Die Verpflichtung des Arbeitnehmers zur Überstundenleistung, ZAS 1999, 161).

Im Anwendungsbereich des Handelsangestellten-KV besteht, sofern im Arbeitsvertrag nichts anderes vereinbart wurde, gem Abschnitt 2 Pkt G Z 1.6. eine **kollektivvertragliche Verpflichtung** der Angestellten, rechtzeitig angeordnete Überstunden im Rahmen der gesetzlich zulässigen Arbeitszeitüberschreitungen zu erbringen. Der Arbeitgeber bzw die Arbeitgeberin ist gem Abschnitt 2 Pkt G Z 1.5. Handelsangestellten-KV allerdings verpflichtet, vor Anordnung der Überstunden den **Betriebsrat** darüber zu informieren und anzuhören. Mit dem Hinweis auf „tunlichst“ wird aber zum Ausdruck gebracht, dass die Einbeziehung des Betriebsrates nicht jedenfalls zu erfolgen hat (vgl zur Anordnung von Überstunden OGH 4. März 2013, 8 ObA 12/13t, ARD 6319/3/2013).

Mit der AZG-Novelle 2018, BGBl I 53/2018, wurde der gesetzliche Rahmen für Überstundenarbeit ausgeweitet. Gemäß § 7 AZG darf die durchschnittliche Wochenarbeitszeit bei Vorliegen eines erhöhten Arbeitsbedarfs innerhalb eines Durchrechnungszeitraumes von 17 Wochen 48 Stunden nicht überschreiten. Wöchentlich sind jedoch nicht mehr als zwanzig Überstunden zulässig. Die Tagesarbeitszeit darf nunmehr 12 Stunden – früher 10 Stunden – nicht überschreiten. Wenn der Handelsangestellten-KV eine Verpflichtung zur Überstundenarbeit „im Rahmen der gesetzlich zulässigen Arbeitszeitüberschreitungen“ schafft, dann stellt sich die Frage, wie diese Bestimmung in Relation zur AZG-Novelle 2018 mit den neuen Höchstgrenzen für die Überstunden zu verstehen ist. Dazu werden zwei zeitliche Phasen zu unterscheiden sein. Die obige AZG-Novelle ist mit 1.9.2018 in Kraft getreten, dh zu einem Zeitpunkt, zu dem noch der Handelsangestellten-KV 2018 in Geltung stand. Für die Geltungsdauer des Handels-KV 2018, dh vom 1.9. 2018 bis 13.12.2018, war davon auszugehen, dass die „alten“ gesetzlichen Grenzen des AZG für die Überstundenverpflichtung maßgeblich waren. Der kollektivvertragliche Verweis auf das Gesetz war wohl statisch zu interpretieren. Für die Kollektivvertragsparteien war eine **Erweiterung des gesetzlichen Überstundenkontingents** auch nicht vorhersehbar. Zum Zeitpunkt des Abschlusses des Handels-KV 2019 waren aber den Kollektivvertragsparteien die neuen Höchstgrenzen für die Überstunden bereits bekannt. Man muss daher davon ausgehen, dass der Handels-KV bewusst die neue 12-Stunden-Grenze integriert hat (s aber unten zum Ablehnungsrecht).

Auch wenn dem Grunde nach eine kollektivvertragliche Verpflichtung zur Erbringung von Überstunden besteht, sind die gesetzlichen Restriktionen für den Arbeitgeber bzw die Arbeitgeberin zu beachten. Dies bedeutet, dass der Arbeitnehmer bzw die Arbeitnehmer stets **berücksichtigungswürdige Interessen** (zB plötzliche dringende familiäre Verpflichtungen) einwenden kann. Ob die Interessen des Arbeitnehmers bzw der Arbeitnehmerin ausreichen, um die grundsätzliche Verpflichtung hinfällig zu machen, kann aber letztlich nur über eine Interessenabwägung festgestellt werden. Wird durch die Überstundenanordnung die tägliche Arbeitszeit von zehn Stunden oder die wöchentliche Arbeitszeit von 50 Stunden überschritten, dann muss der Arbeitnehmer bzw die Arbeitnehmerin keine berücksichtigungswürdigen Interessen geltend machen, um die Überstundenarbeit zu verhindern. § 7 Abs 6 AZG sieht für diese Fälle vor, dass der Arbeitnehmer bzw die Arbeitnehmerin diese Überstunden **ohne Angabe von Gründen ablehnen** kann (vgl hiezu *Löschnigg*, Privatrechtliche Fragen zum neuen Arbeitszeitrecht, insb zum Ablehnungsrecht, in Resch [Hrsg], Das Neue Arbeitszeitrecht [2019]; *Wolf*, Der „12-Stunden-Tag“ und das Ablehnungsrecht, ecolex 2018, 794; *Pfeil*, Die Ausnahme von der Wochen- und Feiertagsruhe nach § 12b ARG, DRdA 2019, 32). Der Arbeitnehmer bzw die Arbeitnehmerin darf aufgrund der Inanspruchnahme dieses Ablehnungsrechts **nicht benachteiligt werden**. Wird der Arbeitnehmer bzw die Arbeitnehmerin entgegen diesem Benachteiligungsverbot gekündigt, kann er/sie die Kündigung binnen zwei Wochen bei Gericht anfechten. Es handelt sich bei dieser Individualanfechtungsmöglichkeit um einen speziellen Kündigungsschutz, der über jenen des betriebsverfassungsrechtlich vorgesehenen (allgemeinen) Kündigungsschutzes hinausgeht, da eine Ausübung unabhängig vom Bestehen eines Betriebsrats möglich ist (vgl etwa *Wolf*, Der „12-Stunden-Tag" und das Ablehnungsrecht – Zur Umsetzung der „Freiwilligkeit" im Arbeitszeitrecht, ecolex 2018, 793 [794 f]; *Tomandl*, Die Neuerungen im Arbeitszeitrecht, ZAS 2018, 260 [263 f]).

[8]) Für Überstunden gebührt von Gesetzes wegen grundsätzlich ein Zuschlag von 50 % des auf die einzelne Arbeitsstunde entfallenden Normallohns (§ 10 AZG). Berechnungsgrundlage ist demnach jenes Entgelt, das der Arbeitnehmer bzw die Arbeitnehmerin erhalten hätte, wenn die Arbeitsleistung in der Normalarbeitszeit erbracht worden wäre (kollektivvertragliches Bruttomonatsgehalt dividiert durch den Normalstundensatz sowie 4,33. Zu beachten ist die Einbeziehung allfälliger **Reformbeträge** nach Übertritt in das Gehaltssystem NEU; vgl Abschnitt 3 Pkt A Z 1.2. sowie die Erl 7 zu Abschnitt 3 Pkt C Z 3.2.2. und Erl 7 zu Abschnitt 3 Pkt A Z 4.4.2 zum Reformbetrag 1 und Erl 8 zu Abschnitt 3 Pkt A Z 4.4.2.). Der Handelsangestellten-KV geht hievon ab und trifft eine im Vergleich zum Gesetz für die Arbeitnehmer und Arbeitnehmerinnen günstigere Regelung, indem er zum einen eine **Überstundengrundvergütung** im Ausmaß von 1/158 des Bruttomonatsgehalts (im Gegensatz zur ungünstigeren Berechnung bei Zuschlägen zur Normalarbeitszeit; vgl Erl 7 zu Abschnitt 2 Pkt F und Erl 6 zu Abschnitt 2 Pkt E) vorsieht und zum anderen einen **Zuschlag** gewährt, dessen Höhe je nach Lage der erbrachten Überstundenarbeit teilweise über den gesetzlichen Zuschlag hinaus geht. Nach Ansicht des OGH – und nunmehr auch des VwGH – sind kollektivvertragliche Regelungen, wonach Zulagen und Zuschläge aus der Berechnungsgrundlage für Überstundenzuschläge auszuschließen sind, zulässig, sofern die Regelung im Ergebnis dazu führt, dass der Arbeitnehmer bzw die Arbeitnehmerin einen höheren Überstundenzuschlag erhält als bei Anwendung der gesetzlichen Regelung (OGH 27. Juni 2007, 8 ObA 82/06a, ARD 5801/5/2007; VwGH 11. Dezember 2013, 2012/08/0217, ARD 6385/11/2014 = ASoK 2014, 113; vgl hiezu auch *Mosing*, Überstundenteiler in Kollektivverträgen, RdW 2014, 200).

geleistete Überstunden	Vergütung / Überstunde
Üst am Abend bzw in der **Nacht** (20.00 Uhr bis 6.00 Uhr)	Überstundengrundvergütung + 100 % Zuschlag
Üst an **Sonntagen**	Überstundengrundvergütung + 100 % Zuschlag

geleistete Überstunden	**Vergütung / Überstunde**
Üst an **Feiertagen**	Überstundengrundvergütung + 100 % Zuschlag
Üst während der **erweiterten Öffnungszeiten** Mo bis Fr 18.30 Uhr bis 20.00 Uhr Sa 13.00 Uhr bis 18.00 Uhr	Überstundengrundvergütung + 70 % Zuschlag
Üst während der **erweiterten Öffnungszeiten** Mo bis Fr ab 20.00	Überstundengrundvergütung + 100 % Zuschlag
Üst an den **verkaufsoffenen Samstagen vor Weihnachten** nach 13.00 Uhr	Überstundengrundvergütung + 100 % Zuschlag
Üst an Samstagen nach **13.00 Uhr bis 18.00 Uhr** im Rahmen von **Inventurarbeiten**	Überstundengrundvergütung + 70 % Zuschlag
Üst an Samstagen von **18.00 Uhr bis 20.00 Uhr** im Rahmen von **Inventurarbeiten**	Überstundengrundvergütung + 100 % Zuschlag
Üst am **31. Dezember** zwischen **13.00 Uhr und 15.00 Uhr**	Überstundengrundvergütung + 50 % Zuschlag
Üst am **31. Dezember** ab **15.00 Uhr**	Überstundengrundvergütung + 100 % Zuschlag
Üst in allen anderen Fällen	Überstundengrundvergütung + 50 % Zuschlag

Leitende und **sonstige Angestellte**, denen maßgebliche selbständige Entscheidungsbefugnis übertragen ist und deren gesamte Arbeitszeit auf Grund der besonderen Merkmale der Tätigkeit nicht gemessen oder im Voraus festgelegt wird oder deren Lage und Dauer selbst festgelegt werden kann, sind gem § 1 Abs 2 Z 8 AZG vom Anwendungsbereich des AZG ausgeschlossen und haben dementsprechend auch keinen gesetzlichen Anspruch auf eine Überstundenvergütung gem § 10 AZG. Der Handelsangestellten-KV erfasst jedoch auch die Gruppe dieser Angestellten mit leitender Funktion (vgl Erl 6 zu Abschnitt 1, Pkt A), sodass die arbeitszeitrechtlichen Bestimmungen des Kollektivvertrages sehr wohl die Grundlage für entsprechende Ansprüche bilden können (vgl insb OGH 23. Februar 1994, 9 ObA 367/93, ARD 4580/32/94; OGH 27. Oktober 1994, 8 ObA 272/94, DRdA 1995, 325 mit Bespr v *Andexlinger*). Dies gilt insbesondere für die zwingende Gewährung von Überstundenzuschlägen.

[9]) Vgl auch Erl 1 zu Abschnitt 2 Pkt C.

[10]) **Überstundenpauschalen** (All-In[klusive]-Klauseln) sind grundsätzlich zulässig. Aus dem Schutzzweck des § 10 AZG leitet die Rechtsprechung allerdings ab, dass eine Überstundenpauschale nur wirksam vereinbart werden kann, wenn sowohl die Zahl der durchschnittlich zu leistenden Normalstunden als auch die Zahl der Überstunden von vornherein bestimmt wird und die Gesamtentlohnung die Überstundenentlohnung berücksichtigt (OGH 1. Juli 1987, 9 ObA 36/87, Arb 10.638 = DRdA 1990, 55 mit Bespr v *Mosler*; OLG Wien 19. April 1991, 33 Ra 26/91, ARD 4282/7/91). Eine Vereinbarung, wonach mit einem Bruttomonatsgehalt alle über die gesetzliche Arbeitszeit hinausgehenden Überstunden abgegolten sind, wird der Rechtsprechung zufolge diesen Anforderungen nicht gerecht, weil aus dem Vertrag nicht zu entnehmen ist, wie viele Überstunden vom Gehalt abgedeckt sein sollen (OLG Wien 27. Oktober 1997, 10 Ra 206/97f, ARD 4931/40/98). Zulässig wäre die Vorgehensweise allerdings dann, wenn aus der Einreihung des Arbeitnehmers bzw der Arbeitnehmerin in eine bestimmte Beschäftigungsgruppe des Kollektivvertrages entnommen werden kann, dass das kollektivvertragliche Entgelt für die Normalarbeitszeit und die Überzahlung für die Überstundenleistung gewährt werden soll (OLG Wien 28. Oktober 1999, 7 Ra 240/99, ARD 5088/48/2000; OLG Wien, 13. Oktober 2000, 8 Ra 253/00k, ARD 5219/14/2001; OGH 9. Mai 2001, 9 ObA 9/01s, ARD 5247/50/2001; sa *Heilegger*, Zur rechtlichen Zulässigkeit und Interpretation von All-In-Vereinbarungen, DRdA 2012, 17; *Rauch,* Kann eine All-in-Vereinbarung auch nur hinsichtlich Mehrarbeits- und Überstundenzuschlägen vereinbart werden?, PVInfo 2008 H 6, 16; *Stärker*, All-In-Vereinbarungen im Arbeitsrecht, ASoK 2003, 402; *Winkler*, Überstundenpauschale und All-In-Klausel, ecolex 1998, 412).

Durch das ARÄG 2015 (BGBl I 152/2015) wurde in Hinblick auf Pauschalentgeltvereinbarungen (All-In[klusive]-Klauseln) **§ 2g AVRAG** neu eingefügt. Dieser Bestimmung zufolge haben Arbeitnehmer bzw Arbeitnehmerinnen zwingend einen Anspruch auf jenen Grundgehalt einschließlich der branchen- und ortsüblichen Überzahlungen, der am Arbeitsort vergleichbaren Arbeitnehmern bzw Arbeitnehmerinnen von vergleichbaren Arbeitgebern bzw Arbeitgeberinnen gebührt (Ist-Grundgehalt), sofern der **Arbeitsvertrag** oder Dienstzettel das **Entgelt als Gesamtsumme**, die Grundgehalt und andere Entgeltbestandteile einschließt, enthält, ohne aber den Grundgehalt iSd § 2 Abs 2 Z 9 AVRAG anzuführen. Der Ist-Grundgehalt ist dabei der Berechnung der abzugeltenden Entgeltbestandteile zugrunde zu legen, soweit der Kollektivvertrag nicht Abweichendes vorsieht, das zwingenden gesetzlichen Bestimmungen nicht entgegenstehen darf.

Hinsichtlich der **leitenden Angestellten** und **sonstigen Arbeitnehmer und Arbeitnehmerinnen** iSd § 1 Abs 2 Z 8 AZG ist zu beachten, dass diese vom AZG generell ausgenommen sind (vgl Erl 8). Für diese Arbeitnehmer- bzw Arbeitnehmerinnengruppe scheidet § 10 AZG daher als Grundlage für die Notwendigkeit der Bestimmbarkeit der Überstunden aus. Der Handelsangestellten-KV erfasst jedoch auch die Gruppe der leitenden und sonstigen Angestellten, sodass sich die entsprechende Bemessung von Überstundenpauschalen auch hier nach Abschnitt 2 Pkt G Z 3 Handelsangestellten-KV zu richten hat (s Erl 6 zu Abschnitt 1 Pkt A).

Eine Überstundenpauschale soll die im Durchschnitt erbrachten Überstunden abgelten. Werden **mehr Überstunden** geleistet **als von der Pauschale gedeckt** sind, hat der Arbeitnehmer bzw die Arbeitnehmerin Anspruch auf Vergütung der die Pauschale übersteigenden Überstunden. Dies folgt aus der zwingenden Natur des Anspruchs auf Überstundenvergütung (OGH 17. Februar 1987, 14 ObA 17/87, RdW 1987, 382; OGH 1. Juli 1987, 9 ObA 36/87, Arb 10.638; OGH 6. Juni 1995, 9 ObA 98/95, RdW 1996, 23; *Grillberger*, AZG[3] [2011] 102). Stellt sich hingegen heraus, dass der Arbeitnehmer bzw die Arbeitnehmerin im Durchschnitt **weniger Überstunden** leistet als durch die Pauschalentlohnung abgegolten werden, hat er/sie dennoch Anspruch auf die volle vereinbarte Summe. Ein einseitiges Abgehen von einer vereinbarten Pauschalentlohnung durch den Arbeitgeber bzw die Arbeitgeberin ist nur dann möglich, wenn die Vereinbarung unter dem **Vorbehalt des Widerrufs** getroffen wurde (OGH 1. Juli 1987, 9 ObA 36/87, Arb 10.638; OGH 6. Juni 1995, 9 ObA 98/95, RdW 1996, 23).

Unklar ist bei der Vereinbarung von Überstundenpauschalen sehr häufig, welcher **Beobachtungszeitraum** für die Durchschnittsbetrachtung gilt. Der Rechtsprechung des OGH zufolge ist dafür regelmäßig das Kalenderjahr heranzuziehen (OGH 10. Februar 1993, 9 ObA 1039/92, infas 1993, A 145; OGH 6. Juni 1995, 9 ObA 98/95, RdW 1996, 23; *Grillberger*, AZG[3] [2011] 102 f). Auch im Anwendungsbereich des Handelsangestellten-KV, der in diesem Zusammenhang vom „Durchschnitt der Geltungsdauer" der Überstundenpauschale spricht, wird – mangels anders lautender Vereinbarung – die sich üblicherweise mit dem Kalenderjahr deckende Geltungsdauer des Kollektivvertrages maßgeblich sein (OGH 24. Februar 1988, 9 ObA 206/87, RdW 1988, 430; OLG Linz 16. Juni 1988, 13 Ra 54/88, Arb 10.719; OGH 10. Februar 1993, 9 ObA 1039/92, infas 1993, A 145). Ab dem Übertritt in das Gehaltssystem NEU, sieht der Handelsangestellten-KV für die Deckungsprüfung nunmehr in Abschnitt 3 Pkt A Z 7.3.1. ausdrücklich das Kalenderjahr als Beobachtungszeitraum vor (vgl Erl 3 zu Abschnitt 3 Pkt A Z 7).

Die Vereinbarung von dem AZG oder dem Kollektivvertrag widersprechenden Überstunden ist unzulässig und führt gemäß § 879 ABGB zur Nichtigkeit. Ein rechtswidrig überhöhtes Überstundenausmaß kann der Arbeitgeber dementsprechend nicht verlangen. Leistet der Arbeitnehmer arbeitszeitrechtlich verbotene Überstunden, sind diese abzugelten. Werden arbeitszeitrechtlich verbotene Überstunden explizit in eine Pauschalvereinbarung einbezogen, dann sind nach einer Entscheidung des OGH diese unzulässigen Überstunden nicht gesondert abzugelten, sondern von der Pauschalvereinbarung erfasst (OGH 10. Mai 1995, 9 ObA 65/95, RdW 1996, 218). Der Handels-KV bringt mit der Regelung des Abschnitts 3 Pkt A 7.2., wonach für die pauschalierte Abgeltung von Mehr- und Überstunden nur das rechnerische Höchstausmaß pro Kalenderjahr herangezogen werden darf, sehr klar zum Ausdruck, dass darüber hinausgehende unzulässige Überstunden keinesfalls in eine Pauschale integriert werden dürfen (einschränkend auf die im Handels-KV aufgezählten Beschäftigtengruppen *Maska*, Die All-in-Regelung im Handelsangestellten-Kollektivvertrag und die Abgeltung von arbeitszeitrechtlich verbotenen Überstunden, ASoK 2022, 330).

[11]) Das AZG gewährt für Überstunden einen Zuschlag von 50 % oder eine Abgeltung durch **Zeitausgleich** im Verhältnis 1 : 1,5. Ob ein Überstundenzuschlag zu bezahlen ist oder ob Zeitausgleich gewährt wird, überlässt § 10 Abs 2 AZG der Vereinbarung zwischen den Arbeitsvertragsparteien. Besteht keine Vereinbarung, gebührt eine Abgeltung in Geld (vgl *Schrank*, Arbeitszeitgesetze[6] [2021] Rz 33 ff zu § 10 AZG; *Grillberger*, AZG[3] [2011] 107 f; *Klein* in *Gasteiger/Heilegger/Klein* [Hrsg], AZG[7] [2021] § 10 Rz 13; *Löschnigg*, Arbeitsrecht[13] [2017] 6/483 ff; *Wiesinger*, Die Überstundenvergütung nach § 10 AZG, ZAS 2015, 259). Der Handelsangestellten-KV bleibt bei dieser Rechtslage und stellt darüber hinaus klar, dass für Überstunden, die gem Abschnitt 2 Pkt G Z 2 mit einem Zuschlag von 70 % oder 100 % zu vergüten sind, auch Zeitausgleich im Verhältnis 1 : 1,7 bzw 1 : 2 zusteht.

Für Überstunden, durch welche die Tagesarbeitszeit von zehn Stunden oder die Wochenarbeitszeit von 50 Stunden überschritten wird, kann der Arbeitnehmer **einseitig** bestimmen, ob er eine Abgeltung in Geld oder Zeitausgleich in Anspruch nehmen möchte. Dieses **Wahlrecht** ist spätestens am Ende des jeweiligen Abrechnungszeitraumes – dabei wird es sich regelmäßig um das Monat nach der Überstundenleistung handeln – auszuüben (§ 10 Abs 4 AZG).

Der Zeitpunkt für den **Verbrauch des Zeitguthabens** bedarf grundsätzlich einer **Vereinbarung** zwischen Arbeitgeber bzw Arbeitgeberin und Arbeitnehmer bzw Arbeitnehmerin. Eine **einseitige Inanspruchnahme** kann nach Maßgabe der Bestimmung des § 19f Abs 3 AZG erfolgen: Wird der für geleistete Überstundenarbeit gebührende Zeitausgleich nicht binnen sechs Monaten nach Ende des Durchrechnungszeitraumes gewährt, kann der Arbeitnehmer bzw die Arbeitnehmerin mit einer Vorankündigungsfrist von vier Wochen einseitig darüber bestimmen, sofern nicht zwingende betriebliche Erfordernisse dem entgegenstehen (vgl hiezu *Heilegger* in *Gasteiger/Heilegger/Klein* [Hrsg], AZG[7] [2021] §§ 19e und 19f Rz 25ff; s zur Erkrankung während des Konsums von Zeitausgleich OGH 29. April 2013, 9 ObA 11/13b, DRdA 2014, 53 mit Bespr v *Klein* = ZAS 2013, 327 mit Bespr v *Kiesel* = ARD 6332/2/2013; *Mosing*, Krankenstand und Zeitausgleich, ASoK 2014, 11).

Kommt es zu keiner einseitigen Inanspruchnahme oder kann der vereinbarte Zeitausgleich in der Folge nicht verbraucht werden, so tritt an dessen Stelle wiederum der Geldanspruch auf Überstundenvergütung. Dies gilt gem § 19e AZG auch für den Fall der Beendigung des Arbeitsverhältnisses.

H. Inventurarbeiten[1])

1. Bezüglich der Vergütung von Inventurarbeiten (Z 2) an Samstagen nach 13.00 Uhr gelten die Bestimmungen gemäß F. 1. (Normalarbeitszeit und Mehrarbeit während der erweiterten Öffnungszeiten), für Überstunden gebührt ein Zuschlag von 70 %. Ab 18.00 Uhr gebührt ein Zuschlag von 100 %[2]). Die Zuschläge bzw Zeitgutschriften gelten nicht für ausschließlich zu Inventurarbeiten aufgenommene Arbeitnehmerinnen.

2. Inventurarbeiten sind Arbeiten zur Erstellung und Überprüfung von

2.1. Inventuren zum Ende eines Kalender- bzw Wirtschaftsjahres,

2.2. Übergabe- bzw Übernahmeinventuren einmal im Kalender- bzw Wirtschaftsjahr,

2.3. Inventuren auf Grund behördlicher Anordnung,

2.4. Inventuren in unmittelbarem zeitlichem Zusammenhang mit außergewöhnlichen Ereignissen (wie Einbruch, Elementarereignisse) an Samstagen bis 20.00 Uhr.

3. Die Beschäftigung von Arbeitnehmerinnen während der Arbeitszeiten gemäß 1. und 2. ist nur dann und insoweit zulässig, als berücksichtigungswürdige Interessen der Arbeitnehmerin – wie beispielsweise die Versorgung von Kindern und Eltern, unzumutbare Heimfahrtsmöglichkeiten, die Teilnahme an Schul- und Weiterbildungsveranstaltungen – dieser Arbeitsleistung nicht entgegenstehen.

[1]) Diese Regelung fand sich erstmals im Handelsangestellten-KV 2000 und sah einen Zuschlag von 100 % für Überstunden im Rahmen von Inventurarbeiten vor. 2008 folgte eine Differenzierung danach, wann die Überstunde erbracht wurde. Während für Überstunden bis 18.00 Uhr ein Zuschlag von 70 % gebührt, erhöht sich dieser ab 18.00 Uhr auf 100 %.

[2]) Mit Abschnitt 2 Pkt H wird eine Gleichstellung der Vergütung von Arbeitsleistungen bei Inventurarbeiten an Samstagnachmittagen und der Vergütungen für Arbeitsleistungen im Rahmen erweiterter Öffnungszeiten bis 18.00 Uhr erreicht.

I. Ruhetage

1. Allgemeine Bestimmungen

1.1. **Als Ruhetage gelten sämtliche Sonntage sowie die gesetzlichen Feiertage, das sind: 1. Jänner, 6. Jänner, Ostermontag, 1. Mai, Christi Himmelfahrt, Pfingstmontag, Fronleichnam, 15. August, 26. Oktober, 1. November, 8. Dezember (mit Ausnahme § 13a ARG und § 18a KJBG), 25. und 26. Dezember.**

1.2. **Für Angehörige der israelitischen Glaubensgemeinschaft gilt der Versöhnungstag als arbeitsfreier Tag. Eine Freistellung unter Entgeltfortzahlung hat allerdings nur dann zu erfolgen, wenn es die betreffende Arbeitnehmerin spätestens eine Woche vorher begehrt und der Freistellung nicht betriebliche Gründe entgegenstehen.**

1.3. **Für Feiertagsarbeit und deren Vergütung gelten die Bestimmungen des ARG[2]).**

2. Sonderbestimmungen für Arbeitsleistungen am 8. Dezember[3])

2.1. **Gemäß § 13a ARG und § 18a KJBG können Angestellte und Lehrlinge am 8. Dezember, sofern dieser nicht auf einen Sonntag fällt, in der Zeit von 10.00 Uhr bis 18.00 Uhr mit folgenden Tätigkeiten beschäftigt werden:**

2.1.1. **Tätigkeiten zur Beratung und Betreuung der Kunden,**

2.1.2. **Tätigkeiten im Warenverkauf,**

2.1.3. **Tätigkeiten, die mit diesen im unmittelbaren Zusammenhang stehen oder ohne die diese nicht durchführbar wären, sowie**

2.1.4. **sonstige Tätigkeiten, die von der Arbeitgeberin im Zusammenhang mit den vorstehenden Tätigkeiten verlangt werden.**

2.2. **Vor- und Abschlussarbeiten sind über den in 2.1. genannten Zeitraum hinaus im unbedingt erforderlichen Ausmaß zulässig.**

2.3. **Arbeitgeberinnen, die ihre Verkaufsstelle am 8. Dezember offen halten und Arbeitsleistungen gemäß 2.1. in Anspruch nehmen wollen, haben dies bis spätestens 10. November der Arbeitnehmerin mitzuteilen. Die Arbeitnehmerin, der eine solche Mitteilung zeitgerecht zugegangen ist, hat das Recht, binnen einer Woche nach Zugang dieser Mitteilung, die Beschäftigung am 8. Dezember abzulehnen. Keine Arbeitnehmerin darf wegen der Weigerung, am 8. Dezember der Beschäftigung nachzugehen, benachteiligt werden.**

2.4. Hinsichtlich der Vergütung der Arbeitsleistung am 8. Dezember gelten die einschlägigen Bestimmungen des ARG und dieses Kollektivvertrages.

2.5. Für die Arbeitsleistung des Lehrlings am 8. Dezember gilt als Berechnungsgrundlage des Entgeltes gem § 9 Abs (5) ARG der Satz der Beschäftigungsgruppe C Stufe 1.[4])

2.6. Die Arbeitnehmerin erhält für die Arbeitsleistung am 8. Dezember zusätzliche Freizeit. Der Verbrauch der Freizeit ist unter Berücksichtigung der betrieblichen Erfordernisse und unter Bedachtnahme auf die Interessen der Arbeitnehmerin zu vereinbaren und unter Entgeltfortzahlung bis 31. März des Folgejahres zu verbrauchen. Eine Arbeitnehmerin, die bis zu 4 Stunden arbeitet, erhält 4 Stunden Freizeit, eine Arbeitnehmerin, die mehr als 4 Stunden arbeitet, erhält 8 Stunden Freizeit.

Eine Abgeltung in Geld ist bei aufrechtem Arbeitsverhältnis nicht zulässig.

2.7. Die Punkte 2.3. und 2.6. gelten nicht für Beschäftigungen, die auf Grund von arbeitsrechtlichen Vorschriften, die bereits vor dem 6.11.1995 bestanden haben, zulässig sind.

2.8. Im Zusammenhang mit der Arbeitsleistung am 8. Dezember können im Rahmen der Punkte 2.1. bis 2.6. Betriebsvereinbarungen abgeschlossen werden.

2.9. Der 8. Dezember ist, auch wenn er auf einen Samstag fällt, kein verkaufsoffener Samstag gemäß C. 1.5. dieses Abschnittes (In-Kraft-Treten 1.1. 2008). Diesfalls gelten für den 8. Dezember diese Bestimmungen und nicht C. 1.5.[5]) (In-Kraft-Treten 1.12.2007).

[1]) Der Handels-KV übernimmt grundsätzlich die Aufzählung der Feiertage aus dem Arbeitsruhegesetz. § 7 Abs 2 ARG sieht nur teilweise weitere Bezeichnungen für die Feiertage vor. **Feiertage** iSd § 7 Abs 2 ARG sind: 1. Jänner (Neujahr), 6. Jänner (Heilige Drei Könige), Ostermontag, 1. Mai (Staatsfeiertag), Christi Himmelfahrt, Pfingstmontag, Fronleichnam, 15. August (Mariä Himmelfahrt), 26. Oktober (Nationalfeiertag), 1. November (Allerheiligen), 8. Dezember (Mariä Empfängnis), 25. Dezember (Weihnachten), 26. Dezember (Stephanstag).

Mit In-Kraft-Treten am 22.3.2019 wurde der **Karfreitag**, der bisher in § 7 Abs 3 ARG für Angehörige der evangelischen Kirchen AB und HB, der Altkatholischen Kirche und der Evangelisch-methodistischen Kirche als **gesetzlicher Feiertag** vorgesehen war, **beseitigt**. Anlass war die Entscheidung des EuGH vom 22.1.2019, C-193/17, *Cresco Investigation GmbH* (s hiezu die Bespr v *Löschnigg*, Karfreitagsregelung – Diskriminierung aufgrund der Religion, DRdA 2019, 502), wonach der Gerichtshof erkannte, dass die Bestimmung eine **unmittelbare Diskriminierung auf Grund der Religion** (Art 21 GRC) darstellt und damit als gleichheitswidrig anzusehen ist (zum Vorabentscheidungsersuchen s OGH 24. März 2017, 9 ObA 75/16v, ARD 6545/6/2017; zum fortgesetzten Verfahren nach dem Erkenntnis des EuGH s OGH 27. Februar 2019, 9 ObA 11/19m, ARD 6641/7/2019; *Sabara*, Feiertagsarbeitsentgelt für Arbeit am Karfreitag, ARD 6641/7/2019; *Tomandl*, Das Kreuz mit dem Karfreitag, ZAS 2019, 49).

Neu eingefügt wurde § 7a ARG, der einen sogenannten **persönlichen Feiertag** erschafft. Dieser persönliche Feiertag bildet aber keinen echten Ersatz für den bisherigen Feiertag. Es wird vielmehr ein Tag aus dem Kontingent des Erholungsurlaubs – nach freier Wahl des Arbeitnehmers bzw der Arbeitnehmerin (zB auch sein/ihr Geburtstag) – mit einem Rechtsanspruch auf einseitige Festlegung versehen. Der Zeitpunkt des Urlaubsantritts ist schriftlich drei Monate im Vorhinein bekanntzugeben. Ersucht der Arbeitgeber bzw die Arbeitgeberin den Arbeitnehmer bzw die Arbeitnehmerin an diesem Tag zu arbeiten, obliegt es dem Arbeitnehmer bzw der Arbeitnehmerin, den Urlaub dennoch anzutreten, oder dem Ersuchen des Arbeitgebers bzw der Arbeitgeberin nachzukommen. Ist Letzteres der Fall, besteht nicht nur ein Anspruch auf das Urlaubsentgelt (vgl § 6 UrlG) sondern auch auf das für die geleistete Arbeit gebührende Entgelt (doppeltes Entgelt; allg hiezu s *Hitz*, Die Neuregelung zum Karfreitag: das Recht auf einen persönlichen Feiertag – Klarstellungen und Praxisfragen, ARD 6641/5/2019; *Gleißner*, Neuregelung Karfreitag, ZAS 2019/ 95; *Sabara/ Tuma*, Karfreitag als „persönlicher Feiertag" – Nationalratsbeschluss, ARD 6639/18/2019; *Glowacka*, Die neue Karfreitagslösung, ASoK 2019, 122).

Bestimmungen in Normen der kollektiven Rechtsgestaltung und damit auch jene in **Kollektivverträgen** betreffend den Karfreitag, die nur für Angehörige der oben genannten Konfessionen gelten, sind nunmehr **unwirksam** und **künftig unzulässig** (vgl § 33a Abs 28 ARG). Eine Nachwirkung derartiger Regelungen ist nicht vorgesehen. Der Gesetzgeber greift damit nicht nur in Generalkollektivverträge sondern auch in Branchenkollektivverträge ein. Damit kommt es zu einem massiven Eingriff in die Kollektivvertragsautonomie. Kollektivvertragliche Regelungen, die im Sinne der EuGH-Entscheidung (s oben) aber europarechtswidrig wären, wären ohnedies problematisch und in der bestehenden Form nicht aufrecht zu erhalten.

Für Angehörige der israelitischen Glaubensgemeinschaft ist zusätzlich der **Versöhnungstag** als Feiertag vorgesehen (s Z 1.2.). Hier lässt der

Gesetzgeber die Normen der kollektiven Rechtsgestaltung aufrecht; die Aufhebung bezieht sich nur auf den an die Konfession gebundenen Karfreitag (s hiezu *Gleißner*, Neuregelung Karfreitag, ZAS 2019, 95; *Schrank*, Entdiskriminierung: Rechtlich Erstaunliches zur notwendigen „Karfreitagsreparatur"). Aus europarechtlicher Sicht ist allerdings auch diese Regelung problematisch, sodass die Kollektivvertragsparteien auch diesbezüglich nach neuen Lösungen suchen sollten.

[2]) Durch gesetzliche Feiertage darf gem § 9 ARG das Entgelt nicht geschmälert werden. Dies gilt dem Handelsangestellten-KV zufolge auch für den jüdischen Versöhnungstag (s Erl 1). Eine Einbeziehung regelmäßiger Prämien, Provisionen und Überstunden zur Berechnung des Entgeltes ist vorzunehmen. Wird am Feiertag gearbeitet, dann gebührt zusätzlich das Entgelt für die geleistete Arbeit. Handelt es sich um Überstunden, dann steht weiters ein **Zuschlag** von 100 % gem Abschnitt 2 Pkt G Z 2.4. des Handelsangestellten-KV zu (s Erl 2 u 8 zu Abschnitt 2 Pkt G).

[3]) Grundsätzlich handelt es sich beim **8. Dezember (Mariä Empfängnis)** um einen gesetzlichen Feiertag iSd § 7 Abs 2 ARG. Auf Grund des Drucks der Wirtschaft und dem Argument drohender Umsatzverluste (zu Gunsten der österreichischen Nachbarländer) wurde die Einhaltung der Feiertagsruhe am 8. Dezember aber „relativiert". Einerseits können Handelsunternehmen (Verkaufsstellen iSd § 1 Abs 1 Öffnungszeitengesetz 2003) Arbeitnehmer bzw Arbeitnehmerinnen ohne Vorliegen besonderer Voraussetzungen beschäftigen. Andererseits hat ein Arbeitnehmer bzw eine Arbeitnehmerin das Recht, die Beschäftigung am 8. Dezember ohne Angabe von Gründen **abzulehnen**. Wegen der Weigerung, an diesem Tag zu arbeiten, darf der Arbeitnehmer bzw die Arbeitnehmerin nicht benachteiligt werden (vgl § 13a ARG; *Lutz/Heilegger/Dunst*, Arbeitsruhegesetz[6] [2021]; *Schrank*, Arbeitszeitgesetze[6] [2021] Rz zu § 13a ARG; zum internationalen Vergleich sa *Löschnigg* [Hrsg], Feiertagsarbeit im internationalen Vergleich [2006]).

Die gesetzliche Regelung zum 8. Dezember wird durch den Handelsangestellten-KV beschränkt bzw konkretisiert. Arbeitsverrichtungen dürfen in der Zeit von 10.00 Uhr bis 18.00 Uhr nur umfassen: Tätigkeiten zur Beratung und Betreuung von Kunden bzw Kundinnen; Tätigkeiten im Warenverkauf; Tätigkeiten, die mit diesen im unmittelbaren Zusammenhang stehen oder ohne die diese nicht durchführbar wären; sonstige Tätigkeiten, die vom Arbeitgeber bzw der Arbeitgeberin im Zusammenhang mit den vorstehenden Tätigkeiten verlangt werden. Sofern der Arbeitnehmer bzw die Arbeitnehmerin am 8. Dezember zu derartigen Arbeitsleistungen herangezogen werden soll, ist dies bis spätestens 10. November dem Arbeitnehmer bzw der Arbeitnehmerin mitzuteilen. Ist diese Mitteilung zeitgerecht zugegangen, hat der Arbeitnehmer bzw die Arbeitnehmerin aber das Recht, binnen einer Woche ab Zugang dieser Mitteilung, die Beschäftigung am 8. Dezember abzulehnen.

Hinsichtlich der **Vergütung** der Feiertagsarbeit verweist der Handelsangestellten-KV auf die Bestimmungen des ARG sowie auf die kollektivvertraglichen Bestimmungen. Ein besonderer Anspruch besteht darin, dass **zusätzlich** zum Entgelt **Freizeit** gebührt, die bis zum 31. März des Folgejahres zu geben und zu verbrauchen ist. Konkret erhält der Arbeitnehmer bzw die Arbeitnehmerin vier Stunden Freizeit, sofern er/sie bis zu vier Stunden arbeitet, und acht Stunden Freizeit, wenn er/sie länger als vier Stunden am 8. Dezember tätig wird. Eine Abgeltung dieser Freizeit ist bei aufrechtem Bestand des Arbeitsverhältnisses dem Handelsangestellten-KV zufolge unzulässig.

Die kollektivvertraglichen Bestimmungen für Arbeitsleistungen am 8. Dezember gelten auch für **Lehrlinge**, sieht doch § 18a KJBG vor, dass eine Zulassung einer Beschäftigung durch Kollektivvertrag zulässig ist. Von dieser Ermächtigung hat der Handelsangestellten-KV durch Abschnitt 2 Pkt I Z 2.1. Gebrauch gemacht. Maßgeblich für eine Beschäftigung am 8. Dezember ist, dass dieser auf einen Werktag fällt. Sofern der Handelsangestellten-KV in Abschnitt 2 Pkt I Z 2.1. keine abweichenden Regelungen für Lehrlinge trifft, sind die übrigen Bestimmungen des Abschnittes 2 Pkt I Z 2 Handelsangestellten-KV auch auf Lehrlinge anzuwenden.

[4]) Hinsichtlich der **Vergütung** der Arbeitsleistung eines Lehrlings am 8. Dezember sieht der Handelsangestellten-KV in Abschnitt 2 Pkt I Z 2.5. vor, dass als Berechnungsgrundlage des Entgelts gem § 9 Abs 5 ARG der **Satz** der **Beschäftigungsgruppe C, Stufe 1** des Gehaltssystems NEU heranzuziehen ist und nicht das dem Lehrling eigentlich zustehende Lehrlingseinkommen. Wird ein Lehrling demnach am 8. Dezember beschäftigt, erhält er nach dem Gehaltssystem NEU einen Stundenlohn von 11,67 Euro (Beschäftigungsgruppe C, Stufe 1 [Euro 1.945,–/38,5/4,33]).

[5]) Zu beachten ist, dass es sich um keinen verkaufsoffenen Samstag iSd Abschnittes 2 Pkt C Z 1.5. Handelsangestellten-KV (letzten vier Samstage vor Weihnachten) handelt, wenn der **8. Dezember auf einen Samstag** fällt. Auch in diesem Fall sind die Bestimmungen des Abschnittes 2 Pkt I Z 2 Handelsangestellten-KV anzuwenden. Letztere gehen als Sonderregelungen den allgemeinen Bestimmungen zur Vorweihnachtsregelung vor.

ABSCHNITT 3
ENTGELT

A. Gehaltssystem NEU[1])

1. Allgemeine Bestimmungen

1.1. Arbeitnehmerinnen ist ein monatliches Mindestgehalt unter Berücksichtigung der folgenden Bestimmungen zu bezahlen.[2])

1.2. Allfällige Reformbeträge sind für die Berechnung aller gehaltsabhängigen Ansprüche in die Bemessungsgrundlage mit ein zu beziehen (zB Sonderzahlungen, Zuschläge, Jubiläumsgeld, Abfertigung, etc …).

1.3. Sie sind unter Anwendung der folgenden Vordienstzeitenregelung in die ihrer Tätigkeit entsprechende Beschäftigungsgruppe (A–H) einzustufen.

Dabei sind die Beschreibungen der Beschäftigungsgruppe auschlaggebend. Die Referenzfunktionen dienen als zusätzliche Orientierung.[3])

2. Vordienstzeitenanrechnung

2.1. Vordienstzeiten[4]) aus den Punkten 2.1.1. bis 2.1.7. sind im Ausmaß von höchstens 7 Jahren bei der Einstufung in die Gehaltstabelle zu berücksichtigen.[5])

2.1.1. Vordienstzeiten, die im Rahmen eines Angestelltenverhältnisses[6]), als selbstständige Tätigkeit, als freie Dienstnehmerin[7]) oder im öffentlichen Dienst[8]) erbracht wurden, sind nach entsprechendem Nachweis anzurechnen.

2.1.2. Vordienstzeiten, die im Rahmen eines Arbeiterverhältnisses erbracht wurden, sind nach entsprechendem Nachweis zur Hälfte anzurechnen.[9])

2.1.3. Weiters werden Zeiten des Präsenz- und Zivildienstes als Vordienstzeiten gewertet.[10])

2.1.4. Eine erfolgreich abgelegte Lehrabschlussprüfung in den Lehrberufen Einzelhandelskauffrau, Drogistin, Foto- und Multimediakauffrau, Buch- und Medienwirtschaftshändlerin, Buch- und Musikalienhändlerin, Waffen- und Munitionshändlerin sowie Bürokauffrau (kaufm. administrative Lehrberufe: alle Lehr-

berufe, die die LAP des Lehrberufs Bürokauffrau ersetzen, sowie Ersätze gemäß Erlass nach § 34a BAG – siehe Anhang 8) wird als ein Vordienstzeitenjahr gerechnet. Dies gilt auch bei Doppellehren. Wird eine derartige Lehrabschlussprüfung noch während der Lehrzeit des betreffenden Lehrberufes abgelegt, erfolgt die Anrechnung dieses einen Jahres mit Beginn der Weiterbeschäftigungszeit entsprechend dieses Kollektivvertrages. Wird eine derartige Lehrabschlussprüfung während der Weiterbeschäftigungszeit oder später abgelegt, erfolgt die Anrechnung dieses einen Jahres mit dem der Lehrabschlussprüfung folgenden Monatsersten.[11])

2.1.5. Die erfolgreich abgeschlossene Handelsakademie wird mit zwei Jahren gerechnet.[12])

2.1.6. Elternkarenzurlaube bzw Kinderbetreuungszeiten werden im Ausmaß von höchstens 24 Monaten als Vordienstzeiten gerechnet.[13])

2.1.7. Im Ausland zurückgelegte Vordienstzeiten, sind sinngemäß dieser Bestimmung bei der Berechnung der Vordienstzeiten zu berücksichtigen, wenn diese nachgewiesen oder glaubhaft gemacht werden.[14])

2.2. Weiters wird Arbeitnehmerinnen, die in der Arbeitswelt Verkauf & Vertrieb den Warenpreis und die Rechnungssumme rechnergestützt erfassen und/oder bare und unbare Zahlungsvorgänge abwickeln und/oder die Rechnung ausfolgen, ein weiteres Jahr als Vordienstzeit angerechnet. Führt die Arbeitnehmerin die angeführten Tätigkeiten nicht von Beginn des Dienstverhältnisses an aus, sondern erst ab einem späteren Zeitpunkt innerhalb der ersten sechs Monate des Dienstverhältnisses, so hat die Anrechnung mit diesem Zeitpunkt zu erfolgen.[15])

Der Vorrückungsstichtagsmonat der Arbeitnehmerin bleibt unverändert. Ergibt sich ein höheres Gehalt, gebührt dieses mit dem Zeitpunkt der Änderung der Tätigkeit.

[1]) Mit 1.12.2017 wurde dem Handelsangestellten-KV ein **neues Gehaltssystem** hinzugefügt. Es soll die neuen Anforderungen und aktuellen Entwicklungen der Arbeitswelt sachgerechter abbilden. Das „Gehaltssystem NEU“ hat nunmehr die seit 45 Jahren bestehende Gehaltsordnung innerhalb eines Zeitraums von **vier Jahren** zur Gänze ersetzt. Die **Überführung** der Arbeitnehmer und Arbeitnehmerinnen in die Gehaltsordnung NEU war

für Betriebe ab dem 1.12.2017 möglich. Dazu konnte bis längstens 1.1.2022 ein **Übertrittsstichtag** für die gesamte Belegschaft gewählt werden, wodurch eine parallele Anwendung der beiden Gehaltssysteme innerhalb eines Betriebes vermieden werden sollte (s hiezu Erl 1 zu Abschnitt 3 Pkt C Z 1). Bis zum Übertritt in das neue Gehaltssystem war nach wie vor für sämtliche – auch neu eintretende Arbeitnehmerinnen und Arbeitnehmer – die **Gehaltsordnung ALT** anzuwenden (s die Erl zu Abschnitt 3 Pkt B).

Das Gehaltssystem NEU unterteilt den Handel in **sieben „Arbeitswelten"** (Einkauf, Verkauf/Vertrieb, Logistik, kaufm./administrative Dienstleistungen, Marketing/Kommunikation, IT, technische Dienste) und **acht Beschäftigungsgruppen** (A bis H). Zur Orientierung bei der Einstufung der Arbeitnehmer und Arbeitnehmerinnen wurden **75 „Referenzfunktionen"** geschaffen, welche die typischen Tätigkeiten der jeweiligen Arbeitswelt in den einzelnen Beschäftigungsgruppen beschreiben (vgl auch Erl 3 zu Abschnitt 3 Pkt A Z 1.3 u und Erl 1 zu Abschnitt 3 Pkt A Z 3; s hiezu *Marchhart/Palkovich*, Der Weg ins neue Gehaltssystem im Handel – wichtige Fragen zur richtigen Einstufung, ARD 6747/5/2021).

Im Vergleich zur Gehaltsordnung ALT werden die einzelnen Beschäftigungsgruppen des neuen Gehaltssystems zwar umfangreicher, jedoch allgemeiner beschrieben, wodurch eine **flexiblere** Handhabung bei der Einstufung der Arbeitnehmer und Arbeitnehmerinnen in den Kollektivvertrag ermöglicht wird. Die Beschäftigungsgruppen werden durch Tätigkeitsbereiche, die neuen Arbeitsfeldern und neuen Arbeitsformen entsprechen, erweitert; so etwa um die Tätigkeit des Social-Media- und Suchmaschinenmarketings.

[2]) Der Handelsangestellten-KV gewährt sämtlichen Angestellten seines Anwendungsbereiches einen unabdingbaren Anspruch auf ein monatliches Arbeitsentgelt nach den in den Gehaltstafeln festgelegten Sätzen. Bei diesen Beträgen handelt es sich jedoch – wie auch Z 1.1. betont – lediglich um ein Mindestgehalt. Ein höheres Entgelt kann durch Arbeitsvertrag jederzeit vereinbart werden. Ein Unterschreiten des kollektivvertraglichen **Mindestgehalts** ist hingegen nicht zulässig (*Hainz/Hutter*, Rechtsfolgen der unterkollektivvertraglichen Entlohnung samt Praxisbericht Lohn- und Sozialdumping, ZAS 2013, 139). Ein Unterschreiten des Mindestentgelts darf auch durch Vereinbarung von All-in-Verträgen oder Pauschalvereinbarungen nicht eintreten (s hiezu auch Erl 1 u 2 zu Abschnitt 3 Pkt A Z 8.2.).

Nach ständiger Rechtsprechung des VwGH sind kollektivvertragliche Mindestentgelte zwingend in Geld auszubezahlen und Sondervereinbarungen über eine Anrechnung von Sachbezügen unzulässig (vgl VwGH

22. März 1994, 92/08/0150, ARD 4573/34/94; VwGH 27. Juli 2001, 95/08/0037, DRdA 2003, 338 mit Bespr v *Löschnigg*; sa *Korn*, Kollektivvertraglicher Mindestlohn und Sachbezug in der Sozialversicherung, ASoK 2002, 184; *Müller*, Nochmals: Kollektivvertraglicher Mindestlohn und Sachbezug in der Sozialversicherung, ASoK 2002, 220; *ders*, Judikaturdivergenzen zwischen VwGH und OGH? – Eine Entwarnung, ZAS 2003, 23; *Montmorency*, Anrechnung von Sachbezügen auf das kollektivvertragliche Mindestentgelt: Erlaubt oder verboten?, ZAS 2003, 62; OGH 27. August 2015, 9 ObA 92/15t, DRdA 2016, 240 mit Bespr v *Burger-Ehrnhofer*; *Löschnigg*, Arbeitsrecht[13] [2017] 6/139). Dem OGH zufolge ist eine einseitige Anrechnung von Sachbezügen auf das kollektivvertragliche Mindestentgelt durch den Dienstgeber bzw die Dienstgeberin – schon nach dem allgemeinen Grundsatz der Vertragstreue – unzulässig, da es sich bei der Zurverfügungstellung von Sachbezügen anstelle der vereinbarten Geldleistung um ein Aliud handle (OGH 19. November 2003, 9 ObA 112/03s, ARD 5476/6/2004; OGH 12. Juli 2006, 9 ObA 103/05w, infas 2007, A 3). Im Zusammenhang mit dem Handelsangestellten-KV hat auch der OGH nunmehr ausdrücklich klargestellt, dass der kollektivvertragliche Mindestlohn zwingend in Geld zu leisten ist. Die Vereinbarung einer Anrechnung von Sachbezügen (zB die Privatnutzung eines Dienst-PKW) auf das kollektivvertragliche Mindestentgelt ist ohne ausdrückliche Ermächtigung im Kollektivvertrag unzulässig. Der in Geld zu leistende kollektivvertragliche Mindestlohn ist einem Günstigkeitsvergleich mit Sachbezügen entzogen (OGH 27. August 2015, 9 ObA 92/15t, DRdA-infas 2015, 302 = ecolex 2015, 1087).

Zur Ermittlung des dem einzelnen Arbeitnehmer bzw der einzelnen Arbeitnehmerin gebührenden Mindestgehalts ist jedes Arbeitsverhältnis im Anwendungsbereich des Kollektivvertrages in das **Gehaltsschema** einzustufen. Die Festlegung der hiefür relevanten Kriterien bleibt grundsätzlich den Kollektivvertragsparteien überlassen, die hiebei jedoch an gesetzliche Schranken sowie kraft mittelbarer Drittwirkung auch an die Grundrechte, insbesondere an das allgemeine Sachlichkeitsgebot des Gleichheitssatzes, gebunden sind (*Löschnigg*, Arbeitsrecht[13] [2017] 6/324 ff; *Resch*, Die Einstufung im Kollektivvertrag, wbl 1999, 237; OGH 8. Juli 1998, 9 ObA 125/98f, DRdA 1999, 273 mit Bespr v *Firlei* = ZAS 1999, 143 mit Bespr v *Aigner*; OGH 11. August 1993, 9 ObA 133/93, ZAS 1995, 190 mit Bespr v *Tomandl* = Arb 11.099; OGH 16. Dezember 1992, 9 ObA 602/92, ZAS 1995, 12 mit Bespr v *Schrammel*). Das Gehaltsschema des Handelsangestellten-KV kennt vier **Einstufungskriterien**, anhand derer das einem/einer Angestellten zustehende kollektivvertragliche Mindestgehalt zu ermitteln ist:

- Einstufung in eine Gehaltstafel;
- Einstufung in ein Gehaltsgebiet;
- Einstufung in eine Beschäftigungsgruppe;
- Einstufung hinsichtlich des Berufsjahres.

[3]) Anstelle der sechs Beschäftigungsgruppen der Gehaltsordnung ALT, enthält der Kollektivvertrag im Gehaltssystem NEU nunmehr **acht Beschäftigungsgruppen** (A bis H). Eine Unterscheidung zwischen einfachen und schwierigen Tätigkeiten ist nicht mehr vorgesehen. Die Einstufung der Arbeitnehmerin/des Arbeitnehmers in eine Beschäftigungsgruppe hat nach wie vor nach der **tatsächlich ausgeübten Tätigkeit** entsprechend der Beschreibung der jeweiligen Beschäftigungsgruppe zu erfolgen (vgl *Marchhart/Palkovich*, Der Weg ins neue Gehaltssystem im Handel – wichtige Fragen zur richtigen Einstufung, ARD 6747/5/2021). Kriterium für diese **Einstufung** ist die Art der vom Angestellten bzw von der Angestellten verrichteten Tätigkeit im Betrieb. Es kommt zudem auf die Tätigkeitsmerkmale, auf den Inhalt der Arbeit und die vorwiegend ausgeübte tatsächliche Tätigkeit an. Die Beurteilung, ob ein Arbeitnehmer bzw eine Arbeitnehmerin die Kriterien für eine Einstufung in eine bestimmte Gehaltsgruppe erfüllt, kann allerdings nur nach den Umständen des Einzelfalles vorgenommen werden (OGH 9. Mai 2001, 9 ObA 9/01s, Arb 12.099; OGH 22. Oktober 2012, 9 ObA 114/12y, ARD 6294/2/2013; OGH 29. Jänner 2014, 9 ObA 13/14y, ARD 6400/7/2014). Ist die **tatsächliche Tätigkeit** höher zu bewerten als die **vereinbarte Tätigkeit**, ist erstere maßgebend. Ist dagegen die Vereinbarung für den Arbeitnehmer bzw die Arbeitnehmerin günstiger, als die seiner/ihrer tatsächlichen Tätigkeit entsprechende Einstufung, ist diese heranzuziehen (vgl *Löschnigg*, Arbeitsrecht[13] [2017] 6/014). Allerdings ist in einem solchen Fall die individuelle Einzelvereinbarung näher zu prüfen. So schloss der OGH etwa aus der Verwendung der Bezeichnung einer höherwertigen Tätigkeit („Bauleiter") im Arbeitsvertrag noch nicht auf die Vereinbarung einer entsprechenden kollektivvertraglichen Einstufung, sondern nahm die Einstufung aufgrund der tatsächlich verrichteten Tätigkeit vor (OGH 1. Juli 1986, 14 Ob 107/86, REDOK 9397; vgl *Resch*, Die Einstufung im Kollektivvertrag, wbl 1999, 237). Formale Qualifikationskriterien, wie etwa eine bestimmte Ausbildung bzw ein bestimmter Abschluss oder formale Funktionen im Betrieb, kommen – anders als in manchen anderen Kollektivverträgen – im Anwendungsbereich des Handelsangestellten-KV nur beschränkt zum Tragen. Ebenfalls von keiner entscheidenden Bedeutung sind betriebliche **Funktionsbezeichnungen** oder **Titel** (zB Direktor bzw Direktorin, Leiter bzw Leiterin). Sie dokumentieren aber nach außen hin die Stellung des

Mitarbeiters bzw der Mitarbeiterin in der Unternehmenshierarchie und können deshalb nicht als vollständig zu vernachlässigendes Kriterium angesehen werden. Auch betriebsintern dokumentieren sie den Grad der Verantwortung, die Führungsposition, die übertragenen Aufgabengebiete und die organisatorische Positionierung. Sie sind daher jedenfalls als **Indiz bei der Auslegung** der Tätigkeitsmerkmale zu werten (vgl *Resch*, Die Einstufung im Kollektivvertrag, wbl 1999, 237; VwGH 30. März 1993, 92/08/0050, ARD 4463/13/93; OGH 19. April 1977, 4 Ob 71/77, JBl 1978, 550; OGH 4. September 1996, 9 ObA 2129/96, infas 1997, A 19).

Sämtliche Beschäftigungsgruppen sind systematisch nach verschiedenen **Bewertungskriterien** für die Zuordnung aufgebaut (s hiezu auch Erl 1 zu Abschnitt 3 Pkt A Z 3). Zur Orientierung bei der Einstufung in die entsprechende Beschäftigungsgruppe dienen **75 Referenzfunktionen**, die den **sieben Arbeitswelten** (s Erl 1) zugeordnet sind. Die **Referenzfunktionen** beschreiben jene Tätigkeiten, ohne die eine bestimmte Arbeitswelt nicht funktionieren kann. Die Referenzfunktionen können daher Arbeitswelten in verschiedenen Beschäftigungsgruppen beschreiben. So ist zB die Referenzfunktion des Verkaufs in der Arbeitswelt Verkauf/Vertrieb in den Beschäftigungsgruppen C bis E und die Referenzfunktion der Personalverrechnung in der Arbeitswelt kaufm./administrative Dienstleistungen in den Beschäftigungsgruppen D bis F genannt. Die Referenzfunktionen sollen jedoch nur eine **Hilfestellung bei der Einstufung** in die Beschäftigungsgruppen bieten und sind daher als beispielhafte Aufzählungen zu verstehen.

Entspricht die vom Arbeitnehmer/von der Arbeitnehmerin (künftig) ausgeübte Tätigkeit den Bewertungskriterien einer Beschäftigungsgruppe, so ist der Arbeitnehmer/die Arbeitnehmerin auch dann in diese Beschäftigungsgruppe einzustufen, wenn die passende Referenzfunktion in einer anderen Beschäftigungsgruppe angeführt ist.

Eine Übersicht zu den Referenzfunktionen der einzelnen Beschäftigungsgruppen enthält Anhang 4 des Kollektivvertrages. Detaillierte Beschreibungen der Referenzfunktionen nach Maßgabe der Tätigkeit und dem Ziel derselben finden sich in Anhang 5.

4) In Angestellten-Kollektivverträgen wie dem Handelsangestellten-KV ist – wenn auch in unterschiedlicher Ausprägung – regelmäßig das **Senioritätsprinzip** verankert, das unter anderem durch eine Staffelung der kollektivvertraglichen Gehaltssätze nach **Berufsjahren** sowie durch eine **Anrechnung von Vordienstzeiten** zum Ausdruck kommt. Das Element der Berufserfahrung wird so als sachgerechtes Kriterium bei der Entgeltfindung anerkannt (OGH 10. Juli 1997, 8 ObA 190/97t, DRdA 1998, 61).

[5]) Der Handelsangestellten-KV sieht in Abschnitt 3 Pkt A Z 2.1. bei der Anrechnung der nach dem Kollektivvertrag relevanten Vordienstzeiten (Z 2.1.1. bis Z 2.1.7.) eine **Deckelung von sieben Jahren** vor. Zu beachten ist, dass die Anrechnung der Vordienstzeiten nur für jene Arbeitnehmer und Arbeitnehmerinnen zur Anwendung kommt, die nach dem Übertritt in das Gehaltssystem NEU eingestellt werden (zu den Übergangsbestimmungen s die Erl zu Abschnitt 3 Pkt C).

Nach der Gehaltsordnung ALT war die Anrechnung von höchstens 18 Berufsjahren (entsprechend den Gehaltssprüngen nach der Gehaltsordnung ALT) möglich. Vor allem für ältere Arbeitnehmerinnen und Arbeitnehmer, die die maximale Anzahl an anrechenbaren Vordienstzeiten erreicht haben, konnte diese Regelung bei einer Wiedereingliederung in den Arbeitsmarkt aufgrund der damit einhergehenden Einstufung in das 18. Berufsjahr der Gehaltsordnung ALT mit Nachteilen verbunden sein (s etwa *Schrenk*, Der ältere Dienstnehmer im Arbeitsrecht, taxlex 2011, 204; *Resch*, Altersdiskriminierung bei Begründung und Gestaltung des Arbeitsvertrags, RdW 2010, 683; *Mayr*, Diskriminierungen aufgrund des Alters im österreichischen Arbeitsrecht, ASoK 2003, 289). Das Ausmaß von maximal 18 anrechenbaren Berufsjahren konnte überdies bereits im Alter von 35 Jahren erreicht sein. Derartige Nachteile sollen durch das Anrechnungsausmaß von maximal sieben Jahren verhindert werden. Bei einem Neueintritt in einen Betrieb, der bereits dem Gehaltssystem NEU unterliegt, kommt es bei **maximaler Vordienstzeitenanrechnung** zu einer Einstufung in die **Stufe 3** der entsprechenden Beschäftigungsgruppe und damit das mittlere Feld des Gehaltsschemas. Dies bietet auch den Vorteil noch vorhandener Vorrückungsmöglichkeiten in eine höhere Gehaltsstufe, wodurch das Element der **Betriebstreue**, das auf die Dauer der im Betrieb zurückgelegten Jahre abstellt, zu Lasten des Elements der **Berufserfahrung** in den Vordergrund rückt.

[6]) Die **Gehaltsordnung ALT** enthielt in Abschnitt 3 Pkt B Z 2.1. die Anrechnung von Berufsjahren, in denen **praktische Angestelltentätigkeiten** verrichtet wurden (s hiezu OGH 26. Februar 2014, 9 ObA 147/13b, ARD 6397/9/2014 = infas 2014, 198). Die Kollektivvertragsparteien wollten für die Anrechnung somit nur jene Berufserfahrung berücksichtigen, in denen Erfahrungen durch die Verrichtung von Angestelltentätigkeiten gesammelt wurden. Das **Gehaltssystem NEU** stellt in Abschnitt 3 Pkt A Z 2.1.1. nicht mehr auf die praktische und damit tatsächliche Verrichtung von Angestelltentätigkeiten, sondern auf das **Angestelltenverhältnis** an sich ab. Gewisse Abgrenzungsprobleme bleiben weiterhin (s Erl 9).

[7]) Im Rahmen einer **selbständigen Tätigkeit** erbrachte Vordienstzeiten können im Rahmen des Höchstausmaßes von sieben Jahren angerechnet werden. Das Gehaltssystem NEU stellt dabei, entgegen der entsprechenden Regelung der Gehaltsordnung ALT, nicht mehr auf eine „gewerbliche Tätigkeit" ab. Als Grundlage für die selbständige Tätigkeit kommen daher nicht nur ein Geschäftsbetrieb iS der GewO in Betracht, sondern auch sonstige selbständig ausgeführte Arbeiten und Dienstleistungen, die zB im Rahmen freier Dienstverträge oder Werkverträge erbracht werden (zu diesen Vertragstypen s Erl 6 zu Abschnitt 1 Pkt A). Die freien Dienstnehmer nennt der Kollektivvertrag in Abschnitt 3 Pkt A Z 2.1.1. ohnehin gesondert.

[8]) Die Anrechnung von Vordienstzeiten im **öffentlichen Dienst** erfolgt im Gehaltssystem NEU (Z 2.1.1.) unabhängig von der Ähnlichkeit der Tätigkeit im Handelsbetrieb mit jener im öffentlichen Dienst (zu Vordienstzeiten bei der BVA als Vordienstzeiten im öffentlichen Dienst – noch zur Gehaltsordnung ALT – s OGH 20. September 2000, 9 ObA 180/00m). Es sind somit jegliche im öffentlichen Dienst erbrachten Jahre, insb auch jene, die nicht facheinschlägig sind, anzurechnen.

[9]) Das Gehaltssystem NEU berücksichtigt bei der Einstufung in das Gehaltssystem auch Vordienstzeiten, die im Rahmen eines **Arbeiterverhältnisses** erbracht wurden. Damit wurde ein Schritt in Richtung Angleichung der Stellung von Arbeitern und Angestellten gesetzt (s auch BGBl I 153/2017 zur Angleichung von Arbeitern und Angestellten in der Entgeltfortzahlung ua; s hiezu auch *Löschnigg*, Arbeitsrecht[13] [2017] 6/629 ff). Arbeitertätigkeiten können – im Gegensatz zur vollen Anrechnung von Tätigkeiten im Rahmen eines Angestelltenverhältnisses – bis zum Höchstausmaß von insgesamt sieben Jahren **zur Hälfte** angerechnet werden. Damit können höchstens 14 Berufsjahre, die im Rahmen eines Arbeiterverhältnisses erbracht wurden, bei der Anrechnung berücksichtigt werden.

> **Beispiel:** Ein Arbeitnehmer hat 10 Jahre lang als Monteur gearbeitet. Seit 1.1.2019 arbeitet er in einem Handelsbetrieb, der den Übertritt in das Gehaltssystem NEU bereits vollzogen hat. Die Tätigkeit als Monteur ist nach der Definition des Angestellten gem §§ 1 bis 5 AngG als Arbeitertätigkeit zu qualifizieren. Da Zeiten, die in einem Arbeiterverhältnis erbracht wurden, zwar bis zum Höchstausmaß von sieben Jahren, jedoch nur bis zur Hälfte als Vordienstzeiten angerechnet werden können, sind nur 5 Jahre bei der Einstufung in das Gehaltssystem NEU zu berücksichtigen.

Dem Gehaltssystem NEU zufolge sind einerseits „Angestelltendienstverhältnisse“ zur Gänze und anderseits „Arbeiterverhältnisse“ zur Hälfte anzurechnen. Diese Unterscheidung ist nur auf den ersten Blick klar. Schwierigkeiten bei der Zuordnung bereiten vor allem zwei Phänomene:

a) **Angestellte kraft Vertrages:** Mitunter werden zwar typische Arbeitertätigkeiten erbracht, vereinbart wird aber trotz der Arbeitertätigkeiten die Anwendung des Angestelltengesetzes. Fraglich ist damit, wie diese Arbeitsverhältnisse hinsichtlich der Vordienstzeiten zu berücksichtigen sind. Die Antwort ergibt sich zum einen aus dem Wortlaut des KV, zum anderen aus der Gegenüberstellung der Gehaltsordnung ALT und dem Gehaltssystem NEU. Während nämlich die auslaufende Gehaltsordnung Berufsjahre mit „praktischen Angestelltentätigkeiten“ berücksichtigt, stellt das neue Gehaltssystem auf das „Angestelltenverhältnis“ an sich ab. Letzteres wird aber vorliegen, gleichgültig ob das Angestelltenverhältnis (schon) kraft Gesetzes oder (nur) kraft Arbeitsvertrag zustande gekommen ist. Maßgeblich ist die Geltung des Angestelltengesetzes losgelöst vom Rechtsgrund und damit das Angestelltenverhältnis an sich. Arbeitsverhältnisse mit sog Ehrenangestellten (Angestellten ex contractu; zum Begriff s etwa *Löschnigg*, Arbeitsrecht[13] [2017] 4/075) sind somit bei den Vordienstzeiten gänzlich zu berücksichtigen.

b) **Angestelltentätigkeiten ohne Geltung des AngG:** Werden typische Angestelltentätigkeiten erbracht (zB kaufmännische Tätigkeiten), ist es trotzdem möglich, dass das AngG nicht zur Anwendung kommt. Der Grund hiefür kann darin bestehen, dass die Beschäftigung bei einem Arbeitgeber erfolgt, der vom Angestelltengesetz ausgenommen ist. In Hinblick auf die Anrechnung von Vordienstzeiten wird es irrelevant sein, um welchen Arbeitgeber es sich gehandelt hat. Der Umstand, dass Angestelltentätigkeiten erbracht werden, genügt für die Anrechnung zur Gänze, auch wenn das AngG formal nicht gegolten hat.

[10]) Entgegen der bisherigen Regelung in der Gehaltsordnung ALT, können Zeiten des Präsenz- und Zivildienstes bei der Einstufung in das Gehaltssystem NEU auch ohne Bestehen eines Angestellten- oder Lehrverhältnisses zur Zeit der Einberufung bzw ohne Absolvierung einer Handelsschule oder entsprechenden höheren kaufmännischen Schule, voll angerechnet werden.

[11]) Im Gehaltssystem NEU wurden die Lehrberufe begrifflich an die neue Rechtslage angepasst (etwa „Buch- und Medienwirtschaftshändler“, vormals „Buchhändler“). Eine **erfolgreich abgelegte Lehrabschlussprüfung**

in Lehrberufen, die die Lehrabschlussprüfung des Lehrberufs „Bürokauffrau" ersetzen sowie schulische Ausbildungsabschlüsse, die facheinschlägigen Lehrberufen gem dem Erlass zu § 34a BAG (vgl etwa *Lindmayr*, Gleichstellung von Schulabschlüssen mit facheinschlägigen Lehrabschlüssen, ARD 6551/2/2017) gleichzuhalten sind (s Anhang 8 des Kollektivvertrages), werden als **ein Jahr** gewertet. Zur Doppellehre s Erl 4 zu Abschnitt 4 Pkt A.

[12]) Der erfolgreiche Abschluss einer Handelsakademie ersetzt zwei Berufsjahre. **Handelsakademien** sind berufsbildende höhere Schulen, die in einer fünfjährigen Ausbildung eine höhere kaufmännische Bildung für alle Wirtschaftszweige vermitteln (§ 74 SchOG).

[13]) Im Ausmaß von **24 Monaten** können nach dem Gehaltssystem NEU nicht nur **Karenzzeiten** iSd § 15 MSchG und § 2 VKG sondern auch **Kinderbetreuungszeiten** angerechnet werden. Berücksichtigt werden somit auch Zeiten, in denen sich die Arbeitnehmerin/der Arbeitnehmer nicht in einem Arbeitsverhältnis befunden hat, sofern Kinderbetreuungsgeld nach dem KBGG bezogen wird (allg zum Kinderbetreuungsgeld s *Holzmann-Windhofer/Weißenböck*, Kinderbetreuungsgeldgesetz[2] [2022]; *Burger-Ehrnhofer*, Kinderbetreuungsgeldgesetz und Familienzeitbonusgesetz[3] [2017]; *Sonntag/Schober/Konezny*, KBGG[3] [2020]; *Drs*, Arbeits- und Sozialrecht[6] [2021], 411). Die Anrechnungsregelung kommt somit auch zur Anwendung, wenn es sich um das **erste Arbeitsverhältnis** der Arbeitnehmerin/des Arbeitnehmers handelt. Das Ausmaß der Anrechnung von 24 Monaten ist als Gesamtwert zu verstehen und nicht pro Kind anzuwenden. Zu beachten ist wiederum die Deckelung der anrechnungsfähigen Zeiten im Gesamtausmaß von sieben Jahren (s Erl 5).

Beispiel: Eine Arbeitnehmerin ohne abgeschlossene Ausbildung ist nach sechsjähriger Tätigkeit als Kellnerin arbeitslos. Zwei Jahre lang hat sie Kinderbetreuungsgeld bezogen. Danach hat sie vier Jahre lang als Angestellte gearbeitet. Die Tätigkeit als Kellnerin kann im Ausmaß von 3 Jahren, die Zeit, in der sie Kinderbetreuungsgeld bezogen hat, in vollem Ausmaß angerechnet werden. Die vier Jahre, die sie in einem Angestelltenverhältnis verbracht hat, können ihr ebenso nur zur Hälfte angerechnet werden, da damit das **Höchstausmaß von sieben Jahren** erreicht ist.

[14]) Eine besondere und im Vergleich zu anderen Kollektivverträgen auch durchaus großzügige Anrechnungsbestimmung enthält der Handelsangestellten-KV für **Vordienstzeiten**, die **im Ausland**, dh sowohl innerhalb

der EU als auch in Drittstaaten erbracht wurden. Demnach sind im Ausland erbrachte Vordienstzeiten bei der Berechnung der Berufsjahre einzubeziehen, sofern sie nach den für inländische Vordienstzeiten geltenden Bestimmungen des Handelsangestellten-KV anzuerkennen sind und vom Arbeitnehmer bzw der Arbeitnehmerin **nachgewiesen** oder **zumindest glaubhaft gemacht** werden. Als Berufsjahre zu berücksichtigen sind demzufolge nur jene Zeiten, die ein Arbeitnehmer bzw eine Arbeitnehmerin als Angestellter bzw als Angestellte oder als selbständiger Kaufmann im Ausland tätig war. Lehrzeiten haben wiederum außer Acht zu bleiben. Anders als bei inländischen Vordienstzeiten, die in jedem Fall nachzuweisen sind, genügt bei den im Ausland erbrachten Vordienstzeiten die bloße Glaubhaftmachung durch den Arbeitnehmer bzw die Arbeitnehmerin. Die Kollektivvertragsparteien legen in diesem Zusammenhang einen weniger strengen Maßstab an, sodass etwa auch die Vorlage einer unvollständigen Urkunde als Nachweis für eine behauptete Tätigkeit im Ausland ausreichen würde. Auf Grund dieser großzügigen Anrechnungsbestimmung kommt auch eine europarechtswidrige Diskriminierung von im EU- bzw EWR-Ausland erbrachten Vordienstzeiten nicht in Frage (vgl auch OGH 30. September 2009, 9 ObA 19/09y, DRdA 2011, 353 mit Bespr v *Stolzlechner*).

[15]) Arbeitnehmern und Arbeitnehmerinnen, die in der Arbeitswelt **Verkauf & Vertrieb** „Kassatätigkeiten" ausüben, ist **ein Jahr** als Vordienstzeit anzurechnen. Dieses Jahr ist **zusätzlich** zu dem in Z 2.1. genannten Gesamtausmaß von sieben Jahren anzurechnen, sodass für Arbeitnehmerinnen und Arbeitnehmer, die eine derartige Tätigkeit ausüben, **insgesamt acht Jahre** als Vordienstzeiten angerechnet werden können.

Maßgeblich für die Anrechnung ist die Verrichtung von Kassatätigkeiten beim **zukünftigen Arbeitgeber**. Werden derartige Tätigkeiten in einem Arbeitsverhältnis vor Begründung des Dienstverhältnisses verrichtet, sind diese im Rahmen der Vordienstzeitenanrechnung gem Z 2.1. zu berücksichtigen.

Eine Anrechnung für Kassatätigkeiten iSd Z 2.2. kann auch dann erfolgen, wenn diese nicht bereits zu Beginn des Dienstverhältnisses verrichtet werden. Voraussetzung ist jedoch, dass diese **innerhalb der ersten sechs Monate** des Dienstverhältnisses **tatsächlich** ausgeübt werden. Die Anrechnung hat sodann mit dem Zeitpunkt der Ausübung zu erfolgen. Durch diese Regelung soll verhindert werden, dass die Anrechnung des zusätzlichen Jahres auch für jene Arbeitnehmerinnen und Arbeitnehmer erfolgt, die primär für die Ausübung anderer Tätigkeiten eingestellt werden.

Beispiel: Eine Arbeitnehmerin hat eine Lehre als Einzelhandelskauffrau abgeschlossen. Sie hat bereits sechs Jahre lang als Verkäuferin gearbeitet. Seit 1.1.2021 arbeitet sie in einem Handelsunternehmen, das bereits in das Gehaltssystem NEU gewechselt hat. Sie verrichtet seit Beginn des Dienstverhältnisses Tätigkeiten an der Kassa. Die abgeschlossene Lehre als Einzelhandelskauffrau ist nach Abschnitt 3 Pkt A Z 2.1.4. als ein Vordienstzeitenjahr zu werten (s Erl 11). Die Tätigkeit als Verkäuferin im Ausmaß von 6 Jahren (s Erl 6) ist ihr voll anzurechnen. Damit ist das Höchstausmaß der anrechenbaren Vordienstzeiten von sieben Jahren nach Z 2.1. erreicht (vgl Erl 5). Durch die Ausübung der Kassatätigkeit ist ihr zusätzlich ein weiteres Jahr anzurechnen. Das Gesamtausmaß von acht Jahren bei Ausübung von Kassatätigkeiten nach Z 2.2. ist somit voll ausgeschöpft.

3. Das Beschäftigungsgruppenschema[1])

3.1. Beschäftigungsgruppe A

Diese Beschäftigungsgruppe umfasst

3.1.1. Arbeitnehmerinnen, die im Rahmen eines Angestelltenverhältnisses Hilfstätigkeiten auf Grund klar definierter Vorgaben und genauer Arbeitsanweisungen unter sachgemäßer Anwendung ihrer Arbeitsmittel verrichten. Sie haben nur geringen Entscheidungsspielraum im Rahmen der auszuführenden Tätigkeit.

Für die Tätigkeit sind keine besonderen Fach- oder Sachkenntnisse, keine Ausbildung bzw Berufserfahrung erforderlich. Eine sehr kurze Einarbeitung im Ausmaß von höchstens einem Tag (max. 8 Stunden) ist notwendig.[2])

3.1.2. Beispielsweise sind das folgende Funktionen:

Arbeitswelt	Funktion
Logistik	Lagerhilfsarbeitnehmerinnen, Helferinnen im Angestelltenverhältnis
Technischer Dienst	Reinigungskräfte, Parkplatzwächterinnen

Anmerkung: Diese Tätigkeiten sind aufgrund der Definition der Angestelltentätigkeit laut AngG dem Arbeiterinnenbegriff zuzuordnen. Diese Beschäftigungsgruppe dient jenen Betrieben als Hilfestellung bei der Einstufung, die Arbeiterinnen freiwillig im Kollektivvertrag für Handelsangestellte einstufen.

3.2. Beschäftigungsgruppe B

Diese Beschäftigungsgruppe umfasst

3.2.1. Arbeitnehmerinnen, die im Rahmen eines Angestelltenverhältnisses Tätigkeiten auf Grund klar definierter Vorgaben und genauer Arbeitsanweisungen unter sachgemäßer Anwendung ihrer Arbeitsmittel verrichten. Sie haben nur eingeschränkten Entscheidungsspielraum. Im fallweisen Kontakt mit Kundinnen, Kolleginnen oder Lieferantinnen erteilen sie einfache Auskünfte im Rahmen der auszuführenden Tätigkeit. Nach mindestens vierjähriger facheinschlägiger Berufserfahrung in der Arbeits-

welt Verkauf & Vertrieb dieser Gruppe werden Arbeitnehmerinnen in die Beschäftigungsgruppe C umgereiht.

Für die Tätigkeit sind keine besonderen Fach- oder Sachkenntnisse, keine bzw keine abgeschlossene Ausbildung bzw geringe Berufserfahrung erforderlich. Eine kurze Einarbeitung im Ausmaß von höchstens drei Tagen (max. 24 Stunden) ist notwendig.[2])

3.2.2. Beispielsweise sind das folgende Funktionen bzw Referenzfunktionen:

Arbeitswelt	Funktion bzw Referenzfunktion
Verkauf & Vertrieb	Funktion Regalbetreuerinnen im Angestelltenverhältnis, Angestellte im Verkauf, ohne abgeschlossene Berufsausbildung in einem kaufmännischen Beruf, sofern sie nicht höher einzustufen sind
Logistik	Warenübernahme (im Anlieferbereich)

Anmerkung: Diese Tätigkeiten sind aufgrund der Definition der Angestelltentätigkeit laut AngG dem Arbeiterinnenbegriff zuzuordnen. Diese Beschäftigungsgruppe dient jenen Betrieben als Hilfestellung bei der Einstufung, die Arbeiterinnen freiwillig im Kollektivvertrag für Handelsangestellte einstufen.

3.3. Beschäftigungsgruppe C

Diese Beschäftigungsgruppe umfasst

3.3.1. Arbeitnehmerinnen, die standardisierte Aufgabenstellungen nach allgemein umschriebenen Vorgaben und Arbeitsanweisungen eigenständig bearbeiten. Sie sind für ein ordnungsgemäßes Arbeitsergebnis verantwortlich und haben einen dem Verantwortungsbereich entsprechenden Entscheidungsspielraum. Die Tätigkeit erfordert grundlegende Kommunikationskompetenzen, Kundenorientierung und Teamfähigkeit, weil im regelmäßigen Kontakt mit Kundinnen und/oder Lieferantinnen oder in der Zusammenarbeit mit Kolleginnen Informationen ausgetauscht und einfache Beratungen durchgeführt werden.

Die Tätigkeiten erfordern Fach- und Sachkenntnisse, die für die Bearbeitung standardmäßiger kaufmännischer und/oder administrativer Aufgaben erforderlich sind.

Ferner Arbeitnehmerinnen, die eine Lehre als Einzelhandelskauffrau oder eine kaufmännisch administrative Lehre (alle Lehrberufe, die die LAP des Lehrberufs Bürokauffrau ersetzen) oder eine fachlich gleichwertige Schulausbildung (gemäß Erlass nach § 34 BAG[7])) absolviert haben. Sowie Arbeitnehmerinnen mit einem gleichwertigen Qualifikationserwerb oder nach einer mindestens vierjährigen facheinschlägigen Berufserfahrung.[3])

Arbeitnehmerinnen, der Arbeitswelt Verkauf/Vertrieb, die eine oder mehrere der nachstehenden Standardtätigkeiten in den folgenden vier Tätigkeitsfeldern ausüben[4]):

Bedienung

- **Ermitteln des Kundenwunsches, damit verbundene einfache Auskünfte, die mit einer abgeschlossenen facheinschlägigen Ausbildung wie zB Lehrabschlussprüfung im Einzelhandel, leistbar sind**
- **Ausfolgung der gewünschten Ware**
- **Reklamations- und/oder Umtauschvorgänge, die einen standardisierten Prozess auslösen und nach genauen Vorgaben der Arbeitgeberin bearbeitet werden**
- **Das Herstellen von Produkten durch das Zusammenstellen von Waren nach einer vorgegebenen Anleitung**

Überwachung

Einfache Prüfungen, Kontrollen im Zuge des Verkaufsprozesses (zB in der Diebstahlprävention = Taschenkontrollen) oder im Rahmen der Anlieferung (= Lieferantinnendiebstahl), Plausibilitätsüberprüfungen (Datumskontrolle Frischware, Abwiegen der losen Ware, etc).

Kassiervorgang

Rechnergestütztes Erfassen des Warenpreises und der Rechnungssumme, Abwicklung der baren und unbaren Zahlungsvorgänge und Ausfolgen der Rechnung.

Abwicklung

- **Erfassen der Ware, fachgerechtes einpacken oder verpacken der Ware**
- **Plausibilitätsprüfungen von Bestellungen auf Basis von Systemvorschlägen mit Durchführung von geringfügigen Anpassungen**
- **Erläuterung von betriebsspezifischen Rahmenbedingungen, Regeln und Abläufen**

- **Entgegennahme und Abwicklung von Bestellungen, die im Wege des Fernabsatzes vorgenommen werden (Bestellungen, bei denen ein oder mehrere Fernkommunikationsmittel verwendet wird/werden wie zB Bestellung per Post, Katalog, Internet, Telefon oder Fax) sowie damit verbundene Auskünfte und Beratungstätigkeit**
- **Dekoration nach genauen Vorgaben, meist direkt in der Filiale. Umsetzung und/oder Kontrolle von vorgegebenen Standards**

3.3.2. Arbeitnehmerinnen, die zeitweise mit Führungsaufgaben der Beschäftigungsgruppe E beauftragt sind. Sie erhalten ein Vertretungsgeld von € 1,81 je Stunde oder € 14,55 pro Tag oder € 72,74 pro Woche (nächste Erhöhung siehe 4.5.1 dieses Abschnittes).

Das Vertretungsgeld je Stunde gebührt für jede angefangene Stunde. Angefangene Stunden eines Tages können zusammengerechnet werden.[5])

3.3.3. Beispielsweise sind das folgende Referenzfunktionen:

Arbeitswelt	Referenzfunktion
Verkauf & Vertrieb	Verkauf
Marketing & Kommunikation	Customer Care Agent
Kaufm. & administrative Dienstleistungen	Assistenz (Sekretatiat), Rechnungskontrolle, Debitorenbuchhaltung

3.4. Beschäftigungsgruppe D

Diese Beschäftigungsgruppe umfasst

3.4.1. Arbeitnehmerinnen, die in einem klar und eindeutig definierten Tätigkeitsbereich, eigenständig und eigenverantwortlich wiederkehrende (teilstandardisierte) Aufgabenstellungen bearbeiten. Sie sind für ein ordnungsgemäßes Arbeitsergebnis verantwortlich und treffen im Rahmen ihres Verantwortungsbereiches eigenständig Entscheidungen. Die Tätigkeiten setzen regelmäßig Kompetenzen voraus, die für die Bearbeitung weitgehend stan-

dardmäßiger, aber umfangreicher kaufmännischer, administrativer oder technischer Aufgaben erforderlich sind. Die Tätigkeit erfordert grundlegende Kommunikationskompetenzen, Kundenorientierung und Teamfähigkeit, weil im regelmäßigen Kontakt mit Kundinnen, Lieferantinnen oder in der Zusammenarbeit mit Kolleginnen Informationen ausgetauscht und spezifische Beratungen durchgeführt werden.

Sowie Arbeitnehmerinnen, die eine gewerbliche Lehre oder eine Lehre in der Buch- und Medienwirtschaft, als Drogistin als Foto- und Multimediakauffrau, als pharmazeutisch kaufmännische Assistenz, oder eine fachlich gleichwertige Schulausbildung bzw einen gleichwertigen Qualifikationserwerb erfolgreich abgeschlossen haben, sofern diese Ausbildung für die Tätigkeit von Bedeutung ist. Weiters erfasst diese Beschäftigungsgruppe Arbeitnehmerinnen, die eine zertifizierte Weiterbildung absolviert haben, sofern diese den Kriterien des Zusatzprotokolls 8.1. entspricht und für die Tätigkeit von Bedeutung ist.

Arbeitnehmerinnen, die die Ausbildnerinnenprüfung absolviert haben und regelmäßig mit der fachlichen Ausbildung von Lehrlingen betraut sind.

Ferner Arbeitnehmerinnen, die regelmäßig standardisierte kaufmännische und/oder administrative Aufgaben und/oder Verkaufstätigkeiten entsprechend der Beschäftigungsgruppe C in einer Fremdsprache erledigen, sofern die Fremdsprache für die Ausübung der Tätigkeit von der Dienstgeberin verlangt wird. Als Fremdsprache gelten alle Sprachen außer der Staatssprache Deutsch laut Bundesverfassung.[6])

Arbeitnehmerinnen der Arbeitswelt Verkauf & Vertrieb, die zusätzlich zu einer oder mehreren Standardtätigkeiten entsprechend den vier Tätigkeitsfeldern in der Beschäftigungsgruppe C mindestens eine der folgenden qualifizierten Zusatztätigkeiten ausüben[4]):

a) Kundenberatung unter Anwendung vertiefter Warenkenntnisse (siehe Zusatzprotokoll 8.1.),

b) Kundenberatung unter Anwendung von Kenntnissen, welche in einer unternehmensspezifischen oder allgemein anerkannten Weiterbildung erworben wurden (siehe Zusatzprotokoll 8.1.),

c) Anleitung, Aufsicht und Kontrolle von SB Arbeitsabläufen oder -prozessen, die vom Kunden eigenständig durchgeführt

werden, insbesondere dann, wenn mehrere Kunden/Prozesse gleichzeitig zu überwachen sind,

d) Abwicklung von Reklamations- und/oder Umtauschvorgängen für deren Bearbeitung eine eigene Befugnis notwendig ist,

e) Durchführung von Bestellungen, auch auf Basis von Systemvorschlägen, unter Berücksichtigung von mehreren Faktoren, wie zB Verderb, Schwund, Saison, regionale Veranstaltungen, ... die Einfluss auf die Bestellmenge haben,

f) Demonstration und Anleitung bei einzelnen Tätigkeiten (praktische Anleitung = Arbeitnehmerin zeigt einer anderen einen Arbeitsablauf und führt mit ihr die notwendigen praktischen Übungen durch),

g) das Herstellen oder Zusammenstellen von Produkten nach eigenen Maßstäben. Die Arbeitnehmerin arbeitet weitgehend individuell und/oder erarbeitet lösungsorientierte Produkte nach den individuellen Bedürfnissen eines Kunden. Sie trägt mit ihren Kenntnissen zum Gelingen der Produktherstellung bei,

h) die Arbeitnehmerin dekoriert nach groben Vorgaben, ist meist filialübergreifend tätig und/oder kontrolliert die Umsetzung von Vorgaben (Dekorateurinnen und Visual Merchandiser).

3.4.2. Arbeitnehmerinnen, die dauerhaft mit der Vertretung von Führungsaufgaben der Beschäftigungsgruppe E beauftragt sind.[5])

3.4.3. Sowie Arbeitnehmerinnen, die zeitweise mit Führungsaufgaben der Beschäftigungsgruppe F beauftragt sind. Diese erhalten ein Vertretungsgeld von € 2,39 je Stunde oder € 19,11 pro Tag oder € 95,53 pro Woche (nächste Erhöhung siehe 4.5.1 dieses Abschnittes).

Das Vertretungsgeld je Stunde gebührt für jede angefangene Stunde. Angefangene Stunden eines Tages können zusammengerechnet werden.[5])

3.4.4. Beispielsweise sind das folgende Referenzfunktionen:

Arbeitswelt	Referenzfunktion
Einkauf	Einkaufsassistenz
Verkauf & Vertrieb	Verkauf

Marketing & Kommunikation	Supervisor Customer Care Center, Data Analyst, Onlinemarketing Management, Onlineshop Management, SEO Management,
Kaufm. & administrative Dienstleistungen	Assistenz (Sekretariat), Buchhaltung, Personalverrechnung
Technischer Dienst	Haustechnik
IT	Support-Helpdesk

3.5. Beschäftigungsgruppe E

Diese Beschäftigungsgruppe umfasst

3.5.1. Arbeitnehmerinnen, die in ihrem definierten Aufgabengebiet im Rahmen von grob umrissenen Vorgaben eigenständig auch an nicht-standardisierten Aufgabenstellungen arbeiten. Sie sind für ein ordnungsgemäßes Arbeitsergebnis verantwortlich und treffen im Rahmen ihres Verantwortungsbereiches eigenständig Entscheidungen. Sie erledigen umfassende Fach- bzw Beratungsaufgaben, die eine fortgeschrittene Beratungs- und Lösungskompetenz erfordern, dh ausgeprägte Kommunikationsfähigkeit, Kundenorientierung und Teamfähigkeit aber auch grundlegende Verhandlungsfähigkeit etwa für Verhandlungen im Verkaufsgespräch.

Außerdem erfordern diese Tätigkeiten Sach- und Fachkompetenzen für die Bearbeitung umfangreicher, nur teilweise standardisierter kaufmännischer, administrativer oder technischer Aufgaben.

Ferner Arbeitnehmerinnen, die eine berufsbildende höhere Schule absolviert haben, sofern diese Ausbildung für die Ausübung der Tätigkeit von der Dienstgeberin verlangt wird.

Sowie Arbeitnehmerinnen, die regelmäßig kaufmännische und/oder administrative Aufgaben und/oder Verkaufstätigkeiten schriftlich und mündlich entsprechend der Beschäftigungsgruppe D in einer Fremdsprache erledigen, sofern die Fremdsprache für die Ausübung der Tätigkeit von der Dienstgeberin verlangt wird. Als Fremdsprache gelten alle Sprachen außer der Staatssprache Deutsch laut Bundesverfassung.[6])

Arbeitnehmerinnen der Arbeitswelt Verkauf & Vertrieb, die zusätzlich zu einer oder mehreren Standardtätigkeiten entsprechend den vier Tätigkeitsfeldern in der Beschäftigungsgruppe C mindestens eine der folgenden besonders qualifizierten Zusatztätigkeiten ausüben[4]):

a) Fachlich vertiefte, lösungsorientierte Beratung. Kundenberatungsbeziehungen sind eher langfristig, das Produkt bzw die Lösung braucht Kenntnis über komplexere Rahmenbedingungen

b) Verwaltung des Tresors, des Standgeldes und/oder Abrechnung barer und unbarer Zahlungsmittel sowie Einsatzplanung des Kassenpersonals

c) Reklamationen, die weitreichende Herausforderungen hervorrufen. Arbeitnehmerinnen, erarbeiten hier kraft ihrer Befugnisse Kulanzlösungen und dürfen diese mit dem Kunden verhandeln.

d) Einschulung auf einen Arbeitsbereich inkl. theoretischen Hintergrundwissens und den systemischen Zusammenhängen (Anmerkung: gemeint sind Zusammenhänge innerhalb eines größeren Betriebes ...)

e) Kundenspezifische Lösungen/Angebote werden auf Basis individueller Anforderungen geplant und erstellt.

f) Es werden Verhandlungen zur eigenständigen Gestaltung von Kaufverträgen geführt. Die Preisgestaltung erfolgt nach allgemeinen Vorgaben. Kostenvoranschläge werden eigenständig erstellt.

3.5.2. Arbeitnehmerinnen, die Mitarbeiterinnen der Beschäftigungsgruppen A bis E ihrer Organisationseinheit fachlich anleiten und/oder in eingeschränktem Ausmaß disziplinäre Führungsaufgaben wahrnehmen. Sie tragen fachliche und/oder eingeschränkte disziplinäre Führungsverantwortung, treffen aber keine Personalentscheidungen. Insbesondere sind sie für die fachliche Ausbildung von Lehrlingen verantwortlich.

Arbeitnehmerinnen, die dauerhaft mit der Vertretung von Führungsaufgaben der Beschäftigungsgruppe F beauftragt sind.[5])

3.5.3. Beispielsweise sind das folgende Referenzfunktionen:

Arbeitswelt	Referenzfunktion
Einkauf	Junior Category Management

Verkauf & Vertrieb	Verkauf, Abteilungsleitung, Marktleitung/Filialleitung
Marketing & Kommunikation	Social-Media Betreuung, Medienfachfrau, Business Intelligence, Teamleitung
Kaufm. & administrative Dienstleistungen	Assistenz/Referent Fachbereich, Personalverrechnung, Buchhaltung, Sicherheitskraft
Logistik	Betriebslogistik
Technischer Dienst	Betriebsanlagentechnik, Kundendiensttechnik, Haustechnik
IT	EDV-Technik

3.6. Beschäftigungsgruppe F

Diese Beschäftigungsgruppe umfasst

3.6.1. Arbeitnehmerinnen, die in ihrem Aufgabengebiet weitgehend eigenständig umfassende, nicht-standardisierte Fachfragen bzw Beratungsaufgaben übernehmen und/oder in größerem Umfang planende, konzeptionelle, organisierende und anleitende Tätigkeiten ausüben. Die Arbeitnehmerinnen treffen umfangreiche operative Entscheidungen, die andere betriebliche Bereiche beeinflussen, und bereiten strategische Entscheidungen vor. Sie tragen die Verantwortung für die Arbeitsergebnisse in ihrem Aufgabengebiet und ihrer Organisationseinheit.

Neben den überdurchschnittlichen Fach- und Sachkenntnissen zur Bearbeitung komplexer Aufgabenstellungen sind fortgeschrittene soziale Kompetenzen, insbesondere Kundenorientierung und Teamfähigkeit, Kommunikations- und Verhandlungsfähigkeit sowie Motivations- und Konfliktfähigkeit, beispielsweise für die Verhandlungen mit Kundinnen und Lieferantinnen, aber auch für die Zusammenarbeit im Unternehmen erforderlich.

3.6.2. Arbeitnehmerinnen, die Mitarbeiterinnen der Beschäftigungsgruppen A bis F ihrer Organisationseinheit fachlich anleiten und disziplinäre Führungsaufgaben wahrnehmen. Sie tragen fachliche und disziplinäre Führungsverantwortung und wirken bei Personalentscheidungen mit. Sie tragen Verantwortung für die Einhaltung von Budgetvorgaben und setzen eigenverantwortlich Maßnahmen.

3.6.3. Beispielsweise sind das folgende Referenzfunktionen:

Arbeitswelt	Referenzfunktion
Einkauf	Disponent (Beschaffung), Category Management/Einkauf
Verkauf & Vertrieb	Fachbetreuung, Marktleitung/Filialleitung, Verkaufsaußendienst/Key Account, Vertriebsberatung
Marketing & Kommunikation	Marketingfachfrau, Kundenbeziehungsmanagement, Produktentwicklung, Social-Media Betreuung
Kaufm. & administrative Dienstleistungen	Abteilungsleitung, Controlling, Personalentwicklung, Personalverrechnung, Bilanzbuchhaltung, Revision, Team-/Gruppenleitung
Logistik	Supply Chain Management/ Warenflussleitung
Technischer Dienst	Betriebsanlagentechnik
IT	Programmierung – Datenbank- und Softwareentwicklung, Systemadministration – Netzwerktechnik – Datenbankadministration

3.7. Beschäftigungsgruppe G

Diese Beschäftigungsgruppe umfasst

3.7.1. Arbeitnehmerinnen, die für eine größere Fachabteilung, eine Stabstelle oder für ein räumlich abgegrenztes Gebiet die vollkommen eigenständige Bearbeitung komplexer Fachfragen und schwieriger Tätigkeiten übernehmen und/oder umfangreiche strategische Entscheidungen, die den Betriebsablauf maßgeblich beeinflussen, weitgehend selbstständig treffen und verantworten. Sie sind im Rahmen ihres Aufgabengebietes sowohl für die Arbeitsergebnisse der Organisationseinheit als auch für die Ziel-/Planerreichung verantwortlich.

Neben herausragenden Fach- und Sachkenntnissen zur Bearbeitung komplexer Aufgabenstellungen sind ausgeprägte sozialen Kompetenzen, insbesondere Kundenorientierung und Teamfähigkeit, Kommunikations- und Verhandlungsfähigkeit sowie hohe Motivations- und Konfliktfähigkeit, beispielsweise für die Verhandlungen mit Kundinnen, Lieferantinnen und Geschäftspartnerinnen erforderlich.

3.7.2. Arbeitnehmerinnen, die für einen Unternehmensteil, eine größere Fachabteilung, eine Stabstelle oder für ein räumlich abgegrenztes Gebiet Führungsverantwortung und entsprechende Befugnisse haben. Sie leiten regelmäßig und dauerhaft die Mitarbeiterinnen und Führungskräfte ihrer Organisationseinheit fachlich an und nehmen disziplinäre Führungsaufgaben wahr. Sie planen, organisieren, koordinieren und kontrollieren die Aufgabenerfüllung zwischen den eigenen Abteilungen und Abteilungen anderer Fachbereiche. Sowie Führungskräfte, die eigenständig Personalentscheidungen treffen und/oder ihnen unterstellte Arbeitnehmerinnen der Beschäftigungsgruppen A bis G führen.

3.7.3. Beispielsweise sind das folgende Referenzfunktionen:

Arbeitswelt	Referenzfunktion
Einkauf	Category Management/Einkauf
Verkauf & Vertrieb	Gebietsleitung, Niederlassungsleitung/ Hausleitung, Key Account (Vertriebsleitung)

Marketing & Kommunikation	**Marketingfachfrau, Öffentlichkeitsarbeit, Produktentwicklung**
Kaufm. & administrative Dienstleistungen	**Abteilungsleitung, Bereichsleitung, Controlling, Personalentwicklung, Revision**
Logistik	**Supply Chain Management/ Warenflussleitung**
Technischer Dienst	**Bautechnik/Planung, Immobilienmanagement, Qualitätsmanagement**
IT	**Programmierung – Datenbank- und Softwareentwicklung, Projektmanagement**

3.8. Beschäftigungsgruppe H

Diese Beschäftigungsgruppe umfasst

3.8.1. Arbeitnehmerinnen mit umfassenden Kenntnissen und Erfahrungen in leitenden, das Unternehmen in ihren Wirkungsbereichen entscheidend beeinflussenden Stellungen.

3.8.2. Beispielsweise sind das folgende Referenzfunktionen:

Arbeitswelt	**Referenzfunktion**
Kaufm. & administrative Dienstleistungen	**Geschäftsführung, Vorstand**

[1]) Das **Beschäftigungsgruppensystem** des Gehaltssystems NEU enthält **acht Beschäftigungsgruppen** (A bis H), die von Hilfstätigkeiten (Beschäftigungsgruppen A und B) über Verkaufstätigkeiten mit oder ohne leitende Funktionen (Beschäftigungsgruppen C bis F) bis hin zur Geschäftsführungsebene (Beschäftigungsgruppen G und H) reichen (s hiezu *Lindmayr*, Der Umstieg ins neue Gehaltssystem für Handelsangestellte, ARD 6576/4/2017).

Sämtliche **Beschäftigungsgruppen** sind in eine **Fachlaufbahn** (s zB Beschäftigungsgruppe D, Z 3.4.1.) und eine **Führungslaufbahn** (s zB Beschäftigungsgruppe D, Z 3.4.2.) unterteilt. Die einzelnen Beschäftigungsgruppen unterscheiden sich voneinander durch verschiedene **Bewertungskriterien**, welche auf das Ausmaß einer **selbständigen Arbeitsweise** und auf den der Arbeitnehmerin/dem Arbeitnehmer obliegenden **Grad der Verantwortung** abstellen. Weiters werden die **konkreten Befugnisse**, die **sozialen Fähigkeiten** und die **erforderlichen Fach- und Sachkenntnisse** beschrieben. Eine bestimmte Gewichtung der Bewertungskriterien ist nicht vorgesehen. Sie sind im Rahmen einer Gesamtbetrachtung der Tätigkeit gleichermaßen zu beachten.

Maßgeblich für die Einstufung der Arbeitnehmerinnen und Arbeitnehmer in die entsprechende Beschäftigungsgruppe ist stets die **tatsächlich ausgeübte Tätigkeit**, die zum Teil mit facheinschlägigen Ausbildungen kombiniert wird.

[2]) Die **Beschäftigungsgruppen A und B** umfassen Tätigkeiten, die der Definition der §§ 1 bis 5 AngG zufolge als **Arbeitertätigkeiten** zu qualifizieren sind. Zu beachten ist, dass der Kollektivvertrag Arbeitnehmerinnen und Arbeitnehmer, die Tätigkeiten entsprechend den beiden Beschäftigungsgruppen ausüben, nicht als Angestellte qualifiziert, sondern ausdrücklich klarstellt, dass es sich um **Arbeiterinnen und Arbeiter** handelt, die **„freiwillig"** in den Kollektivvertrag für Handelsangestellte eingestuft werden. Die Anwendung des **Arbeiterrechts auf Gesetzesebene** wird durch diese Einstufung nicht berührt (vgl OGH 23. Juli 1946, 13b Cr 191/46, Arb 4904; LG Wien 27. Jänner 1953, 44 Cg 6/53, Arb 5612; ArbG Innsbruck 8. Dezember 1953, Cr 189/53, Arb 6023). Es handelt sich somit nicht um „Angestellte kraft Kollektivvertrags", für die das AngG kraft kollektivvertraglicher Anordnung anzuwenden ist (s *Löschnigg/Reiff* in *Löschnigg/Melzer* [Hrsg], AngG Bd I[11] [2021] Rz 135 zu § 1). Der Handelsangestellten-KV dehnt den Geltungsbereich nicht zwingend auf Arbeiterinnen und Arbeiter aus (s hiezu sowie zu den Angestellten ex contractu Erl 6 zu Abschnitt 1 Pkt A Z 3), sondern schafft mit den Beschäftigungsgruppen A und B lediglich eine **Einstufungshilfe** in das Gehaltssystem NEU bei **Vereinbarung** der Anwendbarkeit des Handelsangestellten-Kollektivvertrages.

Der Hinweis im Handels-KV auf die **„freiwillige" Einstufung** in den Kollektivvertrag ist dahingehend zu verstehen, dass die Vereinbarung der Einstufung nach dem Handels-KV freiwillig – durch arbeitsvertragliche Einigung – zustande gekommen ist. Nach Abschluss einer derartigen Vereinbarung ist der Arbeitgeber aber sehr wohl verpflichtet, diese Bindung an den Handels-KV einzuhalten.

Die fehlende unmittelbare Anwendbarkeit dieser Regelungen führt zu ihrer Qualifikation als bloß **obligatorische Bestimmung** des Kollektivvertrages (zum obligatorischen bzw schuldrechtlichen Teil eines Kollektivvertrages s zB *Löschnigg*, Arbeitsrecht[13] [2017] 3/162 ff). Sie sind für die ArbeiterInnendienstverhältnisse nicht unmittelbar rechtsverbindlich, können aber durch vertragliche Einigung zum Inhalt des Einzelarbeitsvertrages gemacht werden.

Die Beschäftigungsgruppen A und B unterscheiden sich hinsichtlich der **Tätigkeitsbeschreibungen** (Hilfstätigkeiten in Beschäftigungsgruppe A versus fallweiser Kundenkontakt mit Erteilung einfacher Auskünfte in Beschäftigungsgruppe B), im **Entscheidungsspielraum** (geringer versus eingeschränkter Entscheidungsspielraum) sowie der **Einarbeitungszeit** (maximal acht Stunden versus maximal 24 Stunden). Für diese Tätigkeiten ist keine (abgeschlossene) Ausbildung nötig.

Eine Umreihung in die **Beschäftigungsgruppe C** hat nach einer mindestens vier Jahre andauernden facheinschlägigen Tätigkeit in der Arbeitswelt Verkauf & Vertrieb der Beschäftigungsgruppe B zu erfolgen (s hiezu Erl 3).

[3]) In die **Beschäftigungsgruppe C** sind nach den in Z 3.3.1. beschriebenen **Bewertungskriterien** jene Arbeitnehmerinnen und Arbeitnehmer einzustufen, die eigenständig arbeiten und standardisierte kaufmännische und/oder administrative Aufgaben erledigen, wobei Fach- und Sachkenntnisse erforderlich sind. Die Einstufung in die Beschäftigungsgruppe C kann als **Basiseinstufung** für Arbeitnehmerinnen und Arbeitnehmer mit einem **Lehrabschluss als Einzelhandelskauffrau/-kaufmann**, einer **kaufmännisch administrativen Lehre** sowie aller Lehrberufe, die die Lehrabschlussprüfung der Bürokauffrau/des Bürokaufmannes ersetzen, oder einer **fachlich gleichwertigen Schulausbildung** nach dem Erlass zu § 34a BAG (s Anhang 8), angesehen werden. Ein **gleichwertiger Qualifikationserwerb** oder eine **vierjährige facheinschlägige Berufserfahrung** ersetzen die genannten „Ausbildungen“.

Beispiel: Eine Arbeitnehmerin hat die Handelsakademie positiv abgeschlossen und wird ab 1.4.2022 als Assistentin in einem Handelsbetrieb beschäftigt. Ihr Tätigkeitsbereich liegt im Schriftverkehr, in administrativen Aufgaben sowie in der Kontrolle von Rechnungen. Die Arbeitnehmerin ist in die **Beschäftigungsgruppe C** einzustufen. Einerseits stellen die Tätigkeiten, die als typische Sekretariatstätigkeiten zu werten sind, **standardisierte kaufmännische und administrative** Tätigkeiten dar. Die Tätigkeit ist der **Arbeitswelt** der **„kaufmännischen & administrativen Dienstleistungen"** zuzuordnen, wobei die Referenzfunktion der **Assistenz (Sekretariat)** und **Rechnungskontrolle** zutreffend ist. Andererseits erfüllt sie durch den **Abschluss der Handelsakademie** ein weiteres Bewertungskriterium, da diese Ausbildung mit dem Lehrabschluss als Einzelhandelskauffrau gem dem Erlass zu § 34a BAG als fachlich gleichwertig anzusehen ist.

Da es sich um ein **tätigkeitsorientiertes Beschäftigungsgruppenschema** handelt (vgl Erl 3 zu Abschnitt 3 Pkt A Z 1), ist eine Einstufung in die Beschäftigungsgruppe C auch dann möglich, wenn keine der genannten Lehren oder Ausbildungen absolviert wurden. Werden jedoch Arbeitertätigkeiten verrichtet, kann auch dann keine Einstufung in die Beschäftigungsgruppe C erfolgen, wenn eine Lehre oder Ausbildung entsprechend der Z 3.3.1. absolviert wurde. Eine Einstufung in die Beschäftigungsgruppe A oder B ist möglich (s hiezu Erl 2). Seit dem Handelsangestellten-KV 2019 ist jedoch in der Beschäftigungsgruppe B bei Vorliegen einer **mindestens vierjährigen facheinschlägigen Berufserfahrung** in der Arbeitswelt Verkauf & Vertrieb dieser Beschäftigungsgruppe eine **Umreihung in die Beschäftigungsgruppe C** vorgesehen. Damit wird klargestellt, dass in diesem Fall eine Einstufung in die Beschäftigungsgruppe C auch bei **Verrichtung von Arbeitertätigkeiten** zu erfolgen hat, sofern eine **freiwillige Einstufung** des Arbeiters bzw der Arbeiterin in den Handelsangestellten-Kollektivvertrag erfolgt ist (s hiezu Erl 2).

[4]) Der Kollektivvertrag sieht in den **Beschäftigungsgruppen C, D und E** ein „**Baukastensystem**" vor, das bei der Einstufung für Tätigkeiten zu beachten ist, die der Arbeitswelt „**Verkauf/Vertrieb**" zuzuordnen sind.

Für eine Einstufung in die **Beschäftigungsgruppe C** müssen eine oder mehrere **Standardtätigkeiten**, die den vier genannten Tätigkeitsfeldern („Bedienung", „Überwachung", „Kassiervorgang" und „Abwicklung") zugeordnet sind, ausgeübt werden.

In der **Beschäftigungsgruppe D** sind – entsprechend den vier Tätigkeitsfeldern der Beschäftigungsgruppe C – in Z 3.4.1. lit a bis h „**qualifizierte Zusatztätigkeiten**" genannt, von denen in der Arbeitswelt „**Verkauf & Vertrieb**" zusätzlich zu den Standardtätigkeiten mindestens eine ausgeübt werden muss, um in die Beschäftigungsgruppe D eingestuft zu werden (s hiezu das Zusatzprotokoll 8.1.).

Für eine Einstufung in die **Beschäftigungsgruppe E** bedarf es neben der Verrichtung der Standardtätigkeiten der Ausübung von mindestens einer der in Z 3.5.1. lit a bis f genannten „**besonders qualifizierten Zusatztätigkeiten**".

Sämtliche Zusatztätigkeiten betreffen die (Bewertungs-)Kriterien der Verantwortung und der Befugnisse.

> **Beispiel:** Ein Arbeitnehmer hat eine abgeschlossene Lehre als Einzelhandelskaufmann und wird in einem Handelsbetrieb in der Feinkostabteilung arbeiten. Dabei wird er Verkaufstätigkeiten ausführen, das Feinkostsortiment präsentieren, sowie die Kundenberatung übernehmen. Das Feinkostsortiment des Betriebes umfasst eine Vielzahl an Produkten, die das typische Basissortiment übersteigen. Der Verkauf der Produkte bedarf einer intensiven Beratung. Die beschriebenen Tätigkeiten sind der Arbeitswelt **Verkauf & Vertrieb** zuzuordnen. Die Beratung der Kunden erfordert vertiefte Warenkenntnisse des Arbeitnehmers. Da dies eine **qualifizierte Zusatztätigkeit** nach Z 3.4.1. lit a darstellt, ist der Arbeitnehmer in die **Beschäftigungsgruppe D** einzustufen.

[5]) Die **Beschäftigungsgruppen C, D und E** des Gehaltssystems NEU enthalten **Einstufungen** und **Abgeltungsformen** für Arbeitnehmerinnen und Arbeitnehmer, die mit der **Vertretung bei Führungsaufgaben** einer höheren Beschäftigungsgruppe beauftragt werden. Der Handelsangestellten-KV unterscheidet dabei zwischen der **zeitweisen** und der **dauerhaften Stellvertretung** (vgl *Marchhart/Palkovich*, Spezielle Regelungen zur Gehaltsentwicklung im Handel, ARD 6764/3/2021).

Bei **zeitweiser Beauftragung** mit Führungsaufgaben gebührt ein „**Vertretungsgeld**". Wird eine Arbeitnehmerin/ein Arbeitnehmer zeitweise mit Führungsaufgaben der Beschäftigungsgruppe E betraut, ist er nach Z 3.3.2. in die **Beschäftigungsgruppe C** einzustufen. Zusätzlich zum kollektivvertraglichen Mindestgehalt gebührt ein Vertretungsgeld in der Höhe von € 1,81 pro (angefangener) Stunde (wobei angefangene Stunden eines Tages zusammengerechnet werden können), € 14,55 am Tag oder € 72,74 pro Woche, je nach Zeitraum, in dem vertreten wird. Wird ein Arbeitnehmer/ eine Arbeitnehmerin mit der zeitweisen Vertretung bei Führungsaufgaben der Beschäftigungsgruppe F betraut, so ist diese/dieser in die **Beschäftigungsgruppe D** einzustufen. Es gebührt gem Z 3.4.3. zusätzlich ein **Vertretungsgeld** in Höhe von € 2,39 pro Stunde, € 19,11 pro Tag oder € 95,53 pro Woche. Gem Z 4.5.1. dieses Abschnittes wurde das Vertretungsgeld der Beschäftigungsgruppen D und E alle zwei Jahre um den Gesamtprozentsatz der Kollektivvertragserhöhungen des aktuellen Jahres und des Vorjahres valorisiert, wobei die erste Erhöhung mit 1.1.2019 erfolgt ist, die darauffolgende Erhöhung trat mit 1.1.2021 ein. Mit dem Handels-KV 2023 wurde nun festgelegt, dass das Vertretungsgeld gemäß den Beschäftigungsgruppen D und E um den Gesamtprozentsatz der kollektivvertraglichen Erhöhungen des akutellen Jahres und des Vorjahres valorisiert wird, weshalb eine Erhöhung um 9,55 % erfolgte.

Bei **dauerhafter Beauftragung** gebührt kein Vertretungsgeld. Es hat eine Einstufung in jene Beschäftigungsgruppe zu erfolgen, die unter jener liegt, die der Vertretungsbeschäftigung entspricht. Wird etwa ein Arbeitnehmer/eine Arbeitnehmerin dauerhaft mit der Vertretung von Führungsaufgaben der Beschäftigungsgruppe E beauftragt, so ist dieser/diese gem Z 3.4.2. in die **Beschäftigungsgruppe D** einzustufen; bei dauerhafter Beauftragung mit Führungsaufgaben der Beschäftigungsgruppe F gem Z 3.5.2. in die **Beschäftigungsgruppe E**.

Auch eine **„Vertretung zur Seite"** ist möglich. Zu verstehen ist darunter der Fall, dass der Vertretende in dieselbe Beschäftigungsgruppe eingestuft ist, wie derjenige, der vertreten werden soll. Für diesen Fall sieht der Kollektivvertrag keine gesonderte Abgeltungsregelung vor. Er verbleibt ja auch in „seiner" Beschäftigungsgruppe.

[6]) Die **Beschäftigungsgruppen D und E** enthalten eine **Fremdsprachenregelung**. Der Kollektivvertrag definiert als Fremdsprache alle Sprachen außer **Deutsch** („Staatssprache Deutsch" laut Bundesverfassung; vgl Art 8 Abs 1 B-VG). Erledigen Arbeitnehmer/Arbeitnehmerinnen **regelmäßig** standardisierte kaufmännische und/oder administrative Aufgaben der **Beschäftigungsgruppe C** in einer Fremdsprache, sind diese in die **Beschäftigungsgruppe D** einzustufen. Wird die Fremdsprache regelmäßig für schriftliche und mündliche Tätigkeitsverrichtungen (kaufmännische und/oder administrative Aufgaben und/oder Verkaufstätigkeiten) der **Beschäftigungsgruppe D** angewandt, hat eine Einstufung in die **Beschäftigungsgruppe E** zu erfolgen. Die Anwendung der Fremdsprache muss für die Einstufung in die entsprechende Beschäftigungsgruppe vom Dienstgeber/der Dienstgeberin verlangt und angewandt werden.

[7]) Der Kollektivvertrag beruft sich in diesem Zusammenhang zwar auf § 34 BAG, gemeint ist aber offensichtlich § 34a BAG.

4. Die Gehaltstabelle[1])

4.1. Allgemeine Bestimmungen

Für die Auszahlung des Gehaltes gelten die Bestimmungen des AngG.[2]) Jeder Arbeitnehmerin ist eine Gehaltsabrechnung in schriftlicher oder elektronischer Form auszuhändigen, aus welcher das Bruttogehalt sowie sämtliche Zuschläge und Abzüge ersichtlich sind.

4.2. Die Gehaltstabelle

Die in der Gehaltstafel[3]) angeführten Bruttomonatsgehälter sind Mindestsätze.[4])

Stufe (Jahr)	A	B	C	D	E	F	G	H
Stufe 1 (1. bis 3. Jahr)	1.817,00	1.874,00	1.945,00	2.041,00	2.208,00	2.508,00	3.102,00	3.817,00
Stufe 2 (4. bis 6. Jahr)	1.862,00	1.930,00	2.029,00	2.181,00	2.405,00	2.805,00	3.430,00	4.173,00
Stufe 3 (7. bis 9. Jahr)	1.906,00	1.986,00	2.132,00	2.327,00	2.602,00	3.102,00	3.759,00	4.533,00
Stufe 4 (10. bis 12. Jahr)			2.233,00	2.475,00	2.800,00	3.400,00	4.086,00	4.891,00
Stufe 5 (ab 13. Jahr)			2.341,00	2.624,00	2.994,00	3.698,00	4.414,00	5.248,00

4.3. Vorrückung

4.3.1. Die Gehaltserhöhung durch Eintritt in die nächste Gehaltsstufe tritt mit dem ersten Tag desjenigen Monates in Kraft, in den der Beginn des neuen Angestelltenjahres fällt.

Die Erhöhung kann auf bestehende Überzahlungen angerechnet werden.[5])

4.3.2. Karenzurlaube gemäß MSchG bzw VKG, die ab dem 01.12.2017 oder danach beginnen, werden bis zum 2. Geburtstag jedes Kindes für Vorrückungen angerechnet.

4.3.3. Zeiten des Präsenz- und Zivildienstes, die ab dem 1.12.2017 oder danach beginnen, werden für Vorrückungen im vollen Ausmaß angerechnet.

4.4. Umreihung

4.4.1. Bei Umreihung in eine höhere Beschäftigungsgruppe gebührt das kollektivvertragliche Mindestgrundgehalt jener Stufe, welche das kollektivvertragliche Mindestgrundgehalt jener Stufe, die durch die nächste Vorrückung bei Verbleiben in der bisherigen Beschäftigungsgruppe erreicht worden wäre, übersteigt. Gibt es keine nächst höhere Stufe durch Verbleiben in der bisherigen Beschäftigungsgruppe, gebührt das kollektivvertragliche Mindestgrundgehalt der Stufe in der höheren Beschäftigungsgruppe, welches das bisherige kollektivvertragliche Mindestgrundgehalt der Stufe der bisherigen Beschäftigungsgruppe, übersteigt. Die Erhöhung kann auf bestehende Überzahlungen angerechnet werden.[6])

4.4.2. Für Arbeitnehmerinnen mit „Reformbetrag 1" gebührt bei Umreihung in eine höhere Beschäftigungsgruppe das dem bisher erreichten kollektivvertraglichen Mindestgrundgehalt zuzüglich des „Reformbetrages 1" nächst Höhere der neuen Beschäftigungsgruppe. Damit reduziert sich der „Reformbetrag 1" um die Differenz zwischen dem kollektivvertraglichen Mindestgehalt der bisherigen Beschäftigungsgruppe und dem kollektivvertraglichen Mindestgehalt der höheren Beschäftigungsgruppe. Ein allfällig verbleibender „Reformbetrag 1" ist weiterhin auszuweisen und wird alljährlich wie die kollektivvertraglichen Mindestgehälter erhöht. Bei einer weiteren Umreihung kann sich der „Reformbetrag 1" solange reduzieren, bis er aufgebraucht ist.[7]) Ein Reformbetrag 2 kann auf Erhöhungen, welche sich durch die Umreihung in eine höhere Beschäftigungsgruppe ergeben, angerechnet werden. Die Anrechnung kann höchstens im Ausmaß der Differenz zwischen dem bisher erreichten kollektivvertraglichen Mindestgehalt zuzüglich eines „Reformbetrages 1" zum kollektivvertraglichen Mindestgehalt der neuen Beschäftigungsgruppe erfolgen.[8])

4.4.3. Aushilfsweise Tätigkeit in einer höheren Beschäftigungsgruppe, die in einem Jahr nicht länger als ununterbrochen fünf Wochen bei Urlaub und 12 Wochen bei Krankheit dauert, begründet keinen Anspruch auf Erhöhung des monatlichen Entgeltes. Wird dieser Zeitraum jedoch überschritten, so gebührt für die ganze Zeit der Tätigkeit in der höheren Beschäftigungsgruppe das Entgelt dieser Gruppe.[9])

4.4.4. Bei Umreihung in eine niedrigere Beschäftigungsgruppe gebührt das kollektivvertragliche Mindestgrundgehalt jener Stufe, welches nächst niedrig dem bisherigen kollektivvertraglichen Mindestgrundgehalt liegt. Die Differenz zwischen dem alten und neuen kollektivvertraglichem Mindestgrundgehalt ist in Form einer Überzahlung auszuweisen. Der Vorrückungsstichtag bleibt unverändert. Die in der höheren Stufe verbrachte Dienstzeit wird auf die niedrigere Stufe übertragen.[10])

Die Bestimmungen des ArbVG hinsichtlich verschlechternde Versetzung[11]) sowie des MschG (Rückkehrrecht) werden durch diese Regelung nicht berührt[12]).

4.5. Sonstige Bestimmungen

4.5.1. Das Vertretungsgeld gemäß den Beschäftigungsgruppen D und E wird alle zwei Jahre um den Gesamtprozentsatz der Kollektivvertragserhöhungen des aktuellen Jahres und des Vorjahres valorisiert. Die nächste Erhöhung erfolgt mit 01.01.2025.

4.5.2. In Betriebsvereinbarungen können Regelungen über die Gewährung von Mankogeldern vereinbart werden.[13])

[1]) Mit In-Kraft-Treten am 1.12.2017 wurde für alle Handelsangestellten und Bundesländer ein **einheitliches Gehaltsschema** geschaffen. Die Eurobeträge wurden ab 1.1.2018 angehoben. Vor allem die Differenzierung zwischen den Gehaltstafeln und Gehaltsgebieten A und B der Gehaltsordnung ALT (s hiezu Erl 1 und 2 zu Abschnitt 3 Pkt B) wurde im neuen System beseitigt, was zu einer **erheblichen Vereinfachung** bei der **Einstufung** der Arbeitnehmer und Arbeitnehmerinnen führt.

[2]) Hinsichtlich der **Gehaltsauszahlung** verzichtet der Handelsangestellten-KV darauf, eigene Regelungen zu treffen und verweist auf die einschlägigen Bestimmungen des Angestelltengesetzes. Gem **§ 15 AngG** hat die Zahlung des laufenden Gehaltes spätestens am Fünfzehnten und Letzten des Monats in zwei annähernd gleichen Beträgen zu erfolgen. Die Gehaltszahlung am Ende des Kalendermonats, wie sie sich vor allem in der Praxis durchgesetzt hat, kann § 15 AngG zufolge zulässigerweise vereinbart werden. **„Fortlaufendes Gehalt“** iSd Bestimmung des § 15 AngG sind die von vornherein bestimmten festen Geldbezüge, die nach bestimmten Zeiträumen (meist Monaten) bemessen sind, wobei der Bemes-

sungszeitraum für das laufende Gehalt nicht mit dem Zahlungszeitraum bzw dem Zahlungstermin verwechselt werden darf. Das Entgelt gebührt – unbeschadet einer späteren Fälligkeit – als Äquivalent für die im Bemessungszeitraum verrichteten Arbeitsleistungen. Während aber der Bemessungszeitraum durch Kollektivvertrag oder Einzelvereinbarung frei bestimmt werden kann, setzt § 15 AngG der Festlegung des Entgeltzahlungszeitpunktes Grenzen (vgl *Binder/Schindler* in *Löschnigg/Melzer* [Hrsg], AngG Bd I[11] [2021] Rz 1 ff zu § 15).

Da es sich bei der Bestimmung des § 15 AngG gem § 40 AngG um **zwingendes Recht** handelt, sind Vereinbarungen, wonach das Entgelt zu einem späteren Zeitpunkt als zum Monatsletzten auszubezahlen ist, rechtsunwirksam (*Binder/Schindler* in *Löschnigg/Melzer* [Hrsg], AngG Bd I[11] [2021] Rz 15 ff zu § 15; *Löschnigg*, Arbeitsrecht[13] [2017] 6/235; OGH 14. Mai 1985, 4 Ob 55/85, infas 1986, A 64; OGH 17. Februar 1987, 14 Ob 215/86, Arb 10.605). Auch ein Kollektivvertrag kann, obwohl in § 40 AngG nicht ausdrücklich genannt, nach hA die in § 15 AngG garantierten Arbeitnehmer- und Arbeitnehmerinnenrechte weder beschränken noch aufheben (*Löschnigg*, Arbeitsrecht[13] [2017] 3/022 f; OGH 12. Juni 1969, 2 Ob 102/69, Arb 8662; OGH 5. Oktober 1971, 4 Ob 65/71, Arb 8927). Die Vereinbarung einer **früheren Fälligkeit des Entgelts** ist als für den Arbeitnehmer bzw die Arbeitnehmerin günstigere Regelung möglich.

Geldbezüge, die nicht unter den Begriff des „laufenden Entgelts" iSd § 15 AngG fallen, wie etwa Provisionen oder Gewinnbeteiligungen, unterliegen im Anwendungsbereich des Angestelltengesetzes eigenen Fälligkeitsbestimmungen. Im Fall von **Provisionsentgelten** fallen Anspruchserwerb und Fälligkeit auseinander. Gem § 10 Abs 3 AngG erwirbt ein Angestellter bzw eine Angestellte seinen/ihren Provisionsanspruch bei Verkaufsgeschäften nach Maßgabe der eingegangenen Zahlung, ansonsten bereits mit Geschäftsabschluss. Die Fälligkeit des Anspruches tritt jedoch gem § 10 Abs 4 AngG mangels Vereinbarung erst am Ende jedes Kalendervierteljahres ein. Auch **Gewinnbeteiligungen** sind durch die Bestimmung des § 14 AngG vom Gesetzgeber ausdrücklich als Form der Vergütung der Dienstleistungen eines/einer Angestellten anerkannt, wobei darin gleichzeitig auch klargestellt wird, dass auch das gesamte Entgelt eines/einer Angestellten in einer Gewinnbeteiligung bestehen kann. Wurde eine solche vereinbart, sieht § 14 AngG vor, dass, sofern keine anderslautenden Vereinbarungen getroffen wurden, einmal jährlich eine Abrechnung für das abgelaufene Geschäftsjahr stattzufinden hat (vgl *Jabornegg* in *Löschnigg/Melzer* [Hrsg], AngG Bd I[11] [2021] Rz 30 f zu § 14). Die Fälligkeit der **Sonderzahlungen** richtet sich im Anwendungsbereich des Handelsangestellten-KV nach den Bestimmungen des Abschnitts 3 Pkt A Z 6 sowie Pkt D.

Das Entgelt hat dem Arbeitnehmer bzw der Arbeitnehmerin auch im Fall **bargeldloser Gehaltszahlung** zum Fälligkeitszeitpunkt bereits zur Verfügung zu stehen. Der Dienstgeber bzw die Dienstgeberin ist nach herrschender Auffassung verpflichtet, die erforderlichen Dispositionen so rechtzeitig zu treffen, dass unter Berücksichtigung der üblichen Bearbeitungsdauer und sonstiger allfälliger Bankbedingungen die Gutschrift im Fälligkeitszeitpunkt verbucht ist (*Löschnigg*, Arbeitsrecht[13] [2017] 6/234 f; *Koziol*, Zur Rechtzeitigkeit der Leistung bei Banküberweisungen, RdW 1985, 148; OGH 19. Mai 1993, 9 ObA 86/93, wbl 325; OGH 14. Mai 1985, 4 Ob 55/85, infas 1986, A 64; OGH 13. März 1984, 4 Ob 167/83, infas 1984, A 58). Außergewöhnliche Verzögerungen, die durch das vom Angestellten bzw von der Angestellten ausgewählte Geldinstitut verursacht wurden, sind dabei nicht vom Dienstgeber bzw der Dienstgeberin zu vertreten. Die Gefahr der Übermittlung des Betrages gilt mit dessen Einlangen beim Geldinstitut, ohne Rücksicht auf den Zeitpunkt der Kontogutschrift, als auf den Arbeitnehmer bzw die Arbeitnehmerin übergegangen (*Binder/Schindler* in *Löschnigg/Melzer* [Hrsg], AngG Bd I[11] [2021] Rz 23 f zu § 15; *Koziol*, Zur Rechtzeitigkeit der Leistung bei Banküberweisungen, RdW 1985, 148; OGH 9. Oktober 1991, 9 ObA 184/91, DRdA 1992, 210 mit Bespr v *Oberhofer/Grömmer*).

Die in der Praxis längst dominierende **bargeldlose Gehaltszahlung** kann vom Arbeitgeber bzw von der Arbeitgeberin nicht einseitig verfügt werden, sondern bedarf einer **Regelung durch Kollektivvertrag, Betriebsvereinbarung oder Arbeitsvertrag**. Da der Handelsangestellten-KV hiezu keine Bestimmungen vorsieht, hat dies durch Betriebsvereinbarung gem § 97 Abs 1 Z 3 ArbVG oder durch Arbeitsvertrag zu geschehen. Da es sich beim Betriebsvereinbarungstatbestand des § 97 Abs 1 Z 3 ArbVG um eine erzwingbare Betriebsvereinbarung handelt, kann in jenen Fällen, in denen keine Einigung der Vertragspartner erzielt wird, die Schlichtungsstelle angerufen werden, deren Spruch den Konsens ersetzt und als Betriebsvereinbarung gilt (vgl hiezu *Löschnigg*, Arbeitsrecht[13] [2017] 3/229 ff). Wurde eine bargeldlose Gehaltszahlung vereinbart, kann in der Regel davon ausgegangen werden, dass dem Dienstnehmer bzw der Dienstnehmerin die für die Behebung seines/ihres Arbeitsentgelts erforderliche Zeit ohne Schmälerung des Entgelts freigegeben wird. Insofern wird auch ein Rückgriff auf die im Gesetz (§ 8 Abs 3 AngG) und Kollektivvertrag (Abschnitt 1 Pkt G) bestehenden Regelungen zur Entgeltfortzahlung bei Dienstverhinderung kaum erforderlich sein (vgl *Melzer* in *Löschnigg/Melzer* [Hrsg], AngG Bd I[11] [2021] Rz 179–181 zu § 8; *Löschnigg*, Arbeitsrecht[13] [2017] 6/240; aA *Petrovic*, Bezahlte Freizeit für Bankwege bei unbarer Lohn- und Gehaltszahlung, RdW 1991, 329).

Das widerspruchslose Hinnehmen schleppender Gehaltszahlungen führt keinesfalls zu einer Änderung der Fälligkeitstermine. Vielmehr berechtigt die Nichtzahlung des laufenden Gehalts am Fälligkeitstag den Arbeitnehmer bzw die Arbeitnehmerin zum **vorzeitigen Austritt** gem § 26 Z 2 AngG (OGH 26. Juni 2003, 8 ObA 24/03t, DRdA 2004, 462 mit Bespr v *Mayr*) und zur Zurückbehaltung der Arbeitsleistung (OGH 25. Mai 1994, 9 ObA 6/94, RdW 1994, 357; OGH 29. Mai 2012, 9 ObA 39/11t, ARD 6253/3/ 2012). Darüber hinaus können gem § 49a ASGG **Verzugszinsen** geltend gemacht werden. Zur Aufrechnung mit für den Arbeitgeber bzw die Arbeitgeberin inkassierten Beträgen ist der Arbeitnehmer bzw die Arbeitnehmerin jedoch auch im Fall ausbleibender Gehaltszahlungen nicht berechtigt (OGH 12. Oktober 1982, 4 Ob 16/82, Arb 10.187; vgl *Binder/Schindler* in *Löschnigg/Melzer* [Hrsg], AngG Bd I[11] [2021] Rz 44 zu § 15).

[3]) Im Vergleich zu anderen Kollektivverträgen und selbst im Vergleich zur Gehaltsordnung ALT (s Erl 1 und 2 zu Abschnitt 3 Pkt B) ist das Gehaltssystem NEU sprachlich und systematisch verbesserungsfähig.

Die Gehaltstafel bzw Gehaltstabelle enthält die Mindestentgelte (brutto, pro Monat), die sich einerseits aus der Einreihung in eine bestimmte Beschäftigungsgruppe und anderseits aus der Zuordnung zu einer bestimmten Gehaltsstufe ergeben. Die Beschäftigungsgruppen von A bis H sollen tätigkeits- und leistungsspezifische Kriterien abbilden, in den fünf Gehaltsstufen (mit Gehaltssprüngen nach einer dreijährigen Verweildauer in einer Stufe) kommt das sog. **Senioritätsprinzip** zum Ausdruck, dh das Element der Berufserfahrung wird als sachgerechtes Kriterium bei der Entgeltfindung anerkannt (vgl auch OGH 10. Juli 1997, 8 ObA 190/97t, DRdA 1998, 61).

[4]) So auch die bis zum Handels-KV 2022 in Abschnitt 3 Pkt B der Gehaltsordnung ALT angeführten Bruttomonatsgehälter. Der Handelsangestellten-KV gewährt sämtlichen Angestellten seines Anwendungsberei-

ches einen unabdingbaren Anspruch auf ein monatliches Arbeitsentgelt nach den in den Gehaltstafeln festgelegten Sätzen. Bei diesen Beträgen handelt es sich jedoch – wie auch Z 4.2. betont – lediglich um Mindestsätze. Ein höheres Entgelt kann durch Arbeitsvertrag jederzeit vereinbart werden. Ein Unterschreiten des kollektivvertraglichen **Mindestgehalts** ist hingegen nicht zulässig (*Hainz/Hutter*, Rechtsfolgen der unterkollektivvertraglichen Entlohnung samt Praxisbericht Lohn- und Sozialdumping, ZAS 2013, 139). Nach ständiger Rechtsprechung des VwGH sind kollektivvertragliche Mindestentgelte zwingend in Geld auszubezahlen und Sondervereinbarungen über eine Anrechnung von Sachbezügen unzulässig (vgl VwGH 22. März 1994, 92/08/0150, ARD 4573/34/94; VwGH 27. Juli 2001, 95/08/0037, DRdA 2003, 338 mit Bespr v *Löschnigg*; sa *Korn*, Kollektivvertraglicher Mindestlohn und Sachbezug in der Sozialversicherung, ASoK 2002, 184; *Müller*, Nochmals: Kollektivvertraglicher Mindestlohn und Sachbezug in der Sozialversicherung, ASoK 2002, 220; *ders*, Judikaturdivergenzen zwischen VwGH und OGH? – Eine Entwarnung, ZAS 2003, 23; *Montmorency*, Anrechnung von Sachbezügen auf das kollektivvertragliche Mindestentgelt: Erlaubt oder verboten?, ZAS 2003, 62; OGH 27. August 2015, 9 ObA 92/15t, DRdA 2016, 240 mit Bespr v *Burger-Ehrnhofer*; *Löschnigg*, Arbeitsrecht[13] [2017] 6/139). Dem OGH zufolge ist eine einseitige Anrechnung von Sachbezügen auf das kollektivvertragliche Mindestentgelt durch den Dienstgeber bzw die Dienstgeberin – schon nach dem allgemeinen Grundsatz der Vertragstreue – unzulässig, da es sich bei der Zurverfügungstellung von Sachbezügen anstelle der vereinbarten Geldleistung um ein Aliud handle (OGH 19. November 2003, 9 ObA 112/03s, ARD 5476/6/2004; OGH 12. Juli 2006, 9 ObA 103/05w, infas 2007, A 3). Im Zusammenhang mit dem Handelsangestellten-KV hat auch der OGH nunmehr ausdrücklich klargestellt, dass der kollektivvertragliche Mindestlohn zwingend in Geld zu leisten ist. Die Vereinbarung einer Anrechnung von Sachbezügen (zB die Privatnutzung eines Dienst-PKW) auf das kollektivvertragliche Mindestentgelt ist ohne ausdrückliche Ermächtigung im Kollektivvertrag unzulässig. Der in Geld zu leistende kollektivvertragliche Mindestlohn ist einem Günstigkeitsvergleich mit Sachbezügen entzogen (OGH 27. August 2015, 9 ObA 92/15t, DRdA-infas 2015, 302 = ecolex 2015, 1087).

Zur Ermittlung des dem einzelnen Arbeitnehmer bzw der einzelnen Arbeitnehmerin gebührenden Mindestgehalts ist jedes Arbeitsverhältnis im Anwendungsbereich des Kollektivvertrages in das **Gehaltsschema** einzustufen. Die Festlegung der hiefür relevanten Kriterien bleibt grundsätzlich den Kollektivvertragsparteien überlassen, die hiebei jedoch an gesetzliche Schranken sowie kraft mittelbarer Drittwirkung auch an die

Grundrechte, insbesondere an das allgemeine Sachlichkeitsgebot des Gleichheitssatzes, gebunden sind (*Löschnigg*, Arbeitsrecht[13] [2017] 6/324 ff; *Resch*, Die Einstufung im Kollektivvertrag, wbl 1999, 237; OGH 8. Juli 1998, 9 ObA 125/98f, DRdA 1999, 273 mit Bespr v *Firlei* = ZAS 1999, 143 mit Bespr v *Aigner*; OGH 11. August 1993, 9 ObA 133/93, ZAS 1995, 190 mit Bespr v *Tomandl* = Arb 11.099; OGH 16. Dezember 1992, 9 ObA 602/92, ZAS 1995, 12 mit Bespr v *Schrammel*).

[5]) **Stichtag** der Vorrückung und damit Zeitpunkt des In-Kraft-Tretens der Gehaltserhöhung durch den Eintritt in die nächste Gehaltsstufe ist der erste Tag des Monats, in den der Beginn des neuen Angestelltenjahres fällt. Zu beachten ist in diesem Zusammenhang die Anrechnung von Vordienstzeiten.

> **Beispiel:** Eine Arbeitnehmerin tritt am 8.1.2023 in ein Handelsunternehmen ein. Ihr werden Vordienstzeiten im Ausmaß von 8 Jahren (inklusive Kassatätigkeit; s hiezu Erl 15 zu Abschnitt 3 Pkt A Z 2) angerechnet. Sie hat daher im 9. Berufsjahr und somit in der Stufe 3 der ihrer Tätigkeit entsprechenden Beschäftigungsgruppe begonnen. Ihr zehntes Berufsjahr beginnt am 8.1.2024. Die Gehaltserhöhung durch die Vorrückung in die Stufe 4 der Gehaltstabelle tritt am 1.1.2024 in Kraft.

Da Vordienstzeiten auch monatsweise angerechnet werden können, hängt der Tag des Eintritts in eine neue Gehaltsstufe auch von den angerechneten Berufsmonaten ab. Dies trifft auch für die Anrechnung der Karenzurlaube bis zum 2. Geburtstag jedes Kindes nach Z 4.3.2. zu.

Bestehende Überzahlungen der kollektivvertraglichen Mindestgehälter müssen bei einer Vorrückung in eine höhere Gehaltsstufe **nicht erhalten bleiben**.

> **Beispiel:** Sachverhalt wie oben. Die Arbeitnehmerin, die in die Beschäftigungsgruppe C, Stufe 3, eingestuft ist, bezieht ein monatliches Gehalt in Höhe von € 2.272,–. Dies bedeutet eine monatliche Überzahlung ihres kollektivvertraglichen Mindestgehalts in Höhe von € 140,–. Durch die Vorrückung in die Stufe 4 beträgt ihre Überzahlung ab 1.1.2024 nur mehr € 39,–.

Ein Sonderfall liegt jedoch vor, wenn mit 1. Jänner eines Jahres nicht nur eine Erhöhung der Kollektivvertragsgehälter in Kraft tritt, sondern für einen Arbeitnehmer bzw eine Arbeitnehmerin zu diesem Datum auch der Eintritt in ein neues Berufsjahr zu wirken beginnt. Sowohl ein gem Abschnitt 7 Pkt B Handelsangestellten-KV angerufenes **Schiedsgericht** der

Kollektivvertragsparteien als auch der **OGH** wurden mit diesem Sonderfall befasst. Die Ergebnisse der beiden Gerichte waren jedoch unterschiedlich. Während der Schiedsspruch (Spruch vom 21. April 1978) dahin ging, dass in diesem speziellen Fall der Vorrückung zu Jahresbeginn Überzahlungen ausnahmsweise auch gegenüber der neuen Berufsaltersstufe erhalten bleiben müssten, vertrat der OGH in seiner Entscheidung vom 13. Jänner 1988 (9 ObA 170/87, RdW 1988, 202) die Auffassung, dass dem bis zum 31. Dezember des Vorjahres geschuldeten Gehalt samt Überzahlungen lediglich die Erhöhung des Mindestgehalts zuzuschlagen sei, die sich nach dem neuen Kollektivvertrag für das am 31. Dezember ausgelaufene Berufsjahr ergibt. Diese Entscheidung wurde unter anderem damit begründet, dass ein Angestellter bzw eine Angestellte, dessen/deren Eintritt in eine neue Berufsaltersstufe zufällig in den Monat Jänner fällt und sich daher mit 1. Jänner auswirkt, nicht besser gestellt werden dürfe als jemand, dessen Berufsjahressprung etwa im Februar stattfindet. In Bezug auf die in dieser Frage ergangene schiedsgerichtliche Entscheidung führte der OGH aus, dass die Einsetzung eines Schiedsgerichts anstelle ordentlicher Gerichte nicht mit normativer Wirkung in einem Kollektivvertrag vereinbart werden könne. Der Schiedsspruch binde daher lediglich die Kollektivvertragsparteien, nicht aber die Parteien des konkreten Arbeitsvertrages.

> **Beispiel:** Ein Angestellter (Beschäftigungsgruppe D, Stufe 3) bezieht am 31. Dezember 2022 ein monatliches Gehalt in Höhe von € 2.400,–. Dies bedeutet eine monatliche Überzahlung seines kollektivvertraglichen Mindestgehalts in Höhe von € 226,–. Am 1. Jänner 2023 tritt er in sein 10. Berufsjahr ein. Zu diesem Zeitpunkt erfolgt außerdem eine Erhöhung des kollektivvertraglichen Mindestgehalts in der Höhe von € 153,–. Das neue tatsächliche Gehalt des Angestellten beträgt ab 1. Jänner 2023 € 2.553,–, da sich lediglich die Erhöhung jener Kollektivvertragsposition auswirkt, die am 31. Dezember 2022 seiner Einstufung entsprach. Die Überzahlung beträgt somit ab 1. Jänner 2023 nur mehr € 78,–.

Die betriebliche Praxis war bis zur Entscheidung des OGH der im Schiedsspruch der Kollektivvertragsparteien festgesetzten Auslegung gefolgt. Die Arbeitgeber und Arbeitgeberinnen des Handels, die der schiedsgerichtlichen Entscheidung verständlicherweise verbindliche Wirkung beigemessen hatten, haben so über Jahre hinweg Überzahlungen auch gegenüber Berufsjahressprüngen am 1. Jänner eines Jahres aufrechterhalten. Da jedoch lediglich das vermeintlich Geschuldete geleistet wurde, war in der Folge ein Abgehen vom rechtsirrtümlich angewendeten „Doppelsprung“

wohl zulässig (vgl *Andexlinger/Spitzl*, OGH zum Anhängeverfahren im Handel, RdW 1988, 322; OGH 8. Mai 1979, 4 Ob 35/79, Arb 9786).

Zur Vorrückung im Übergang s die Erl zu Abschnitt 3 Pkt C Z 4.

[6]) Abschnitt 3 Pkt A Z 4.4. enthält Regelungen für die **Umreihung** einer Arbeitnehmerin bzw eines Arbeitnehmers in eine **höhere Beschäftigungsgruppe** des Gehaltssystems NEU. Als neues kollektivvertragliches Mindestgehalt gebührt das – im Vergleich zum bisherigen kollektivvertraglichen Mindestgehalt der alten Beschäftigungsgruppe – **nächst höhere** der neuen Beschäftigungsgruppe. Zudem darf das neue kollektivvertragliche Mindestgrundgehalt der höheren Beschäftigungsgruppe nicht geringer sein als das kollektivvertragliche Mindestgehalt, dass in der alten Beschäftigungsgruppe durch **Zeitvorrückung** erreicht worden wäre.

Stufe (Jahr)	A	B	C	D	E	F	G	H
Stufe 1 (1. bis 3. Jahr)	1.817,00	1.874,00	1.945,00	2.041,00	2.208,00	2.508,00	3.102,00	3.817,00
Stufe 2 (4. bis 6. Jahr)	1.862,00	1.930,00	2.029,00	2.181,00	2.405,00	2.805,00	3.430,00	4.173,00
Stufe 3 (7. bis 9. Jahr)	1.906,00	1.986,00	2.132,00	2.327,00	2.602,00	3.102,00	3.759,00	4.533,00
Stufe 4 (10. bis 12. Jahr)			2.233,00	2.475,00	2.800,00	3.400,00	4.086,00	4.891,00
Stufe 5 (ab 13. Jahr)			2.341,00	2.624,00	2.994,00	3.698,00	4.414,00	5.248,00

Tabelle 1: Umreihung in die nächst höhere Beschäftigungsgruppe

Der Handelsangestellten-KV sieht damit anstelle einer linearen Umreihung einen sogenannten **„Rösselsprung"** vor (s hiezu etwa *Kraft/Kronberger*, Lohn- und Sozialdumping aus Sicht der Personalverrechnung[2] [2017], 114; *Marchhart/Palkovich*, Bewegung in der Gehaltstabelle – alle Regelungen zur Gehaltsentwicklung im Handel, ARD 6763/4/2021; *Dorer/Limbeck/Roberts*, Neues Gehaltssystem im Kollektivvertrag für Handelsangestellte – der Countdown läuft (Teil 1), PV-Info 12/2020, 10 bzw (Teil 2), PV-Info 1/2021, 22; zum „Rösselsprung rückwärts" bei Umreihung in eine niedrigere Beschäftigungsgruppe s Erl 10 f). Dieses Umreihungssystem wird auch in anderen Kollektivverträgen verwendet (s etwa der Kollektivvertrag für die Angestellten im Metallgewerbe gem § 17 Abs 6 des KV).

Stufe (Jahr)	A	B	C	D	E	F	G	H
Stufe 1 (1. bis 3. Jahr)	1.817,00	1.874,00	1.945,00	2.041,00	2.208,00	2.508,00	3.102,00	3.817,00
Stufe 2 (4. bis 6. Jahr)	1.862,00	1.930,00	2.029,00	2.181,00	2.405,00	2.805,00	3.430,00	4.173,00
Stufe 3 (7. bis 9. Jahr)	1.906,00	1.986,00	2.132,00	2.327,00	2.602,00	3.102,00	3.759,00	4.533,00
Stufe 4 (10. bis 12. Jahr)			2.233,00	2.475,00	2.800,00	3.400,00	4.086,00	4.891,00
Stufe 5 (ab 13. Jahr)			2.341,00	2.624,00	2.994,00	3.698,00	4.414,00	5.248,00

Tabelle 2: Umreihung in eine höhere Beschäftigungsgruppe

Durch die Umreihung erfolgt stets eine Einstufung in das **Anfangsjahr der neuen Gehaltsstufe** der neuen Beschäftigungsgruppe. Eine **Vorrückung** in die nächste Gehaltsstufe der neuen Beschäftigungsgruppe ergibt sich somit erst in drei Jahren (zur Verbindung von Vorrückung und Umstellung auf das Gehaltssystem NEU s Erl 8 zu Abschnitt 3 Pkt C).

Beispiel: Eine Arbeitnehmerin trat am 8.1.2023 in ein Handelsunternehmen ein, das bereits in das Gehaltssystem NEU umgestiegen ist. Aufgrund der Anrechnung von Vordienstzeiten wurde sie in die Beschäftigungsgruppe C, Stufe 3, neuntes Jahr eingestuft. Mit 1.5.2023 wird sie in die Beschäftigungsgruppe D umgereiht. Das ihrem bisherigen kollektivvertraglichen Mindestgehalt von € 2.132,– entsprechende nächsthöhere Mindestgehalt wäre jenes der Stufe 2 der Beschäftigungsgruppe D. Da das kollektivvertragliche Mindestgehalt bei Vorrückung in die Stufe 4 der Beschäftigungsgruppe C jenes der Stufe 2 der Beschäftigungsgruppe jedoch übersteigt, beträgt ihr neues kollektivvertragliches Mindestgehalt € 2.327,–. Ihre nächste Vorrückung in der neuen Beschäftigungsgruppe erfolgt erst am 8.1.2026, wobei die Gehaltserhöhung am 1.1.2026 in Kraft tritt (s Erl 5).

Im Ergebnis ergibt dies folgende Graphik:

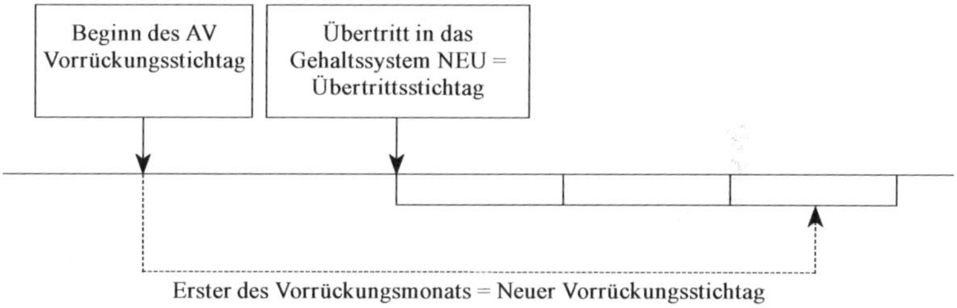

Bestehende **Überzahlungen** müssen bei einer Umreihung in eine höhere Beschäftigungsgruppe **nicht erhalten bleiben**.

Beispiel: Ein Arbeitnehmer (Beschäftigungsgruppe E, Stufe 3) erhält ein monatliches Gehalt in Höhe von € 2.802,–. Dies bedeutet eine Überzahlung seines kollektivvertraglichen Mindestgehalts in Höhe von € 200,–. Bei Umreihung in die Beschäftigungsgruppe F beträgt seine Überzahlung nur mehr € 3,–.

7) Eine **Sonderregel bei der Umreihung** in eine höhere Beschäftigungsgruppe gilt für Arbeitnehmer und Arbeitnehmerinnen, denen ein **„Reformbetrag 1“** gebührt. Der „Reformbetrag 1“ ist zuzüglich zum kollektivvertraglichen Mindestgehalt nach dem Gehaltssystem NEU auszubezahlen, wenn das kollektivvertragliche Mindestgehalt der Gehaltsordnung ALT bei der Einstufung eines Arbeitnehmers/einer Arbeitnehmerin im **Übergang** (s hiezu Erl 7 zu Abschnitt 3 Pkt C) das ihm gebührende kollektivvertragliche Mindestgehalt des Gehaltssystems NEU der Gehaltsstufe 5 (ab 13. Jahren) der entsprechenden Beschäftigungsgruppe übersteigt.

Erfolgt sodann im Gehaltssystem NEU eine **Umreihung** in eine **höhere Beschäftigungsgruppe**, ist der „Reformbetrag 1“ dem bisherigen kollektivvertraglichen Mindestgrundgehalt hinzuzurechnen. Erst dann hat die **Ermittlung des nächsthöheren kollektivvertraglichen Mindestgehalts** der höheren Beschäftigungsgruppe zu erfolgen. Der „Reformbetrag 1“ kann auf das neue kollektivvertragliche Mindestgehalt **angerechnet** werden.

Beispiel: Einem Arbeitnehmer gebührt nach der Gehaltsordnung ALT (Gehaltstafel A, Gehaltsgebiet A, Beschäftigungsgruppe 3, 12. Berufsjahr) ein kollektivvertragliches Mindestgehalt in der Höhe von € 2.324,–. Das Unternehmen tritt mit Stichtag am 1.1.2022 in das Gehaltssystem NEU über und stuft den Arbeitnehmer in die Beschäftigungsgruppe C ein. Zuzüglich zum kollektivvertraglichen Mindestgehalt in Höhe von € 2.187,– gebührt dem Arbeitnehmer ein „Reformbetrag 1" in Höhe von € 137,– (= € 2.324,– – 2.187,–). Im Mai 2022 wird der Arbeitnehmer in die **Beschäftigungsgruppe D** umgestuft. Das nach Z 4.4.1. zu ermittelnde, dem bisherigen kollektivvertraglichen Mindestgehalt nächsthöhere kollektivvertragliche Mindestgehalt der Beschäftigungsgruppe D beträgt € 2.313,–. Die Basis in Höhe des kollektivvertraglichen Mindest(grund)gehalts in Höhe von € 2.187,– ist jedoch um den „Reformbetrag 1" und damit um € 137,– zu erhöhen, sodass das nächsthöhere kollektivvertragliche Mindestgehalt € 2.452,– beträgt (neue Basis in Höhe von € 2.324,–).

Beispiel: Eine Arbeitnehmerin erhält nach der Gehaltsordnung ALT (Gehaltstafel A, Gehaltsgebiet A, 18. Berufsjahr in der Beschäftigungsgruppe 3) ein kollektivvertragliches Mindestgehalt in der Höhe von € 2.522,–. Bei Übertritt des Unternehmens in die Gehaltsordnung NEU gebührt der Arbeitnehmerin aufgrund der Einstufung in die Beschäftigungsgruppe C ein „Reformbetrag 1" in Höhe von € 335,– (= € 2.522,– – € 2.187,–). Der „Reformbetrag 1" ist dem kollektivvertraglichen Mindest(grund)gehalt vor Ermittlung des nächsthöheren Mindestgehalts in der Beschäftigungsgruppe D hinzuzurechnen, sodass die Basis für die Umreihung € 2.522,– beträgt. Bei Umreihung in die **Beschäftigungsgruppe D** gebührt der Arbeitnehmerin daher ein kollektivvertragliches Mindestgehalt von € 2.452,–. Der „Reformbetrag 1" reduziert sich durch die Anrechnung auf € 70,–, ist aber weiterhin auszubezahlen.

Beispiel: Eine Arbeitnehmerin erhält nach der Gehaltsordnung ALT (Gehaltstafel B, Gehaltsgebiet A, 15. Berufsjahr in der Beschäftigungsgruppe 3) ein kollektivvertragliches Mindestgehalt in der Höhe von € 2.556,–. Zusätzlich erhält sie eine Überstundenpauschale, die betragsmäßig in Höhe von € 200,– ausgewiesen wird, sodass der Arbeitnehmerin ein tatsächliches Gehalt in Höhe von € 2.756,– gebührt. Das Unternehmen tritt mit Stichtag am 1.1.2022 in das Gehaltssystem NEU über und stuft die Arbeitnehmerin in die Beschäftigungsgruppe C ein. Zuzüglich zum kollektivvertraglichen Mindestgehalt in Höhe von € 2.187,– erhält die Arbeitnehmerin einen „Reformbetrag 1" in Höhe von € 369,– (= € 2.556,– – € 2.187,–). Der „Reformbetrag 1" ist dem kollektivvertraglichen **Mindestgrundgehalt** vor Ermittlung des nächsthöheren Mindestgehalts in der **Beschäftigungsgruppe D** hinzuzurechnen, sodass die Basis für die Umreihung € 2.556,– beträgt. Bei Umreihung in die Beschäftigungsgruppe D gebührt der Arbeitnehmerin ein kollektivvertragliches Mindestgehalt in Höhe von € 2.452,– und ein tatsächliches Gehalt in Höhe von € 2.756,– (= € 2.556,– + € 200,– Überstundenpauschale). Der „Reformbetrag 1" reduziert sich durch die Anrechnung auf € 104,– (= € 2.556,– – € 2.452,–).

[8]) Der **Reformbetrag 2** ist eine Entgeltleistung, die im Rahmen der Übergangsbestimmungen zum Umstieg von der Gehaltsordnung ALT in das Gehaltssystem NEU geschaffen wurde. Definiert wurde diese „Pauschale Abgeltung von Vorrückungen der Gehaltsordnung ALT im Übergang" unter 5.1.2. im Abschnitt 3 Pkt C (Übergangsbestimmungen). Diese Bestimmung lautete folgendermaßen:

„Arbeitnehmerinnen der Beschäftigungsgruppe 3, die zum Zeitpunkt des Inkrafttretens (1.12.2017) des neuen Beschäftigungsgruppenschemas im Betrieb beschäftigt waren und im Zuge des Übertritts in das Beschäftigungsgruppenschema NEU in die Gehaltsstufe 5 (ab 13 Jahre) eingereiht werden, erhalten monatlich einen zusätzlichen Reformbetrag. Dieser „Reformbetrag 2" richtet sich nach der Einstufung im Beschäftigungsgruppenschema ALT zum Zeitpunkt des Übertritts und nach nachstehender Tabelle. Fällt die Einstufung NEU mit einer Vorrückung zusammen, so ist zuerst die Vorrückung vorzunehmen, und danach die Einstufung NEU.

Der „Reformbetrag 2" kann auf eine bestehende Überzahlung angerechnet werden und wird alljährlich wie die Kollektivvertragsgehälter erhöht. Der „Reformbetrag 2" kann auch auf Erhöhungen durch eine Umreihung in eine höhere Beschäftigungsgruppe angerechnet werden und steht bei Teilzeitbeschäftigung im aliquoten Ausmaß zu.

Berufsjahr in der BG 3 zum Zeitpunkt des Übertritts ins neue Entgeltsystem	*Reformbetrag 2*
vom 9. bis 11. Berufsjahr	*64,– Euro*
vom 12. bis 14. Berufsjahr	*42,– Euro*
vom 15. bis 17. Berufsjahr	*22,– Euro*

Diese Regelung wurde im Handels-KV 2021 – wohl irrtümlich – eliminiert. Der Handels-KV 2022 korrigiert dies teilweise wieder, in dem er die alte Anrechnungsbestimmung an neuer Stelle integriert und teilweise ergänzt. Hinsichtlich des Ausspruchs an sich und der Begriffsbildung ist auf die vorangegangenen Kollektivverträge zurückzugreifen.

Wurden Arbeitnehmer und Arbeitnehmerinnen der Beschäftigungsgruppe 3 der Gehaltsordnung ALT im Zuge der Überleitung in das Gehaltssystem NEU in die Gehaltsstufe 5 (ab 13 Jahre) umgereiht, gebührte diesen nach Abschnitt 3 Pkt C Z 5.1.2. monatlich ein „Reformbetrag 2". Dieser Reformbetrag richtete sich nach der Einstufung in der Gehaltsordnung ALT (ab dem 9. Berufsjahr) zum Zeitpunkt des Übertrittes und war mit einem Fixbetrag (€ 64,– vom 9. bis 11. Berufsjahr, € 42,– vom 12. bis 14. Berufsjahr und € 22,– vom 15. bis 17. Berufsjahr) festgesetzt.

Voraussetzung für einen Anspruch auf den „Reformbetrag 2" war, dass der Arbeitnehmer bzw die Arbeitnehmerin am 1.12.2017 im Betrieb beschäftigt war, unabhängig davon, ob der Übertrittsstichtag nach diesem Zeitpunkt liegt. Da es sich bei der Regelung des „Reformbetrages 2" um eine Sonderbestimmung nach Z 5 des Abschnittes 3 Pkt C des Kollektivvertrages handelte, gebührte dieser nur bei einer Beschäftigung in jenen Betrieben, die bis zum 1.11.2019 in das neue Gehaltssystem übergetreten sind.

Mit der Einführung des „Reformbetrages 2" wurde einem gewissen Erwartungsschutz der in der Gehaltsordnung ALT eingestuften Arbeitnehmer und Arbeitnehmerinnen der Beschäftigungsgruppe 3 Rechnung getragen. Betroffen waren vor allem Kassenkräfte, da für diese bei einem Verbleib in der Gehaltsordnung ALT – anders als im Fall einer Einstufung in die Stufe 5 des Gehaltssystems NEU – noch Gehaltssprünge möglich gewesen wären. Der „Reformbetrag 2" konnte – entgegen dem „Reformbetrag 1" – auf bestehende Überzahlungen angerechnet werden.

Wie der „Reformbetrag 1" gebührte auch der „Reformbetrag 2" bei einer Einstufung in die Stufe 5 des Gehaltssystems NEU. Der „Reformbetrag 2" stellt jedoch – entgegen dem „Reformbetrag 1" – keinen Differenzbetrag zu einem höheren kollektivvertraglichen Mindestgehalt nach der neuen Gehaltstabelle dar, sondern ist zusätzlich und unabhängig von einem etwaigen „Reformbetrag 1" monatlich auszubezahlen, sofern der Arbeitnehmer/die Arbeitnehmerin in der Beschäftigungsgruppe 3 der Gehaltsordnung ALT eingestuft war.

Beispiel: Einer Arbeitnehmerin der Beschäftigungsgruppe 3 gebührte nach der Gehaltsordnung ALT (Gehaltstafel A, Beschäftigungsgruppe 3, 10. Berufsjahr) ein kollektivvertragliches Mindestgehalt in Höhe von € 2.078,–. Mit Stichtag 1.10.2019 trat der Handelsbetrieb in das Gehaltssystem NEU über und stufte die Arbeitnehmerin in die Stufe 5 der Beschäftigungsgruppe C ein. Da das neue kollektivvertragliche Mindestgehalt € 2.054,– betrug, gebührte ihr zusätzlich ein „Reformbetrag 1" in Höhe von € 24,–. Aufgrund des Wechsels von der Beschäftigungsgruppe 3 in die Stufe 5 der entsprechenden Beschäftigungsgruppe des Gehaltssystems NEU sowie der aufrechten Beschäftigung am 1.12.2017 war ihr zusätzlich ein monatlicher Betrag in Höhe von € 62,– auszubezahlen (10. Beschäftigungsjahr in der Gehaltsordnung alt).

Beispiel: Einer Arbeitnehmerin gebührte nach der Gehaltsordnung ALT in der Beschäftigungsgruppe 3 (Gehaltstafel A, 10. Berufsjahr) ein kollektivvertragliches Mindestgehalt in Höhe von € 2.078,–. Ihr tatsächliches Gehalt betrug € 2.200,–. Dies bedeutete eine Überzahlung in Höhe von € 122,–. Mit Stichtag 1.11.2019 trat der Handelsbetrieb in das Gehaltssystem NEU über und stufte die Arbeitnehmerin in die Stufe 5 der Beschäftigungsgruppe C ein. Ihr gebührte daher zusätzlich zum neuen kollektivvertraglichen Mindestgehalt in Höhe von € 2.054,– ein „Reformbetrag 1" in Höhe von € 24,– sowie ein „Reformbetrag 2" in Höhe von € 64,–. Die Überzahlung bleibt bei Ausweisung des „Reformbetrages 1" aufrecht. Da der „Reformbetrag 2" jedoch auf Überzahlungen angerechnet werden kann, wird dieser zur Gänze aufgesaugt.

Mit dem Handelsangestellten-KV in der Fassung vom 1.1.2018 wurde die Möglichkeit einer Aliquotierung des „Reformbetrages 2" für Teilzeitbeschäftigte vorgesehen.

[9]) Gemäß Abschnitt 3 Pkt A Z 1.3. sind Arbeitnehmer und Arbeitnehmerinnen im Anwendungsbereich des Handelsangestellten-KV in die ihrer Tätigkeit entsprechende Beschäftigungsgruppe (A–H) einzustufen und zu bezahlen. Tätigkeiten, die ein Arbeitnehmer bzw eine Arbeitnehmerin jedoch **nur für kurze Zeit** als Aushilfe oder Stellvertretung verrichtet, sollen von diesem Grundsatz gem Abschnitt 3 Pkt A Z 4.4.3. ausgenommen sein. Erst ab einer ununterbrochenen Dauer von **fünf Wochen bei Urlaub** bzw **zwölf Wochen bei Krankheit** führt eine Aushilfs- oder Stellvertretungstätigkeit in einer höheren Beschäftigungsgruppe zu einem entsprechend höheren kollektivvertraglichen Gehaltsanspruch (vgl *Marchhart/Palkovich*, Spezielle Regelungen zur Gehaltsentwicklung im Handel, ARD 6764/3/2021). Damit soll verhindert werden, dass Angestellte unter dem Vorwand der Stellvertretung oder der Aushilfe längerfristig für die Verrichtung höherwertiger Tätigkeiten eingesetzt werden, ohne dabei ein entsprechend höheres Gehalt zu beziehen.

Aushilfstätigkeiten sind dem Wortsinn nach Tätigkeiten, die wegen eines – aus welchen Gründen immer bestehenden – Personalbedarfs in einem anderen Tätigkeitsbereich geleistet werden. Unter einer **Stellver-**

tretung ist im Unterschied dazu das Einspringen für einen bestimmten anderen Arbeitnehmer bzw eine bestimmte andere Arbeitnehmerin zu verstehen, der/die etwa aufgrund einer Krankheit oder seines/ihres Erholungsurlaubes seine/ihre Dienstleistung nicht erbringt. Ist eine Belegschaft wegen Krankheit mehrerer Mitarbeiter bzw Mitarbeiterinnen „geschwächt" und wird zu deren Unterstützung ein Arbeitnehmer oder eine Arbeitnehmerin aus einer niedrigeren Beschäftigungsgruppe eingesetzt, wird es sich um Aushilfe handeln. Ein Fall der Stellvertretung liegt hingegen vor, wenn zB der erste Verkäufer bzw die erste Verkäuferin seinen/ihren Erholungsurlaub konsumiert und ein einfacher Verkäufer oder eine einfache Verkäuferin der Beschäftigungsgruppe 2 seine/ihre Aufgaben übernimmt.

Mit der Fünf- bzw Zwölf-Wochen-Grenze sollte eine sachgerechte Lösung geschaffen werden, indem auf die übliche Urlaubsdauer von 30 Werktagen nach § 17 AngG iVm § 2 UrlG sowie auf den durchschnittlichen Entgeltfortzahlungsanspruch nach § 8 AngG abgestellt wird. Das Erfordernis der **Ununterbrochenheit** der Aushilfs- bzw Stellvertretertätigkeit ermöglicht es dem Arbeitgeber bzw der Arbeitgeberin, einen Arbeitnehmer bzw eine Arbeitnehmerin innerhalb eines Jahres immer wieder für Tätigkeiten einer höheren Beschäftigungsgruppe einzusetzen, ohne dafür ein höheres Gehalt zu schulden. Fraglich ist in diesem Zusammenhang jedoch, wie die vom Kollektivvertrag verlangte Unterbrechung zu verstehen ist, insbesondere, ob es sich um eine **Unterbrechung** mit einem gewissen **zeitlichen Mindestausmaß** handeln muss. Eine zeitliche Unterbrechung, die zwar dem Grunde nach normiert, deren Dauer positivrechtlich aber nicht determiniert ist, führt zwangsläufig zu erheblicher Rechtsunsicherheit. Dies zeigt unter anderem die Problematik des Kettendienstvertrages, dh die Frage nach der notwendigen Dauer der zeitlichen Lücke zwischen zwei befristeten Dienstverhältnissen dafür, dass kein Arbeitsverhältnis auf unbestimmte Zeit entsteht (vgl dazu *Klocker*, Kettendienstverträge – unzureichende Umsetzung im österreichischen Recht?, ecolex 2007, 49; *Freudhofmeier*, Das Phänomen der Kettendienstverträge, taxlex 2005, 535; *Grießer*, Arbeitszeitvereinbarungen im Teilzeitarbeitsverhältnis, DRdA 2001, 16; *Kuderna*, Die Befristung einzelner Elemente des Arbeitsvertrages, DRdA 1999, 329; *Melzer-Azodanloo*, Aneinanderreihung von Arbeitsverhältnissen, ASoK 1998, 297; *Braunecker*, Zur Zulässigkeit von Kettendienstverträgen, ecolex 1997, 443; OGH 4. September 1996, 9 ObA 2126/96, DRdA 1997, 126 mit Bespr v *Ziehensack*; OGH 25. Mai 1994, 9 ObA 67/94, DRdA 1995, 144 mit Bespr v *Burgstaller* = ZAS 1995, 165 mit Bespr v *Ziehensack*; OGH 12. Februar 1992, 9 ObA 247/91, ZAS 1992, 163 mit Bespr v *Holzer/Reissner* = DRdA 1992, 447 mit Bespr v *Wachter*; OGH 23. Oktober 1991, 9 ObA 167/91, Arb 10.972; OGH 15. Juni 1988, 9 ObA 118/88, wbl 1989, 27).

Geht man vom Wortlaut des Handelsangestellten-KV aus, würde jegliche noch so geringfügige Unterbrechung eine entgeltrelevante Zusammenrechnung der Stellvertretungszeiten verhindern. Ein derartiges Verständnis der kollektivvertraglichen Bestimmung würde es dem Arbeitgeber bzw der Arbeitgeberin jedoch zur Gänze anheimstellen, eine vorübergehende Höherreihung erfolgen zu lassen. Die Festlegung eines gewissermaßen uneingeschränkten Gestaltungsrechts des Arbeitgebers bzw der Arbeitgeberin wird man den Kollektivvertragsparteien nicht unterstellen können, da damit die mehr als fünf- bzw zwölfwöchige ununterbrochene Tätigkeit keine ernstzunehmende Anspruchsvoraussetzung darstellen würde. Man wird daher die Aushilfs- bzw Stellvertretungstätigkeiten und die Dauer derselben mit dem Anlass in Verbindung setzen müssen.

Beispiel: Arbeitnehmer A vertritt Arbeitnehmer B, der sich für sechs Wochen auf Erholungsurlaub befindet. Während dieser sechs Wochen übernimmt A nach ungefähr drei Wochen lediglich an zwei aufeinanderfolgenden Tagen nicht die Tätigkeit des B. Trotz dieser Unterbrechung wird die Stellvertretung als Einheit zu betrachten sein und eine Höherreihung bewirken.

Zu bedenken sind hier auch jene Fälle, in denen ein Arbeitnehmer bzw eine Arbeitnehmerin über einen längeren Zeitraum hin ununterbrochen, jedoch aufgrund verschiedener Dienstverhinderungen, vertreten werden muss. Denkbar wäre etwa, dass ein Arbeitnehmer bzw eine Arbeitnehmerin einen Kollegen bzw eine Kollegin einer höheren Beschäftigungsgruppe zu vertreten hat, der/die **zunächst vier Wochen krank** ist und im Anschluss daran sofort für **weitere vier Wochen auf Erholungsurlaub** geht. Auch wenn dieser Zeitraum von acht Wochen für den stellvertretenden Arbeitnehmer bzw die stellvertretende Arbeitnehmerin eine Einheit bildet, handelt es sich streng genommen doch um **zwei Dienstverhinderungen**, die unmittelbar aufeinanderfolgen. Krankenstands- und Urlaubsvertretung sind daher getrennt zu betrachten, was zur Folge hat, dass es zu keiner vorübergehenden Höherreihung des Stellvertreters bzw der Stellvertreterin kommt.

Auslegungsschwierigkeiten können sich darüber hinaus insbesondere im Fall einer Aushilfe ergeben, wenn zu beurteilen ist, ob die **Fünf-Wochen-Grenze** wegen Urlaubs oder die **Zwölf-Wochen-Grenze** wegen Krankheit Anwendung zu finden hat. Da es sich bei der Aushilfe – anders als im Fall der Stellvertretung – nicht um ein Einspringen für einen bestimmten anderen Arbeitnehmer bzw eine bestimmte andere Arbeitnehmerin handelt, wird sich regelmäßig die Frage stellen, in welcher Form die Fünf- bzw Zwölf-Wochen-Grenze in diesem Bereich Anwendung finden kann. Problematisch ist dies stets dann, wenn mehrere Arbeitnehmer bzw Arbeitnehmerinnen wegen Urlaubs ausfallen und andere gleichzeitig für längere Zeit erkranken. Sind etwa in einer Abteilung zwei Arbeitnehmer bzw Arbeitnehmerinnen auf einem jeweils fünfwöchigen Erholungsurlaub und befindet sich ein Dritter bzw eine Dritte gleichzeitig in einem dreizehnwöchigen Krankenstand, dann stellt sich die Frage, ob ein Arbeitnehmer bzw eine Arbeitnehmerin, der/die in dieser Situation acht Wochen lang aushilft und dabei Tätigkeiten einer höheren Beschäftigungsgruppe verrichtet, Anspruch auf Höherreihung nach Abschnitt 3 Pkt A Z 4.4.3. hat. Geht man von einer Aushilfe wegen Urlaubs und somit von der Geltung der Fünf-Wochen-Grenze aus, dann hat der aushelfende Arbeitnehmer bzw die aushelfende Arbeitnehmerin während der gesamten acht Wochen Anspruch auf Bezahlung nach den Gehaltssätzen der höheren Beschäftigungsgruppe. Ausschlaggebend wird jedoch jene Dienstverhinderung sein, die die Aushilfe letztendlich erforderlich macht. Das ist in diesem Fall die Krankheit des dritten Arbeitnehmers bzw der dritten Arbeitnehmerin, weshalb der/die Aushelfende auch während der acht Wochen, in denen er/sie höherwertige Tätigkeiten verrichtet, nach den Sätzen seiner/ihrer eigentlichen Beschäftigungsgruppe zu entlohnen sein wird.

Abschnitt 3 Pkt A Z 4.4.3. regelt einerseits die Stellvertretung bzw Aushilfe wegen **Urlaubs** und andererseits die Stellvertretung bzw Aushilfe wegen **Krankheit**. Insbesondere der Begriff der Krankheit wird an dieser Stelle jedoch in erklärungsbedürftiger Weise verwendet. Da nämlich weder der Unglücksfall noch der Arbeitsunfall oder die Berufskrankheit gesonderte Erwähnung finden, ist davon auszugehen, dass der **Begriff der Krankheit** hier auch diese Fälle umfassen soll und somit nicht mit dem sozialrechtlichen Krankheitsbegriff und dem Krankheitsbegriff des § 8 AngG übereinstimmt. Ebenfalls unerwähnt bleibt die Stellvertretung bzw Aushilfe aufgrund **sonstiger Dienstverhinderungen**. Wenngleich diese in der Regel nicht zu einem derart langen Ausfallen eines Arbeitnehmers bzw einer Arbeitnehmerin führen, sind dennoch Sonderfälle denkbar, in denen eine mehrwöchige Stellvertretung erforderlich wäre. Die Regelung des Abschnitt 3 Pkt A Z 4.4.3. ist daher in diesem Bereich unvollständig und wäre wohl aufgrund des inhaltlich identen Phänomens analog anzuwenden.

[10]) Wird ein Arbeitnehmer bzw eine Arbeitnehmerin in eine **niedrigere Beschäftigungsgruppe** des Gehaltssystems NEU umgereiht, gebührt

Stufe (Jahr)	A	B	C	D	E	F	G	H
Stufe 1 (1. bis 3. Jahr)	1.817,00	1.874,00	1.945,00	2.041,00	2.208,00	2.508,00	3.102,00	3.817,00
Stufe 2 (4. bis 6. Jahr)	1.862,00	1.930,00	2.029,00	2.181,00	2.405,00	2.805,00	3.430,00	4.173,00
Stufe 3 (7. bis 9. Jahr)	1.906,00	1.986,00	2.132,00	2.327,00	2.602,00	3.102,00	3.759,00	4.533,00
Stufe 4 (10. bis 12. Jahr)			2.233,00	2.475,00	2.800,00	3.400,00	4.086,00	4.891,00
Stufe 5 (ab 13. Jahr)			2.341,00	2.624,00	2.994,00	3.698,00	4.414,00	5.248,00

Tabelle 3: Umreihung in die nächst niedrigere Beschäftigungsgruppe

nach Abschnitt 3 Pkt A Z 4.4.4. das kollektivvertragliche Mindestgrundgehalt jener Stufe der niedrigeren Beschäftigungsgruppe, das dem **bisherigen kollektivvertraglichen Mindestgrundgehalt nächst niedrig** ist. Die Bestimmung wurde mit dem Handelsangestellten-KV 2019 eingeführt.

Diese Umreihungssystematik kann als **„Rösselsprung rückwärts"** bezeichnet werden (zum „Rösselsprung" bei Umreihung in eine höhere Beschäftigungsgruppe s Erl 6).

Die niedrigere Beschäftigungsgruppe muss nicht jedenfalls die nächst niedrigere sein (s Tabelle 3). Grundsätzlich wäre etwa auch ein Sprung in eine noch niedrigere Beschäftigungsgruppe möglich (s Tabelle 4).

Stufe (Jahr)	A	B	C	D	E	F	G	H
Stufe 1 (1. bis 3. Jahr)	1.817,00	1.874,00	1.945,00	2.041,00	2.208,00	2.508,00	3.102,00	3.817,00
Stufe 2 (4. bis 6. Jahr)	1.862,00	1.930,00	2.029,00	2.181,00	2.405,00	2.805,00	3.430,00	4.173,00
Stufe 3 (7. bis 9. Jahr)	1.906,00	1.986,00	2.132,00	2.327,00	2.602,00	3.102,00	3.759,00	4.533,00
Stufe 4 (10. bis 12. Jahr)			2.233,00	2.475,00	2.800,00	3.400,00	4.086,00	4.891,00
Stufe 5 (ab 13. Jahr)			2.341,00	2.624,00	2.994,00	3.698,00	4.414,00	5.248,00

Tabelle 4: Umreihung in eine niedrigere Beschäftigungsgruppe

Die Differenz zwischen dem alten kollektivvertraglichen Mindestgrundgehalt der höheren Beschäftigungsgruppe und dem neuen kollektivvertraglichen Mindestgrundgehalt ist als **Überzahlung** auszuweisen.

Dienstzeiten, die „in der höheren Stufe" angesammelt wurden, gehen – anders als bei einer Umreihung in eine höhere Beschäftigungsgruppe (s Erl 6) – nicht verloren und sind daher für die **Vorrückung** in die nächste Gehaltsstufe der neuen (niedrigeren) Beschäftigungsgruppe zu berücksichtigen. Der Handelsangestellten-KV spricht in diesem Zusammenhang zwar von der in der „**höheren Stufe** verbrachten Dienstzeit". Gemeint sein wird damit aber die in der jeweiligen Stufe der **höheren Beschäftigungsgruppe** verbrachte Dienstzeit.

Beispiel: Eine Arbeitnehmerin trat am 8.1.2022 in ein Handelsunternehmen ein. Aufgrund der Anrechnung von Vordienstzeiten wurde sie in die Beschäftigungsgruppe D, Stufe 3, siebtes Jahr eingestuft. Mit 8.5.2023 wird sie in die Beschäftigungsgruppe C umgereiht. Das ihrem bisherigen kollektivvertraglichen Mindestgehalt von € 2.174,– entsprechende, nächst niedrigere der Beschäftigungsgruppe C beträgt € 2.086,–. Die Differenz in Höhe von € 88,– ist ihr als Überzahlung auszuweisen. Ihre nächste Vorrückung in der neuen (niedrigeren) Beschäftigungsgruppe erfolgt am 8.1.2025, da ihr die in der höheren Beschäftigungsgruppe verbrachte Dienstzeit im Ausmaß von einem Jahr und vier Monaten bei der Umreihung erhalten bleibt, sodass sie in das vierte Monat des 11. Beschäftigungsjahres der Stufe 4 einzureihen ist. Die Gehaltserhöhung tritt am 1.1.2025 in Kraft. Die Überzahlung in Höhe von € 88,– kann auf das neue kollektivvertragliche Mindestgehalt in Höhe von € 2.187,– angerechnet werden. Durch die Vorrückung in die Stufe 5 wird die Überzahlung zur Gänze „aufgesogen".

[11]) Der Handelsangestellten-KV stellt seit 2019 in Abschnitt 3 Pkt A Z 4.4.4. klar, dass die Bestimmungen des ArbVG zur **verschlechternden Versetzung** bei einer Umreihung in eine niedrigere Beschäftigungsgruppe unberührt bleiben.

Unter einer Versetzung ist jede vom Arbeitgeber bzw der Arbeitgeberin angestrebte Änderung des **Arbeitsortes** oder des **Tätigkeitsbereichs** oder **beider** Arbeitsbedingungen zu verstehen (vgl OGH 4. März 1986, 14 Ob 7/86, Arb 10.500 = infas 1986, A 100; OGH 17. März 1993, 9 ObA 29/93, DRdA 1993, 485 mit Bespr v *Trost*; *Wachter*, Versetzung – Begriff, Arten, Abgrenzung, in *Resch* [Hrsg], Versetzung – Der Arbeitnehmer als Schachfigur des Arbeitgebers [2012], 18). Die Beurteilung der Zulässigkeit einer Versetzung hat einerseits aus arbeitsvertragsrechtlicher und andererseits aus betriebsverfassungsrechtlicher Perspektive (nach den Bestimmungen des ArbVG) zu erfolgen. Auch wenn der Handelsangestellten-KV lediglich auf die betriebsverfassungsrechtliche Perspektive Bezug nimmt, ist (daneben) aus arbeitsvertraglicher Sicht zwischen **direktorialen** und **arbeitsvertragsändernden Versetzungen** zu differenzieren. Erstere finden im Arbeitsvertrag ihre Deckung, letztere bewirken eine Änderung des Arbeitsvertrags (*Staufer*, Die Versetzung von Arbeitnehmern aus arbeitsvertragsrechtlicher und betriebsverfassungsrechtlicher Sicht [2003], 21). **Vertragsändernde Versetzungen** muss der Arbeitnehmer bzw die Arbeitnehmerin nicht hinnehmen. Er/Sie kann die Zustimmung verweigern, ohne dass ihn der Arbeitgeber bzw die Arbeitgeberin deshalb entlassen könnte. Verweigert der Arbeitgeber bzw die Arbeitgeberin die Entgegennahme der Arbeitsleistung am bisherigen Arbeitsplatz (Tätigkeitsbereich, Arbeitsort) und erklärt der Arbeitnehmer bzw die Arbeitnehmerin dort seine/ihre Dienstbereitschaft, so kann er/sie gem § 1155 ABGB sein/ihr Entgelt unter Berücksichtigung der in dieser Bestimmung vorgesehenen Anrechnungen fordern. Doch ist gerade die Beurteilung der durch den Arbeitsvertrag zu rechtfertigenden Grenzen des Weisungsrechts mitunter schwierig (vgl hiezu *Pacic*, Versetzung mit Weisung des Arbeitgebers – Grenzen für ein einseitiges Gestaltungsrecht, in *Resch* [Hrsg], Versetzung – Der Arbeitnehmer als Schachfigur des Arbeitgebers [2012], 43). Vor allem bei Beförderungen von Arbeitnehmern und Arbeitnehmerinnen kommt es regelmäßig nicht zu einer völligen Veränderung der Arbeitspflichten, sondern lediglich zu einer Erweiterung um die mit dieser Stellung verbundenen Agenden (OGH 30. September 1992, 9 ObA 208/92, ARD 4430/26/93). Zwecks Vermeidung des mit einer Arbeitsverweigerung verbundenen Risikos kann der Arbeitnehmer bzw die Arbeitnehmerin bei Gericht die Feststellung begehren, dass zur Arbeit in der neuen Stellung keine Verpflichtung besteht (OGH 16. Jänner 1968, 4 Ob 94/67, Arb 8480). Ist eine direktoriale Versetzung nicht möglich und gibt der Arbeitnehmer bzw die Arbeitnehmerin zu einer vertragsändernden Versetzung nicht die Zustimmung, dann kann der Arbeitgeber bzw die Arbeitgeberin nur eine Änderungskündigung vornehmen, bei der es dem Arbeitnehmer bzw der Arbeitnehmerin freisteht, ob er/sie unter den geänderten Arbeitsbedingungen weiterarbeiten will (vgl *Schrammel*, Die Mitbestimmung des Betriebsrates bei Versetzung und Änderungskündigung, ZAS 1975, 203).

Versetzungen treten nicht selten als erste Symptome einer Zerrüttung der Beziehungen der Vertragspartner auf. Gar nicht so selten werden sie durchgeführt, um den Arbeitnehmer bzw die Arbeitnehmerin zu einer Selbstkündigung zu veranlassen. Der Gesetzgeber hat dem Rechnung getragen und den Versetzungsschutz mit einem **paritätischen Mitwirkungsrecht**, das auf dem **Zustimmungsprinzip** aufgebaut (vgl *Staufer*, Die Versetzung von Arbeitnehmern aus arbeitsvertragsrechtlicher und betriebsverfassungsrechtlicher Sicht [2003], 115; OGH 25. Juni 2014, 9 ObA 2/14f, ZAS 2015, 91 mit Bespr v *Krömer*; *Födermayr*, Betriebsverfassungsrechtlicher Aspekt einer Versetzung – § 101 ArbVG, in *Resch* [Hrsg], Versetzung – Der Arbeitnehmer als Schachfigur des Arbeitgebers [2012], 61; *dies* in *Strasser/Jabornegg/Resch* [Hrsg], ArbVG [Losebl] Rz 61 zu § 101) und teilweise mit Informations- und Beratungsrechten ausgestattet ist, versehen. Gem § 101 ArbVG ist jede dauernde Einreihung eines Arbeitnehmers bzw einer Arbeitnehmerin auf einen anderen Arbeitsplatz dem Betriebsrat unverzüglich mitzuteilen. Eine **dauernde Versetzung** liegt iS dieser Bestimmung **nicht** vor, wenn sie für einen Zeitraum von voraussichtlich **weniger als 13 Wochen** erfolgt (OGH 26. April 2000, 9 ObA 54/00g, ARD 5146/23/2000). Ist mit der Einreihung auf einen anderen Arbeitsplatz eine **Verschlechterung** der Entgelt- bzw der sonstigen Arbeitsbedingungen verbunden, so bedarf sie zu ihrer Rechtswirksamkeit der vorherigen Zustimmung des Betriebsrats. Erteilt der Betriebsrat die Zustimmung zur Versetzung nicht, kann sie durch Urteil des Gerichts **ersetzt** werden. Das Gericht hat die Zustimmung zu erteilen, wenn die Versetzung zB aus betrieblichen Gründen oder aus Gründen, die in der Person des Arbeitnehmers liegen, sachlich gerechtfertigt ist. Wird der Betriebsrat übergangen oder erfolgt die Versetzung trotz Verweigerung der Zustimmung durch den Betriebsrat, so hat Letzterer nach Ansicht der Rechtsprechung kein Recht, das Gericht anzurufen (OGH 9. April 1997, 9 ObA 2291/96v, DRdA 1998, 114 mit Bespr v *Trost*; aA *Schrammel*, Die Mitbestimmung des Betriebsrates bei Versetzung und Änderungskündigung, ZAS 1975, 208). Der betroffene Arbeitnehmer bzw die betroffene Arbeitnehmerin kann in diesem Fall Klage auf Feststellung der Rechtsunwirksamkeit der Versetzung beim Gericht einbringen. Er/Sie hat aber auch die Möglichkeit, von vornherein unter Hinweis auf die mangelnde Zustimmung des Betriebsrats die Arbeit am neuen Arbeitsplatz zu verweigern; er/sie geht dabei jedoch das Risiko ein, dass nachträglich die Frage der Zustimmungserfordernisse eine andere Beurteilung erfährt (zu den Möglichkeiten des Arbeitnehmers s *Födermayr* in *Strasser/Jabornegg/Resch* [Hrsg], ArbVG [Losebl] Rz 79 zu § 101).

Verschlechtern sich die Entgelt- oder sonstigen Arbeitsbedingungen nicht, dann steht dem Betriebsrat nur das Recht auf **Information** und das **Beratungsrecht** zu.

Eine Versetzung nach § 101 ArbVG umfasst nicht nur einen Wechsel des Arbeitsortes, sondern auch eine **Änderung** des dem Arbeitnehmer bzw der Arbeitnehmerin zugewiesenen **Tätigkeitsbereichs**. Letzteres liegt etwa vor, wenn einem Angestellten wichtige, das Schwergewicht seiner Tätigkeit bildende Aufgaben entzogen werden (vgl OGH 18. Dezember 1979, 4 Ob 19/79, Arb 9838 = DRdA 1980, 390 mit Bespr v *Czermak*). **Stets** bildet jedoch die **Verschlechterung der Entgelt**- oder **sonstigen Arbeitsbedingungen** die Voraussetzung für den Versetzungsschutz. Eine Verschlechterung der Entgeltbedingungen liegt etwa bei einer **Einstufung** in eine **niedrigere Verwendungsgruppe** vor (OGH 26. September 1972, 4 Ob 51/72, Arb 9034; für weitere Beispiele s *Löschnigg*, Arbeitsrecht[13] [2017] 6/047).

Der Handelsangestellten-KV sieht bei Umreihung in eine niedrigere Beschäftigungsgruppe gem Abschnitt 3 Pkt A Z 4.4.4. zwar eine Differenzzahlung zum kollektivvertraglichen Mindestgehalt der höheren Beschäftigungsgruppe vor (s Erl 10), sodass das bisherige Gehaltsniveau faktisch erhalten bleibt. Da es sich bei dieser Entgeltdifferenz aber lediglich um eine **Überzahlung** handelt und nicht (mehr) um den kollektivvertraglichen Mindestlohn, muss diese bei einer Vorrückung in die nächste Stufe der (niedrigeren) Beschäftigungsgruppe nicht erhalten bleiben (s hiezu Erl 5).

Im Ergebnis wirkt sich daher eine Versetzung in eine niedrigere Beschäftigungsgruppe bei Vorrückungen auf die Entgeltbedingungen verschlechternd aus, sodass der Betriebsrat seine Zustimmung erteilen muss (vgl § 101 ArbVG).

Das Mitbestimmungsrecht des Betriebsrats kommt bei allen dauernden und verschlechternden Versetzungen zum Tragen, unabhängig davon, ob es sich dabei um eine direktoriale oder eine vertragsändernde Versetzung handelt (vgl OGH 18. Dezember 1979, 4 Ob 19/79, DRdA 1980, 390 mit Bespr v *Czermak* = Arb 9838; OGH 25. Juni 1985, 4 Ob 79/85, Arb 10.472 = infas 1986, A 1). Handelt es sich um eine **vertragsändernde Versetzung**, dann sind die vertragsrechtlichen Abwehrrechte des Arbeitnehmers von den betriebsverfassungsrechtlichen des Betriebsrats zu trennen. Auch die Zustimmung des Betriebsrats kann die erforderliche Zustimmung des Arbeitnehmers nicht ersetzen (s hiezu VwGH 18. März 1954, 954/53, Arb 5952; LGZ Wien 18. Juni 1970, 44 Cg 73/70, SozM II B, 965; OGH 26. September 1972, 4 Ob 51/72, Arb 9034). Umgekehrt gilt aber, dass die Zustimmung des Arbeitnehmers zur Versetzung das Mitwirkungsrecht des Betriebsrats nicht berührt (OGH 9. Mai 1967, 4 Ob 51/66, Arb 8413; s auch VfGH 7. März 1967, V 22/66, Arb 8402). Eine nur vom Arbeitnehmer akzeptierte zustimmungspflichtige Versetzung ist daher rechtsunwirksam. Handelt es sich um eine **direktoriale Versetzung**, ist diese von der Zustimmung des Arbeitnehmers unabhängig. Stimmt ihr der Betriebsrat zu, kann sie der Arbeitgeber unmittelbar anordnen (OGH 23. April 1963, 4 Ob 23/63, Arb 7739).

Fehlt in einem Betrieb ein Betriebsrat, obwohl die gesetzlichen Voraussetzungen dafür vorliegen, so kommt § 101 ArbVG nicht zur Anwendung. Im Falle vertragsändernder Versetzungen bedarf es somit nur mehr der Zustimmung des betroffenen Arbeitnehmers (*Holzer*, Mitbestimmung und Betriebe ohne Betriebsrat, in FS Strasser [1983], 636 f; *Strasser* in ArbVG-Handkommentar [1975], 593; EA Salzburg 2. Juni 1975, Re 17/75, Arb 9369; dagegen EA Eisenstadt 16. Dezember 1982, Re 11/82, Arb 10.160).

[12]) Mit den in Abschnitt 3 Pkt A Z 4.4.4. angesprochenen Bestimmungen des MSchG betreffend ein **„Rückkehrrecht"** meint der Handelsangestellten-KV seit 2019 den Anspruch der Arbeitnehmerin, nach Ablauf der Mutterschaftskarenz (vgl §§ 15 ff MSchG) das Arbeitsverhältnis unter den bisherigen Bedingungen fortsetzen zu können (vgl OGH 22. März 1966, 4 Ob 18/66, Arb 8202).

In der Entscheidung vom 25. Juni 2014 (9 ObA 50/14i, ZAS 2015, 41 mit Bespr v *Schörghofer* = ASoK 2016, 202 mit Bespr v *Gahleitner*) stellte der OGH erstmals ausdrücklich klar, dass die Arbeitnehmerin nach Ablauf der Karenz in der **gleichen Verwendung weiterzubeschäftigen** ist. Unklar bleibt dennoch, ob damit ein Rückkehrrecht in die konkrete Verwendung oder auf einen bloß gleichwertigen Arbeitsplatz gemeint ist (vgl *Gahleitner*, Judikaturentwicklungen im Gleichbehandlungsrecht – Aktuelle Entscheidungen des OGH und des EuGH, ASoK 2016, 202 [203]). Erfolgt eine (direktoriale oder vertragsändernde) dauernde und verschlechternde **Versetzung** (zB im Rahmen einer Elternteilzeit nach den §§ 15h ff MSchG), ist nicht nur der **betriebsverfassungsrechtliche Versetzungsschutz** zu beachten (§ 101 ArbVG; s Erl 11); es kann auch eine **mittelbare Diskriminierung** vorliegen, die Schadenersatzansprüche nach dem **GlBG** begründet (OGH 25. Juni 2014, 9 ObA 2/14f, ZAS 2015, 91 mit Bespr v *Krömer* = ecolex 2014, 1086 = ARD 6410/12/2014). Dies ist auch bei einer Versetzung durch Umreihung in eine niedrigere Beschäftigungsgruppe des Handelsangestellten-KV im Gehaltssystem NEU nach Ablauf einer Mutterschaftskarenz oder in der Elternteilzeit zu beachten.

[13]) Abschnitt 3 Pkt A Z 4.5.2. enthält eine **kollektivvertragliche Ermächtigung** an die Betriebsvereinbarungsparteien iSd **§ 29 ArbVG**.

Entsprechend der Definition des § 29 ArbVG sind Betriebsvereinbarungen schriftliche Vereinbarungen, die vom Betriebsinhaber bzw der Betriebsinhaberin einerseits und dem zuständigen Belegschaftsorgan (Betriebsrat, Betriebsausschuss, Zentralbetriebsrat oder Konzernvertretung) andererseits in Angelegenheiten abgeschlossen werden, deren Regelung durch Gesetz oder Kollektivvertrag der Betriebsvereinbarung vorbehalten ist. Daraus ergibt sich für die Betriebsvereinbarung eine Regelungsmacht, die nur so weit reicht, wie eine gesetzliche oder kollektivvertragliche Ermächtigung existiert (vgl *Pfeil* in *Gahleitner/Mosler* [Hrsg], Arbeitsverfassungsrecht 2[6] [2020] Rz 30 ff zu § 29; *Löschnigg*, Arbeitsrecht[13] [2017] 3/204; OGH 12. Oktober 1988, 9 ObA 131/88, ZAS 1990, 60 mit Bespr v *Valentic* = DRdA 1991, 45 mit Bespr v *Eypeltauer*).

Trifft eine Betriebsvereinbarung Regelungen über die Gewährung von **Mankogeldern**, stützt sie sich auf die **kollektivvertragliche Ermächtigung** durch Abschnitt 3 Pkt A Z 4.5.2., da die Betriebsverfassung diesbezüglich keinen Betriebsvereinbarungstatbestand vorsieht. Mankogelder (Zählgelder, Fehlgeldentschädigungen) sind Entgelte, die insbesondere Arbeitnehmern und Arbeitnehmerinnen im Kassen- oder Zähldienst gewährt werden, um das erhöhte Risiko abzugelten und im Fall einer Schadenersatzpflicht die Zahlung des Schadenersatzes zu erleichtern. Es handelt sich daher um ein Entgelt iSd § 2 Abs 2 Z 2 DHG, durch das ein mit einer Tätigkeit verbundenes Wagnis abgegolten wird und das bei der Ausübung des richterlichen Mäßigungsrechtes nach § 2 Abs 1 DHG zu berücksichtigen ist. Keinesfalls aber kann die Gewährung eines Mankogeldes zur Folge haben, dass das Verschulden des Arbeitnehmers bzw der Arbeitnehmerin am entstandenen Schaden nicht mehr nachgewiesen werden muss. Die Vereinbarung einer verschuldensunabhängigen Mankohaftung ist sittenwidrig und daher rechtsunwirksam (OGH 17. März 1981, 4 Ob 20/81, ZAS 1982, 220 mit Bespr v *Klein*; *Berger*, Rechtsfragen des Dienstnehmerhaftpflichtgesetzes, DRdA 1978, 95; *Löschnigg*, Arbeitsrecht[13] [2017] 6/781). Strittig ist im Bereich der Mankohaftung jedoch die Frage nach der Verteilung der Beweislast. Da die allgemeinen Beweislastregeln des ABGB auch im Anwendungsbereich des DHG gelten, hat grundsätzlich der geschädigte Dienstgeber bzw die geschädigte Dienstgeberin den erlittenen Schaden, die Kausalität der Handlung des Arbeitnehmers bzw der Arbeitnehmerin sowie dessen/deren Verschulden zu beweisen (vgl OLG Wien 27. November 1997, 10 Ra 272/97m, ARD 4908/11/98). Strittig ist jedoch, ob in den sog Mankofällen die Bestimmung des § 1298 ABGB Anwendung finden soll, die eine Beweislastumkehr für den Fall der Nichterfüllung einer gesetzlichen oder vertraglichen Verbindlichkeit vorsieht und die von Lehre und Rechtsprechung allgemein im Fall einer Verletzung von Pflichten aus bestehenden Schuldverhältnissen herangezogen wird. Während die Judikatur von einer Beweislastumkehr ausgeht, hat sich ein Teil der Lehre auch gegen die Anwendung des § 1298 ABGB in Fällen der Mankohaftung ausgesprochen (vgl *Löschnigg*, Arbeitsrecht[13] [2017] 6/776 ff; *Spielbüchler* in *Floretta/Spielbüchler/Strasser*, Arbeitsrecht [1998] 208; *Reischauer* in *Rummel* [Hrsg], ABGB II[4] [2021] Rz 28 zu § 1298; *Kerschner*, DHG[3] [2019] Rz 23 ff zu § 2; *Kallab/Bachhofer*, DHG [2020] Rz 3 zu § 5).

5. Entwicklungseinstufung für Trainees

5.1. Trainees sind Arbeitnehmerinnen, die im Rahmen eines betriebsinternen Förder- und Schulungsprogramms als vielfältig einsetzbare Nachwuchskraft (Führungskraft und/oder Spezialistin) aufgebaut werden.[1])

5.2. Typische Bestandteile eines Traineeprogramms sind neben Praxiseinsätzen in verschiedenen Abteilungen/Filialen des Unternehmens Einführungs- und Netzwerkveranstaltungen sowie allgemeine Seminare zu Fach- und Führungsthemen.

5.3. Trainees können für die Dauer des Programms, maximal aber für 18 Monate, eine Beschäftigungsgruppe niedriger als die Beschäftigungsgruppe der Zielposition eingestuft werden. Die Bestimmungen des Punktes A. 4.4. dieses Abschnitts sind sinngemäß anzuwenden.[2])

5.4. Ein Einsatz- und Ausbildungsplan ist dem Trainee zu Beginn des Programms auszuhändigen.

[1]) Zum Begriff des „**Trainees**“ s bereits Erl 9 zu Abschnitt 1 Pkt A.

[2]) Nach Übertritt des Betriebes in das Gehaltssystem NEU ist der Trainee für die Dauer des Traineeprogrammes, maximal aber für 18 Monate, in jene Beschäftigungsgruppe einzustufen, die **eine Beschäftigungsgruppe niedriger** ist, als jene der **Zielposition**, für die er unternehmensintern ausgebildet wird. Sinnvoll wird es daher sein, die Zielposition in den Einsatz- und Ausbildungsplan, der dem Trainee nach Z 5.4. dieses Punktes vor Beginn des Programms auszuhändigen ist, festzulegen.

Nach Absolvierung des Traineeprogrammes hat die **Umreihung** in die entsprechende Beschäftigungsgruppe der Zielposition **sinngemäß nach den Bestimmungen der Z 4.4.** zu erfolgen (s hiezu Erl 6 zu Abschnitt 3 Pkt A Z 4).

6. Weihnachtsremuneration und Urlaubsbeihilfe

6.1. Weihnachtsremuneration[1])

6.1.1. Mit Ausnahme der Arbeitnehmerinnen mit Provision[2]) erhalten alle Arbeitnehmerinnen und Lehrlinge spätestens am 1. Dezember eine Weihnachtsremuneration. Diese beträgt 100 % des Novembergehaltes[3]) bzw des im November ausbezahlten Lehrlingseinkommens[4]).

6.1.2. Den während des Jahres ein- oder austretenden Arbeitnehmerinnen und Lehrlingen gebührt der aliquote Teil; bei austretenden Arbeitnehmerinnen und Lehrlingen berechnet nach dem letzten Monatsgehalt bzw nach dem letzten monatlichen Lehrlingseinkommen[5]).

6.1.3. Bei Arbeitnehmerinnen, die während des Jahres ihre Lehrzeit vollendet haben, setzt sich die Weihnachtsremuneration aus dem aliquoten Teil des letzten monatlichen Lehrlingseinkommens und aus dem aliquoten Teil des Arbeitnehmerinnengehaltes (November-, bei Beendigung des Lehrverhältnisses mit Ende November des Dezembergehaltes) zusammen[6]).

6.1.4. Bei teilzeitbeschäftigten Arbeitnehmerinnen[7]) mit unterschiedlichem Ausmaß der Teilzeitbeschäftigung berechnet sich die Weihnachtsremuneration nach dem Durchschnitt der letzten 13 Wochen vor der Fälligkeit[8]).

6.1.5. Der Anspruch auf Weihnachtsremuneration wird durch Zeiten, in denen kein oder ein gekürzter Anspruch auf Entgelt im Krankheits- oder Unglücksfall besteht, nicht gekürzt[9]). Diese Bestimmung findet keine Anwendung, wenn die Dienstverhinderung Folge eines Freizeitunfalls ist[10]). Die Arbeitgeberin kann zur Gewährung dieses Anspruchs eine ärztliche Bescheinigung über die Ursache der Dienstverhinderung verlangen[11]).

6.1.6. In jenen Betrieben, in denen bisher regelmäßig eine höhere Weihnachtsremuneration bezahlt wurde, bleibt diese Regelung aufrecht und darf durch das In-Kraft-Treten dieses Kollektivvertrages nicht gekürzt werden[12]).

6.2. Urlaubsbeihilfe[13])

6.2.1. Mit Ausnahme der Arbeitnehmerinnen mit Provision[14]) erhalten alle Arbeitnehmerinnen und Lehrlinge im Kalenderjahr beim Antritt ihres gesetzlichen Urlaubes, falls dieser in Teilen

gewährt wird, bei Antritt des längeren, bei gleich großen Urlaubsteilen bei Antritt des ersten Urlaubsteiles, spätestens aber am 30. Juni[15]), eine Urlaubsbeihilfe. Diese beträgt 100 % des im Zeitpunkt des Urlaubsantrittes bzw am 30. Juni zustehenden Bruttomonatsgehaltes bzw des monatlichen Lehrlingseinkommens[16]). Steht bei Urlaubsantritt die Beendigung des Arbeits- oder Lehrverhältnisses bereits fest, gebührt der aliquote Teil der Urlaubsbeihilfe[17]).

6.2.2. Den während eines Kalenderjahres eintretenden Arbeitnehmerinnen und Lehrlingen gebührt für dasselbe lediglich der aliquote Teil der Urlaubsbeihilfe. Erfolgt der Eintritt nach dem 30. Juni, ist diese aliquote Urlaubsbeihilfe am 31. Dezember des laufenden Kalenderjahres, berechnet nach der Höhe des Dezembergehaltes bzw des Dezemberlehrlingseinkommens, auszubezahlen[18]).

6.2.3. Den während des Kalenderjahres austretenden Arbeitnehmerinnen und Lehrlingen gebührt für dasselbe ebenfalls der aliquote Teil der Urlaubsbeihilfe, und zwar berechnet nach dem letzten Bruttomonatsgehalt bzw nach dem letzten Lehrlingseinkommen[19]).

6.2.4. Bei Arbeitnehmerinnen, die während des Kalenderjahres ihre Lehrzeit vollendet haben, setzt sich die Urlaubsbeihilfe aus dem aliquoten Teil des letzten monatlichen Lehrlingseinkommens und dem aliquoten Teil des Bruttomonatsgehaltes zusammen[20]).

6.2.5. Wenn eine Arbeitnehmerin oder ein Lehrling nach Erhalt der für das laufende Kalenderjahr gebührenden Urlaubsbeihilfe ihr Arbeitsverhältnis selbst aufkündigt, aus ihrem Arbeitsverhältnis ohne wichtigen Grund vorzeitig austritt oder infolge Vorliegens eines wichtigen Grundes vorzeitig entlassen wird, muss sie sich die im laufenden Kalenderjahr anteilsmäßig zu viel bezogene Urlaubsbeihilfe auf ihre ihr aus dem Arbeitsverhältnis zustehenden Ansprüche (insbesondere Restgehalt und Weihnachtsremuneration) in Anrechnung bringen lassen[21]). Diese Anrechnung gilt in den ersten sechs Monaten des Dienstverhältnisses unabhängig von der Beendigungsform.

6.2.6. Bei teilzeitbeschäftigten Arbeitnehmerinnen mit unterschiedlichem Ausmaß der Teilzeitbeschäftigung berechnet sich die Urlaubsbeihilfe nach dem Durchschnitt der letzten 13 Wochen vor der Fälligkeit[22]).

6.2.7. Der Anspruch auf Urlaubsbeihilfe wird durch Zeiten, in denen kein oder ein gekürzter Anspruch auf Entgelt im Krankheits- oder Unglücksfall besteht, nicht gekürzt. Diese Bestimmung findet keine Anwendung, wenn die Dienstverhinderung Folge eines Freizeitunfalls ist. Die Arbeitgeberin kann zur Gewährung dieses Anspruchs eine ärztliche Bescheinigung über die Ursache der Dienstverhinderung verlangen[23]).

6.2.8. Auf die Urlaubsbeihilfe sind die bereits bisher aus Anlass des Urlaubes oder der Erholung gewährten besonderen Zuwendungen einzurechnen.

[1]) **Weihnachtsgeld** und Urlaubsbeihilfe (= 13. und 14. Monatsgehalt) werden auch als **Sonderzahlungen** oder Remunerationen bezeichnet (allg vgl hiezu *Löschnigg*, Arbeitsrecht[13] [2017] 6/168 ff). Ganz allgemein handelt es sich hiebei um zusätzlich zum laufenden Entgelt, meist periodisch gewährte Zuwendungen des Arbeitgebers bzw der Arbeitgeberin aus besonderem Anlass, die entweder freiwillig gewährt oder wie im vorliegenden Fall geschuldet werden (vgl bereits *Mayer/Grünberg*, Handlungsgehilfengesetz [1910] 62, die in diesem Zusammenhang Neujahrsgelder und Kampagnegelder erwähnen). Sonderzahlungen gebühren in der Regel auf Grund des Kollektivvertrages sowie eventuell auch auf Grund eines Einzelarbeitsvertrages. Strittige Fragen hinsichtlich der Anspruchsvoraussetzungen, der Anspruchshöhe und der Anspruchsdauer sind daher durch Interpretation der jeweiligen kollektivvertraglichen Bestimmungen zu lösen. Das Gesetz hingegen begründet nur in wenigen Ausnahmefällen einen Anspruch auf Weihnachtsremuneration und Urlaubsgeld (vgl § 7 Abs 2 HausbG). Sonderzahlungen sind jedenfalls heute fixer Bestandteil der österreichischen Lohnpolitik.

[2]) Bereits der Handels-KV 2017 hat nicht nur bei den Mindestentgelten, sondern auch bei den Sonderzahlungen die Unterscheidung zwischen Platzvertretern und Reisenden mit Provision aufgegeben. Nunmehr enthält Abschnitt 3 Pkt D Sonderbestimmungen für die „Angestellten mit Provision“ (zu den Sonderzahlungen s Erl 8 zu Abschnitt 3 Pkt D).

[3]) **Bemessungsgrundlage** für die Höhe der Weihnachtsremuneration ist ausschließlich das Novembergehalt des/der betreffenden Angestellten. Die Gehaltsentwicklung der vorangegangenen Monate hat demnach gänzlich außer Betracht zu bleiben, sodass im Fall einer Gehaltserhöhung wäh-

rend des Kalenderjahres keine Aliquotierung der Zeiten vor und nach der Gehaltserhöhung zu erfolgen hat.

Da der Handelsangestellten-KV selbst den **Begriff des Gehalts** nicht definiert, ist davon auszugehen, dass die im Arbeitsrecht übliche Begriffsbildung übernommen werden soll. Das Gehalt ist nur eine von zahlreichen Bezeichnungen für die dem Arbeitnehmer bzw der Arbeitnehmerin gebührende Abgeltung seiner/ihrer Dienstleistung. Der Begriff des Gehalts ist jedoch deutlich enger als etwa jener des Entgelts, des Verdienstes oder des Bezuges. Unter Entgelt ist nach hA jede Art von Leistung zu verstehen, die dem Arbeitnehmer bzw der Arbeitnehmerin für die Bereitstellung seiner/ihrer Arbeitskraft gewährt wird. Es umfasst somit über das Gehalt hinaus auch die übrigen regelmäßigen oder sonstigen ordentlichen und außerordentlichen Leistungen des Arbeitgebers bzw der Arbeitgeberin, selbst wenn diese auf die tatsächliche Mehrleistung des Arbeitnehmers bzw der Arbeitnehmerin abstellen und daher variabel sind (vgl OGH 13. Jänner 1976, 4 Ob 63/75, ZAS 1977, 140 mit Bespr v *Klein*; OGH 19. April 1977, 4 Ob 23/77, Arb 9579; OGH 12. Juni 1979, 4 Ob 41/79, Arb 9798; OGH 11. Jänner 1995, 9 ObA 249/94, Arb 11.348; OGH 18. April 1996, 8 ObA 270/95, DRdA 1997, 27 mit Bespr v *Eypeltauer*; allg vgl hiezu *Löschnigg*, Arbeitsrecht[13] [2017] 6/123 ff; *Burgstaller/Schorn*, Entgelt nicht gleich Entgelt ZAS 2013, 99; so auch Essenszuschüsse vgl VwGH 25. Mai 2005, 2004/08/0015, ZfVB 2007, 102). Die Begriffe **Verdienst** und **Bezug** sind ähnlich weit auszulegen wie jener des Entgelts. So vertrat der OGH die Ansicht, dass der Begriff „Monatsbezug" – mangels näherer Umschreibung seiner Bedeutung – alles umfasse, was dem Arbeitnehmer bzw der Arbeitnehmerin als Gegenleistung für einen Monat Arbeit gebührt. Dieser Definition zufolge ist ein Monatsbezug im Sinne eines Zwölftels des Jahresbezuges zu verstehen, sodass auch sämtliche Leistungen des Arbeitgebers bzw der Arbeitgeberin, die in größeren Zeitabständen oder auch nur einmal im Jahr erbracht werden, wie etwa Sonderzahlungen oder Prämien, aliquot zu berücksichtigen sind (OGH 13. Jänner 1976, 4 Ob 63/75, ZAS 1977, 140 mit Bespr v *Klein*).

Der hier als Bemessungsgrundlage für die Weihnachtsremuneration maßgebliche Begriff des **Monatsgehalts** ist im Vergleich dazu deutlich enger. Man versteht darunter jenes grundsätzlich gleichbleibende Entgelt, das in regelmäßigen, meist monatlichen Abständen, unabhängig von der Erreichung bestimmter Arbeitsziele für die bedungene Arbeitsleistung zur Auszahlung zu gelangen hat. Der OGH hat in seiner Entscheidung vom 6. Dezember 1989 (9 ObA 301/89, RdW 1990, 166) den Begriff des Monatsgehalts iSd Gehaltsordnung des Handelsangestellten-KV wie folgt definiert:

„Gehalt im Sinne dieser Gehaltsordnung ist – wie sich aus den weiteren dort getroffenen Regelungen ergibt – das für die Arbeitsleistung während der Normalarbeitszeit monatlich in gleichbleibender Höhe zu leistende Entgelt. Überstundenentgelte sind daher in die Bemessungsgrundlage nur insoweit einzubeziehen, als dies einzelvertraglich vereinbart wurde". Vom OLG Wien hingegen wurde eine Überstundenpauschale dem Gehaltsbegriff zugerechnet (OLG Wien 24. April 1995, 32 Ra 171/94, ARD 4671/33/95). Dies ist insofern einsichtig, als mit der Überstundenpauschale eine von vornherein erhöhte Arbeitsleistung vereinbart war. Ebenso wie im Fall einer Teilzeitbeschäftigung ein Gehalt in Entsprechung zur Normalarbeitszeit gewährt wird, bildet die Überstundenpauschale das Äquivalent für die über der Normalarbeitszeit liegende Arbeitszeit. Zusammenfassend ist daher davon auszugehen, dass sich das Gehalt aus einem **Grundgehalt** einerseits und bestimmten **Zulagen** andererseits zusammensetzt. Ausgehend von dem im Sprachgebrauch üblichen Begriff des „Grundgehalts", muss das vom Handelsangestellten-KV als Bemessungsgrundlage vorgesehene „Monatsgehalt" oder „Gehalt" ein „Mehr" bedeuten. Hinsichtlich der vom Gehaltsbegriff erfassten Zulagen ist in erster Linie an zeitbezogene Tätigkeits- und Funktionszulagen bzw ganz allgemein an jene Beträge zu denken, die regelmäßig zur Auszahlung gelangen und an die Person des Arbeitnehmers bzw der Arbeitnehmerin oder auch an die ausgeübte Tätigkeit anknüpfen. So wurden etwa eine Bildschirmzulage, Schreibzulagen sowie auch Akademiker- bzw Maturantenzulagen von der Rechtsprechung dem Gehalt zugerechnet (VwGH 30. Mai 1995, 94/08/0007, ARD 4689/30/95; VwGH 27. Juli 2001, 97/08/0401, ARD 5322/17/2002). Nicht dem Gehaltsbegriff unterstellt werden können jene Zulagen, die den Charakter einer Aufwandsentschädigung haben.

Für Betriebe, die bereits in das Gehaltssystem NEU gewechselt haben, stellt der Handelsangestellten-KV in **Abschnitt 3 Pkt A Z 1.2.** klar, dass allfällige, durch den Übergang in das neue Gehaltssystem gebührende **Reformbeträge** (s hiezu Erl 7 zu Abschnitt 3 Pkt C Z 3.2.2.) in die Bemessungsgrundlage einzubeziehen sind.

Besonders schwierig gestaltet sich die Frage nach der **Bemessungsgrundlage der Sonderzahlungen** im Bereich **variabler Entgelte**. So sind etwa Umsatzprovisionen als typischer variabler leistungsbezogener Entgeltbestandteil anzusehen, als solcher jedoch grundsätzlich nicht in die Berechnungsgrundlage für Sonderzahlungen einzubeziehen (VwGH 16. Juni 2004, 2002/08/0095, ARD 5524/8/2004; *Paciç*, Anmerkung zu VwGH 2005/08/0024, ZAS 2008, 136 [137]). Dem Wortlaut des Abschnittes 3 Pkt A Z 6 des Gehaltssystems NEU kann zweifelsfrei entnommen werden, dass die Kollektivvertragsparteien allen Arbeitnehmern und Arbeitnehmerinnen im Anwendungsbereich des Handelsangestellten-KV durchgängig Sonderzahlungen gewähren wollten („Mit Ausnahme der Angestellten/Arbeitnehmerinnen mit Provision erhalten alle Angestellten/ Arbeitnehmerinnen und Lehrlinge ...“).

Der Handelsangestellten-KV 2016 enthielt im Bereich der variablen Entgelte nur für Platzvertreter bzw Platzvertreterinnen und Reisende mit Provision Regelungen zur Berechnung der Sonderzahlungen. Die Bemessung von Sonderzahlungsansprüchen von Angestellten, die zwar Provisionen bezogen, jedoch weder Reisende noch Platzvertreter bzw Platzvertreterinnen waren, blieb ungeregelt. Die Bestimmungen des Abschnittes D des Handelsangestellten-KV 2016 für die Platzvertreter bzw Platzvertreterinnen kamen auf diese Arbeitnehmergruppen jedoch im Wege der Analogie zur Anwendung (vgl hiezu *Löschnigg/Ruß*, Handels-KV 20163 [2016], 322 f). Die Begriffe der „Platzvertreter bzw Platzvertreterinnen und Reisenden mit Provision“ wurden mit dem Handelsangestellten-KV 2017 durch den Begriff der „Angestellten mit Provision“ (s Erl 1 zu Abschnitt 3 Pkt D; nunmehr „Arbeitnehmerinnen mit Provision“) ersetzt, sodass die nunmehr in Abschnitt 3 Pkt D Z 5 enthaltenen Bestimmungen auf alle Arbeitnehmer bzw Arbeitnehmerinnen anzuwenden sind, die Provisionen beziehen.

Arbeitnehmer und Arbeitnehmerinnen der Beschäftigungsgruppen C oder D mit Provision und Fixum haben Anspruch auf Sonderzahlungen in Höhe des Fixums, mindestens jedoch in der Höhe des kollektivvertraglichen Mindestgehalts (s Erl 8 zu Abschnitt 3 Pkt D).

Der Sonderzahlungsanspruch von Arbeitnehmern und Arbeitnehmerinnen, die ausschließlich Provision beziehen und mindestens in Beschäftigungsgruppe E einzustufen sind, besteht hingegen in der Höhe einer allfälligen Differenz zwischen dem im abgelaufenen Halbjahr ins Verdienen gebrachten Provisionseinkommen, einschließlich Urlaubsentgelt und allfälligem Krankenentgelt, aber ausschließlich Überstundenentgelt und dem 7-fachen des kollektivvertraglich vorgesehenen Mindestgehaltes ihrer Beschäftigungsgruppe (s Erl 9 zu Abschnitt 3 Pkt D). Wird bereits mit dem im abgelaufenen Halbjahr erwirtschafteten Provisionseinkommen (einschließlich Urlaubs- und Krankenentgelt) dieser Betrag erreicht, besteht darüber hinaus kein Sonderzahlungsanspruch mehr. Weiters differenziert der Kollektivvertrag hinsichtlich der Sonderzahlungen für Angestellte, die mindestens in Beschäftigungsgruppe E einzustufen sind und neben der Provision ein Fixum beziehen danach, ob die Höhe des Fixums unter dem kollektivvertraglichen Mindestgehalt liegt oder diesem zumindest entspricht (s hiezu die Erl 10 und 11 zu Abschnitt 3 Pkt D).

Unklar ist, nach welcher Grundlage die Sonderzahlungsansprüche eines Arbeitnehmers bzw einer Arbeitnehmerin zu berechnen sind, mit dem/der die Bezahlung eines Leistungsentgelts (zB **Akkord-, Stück- oder Gedinglohn** oder auf **Arbeitsbewertungsverfahren, Kleinstzeitverfahren** oder ähnlichen Entgeltfindungsmethoden beruhende Entgelte) vereinbart wurde, da **Leistungsentgelte** vom Gehaltsbegriff grundsätzlich nicht umfasst sind. Zu beachten ist in diesem Zusammenhang, dass der OGH im Fall von Provisionen kein Leistungsentgelt iSd § 96 Abs 1 Z 4 ArbVG annimmt, da der Leistungsbezug in Relation zu den sonstigen Bestimmungsfaktoren (Käuferverhalten, Marketing des Unternehmens, Einkommenssituation der Kunden bzw Kundinnen etc) nur in abgeschwächter Form vorliege (OGH 26. August 1999, 8 ObA 196/99b, ARD 5117/5/2000). Dennoch ist auch Provisionsentgelten unstreitig stets ein gewisser Leistungsbezug immanent. Angesichts dieser Nähe der echten Leistungsentgelte zu Provisionsentlohnungssystemen wird man auch im Fall der Leistungsentgeltbezieher bzw -bezieherinnen zum Ergebnis einer analogen Anwendung der Bestimmungen des Abschnittes 3 Pkt D kommen (s hiezu die Erl zu den jeweiligen Bestimmungen).

Zu klären ist an dieser Stelle auch, auf welcher Grundlage Weihnachtsremuneration und Urlaubsbeihilfe von Angestellten zu berechnen sind, die in Form einer **Gewinnbeteiligung** entlohnt werden. Aus der Bestimmung des § 14 AngG ergibt sich, dass auch die Gewinnbeteiligung eine zulässige Form der Vergütung von Angestelltendienstleistungen ist und dass auch das gesamte Entgelt eines/einer Angestellten in einer Gewinnbeteiligung bestehen kann. Sofern nichts anderes vereinbart ist, erfolgt die Abrechnung jeweils für das abgelaufene Geschäftsjahr aufgrund der Bilanz. Zu beachten ist in diesem Zusammenhang jedoch, dass Abschnitt 3 Pkt A Z 1.1. jedem/jeder Angestellten im Anwendungsbereich des Handelsangestellten-KV ein seiner/ihrer Einstufung entsprechendes, monatlich auszubezahlendes Mindestgehalt garantiert. Dies gilt seit dem Handels-KV 2017 explizit auch für Angestellte mit Provision (s hiezu die Erl zu Abschnitt 3 Pkt D). Eine Bezahlung erst mit Jahresende aufgrund der Bilanz ist daher ausgeschlossen. Auch gewinnbeteiligte Handelsangestellte beziehen somit jedenfalls ein monatliches Gehalt. Ähnlich wie im Fall der Provisions- und Leistungsentgeltbezieher bzw Provisions- und Leistungsentgeltbezieherinnen steht jedoch die Höhe des Entgeltanspruchs auch bei Vereinbarung einer Gewinnbeteiligung nicht von vornherein fest. Die Heranziehung der Berechnung der Sonderzahlungen von Angestellten mit Provision, wie sie in Abschnitt 3 Pkt D Z 5 angeordnet ist, erscheint somit auch für den Bereich der Entlohnung durch Gewinnbeteiligung angebracht **(s daher die Erl zu Abschnitt 3 Pkt D).**

Da auch (Zusatz)Entlohnungen wie etwa **Dienstfahrzeuge** oder **Dienstwohnungen** für private Zwecke in der Praxis durchaus von Bedeutung sind, ist in diesem Zusammenhang auch die Möglichkeit der Gewährung von **Naturalentgelten** zu bedenken. Naturalentgelte, die monatlich in gleichbleibender Höhe und unabhängig von der Erreichung bestimmter Arbeitsziele gewährt werden, müssen ebenso vom bereits dargestellten Begriff des Gehalts als Grundlage für die Berechnung der Weihnachtsremuneration nach Abschnitt 3 Pkt A Z 6.1.1.erfasst sein. Zu beachten ist dabei jedoch, dass die in der Regel in Geld festgesetzten kollektivvertraglichen Mindestgehaltssätze auch zwingend in Geld zu entrichten sind und eine Anrechnung von Naturalleistungen darauf insbesondere dann unzulässig ist, wenn der Kollektivvertrag keine Bewertungsregeln für Naturalleistungen festlegt (VwGH 27. Juli 2001, 95/08/0037, DRdA 2003, 338 mit Bespr v *Löschnigg*; OLG Wien 13. Juni 2003, 8 Ra 56/03v, ARD 5448/2/2003). Bezieht ein Angestellter bzw eine Angestellte jedoch ein über den kollektivvertraglichen Mindestsatz hinausgehendes Gehalt, ist entsprechend der Bestimmung des Abschnittes 3 Pkt A Z 6.1.1. dieses Gehalt der Bemessung der Weihnachtsremuneration auch dann zu Grunde zu legen, wenn ein Teil davon in Form einer Naturalleistung gewährt wird. Mangels kollektivvertraglicher Bewertungsregeln werden in Anlehnung an das Steuerrecht die üblichen Mittelpreise des Verbrauchsortes für die Bewertung der Naturalleistungen heranzuziehen sein.

[4]) Das **Lehrlingseinkommen** bildet das Entgelt des Lehrlings. Wie auch bei sonstigen Arbeitnehmern und Arbeitnehmerinnen kann bei Lehrlingen zwischen dem kollektivvertraglichen Lehrlingseinkommen und dem unter Umständen **höheren vertraglich vereinbarten** Lehrlingsentgelt unterschieden werden. Werden nur die kollektivvertraglichen Sätze gewährt, dann bemessen sich auch die Sonderzahlungen nach dem kollektivvertraglichen Mindestlohn. Wird hingegen höheres Lehrlingsentgelt vereinbart, ist dieses höhere Entgelt als Basis für die Sonderzahlungen heranzuziehen. Dies bedeutet, dass das Lehrlingsentgelt iSd Abschnittes 3 Pkt A Z 6.1.1. der Höhe nach nicht jedenfalls dem Lehrlingseinkommen der Gehaltstafeln gleichzusetzen ist. Als Lehrlingsentgelt iSd Abschnittes 3 Pkt A Z 6.1.1. wird global das dem Lehrling zustehende Entgelt bezeichnet. Dies ergibt sich aus der Gesamtsystematik des Abschnittes 3 Pkt A Z 6.1., der stets auf das tatsächlich im November zu leistende Entgelt, gleichgültig ob Gehalt des/der Angestellten oder Lehrlingseinkommen des Lehrlings, abstellt.

[5]) Sonderzahlungen gebühren als **zeitraumbezogene Zuwendungen** für die gesamte während des Betrachtungszeitraums erbrachte Arbeitsleis-

tung. Dementsprechend sieht Abschnitt 3 Pkt A Z 6.1.2. vor, dass der Anspruch auf Weihnachtsremuneration zu aliquotieren ist, wenn ein Arbeitnehmer bzw eine Arbeitnehmerin während des Jahres ein- oder austritt. Dies entspricht auch der Bestimmung des **§ 16 AngG**, die für Angestellte zwingend zumindest die Aliquotierung periodischer Ansprüche vorsieht, wenn das Arbeitsverhältnis nicht während des gesamten Kalenderjahres aufrecht war. Die Auflösung eines Angestelltenverhältnisses vor Ablauf des Kalenderjahres darf daher keinesfalls zum gänzlichen Verlust des Sonderzahlungsanspruches führen (so nunmehr ausdrücklich OGH 26. November 2013, 9 ObA 82/13v, ARD 6383/7/2014; sa *Binder/Schindler* in *Löschnigg/Melzer* [Hrsg], AngG Bd II[11] [2021] Rz 1 ff zu § 16).

Beispiel 1: Ein Arbeitnehmer scheidet mit 1. Juli aus dem Unternehmen aus. Sein Gehalt für den Monat Juni betrug € 1.800,–. Der Arbeitnehmer hat somit Anspruch auf Weihnachtsremuneration in der Höhe von € 900,– (= € 1.800,– × 6/12).

Beispiel 2: Eine Arbeitnehmerin tritt mit 1. November in das Unternehmen ein und bezieht ein Gehalt in Höhe von € 1.850,–. Ihr Anspruch auf Weihnachtsremuneration beträgt somit € 308,33 (= € 1.850,– × 2/12).

[6]) Während Gehaltsänderungen während eines Jahres bei der Berechnung der Sonderzahlungen grundsätzlich außer Betracht zu bleiben haben (vgl Erl 3), ordnet Z 6.1.3. für den Fall, dass ein Arbeitnehmer bzw eine Arbeitnehmerin während des Jahres seine/ihre **Lehrzeit vollendet**, ausdrücklich eine aliquote Berücksichtigung des in diesem Jahr bezogenen Lehrlingseinkommens an. Diese **Aliquotierung** hat sowohl in zeitlicher Hinsicht als auch im Hinblick auf die Höhe des bezogenen Entgelts zu erfolgen:

Beispiel 3: Ein Lehrling beendet Ende Juni seine Lehre (4. Lehrjahr: € 1.350,–) und wird im Anschluss daran im selben Betrieb als Angestellter weiterbeschäftigt (kollektivvertragliches Mindestentgelt in Beschäftigungsgruppe C, Stufe 1, 1. Berufsjahr: € 1.945,–). Für die Berechnung der Weihnachtsremuneration sind somit 6 Monate der Lehrzeit und 6 Monate des Angestelltenverhältnisses zu berücksichtigen:

Lehrlingseinkommen:	€ 1.350,– × 6/12	= € 675,—
Angestelltengehalt:	€ 1.945,– × 6/12	= € 972,50
Sonderzahlung:		= € 1.647,50

Kommt es noch im selben Jahr im Rahmen des Angestelltenverhältnisses zu einer Änderung der Bezüge des Arbeitnehmers bzw der Arbeitnehmerin, ist für die Berechnung der Weihnachtsremuneration neben dem Lehrlingseinkommen ausschließlich sein im November bezogenes Gehalt maßgeblich:

Beispiel 4: Ein Lehrling beendet seine Lehre Ende März. Das Lehrlingseinkommen betrug € 1.350,–. Von April bis Juli erhält er das kollektivvertragliche Mindestentgelt in der Höhe von € 1.945,–. Ab August wird ein höheres Entgelt im Ausmaß von € 2.000,– vereinbart. Für die Berechnung der Weihnachtsremuneration sind nun das bis März bezogene Lehrlingseinkommen in der Höhe von € 1.350,– und das Novembergehalt in der Höhe von € 2.000,– aliquot zu berücksichtigen:

Lehrlingseinkommen:	€ 1.350,– × 3/12	= €	337,50
Novembergehalt:	€ 2.000,– × 9/12	= €	1.500,00
Sonderzahlung:		= €	1.837,50

Endet ein Lehrverhältnis nicht zum Monatsletzten, sondern zum Ende einer Woche, ist bei der Berechnung der Weihnachtsremuneration eine **Aliquotierung nach Wochen** vorzunehmen.

Beispiel 5: Wie oben. Ein Lehrling beendet seine Lehre am 20. Mai. Daran schließt wiederum ein Angestelltenverhältnis an, in dem er das kollektivvertragliche Mindestgehalt bezieht. Für die Berechnung der Weihnachtsremuneration sind somit sowohl 20 Wochen zu berücksichtigen, in denen der Arbeitnehmer das Lehrlingseinkommen bezog, als auch die 32 verbleibenden Wochen des Kalenderjahres, in denen ihm ein Angestelltengehalt ausbezahlt wurde (Zahlenangaben wie im Beispiel 3).

Lehrlingseinkommen:	€ 1.350,– × 20/52	= €	519,23
Angestelltengehalt:	€ 2.000,– × 32/52	= €	1.230,77
Sonderzahlung:		= €	1.750,—

Aliquotierungsbestimmungen für den Übergang von einem Lehrlings- auf ein Angestelltenverhältnis finden sich auch in verschiedenen anderen Kollektivverträgen (vgl etwa § 10 Abs 2 Telekom-KV, § 13 Abs 3 IT-KV). Nach **Auffassung des OGH** dienen **Klauseln** dieser Art jedoch lediglich der Klarstellung und **lassen keinesfalls den Umkehrschluss zu**, dass nach jenen Kollektivverträgen, die nur eine allgemeine Aliquotierungsregel (für den Fall, dass Arbeitnehmer bzw Arbeitnehmerinnen während des Jahres ein- oder austreten) beinhalten, eine Aliquotierung im Fall der Weiterbeschäftigung nach Beendigung der Lehrzeit nicht beabsichtigt sei (OGH 5. Oktober 2000, 8 ObA 175/00v, DRdA 2001, 427 mit Bespr v *Löschnigg* = ARD 5190/7/2000).

[7]) Unter **Teilzeitarbeit** sind nach der Definition des § 19d AZG Arbeitsverhältnisse zu verstehen, deren wöchentliches Arbeitsausmaß die gesetzliche Normalarbeitszeit oder eine durch Normen der kollektiven Rechtsgestaltung festgelegte kürzere Normalarbeitszeit im Durchschnitt unterschreitet (vgl *Schrank*, Arbeitszeitgesetze[6] [2021] Rz 1 zu § 19d AZG; *Heilegger* in *Gasteiger/Heilegger/Klein* [Hrsg], AZG[7] [2021] Rz 1 zu § 19d; *Felten* in *Auer-Mayer/Felten/Pfeil* [Hrsg], AZG[4] [2019] § 19d Rz 1 ff AZG; *Löschnigg*, Arbeitsrecht[13] [2017] 6/413 ff). Da der Handelsangestellten-KV eine wöchentliche Normalarbeitszeit von 38,5 Stunden festlegt, liegt in dessen Anwendungsbereich Teilzeitarbeit also dann vor, wenn die vereinbarte Wochenarbeitszeit im Durchschnitt unter diesem Wert bleibt.

Gem § 19d Abs 2 AZG müssen **Ausmaß und Lage** der Arbeitszeit teilzeitbeschäftigter Arbeitnehmer und Arbeitnehmerinnen arbeitsvertraglich vereinbart werden, sofern sie nicht durch Normen der kollektiven Rechtsgestaltung festgesetzt werden. Dadurch sollen Arbeitsverhältnisse vermieden werden, in denen es dem Arbeitgeber bzw der Arbeitgeberin freisteht, Ausmaß und Lage der Arbeitszeit je nach Arbeitsanfall einseitig festzusetzen (vgl *Schrank*, Arbeitszeitgesetze[6] [2021] Rz 10 ff zu § 19d AZG; *Felten* in *Auer-Mayer/Felten/Pfeil* [Hrsg], AZG[4] [2019] § 19d Rz 8 ff AZG; *Heilegger* in *Gasteiger/Heilegger/Klein* [Hrsg], AZG[7] [2021] Rz 13 ff zu § 19d). Im Anwendungsbereich des Handelsangestellten-KV sind Ausmaß und Lage der Normalarbeitszeit durch Betriebsvereinbarung bzw Arbeitsvertrag festzusetzen, da der Kollektivvertrag hiezu keine Regelung enthält.

§ 19d Abs 2a AZG verpflichtet Arbeitgeber bzw Arbeitgeberinnen zur Information teilzeitbeschäftigter Arbeitnehmer bzw Arbeitnehmerinnen über die **Ausschreibung von** im Betrieb freiwerdenden **Arbeitsplätzen, die zu einem höheren Arbeitszeitausmaß führen** können. Eine derartige Information kann durch eine allgemeine Bekanntgabe an einer geeigneten, für die Teilzeitbeschäftigten leicht zugänglichen Stelle im Betrieb, durch geeignete elektronische Datenverarbeitung oder durch geeignete Telekommunikationsmittel erfolgen.

Inwiefern teilzeitbeschäftigte Arbeitnehmer und Arbeitnehmerinnen zu **Mehrarbeit** iSd § 19d Abs 3 AZG verpflichtet sind, lässt der Handelsangestellten-KV offen (Zur Anhebung der Normalarbeitszeit bei regelmäßig geleisteter Mehrarbeit siehe Erl 27 zu Abschnitt 2 Pkt A Z 11). Zu beachten ist in diesem Zusammenhang jedoch, dass nicht jedes Überschreiten der vereinbarten Teilzeitarbeit zum Anfall von Überstunden und eines entsprechenden Überstundenzuschlages führt. Abschnitt 2 Pkt G Z 1.4. Handelsangestellten-KV ordnet für den Anwendungsbereich des Handelsangestellten-KV ausdrücklich an, dass Überstunden im Fall einer Teilzeitbeschäftigung erst dann vorliegen, wenn das Ausmaß der für Vollzeitbeschäftigte festgesetzten täglichen oder wöchentlichen Normalarbeitszeit überschritten wird. Damit bleibt der Handelsangestellten-KV bei der Rechtslage, die sich durch das AZG ergibt und zu der sich der OGH in einer Reihe von Entscheidungen bekannt hat (vgl OGH 31. Oktober 1967, 4 Ob 48/67, Arb 8469; OGH 3. Februar 1976, 4 Ob 84/75, DRdA 1976, 160 mit Bespr v *Wachter*; OGH 13. Jänner 1993, 9 ObA 275/92, ARD 4437/22/93; OGH 5. Mai 1999, 9 ObA 84/99i, RdW 1999, 677; OGH 20. September 2000, 9 ObA 163/00m, ARD 5267/16/2001). Eine im Vergleich zum AZG günstigere Regelung sieht der Handelsangestellten-KV nicht vor (zum Mehrarbeitszuschlag von 25 % aber Erl 1 zu Abschnitt 2 Pkt E). Teilzeitbeschäftigte Arbeitnehmer und Arbeitnehmerinnen dürfen aufgrund ihrer Teilzeitbeschäftigung gegenüber vollzeitbeschäftigten Arbeitnehmern und Arbeitnehmerinnen nicht benachteiligt werden, es sei denn, sachliche Gründe rechtfertigen eine unterschiedliche Behandlung. Dies ergibt sich einerseits aus § 19d Abs 6 AZG und andererseits aus § 4 der EU-Richtlinie über Teilzeitarbeit (97/81/EG ABl L 14, 9). Nach Ansicht des EuGH ist auch Art 157 AEUV ein **Diskriminierungsverbot** für teilzeitbeschäftigte Arbeitnehmer und Arbeitnehmerinnen zu entnehmen, jedoch in Form eines Verbots der mittelbaren Diskriminierung aufgrund des Geschlechts, da erfahrungsgemäß der Frauenanteil in der Gruppe der Teilzeitbeschäftigten überwiegt. „Mittelbare Diskriminierung“ ist ein europarechtlicher Begriff, der erstmals in Art 2 Abs 1 der Richtlinie 76/207/EWG (ABl L 39, 40) auftaucht. Man versteht darunter Regelungen und Maßnahmen, die zwar nicht ausdrücklich an das Geschlecht anknüpfen, die aber im Ergebnis zur alleinigen oder deutlich überwiegenden nachteiligen Betroffenheit der Angehörigen eines – in der Regel des weiblichen – Geschlechts führen (vgl *Mosler*, Das Benachteiligungsverbot für Teilzeitbeschäftigte nach österreichischem, deutschem und europäischem Recht, in FS Tomandl [1998] 274; *Kirschbaum*, Frauen und EG-Recht, in *Aichhorn* [Hrsg], Frauen und Recht [1997] 268; *Standeker*, Haben teilzeitbeschäftigte Arbeitnehmer einen gemeinschaftsrechtlichen Anspruch auf gleiches Entgelt wie vergleichbare Vollzeitbeschäftigte? Keine Kompetenz der EU für Entgeltfragen, ASoK 2003, 80; EuGH 31. März 1986,

Rs 96/80, *Jenkins/Kingsgate Ltd*, Slg 911 ff; EuGH 13. März 1986, Rs 170/84, *Bilka GmbH/Weber von Hartz*, Slg 1607 ff).

In der österreichischen Rechtsordnung enthalten auch die §§ 3 und 4 GlBG ein umfassendes Verbot der mittelbaren Diskriminierung aufgrund des Geschlechts im Zusammenhang mit einem Arbeitsverhältnis. Eine mittelbare Diskriminierung liegt gem § 5 Abs 2 GlBG vor, wenn dem Anschein nach neutrale Vorschriften, Kriterien oder Verfahren Personen, die einem Geschlecht angehören, in besonderer Weise gegenüber Personen des anderen Geschlechts benachteiligen können, es sei denn, die betreffenden Vorschriften, Kriterien oder Verfahren sind durch ein rechtmäßiges Ziel sachlich gerechtfertigt und die Mittel sind zur Erreichung dieses Zieles angemessen und erforderlich.

Arbeitsvertragsparteien und Kollektivvertragsparteien sind gleichermaßen an die Diskriminierungsverbote der Arbeitsrechtsordnung gebunden (vgl OLG Wien 22. Mai 1995, 9 Ra 19/95, ARD 4677/17/95).

[8]) Gem § 19d Abs 4 AZG ist bei der Berechnung von Ansprüchen, deren Ausmaß von jenem der Arbeitszeit abhängt, bei **Teilzeitbeschäftigten** die **regelmäßig geleistete Mehrarbeit** zu berücksichtigen. (Zur Anhebung der Normalarbeitszeit bei regelmäßig geleisteter Mehrarbeit siehe Erl 27 zu Abschnitt 2 Pkt A Z 11). In Entsprechung dieser Bestimmung normiert Abschnitt 3 Pkt A Z 6.1.4., dass sich die Berechnung der Weihnachtsremuneration von teilzeitbeschäftigten Angestellten mit unterschiedlichem Ausmaß der Teilzeitbeschäftigung nach dem Durchschnitt der letzten 13 Wochen vor der Fälligkeit zu richten hat (vgl auch VwGH 30. Jänner 2002, 97/08/0558, ARD 5322/16/2002). Durch die Anordnung einer Durchschnittsbetrachtung berücksichtigt der Handelsangestellten-KV jedoch nicht nur – wie vom AZG gefordert – die regelmäßig geleistete Mehrarbeit, sondern auch Mehrstunden, die in den maßgeblichen 13 Wochen nur ausnahmsweise erbracht werden. Fällt hingegen in den letzten 13 Wochen vor Fälligkeit der Sonderzahlungen keine oder nur ein Bruchteil der sonst geleisteten Mehrarbeit an, genügt die kollektivvertragliche Bestimmung den zwingenden Vorgaben des AZG nicht. Auch wenn angesichts dieses relativ langen Betrachtungszeitraumes Fälle, in denen ein Arbeitgeber bzw eine Arbeitgeberin seine/ihre Angestellten bewusst in den maßgeblichen Wochen zu keinerlei Mehrarbeit einsetzt, eher selten sein dürften, ist dennoch zu betonen, dass an sich regelmäßig geleistete Mehrarbeit bei der Berechnung der Sonderzahlungen jedenfalls auch dann zu berücksichtigen ist, wenn dieses Mehrstundenausmaß im kollektivvertraglich angeordneten Betrachtungszeitraum nicht erreicht wird.

Die Bestimmung des Abschnittes 3 Pkt A Z 6.1.4. bezieht sich ausdrücklich auf Teilzeitbeschäftigte mit unterschiedlichem Ausmaß der Teilzeitarbeit. Nicht eindeutig regelt der Handelsangestellten-KV, inwiefern bei der Berechnung der Sonderzahlungen ein **Wechsel von einer Vollzeit- auf eine Teilzeitbeschäftigung** bzw umgekehrt Berücksichtigung zu finden hat. Da der Abschnitt 3 Pkt A Z 6.1. und Z 6.2. für die Berechnung der Sonderzahlungen ausdrücklich nur auf das Novembergehalt bzw auf das im Zeitpunkt des Urlaubsantritts gebührende Monatsgehalt abstellt und eine entsprechende Aliquotierungsanordnung im Kollektivvertrag fehlt, wäre eher davon auszugehen, dass die Kollektivvertragsparteien einen solchen Wechsel bewusst nicht berücksichtigen wollten.

Zur sinngemäßen Bestimmung des Abschnittes 3 Pkt B Z 3.4. in der Gehaltsordnung ALT kam der OGH zu der Ansicht, dass Z 3.4. des Abschnittes 3 Pkt B so auszulegen ist, dass davon nicht nur Arbeitnehmer bzw Arbeitnehmerinnen umfasst sind, welche bei Fälligkeit der Weihnachtsremuneration in Teilzeitarbeit stehen, sondern auch solche, die während des Jahres von Vollzeit in Teilzeit oder umgekehrt gewechselt haben. Der Beobachtungszeitraum von 13 Wochen muss nach Ansicht des Höchstgerichts als angemessen angesehen werden. Entsprechend der in diesem Zeitraum gebührenden Entgelte ist daher auch bei einem Wechsel zwischen Voll- und Teilzeit zu aliquotieren.

[9]) Kann ein Angestellter bzw eine Angestellte aufgrund einer Krankheit oder eines Unglücksfalls die vereinbarte Dienstleistung nicht erbringen, ist der Dienstgeber bzw die Dienstgeberin gem § 8 AngG verpflichtet, ihm/ihr das Entgelt für eine gewisse Zeit weiterhin zu bezahlen (allg vgl *Melzer* in *Löschnigg/Melzer* [Hrsg], AngG Bd I[11] [2021] § 8; *Löschnigg*, Arbeitsrecht[13] [2017] 6/587 ff). Die Regelung des Abschnittes 3 Pkt A Z 6.1.5. bezieht sich auf die Zeit nach Ende der Entgeltfortzahlungspflicht des Dienstgebers bzw der Dienstgeberin. Danach sind bei der Bemessung des Anspruchs auf Weihnachtsremuneration auch jene Zeiten, in denen kein oder nur ein gekürzter Entgeltanspruch besteht, voll zu berücksichtigen. Diese kollektivvertragliche Anordnung ist insofern von großer Bedeutung, als der **OGH** – anders als der VwGH – in ständiger Rechtsprechung die Auffassung vertritt, dass mangels anderslautender Vereinbarungen **entgeltfreie Zeiten** bei der Bemessung der Höhe der Sonderzahlungen **keine Berücksichtigung** finden müssen, da Sonderzahlungen grundsätzlich einen Teil des für die Dienstleistung geschuldeten Entgelts darstellen (OGH 25. Mai 1994, 9 ObA 38/94, ARD 4584/17/94; OGH 16. Juni 1994, 8 ObA 264/94, ARD 4594/4/94; OGH 27. Oktober 1994, 8 ObA 279/94, ARD 4624/32/95; OGH 28. März 1996, 8 ObA 2019/96, ARD 4760/24/96; OGH

15. Mai 1996, 9 ObA 2047/96, ARD 4760/23/96; OGH 18. Oktober 2000, 9 ObA 209/00a, RdW 2001, 229; OGH 3. März 2010, 9 ObA 151/09k, DRdA 2010, 425; vgl hiezu auch *Schrank*, Sonderzahlungen bei entgeltfreien Krankenständen, ecolex 1995, 193; *Trost*, Anspruch auf Sonderzahlungen in entgeltfreien Zeiten – Zugleich eine Besprechung von 9 ObA 38/94 und 8 ObA 264-266/94, DRdA 1995, 116; *Runggaldier*, Sozialrückbau durch Rechtsprechung, DRdA 1996, 101; *Naderhirn*, Anspruch auf Urlaubszuschuss und Weihnachtsremuneration, ZAS 2002, 7; *Sabara*, Sonderzahlungen während entgeltfreien Krankenstandes?, ARD 6038/6/2010). Die Bestimmung des Abschnittes 3 Pkt A Z 6.1.5. ist als abweichende Regelung iS dieser Judikatur zu betrachten (zur Rechtsprechung des VwGH vgl VwGH 8. Februar 1994, 93/08/0219, ARD 4547/16/94; VwGH 17. Oktober 1996, 95/08/0341, DRdA 1997, 485 mit Bespr v *Schindler* = ARD 4811/26/97; VwGH 29. März 2000, 96/08/0233, ARD 5140/12/2000; *Karl*, Beitragspflicht für arbeitsrechtlich nicht gebührende Sonderzahlungen, ASoK 1997, 211).

[10]) Der Sonderzahlungsanspruch wird durch entgeltfreie Zeiten bzw durch Zeiten, in denen nur ein reduzierter Entgeltanspruch besteht, gekürzt, sofern die Dienstverhinderung Folge eines **Freizeitunfalls** (Abschnitt 3 Pkt A Z 6.1.5.) ist. Es ist also der Begriff des Freizeitunfalls von jenem des Arbeitsunfalls abzugrenzen. Ein Unfall im sozialrechtlichen Sinn ist nach hA ein zeitlich begrenztes Ereignis, das zu einer Körperschädigung geführt hat, wobei das Ereignis in einer Einwirkung von außen, in einem von der Routine abweichenden Verhalten des Verletzten oder in einer außergewöhnlichen Belastung bestehen kann (vgl *Tomandl/Felten*, System des österreichischen Sozialversicherungsrechts [Losebl] 269 f). Um einen **Arbeitsunfall** handelt es sich jedoch nur dann, wenn er sich im örtlichen, zeitlichen und ursächlichen Zusammenhang mit der Beschäftigung des Arbeitnehmers bzw der Arbeitnehmerin ereignet. Sämtliche anderen Unfälle sind als Freizeitunfälle zu betrachten (s *Melzer* in *Löschnigg/Melzer* [Hrsg], AngG Bd I[11] [2021] Rz 70 ff zu § 8; *Löschnigg*, Arbeitsrecht[13] [2017] 6/588).

[11]) Der Arbeitgeber bzw die Arbeitgeberin hat gem Abschnitt 3 Pkt A Z 6.1.5. das Recht, eine **ärztliche Bescheinigung** über die Ursache der Dienstverhinderung zu verlangen. Eine ärztliche Bescheinigung iSd Abschnittes 3 Pkt A Z 6.1.5. hat aber lediglich die Feststellung zu enthalten, ob ein Freizeitunfall die Ursache der Dienstverhinderung war, keinesfalls aber eine genaue Diagnose. Andernfalls würde Abschnitt 3 Pkt A Z 6.1.5. die ärztliche Schweigepflicht unterlaufen bzw verletzen (zur ärztlichen Be-

scheinigung gem § 8 Abs 8 AngG vgl *Melzer* in *Löschnigg/Melzer* [Hrsg], AngG Bd I[11] [2021] Rz 317 ff zu § 8; LG Graz 12. Oktober 1967, 2 Cg 43/67, Arb 8466; OGH 27. September 1989, 9 ObA 236/89, ARD 4129/6/89).

Ebenfalls ungeregelt bleibt in diesem Zusammenhang, wer die allenfalls für eine ärztliche Bescheinigung anfallenden **Kosten** zu übernehmen hat. Aus der kollektivvertraglichen Anordnung, dass der Arbeitnehmer bzw die Arbeitnehmerin auf Verlangen des Arbeitgebers bzw der Arbeitgeberin eine Bescheinigung vorzulegen hat, kann noch nicht geschlossen werden, dass er/sie auch sämtliche damit verbundenen Kosten zu tragen hat. Vielmehr ist zu berücksichtigen, dass erst der Arbeitgeber bzw die Arbeitgeberin durch sein/ihr Verlangen die Arztkosten verursacht. Der Kollektivvertrag selbst verpflichtet nicht zur Beibringung der ärztlichen Bescheinigung. Des Weiteren würde eine Kostentragungspflicht des Arbeitnehmers bzw der Arbeitnehmerin dazu führen, dass der Arbeitgeber bzw die Arbeitgeberin auf einen Nachweis durch ein kostspieliges ärztliches Gutachten bestehen kann, das er/sie – müsste er/sie selbst die Kosten tragen – nicht verlangen würde. Allein die Tatsache, dass der Kollektivvertrag dem Arbeitgeber bzw der Arbeitgeberin ein bestimmtes Recht einräumt, schließt nicht aus, dass dieser/diese gegebenenfalls auch die Kosten für dessen Geltendmachung zu tragen hat. Im Ergebnis ist daher – ebenso wie im Fall der ärztlichen Bescheinigung gem § 8 Abs 8 AngG – von einer Kostentragung durch den Arbeitgeber bzw die Arbeitgeberin auszugehen.

[12]) Abschnitt 3 Pkt A Z 6.1.6. stellt klar, dass bestehende für den Arbeitnehmer bzw die Arbeitnehmerin **günstigere Regelungen** durch die Bestimmungen des Handelsangestellten-KV nicht berührt werden. Sämtliche ungünstigeren, dem Kollektivvertrag widersprechenden Regelungen werden mit In-Kraft-Treten des Handelsangestellten-KV in der derzeit geltenden Fassung jedoch hinfällig.

[13]) Die auch als **14. Monatsgehalt** bezeichnete Urlaubsbeihilfe zählt ebenso wie die Weihnachtsremuneration zu den sog **Sonderzahlungen** oder **Remunerationen** (vgl hiezu Erl 1).

[14]) Die Unterscheidung zwischen Platzvertretern bzw Platzvertreterinnen und Reisenden mit Provision wurde mit dem Handels-KV 2017 aufgegeben (s Erl 2). Verwendet wird nur mehr der Begriff der „Angestellten mit Provision“. Diese haben Anspruch auf Urlaubsbeihilfe nach Maßgabe des Abschnittes 3 Pkt D.

[15]) Nach den Bestimmungen des Urlaubsgesetzes ist der Erholungsurlaub eines Jahres im Ganzen oder in zwei Teilen zu verbrauchen, wobei ein Teil mindestens sechs Werktage umfassen muss (§ 4 Abs 3 UrlG). Dadurch wird verhindert, dass der Arbeitgeber bzw die Arbeitgeberin den Arbeitnehmer bzw die Arbeitnehmerin zu einem Urlaubsverbrauch in kleineren Teilen zwingen bzw solche Kurzurlaube auf den Gesamturlaubsanspruch anrechnen kann. Da es sich beim Urlaubsrecht um einseitig zwingendes Recht handelt, ist jedoch ein **tageweiser Urlaubsverbrauch** etwa dann zulässig bzw auf den gesetzlichen Urlaubsanspruch anzurechnen, wenn er auf Wunsch des Arbeitnehmers bzw der Arbeitnehmerin vereinbart wurde. Ist jedoch der Erholungszweck des Urlaubes nicht mehr gesichert, treten auch derartige Günstigkeitsüberlegungen in den Hintergrund (allg vgl hiezu *Drs*, Urlaubsrecht[11] [2019] § 4 Rz 117 ff; *Löschnigg*, Arbeitsrecht[13] [2017] 6/694 f).

Fälligkeitsbestimmungen für die Urlaubsbeihilfe wie jene des Abschnittes 3 Pkt A Z 6.2.1. finden sich in zahlreichen Kollektivverträgen, sind aber mitunter schwierig auf die betriebliche Praxis umzulegen.

Beispiel: Ein Arbeitnehmer konsumiert von seinem 5-wöchigen Erholungsurlaub jeweils im Jänner, Februar, März und April eine Woche:

- Sofern im Jänner noch nicht alle Urlaube des Kalenderjahres fixiert sind, besteht kein Anlass die Urlaubsbeihilfe bereits bei einem einwöchigen Urlaub im 1. Monat des Kalenderjahres auszubezahlen, da noch mit einem längeren Urlaubsteil zu rechnen ist.
- Auch bei Antritt des Urlaubsteiles im Februar ist noch ein zweiwöchiger und damit „längerer Urlaubsteil" möglich. Dasselbe gilt für den Urlaubsantritt im März.
- Im April wird ein weiterer Urlaubsteil im Ausmaß von einer Woche vereinbart. Damit steht fest, dass es keinen „längeren Urlaubsteil" iSd Bestimmung des Abschnittes 3 Pkt A Z 6.2.1. geben wird. Die Urlaubsbeihilfe gebührt somit bei Antritt des „ersten Urlaubsteiles", im Beispiel damit beim vierten Urlaubsteil. Die Urlaubsbeihilfe wird daher bei Antritt des Urlaubes im April auszubezahlen sein.

[16]) Grundlage für die **Bemessung der Urlaubsbeihilfe** ist das im Zeitpunkt des Urlaubsantritts bzw am 30. Juni zustehende Bruttomonatsgehalt bzw das in diesem Zeitpunkt gebührende Lehrlingseinkommen (zum Begriff des Monatsgehalts bzw des Lehrlingseinkommens vgl Erl 3 u 4). Zur Einbeziehung allfälliger **Reformbeträge** in die Bemessungsgrundlage nach Übertritt in das Gehaltssystem NEU s Abschnitt 3 Pkt A Z 1.2.

[17]) Sonderzahlungen gebühren als zeitraumbezogene Zuwendungen für die gesamte während des Betrachtungszeitraums erbrachte Arbeitsleistung. Dementsprechend sehen Abschnitt 3 Pkt A Z 6.2.1. bis Z 6.2.3. vor, dass der Anspruch auf Urlaubsbeihilfe zu aliquotieren ist, wenn Arbeitnehmer bzw Arbeitnehmerinnen während des Jahres ein- oder austreten. Dies entspricht der Bestimmung des § 16 AngG, die für Angestellte zwingend zumindest die **Aliquotierung** periodischer Ansprüche vorsieht, wenn das Arbeitsverhältnis nicht während des gesamten Kalenderjahres aufrecht war.

Steht daher im Zeitpunkt des Urlaubsantritts die **Beendigung des Arbeitsverhältnisses** bereits fest, gebührt der aliquote Teil der Urlaubsbeihilfe. Das gleiche muss – auch wenn vom Kollektivvertrag nicht ausdrücklich erwähnt – gelten, wenn am 30. Juni die Beendigung bereits feststeht und der Arbeitnehmer bzw die Arbeitnehmerin noch keinen Urlaub verbraucht hat (in diesem Sinn nunmehr auch OGH 29. Jänner 2014, 9 ObA 84/13p, ARD 6397/7/2014).

> **Beispiel:** Die Arbeitgeberin kündigt das Dienstverhältnis am 30. Juni zum 30. September; der Arbeitnehmer tritt seinen Urlaub am 1. Juli an. Er hat somit Anspruch auf Urlaubsbeihilfe in Höhe von 9/12 seines Junigehalts, wenn sich das Urlaubsjahr mit dem Kalenderjahr deckt.

> **Beispiel**: Das befristete Arbeitsverhältnis eines Arbeitnehmers endet mit 31. August, Urlaubsjahr ist das Kalenderjahr. Im laufenden Urlaubsjahr wurde noch kein Erholungsurlaub verbraucht. Wann und in welcher Höhe ist die Urlaubsbeihilfe auszuzahlen? – Die Urlaubsbeihilfe beträgt 8/12 des Junigehalts und wird am 30. Juni fällig.

[18]) Auch während des Kalenderjahres in das Unternehmen eintretenden Arbeitnehmern bzw Arbeitnehmerinnen gebührt der aliquote Teil der Urlaubsbeihilfe.

> **Beispiel:** Eine Angestellte tritt mit 1. Mai in das Unternehmen ein und bezieht ein Gehalt in Höhe von € 1.945,–. Anfang Juni wird vereinbart, dass der gesamte Jahresurlaub ab 15. Juli verbraucht wird. Fälligkeit der Urlaubsbeihilfe? – Der Anspruch auf Urlaubsbeihilfe in Höhe von € 1.296,67 (= € 1.945,– × 8/12) ist nicht mit Urlaubsantritt am 15. Juli, sondern bereits am 30. Juni fällig.

Erfolgt der **Eintritt erst nach dem 30. Juni**, ist die Urlaubsbeihilfe in Höhe des aliquoten Teils des Dezembergehalts bzw des Dezemberlehrlingseinkommens am **31. Dezember fällig**. Dies gilt, dem Wortlaut des Kollektivvertrages nach, unabhängig von einem Urlaubsantritt zwischen dem

1. Juli und dem 31. Dezember. Der besondere Zusammenhang zwischen der Sonderzahlung und dem Anlass ihrer Gewährung besteht hier eindeutig nicht mehr. Die Urlaubsbeihilfe gebührt in einem solchen Fall vielmehr als ein für die während des Kalenderjahres erbrachte Arbeitsleistung gewährtes Entgelt mit besonderem Fälligkeitstermin.

> **Beispiel:** Der Arbeitnehmer tritt mit 1. August in das Unternehmen ein und bezieht zunächst ein Gehalt von € 1.945,– im Monat. Am 1. September tritt er einen einwöchigen Urlaub an. Mit 1. November kommt es bereits zu einer Gehaltserhöhung; dem Arbeitnehmer gebühren nunmehr € 2.000,– pro Monat. Sein Anspruch auf Urlaubsbeihilfe in Höhe von € 833,33 (= 2.000,– × 5/12) ist am 31. Dezember fällig.

19) Arbeitnehmer und Arbeitnehmerinnen, die während des Kalenderjahres aus dem Unternehmen ausscheiden, haben ebenfalls Anspruch auf Urlaubsbeihilfe in Höhe des aliquoten Teiles des letzten Monatsgehalts bzw des letzten Lehrlingseinkommens.

> **Beispiel:** Die Arbeitnehmerin scheidet mit 31. Mai aus dem Unternehmen aus, ohne im betreffenden Kalenderjahr bereits Urlaub verbraucht zu haben. Ihr Gehalt für den Monat Mai betrug € 1.945,–. Sie hat somit Anspruch auf Urlaubsbeihilfe in Höhe von € 810,42 (= € 1.945,– × 5/12).

20) Vgl Erl 6.

21) Wie zahlreiche andere Kollektivverträge sieht auch der Handelsangestellten-KV eine **Rückverrechnung** zu viel bezogener Sonderzahlungen vor, sollte das Dienstverhältnis eines Arbeitnehmers bzw einer Arbeitnehmerin vor Ablauf des Kalenderjahres durch Arbeitnehmerkündigung, vorzeitigen Austritt ohne wichtigen Grund oder durch eine Entlassung aus wichtigem Grund enden. Unzulässig ist eine Rückerstattungsklausel hingegen bei Arbeitgeberkündigung (vgl OLG Wien 27. August 2004, 7 Ra 105/04v, ARD 5560/7/2005). Ebenfalls nicht in Frage kommt eine Rückverrechnung bei einem Austritt nach § 25 IO (noch zur KO vgl OGH 26. Februar 2004, 8 ObS 2/04h, ARD 5501/4/2004). Der OGH hat die Zulässigkeit solcher Rückerstattungsklauseln mehrfach bejaht (zur Gesamtproblematik vgl *Runggaldier*, Grenzen der Kollektivvertragsautonomie bei der Regelung des Entgelts [1995]). Auch die Grundsätze des Judikats 33 (OGH 23. April 1929, Prä 1025/28, Arb 3893), wonach eine Rückforderung bei gutgläubigem Verbrauch durch den Zahlungsempfänger ausgeschlossen ist, sind nach ständiger Rechtsprechung in diesem Zusammen-

hang nicht anwendbar (OGH 9. Mai 1972, 4 Ob 25/72, DRdA 1974, 82 mit Bespr v *Jakusch*; OGH 19. Mai 1981, 4 Ob 43/81, DRdA 1982, 112 mit Bespr v *Wachter* = ZAS 1982, 23 mit Bespr v *Runggaldier*; OGH 23. Februar 1994, 9 ObA 20/94, ARD 4547/6/94; OGH 12. August 1999, 8 ObA 221/99d, infas 2000, A 15 = ZAS 2000, 176 mit Bespr v *Spitzl*; OGH 18. Dezember 2002, 9 ObA 104/02p, wbl 2003, 285).

Der Handelsangestellten-KV sieht eine Rückverrechnung des über den der zurückgelegten Dienstzeit entsprechenden Betrag hinausgehenden Teils der Urlaubsbeihilfe nur für bestimmte Endigungsarten vor. Dies ist nach Auffassung der Rechtsprechung so zu verstehen, dass die Kollektivvertragsparteien jenen Arbeitnehmern und Arbeitnehmerinnen, denen die Zurücklegung der der erhaltenden Sonderzahlung entsprechenden Dienstzeit aus anderen Gründen – etwa im Fall einer Dienstgeberkündigung – nicht möglich ist, die volle erhaltene Sonderzahlung belassen wollten (OGH 28. September 1993, 9 ObA 207/94, ARD 4617/13/95 zum KV für Angestellte in Wirtschaftstreuhänderkanzleien; OGH 23. Dezember 1998, 9 ObA 328/98w, infas 1999, A 60 zum KV für Angestellte in Rechtsanwaltskanzleien; OGH 12. August 1999, 8 ObA 221/99d, infas 2000, A 15 = ZAS 2000, 176 mit Bespr v *Spitzl* zum KV der oö Ordensspitäler; OLG Wien 29. Jänner 2003, 10 Ra 361/02k, ARD 5396/3/2003 zum KV für Handelsangestellte). Da Abschnitt 3 Pkt A Z 6.2.5. nur die Arbeitnehmerkündigung bzw Arbeitnehmerinnenkündigung, den vorzeitigen Austritt ohne wichtigen Grund und die Entlassung aus wichtigem Grund nennt, hat diese Annahme auch für Endigungsformen zu gelten, die eindeutig der Sphäre des Arbeitnehmers bzw der Arbeitnehmerin zuzuordnen sind. Ein Beispiel hiefür wäre etwa eine einvernehmliche Auflösung des Arbeitsverhältnisses auf Wunsch und im Interesse des Arbeitnehmers bzw der Arbeitnehmerin (vgl *Ruß*, Die einvernehmliche Auflösung von Arbeitsverhältnissen [2016], 172 ff).

Unerwähnt bleibt in Abschnitt 3 Pkt A Z 6.2.5. der Fall, dass der zu viel bezogene Teil der Urlaubsbeihilfe die noch bestehenden Ansprüche aus dem Arbeitsverhältnis übersteigt. Eine **Rückzahlung des nicht anrechenbaren Teiles** kommt nach dem Wortlaut der kollektivvertraglichen Bestimmung nicht in Frage, was jedenfalls insofern auch die praktikablere Lösung ist, als dadurch Klagen der Arbeitgeber bzw Arbeitgeberinnen auf Rückzahlung der nicht anrechenbaren, zu viel bezogenen Urlaubsbeihilfe vermieden werden.

Beispiel: Eine Arbeitnehmerin hat bereits mit Ende Februar ihren gesamten für das Kalenderjahr zustehenden Erholungsurlaub konsumiert. Die Urlaubsbeihilfe wurde ihr bei Urlaubsantritt ausbezahlt. Am

1. März tritt die Arbeitnehmerin unberechtigt aus. Das Gehalt für Februar hat sie bereits erhalten.

Konsequenzen des Austritts:

- Sie muss sich 10/12 der Urlaubsbeihilfe anrechnen lassen.
- Sie hat Anspruch auf 2/10 der Weihnachtsremuneration.
- Entgelt ist nur für einen Tag (1. März) ausständig.

Ergebnis:

Die Arbeitnehmerin bekommt weder die aliquote Weihnachtsremuneration noch das Entgelt für den einen Tag. Es kommt aber auch zu keiner Rückzahlung von Teilen der Urlaubsbeihilfe.

[22]) Vgl Erl 7 u 8.

[23]) Vgl Erl 9, 10 u 11.

7. Formvorschriften bei All-In Verträgen

7.1. Die Vereinbarung (Dienstzettel oder Dienstvertrag) hat zu enthalten:[1])

7.1.1. die betragsmäßige Höhe des Grundgehaltes für die Normalarbeitszeit (siehe Zusatzprotokoll 8.2.),

7.1.2. die betragsmäßige Höhe der Pauschale und welche Entgeltbestandteile, insbesondere ob Überstunden an Sonn- und Feiertagen, damit abgegolten sind,

7.1.3. ob allfällige Provisionen zur Abgeltung anderer und welcher Entgeltbestandteile herangezogen werden. Die Sonderbestimmungen in Punkt D dieses Abschnittes sind zu berücksichtigen,

7.1.4. andere Entgeltbestandteile wie zB zweckgebundene Zulagen,

7.1.5. die Angabe des Gesamtentgeltes, davon ausgenommen sind Arbeitnehmerinnen mit Provisionen.

7.2. Für Arbeitnehmerinnen, die in den Beschäftigungsgruppen A bis E sowie in der Beschäftigungsgruppe F in der Arbeitswelt Verkauf & Vertrieb sowie Technischer Dienst eingestuft und vom AZG nicht ausgenommen sind, darf für die pauschalierte Abgeltung von Mehr- und Überstunden nur das rechnerische Höchstausmaß pro Kalenderjahr herangezogen werden.

7.3. Die Deckungsrechnung (siehe Zusatzprotokoll 8.2.)[2])

7.3.1. Zur Deckungsprüfung ist das für die tatsächlich erbrachte Leistung (inkl. Ausfallsentgelt) gebührende Entgelt des letzten Kalenderjahres für jene Entgeltbestandteile, die durch das Pauschale erfasst sind, zu ermitteln und der im Kalenderjahr tatsächlich bezahlten Pauschale gegenüber zu stellen[3]). Ergibt sich eine Unterdeckung, so ist der Differenzbetrag im Folgemonat der Deckungsrechnung mit der Gehaltsabrechnung auszubezahlen.

7.3.2. Der Arbeitnehmerin ist einmal jährlich, im ersten Quartal, nach Ende des Kalenderjahres oder Ende des Wirtschaftsjahres eine Deckungsrechnung vorzulegen[4]).

7.3.3. Abweichend zu 7.3.2 kann

a) in Betrieben mit Betriebsrat durch Betriebsvereinbarung die Pflicht zur Vorlage der Deckungsrechnung auf Arbeitneh-

merinnen eingeschränkt werden, deren Pauschale weniger als ein Drittel des Gesamtentgeltes ausmacht[5]).

b) in Betrieben ohne Betriebsrat durch schriftliche Einzelvereinbarung die Pflicht zur Vorlage der Deckungsrechnung auf eine Vorlage auf Verlangen der Arbeitnehmerin abgeändert werden, deren Pauschale mehr als ein Drittel des Gesamtentgeltes ausmacht[6]).

7.3.4. Zur Deckungsprüfung für Arbeitnehmerinnen mit Provision, deren Fixum unter dem kollektivvertraglichen Mindestgehalt liegt, ist das für die tatsächlich erbrachte Leistung gebührende Entgelt (inkl. Ausfallsentgelt) für den entsprechenden Abrechnungszeitraum, gemäß der Sonderbestimmung Punkt D dieses Abschnittes, für jene Entgeltbestandteile zu ermitteln welche durch die Provision erfasst sind und der im entsprechenden Abrechnungszeitraum tatsächlich bezahlten Provision gegenüber zu stellen. Ergibt sich eine Unterdeckung, so ist abweichend zu 7.3.2. der Differenzbetrag im Folgemonat der Deckungsrechnung mit der Gehaltsabrechnung auszubezahlen, spätestens aber zum Ende des folgenden Quartals.

7.3.5. Die Deckungsrechnung hat die Bestandteile der Vereinbarung in der jeweiligen Höhe getrennt zu enthalten, insbesondere Überstunden an Sonn- und Feiertagen. Weiters sind die auf Grund des allgemeinen Ausfallsprinzips (zB im Krankheits- oder Urlaubsfall und an Feiertagen) anzurechnenden fiktiven Entgelte zu berücksichtigen.

7.3.6. Der Betriebsrat ist über die betriebliche Handhabung der Deckungsrechnung zu informieren. Gemäß § 89 Z (1) ArbVG hat der Betriebsrat das Recht in die Deckungsrechnung Einsicht zu nehmen, sie zu überprüfen und zu kontrollieren[7]).

[1]) Der Handelsangestellten-KV sieht seit 1.12.2017 in Abschnitt 3 Pkt A Z 7 bestimmte **Formvorschriften für All-In-Verträge** (zum Begriff s Erl 10 zu Abschnitt 2 Pkt G) in Bezug auf den Dienstvertrag bzw Dienstzettel vor. Im **Dienstvertrag** oder **Dienstzettel** (s Anhang 2 des Kollektivvertrages) sind laut Kollektivvertrag

- die **betragsmäßige Höhe des Grundgehaltes** für die Normalarbeitszeit (Z 7.1.1.); das **Grundgehalt** wird im Zusatzprotokoll für All-in-Verträge als kollektivvertragliches Mindestgehalt oder – im Fall einer

Überzahlung – als vereinbartes bzw im Betrieb übliches über dem Kollektivvertrag liegendes Gehalt definiert,

- die **betragsmäßige Höhe einer Pauschale** und welche Entgeltbestandteile (zB Überstunden an Sonn- und Feiertagen) damit abgegolten sind (Z 7.1.2.),
- etwaige **Provisionen** und **welche Entgeltbestandteile** damit abgegolten sind,
- **andere Entgeltbestandteile** (zB zweckgebundene Zulagen) sowie
- die Angabe des **Gesamtentgeltes** (außer bei Arbeitnehmern und Arbeitnehmerinnen mit Provision),

auszuweisen.

Der **Dienstzettel** ist gem § 6 Abs 3 AngG iVm § 2 AVRAG auszustellen und hat die gesetzlich vorgesehenen Angaben zu enthalten. Die Angabe der **betragsmäßigen Höhe des Grundgehalts** sowie **weiterer Entgeltbestandteile** haben Dienstzettel bereits ab dem 29.12.2015 aufgrund der gesetzlichen Regelung des **§ 2 Abs 2 Z 9 AVRAG** zu enthalten (vgl etwa *Peschek*, Die neue All-In-Transparenz-Regel, ecolex 2016, 68; *Löschnigg/Reiff* in *Löschnigg/Melzer* [Hrsg], AngG Bd I[11] [2021] Rz 44 zu § 6; Näheres hiezu s Erl 3 zu Abschnitt 1 Pkt C). Das **Grundgehalt** für die Normalarbeitszeit ist das kollektivvertragliche Mindestgehalt oder ein vereinbartes bzw im Betrieb übliches Gehalt, das über dem kollektivvertraglichen Mindestgehalt liegt (s Zusatzprotokoll 8.2.). Zu beachten ist **§ 2g AVRAG**, dessen Rechtsfolgenanordnung für alle ab dem 1.1.2016 abgeschlossenen Pauschalvereinbarungen/All-In-Klauseln zur Anwendung kommt (vgl *Schrank*, Neue Grundgehaltsangabe und All-in Klauseln – nur bessere Transparenz?, RdW 2016, 32; *Peschek*, Die neue All-In-Transparenz-Regel, ecolex 2016, 68; *Risak*, Arbeitsvertragsklauseln 2016 – Pauschalentgeltvereinbarungen, Konkurrenzklauseln, Ausbildungskostenrückersatz, ZAS 2016, 57). Wird das Entgelt bei Pauschalvereinbarungen im Dienstzettel lediglich als Gesamtsumme, ohne **betragsmäßige Festsetzung des Grundgehalts** ausgewiesen, so erhält der Arbeitnehmer/die Arbeitnehmerin einen zwingenden Anspruch auf das Grundgehalt einschließlich der branchen- und ortsüblichen Überzahlungen, das am Arbeitsort vergleichbaren Arbeitnehmern und Arbeitnehmerinnen gebührt (s hiezu auch Erl 10 zu Abschnitt 2 Pkt G).

Der Kollektivvertrag **konkretisiert** in Z 7 die gesetzlichen Bestimmungen für **Pauschalvereinbarungen**. Durch die transparente Gestaltung soll erhöhte Rechtssicherheit erzielt werden.

Ab dem Übertritt in das Gehaltssystem NEU sind auch **vor dem Übertritt bestehende** All-In-Vereinbarungen mittels sogenanntem **„Umstiegsdienstzettel“** (s hiezu Abschnitt 3 Pkt C Z 2 „Dienstzettel NEU“ und Anhang 4 des Handels-KV 2021) an diese Formvorschriften anzupassen. Zum Umstieg bei All-in-Verträgen s *Marchhart/Palkovich*, Der Weg ins neue Gehaltssystem im Handel – wichtige Fragen zur Anwendung der Umstiegsregelungen, ARD 6748/4/2021.

[2]) Abschnitt 3 Pkt A Z 7.3. enthält Regelungen für die bei Pauschalvereinbarungen durchzuführende **Durchschnittsbetrachtung** im Rahmen einer sogenannten Deckungsprüfung. Im Rahmen der **Deckungsprüfung** iSd Zusatzprotokolls 8.2. zum Handels-KV werden die tatsächlich geleisteten Überstunden und das sog Ausfallsentgelt (das sind die fiktiv zu berechnenden Mehr- und Überstundenabgeltungen bei Entgeltfortzahlungsansprüchen im Krankheitsfall, bei Urlaubsentgelten oder bei Feiertagsentgelten) der geleisteten Pauschalabgeltung im Beobachtungszeitraum gegenübergestellt (vgl *Nitzl/Schirmer*, Die All-in-Vereinbarung – Problemstellungen in der täglichen Praxis, ASoK 2017, 202 [203]). Liegt eine „**Unterdeckung**" vor, hat also der Arbeitnehmer bzw die Arbeitnehmerin mehr Überstunden geleistet, als von der Pauschale gedeckt sind, besteht ein Anspruch auf Vergütung der die Pauschale übersteigenden Überstunden. Der Differenzbetrag ist mit der Gehaltsabrechnung des Folgemonats der Deckungsrechnung auszubezahlen (Z 7.3.1. dieses Abschnittes). Bei einer „**Überdeckung**" durch die Pauschale besteht ein Anspruch auf die volle vereinbarte Pauschalsumme (s hiezu bereits auch Erl 10 zu Abschnitt 2 Pkt G).

[3]) Der Handelsangestellten-KV sah für Betriebe, die der Gehaltsordnung ALT unterlagen, keinen konkreten Beobachtungszeitraum für die Durchschnittsbetrachtung vor. Nach der Rsp war grundsätzlich das **Kalenderjahr** heranzuziehen sein (s hiezu Erl 10 zu Abschnitt 2 Pkt G). Für Betriebe, die dem Gehaltssystem NEU unterliegen, legt der Kollektivvertrag in Abschnitt 3 Pkt A Z 7.3.1. ausdrücklich das **Kalenderjahr** als Beobachtungszeitraum fest (zur Berechnung s das Zusatzprotokoll 8.2.).

[4]) Weiters ist vorgesehen, dass die Deckungsrechnung der Arbeitnehmerin/dem Arbeitnehmer im ersten Quartal nach Ende des ersten Kalenderjahres oder Ende des Wirtschaftsjahres grundsätzlich verpflichtend **vorzulegen** ist (Z 7.3.2.). Abweichungen von dieser Verpflichtung sind möglich, wobei der Kollektivvertrag zwischen Betrieben mit und ohne Betriebsrat differenziert.

[5]) Nach **Z 7.3.3. lit a** kann die **Pflicht zur Vorlage** der Deckungsrechnung in **Betrieben mit Betriebsrat** mittels **Betriebsvereinbarung**

auf jene Arbeitnehmerinnen und Arbeitnehmer eingeschränkt werden, deren Pauschalabgeltung **weniger als ein Drittel des Gesamtentgeltes** beträgt.

Abschnitt 3 Pkt A Z 7.3.3. lit a enthält damit eine kollektivvertragliche Ermächtigung der Betriebsvereinbarung gem **§ 29 ArbVG** (s hiezu Erl 13 zu Abschnitt 3 Pkt A Z 4.5.2.). Zu beachten ist allerdings, dass bereits eine gesetzliche Betriebsvereinbarungskompetenz besteht. Gem § 97 Abs 1 Z 3 ArbVG kann die Art und Weise der Abrechnung in Form einer **erzwingbaren Betriebsvereinbarung** geregelt werden (zu diesem Betriebsvereinbarungstypus vgl etwa *Holzer*, Strukturfragen des Betriebsvereinbarungsrechts [1982]; *Jabornegg*, Probleme des Arbeitsverfassungsrechtes, DRdA 1977, 200). Ein Widerspruch zwischen Handels-KV und § 97 ArbVG entsteht dadurch nicht. Die Deckungsprüfung ist eine spezielle Verpflichtung aus dem Kollektivvertrag, die durch die nachgeordnete Betriebsvereinbarung zu Lasten der Belegschaft nicht verändert werden könnte. Für die Arbeitnehmer ungünstigere Betriebsvereinbarungen sind nur nach dem im Handels-KV vorgesehenen Voraussetzungen zulässig. Insofern schafft der Kollektivvertrag ausnahmsweise die Kompetenz zum Abschluss notwendiger Betriebsvereinbarungen (s hiezu etwa *Löschnigg*, Arbeitsrecht[13] [2017] 3/222 mwN).

[6]) **Z 7.3.3. lit b** sieht für **Betriebe ohne Betriebsrat** vor, dass anstelle der generellen Vorlage (im ersten Quartal) eine Vorlage auf Verlangen des Arbeitnehmers bzw der Arbeitnehmerin treten kann. Voraussetzung für diese Umstellung ist, dass die Entgeltpauschale mehr als ein Drittel des Gesamtentgelts beträgt. Für den Arbeitgeber entfällt damit die Automatik der Vorlage einer Deckungsrechnung. Andererseits ist der Arbeitnehmer bzw die Arbeitnehmerin an keine Zeitpunkte gebunden, wann die Deckungsrechnung verlangt werden kann. Gewisse Konkretisierungen (Häufigkeit des Rechts auf Vorlage der Deckungsrechnung, Frist zur Erfüllung der Vorlageverpflichtung des Arbeitgebers etc) werden ohnedies in der Individualvereinbarung vorzunehmen sein, die für diese Vorgangsweise notwendig ist. Für diese Individualvereinbarung verlangt der Handels-KV auch Schriftlichkeit.

[7]) **Abschnitt 3 Pkt A Z 7.3.6.** wiederholt in Bezug auf die **Einsichtnahme in die Deckungsrechnung** das bereits auf gesetzlicher Ebene verankerte **Überwachungsrecht des Betriebsrates** nach § 89 Z 1 ArbVG. Nach dieser Bestimmung kann der Betriebsrat in die vom Betrieb geführten Aufzeichnungen über die Bezüge der Arbeitnehmer und die zur Berechnung dieser Bezüge erforderlichen Unterlagen Einsicht nehmen, sie überprüfen und deren Auszahlung kontrollieren. Es handelt sich hiebei um ein

unbeschränktes Einsichtsrecht des Betriebsrates; eine Zustimmung des Arbeitnehmers/der Arbeitnehmerin ist nicht erforderlich (vgl § 91 Abs 2 letzter Satz ArbVG; s hiezu etwa *Löschnigg*, Arbeitsrecht[13] [2017] 11/038 und 11/093; OLG Wien 2. Oktober 2002, 8 Ra 96/02z, ARD 5411/8/2003).

8. Zusatzprotokolle der Kollektivvertragsparteien

8.1. Abgrenzung Beschäftigungsgruppe C / D: Kundenberatung und Warenkenntnisse in der Arbeitswelt Verkauf & Vertrieb

8.2. Berechnungsbeispiele zur pauschalen Abgeltung von Entgeltbestandteilen (All-In Verträge)

8.3. Zusatzprotokoll zum Kollektivvertrag für Angestellte und Lehrlinge im Handel über die Abgrenzung der Beschäftigungsgruppen E/F für die Einreihung von Filialleiterinnen in der Arbeitswelt Verkauf und Vertrieb

8.1. Zusatzprotokoll zum Kollektivvertrag für Angestellte und Lehrlinge im Handel über die Abgrenzung zwischen den Beschäftigungsgruppen C und D zur Kundinnenberatung und den Warenkenntnissen in der Arbeitswelt Verkauf & Vertrieb im stationären Handel

Beschäftigungsgruppe C:

Arbeitnehmerinnen der Arbeitswelt Verkauf & Vertrieb, die eine oder mehrere der definierten Standardtätigkeiten entsprechend den vier Tätigkeitsfeldern in der Beschäftigungsgruppe C ausüben, sind auch in dieser einzureihen. Dies gilt insbesondere für die Ermittlung des Kundenwunsches, damit verbundene einfache Auskünfte, die mit einer abgeschlossenen facheinschlägigen Ausbildung wie zB: Lehrabschlussprüfung in einem Schwerpunkt des Lehrberufes Einzelhandelskauffrau leistbar sind.

Beschäftigungsgruppe D:

Arbeitnehmerinnen der Arbeitswelt Verkauf & Vertrieb, die zusätzlich zu den Standardtätigkeiten entsprechend den vier Tätigkeitsfeldern in der Beschäftigungsgruppe C mindestens eine der genannten qualifizierten Zusatztätigkeiten ausüben, sind in die Beschäftigungsgruppe D einzureihen. Dies gilt insbesondere für

1. **Kundenberatung unter Anwendung vertiefter Warenkenntnisse**
2. **Kundenberatung unter Anwendung von Kenntnissen, welche in einer unternehmensspezifischen oder allgemein anerkannten Weiterbildung erworben wurden**

ad 1) Arbeitnehmerinnen können vertiefte Warenkenntnisse nur dann anwenden, wenn

- das Sortiment über das typische Basissortiment einer Branche hinausgeht und damit eine überdurchschnittliche Produkttiefe oder -breite aufweist,
- der Verkauf des Produkts einer intensiven Beratung bedarf.

ad 2) Arbeitnehmerinnern können Kenntnisse anwenden, welche sie in einer unternehmensspezifischen oder allgemein anerkannten Weiterbildung nachweislich (Zertifizierung) erworben haben. Die Weiterbildung muss abgeschlossen, am Arbeitsmarkt anerkannt sein und aus Theorie- und Praxisteilen bestehen. Das erworbene Wissen kann unabhängig vom Unternehmen angewandt werden. Die Zertifizierung muss eine Beschreibung der Ausbildungsinhalte enthalten.

Die Weiterbildung hat folgende Inhalte zu umfassen:

- einschlägiges Sortiments- und Produktwissen, das über allgemeine Produktkenntnisse hinausgeht und herstellerübergreifend ist,
- Anwendung bzw Verwendung der Produkte,
- Soziale Kompetenz wie zB Rhetorik, Ausdrucksweise, Konfliktmanagement, Reklamationsverhalten,
- Methoden zum aktiven Verkauf, insbesondere Bedarfsermittlung, individuelle Beratung und Kaufabschluss,
- theoretische Kenntnisse und praktische Fähigkeiten,

Nicht als Weiterbildung gilt eine

- Basiseinschulung in einem Unternehmen (zB Einführung ins Sortiment, Vermittlung von unternehmensspezifischen Prozessen, Erklärung des Warenwirtschaftssystems, allgemeine Richtlinien, Kundenumgang und Verkaufsmethoden etc ...). Die beschriebene Basiseinschulung erfüllt die Definition der Beschäftigungsgruppe C (Bedienung),
- Information zu Produktneuheiten.

8.2. Zusatzprotokoll zum Kollektivvertrag für Angestellte und Lehrlinge im Handel mit Berechnungsbeispielen zur pauschalen Abgeltung von Entgeltbestandteilen (All-in Verträge)

Da die pauschale Abgeltung von Entgeltbestandteilen breit genutzt wird, soll mit diesen Rahmenbedingungen eine transparen-

te Gestaltung gefördert werden und zu mehr Rechtssicherheit für die Vertragsparteien beitragen.

Diese Formvorschriften gelten ab dem Zeitpunkt des Übertritts des Unternehmens ins neue Gehaltssystem. Mittels Umstiegsdienstzettel sind bestehende All-In Vereinbarungen an diese Formvorschriften anzupassen.

Das Grundgehalt für die Normalarbeitszeit ist entweder das kollektivvertragliche Mindestgehalt oder ein vereinbartes bzw im Betrieb übliches über dem Kollektivvertrag liegendes Gehalt. Die Kollektivvertragsparteien empfehlen zur Rechtssicherheit für die Vertragsparteien die Vereinbarung eines angemessenen Grundgehaltes für die Normalarbeitszeit. Die Bestimmungen des § 2g AVRAG sind zu berücksichtigen.

Beispiel 1:

Mustertext All-In Vereinbarung Dienstvertrag:

„Aufgrund Ihrer Tätigkeit werden Sie in die Beschäftigungsgruppe F, Stufe 4, 10. Jahr des Kollektivvertrages für Angestellte im Handel eingestuft, woraus sich ein kollektivvertragliches Mindestgehalt von € 3.400,– brutto ergibt. Vereinbart ist jedoch ein All-In Gehalt in Höhe von € 5.033,– brutto, wobei das Grundgehalt für die Normalarbeitszeit gemäß § 2 Abs (2) Z 9 iVm § 2g AVRAG € 3.723,– brutto beträgt. Der über dem Grundgehalt liegende Betrag gilt im Durchschnitt alle wie immer gearteten entgeltpflichtigen Mehr- und Überstunden an Werktagen (im rechnerischen Höchstausmaß pro Kalenderjahr), Überstunden an Sonn- und Feiertagen sowie alle Zuschläge für Arbeitsleistungen im Rahmen der erweiterten Öffnungszeiten gemäß Abschnitt 2) F des Kollektivvertrages ab."

KV-Gehalt	**3.400,00**
Überzahlung (nicht zweckgebunden)	**323,00**
Grundgehalt für die Normalarbeitszeit	**3.723,00**
Pauschale (Mehr- & Überstunden, ÖZ-Zuschläge)	**1.310,00**
Gesamtentgelt	**5.033,00**

Die Deckungsrechnung:

		Jahres-abrechnung
KV-Gehalt	**3.400,00**	**47.600,00**
ÜZ	**323,00**	**4.522,00**
Grundgehalt	**3.723,00**	**52.122,00**
Pauschale	**1.310,00**	**18.340,00**
Gesamtentgelt	**5.033,00**	**70.462,00**
Deckungsrechnung inkl fiktiven Ausfallsentgelts:		
• ÜST: Es wurden 240 Std an Werktagen im Kalenderjahr geleistet. 3.723,– / 158 · 1,5 · 240 Std = 8.482,78		**8.482,78**
• ÜST: Es wurden 15 Stunden an Sonntagen im Kalenderjahr geleistet. 3.723,– / 158 · 2 · 15 Std = 706,89		**706,89**
• 1,5 MA je Woche an 30 Wochen = 45 Std p.a. 3.723,– / 38,5 / 4,33 · 45 Std = 1.004,98		**1.004,98**
• ÖZ-Zuschläge abends 140 Std p.a. 3.723,– / 38,5 / 4,33 · 0,7 · 140 Std = 2.188,62		**2.188,62**
• ÖZ-Zuschläge SA, 2 SA im Monat (10 Monate) 3.723,– / 38,5 / 4,33 · 0,5 · 100 Std = 1.116,64		**1.116,64**
• ÜST Weihnachtssamstage 3.723,– / 158 · 2 · 40 Std = 1.885,06		**1.885,06**
• fiktive Ausfallsentgelte (Urlaubsentgelt, Krankenentgelt, Feiertagsentgelt) Annahme der Kollektivvertragsparteien: 50 Überstunden = 1.767,25 3 × 1,5 Stunden MA = 100,50 18 Std ÖZ – Zuschläge Abend = 281,39 2 × 5 Stunden Samstag ÖZ Zuschläge = 104,98		**2.260,80**
Entgelt All-In		**17.645,78**
Überdeckung		**694,22**
Pauschale		**18.340,00**

Beispiel 2:

Mustertext All-In Vereinbarung Dienstvertrag:

„Aufgrund Ihrer Tätigkeit werden Sie in die Beschäftigungsgruppe D, Stufe 3, 8. Jahr des Kollektivvertrages für Angestellte im Handel eingestuft, woraus sich ein kollektivvertragliches Mindestgehalt von € 2.327,– brutto ergibt. Vereinbart ist jedoch ein All-In Gehalt in Höhe von € 2.403,– brutto, wobei das Grundgehalt für die Normalarbeitszeit gemäß § 2 Abs (2) Z 9 iVm § 2g AVRAG € 2.327,– brutto, beträgt. Der über dem Grundgehalt liegende Betrag gilt im Durchschnitt alle wie immer gearteten entgeltpflichtigen Mehr- und Überstunden an Werktagen (im rechnerischen Höchstausmaß pro Kalenderjahr) ab."

KV-Gehalt	**2.327,00**
Überzahlung (nicht zweckgebunden)	——
Grundgehalt für die Normalarbeitszeit	**2.327,00**
Pauschale (Mehr- & Überstunden)	**76,00**
Gesamtentgelt	**2.403,00**

Die Deckungsrechnung:

		Jahres-abrechnung
KV-Gehalt	**2.327,00**	**32.578,00**
ÜZ	——	——
Grundgehalt	**2.327,00**	**32.578,00**
Pauschale	**76,00**	**1.064,00**
Gesamtentgelt	**2.403,00**	**33.642,00**
Deckungsrechnung inkl fiktiven Ausfallsentgelts:		
• ÜST: Es wurden 200 Std an Werktagen im Kalenderjahr geleistet. 2.327,– / 158 · 1,5 · 200 Std = *4.418,35*		**4.418,35**
• 1,5 MA je Woche an 30 Wochen = 45 Std p.a. 2.327,– / 38,5 / 4,33 · 45 Std = 628,15		**628,15**

• fiktive Ausfallsentgelte (Urlaubsentgelt, Krankenentgelt, Feiertagsentgelt) Annahme der Kollektivvertragsparteien: 24 Überstunden = *530,20* 3 × 1,5 Stunden MA = 62,81	**593,01**
Entgelt All-In	**5.639,51**
Unterdeckung (Nachzahlung im Folgemonat)	**– 4.575,51**
Pauschale	**1.064,00**

8.3. Zusatzprotokoll zum Kollektivvertrag für Angestellte und Lehrlinge im Handel über die Abgrenzung der Beschäftigungsgruppen E/F für die Einreihung von Filialleiterinnen in der Arbeitswelt Verkauf und Vertrieb

Beschäftigungsgruppe E:

3.5.2. Arbeitnehmerinnen, die Mitarbeiterinnen der Beschäftigungsgruppen A bis D ihrer Organisationseinheit fachlich anleiten und/oder in eingeschränktem Ausmaß disziplinäre Führungsaufgaben wahrnehmen. Sie tragen fachliche und/oder eingeschränkte disziplinäre Führungsverantwortung, treffen aber keine Personalentscheidungen. Insbesondere sind sie für die fachliche Ausbildung von Lehrlingen verantwortlich. …

Beschäftigungsgruppe F:

3.6.2. Arbeitnehmerinnen, die Mitarbeiterinnen der Beschäftigungsgruppen A bis E ihrer Organisationseinheit fachlich anleiten und disziplinäre Führungsaufgaben wahrnehmen. Sie tragen fachliche und disziplinäre Führungsverantwortung und wirken bei Personalentscheidungen mit. Sie tragen Verantwortung für die Einhaltung von Budgetvorgaben und setzen eigenverantwortlich Maßnahmen.

Nachstehend sind allgemeine Führungsaufgaben einer Filialleiterin in der Arbeitswelt Verkauf und Vertrieb angeführt.

Erfüllung der Fürsorgepflicht der Arbeitgeberin (Schutz des Lebens und der Gesundheit) sowie die Einhaltung von betrieblichen Richtlinien und gesetzlichen Bestimmungen wie zB ArbeitnehmerInnenschutzgesetz, Arbeitszeitgesetz …

Verantwortung für die Organisation aller Filialabläufe, die Umsetzung der Warenpräsentation und des Erscheinungsbildes der Filiale nach den betrieblichen Richtlinien
Führung von Gesprächen mit den Mitarbeiterinnen • zur Organisation, Unterweisung und Umsetzung betrieblicher Richtlinien, • zu Betriebsabläufen in der Filiale und im Verkaufsprozess, • zur Vermittlung der Unternehmenskultur in der Zusammenarbeit sowie im Kunden- und Lieferantenumgang, • um regelmäßiges Feedback zur jeweiligen Tätigkeit zu geben.

Die folgende Tabelle grenzt Verantwortung, Befugnisse und Tätigkeiten von Filialleiterinnen im Sinne des Beschäftigungsgruppenschemas voneinander ab.

Filialleiterinnen, die zusätzlich zu einer oder mehrerer Führungsaufgaben der Beschäftigungsgruppe E eine oder mehrere Führungsaufgaben der Beschäftigungsgruppe F wahrnehmen, sind damit in die BG F einzustufen.

Beschäftigungsgruppe E	**Beschäftigungsgruppe F**
Personaleinsatzplanung unter Berücksichtigung der jeweiligen organisatorischen Betriebserfordernisse (zB Öffnungszeiten, Filialbesetzung) und unter Bedachtnahme auf die Interessen der Mitarbeiterinnen sowie auf kurzfristige Änderungen (zB Krankenstände, etc.)	Personaleinsatzplanung unter Berücksichtigung betriebswirtschaftlicher Erfordernisse oder betrieblicher Vorgaben (zB Leistungskennzahlen, Produktivitäten, etc.) zur Optimierung des Filialergebnisses.
Wahrnehmung von eingeschränkter disziplinärer Führungsverantwortung, wie zB Planung und Gewährung von Zeitausgleich und Urlaub, war und/oder Erteilung fachlicher Anweisungen.	Wahrnehmung disziplinärer Führungsverantwortung im laufenden Geschäftsbetrieb der Filiale.

Beschäftigungsgruppe E	Beschäftigungsgruppe F
Weitergabe von Informationen zu personellen Angelegenheiten an die nächste Führungsebene. Formale Abwicklung von Personalentscheidungen nach Vorgaben der nächsten Führungsebene.	Die Mitwirkung bei Personalentscheidungen umfasst die Einbindung in Entscheidungsprozesse zu Personalentscheidungen wie zB Einstellungen, Kündigungen, Dienstvertragsänderungen, etc. Umsetzung von Personalentscheidungen.
Führung von Erstgesprächen mit Bewerberinnen zur Vorauswahl. Formale Abwicklung der Einstellung nach Vorgabe der nächsten Führungsebene (zB Anmeldeunterlagen, Dienstvertrag, etc.)	Führung von Einstellungsgesprächen
Führung von Mitarbeitergesprächen anhand von standardisierten Gesprächsbögen zur systematischen Beurteilung der Mitarbeiterin. Entwicklung von Vorschlägen für Zielsetzungen und zur Förderung und Weiterentwicklung der Mitarbeiterin an die nächste Führungsebene.	Führung von Mitarbeitergesprächen anhand von standardisierten Gesprächsbögen zur systematischen Beurteilung der Mitarbeiterin. Einschätzung von Potentialen sowie Festlegung von Zielsetzungen und Maßnahmen zur Förderung und Weiterentwicklung für die Mitarbeiterin.
Entscheidung über fachliche Schulungs- und Weiterbildungsmaßnahmen, Einarbeitung von neuen Mitarbeiterinnen	Entscheidung über Schulungs- und Weiterbildungsmaßnahmen zur persönlichen Weiterentwicklung in Richtung Fach- oder Führungskarriere

Beschäftigungsgruppe E	Beschäftigungsgruppe F
Verantwortung für die Einhaltung von Umsatzvorgaben und das Ergebnis der Inventur (zB Verderb, Bruch, Diebstahl)	Verantwortung für das wirtschaftliche Ergebnis der Filiale. Eigenverantwortliche Setzung von Maßnahmen zur Steuerung und Optimierung anderer budgetierter, ergebnisrelevanter Kennzahlen der Filiale wie zB Abschreibungen, Personalaufwand der Filiale, Betriebskosten der Filiale, Warenverfügbarkeitskennzahlen.

Führungskräfte, der Arbeitswelt Verkauf & Vertrieb (zB Gebietsleitung, Niederlassungsleitung, Hausleitung), die für einen Unternehmensteil oder für ein räumlich abgegrenztes Gebiet Führungsverantwortung und entsprechende Befugnisse haben, sind in die **Beschäftigungsgruppe G** einzureihen.

Im Rahmen dieser Befugnisse leiten sie regelmäßig und dauerhaft die Mitarbeiterinnen und Führungskräfte ihrer Organisationseinheit fachlich an und nehmen disziplinäre Führungsaufgaben wahr. Sie planen, organisieren, koordinieren und kontrollieren die Aufgabenerfüllung zwischen den eigenen Abteilungen und Abteilungen anderer Fachbereiche. Sie treffen eigenständig Personalentscheidungen für die ihnen unterstellten Mitarbeiterinnen der Beschäftigungsgruppen A bis F.

B. Gehaltsordnung ALT

Die Gehaltstafeln der Gehaltsordnung ALT zum Stichtag 1.1.2022 dienen als Basis für den Umstieg in das neue Gehaltssystem zum letztmöglichen Umstiegsstichtag am 1.1.2022 (diese sind online unter www.derhandel.at abrufbar). Die Einstufung in diese Tafeln erfolgte auf Basis der Bestimmungen des Kollektivvertrages aus den Vorjahren in der jeweils gültigen Fassung.

Gehaltsgebiete[1])

Gehaltsgebiet A

Alle Orte der Bundesländer Burgenland, Kärnten, Niederösterreich, Oberösterreich, Steiermark, Tirol und Wien.

Gehaltsgebiet B

Alle Orte des Bundeslandes Salzburg und des Bundeslandes Vorarlberg.

Übersicht Gehaltstafeln[2])

- **Allgemeiner Groß- und Kleinhandel (A)**
- **Fotohandel (B)**
- **Drogenhandel (C)**
  - **Drogengroßhandel,**
  - **Drogenkleinhandel.**
- **Handel mit Büchern, Kunstblättern, Musikalien, Zeitungen und Zeitschriften; Buch-, Kunst- oder Musikalienverlag (D)**
- **Großhandel mit Eisen und Eisenwaren, Metallen und Metallwaren, Röhren, Fittings und sanitärem Installationsbedarf laut Firmenliste (E)**
- **Warenhäuser (F)**
- **Kohlengroßhandel Wien, Papiergroßhandel Wien laut Firmenliste, Textil-, Bekleidungs- und Schuhhandel Wien (G)**
- **Tabaktrafiken (H)**

[1]) Die Gehaltsordnung ALT teilte das österreichische Bundesgebiet in **zwei Gehaltsgebiete**, wobei für die Einordnung der Angestellten der Ort ihrer Tätigkeit ausschlaggebend war. Handelsangestellte, die in Salzburg oder Vorarlberg tätig waren, waren in das Gehaltsgebiet B einzustufen.

Die übrigen Bundesländer bildeten das im Lohnniveau etwas niedrigere Gehaltsgebiet A. Zu begründen war diese Zweiteilung mit den deutlich höheren Lebenshaltungskosten in den Bundesländern des Gehaltsgebietes B. Die Gehaltstafeln – mit Ausnahme der Gehaltstafeln F und G, die nur für taxativ aufgezählte Betriebe bzw nur für das Bundesland Wien galten – enthielten dementsprechend jeweils unterschiedliche Gehaltssätze für die Gehaltsgebiete A und B.

[2]) Im Anwendungsbereich der Gehaltsordnung ALT des Handelsangestellten-KV war im Rahmen der Gehaltsfindung jeder Angestellte bzw jede Angestellte entsprechend der Handelsbranche, in der er/sie beschäftigt war, einer von **acht Gehaltstafeln** zuzuordnen.

Es sind dies
- Allgemeiner Groß- und Kleinhandel;
- Fotohandel;
- Drogenhandel;
- Buchhandel;
- Eisengroßhandel;
- Warenhäuser;
- Kohlen- und Papiergroßhandel Wien sowie Textil-, Bekleidungs- und Schuhhandel Wien und
- Tabaktrafiken.

Zu beachten ist in diesem Zusammenhang, dass in Betrieben mit mehreren organisatorisch und funktional getrennten Abteilungen auch die **Anwendung verschiedener Gehaltstafeln** möglich war. Die Bestimmung des § 9 Abs 1 und 2 ArbVG, die die Kollision mehrerer Kollektivverträge regelt, war dabei analog heranzuziehen (OGH 9. Juli 1997, 9 ObA 184/97t, ARD 4911/22/98).

C. Übergangsbestimmungen

1. Allgemeine Bestimmungen

1.1. Betriebe können ab dem 1.12.2017 zu jedem ersten eines Monats, spätestens aber am 1.1.2022 die Arbeitnehmerinnen in die Gehaltsordnung NEU überführen. Der Umstiegsstichtag ist per Betriebsvereinbarung innerhalb dieses Zeitraumes zu vereinbaren. Kommt es zu keiner Einigung erfolgt der Umstieg spätestens am 1.1.2022.[1])

1.2. Für Arbeitnehmerinnen in Saisonbetrieben, die erneut eingestellt werden, sind die Übergangsbestimmungen einmalig sinngemäß anzuwenden, sofern der Betrieb vor deren Wiedereinstellung in das Gehaltssystem „NEU“ übergetreten ist.[2])

1.3. Alle Arbeitnehmerinnen sind unter Mitwirkung des Betriebsrates in das Gehaltsystem NEU einzustufen. Insbesondere hat eine Abstimmung über die Information der Arbeitnehmerinnen, zur betrieblichen Handhabung der Übergangsbestimmungen und zum Gehaltssystem NEU zu erfolgen.[3])

2. Dienstzettel neu

Die Einstufung in die Beschäftigungsgruppe NEU, das Beschäftigungsgruppenjahr und die Höhe des Mindestgehaltes und gegebenenfalls die Reformbeträge 1 und 2 sind den Arbeitnehmerinnen mittels Dienstzettel NEU mitzuteilen (siehe Muster im Anhang oder www.derhandel.at oder www.gpa.at/handel). Dieser ist bis spätestens vier Wochen vor dem Umstiegsstichtag den Arbeitnehmerinnen zu übermitteln. Der Dienstzettel neu für bestehende All-In-Vereinbarungen hat den Formvorschriften gemäß A. Punkt 7. dieses Abschnittes zu entsprechen.[4])

3. Einstufung in das neue Beschäftigungsgruppenschema

3.1. Einstufung in die Beschäftigungsgruppe

3.1.1. Arbeitnehmerinnen der Beschäftigungsgruppen 1 bis 6 sind in das Beschäftigungsgruppenschema NEU in die ihrer Tätigkeit entsprechende Beschäftigungsgruppe A bis H bis spätestens zum 1.1.2022 zuzuordnen.

3.1.2. Auf Grund der Zusammenführung aller Gehaltstabellen und -gebiete kann als grobe Orientierung folgende Tabelle herangezogen werden:[5])

Beschäftigungsgruppe Gehaltsordnung ALT	1	2	3	4	5	6
Beschäftigungsgruppe Gehaltssystem NEU	A, B, C	C, D, E	C, D, E, F	E, F	F, G	H

3.2. Einstufung in die neue Gehaltstabelle

3.2.1. Die Einstufung erfolgt in das nächst höhere kollektivvertragliche Mindestgehalt der entsprechenden Beschäftigungsgruppe. Steht kein höherer Betrag in der entsprechenden Beschäftigungsgruppe zur Verfügung, hat die Einstufung in die höchste Stufe der entsprechenden Beschäftigungsgruppe zu erfolgen. Diese Erhöhungen des kollektivvertraglichen Mindestgehaltes können auf bestehende Überzahlungen angerechnet werden.[6])

3.2.2. Sollte das kollektivvertragliche Mindestgehalt ALT höher sein als das kollektivvertragliche Mindestgehalt der 5. Stufe (ab 13 Jahre) der neuen Gehaltstabelle, so ist trotzdem in diese Gehaltsstufe einzustufen. Die Differenz zwischen dem kollektivvertraglichen Mindestgehalt NEU der 5. Stufe und des kollektivvertraglichen Mindestgehalts ALT wird als „Reformbetrag 1“ ausgewiesen. Bestehende Überzahlungen bleiben in diesem Fall aufrecht. Günstigere Lösungen für die Arbeitnehmerinnen sind möglich.[7])

3.2.3. Der „Reformbetrag 1“ darf nicht zur Abgeltung von Mehr- und Überstunden, Prämien, Provisionen, Zulagen, Zuschläge und Reiseaufwandsentschädigungen herangezogen werden. Der „Reformbetrag 1“ wird alljährlich wie die Kollektivvertragsgehälter erhöht.

3.2.4. Fällt der Umstiegsstichtag mit einem 1.1. eines Jahres zusammen, so ist die Basis für die Zuordnung in das Gehaltssystem NEU das erhöhte kollektivvertragliche Mindestgehalt ALT.

3.3. Altersteilzeit im Übergangszeitraum

Zum Umstiegsstichtag bestehende Vereinbarungen zur Altersteilzeit müssen entsprechend den Übergangsbestimmungen angepasst werden. Für Arbeitnehmerinnen, die sich zum Umstiegszeitpunkt bereits in der Freizeitphase der Altersteilzeit befinden, wird jene Tätigkeit für die Einstufung in das Beschäftigungsgruppenschema NEU zu Grunde gelegt, die vor Beginn der Altersteilzeit vereinbart war.

4. Vorrückungsstichtag

4.1. Bei dieser Einstufung NEU ist der laufende Vorrückungsstichtag weiter anzuwenden. Fällt die Einstufung NEU mit einer Vorrückung zusammen, so ist zuerst die Vorrückung vorzunehmen, und danach die Einstufung NEU.

4.2. Die erste Vorrückung nach dem Übertrittsstichtag erfolgt im dritten Jahr (gerechnet vom Umstiegsstichtag) mit jenem Monatsersten, der dem Vorrückungsstichtagsmonat vor dem Übertritt in die Gehaltsordnung NEU entspricht.[8])

5. Verfalls- und Verjährungsbestimmungen

Rechtsansprüche der Arbeitnehmerinnen, welche sich aufgrund der Einstufung NEU zum Umstiegsstichtag ergeben, verfallen mangels Geltendmachung mit Ablauf von drei Jahren. Bei rechtzeitiger Geltendmachung bleibt die dreijährige Verjährungsfrist des § 1486 ABGB aufrecht.[9])

6. Benachteiligungsverbot

6.1. Keine Arbeitnehmerin darf aufgrund der Einstufung NEU und unterschiedlicher Auffassung darüber, wie einzustufen ist, benachteiligt werden.

6.2. Im Zuge der Überführung der bestehenden Gehaltsansprüche in das Beschäftigungsgruppenschema NEU dürfen diese durch Einzelvertrag weder aufgehoben noch beschränkt werden.

[1]) Abschnitt 3 Pkt C des Handelsangestellten-KV sieht eigene Regelungen für den **Umstieg in das Gehaltssystem NEU** vor, die unter anderem den Erwartungsschutz für bereits im System des Handelsangestellten-KV eingestufte Arbeitnehmer und Arbeitnehmerinnen berücksichtigen (zum

Erwartungsschutz bei Änderungen des Gehaltssystems vgl *Engelmann*, Die Neugestaltung des Gehaltssystems für Industrieangestellte, ASoK 1997, 179). Die Bestimmungen des Punktes A dieses Abschnittes kommen somit nur für jene Betriebe zur Anwendung, in denen der Umstieg bereits vollzogen ist.

Betriebe konnten ab dem 1.12.2017 bis spätestens 1.1.2022 einen **Umstiegsstichtag** wählen, mit dem sämtliche Arbeitnehmer und Arbeitnehmerinnen sowie Lehrlinge in das Gehaltssystem NEU überzuführen waren. Dadurch sollte verhindert werden, dass in einem Betrieb verschiedene Gehaltssysteme parallel zur Anwendung kommen. Individuelle Überführungen einzelner Arbeitnehmer bzw Arbeitnehmerinnen oder abweichende Übergangsregelungen waren daher nicht möglich. Der Stichtag konnte innerhalb des möglichen **Umstiegszeitraumes von vier Jahren**, welcher mit dem Kollektivvertrag 2021 um einem Monat verlängert wurde, frei gewählt werden, musste jedoch auf einen **Monatsersten** fallen. Wurde **kein Stichtag** gewählt, erfolgte der Wechsel in das Gehaltssystem NEU **automatisch am 1.1.2022.** Bis zu diesem Stichtag waren auch **neu in den Betrieb eintretende Arbeitnehmer und Arbeitnehmerinnen** in die Gehaltsordnung ALT einzustufen, selbst wenn diese kurz vor dem Umstiegsstichtag eingestellt wurden (vgl *Lindmayr*, Der Umstieg ins neue Gehaltssystem für Handelsangestellte, ARD 6576/4/2017).

Der Kollektivvertrag differenziert bezüglich des Umstiegsstichtag zwischen **Betrieben mit** und **ohne Betriebsrat**. In **Betrieben mit Betriebsrat** war der Umstiegsstichtag in einer **Betriebsvereinbarung** festzulegen. Bei dieser durch den Kollektivvertrag geschaffenen Betriebsvereinbarungskompetenz (vgl § 29 ArbVG) handelt es sich um eine Ermächtigung zum Abschluss einer **notwendigen Betriebsvereinbarung**, welche ausschließlich bei Einigung zwischen Betriebsinhaber und Betriebsrat zustande kommt (vgl etwa *Löschnigg*, Arbeitsrecht[13] [2017] 3/218). Eine ersetzende Zustimmung oder Entscheidung einer Schlichtungsstelle iSd §§ 96a Abs 2 bzw 97 Abs 2 ArbVG war nicht möglich; unterstützend konnte jedoch die gemäß Abschnitt 7 Pkt B Z 3 von den Kollektivvertragsparteien einzurichtende **Begleitgruppe** angerufen werden (s hiezu Erl 3 zu Abschnitt 7 Pkt B).

In **Betrieben ohne Betriebsrat** war ausschließlich die Entscheidung des Arbeitgebers maßgeblich, wann umgestellt wird. Es musste aber auch stets mit Monatsbeginn umgestellt werden.

[2]) **Abschnitt 3 Pkt C Z 1.2.** trifft eine Sonderbestimmung für den Übertritt in das Gehaltssystem NEU von Arbeitnehmern und Arbeitnehmerinnen in **Saisonbetrieben**, deren Arbeitsverhältnis befristet, dh auf eine

bestimmte Zeit (zB Sommer- oder Wintersaison), abgeschlossen wurde und die nach Wechsel des Betriebes in das Gehaltssystem NEU wieder eingestellt werden.

Bei mehrmalig aufeinanderfolgenden Befristungen ist das Verbot **unzulässiger Kettendienstverträge** zu beachten. Damit es durch die aufeinanderfolgenden Befristungen nicht zu Umgehungen arbeitsrechtlicher Schutzvorschriften (zB Kündigungsschutz) sowie von Ansprüchen, die an die Dauer des Dienstverhältnisses anknüpfen (Entgeltfortzahlung im Krankheitsfall oder Abfertigung, Urlaubsausmaß) kommt, lässt die Rsp eine Aneinanderreihung nur in Fällen zu, in denen dies durch **wirtschaftliche oder soziale Gründe gerechtfertigt** ist (vgl etwa OGH 22. September 1953, 4 Ob 178/53, Arb 5823; VwGH 15. Juni 1954, 3115/53, Arb 6055; OGH 22. Jänner 1963, 4 Ob 147/62, Arb 7715). In der Regel muss eine sachliche Rechtfertigung bereits bei einer einmaligen Verlängerung gegeben sein (vgl OGH 3. April 1973, 4 Ob 26/73, ARD 2564/13/73). Anderenfalls ist das Arbeitsverhältnis als einheitliches und **zusammenhängendes unbefristetes Arbeitsverhältnis** zu werten (s etwa *Melzer-Azodanloo*, Aneinanderreihung von Arbeitsverhältnissen, ASoK 1998, 297; *Gerhartl*, Die wiederholte Befristung von Dienstverträgen, wbl 2008, 105). Für **Saisonbetriebe**, deren **Saisonen** durch eine Wetterabhängigkeit bedingt und daher nicht selbstbestimmt festgelegt werden kann, ist eine **sachliche Rechtfertigung** grundsätzlich gegeben, da dem Arbeitgeber für die Dauer der „toten Saison“ eine Beschäftigung nicht zugemutet werden kann (vgl OGH 25. Juni 1998, 8 ObA 58/98g, RdW 1999, 96; s auch *Marhold/Friedrich*, Österreichisches Arbeitsrecht[3] [2016] 65).

Der Handelsangestellten-KV sieht für Arbeitnehmer und -Arbeitnehmerinnen derartiger **Saisonbetriebe**, deren (zulässig befristetes Ketten-) Arbeitsverhältnis **vor Übertritt** des Betriebes **in das Gehaltssystem NEU geendet** hat, der Übertritt sodann aber **vor der nächsten Einstellung vollzogen** wurde, die (einmalige) sinngemäße **Anwendung der Übergangsbestimmungen** des Abschnittes 3 Pkt C vor. Dies stellt eine **Besonderheit** im Vergleich zu Arbeitnehmern und Arbeitnehmerinnen dar, die nicht in Saisonbetrieben tätig werden und nach Übertritt des Betriebes in das Gehaltssystem NEU **erstmalig** eingestellt werden. Diese sind **ohne Anwendung der Übergangsbestimmungen** des Punktes C des Abschnittes 3 direkt in das Gehaltssystem NEU einzustufen (s die Erl zu Abschnitt 3 Pkt A). Ein Anspruch auf einen etwaigen „Reformbetrag 1“ besteht in diesem Fall nicht (vgl Erl 7).

Der Kollektivvertrag behandelt Arbeitnehmer und Arbeitnehmerinnen in **Saisonbetrieben** mit der Regelung der **Z 1.2.** so, als wäre deren Arbeitsverhältnis zum Zeitpunkt des Übertrittsstichtages im Betrieb aufrecht gewesen. Der Hintergrund für diese Regelung kann im Verbot der Diskriminierung befristeter Arbeitsverträge gesehen werden. Dieses Diskriminierungsverbot ist durch die **Befristungsrichtlinie der EU** abgesichert und bildet seit Mitte der 1950er Jahre eine klare Richtschnur für die österreichische Rechtsprechung. Besonders deutlich kommt es im Leitsatz der Entscheidung des OGH vom 12. Juli 1951, 4 Ob 72/51, Arb 5288, zum Ausdruck: Die rechtliche Auflösung eines tatsächlich andauernden Dienstverhältnisses in zahlreiche getrennte, aber aneinander anschließende Dienstverhältnisse von kurzer Dauer kann nicht dazu führen, dass dem Beschäftigten jene Ansprüche entgehen, die ihm bei einer rechtlich einheitlichen Konstruktion des Dienstverhältnisses zustünden.

Die Übergangsbestimmungen des Punktes C kommen für Arbeitnehmer und Arbeitnehmerinnen in **Saisonbetrieben** auch dann – und zwar ungeachtet der Sonderbestimmung der Z 1.2. – zur Anwendung, wenn die Wiedereinstellung **vor einem Übertritt** des Saisonbetriebes **in das Gehaltssystem NEU** erfolgt. In **Saisonbetrieben** hat die Einstufung in die neue Beschäftigungsgruppe (Z 3.1.) sowie die neue Gehaltstabelle (Z 3.2.) somit **stets unter Anwendung der Übergangsbestimmungen** des Punktes C zu erfolgen.

[3]) Die Einstufung hat nach Z 1.3. dieses Abschnittes unter **Mitwirkung des Betriebsrates** zu erfolgen. Dieses Mitwirkungsrecht des Betriebsrates kann als Konkretisierung der gesetzlichen Befugnisse verstanden werden. Entsprechende Regelungsansätze finden sich im ArbVG vor allem in den §§ 89, 91 und 92. Ein paritätisches Mitwirkungsrecht iS einer Gültigkeitsvoraussetzung für die Neueinstufung ist auf Grund des grundsätzlich zweiseitig zwingenden Charakters der Betriebsverfassung nicht ableitbar.

[4]) Zum Dienstzettel bei All-In-Vereinbarungen s Erl 1 zu Abschnitt 3 Pkt A Z 7.

[5]) Die Arbeitnehmer/Arbeitnehmerinnen sind in die ihrer **tatsächlich ausgeübten Tätigkeit** entsprechenden Beschäftigungsgruppe (A bis H) einzustufen (vgl auch Erl 1 zu Abschnitt 3 Pkt A Z 3). Als **„grobe Orientierung“** enthält der Handelsangestellten-KV eine Vergleichstabelle zwischen den Beschäftigungsgruppen 1 bis 6 der Gehaltsordnung ALT und den Beschäftigungsgruppen A bis H des Gehaltssystems NEU (sa *Marchhard/Palkovich*, Der Weg ins neue Gehaltssystem in Handel – wichtige Fragen zur richtigen Einstufung, ARD 6747/5/2021). Die Kollektivvertragsparteien wollen damit nur eine Richtschnur zur Erleichterung

der Neueinstufungen geben. Rechtsverbindlich ist diese Gegenüberstellung im Handels-KV insofern nicht, als sich im Einzelfall und unter Berücksichtigung der konkret ausgeübten Tätigkeiten eine andere Zuordnung im Gehaltssystem NEU ergeben kann.

[6]) Bei der Einstufung in die Gehaltstabelle des Gehaltssystems NEU gebührt dem Arbeitnehmer/der Arbeitnehmerin das dem kollektivvertraglichen Mindestgehalt nach der Gehaltsordnung ALT **nächst höhere kollektivvertragliche Mindestgehalt** der entsprechenden Beschäftigungsgruppe im Gehaltssystem NEU. Vordienstzeiten und zurückgelegte Berufsjahre sind bei der Einstufung nicht zu berücksichtigen. Existiert in der jeweiligen Beschäftigungsgruppe kein höherer Betrag, so ist der Arbeitnehmer bzw die Arbeitnehmerin in die **höchste Stufe (Stufe 5) der Beschäftigungsgruppe** einzustufen. Vergleichswert ist stets das kollektivvertragliche Mindestgehalt. Überzahlungen des kollektivvertraglichen Mindestgehalts müssen aufrecht bleiben; die Erhöhung des kollektivvertraglichen Mindestlohnes durch die Einstufung in die Gehaltstabelle kann allerdings auf die Überzahlung **angerechnet** werden. Anderes gilt, wenn ein „Reformbetrag 1" gebührt (s Erl 7).

> **Beispiel:** Einem Arbeitnehmer gebührt nach der Gehaltsordnung ALT (Gehaltstafel A, Gehaltsgebiet A, Beschäftigungsgruppe 4, 15. Berufsjahr) ein kollektivvertragliches Mindestgehalt in Höhe von € 3.043,–. Das tatsächliche Gehalt des Arbeitnehmers beträgt € 3.250,–. Dies führt zu einer Überzahlung in Höhe von € 207,–. Durch den Übertritt in das Gehaltssystem NEU wird der Arbeitnehmer in die Beschäftigungsgruppe F eingestuft. Das nächsthöhere kollektivvertragliche Mindestgehalt beträgt € 3.177,–. Die Überzahlung reduziert sich dadurch auf € 73,–.

[7]) Ergibt sich bei der Einstufung in die Gehaltstabelle des Gehaltssystems NEU nach Z 3.2.1. (s Erl 6), dass das kollektivvertragliche Mindestgehalt nach der Gehaltsordnung ALT höher ist, als jenes der Stufe 5 der entsprechenden Beschäftigungsgruppe der neuen Gehaltstabelle, so ist der Arbeitnehmer bzw die Arbeitnehmerin dennoch in die Stufe 5 einzustufen. Dem Arbeitnehmer/der Arbeitnehmerin gebührt jedoch ein **„Reformbetrag 1"** in Höhe der Differenz zwischen dem kollektivvertraglichen Mindestgehalt ALT und NEU.

Dieser Differenzbetrag in Form des „Reformbetrages 1" ist durch eine **jährliche Erhöhung** entsprechend den Kollektivvertragsgehältern abgesichert (vgl Z 3.2.3.) und soll ein Äquivalent dafür darstellen, dass durch die Einstufung in die letzte Gehaltsstufe der neuen Gehaltstabelle keine

Gehaltssprünge mehr möglich sind. **Bestehende Überzahlungen** des kollektivvertraglichen Mindestgehalts bleiben in diesem Fall **aufrecht**. Zur Behandlung des „Reformbetrages 1" bei einer **Umreihung** in eine höhere Beschäftigungsgruppe im Gehaltssystem NEU s Erl 7 Abschnitt 3 Pkt A Z 4.

> **Beispiel:** Einer Arbeitnehmerin gebührt nach der Gehaltsordnung ALT (Gehaltstafel A, Gehaltsgebiet A, Beschäftigungsgruppe 3, 18. Berufsjahr) ein kollektivvertragliches Mindestgehalt in Höhe von € 2.522,–. Durch den Übertritt in das Gehaltssystem NEU wird sie ihrer Tätigkeit entsprechend in die Beschäftigungsgruppe C eingestuft. Auch wenn kein höheres kollektivvertragliches Mindestgehalt **in der Beschäftigungsgruppe C** vorhanden ist, ist die Arbeitnehmerin dennoch in die Stufe 5 der Beschäftigungsgruppe C mit € 2.187,– einzustufen. Ihr gebührt jedoch ein „Reformbetrag 1" in Höhe von € 335,– auf Grund der Differenz zwischen altem und neuem Mindestgehalt.

> **Beispiel:** Ausgangssachverhalt wie oben. Das tatsächliche Gehalt der Arbeitnehmerin beträgt aber € 2.650,–. Dies führt zu einer Überzahlung des kollektivvertraglichen Mindestgehaltes nach der Gehaltsordnung ALT in Höhe von € 128,–. Ihr tatsächliches Gehalt beträgt auch fortan € 2.650,– (kollektivvertragliches Mindestgehalt in Höhe von € 2.187,– + „Reformbetrag 1" in Höhe von € 335,– + Überzahlung in Höhe von € 128,–).

Diese Regelung – die dem **Erwartungsschutz** der bereits der Gehaltsordnung ALT unterliegenden Arbeitnehmer und Arbeitnehmerinnen dient – kann zu einer Schlechterstellung von neu eintretenden Arbeitnehmern und Arbeitnehmerinnen (nach Übertritt in das Gehaltssystem NEU) führen, da diese nicht in den Genuss eines etwaigen „Reformbetrages 1" kommen können. Darüber hinaus bringt die Lösung des „Reformbetrages 1" eine gewisse Umgehungsgefahr bei der Überleitung der Belegschaft in das neue Gehaltssystem mit sich. Durch die Beendigung eines Arbeitsverhältnisses vor Eintritt des Übertrittsstichtages und eine Wiedereinstellung des Arbeitnehmers bzw der Arbeitnehmerin nach vollzogenem Übergang könnte die Anwendung der Übergangsbestimmungen und damit auch ein etwaiger Anspruch auf den „Reformbetrag 1" umgangen werden. Eine derartige Kollektivvertragswidrigkeit würde einerseits zur Nichtigkeit der Vorgangsweise und anderseits zur Anwendung der umgangenen Norm führen. Die Arbeitnehmer und Arbeitnehmerinnen wären – auch hinsichtlich des Reformbetrages 1 – so zu stellen, als wäre es niemals zur Umgehungskonstruktion gekommen. Hiebei wird die **zeitliche Nähe der Be-**

endigung des Arbeitsverhältnisses **zum Übertrittsstichtag** im Rahmen der Beweiswürdigung eine wesentliche Rolle spielen.

[8]) Zu beachten ist, dass eine Gehaltserhöhung durch eine Vorrückung in eine höhere Gehaltsstufe, die **nach dem Übertritt** in das Gehaltssystem NEU erfolgt, nicht mit dem Übertrittsstichtag in Kraft tritt, sondern (unverändert) mit dem ersten Tag des Kalendermonats, das dem Beginn des Arbeitsverhältnisses entspricht (s hiezu bereits Erl 5 zu Abschnitt 3 Pkt A Z 4). Heranzuziehen ist somit auch nach einem Wechsel in das neue Gehaltssystem der **individuelle Vorrückungsstichtag**. Die Arbeitnehmer/Arbeitnehmerinnen werden durch die Überleitung in das neue Gehaltssystem stets in das **Anfangsjahr der jeweiligen Gehaltsstufe** eingestuft. Die erste Vorrückung erfolgt (so auch der Wortlaut der Z 4.2.) erst im **dritten Jahr** nach dem Übertrittsstichtag. Bestehende Überzahlungen müssen nicht aufrecht bleiben (s Erl 5 zu Abschnitt 3 Pkt A Z 4).

> **Beispiel:** Eine Arbeitnehmerin trat am 8.1.2017 in einen Handelsbetrieb ein. Mit Stichtag am 1.1.2019 ist das Unternehmen auf das Gehaltssystem NEU umgestiegen und hat die Arbeitnehmerin in die Beschäftigungsgruppe E, Stufe 3 eingestuft. Der Vorrückungsstichtag ist der 8.1.2021. Die Vorrückung in die Gehaltsstufe 4 trat somit mit 1.1.2021 in Kraft.

> **Beispiel:** Ein Arbeitnehmer trat am 1.3.2016 in einen Handelsbetrieb ein. Mit Stichtag zum 4.11.2019 ist das Unternehmen auf das Gehaltssystem NEU umgestiegen und hat den Arbeitnehmer in die Beschäftigungsgruppe C, Stufe 2 eingestuft. Der nächste Vorrückungsstichtag ist der 1.3.2021. Dies entspricht dem Vorrückungsmonat im dritten Jahr nach der Umstellung auf das neue Gehaltssystem.

> **Beispiel:** Eine Arbeitnehmerin trat am 1.12.2016 ihr Arbeitsverhältnis an. Mit Stichtag zum 1.1.2020 steigt das Unternehmen auf das Gehaltssystem NEU um und stuft die Arbeitnehmerin in die Beschäftigungsgruppe D, Stufe 1 ein. Der nächste Vorrückungsstichtag für die Arbeitnehmerin ist der 1.12.2022. Die entspricht dem Vorrückungsmonat im dritten Jahr nach der Umstellung auf das neue Gehaltssystem.

[9]) Gehaltsansprüche auf Grund von Unstimmigkeiten hinsichtlich der Einstufung verfallen mangels Geltendmachung grundsätzlich nach Ablauf von einem Jahr (s hiezu Erl 8 zu Abschnitt 7 Pkt A). Für das Übergangsrecht in das neue Gehaltssystem sieht der Kollektivvertrag gemäß Abschnitt 3 Pkt C Z 5 jedoch eine **Verfallsfrist von drei Jahren** vor. In

beiden Fällen bleibt dem Handels-KV zufolge bei rechtzeitiger Geltendmachung die dreijährige Verjährungsfrist gem § 1486 ABGB erhalten. Wenn allerdings sowohl die Verfallsfrist als auch die Verjährungsfrist dieselbe Länge, nämlich drei Jahre, aufweist, ist der qualitative Unterschied minimal. Bleibt dem Arbeitnehmer oder der Arbeitnehmerin die dreijährige Verjährungsfrist erhalten, bleibt der verjährte Anspruch zumindest als Naturalobligation bestehen.

D. Sonderbestimmung für Arbeitnehmerinnen mit Provision[1])

In der folgenden Sonderbestimmung für Arbeitnehmerinnen mit Provision sind die Beschäftigungsgruppenbezeichnungen des Gehaltssystems NEU und Gehaltsordnung ALT angeführt. Abhängig davon, ob das Unternehmen sich noch in der Gehaltsordnung ALT befindet oder bereits in das Gehaltssystem NEU übergetreten ist, gilt die jeweilige Bezeichnung.

1. **Arbeitnehmerinnen der Beschäftigungsgruppe C, die neben dem Fixum[2]) auch Provision[3]) beziehen, haben monatlich Anspruch auf mindestens 75 Prozent ihres kollektivvertraglichen Mindestgehalts als Fixum. Zusätzlich haben sie Anspruch auf ein Provisionsakonto in einer Höhe, die der Differenz zwischen dem Fixum und dem kollektivvertraglichen Mindestgehalt entspricht.**

   Die im jeweiligen Monat erworbenen Provisionsansprüche sind abzurechnen und mit der Gehaltsabrechnung des folgenden Monats unter Anrechnung auf das Provisionsakonto des Monates, in dem die Provisionsansprüche erworben wurden, auszubezahlen.

   Erreichen die Provisionsansprüche nicht die Höhe des Provisionsakontos, können die Akontozahlungen weder zurückgefordert noch auf Provisionsansprüche anderer Monate angerechnet werden.

   Übersteigen die Provisionsansprüche die Höhe des Provisionsakontos, jenes Monates, in dem die Provisionsansprüche erworben wurden, dürfen sie nicht auf Provisionsakonti anderer Monate angerechnet werden.[4])

2. **Arbeitnehmerinnen der Beschäftigungsgruppe D, die neben dem Fixum auch Provision beziehen, haben monatlich Anspruch auf mindestens 75 Prozent ihres kollektivvertraglichen Mindestgehalts als Fixum. Zusätzlich haben sie Anspruch auf ein Provisionsakonto in einer Höhe, die der Differenz zwischen dem Fixum und dem kollektivvertraglichen Mindestgehalt entspricht.**

3. **Mit Arbeitnehmerinnen, die zumindest in die Beschäftigungsgruppe E oder höher eingestuft sind, kann entweder das für die Beschäftigungsgruppe D beschriebene Modell oder ein Gehaltsmodell, welches ein geringeres oder kein Fixum, aber Provisionen beinhaltet, vereinbart werden. Arbeitnehmerinnen in einem die-**

ser Modelle haben am Monatsende Anspruch auf eine Zahlung von zumindest 100 % des kollektivvertraglichen Mindestgehalts. Bei dieser Zahlung kann es sich je nach Vereinbarung um ein Fixum, um Provisionen, um ein Provisionsakonto oder um eine Kombination aus diesen Bestandteilen handeln.[5])

4. Für Arbeitnehmerinnen der Beschäftigungsgruppe D oder höher, mit welchen Provisionszahlungen in welcher Form oder Höhe auch immer, vereinbart sind, sind die im jeweiligen Monat erworbenen Provisionsansprüche abzurechnen und mit der Gehaltsabrechnung des folgenden Monats unter Anrechnung auf die Provisionsakonti des jeweiligen Kalenderhalbjahres auszubezahlen.[6])

Erreichen die Provisionsansprüche des jeweiligen Kalenderhalbjahres nicht die Höhe der für das jeweilige Kalenderhalbjahr gewährten Provisionsakonti, können die Akontozahlungen weder zurückgefordert noch auf Provisionsansprüche anderer Kalenderhalbjahre angerechnet werden.[7])

5. Weihnachtsremuneration und Urlaubsbeihilfe

5.1. Arbeitnehmerinnen, die in Beschäftigungsgruppe C oder D eingestuft sind und mit denen Provisionen vereinbart wurden, erhalten Sonderzahlungen in der Höhe des Fixums, mindestens jedoch in der Höhe des kollektivvertraglichen Mindestgehaltes.[8])

5.2. Arbeitnehmerinnen, die mindestens in Beschäftigungsgruppe E einzustufen sind und mit denen nur Provisionen vereinbart sind, erhalten am 30. Juni und spätestens am 31. Dezember Sonderzahlungen in dem Ausmaß, als sie mit ihrem im abgelaufenen Kalenderhalbjahr ins Verdienen gebrachte Provisionseinkommen einschließlich Urlaubsentgelt und allfälligem Krankenentgelt, aber ausschließlich Überstundenentgelt, das 7-fache des kollektivvertraglich vorgesehenen Mindestgehaltes ihrer Beschäftigungsgruppe nicht erreicht haben.[9])

5.3. Arbeitnehmerinnen, die mindestens in Beschäftigungsgruppe E einzustufen sind und die neben der Provision ein Fixum beziehen, welches unter dem kollektivvertraglichen Mindestgehalt liegt, erhalten als Sonderzahlungen eine Weihnachtsremuneration in Höhe des Novemberfixums und eine Urlaubsbeihilfe in Höhe des zum Zeitpunkt des Urlaubsantrittes bzw spätestens aber am 30. Juni zustehenden Fixums, welche nicht mit Provisionen gegengerechnet werden dürfen.

Die jeweilige, zunächst in der Höhe des Fixums gewährte Sonderzahlung erhöht sich in dem Ausmaß, als sie mit ihrem im abgelaufenen Kalenderhalbjahr ins Verdienen gebrachte Einkommen, bestehend aus Provisionen und aus dem monatlichen Fixum einschließlich Urlaubsentgelt und allfälligem Krankenentgelt, sowie der in Höhe des Fixums bestehenden Sonderzahlung, aber ausschließlich Überstundenentgelt, das 7-fache des kollektivvertraglich vorgesehenen Mindestgehaltes ihrer Beschäftigungsgruppe nicht erreicht haben.[10])

5.4. Arbeitnehmerinnen, die mindestens in Beschäftigungsgruppe E einzustufen sind und die neben der Provision ein Fixum beziehen, welches zumindest dem kollektivvertraglichen Mindestgehalt entspricht, erhalten als Sonderzahlungen eine Weihnachtsremuneration in Höhe des Novemberfixums und eine Urlaubsbeihilfe in Höhe des zum Zeitpunkt des Urlaubsantrittes bzw spätestens aber am 30. Juni zustehenden Fixums.[11])

6. Für alle während des Kalenderjahres eintretenden und austretenden Arbeitnehmerinnen mit Provisionen sind die Aliquotierungsbestimmungen gemäß Urlaubsbeihilfe bzw Weihnachtsremuneration ergänzend und sinngemäß heranzuziehen.[12])

7. Bei Krankheit, Urlaub und an Feiertagen gilt das Ausfallsprinzip für die Berechnung der Provision.

8. Bei Beendigung des Dienstverhältnisses sind alle offenen Provisionsansprüche auszubezahlen.

9. Haben Arbeitnehmerinnen, unabhängig von der für sie vorzunehmenden Einstufung, laut Dienstvertrag Anspruch auf ein Ist-Gehalt, das der fiktiven (unter Anrechnung der Vordienstzeiten) Einstufung der Beschäftigungsgruppe D oder höher entspricht, können die für die jeweilige Beschäftigungsgruppe vorgesehenen Möglichkeiten, Fixum und Provision abzurechnen und auszubezahlen, genutzt werden. Für die Abrechnung aller Ansprüche, die sich auf das Entgelt beziehen, gilt die fiktive Einstufung in die jeweils höhere Beschäftigungsgruppe als Basis.[13])

10. Die Arbeitgeberin ist verpflichtet, den Arbeitnehmerinnen monatlich über die von ihr geführten Aufzeichnungen, die zur Berechnung der ihr zustehenden Provisionen geführt werden, unaufge-

fordert Einsicht zu gewähren bzw unaufgefordert eine entsprechende schriftliche Aufzeichnung auszuhändigen.

11. Ein allfälliger Reformbetrag 1[14]) erhöht das kollektivvertragliche Mindestgehalt und ist für alle Berechnungen im Sinne dieser Bestimmung diesem hinzuzurechnen.

[1]) Bis zum Inkrafttreten des Handelsangestellten-KV 2017 sprach der Kollektivvertrag im allgemeinen Teil der Gehaltsordnung von Platzvertretern und Reisenden mit Provision (vgl hiezu ausführlich *Löschnigg/Ruß*, Handels-KV 2016[3] [2016], 289). Diese Begriffsbildung und Differenzierung ist weggefallen. Der Handelsangestellten-KV verwendet seit 2017 nur mehr den Begriff der Angestellten bzw Arbeitnehmer/Arbeitnehmerinnen mit Provision. Die räumliche Komponente bzw die Einschränkung auf die Reisebewegung wurde fallen gelassen. Entscheidend ist nur mehr die besondere Entlohnungsform der Provision. Mit Inkrafttreten des Zusatzprotokolls vom 18.4.2017 wurden die Bestimmungen für die Angestellten mit Provision des Handelsangestellten-KV neuerlich adaptiert und vor allem konkretisiert. Vor Inkrafttreten des Zusatzprotokolls zum Handelsangestellten-KV 2017 waren generelle Bestimmungen zu Angestellten mit Provision in Abschnitt A der Gehaltsordnung vorgesehen. Abschnitt D enthielt lediglich Regelungen zu den Sonderzahlungen für Angestellte mit Provision. Mit dem Zusatzprotokoll wurden in Abschnitt D nicht nur konkretisierende Regelungen zur Höhe des Fixums („Mindestfixum"), einen zusätzlichen Anspruch auf ein Provisionsakonto sowie Regelungen zur Anrechnung von Provisionsansprüchen auf das Provisionsakonto der jeweiligen Beschäftigungsgruppen (s hiezu die entsprechenden Erläuterungen zu den Z 1 bis 4) eingefügt, sondern auch entsprechende Bestimmungen zu den Sonderzahlungen (s Erl 8 ff). Der Handelsangestellten-KV beinhaltet die Sonderregelungen für die Arbeitnehmer bzw Arbeitnehmerinnen mit Provision seit 2018 in Abschnitt 3 Pkt D. Zusammengefasst werden hier sowohl die Beschäftigungsgruppen der Gehaltsordnung ALT als auch jene des Gehaltssystems NEU.

[2]) Der Handelsangestellten-KV unterscheidet zwischen Angestellten, die sowohl ein Fixum als auch eine Provision erhalten, und Angestellten, die ausschließlich auf Provisionsbasis beschäftigt werden. Vor Inkrafttreten des Zusatzprotokolls vom April 2017 (s oben) war die Regelung zum Mindestentgelt bei **Angestellten mit Provision ohne Fixum** unklar. Erst aus einem Umkehrschluss zu der Bestimmung für die Beschäftigungsgruppe 4, wonach nur mit Angestellten dieser Beschäftigungsgruppe Provisionen

vereinbart werden konnten, ergab sich, dass mit Angestellten, die nicht einmal in die Beschäftigungsgruppe 4 einzustufen sind, jedenfalls auch ein Fixum, nämlich das Mindestfixum von zumindest 75 % des kollektivvertraglichen Mindestgehalts (vgl Erl 4), vereinbart sein muss. Bis einschließlich der Beschäftigungsgruppe 3 ist eine Anstellung ausschließlich auf Provisionsbasis unzulässig. Dies geht nunmehr deutlicher aus dem Wortlaut der eingefügten Z 1 und 2 des Abschnittes 3 Pkt D hervor, wonach Angestellte der Beschäftigungsgruppen C und D „neben dem Fixum auch Provision" beziehen können. Aus Z 3 ergibt sich, dass (nach wie vor) nur für Angestellte ab der Beschäftigungsgruppe E ein Gehaltsmodell ohne oder mit einem geringeren Fixum als dem Mindestfixum vereinbart werden kann (vgl Erl 5).

[3]) **Provisionen** sind eine Form des erfolgs- bzw leistungsorientierten Entgelts, das dem Arbeitnehmer bzw der Arbeitnehmerin für erbrachte Dienstleistungen gebührt. Im Allgemeinen versteht man darunter eine in Prozent ausgedrückte Beteiligung am Wert jener Geschäfte des Arbeitgebers bzw der Arbeitgeberin, die durch die Tätigkeit des Arbeitnehmers bzw der Arbeitnehmerin abgeschlossen werden konnten (OGH 13. Jänner 1981, 4 Ob 167/80, Arb 9931; OGH 4. März 1986, 14 Ob 13/86, Arb 10.501; OGH 6. März 1987, 14 Ob 184/86, Arb 10.613; OGH 6. April 1994, 9 ObA 603/93, DRdA 1995, 148 mit Bespr v *Geist*). Ebenso kann als Provision auch ein fixer Betrag vereinbart werden, der vom Wert des konkreten Geschäfts völlig unabhängig ist (OGH 29. Mai 1979, 4 Ob 15/79, Arb 9797). Umstritten ist in der Lehre, ob es sich bei Provisionen um leistungsbezogene Entgelte iSd § 96 Abs 1 Z 4 ArbVG handelt (bejahend *Jabornegg* in *Löschnigg/Melzer* [Hrsg], AngG Bd I[11] [2021] Rz 14 ff zu § 10; *Trost*, Leistungsentgeltprobleme aus kollektivrechtlicher Sicht, DRdA 1985, 269; *Jabornegg*, Die Provision als Arbeitsentgelt, in FS Strasser [1993] 142; *Löschnigg*, Entgelte mit Zielvorgaben und Mitbestimmungspflicht, in FS Cerny [2001] 419; *ders*, Arbeitsrecht[13] [2017] 11/184; ablehnend *Schrank*, Betriebsvereinbarungen über die Leistungsentgelte – zugleich ein Beitrag zu grundlegenden Strukturfragen der notwendigen Mitbestimmung, in *Tomandl* [Hrsg], Probleme des Einsatzes von Betriebsvereinbarungen [1983] 85; *Strasser*, Geltung des § 96 Abs 1 Z 4 ArbVG für die Regelung von Abschluss- und Vermittlungsprovisionen?, DRdA 1993, 93). Der OGH hat den Leistungsentgeltcharakter von Provisionen – zumindest iSd § 96 ArbVG – verneint (OGH 26. August 1999, 8 ObA 196/99b, ARD 5117/5/2000).

Innerhalb der Gruppe der Provisionsbezieher und Provisionsbezieherinnen wird traditionell zwischen **Vermittlungsvertretern** bzw -vertreterinnen und **Abschlussvertretern** bzw -vertreterinnen unterschieden.

Während Erstere Geschäftsbeziehungen lediglich anbahnen und der Vertragsabschluss selbst dem Arbeitgeber bzw der Arbeitgeberin überlassen bleibt, sind Letztere bevollmächtigt, im Namen des Arbeitgebers bzw der Arbeitgeberin Geschäfte abzuschließen. Sie sind also handlungsbevollmächtigt (vgl *Jabornegg* in *Löschnigg/Melzer* [Hrsg], AngG Bd I[11] [2021] Rz 22 zu § 10; *Löschnigg*, Arbeitsrecht[13] [2017] 6/156). Dass diese strenge Unterteilung in Vermittlungs- und Abschlussvertreter bzw -vertreterinnen in der Praxis stets beachtet wird, ist nicht anzunehmen. Vielmehr ist davon auszugehen, dass betriebsweise oder auch für einzelne provisionsbeziehende Angestellte individuelle Modelle geschaffen werden, die Elemente beider Vertretertypen beinhalten. Eine solche Mischform läge etwa dann vor, wenn einem Vertreter bzw einer Vertreterin die Abschlussvollmacht bis zu einem Betrag von € 1.000,– und darüber hinaus eine bloße Vermittlungsvollmacht übertragen wird.

Provisionsentlohnungssysteme können sich unterschiedlich stark an der persönlichen Leistung des Arbeitnehmers bzw der Arbeitnehmerin orientieren. Während bei den sog **unmittelbaren Provisionen** ausschließlich auf den persönlichen Leistungsanteil abgestellt wird, ist das auf das Einzelgeschäft bezogene Leistungselement bei den **mittelbaren Provisionen** stark reduziert. Ein Beispiel für eine solche mittelbare Provision liegt etwa dann vor, wenn ein Abteilungsleiter bzw eine Abteilungsleiterin eine von den Geschäftsabschlüssen seiner/ihrer Mitarbeiter und Mitarbeiterinnen abhängige Provision bezieht. Belohnt wird in einem solchen Fall in erster Linie seine/ihre Organisationsleistung sowie seine/ihre Bereitschaft Verantwortung zu tragen, da er/sie an der Akquirierung der einzelnen Geschäfte in der Regel kaum beteiligt sein wird (*Löschnigg*, Arbeitsrecht[13] [2017] 6/155).

[4]) Bei **Angestellten mit Fixum und Provision** konnte bis zum Kollektivvertrag 2016 ein beliebiges Fixum vereinbart werden. Seit dem Handelsangestellten-KV 2017 muss das Fixum mindestens 75 % des der Einstufung entsprechenden kollektivvertraglichen Mindestentgelts betragen (**Mindestfixum**). Unabhängig von der Höhe des Fixums steht dem Angestellten am Monatsletzten jedenfalls das kollektivvertragliche Mindestentgelt zu. Damit nimmt der Kollektivvertrag seine wohl wichtigste Funktion war: Der Arbeitnehmer soll monatlich mit einem bestimmten Mindestbetrag an Entgelt rechnen können. Vor Inkrafttreten des Zusatzprotokolls vom 18.4.2017 zum Handelsangestellten-KV 2017 wurde dies durch die Formulierung, dass der Angestellte insgesamt zumindest 100 Prozent des kollektivvertraglichen Mindestgehalts erhalten muss, ausgedrückt. Mit dem Zusatzprotokoll wurde neben dem monatlichen Anspruch auf das

Mindestfixum ein zusätzlicher Anspruch auf ein **Provisionsakonto** eingeführt. Das Provisionsakonto entspricht der Differenz zwischen dem Fixum (zumindest 75 % des kollektivvertraglichen Mindestgehalts) und dem kollektivvertraglichen Mindestgehalt. Es handelt sich dabei um eine Form von „**Mindestprovision**".

Während vor Inkrafttreten des Zusatzprotokolls vom April 2017 (s Erl 1) Provisionssysteme mit einer jährlichen Durchrechnung möglich waren, ist dies nunmehr durch die Absätze 2 und 3 der Z 1 der geltenden Fassung für die Beschäftigungsgruppe C ausdrücklich ausgeschlossen. Abs 2 legt fest, dass Akontozahlungen weder zurückgefordert noch auf Provisionsansprüche anderer Monate angerechnet werden können, wenn die Provisionsansprüche nicht die Höhe des Provisionsakontos erreichen. Übersteigen die Provisionsansprüche die Höhe des Provisionsakontos, so dürfen sie nicht auf Provisionsakonti anderer Monate angerechnet werden (vgl Abs 3). Erreicht eine Provision etwa im Jänner nicht die Höhe des kollektivvertraglichen Mindestentgelts, dann wird das Provisionsakonto im Jänner fällig. Eine im Februar über dem Mindestentgelt liegende Provision kann nicht mit dem Provisionsakonto des Jänners gegengerechnet werden (zu den Abweichungen bei der Beschäftigungsgruppe D oder höher s Erl 7).

[5]) Laut Kollektivvertrag kann mit Angestellten ab der Beschäftigungsgruppe E entweder das Modell der Beschäftigungsgruppe D mit (Mindest-)Fixum und Provision sowie Provisionsakonto oder ein Gehaltsmodell, welches ein geringeres Fixum (somit unter 75 % des kollektivvertraglichen Mindestgehalts) oder kein Fixum, aber Provisionen beinhaltet, vereinbart werden. Bis zum Handelsangestellten-KV 2017 sollten „die in den Gehaltstafeln angeführten Gehaltssätze als Durchschnittseinkommen der letzten 12 Monate" gelten. „Unter Einrechnung der Sonderzahlungen" hatte der „Jahresbezug mindestens dem 14-fachen des zutreffenden Mindestgehaltes zu entsprechen". Schon diese alte Regelung musste dahingehend interpretiert werden, dass eine Durchrechnung sich nicht auf das monatliche Gehalt, sondern auf die Sonderzahlung bezog. Den Angestellten mit ausschließlicher Provision gebührte daher **monatlich** auch das **kollektivvertragliche Mindestentgelt** (vgl *Löschnigg/Ruß*, Handels-KV 2016[3] [2016], 292). Der Handelsangestellten-KV 2017 hat den Hinweis auf ein „Durchschnittseinkommen der letzten 12 Monate" beseitigt, sodass nunmehr umso deutlicher zum Ausdruck gebracht wird, dass das monatliche kollektivvertragliche Mindestentgelt jedenfalls fällig wird. Bei jedem der für die Beschäftigungsgruppe E oder höher in Frage kommenden Gehaltsmodelle besteht am Monatsende ein Anspruch auf zumindest 100 Pro-

zent des kollektivvertraglichen Mindestgehalts. Ob es sich bei dieser Zahlung um Fixum, Provision, Provisionsakonto oder eine Kombination dieser Bestandteile handelt, richtet sich nach der entsprechenden Vereinbarung (zur halbjährlichen Durchrechnung s Erl 6).

[6]) Z 4 betrifft Regelungen zur Abrechnung der Provisionsansprüche. Während dies für die Beschäftigungsgruppe C gemeinsam mit dem Gehaltsmodell (Fixum und Provision) in Z 1 geregelt ist, trifft Z 4 Abrechnungsbestimmungen für die Beschäftigungsgruppe D oder höher; es handelt sich insofern um eine Konkretisierung der Z 2 und 3 des Abschnittes 3 Pkt D.

Ein Unterschied zur Regelung für die Beschäftigungsgruppe C in Z 1 besteht darin, dass die Provisionsansprüche auf die Provisionsakonti des **jeweiligen Kalenderhalbjahres** anzurechnen sind. Es ist somit eine Durchrechnung in dem Sinn vorzunehmen, dass provisionsstarke Monate mit provisionsarmen Monaten gegengerechnet werden und eine Halbjahresbetrachtung angestellt wird. Provisionsansprüche, die die Höhe der für das jeweilige Kalenderhalbjahr gewährten Provisionsakonti übersteigen, sind auszubezahlen.

[7]) Die Regelung des Abs 1 der Z 4 entspricht grundsätzlich jener des Abs 2 der Z 1 (s Erl 4), wobei hier die Halbjahresbetrachtung zu beachten ist (vgl auch Erl 6). Akontozahlungen können demnach weder zurückgefordert noch auf andere Kalenderhalbjahre angerechnet werden, wenn die Provisionsansprüche des jeweiligen Kalenderhalbjahres nicht die Höhe der für das jeweilige Kalenderhalbjahr gewährten Provisionsakonti erreichen. Dadurch wird sichergestellt, dass auch für die Angestellten der Beschäftigungsgruppen D und höher monatlich 100 % des kollektivvertraglichen Mindestgehalts gebühren.

[8]) Aufbauend auf die Differenzierung in den Z 1 bis 4 des Abschnittes 3 Pkt D (s Erl 2) unterscheidet der Handelsangestellten-KV auch bei den Sonderzahlungen zwischen Provisionären mit und ohne Fixum. Für Angestellte der Beschäftigungsgruppen C oder D sieht Z 5.1. Sonderzahlungen in Höhe des kollektivvertraglichen Mindestgehalts vor. Es handelt sich hiebei um Angestellte mit Provision und Fixum; dies ergibt sich aus den Z 1 und 2 des Abschnittes 3 Pkt D.

Entgegen dem Handelsangestellten-KV 2016 – welcher in Abschnitt D lit a noch von Platzvertretern und Reisenden mit Provision und Fixum sprach (vgl *Löschnigg/Ruß*, Handels-KV 2016[3] [2016], 337; s Erl 1) – stellt der Handelsangestellten-KV seit 2017 bei der Weihnachtsremuneration nicht mehr auf die Höhe des kollektivvertraglichen Novembermindestgehalts und bei der Urlaubsbeihilfe auf die Höhe des zum Zeitpunkt des Urlaubsantrittes bzw am 30. Juni gebührenden kollektivvertraglichen Mindestgehalts ab, sondern generell auf die Höhe des kollektivvertraglichen Mindestgehalts. Die Regelungen des Abschnittes 3 Pkt A Z 6 für das Gehaltssystem NEU kommen auf Angestellte mit Provision ausdrücklich nicht zur Anwendung (s Erl 2 und 14 zu Abschnitt 3 Pkt A Z 6).

[9]) Angestellte, mit denen **ausschließlich eine Provision (ohne Fixum)** vereinbart ist, haben nur dann einen Anspruch auf Sonderzahlungen, wenn das Provisionseinkommen im abgelaufenen Halbjahr das 7-fache des kollektivvertraglich vorgesehenen Mindestgehaltes ihrer Beschäftigungsgruppe nicht erreicht (s hiezu auch noch OGH 16. März 1971, 4 Ob 2/71, Arb 8863). Zu beachten ist, dass eine Abgeltung ausschließlich auf Provisionsbasis nur für Arbeitnehmer bzw Arbeitnehmerinnen zulässig ist, die zumindest in der Beschäftigungsgruppe E eingestuft sind.

Abschnitt D lit b in der Fassung vor dem Zusatzprotokoll vom 18.4.2017 sprach in diesem Zusammenhang von einem „Durchschnittssatz nach Beschäftigungsgruppe 4", ohne diesen Begriff näher zu erläutern. Die entsprechenden Bestimmungen in den Vorgängerkollektivverträgen rechneten auch mit einem Durchschnittssatz, konnten sich dabei aber auf die definitorischen Ansätze im allgemeinen Teil der Gehaltsordnung stützen: Nach Abschnitt A Z 1 lit d galten „die in den Gehaltstafeln angeführten Gehaltssätze als Durchschnittseinkommen der letzten 12 Monate". Letztere Regelung findet sich im Kollektivvertrag jedoch nicht mehr. Vergleichsbasis für den Anspruch auf Sonderzahlungen waren die Mindestgehälter nach der Beschäftigungsgruppe 4. Auch wenn der Arbeitnehmer bzw die Arbeitnehmerin in die Beschäftigungsgruppe 5 eingestuft wird, wären die Provisionszahlungen im Halbjahr den Mindestgehältern nach der Beschäftigungsgruppe 4 gegenüberzustellen gewesen. Seit dem Zusatzprotokoll zum Handelsangestellten-KV 2017 ist das Mindestgehalt der jeweiligen Beschäftigungsgruppe – nach dem Handelsangestellten-KV 2021 nach der Gehaltsordnung ALT bzw dem Gehaltssystem NEU – heranzuziehen.

Beispiel: Ein Angestellter (Beschäftigungsgruppe E, Stufe 2, Gehaltssystem NEU) bezieht von Jänner bis Juni ein Provisionseinkommen von € 17.000,–. Das 7-fache des kollektivvertraglich vorgesehenen Mindestgehalts beträgt € 16.835,– (€ 2.405,– × 7). Der Arbeitnehmer hat somit keinen Anspruch auf Sonderzahlungen, da sein Provisionseinkommen im abgelaufenen Halbjahr (€ 17.000,–) das 7-fache der für ihn maßgeblichen Beschäftigungsgruppe übersteigt.

Beispiel: Ein Angestellter (Beschäftigungsgruppe E, Stufe 5, Gehaltssystem NEU) bezieht von Juli bis Dezember ein Provisionseinkommen von € 18.000,–. Das 7-fache des kollektivvertraglichen Mindestgehalts der für ihn maßgeblichen Beschäftigungsgruppe beträgt € 20.958,– (€ 2.994,– × 7). Der Arbeitnehmer hat somit Anspruch auf Sonderzahlungen im Ausmaß der Differenz zum im abgelaufenen Halbjahr bezogenen Provisionseinkommen (€ 18.000,–), dh Anspruch auf € 2.958,–.

Dem 7-fachen kollektivvertraglichen Mindestgehalt wird das im abgelaufenen Kalenderjahr ins Verdienen gebrachte Provisionseinkommen „einschließlich Urlaubsentgelt und allfälligem Krankenentgelt, aber ausschließlich Überstundenentgelt" gegenübergestellt. Der Kollektivvertrag hat im Zusammenhang mit dem Verhinderungsfall der Krankheit offensichtlich stets den Fall im Auge, dass es zu einer Entgeltfortzahlung (in voller Entgelthöhe) durch den Arbeitgeber bzw durch die Arbeitgeberin kommt. Eine Entgeltfortzahlung mit halbem Entgelt (und Krankengeld nach ASVG) oder auch Zeiten ohne Entgeltfortzahlung (seitens des Arbeitgebers bzw der Arbeitgeberin) wird man für die Berechnung der Sonderzahlungen wie Zeiten einer vollen Entgeltfortzahlung ansetzen müssen. Andernfalls würden zB entgeltfortzahlungsfreie Zeiten einer Dienstverhinderung zu einer Erhöhung der Sonderzahlung führen. Einzubeziehen in die Berechnung sind wohl auch nicht nur Urlaubsentgelt und Krankenentgelt, sondern auch Entgelte im Zusammenhang mit sonstigen in der Person des Arbeitnehmers/der Arbeitnehmerin gelegenen Gründen.

Zu bedenken ist auch der Fall, dass sich das einem/einer Angestellten zustehende kollektivvertragliche **Mindestgehalt** während eines Kalenderjahres **verändert**, sei es durch den Eintritt in eine höhere Berufsaltersstufe, sei es durch die Vorrückung in eine höhere Beschäftigungsgruppe. Die Bestimmung des Abschnittes 3 Pkt D Z 5.2. trifft dafür keine ausdrückliche Regelung. Obwohl die Regelung des Abschnittes A Z 1 lit d und somit auch die darin enthaltene Definition des Durchschnittssatzes, wie bereits erwähnt, mit dem Handelsangestellten-KV 2017 beseitigt wurde, wird in einem solchen Fall dennoch eine entsprechende Aliquotierung stattzufinden haben.

Beispiel: Ein Provisionsbezieher (Beschäftigungsgruppe E, Stufe 4, Gehaltssystem NEU) hat seiner kollektivvertraglichen Einstufung entsprechend Anspruch auf ein monatliches Mindestgehalt in Höhe von € 2.800,–. Mit 1. April wirkt sich die Vorrückung von der Stufe 4 auf die Stufe 5 aus. Ab diesem Zeitpunkt gebühren ihm € 2.994,– monatlich. Ende Juni weist er ein Provisionseinkommen in Höhe von € 18.000,– auf. Der für den Arbeitnehmer maßgebliche kollektivvertragliche Vergleichssatz ergibt sich aus drei Monaten mit dem niedrigen und drei Monaten mit dem höheren Mindestgehalt. Das sind € 20.279,– (€ 2.800,– × 7/6 × 3 + € 2.994,– × 7/6 × 3). Ende Juni hat der Arbeitnehmer damit noch einen Anspruch auf die Urlaubsbeihilfe im Ausmaß von € 2.279,–.

Eine **Ausnahmeregelung** von der Bestimmung des Abschnittes 3 Pkt D Z 5.2. besteht für Angestellte, die der **Gehaltstafel D** (Handel mit Büchern, Kunstblättern, Musikalien, Zeitungen und Zeitschriften; Buch-, Kunst- oder Musikalienverlag) unterliegen. Die Sonderzahlungen von Angestellten mit Provision, die in dieser Branche tätig sind, sind vom monatlich gebührenden kollektivvertraglichen Mindestgehalt des Arbeitnehmers bzw der Arbeitnehmerin – unabhängig von daneben verdienten Provisionen – zu berechnen. Rechtsgrundlage hiefür ist nach wie vor der für diese Handelssparte abgeschlossene Kollektivvertrag vom 6. Jänner 1956.

[10]) Der Kollektivvertrag unterscheidet hinsichtlich der Angestellten mit Provision und Fixum in Z 5.3. und 5.4. danach, ob ein Fixum bezogen wird, das **unter dem kollektivvertraglichen Mindestgehalt** liegt oder diesem **zumindest entspricht** (s Erl 11). Zu beachten ist in diesem Zusammenhang, dass gem Z 3 des Abschnittes 3 Pkt D sogar ein Fixum (ab der Beschäftigungsgruppe E) vereinbart werden kann, welches unter dem Mindestfixum von 75 % des kollektivvertraglichen Mindestgehalts liegt (s Erl 5).

Unabhängig davon, ob das Fixum über, unter oder gleich dem kollektivvertraglichen Mindestgehalt liegt, richtet sich auch der Anspruch auf Sonderzahlung vorerst nach diesem Fixum: Die Weihnachtsremuneration gebührt in der Höhe des Novemberfixums, die Urlaubsbeihilfe steht in Höhe des zum Zeitpunkt des **Urlaubsantrittes** bzw spätestens aber am **30. Juni** zustehenden **Fixums** zu. Die Sonderzahlungen dürfen mit den Provisionen nicht gegengerechnet werden.

Falls ein Fixum bezahlt wird, das unter dem kollektivvertraglichen Mindestgehalt liegt, kommt es zu einem weiteren Berechnungsschritt. Das gesamte Entgelt der letzten sechs Monate (Fixum, Provisionen, vorläufig ausbezahlte Sonderzahlung, Urlaubsentgelt, Krankengeld) abzüglich allfälliger Überstundenentgelte wird dem 7-fachen des kollektivvertraglichen Mindestgehalts gegenübergestellt. Ergibt sich hiebei für den Arbeitnehmer ein Minus, ist der Differenzbetrag als **ergänzende Sonderzahlung** zu leisten. Mit diesem Modell soll gewährleistet werden, dass pro Halbjahr nicht nur ein monatliches, sondern ein halbjährliches Mindestentgelt (unter Einrechnung der Sonderzahlung) zur Auszahlung gelangt.

Beispiel: Ein Angestellter (Beschäftigungsgruppe E, Stufe 3, Gehaltssystem NEU) bezieht von Jänner bis Juni ein Provisionseinkommen von € 6.000,–. Er bezieht ein monatliches Fixum in Höhe von € 2.000,–. Das 7-fache des kollektivvertraglich vorgesehenen Mindestgehalts beträgt € 18.214,– (€ 2.602,– x 7). Das im abgelaufenen Kalenderhalbjahr ins Verdienen gebrachte und für die Berechnung der Sonderzahlung maßgebliche Einkommen beträgt € 20.000,– (Provision in Höhe von € 6.000,– + monatliches Fixum in Höhe von € 12.000,– [€ 2.000,– x 6] + Urlaubsbeihilfe in Höhe von € 2.000,–). Der Angestellte hat somit zusätzlich zur „vorläufigen" Sonderzahlung in Höhe des Fixums keinen Anspruch auf eine „ergänzende" Sonderzahlung, da sein Einkommen im abgelaufenen Halbjahr (€ 20.000,–) das 7-fache des für ihn maßgeblichen Durchschnittssatzes übersteigt.

Beispiel: Ein Angestellter (Beschäftigungsgruppe E, Stufe 1) bezieht von Jänner bis Juni ein Provisionseinkommen von € 8.000,–. Er bezieht ein monatliches Fixum in Höhe von € 900,–. Das 7-fache des kollektivvertraglich vorgesehenen Mindestgehalts beträgt € 15.456,– (€ 2.208,– x 7). Das im abgelaufenen Kalenderhalbjahr ins Verdienen gebrachte und für die Berechnung der Sonderzahlung maßgebliche Einkommen beträgt € 14.300,– (Provision in Höhe von € 8.000,– + monatliches Fixum in Höhe von € 5.400,– [€ 900,– x 6] + Urlaubsbeihilfe in Höhe von € 900,–). Der Angestellte hat somit zusätzlich zur „vorläufigen" Sonderzahlung in Höhe des Fixums einen Anspruch auf „ergänzende" Sonderzahlungen in Höhe von € 1.156,–, da sein Einkommen im abgelaufenen Halbjahr (€ 14.300,–) das 7-fache des für ihn maßgeblichen Durchschnittssatzes nicht übersteigt.

[11]) Jenen Angestellten, die zusätzlich zur **Provision ein Fixum** beziehen, das **zumindest dem kollektivvertraglichen Mindestgehalt** entspricht, gebührt eine Weihnachtsremuneration in Höhe des Novemberfixums und eine Urlaubsbeihilfe in Höhe des zum Zeitpunkt des Urlaubsantrittes bzw spätestens aber am 30. Juni zustehenden Fixums. Auch hier richtet sich die Höhe der Sonderzahlungen nach dem jeweiligen Fixum (s hiezu Erl 10), wobei hier gewährleistet ist, dass die Sonderzahlung zumindest dem kollektivvertraglichen Mindestgehalt entspricht.

[12]) Den während des Jahres ein- und austretenden Provisionsbeziehern bzw Provisionsbezieherinnen gebührt jener Teil der Sonderzahlungen, der ihrer im Kalenderjahr zurückgelegten Dienstzeit entspricht (s hiezu die ergänzend und sinngemäß heranzuziehenden **Aliquotierungsbestimmungen** des Abschnittes 3 Pkt A Z 6.1.2. und Z 6.2.2.).

Beispiel: Eine Angestellte (Beschäftigungsgruppe D, Stufe 3, Gehaltssystem NEU) tritt mit 1. Mai in das Unternehmen ein. Als Entgelt wird neben der Provision auch ein monatliches Fixum von € 1.400,– vereinbart. Da das monatliche Mindestgehalt laut Handels-KV € 2.327,– beträgt, hat die Arbeitnehmerin Anspruch auf Weihnachtsremuneration und Urlaubsbeihilfe jeweils in der Höhe von € 1.551,33 (= € 2.327,– / 12 × 8).

Beispiel: Ein Angestellter (Beschäftigungsgruppe E, Stufe 1), der ausschließlich Provisionen bezieht, scheidet mit 30. September aus dem Unternehmen aus. Von Juli bis September hat er ein Provisionseinkommen von € 8.400,– erzielt. Das 7-fache des für ihn relevanten kollektivvertraglichen Mindestgehalts beträgt € 15.456,– (= € 2.208,– × 7): der aliquote Teil davon beträgt € 7.728,– (= € 15.456,–/6 × 3). Der Arbeitnehmer hat keinen Anspruch auf Sonderzahlungen mehr, da sein bereits bezogenes Provisionseinkommen des relevanten Halbjahres (€ 8.400,–) den kollektivvertraglichen Mindestdurchschnittssatz übersteigt.

[13]) Die Z 9 des Abschnittes 3 Pkt D regelt den Fall, dass mit Arbeitnehmern und Arbeitnehmerinnen eine **höhere Einstufung** oder ein Entgelt, das einer höheren Einstufung als ihrer ausgeübten Tätigkeit entspricht, vereinbart wird. Bei einer solchen Konstellation schlägt hinsichtlich der entgeltmäßigen Gestaltungsmöglichkeiten (Fixum, Provision) das höhere Entgelt durch. Wird also zB ein Mitarbeiter, der aufgrund seiner Tätigkeit in die Beschäftigungsgruppe C einzustufen wäre, nach der Beschäftigungsgruppe D honoriert, dann könnte mit ihm auch eine Halbjahresdurchrechnung nach D Z 4 (s Erl 6) vereinbart werden.

[14]) Zum Reformbetrag 1 vgl Erl 7 zu Abschnitt 3 Pkt C Z 3.2.2 und Erl 7 zu Abschnitt 3 Pkt A Z 4.4.2.

E. Aufrechterhaltung der Überzahlungen

1. Die am 31. Dezember 2022 bestehenden Überzahlungen der kollektivvertraglichen Mindestgehälter sind in ihrer euromäßigen Höhe (centgenau) gegenüber den ab 1. Jänner 2023 erhöhten kollektivvertraglichen Mindestgehältern aufrechtzuerhalten[1]).

2. Für Arbeitnehmerinnen mit Provision gemäß D. dieses Abschnittes gilt Punkt 1 nur hinsichtlich jener Fälle, in denen ein Fixum vereinbart wurde.

2.1. Liegt der Betrag dieses Fixums höher als das jeweils zustehende kollektivvertragliche Mindestgehalt, ist die euromäßige Differenz zwischen Fixum und kollektivvertraglichem Mindestgehalt aufrechtzuerhalten.

2.2. Liegt der Betrag dieses Fixums niedriger als das jeweils zustehende kollektivvertragliche Mindestgehalt, ist das Fixum so zu erhöhen, dass der prozentmäßige Anteil des Fixums am kollektivvertraglichen Mindestgehalt unverändert aufrecht bleibt.

3. Der sich aus einem Umstieg ergebende „Reformbetrag 1“ und „Reformbetrag 2“ wird alljährlich wie die kollektivvertraglichen Mindestgehälter erhöht.

[1]) Eine gegenüber dem Mindestlohn bestehende Überzahlung muss in voller Höhe gegenüber den jeweils neu vereinbarten Mindestlöhnen erhalten bleiben, doch wird eine solche Differenz durch den Übertritt in eine höhere Verwendung, die einen höheren Mindestlohn mit sich bringt, „aufgesogen“ (vgl Erl 5 zu Abschnitt 3 Pkt A Z 4, s auch OGH 28. Jänner 2009, 9 ObA 8/09f, ARD 5961/4/2009; OGH 29. Juni 1988, 9 ObA 127/88, ARD 4057/12/89).

ABSCHNITT 4
RAHMENBEDINGUNGEN UND ENTGELT-BESTIMMUNGEN ZUR AUS- UND WEITERBILDUNG

A. Duale und integrative Berufsausbildung

1. **Für Lehrlinge[1]) gelten hinsichtlich der Probezeit die Bestimmungen des BAG[2]).**

2. **Lehrlingen ist ein monatliches Lehrlingseinkommen[3]) nach den angeführten Sätzen zu bezahlen. Der Betrag des 4. Lehrjahres gilt für Doppellehrverhältnisse[4]).**

3. **Lehrlinge, die eine verlängerte Lehrzeit gemäß § 8b Abs 1 BAG absolvieren[5]), ist das jeweilige (dem vereinbarten Lehrjahr entsprechende) monatliche Lehrlingseinkommen zu bezahlen.**

4. **Lehrlingen, die eine Teilqualifikation gemäß § 8b Abs 2 BAG absolvieren[5]), ist ein monatliches Lehrlingseinkommen nach den angeführten Sätzen zu bezahlen.**

Duale Berufsausbildung[6]) Reguläre Lehre und verlängerte Lehre gemäß § 8b Abs 1 BAG		Teilqualifizierung gemäß § 8b Abs 2 BAG	
Lehr-jahr	Lehrlings-einkommen ab 1.1.2023	Aus-bildungs-jahr	Lehrlings-einkommen
1. Lehrjahr	800,–	im 1. Jahr	90 % des für das erste Lehrjahr gebührenden Lehrlings-einkommens
2. Lehrjahr	1.025,–	im 2. Jahr	115 % des für das erste Lehrjahr gebührenden Lehrlings-einkommens

Duale Berufsausbildung[6]) Reguläre Lehre und verlängerte Lehre gemäß § 8b Abs 1 BAG		**Teilqualifizierung gemäß § 8b Abs 2 BAG**	
Lehr-jahr	**Lehrlings-einkommen ab 1.1.2023**	**Aus-bildungs-jahr**	**Lehrlings-einkommen**
3. Lehrjahr	**1.300,–**	**im 3. Jahr**	**das für das zweite Lehrjahr gebührende Lehrlings-einkommen**
4. Lehrjahr	**1.350–**		

Die angeführten Bruttomonatslehrlingseinkommen sind Mindestsätze.

5. Erhält die Arbeitgeberin für einen Lehrling eine Förderung gemäß der Richtlinie zu § 19c BAG und absolviert der Lehrling beim erstmaligen Antritt die Lehrabschlussprüfung mit gutem oder ausgezeichnetem Erfolg, erhält der Lehrling eine einmalige Prämie.

Die einmalige Prämie beträgt bei gutem Erfolg € 100,– und bei ausgezeichnetem Erfolg € 150,–. Bestehende betriebliche Prämienzahlungen können angerechnet werden.

Die Änderung oder Aufhebung der Richtlinie des Bundes-Berufsbildungsbeirates zur Förderung der betrieblichen Ausbildung von Lehrlingen gemäß § 19c BAG führt zum Entfall dieses Anspruches.

6. Hinsichtlich der Weiterbeschäftigung eines ausgelernten Lehrlings gilt § 18 BAG. Die Weiterbeschäftigung beträgt 5 Monate. Wurde die Lehrzeit bis zur Hälfte zurückgelegt, beträgt die Weiterbeschäftigung 2,5 Monate. Endet die Weiterbeschäftigung nicht mit dem Letzten eines Kalendermonats, ist sie auf diesen zu erstrecken[7]).

Für die Zeit der Weiterbeschäftigung kann Teilzeitbeschäftigung nicht vereinbart werden. Wird gemäß § 18 Abs (3) BAG die Verpflichtung zur Weiterbeschäftigung erlassen oder die Bewilligung zur Kündigung erteilt, so schließt sich keine weitere kollektivvertragliche Weiterbeschäftigung an.

7. Will die Arbeitgeberin das Arbeitsverhältnis mit der Arbeitnehmerin nicht über die Zeit der Weiterbeschäftigung hinaus fortsetzen, hat sie es mit vorhergehender sechswöchiger Kündigungsfrist zum Ende der Weiterbeschäftigung gemäß 6. zu kündigen.

8. Für die Fortzahlung des Lehrlingseinkommens bei Arbeitsverhinderung sind die Bestimmungen des Punktes G. im Abschnitt 1) anzuwenden[8]).

9. Lehrlingen, die auf Grund nicht genügender Leistung (nicht aber wegen Krankheit bzw. Unfall) nicht berechtigt sind, in die nächst höhere Schulstufe aufzusteigen, gebührt im darauffolgenden Lehrjahr nur das Lehrlingseinkommen in Höhe des abgelaufenen Lehrjahres. Ist der Lehrling in diesem Lehrjahr zum Aufsteigen berechtigt, so gebührt ab der auf den erfolgreichen Schulstufenabschluss folgenden Verrechnungsperiode wieder das der Dauer der Lehrzeit entsprechende Lehrlingseinkommen.

[1]) Die arbeitsrechtlichen Sonderbestimmungen für **Lehrlinge** finden sich im **Berufsausbildungsgesetz** (BAG) (allg vgl hiezu *Aust/Gittenberger/Knallnig-Prainsack/Strohmayer* [Hrsg], Berufsausbildungsgesetz[2] [2017]; *Spielbüchler*, Ausbildung und Arbeitsrecht, in FS Schnorr [1988] 299; *Löschnigg*, Arbeitsrecht[13] [2017] 4/108 ff). Das BAG enthält Regelungen, die einerseits dem Schutz der Lehrlinge dienen und andererseits die Qualität ihrer Ausbildung sichern sollen. § 1 BAG definiert Lehrlinge als Personen, die aufgrund eines Lehrvertrages zur Erlernung eines in der Lehrberufsliste angeführten Lehrberufes bei einem Lehrberechtigten fachlich ausgebildet und im Rahmen dieser Ausbildung tätig werden (vgl dazu auch Erl 7 zu Abschnitt 1 Pkt A). Das Lehrverhältnis wird durch den Eintritt des Lehrlings in die fachliche Ausbildung und das Tätigwerden im Rahmen der Ausbildung begründet und durch den Lehrvertrag geregelt. Von der Rechtsprechung wurde das Lehrverhältnis als ein besonders typisiertes und vom Ausbildungszweck geprägtes Arbeitsverhältnis definiert (OGH 7. Oktober 1998, 9 ObA 193/98t, DRdA 1999, 269 mit Bespr v *Wachter*). Lehrverträge sind gem § 12 Abs 1 BAG schriftlich abzuschließen, wobei aber die Nichteinhaltung der Schriftform nicht zur Nichtigkeit des Lehrvertrages führt (vgl *Risak*, Schriftformgebote im Arbeitsrecht, ZAS 2013, 52). Darüber hinaus bedarf der Abschluss eines Lehrvertrages im Fall eines minderjährigen Lehrlings der Zustimmung des gesetzlichen Vertreters bzw der gesetzlichen Vertreterin. Neben zahlreichen Sonderbestimmungen (zB über die Probezeit, die Dauer und die Beendigung des

Lehrverhältnisses oder die Pflicht zur Weiterbeschäftigung [Behaltepflicht]) normiert das BAG auch die Pflichten des/der Lehrberechtigten, des Lehrlings sowie dessen gesetzlichen Vertreters bzw dessen gesetzlicher Vertreterin. Mit 21. 3. 2020 wurden durch eine Novelle zum BAG (BGBl I 142/1969) ua veraltete Bezeichnungen adaptiert und neu formuliert. So ist statt der Lehrlingsentschädigung nun vom Lehrlingseinkommen die Rede und die „Verwendung" ist durch das „tätig werden" bzw durch die „Beschäftigung" ersetzt worden. Gem § 34 Abs 7 ergibt sich jedoch in Bezug auf das Lehrlingsentgelt, dass keine inhaltlichen Änderungen damit intendiert sind, sondern lediglich negative oder abwertende Konnotationen verhindert werden sollen (34 BlgNR 27. GP 1). Der Kollektivvertrag 2021 hat die Terminologie adaptiert und die neuen Bezeichnungen entsprechend eingefügt.

[2]) Für die **Probezeit von Lehrlingen** verweist der Handelsangestellten-KV auf die einschlägigen Bestimmungen des BAG (vgl hiezu *Strohmayer* in *Aust/Gittenberger/Knallnig-Prainsack/Strohmayer* [Hrsg], Berufsausbildungsgesetz[2] [2017] Rz 20 ff zu § 15; *Löschnigg*, Arbeitsrecht[13] [2017] 5/138 f; *Rossmann*, Kollektivvertragliche Regelungen zur Probezeit des Lehrlings, ASoK 2001, 142). Gem § 15 Abs 1 BAG ist während der ersten drei Monate sowohl der/die Lehrberechtigte als auch der Lehrling berechtigt, das Lehrverhältnis jederzeit einseitig aufzulösen. Erfüllt der Lehrling während der ersten drei Monate des Lehrverhältnisses seine Schulpflicht in einer lehrgangsmäßigen Berufsschule, ist die einseitige jederzeitige Auflösung auch noch während der ersten sechs Wochen der Ausbildung im Lehrbetrieb möglich. In Summe ergibt dies eine etwa viereinhalbmonatige gesetzliche Probezeit. Danach ist – abgesehen von einer einvernehmlichen Auflösung – eine vorzeitige Auflösung des Lehrverhältnisses nur noch aus den in § 15 Abs 3 und 4 BAG angeführten Gründen möglich. Die Bestimmung des § 15 BAG ist nach hA, sowohl hinsichtlich der Zeitspanne als auch hinsichtlich der Auflösungsmöglichkeiten, absolut zwingendes Recht, sodass weder der gänzliche Entfall der Probezeit noch eine Verkürzung oder Verlängerung wirksam vereinbart werden können (OGH 11. August 1993, 9 ObA 193/93, ARD 4506/14/93).

[3]) Abschnitt 4 Pkt A Z 2 gewährt Lehrlingen im Anwendungsbereich des Handelsangestellten-KV einen Anspruch auf ein allgemein als **Lehrlingsentschädigung** bezeichnetes Mindestentgelt. Der Handelsangestellten-KV schafft daher auch für die Berufseinstiegsphase ein Mindestlohnniveau. Eine behördliche Festlegung des Lehrlingsentgelts durch das Bundeseinigungsamt gem § 26 ArbVG ist damit im Geltungsbereich des Handelsangestellten-KV ausgeschlossen.

Der Handelsangestellten-KV wies zwar bei den einzelnen Gehaltstafeln der Gehaltsordnung ALT die Lehrlingseinkommen nach wie vor gesondert aus, sie unterschieden sich diesbezüglich aber nicht mehr. Das Lehrlingsentgelt wurde mit 2017 innerhalb des Handels vereinheitlicht. Differenziert wird verständlicherweise weiterhin nach Lehrjahren.

Das Lehrlingsentgelt ist gem § 17 Abs 3 BAG bzw gem § 11 Abs 4 KJBG für die Dauer der Unterrichtszeit in der Berufsschule unter Ausschluss der Mittagspause sowie für die Dauer der Lehrabschlussprüfung und der in den Ausbildungsvorschriften vorgesehenen Teilprüfungen weiterzuzahlen. Im Fall von schuldhaft versäumten Unterrichtszeiten besteht weder ein Anspruch auf Fortzahlung der Lehrlingsentschädigung, noch erfolgt eine Anrechnung auf die Arbeitszeit (*Aust* in *Aust/Gittenberger/Knallnig-Prainsack/Strohmayer* [Hrsg], Berufsausbildungsgesetz^2 [2017] Rz 28 ff zu § 17). Dauert der Unterricht in der Berufsschule länger als die gesetzlich zulässige Tages- oder Wochenarbeitszeit, besteht bei Jugendlichen für die darüber hinausgehende Zeit kein Anspruch auf Überstundenentgelt, weil Unterrichtszeit zwar auf die Arbeitszeit anzurechnen ist, selbst jedoch keine Arbeitszeit darstellt (§ 11 Abs 5 KJBG; OGH 8. Februar 1977, 4 Ob 135/76, Arb 9556; *Knallnig-Prainsack* in *Aust/Gittenberger/Knallnig-Prainsack/Strohmayer* [Hrsg], Berufsausbildungsgesetz^2 [2017] Rz 84 zu § 9).

[4]) Als **Doppellehre** bezeichnet man die gleichzeitige Ausbildung eines Lehrlings in zwei Lehrberufen. Sie wird in § 5 Abs 6 BAG ausdrücklich für zulässig erklärt. Unter Beachtung bestimmter gesetzlicher Einschränkungen können dabei grundsätzlich sämtliche in der Lehrberufsliste enthaltenen Lehrberufe kombiniert werden. Unzulässig ist eine Doppellehre jedoch, wenn es sich bei den betreffenden Lehrberufen um verwandte Lehrberufe iSd § 5 Abs 4 BAG handelt, die gem § 5 Abs 5 BAG zu einem Lehrberuf zusammengefasst werden können. Des Weiteren sind Doppellehrverhältnisse gem § 5 Abs 7 BAG auch dann unzulässig, wenn sie bei verschiedenen Lehrberechtigten absolviert werden, oder Lehrberufe betroffen sind, die verwandt sind und deren Lehrzeit gegenseitig ohnedies in vollem Ausmaß anzurechnen ist oder, wenn die gleichzeitige Ausbildung des Lehrlings in mehr als zwei Lehrberufen erfolgen soll. Da es sich bei einer Doppellehre stets um ein einheitliches Lehrverhältnis handelt und das BAG die Lehrzeit im Fall einer Doppellehre gegenüber einer getrennten Ausbildung verkürzt, muss die Ausbildung in den beiden Lehrberufen gleichzeitig beginnen sowie gemeinsam durchgeführt und beendet werden (vgl OGH 15. Juli 1986, 4 Ob 93/85, ZAS 1987, 23 mit Bespr v *Andexlinger* = Arb 10.542; *Gittenberger* in *Aust/Gittenberger/Knallnig-Prainsack/*

Strohmayer [Hrsg], Berufsausbildungsgesetz[2] [2017] Rz 16 zu § 5). Die Dauer der Lehrzeit in einem Doppellehrverhältnis beträgt gem § 6 Abs 2 BAG die Hälfte der Gesamtdauer der beiden festgesetzten Lehrzeiten, vermehrt um ein Jahr, wobei die Gesamtlehrzeit höchstens vier Jahre betragen darf. Da es sich um ein einheitliches Lehrverhältnis handelt, gebührt einem in einem Doppellehrverhältnis stehenden Lehrling auch nur ein Lehrlingseinkommen, über deren Höhe das BAG selbst keine Regelung trifft. Das Lehrlingseinkommen richtet sich daher – vorbehaltlich einer günstigeren Einzelvereinbarung – regelmäßig nach dem einschlägigen Kollektivvertrag, wobei für das gesamte Lehrverhältnis nur ein Kollektivvertrag gelten darf (OGH 15. Juli 1986, 4 Ob 93/85, ZAS 1987, 23 mit Bespr v *Andexlinger* = Arb 10.542; sa OGH 24. April 2012, 8 ObA 17/12a, infas 2012, A 64 = JBl 2012, 602; *Schrank*, Arbeitsrecht und Sozialversicherungsrecht [Losebl] 66). Erfolgt die Ausbildung im Rahmen des Doppellehrverhältnisses daher in zwei verschiedenen Betrieben des Lehrberechtigten oder in organisatorisch abgetrennten Betriebsabteilungen, für die verschiedene Kollektivverträge zur Anwendung kommen, sind die Kollisionsregeln des § 10 ArbVG zu beachten (OGH 15. Juli 1986, 4 Ob 93/85, ZAS 1987, 23 mit Bespr v *Andexlinger* = Arb 10.542).

[5]) Durch die **BAG-Novelle 2003**, BGBl I 79/2003, wurde die integrative Berufsausbildung eingeführt, welche die bis dahin in § 8b BAG verankerte Vorlehre ersetzt (zur Vorlehre vgl *Berger/Fida/Gruber*, BAG [Losebl] Erl zu § 8b; *Pichelmayer*, BAG-Novelle 1998: Vorlehre, ASoK 1999, 28; zur integrativen Berufsausbildung s *Kaszanits*, Integrative Berufsausbildung, ASoK 2003, 307; *Gittenberger*, Novellierung des BAG, des KJBG 1987, des BäckAG 1996 und des SchPflG 1985, infas 2003, 134; *Pichelmayer*, Änderungen im Jugendausbildungsrecht 2003, ASoK 2003, 367; *Zauner*, Novelle zum Berufsausbildungsgesetz, infas 2010, 149; *Graf-Schimek*, Entlohnungsfragen bei Lehr- und Ausbildungsverhältnissen nach § 8b BAG, ASoK 2016, 167; *Löschnigg*, Arbeitsrecht[13] [2017] 4/112). Ebenso wie die Vorlehre hat die Berufsausbildung nach § 8b BAG zum Ziel, benachteiligten **Personen mit persönlichen Vermittlungshindernissen** die Eingliederung in das Berufsleben zu erleichtern. Dies kann zum einen durch eine Verlängerung der für den Lehrberuf festgesetzten Dauer der Lehrzeit und zum anderen durch eine Einschränkung der Ausbildung auf eine Teilqualifikation erfolgen, wobei sich die Teilqualifikation auf bestimmte Teile des Berufsbildes, allenfalls auch unter Ergänzung durch andere Berufsbilder, bezieht. Bei einer **Verlängerung der Lehrzeit** gem § 8b Abs 1 BAG kann die sich aus der Lehrberufsliste ergebende Lehrzeit um maximal ein Jahr, in Ausnahmefällen um bis zu zwei Jahre, verlängert

werden, sofern dies für die Erreichung der Lehrabschlussprüfung erforderlich ist. Die **Absolvierung einer Teilqualifikation** gem § 8b Abs 2 BAG kann vorgesehen werden, wenn die Erreichung eines Lehrabschlusses nicht möglich ist und eine Teilqualifizierung die Beschäftigungschancen auf dem Arbeitsmarkt nachhaltig erhöht. Bei der Festlegung der Ausbildungsinhalte ist also darauf zu achten, dass die vermittelten Fertigkeiten und Kenntnisse im Wirtschaftsleben verwertbar sind. Die Dauer einer solchen Ausbildung kann zwischen einem und drei Jahren betragen.

Zu beachten ist, dass der 2003 eingeführte Terminus „integrative Berufsausbildung“ mit dem BGBl 78/2015 wieder aus dem Gesetz entfernt wurde. Der Gesetzgeber begründet dies damit, dass der Begriff von vornherein impliziere, es seien ausschließlich Jugendliche mit Defiziten angesprochen. Der Begriff hätte daher eine „diskriminierende Tendenz“. Abgesehen von der Betitelung hat sich aber am § 8b BAG nichts geändert. Der Handelsangestellten-KV 2022 verwendet in der Überschrift zu Abschnitt 4 allerdings weiterhin den Terminus „integrative Berufsausbildung“.

Die Berufsausbildung nach § 8b Abs 1 und Abs 2 BAG muss gem § 8b Abs 6 BAG durch eine **Berufsausbildungsassistenz** begleitet und unterstützt werden, die durch das Arbeitsmarktservice, das Bundessozialamt oder die Gebietskörperschaften bereitgestellt wird, wobei diese Stellen auch bewährte Einrichtungen auf dem Gebiet der sozialpädagogischen Betreuung und Begleitung mit der Durchführung der Berufsausbildungsassistenz betrauen können. Aufgabe der Berufsausbildungsassistenz ist neben der Mitwirkung an der Festsetzung der Ausbildungsziele die Erörterung sozialpädagogischer, psychologischer und didaktischer Probleme mit Vertretern der Lehrbetriebe und der Berufsschulen.

Zielgruppe der Berufsausbildung nach § 8b Abs 1 und 2 BAG sind gem § 8b Abs 4 BAG Personen, die das Arbeitsmarktservice aufgrund bestimmter persönlicher Einschränkungen nicht in ein Lehrverhältnis vermitteln konnte. Als Vermittlungshindernisse dieser Art anerkennt das BAG

1. einen sonderpädagogischen Förderbedarf am Ende der Pflichtschule und zumindest teilweisen Unterricht nach dem Lehrplan einer Sonderschule;
2. einen fehlenden oder negativen Hauptschulabschluss oder einen fehlenden oder negativen Abschluss einer Neuen Mittelschule;
3. die Qualifikation als Behinderter iSd Behinderteneinstellungsgesetzes bzw des jeweiligen Landesbehindertengesetzes sowie

4. die Tatsache, dass aufgrund eines Ergebnisses einer vom Arbeitsmarktservice oder Sozialministeriumsservice beauftragten Beratungs-, Betreuungs- oder Orientierungsmaßnahme angenommen werden muss, dass aus ausschließlich in der Person gelegenen Gründen, die durch eine fachliche Beurteilung nach einem in den entsprechenden Richtlinien des Arbeitsmarktservices oder des Sozialministeriumsservice zu konkretisierenden Vier-Augen-Prinzip festgestellt wurde, der Abschluss eines Lehrvertrages gem § 1 BAG nicht möglich ist.

Personen, die eine Berufsausbildung nach § 8b BAG absolvieren, gelten gem § 8b Abs 13 BAG auch als **Lehrlinge iSd ASVG, des FLAG, des AlVG, des IESG sowie des EStG**. Damit besteht auch im Bereich der Berufsausbildung nach § 8b BAG eine Vollversicherung in der Kranken-, Unfall- und Pensionsversicherung samt Begünstigungen hinsichtlich der Beitragspflichten, eine Einbindung in die Arbeitslosenversicherung samt Begünstigungen bei der Beitragspflicht, ein Anspruch auf Familienbeihilfe sowie auf Freifahrt und Fahrtenbeihilfe, der Entfall des Zuschlages zum IEF beim Arbeitgeberanteil zur Arbeitslosenversicherung sowie der Anspruch auf Lehrlingsausbildungsprämie (109 BlgNR 22. GP 21; *Gittenberger* in *Aust/Gittenberger/ Knallnig-Prainsack/Strohmayer* [Hrsg], Berufsausbildungsgesetz² [2017] Rz 25 zu § 8b).

[6]) Die Lehrlingsausbildung (zum Begriff des Lehrlings s Erl 1) erfolgt zum einen durch den Lehrberechtigten bzw die Lehrberechtigte oder eine durch diesen bzw diese beauftragte andere Person (Ausbilder bzw Ausbilderin) in der jeweiligen **Ausbildungsstätte** (vgl § 3 BAG) und ist zum anderen mit der **Pflicht des Lehrlings zum Besuch der Berufsschule** verbunden (vgl § 9 Abs 5 BAG). Im Rahmen der betrieblichen Ausbildung in der Ausbildungsstätte werden dem Lehrling **berufsspezifische Fertigkeiten und Kenntnisse** vermittelt. Der bzw die Lehrberechtigte hat dabei auf die Ausbildungsvorschriften des jeweiligen Lehrberufes Bedacht zu nehmen (vgl § 9 Abs 1 BAG). Durch den Unterricht in der Berufsschule soll **fachliches Grundwissen** erlangt werden. Das BAG sieht damit parallel zur praktischen Ausbildung in der Ausbildungsstätte eine ergänzende theoretische Ausbildung vor. Man spricht hiebei vom **„Prinzip der dualen Berufsausbildung“** (s etwa *Strohmayer* in *Aust/Gittenberger/Knallnig-Prainsack/Strohmayer* [Hrsg], Berufsausbildungsgesetz² [2017] Rz 3 zu § 1; *Pichelmayer*, Lehrlingsausbildung: Berufsschulunterricht und Arbeitszeit, ASoK 1998, 204; *Trinko*, Alles Wissenswerte rund um die Lehrlingsausbildung [2017]).

Die Berufsschulpflicht ergibt sich aus den §§ 20 ff SchPflG sowie § 9 Abs 5 BAG und besteht ab **Beginn des Lehrverhältnisses** bis zum **Ende** desselben, längstens jedoch bis zum erfolgreichen Abschluss der letzten lehrplanmäßig vorgesehenen Schulstufe der in Betracht kommenden Berufsschule (vgl § 21 Abs 1 SchPlfG). Der bzw die Lehrberechtigte hat den Lehrling **binnen zwei Wochen** ab Beginn bzw Ende des Lehrverhältnisses bei der Leitung der Berufsschule an- bzw abzumelden (vgl § 24 Abs 3 SchPflG). Die Pflicht zum Besuch der Berufsschule besteht für alle Lehrlinge iSd BAG sowie für Personen, die in einem Lehrberuf in einer überbetrieblichen Berufsausbildung gemäß § 8c BAG hinsichtlich einer **Berufsausbildung gemäß § 8b Abs 1 BAG** oder in einem Lehrberuf in einer überbetrieblichen Lehrausbildung gemäß § 30 oder § 30b BAG ausgebildet werden (vgl § 20 Abs 1 SchPlfG). Für Personen, die eine **Berufsausbildung gem § 8b Abs 2 BAG** absolvieren und Personen, die in einem Lehrberuf in einer überbetrieblichen Berufsausbildung gemäß § 8c BAG hinsichtlich einer Ausbildung gemäß § 8b Abs 2 BAG ausgebildet werden, besteht eine **Pflicht bzw ein Recht zum Besuch der Berufsschule**. Dies ist nach Maßgabe des § 8b Abs 8 und § 8c Abs 8 BAG zu beurteilen, wonach die **Form der Einbindung in den Berufsschulunterricht** unter Berücksichtigung der persönlichen Fähigkeiten und Bedürfnisse der Person, die die Berufsausbildung anstrebt, von den Vertragsparteien gemeinsam mit der Berufsausbildungsassistenz unter Einbeziehung der Schulbehörde erster Instanz und des Schulerhalters festzulegen ist (zur Berufsausbildung nach § 8b Abs 1 und 2 BAG s Erl 5).

[7]) Nach Ablauf der Lehrzeit ist der Lehrling im Betrieb und im erlernten Beruf gem § 18 Abs 1 BAG grundsätzlich drei Monate weiter zu beschäftigen. Man spricht in diesem Zusammenhang von der Behaltepflicht des Arbeitgebers bzw der Arbeitgeberin. Die **Behaltefrist** ist unabdingbar, dh sie kann selbst durch Vereinbarung zwischen Lehrling und Lehrberechtigtem nicht beschränkt werden (OGH 25. Jänner 2006, 9 ObA 170/05y, DRdA 2007, 233 mit Bespr v *Wolligger*).

Gleichwohl ist es möglich, dass der Lehrling auf die gesetzliche bzw kollektivvertragliche Behaltepflicht verzichtet. Ein rechtswirksamer **Verzicht** ist aber erst bei Beendigung des Lehrverhältnisses möglich (KG Klagenfurt 21. September 1983, 3 Cg 18/83, ARD 3558/17/83). Der Lehrling ist berechtigt, von der Behaltepflicht des Lehrberechtigten Gebrauch zu machen, dazu aber nicht verpflichtet (VwGH 19. Juni 1990, 90/08/0084, VwSlg 13.227). Dies leitet sich aus dem Wortlaut der Bestimmung des § 18 Abs 1 BAG ab, der lediglich von einer Pflicht des Lehrberechtigten spricht (vgl allg *Aust* in *Aust/Gittenberger/Knallnig-Prainsack/Strohmayer* [Hrsg], Berufsausbildungsgesetz[2] [2017] Rz 8 f zu § 18).

Der Handelsangestellten-KV verlängert zulässigerweise iSd Günstigkeitsprinzips die dreimonatige Behaltefrist des BAG auf fünf Monate.

[8]) S die Erl 1 ff zu Abschnitt 1 Pkt G.

B. Vergütung für Pflichtpraktikantinnen[1])

1. Pflichtpraktikantinnen sind Schülerinnen, die auf Grund schulrechtlicher Vorschriften ein Pflichtpraktikum einer berufsbildenden mittleren oder höheren Schule absolvieren.

2. Ihre monatliche Vergütung beträgt bei dem ersten Praktikum bei einer Normalarbeitszeit von 38,5 Wochenstunden mindestens das Lehrlingseinkommen des 1. Lehrjahres. Dies gilt auch, wenn nur eine teilweise Arbeitspflicht besteht.

3. Ihre monatliche Vergütung beträgt bei dem zweiten Praktikum bei einer Normalarbeitszeit von 38,5 Wochenstunden mindestens das Lehrlingseinkommen des 2. Lehrjahres. Dies gilt auch, wenn nur eine teilweise Arbeitspflicht besteht.[2])

4. Pflichtpraktikantinnen sind weiters Studentinnen, die auf Grund studienrechtlicher Vorschriften ein Pflichtpraktikum einer Fachhochschule, Hochschule oder Universität absolvieren. Ihre monatliche Vergütung beträgt bei einer Normalarbeitszeit von 38,5 Wochenstunden mindestens das Lehrlingseinkommen für das 3. Lehrjahr. Dies gilt auch, wenn nur eine teilweise Arbeitspflicht besteht.

5. Der Pflichtpraktikantin ist spätestens bei Antritt des Pflichtpraktikums eine Vereinbarung über Beginn, Ende und Inhalt des Praktikums auszuhändigen.

(Weitere Informationen siehe Erlass zur Durchführung von Pflichtpraktika an kaufmännischen Lehranstalten vom Bundesministerium für Bildung.)

[1]) Zum Begriff der Pflichtpraktikantinnen und -praktikanten s Erl 8 zu Abschnitt 1 Pkt A.

[2]) Abschnitt 4 Pkt B Z 2 und Z 3 sehen eine monatliche **(Mindest-)Vergütung** für Pflichtpraktikanten und -praktikantinnen entsprechend der **Höhe des Lehrlingsentgelts** vor. Für das erste Praktikum gebührt mindestens das Lehrlingseinkommen des 1. Lehrjahres (€ 800,–), für das zweite Praktikum mindestens das Lehrlingseinkommen des 2. Lehrjahres (€ 1.025,–; allgemein zum Lehrlingseinkommen s Erl 3 zu Abschnitt 4 Pkt A).

Die Heranziehung des Lehrlingsentgelts als Mindestvergütung für Pflichtpraktika ist damit zu begründen, dass beiden Beschäftigungsarten ein Ausbildungsmotiv zugrunde liegt (zum Lehrverhältnis s Erl 1 zu Abschnitt 4 Pkt A). Der **Ausbildungszweck** des Pflichtpraktikums wird durch den Kollektivvertrag besonders dadurch betont, dass sich nach den Z 2 und 3 auch eine **nur teilweise Arbeitspflicht** im Rahmen des Pflichtpraktikums nicht auf die Höhe der Vergütung auswirkt.

C. Bestimmungen zur Förderung berufsbegleitender Bildung

1. Bei Verteilung der wöchentlichen Arbeitszeit gemäß ABSCHNITT 2), 2. ist als ein berücksichtigungswürdiges Interesse der Arbeiternehmerin die Teilnahme an einer Aus- und Weiterbildung zu werten, auch wenn diese von der Arbeitnehmerin selbst finanziert wird, sofern die Arbeitnehmerin dieses Interesse mindestens 2 Monate vor Beginn der Bildungsmaßnahme schriftlich unter Nennung des Kurstitels, der Kursdauer sowie der Kurszeiten bekannt gibt und die zeitliche Lage der Bildungsmaßnahme am Beginn oder Ende der üblichen Arbeitszeit liegt. Die Ermöglichung der Teilnahme umfasst auch jene Zeit, die die Arbeitnehmerin braucht, um von der Arbeit zur Bildungsmaßnahme bzw. von der Bildungsmaßnahme zur Arbeit zu kommen[1]).

2. Bei rechtzeitiger Bekanntgabe kann die Arbeitgeberin aus folgenden Gründen die Berücksichtigung der Bildungsmaßnahme bei der Arbeitszeiteinteilung binnen zwei Wochen ablehnen:

2.1. wenn die Einhaltung von Betriebsabläufen gefährdet ist oder

2.2. die Aufrechterhaltung des Geschäftsbetriebes nicht mehr gewährleistet werden kann[2])

3. Die Zustimmung der Arbeitgeberin bezieht sich auf die gesamte Dauer der Bildungsmaßnahme, dh es ist die Teilnahmemöglichkeit für die gesamte Dauer der Bildungsmaßnahme zu gewährleisten. In besonderen und nicht vorhersehbaren Ausnahmefällen kann von der Ermöglichung der Teilnahme abgesehen werden, wenn eine Mindestteilnahme bei der Bildungsmaßnahme bzw. der Erfolg der Bildungsmaßnahme nicht gefährdet wird.

4. Das Zeitausmaß der Bildungsmaßnahme darf der Erbringung der wöchentlichen Normalarbeitszeit nicht entgegenstehen.

5. Die Arbeitnehmerin hat am Ende der Bildungsmaßnahme bzw. am Ende des Semesters eine Teilnahmebestätigung vorzulegen.

6. Eine Ablehnung einer Arbeitsleistung durch die Arbeitnehmerin aufgrund der Teilnahme an einer Bildungsmaßnahme darf nicht zu einer Benachteiligung der Arbeitnehmerin führen.

7. **Die gesamte Regelung kann ab einer Mindestbetriebszugehörigkeit von 6 Monaten ab Beginn einer Bildungsmaßnahme in Anspruch genommen werden.**

[1]) Pkt C Z 1 des 4. Abschnittes sieht vor, dass die Teilnahme der Arbeitnehmerin/des Arbeitnehmers an einer **Aus- und Weiterbildung** als berücksichtigungswürdiges Interesse bei der **Verteilung der wöchentlichen Arbeitszeit** nach Abschnitt 2 Pkt A Z 2 (s Erl 4 ff zu Abschnitt 2 Pkt A) zu werten ist. Die Beachtung von Interessen der Arbeitnehmerin/des Arbeitnehmers findet sich auch in Pkt G Z 1.6. des 2. Abschnittes (Anordnung von Überstunden bei erhöhtem Bedarf) sowie in Pkt H Z 3 (Inventurarbeiten), wobei letztgenannte Bestimmung die Teilnahme an Schul- und Weiterbildungsveranstaltungen ausdrücklich nennt.

Dem **Wert berufsbegleitender Bildung** wird national und international immer stärker Rechnung getragen (vgl etwa *Löschnigg/Nogler* [Hrsg], Lifelong Learning durch berufliche Weiterbildung [2017]). Dies hat auch der Handels-KV erkannt und die Teilnahme an einer Aus- und Weiterbildungsmaßnahme als berücksichtigendes Interesse normativ festgestellt.

Hervorzuheben ist, dass die Aus- und Weiterbildungsmaßnahme nach dieser Regelung **nicht als Arbeitszeit** qualifiziert wird, sondern dass nur das besondere Interesse des Arbeitnehmers bzw der Arbeitnehmerin daran außer Streit gestellt wird. Gemeint kann damit nur eine Aus- oder Weiterbildung sein, die im überwiegenden Interesse des Mitarbeiters/der Mitarbeiterin liegt. Wenn das überwiegende Interesse an der Aus- oder Weiterbildung dem Arbeitgeber/der Arbeitgeberin zuzurechnen ist, insb wenn die Aus- und Weiterbildung von Unternehmensseite angeordnet wird, handelt es sich um Arbeitsleistungen im Rahmen des Arbeitsverhältnisses, die zur Gänze als Arbeitszeit zu werten sind (s hiezu etwa *Gerhartl*, Erbringung von Arbeitsleistung im weiteren Sinn, ASoK 2017, 21).

Die **berücksichtigungswürdigen Interessen** der Arbeitnehmer und Arbeitnehmerinnen haben ohnedies auch gesetzliche Regulierungen erfahren. Vor allem nach § 19c Abs 2 Z 3 und § 19d Abs 2 AZG kann die Lage der Normalarbeitszeit vom Arbeitgeber/von der Arbeitgeberin nur geändert werden, wenn berücksichtigungswürdige Interessen des Arbeitnehmers/der Arbeitnehmerin dieser Einteilung nicht entgegenstehen. Diese Bestimmungen sind allerdings kollektivvertragsdispositiv, dh durch Kollektivvertrag (auch zum Nachteil des Arbeitnehmers/der Arbeitnehmerin) veränderbar. Dem Handels-KV wird in diesem Zusammenhang aber nicht unterstellt werden können, dass er eine für die Arbeitnehmer und Arbeitnehmerinnen ungünstigere Regelung treffen wollte. Es ist vielmehr anzunehmen, dass (private) Aus- und Weiterbildungsmaßnahmen jedenfalls als berücksichtigungswürdige Interessen (im Sinn des Gesetzes) zu interpretieren sind, wenn die sonstigen kollektivvertraglichen Voraussetzungen gegeben sind.

Voraussetzung für die Berücksichtigung eines Aus- und Weiterbildungsinteresses ist, dass die zeitliche Lage der Bildungsmaßnahme **am Beginn oder Ende der üblichen Arbeitszeit** gemäß Abschnitt 2 Pkt A Z 2 liegt. Zu berücksichtigen sind auch die „Wegzeiten" von der Arbeit zur Bildungseinrichtung/-maßnahme und umgekehrt. Die Möglichkeit der Inanspruchnahme einer Bildungskarenz oder Bildungsteilzeit nach den Bestimmungen der §§ 11 f AVRAG wird dadurch nicht berührt (s hiezu *Löschnigg*, Arbeitsrecht[13] [2017] 6/745 und 6/448; zur Bildungskarenz s die Erl zu Abschnitt 4 Pkt D).

Fraglich ist in diesem Zusammenhang, was der Kollektivvertrag konkret unter **„Aus- und Weiterbildung"** versteht. Eine Definition sieht der Kollektivvertrag nicht vor. Nach dem weit gefassten Wortlaut sind keinesfalls nur solche Bildungsmaßnahmen umfasst, die sich auf den Handelsbereich beziehen. Auch mit der derzeit ausgeübten Tätigkeit nicht zusammenhängende Aus- und Weiterbildungen werden zu berücksichtigen sein. Ein Bezug zum konkreten Dienstverhältnis ist damit nicht erforderlich; ein Bezug zu Arbeit und Beruf im Allgemeinen eher schon. Nicht zu berücksichtigen werden daher Maßnahmen sein, die lediglich dem Freizeitvergnügen und dem privaten Interesse der Arbeitnehmerin/des Arbeitnehmers dienen; so etwa Strick- oder Kochkurse, Yoga- oder Kletterkurse.

Eine weitere Voraussetzung für die Berücksichtigung bei der Verteilung der wöchentlichen Arbeitszeit ist, dass die Arbeitnehmerin/der Arbeitnehmer der Arbeitgeberin/dem Arbeitgeber das Interesse an der Bildungsmaßnahme, den Titel, die Dauer sowie die Zeiten der Bildungsmaßnahme mindestens **zwei Monate vor Beginn** derselben **schriftlich** bekannt gegeben hat. Überdies kann eine Berücksichtigung erst ab einer **Betriebszugehörigkeit** der Arbeitnehmerin/des Arbeitnehmers von **mindestens sechs Monaten** ab Beginn einer Bildungsmaßnahme erfolgen (vgl Abschnitt 4 Pkt C Z 7).

Nach Ende der Bildungsmaßnahme bzw am Ende des Semesters ist nach Abschnitt 4 Pkt C Z 5 der Arbeitgeberin/dem Arbeitgeber eine **Teilnahmebestätigung** vorzulegen. Konsequenzen bei Nichtvorlage sieht der Kollektivvertrag allerdings nicht vor. Ebenso wenig verlangt der Wortlaut eine positive Absolvierung der Aus- und Weiterbildungsmaßnahme. Die Bestätigung kann aber vor allem bei Bildungsmaßnahmen, die über eine längere Zeit hinweg andauern, wie Universitäts- oder (Fach-)Hochschulstudien, dem Nachweis der Ernsthaftigkeit an der Teilnahme dienen. Erfolgt keine Vorlage, kann ein berücksichtigungswürdiges Interesse für eine künftige Berücksichtigung bei der Arbeitszeitverteilung angezweifelt werden.

[2]) Auch wenn die Bildungsmaßnahme durch die Arbeitnehmerin/den Arbeitnehmer rechtzeitig bekannt gegeben wurde (s Erl 1), muss die Arbeitgeberin/der Arbeitgeber diese bei der Verteilung der wöchentlichen Arbeitszeit bei Vorliegen bestimmter Gründe dennoch **nicht berücksichtigen**. Nach Z 2.1. ist dies der Fall, wenn bei Berücksichtigung der Bildungsmaßnahme bei der Arbeitszeitverteilung die **Einhaltung von Betriebsabläufen gefährdet** wäre. Denkbar ist dies, wenn bestimmte Arbeitsabläufe nur in der Zeit, in der auch die Bildungsmaßnahme stattfindet, erfolgen können und die Arbeitnehmerin/der Arbeitnehmer für einen ordnungsgemäßen Ablauf unverzichtbar ist. Z 2.2. berücksichtigt den Fall, dass die **Aufrechterhaltung des Geschäftsbetriebes nicht mehr gewährleistet** werden kann. Dies wird vor allem in Betrieben eine Rolle spielen, die in den Öffnungszeiten, in denen auch die Bildungsmaßnahme stattfinden würde, nur eine Arbeitnehmerin/einen Arbeitnehmer beschäftigen. Beide Ablehnungsgründe berücksichtigen somit das **Arbeitgeberinteresse** zur Vermeidung von **Betriebsgefährdungen**, die vor allem in klein- und mittelständischen Unternehmen, denen keine Ersatzarbeitnehmerinnen und -arbeitnehmer zur Verfügung stehen, relevant sein können.

Die Ablehnung der Berücksichtigung von Bildungsmaßnahmen hat binnen zwei Wochen ab (rechtzeitiger) Bekanntgabe durch die Arbeitnehmerin/den Arbeitnehmer zu erfolgen. Wird die geplante Bildungsmaßnahme nicht rechtzeitig bekanntgegeben, muss diese bei der Verteilung der wöchentlichen Normalarbeitszeit ohnedies nicht berücksichtigt werden.

Eine weitere Berücksichtigung von **Interessen auf Arbeitgeberseite** findet sich in **Z 3**. In besonderen und nicht vorhersehbaren Fällen kann von der Ermöglichung der Teilnahme abgesehen werden, wenn dadurch nicht eine Mindestanwesenheit oder der Erfolg der Bildungsmaßnahme gefährdet ist.

Eine spezielle Anrufungsmöglichkeit des Betriebsrates bei Ablehnung durch die Arbeitgeberin/den Arbeitgeber sieht der Kollektivvertrag nicht vor. Denkbar ist der Abschluss einer fakultativen Betriebsvereinbarung nach § 97 Abs 1 Z 9 ArbVG, wonach Maßnahmen zur menschengerechten Arbeitsgestaltung vereinbart werden können. Der Tatbestand umfasst nicht nur materielle Leistungen wie die Zurverfügungstellung von technischen Mitteln, die das Arbeitsklima positiv beeinflussen können, sondern auch die zunehmende Forderung nach mehr **Flexibilität** (s hiezu *Fischlmayr*, Individuelle Entfaltung statt kollektiver Demotivation – Mitarbeiter managen und motivieren im 21. Jahrhundert, ASoK 2011, 466; s auch *Burger-Ehrnhofer/Drs/Eichinger/Födermayr/Jabornegg/Mayr/Reiner* in *Jabornegg/Resch* [Hrsg], ArbVG § 97 Rz 274). Im Sinne des Günstigkeitsprinzips können daher etwa kürzere Fristen für die Bekanntgabe der Bildungsmaßnahme oder auch konkrete Ablehnungsgründe vorgesehen werden.

D. Bildungskarenz[1])

1. Die Arbeitgeberin hat einem Antrag auf Bildungskarenz der Arbeitnehmerin zuzustimmen, wenn[2])

1.1. Anspruch auf Weiterbildungsgeld besteht[3]).

1.2. die Antragstellung mindestens 6 Monaten vor gewünschtem Antritt erfolgt.

1.3. eine Betriebszugehörigkeit von mindestens einem Jahr vor Bekanntgabe gegeben ist[4]).

1.4. die Aus- oder Weiterbildung bzw. der Bildungsabschluss für die Arbeitgeberin von Bedeutung ist.

1.5. die erforderlichen Unterlagen zur Antragsstellung vorliegen.

2. Die Arbeitgeberin kann diesen Antrag ablehnen, wenn[5])

2.1. die Einhaltung von Betriebsabläufen gefährdet ist oder

2.2. die Aufrechterhaltung des Geschäftsbetriebes nicht mehr gewährleistet werden kann.

3. Eine Dienstgeberkündigung darf nicht wegen einer beabsichtigten oder tatsächlich in Anspruch genommenen Bildungskarenz erfolgen. Dies entspricht dem allgemeinen Motivkündigungsschutz.

[1]) Bei der sog **Bildungskarenz** (§ 11 AVRAG) handelt es sich um eine Karenzierung mit dem gesetzlich geforderten Zweck einer Weiterbildung des Arbeitnehmers bzw der Arbeitnehmerin. Voraussetzung dafür ist, dass das Arbeitsverhältnis bereits **ununterbrochen sechs Monate** gedauert hat. Sie kann im Ausmaß von zwei bis zwölf Monaten vereinbart werden. Ein gesetzlicher Rechtsanspruch auf den Abschluss einer solchen Vereinbarung besteht nicht (s zum kollektivvertraglichen Anspruch aber Erl 2). Eine neuerliche Bildungskarenz ist erst nach Ablauf von vier Jahren ab dem Antritt der letzten Bildungskarenz (Rahmenfrist) möglich. Die Bildungskarenz kann auch in Teilen vereinbart werden, wobei die Dauer eines Teils mindestens zwei Monate zu betragen hat und die Gesamtdauer der einzelnen Teile innerhalb der Rahmenfrist, die mit Antritt des ersten Teils der Bildungskarenz zu laufen beginnt, ein Jahr nicht überschreiten darf. In Betrieben, in denen ein für den Arbeitnehmer bzw die Arbeitnehmerin zuständiger Betriebsrat errichtet ist, ist dieser auf Verlangen des Arbeitnehmers

bzw der Arbeitnehmerin den Verhandlungen beizuziehen. Für die Dauer der Rahmenfrist sind Vereinbarungen über die Bildungsteilzeit grundsätzlich unzulässig (vgl § 11 Abs 3a AVRAG). Wurde in der Vereinbarung die höchstzulässige Dauer der Bildungskarenz von einem Jahr jedoch nicht ausgeschöpft, kann für die weitere Dauer der Rahmenfrist eine Bildungsteilzeit vereinbart werden, allerdings höchstens im zweifachen Ausmaß des nicht ausgeschöpften Teils. Die Mindestdauer der Bildungsteilzeit muss vier Monate betragen (vgl *Ercher/Rath*, Fragen zur Bildungskarenz – Voraussetzungen für die Bildungskarenz und deren Auswirkungen auf das Arbeitsverhältnis, ASoK 2004, 115; *Schörghofer*, Bildungskarenz und Bildungsteilzeit, ZAS 2014, 238; *Löschnigg*, Arbeitsrecht[13] [2017] 6/746 ff).

Bei Erfüllung der arbeitslosenversicherungsrechtlichen Anwartschaft, einem Nachweis der Teilnahme an einer Weiterbildungsmaßnahme und der Erfüllung der sonstigen Voraussetzungen des § 26 Abs 1 AlVG, steht das sogenannte **Weiterbildungsgeld** in Höhe des Arbeitslosengeldes zu (s hiezu Erl 3).

[2]) Der Handelsangestellten-KV begründet – im Gegensatz zum Gesetz – einen **Anspruch** des Arbeitnehmers bzw der Arbeitnehmerin **auf Bildungskarenz** dergestalt, dass der Arbeitgeber bzw die Arbeitgeberin einem dahingehenden Antrag des Arbeitnehmers bzw der Arbeitnehmerin grundsätzlich zustimmen muss (arg: „hat zuzustimmen“), sofern die vom Kollektivvertrag vorgegebenen Voraussetzungen der Z 1.1. bis 1.5. des Abschnittes 4 Pkt D (kumulativ) erfüllt sind (s aber Z 2 Pkt D Abschnitt 4 zum Ablehnungsrecht des Arbeitgebers bzw der Arbeitgeberin; vgl Erl 5).

[3]) Als eine der Voraussetzungen für die (grundsätzliche) Zustimmungspflicht des Arbeitgebers, nennt der Handelsangestellten-KV in Z 1.1. Pkt D des 4. Abschnittes das Bestehen eines Anspruchs auf **Weiterbildungsgeld** (§ 26 AlVG). Dieses gebührt bei Erfüllung der arbeitslosenversicherungsrechtlichen Anwartschaft sowie der weiteren Voraussetzungen des § 26 Abs 1 AlVG (zB Erbringung eines Nachweises der Teilnahme an einer Weiterbildungsmaßnahme im Ausmaß von mindestens 20 Wochenstunden). Das Weiterbildungsgeld steht in der Höhe des Arbeitslosengeldes, mindestens jedoch in Höhe von € 14,53 täglich, zu. Der Nachweis der Teilnahme im erforderlichen Ausmaß hat durch geeignete Unterlagen (etwa die Vorlage des Kursprogramms, Bestätigungen oder die Erbringung anderer Erfolgsnachweise) zu erfolgen.

Was unter dem Begriff der **Weiterbildungsmaßnahme** zu verstehen ist, legt das Gesetz nicht fest. Der Normzweck, der in der „Erleichterung der Weiterqualifizierung“ und „Aufrechterhaltung der beruflichen und arbeitsmarktpolitischen Qualifikationen“ liegt, umfasst eine Vielzahl an Weiterbildungsmaßnahmen (298 BlgNR 23. GP 13). In der Verwaltungspraxis werden beinahe alle Maßnahmen (ausgenommen hobbymäßige Kurse) als Weiterbildungsmaßnahmen anerkannt. Maßstab für eine Qualifikation als Bildungsmaßnahme iSd § 26 AlVG ist die „potentielle arbeitsmarktpolitische Verwertbarkeit und Sinnhaftigkeit“ (vgl etwa *Krapf/Keul*, Praxiskommentar zum Arbeitslosenversicherungsgesetz [Losebl] Rz 651 zu § 26 AlVG; *Pfeil* in *Neumayr/Reissner* [Hrsg], Zeller Kommentar zum Arbeitsrecht[3] [2018] Rz 21 zu § 12 AVRAG).

Der Handelsangestellten-KV nimmt – hinsichtlich der Zustimmungspflicht des Arbeitgebers bzw der Arbeitgeberin – eine Einschränkung auf jene Weiterbildungsmaßnahmen vor, die **für den Arbeitgeber** bzw **die Arbeitgeberin von Bedeutung** sind (**Z 1.4.**). Ob dies der Fall ist, muss im konkreten Einzelfall beurteilt werden. Eine gewisse Konkretisierung wäre in diesem Zusammenhang wünschenswert gewesen. Vor allem hätte eine Graduierung vorgenommen werden können (zB „überwiegende Bedeutung“, „zumindest teilweise Bedeutung“ für den Arbeitgeber bzw für die Arbeitgeberin etc). Die derzeitige Formulierung wird zumindest von einer nicht völlig untergeordneten Bedeutung für das Unternehmen ausgehen. Gleichbedeutend mit dem Interesse des Arbeitnehmers bzw der Arbeitnehmerin muss das Interesse des Unternehmens aber wohl nicht sein.

[4]) Während das Gesetz für die Möglichkeit der Vereinbarung einer Bildungskarenz eine **ununterbrochene Dauer des Arbeitsverhältnisses** von **sechs Monaten** vorsieht (vgl § 11 Abs 1 AVRAG), fordert der Handelsangestellten-KV in **Z 1.3.** für die Zustimmungspflicht des Arbeitgebers bzw der Arbeitgeberin (darüber hinaus) eine **Betriebszugehörigkeit von mindestens einem Jahr** (zum Begriff der Betriebszugshörigkeit s Erl 2 zu Abschnitt 1 Pkt F).

[5]) Der Arbeitgeber bzw die Arbeitgeberin kann den Antrag auf Bildungskarenz bei Vorliegen gewisser **betriebsbedingter Gründe ablehnen** (s hiezu sinngemäß Erl 2 zu Abschnitt 4 Pkt C Z 2).

ABSCHNITT 5
REISEKOSTEN- UND REISEAUFWANDS-ENTSCHÄDIGUNG

A. Begriff der Dienstreise[1])

1. Eine Dienstreise liegt vor, wenn die Angestellte zur Ausführung eines ihr erteilten Auftrages den Dienstort gemäß 2. verlässt. Eine Dienstreise liegt auch vor, wenn die Angestellte zur Ausführung eines ihr erteilten Auftrages die Betriebsstätte der Arbeitgeberin verlässt, dabei jedoch am Dienstort (gemäß 2.) bleibt. In diesem Falle erhält sie nur dann ein Taggeld, wenn eine Betriebsvereinbarung dies vorsieht.

2. Als Dienstort im Sinne dieser Bestimmung gilt außerhalb von Wien ein Tätigkeitsgebiet im Umkreis von 12 Straßenkilometern von der Betriebsstätte, aber jedenfalls das Gemeindegebiet. Als Gemeindegebiet von Wien gelten die Bezirke 1 bis 23[2]).

3. Die Dienstreise beginnt, wenn sie von der Arbeitsstätte aus angetreten wird, mit dem Verlassen der Arbeitsstätte. In allen anderen Fällen beginnt die Dienstreise mit dem reisenotwendigen Verlassen der Wohnung. Die Dienstreise endet mit der Rückkehr zur Arbeitsstätte bzw mit der reisenotwendigen Rückkehr in die Wohnung.

B. Reisekosten- und Reiseaufwandsentschädigung

Bei Dienstreisen ist der Angestellten der durch die Dienstreise verursachte Aufwand zu entschädigen[3]). Die Angestellte hat die jeweils kostengünstigste Variante der Reise zu wählen.

1. Reisekosten

1.1. Bei Dienstreisen mit der Eisenbahn werden die Fahrtkosten der 2. Klasse ersetzt.

1.2. Bei Benützung der 1. Klasse, von Luxuszügen und des Schlafwagens werden die jeweiligen Kosten nur dann ersetzt, wenn die Benützung aufgrund einer ausdrücklichen Bewilligung der Ar-

beitgeberin erfolgte. Liegt eine derartige Bewilligung nicht vor, werden die Fahrtkosten der 2. Klasse ersetzt[4]).

1.3. Bei Dienstreisen mit dem Autobus werden die tatsächlich aufgelaufenen Fahrtkosten ersetzt.

1.4. Für die Benützung von Flugzeugen oder Schiffen ist eine ausdrückliche Bewilligung der Arbeitgeberin erforderlich. Bei Vorliegen einer derartigen Bewilligung werden die tatsächlich aufgelaufenen Kosten ersetzt.

1.5. Für die Verwendung des Privat-Pkw der Angestellten bei einer Dienstreise ist eine ausdrückliche Bewilligung der Arbeitgeberin erforderlich. Bei Vorliegen einer derartigen Bewilligung wird zur Abdeckung des durch die Haltung und Benützung des Pkw entstehenden Aufwandes ein Kilometergeld gewährt. Über das Kilometergeld hinaus bestehen keine weiteren Ansprüche auf Reisekostenentschädigung[5]).

1.6. Das Kilometergeld im Sinne des Punkt 1.5. beträgt[6])

bei Personen- und Kombinationskraftwagen seit dem 01.01.2009

1.6.1. bis 10.000 gefahrene km pro Kalenderjahr .... € 0,42

1.6.2. von 10.001 bis 20.000 km .... € 0,34

1.6.3. darüber.. € 0,25

je Fahrtkilometer.

Das niedrigere Kilometergeld gebührt jeweils ab dem Überschreiten der obigen Kilometergrenzen im jeweils laufenden Kalenderjahr.

1.7. Wenn das innerbetriebliche Geschäftsjahr vom Kalenderjahr abweicht, kann das Geschäftsjahr an Stelle des Kalenderjahres für die Berechnung des Kilometergeldes herangezogen werden. Innerbetrieblich können auch andere Jahreszeiträume für die Berechnung des Kilometergeldes vereinbart werden.

1.8. Das Kilometergeld ist entsprechend zu verringern, wenn ein Teil des Aufwandes (zB Treibstoff, Versicherungen, Reparatur) durch die Arbeitgeberin getragen wird.

1.9. Aus der Bewilligung gemäß Punkt 1.5. kann kein dienstlicher Auftrag zur Verwendung des Privat-Pkw abgeleitet werden. Die Gewährung von Kilometergeld bedingt daher keinerlei Haftung

der Arbeitgeberin für Schäden, die aus der Benützung des Pkw durch die Angestellte entstehen.

1.10. Über die gefahrenen Kilometer ist ein Fahrtenbuch zu führen, das über Aufforderung, jedenfalls aber am Ende des Kalender- oder Geschäftsjahres bzw beim Ausscheiden der Angestellten, zur Abrechnung vorzulegen ist. Die Abrechnung hat entweder nach jeder Dienstreise, monatlich oder in bestimmten Zeitabständen zu erfolgen.

1.11. Die Reisezeit ist in Punkt A. Abschnitt 2) dieses Kollektivvertrages geregelt.

2. Reiseaufwandsentschädigung

2.1. Für die Bestreitung des mit der Dienstreise verbundenen persönlichen Mehraufwandes für Verpflegung und Unterkunft erhält die Angestellte für jeden vollen Kalendertag eine Reiseaufwandsentschädigung. Diese besteht aus dem Taggeld und dem Nächtigungsgeld.

2.2. Die Reiseaufwandsentschädigung im Sinne des Einkommensteuergesetzes in der geltenden Fassung beträgt:

Taggeld	€ 26,40
Nächtigungsgeld	€ 15,00
Tag- und Nächtigungsgeld	€ 41,40

Wenn in einem Monat Dienstreisen an mehr als 12 Kalendertagen anfallen, so reduziert sich für jede Dienstreise ab dem 13. Kalendertag das Taggeld auf € 14,40 bzw auf ein Zwölftel von € 14,40 je angefangene Stunde. Bei der Ermittlung der 12 Kalendertage bleiben Dienstreisen, die insgesamt nicht mehr als 3 Stunden dauern, außer Ansatz.

2.3. Das Taggeld dient zur Deckung der Mehrausgaben für Verpflegung sowie aller mit der Dienstreise verbundenen persönlichen Aufwendungen der Angestellten einschließlich der Trinkgelder. Ein von der Arbeitgeberin bezahltes Essen (außer dem Frühstück) führt zur Kürzung des Taggeldes um jeweils € 13,20.

2.4. Dauert eine Dienstreise länger als 3 Stunden, so kann für jede angefangene Stunde 1/12 des vollen Taggeldes berechnet werden.

Das Nächtigungsgeld dient zur Deckung der Ausgaben für Unterkunft einschließlich der Kosten des Frühstücks.

Das Nächtigungsgeld entfällt, wenn mit der Dienstreise keine Nächtigung verbunden ist, Quartier beigestellt wird, die tatsächlichen Beherbergungskosten vergütet werden oder die Benützung des Schlafwagens bewilligt und die entsprechenden Kosten ersetzt werden.

Tatsächliche Beherbergungskosten werden gegen Vorlage des Beleges nach den Grundsätzen dieser Bestimmungen (B.) vergütet.

2.5. Ist gelegentlich bei einer Dienstreise ein mehr als 28-tägiger ununterbrochener Aufenthalt an einem Ort erforderlich, so vermindert sich ab dem 29. Tag die gebührende Reiseaufwandsentschädigung gemäß Punkt 2.2. um 25 %, wobei das Taggeld mindestens € 14,40 beträgt.

2.6. Am 30.6.2001 bestehende günstigere betriebliche oder individuelle Vereinbarungen über die Höhe des Reisekostenersatzes (Taggeld und Kilometergeld) werden durch die mit 1.7.2001 in Kraft getretene Neuregelung nicht berührt.

3. Teilnahme an Seminaren, Kursen, Informationsveranstaltungen und Ähnlichem

Eine Reisekosten- und Reiseaufwandsentschädigung entfällt bei Entsendung der Angestellten zu Veranstaltungen (zB Seminaren, Kursen, Informationsveranstaltungen), sofern die mit der Teilnahme verbundenen Kosten im erforderlichen Ausmaß von der Arbeitgeberin getragen werden.

4. Dienstreisen außerhalb von Österreich

Dienstreisen außerhalb von Österreich bedürfen einer ausdrücklichen Bewilligung der Arbeitgeberin. Die Entschädigung der Reisekosten und des Reiseaufwandes ist jeweils vor Antritt der Dienstreise besonders zu vereinbaren. Diese Regelung kann auch durch Betriebsvereinbarung getroffen werden. Es wird empfohlen, sich bei einer derartigen Vereinbarung an den Sätzen für Auslandsreisen des Einkommensteuergesetzes zu orientieren.

5. Messegeld

5.1. Angestellte, die zu einer mehr als dreistündigen Dienstleistung auf Messen oder Ausstellungen am Dienstort herangezogen werden, erhalten eine Aufwandsentschädigung (Messegeld) pro Kalendertag in Höhe von € 20,36.

5.2. Für Angestellte, die ausdrücklich zur Dienstleistung auf der jeweiligen Messe oder Ausstellung aufgenommen wurden (zB Messeaushilfen) bzw dann, wenn von der Arbeitgeberin die Kosten für angemessene Verpflegung getragen werden, besteht kein Anspruch auf Messegeld.

5.3. Für Angestellte, die zu Dienstleistungen auf Messen oder Ausstellungen außerhalb ihres Dienstortes herangezogen werden, gelten die Bestimmungen des Punktes B.

6. Betriebliche Zusatzregelungen

In Betriebsvereinbarungen können über die Gewährung von Reisekosten- und Aufwandsentschädigungen Regelungen vereinbart werden, soweit günstigere kollektivvertragliche Regelungen nicht bestehen.

[1]) Die rechtliche Problematik bei Dienstreisen ist äußerst komplex. Betriebliche Dienstreiseregelungen sollten insbesondere folgende Aspekte berücksichtigen:

a) Verpflichtung zur Durchführung von Dienstreisen (insbesondere auch Antritt der Dienstreise an arbeitsfreien Tagen; Mitnahme von Mitarbeitern und Mitarbeiterinnen im Pkw) etc;
b) Auswahl des Reisemittels;
c) arbeitszeit- und arbeitsruherechtliche Probleme;
d) Abgeltung der Zurverfügungstellung der Arbeitskraft anlässlich der Dienstreise;
e) Kosten des Reisemittels;
f) sonstige Aufwendungen des Arbeitnehmers bzw der Arbeitnehmerin (für Mehraufwand im Hinblick auf Verpflegung und Nächtigung, für sonstige Ausgaben);
g) Abrechnung der Dienstreise.

Eine Dienstreise beginnt in der Regel mit dem Verlassen des Dienstortes, auf ein „bloß vorübergehendes Verlassen" wird hingegen nicht mehr abgestellt (vgl OGH 22. Oktober 2009, 8 ObA 60/09w, infas 2010, A 42).

Der Kollektivvertrag regelt einen Teil dieser Materien. Die im Kollektivvertrag nicht enthaltenen Teile sind mittels Betriebsvereinbarung, Arbeitsvertrag und/oder generellen Weisungen (Dienstreiserichtlinien) festzulegen, wobei die Betriebsvereinbarung nur Regelungen treffen kann, sofern sie durch Gesetz oder Kollektivvertrag hiezu ermächtigt ist. Dies ist etwa in Abschnitt 5 Pkt A Z 1 der Fall (vgl auch *NN*, Auslandsdienstreisen – ein Praxisfall, PVP 2008, 36; *Kocher*, Auslandsdienstreisen im Handel, PV-Info 7/2009, 22).

[2]) **Dienstort** ist grundsätzlich der Ort, an dem der Arbeitnehmer bzw die Arbeitnehmerin aufgrund seines/ihres Arbeitsvertrages verpflichtet ist, die Arbeitsleistungen zu erbringen. Dieser herkömmliche Begriff des Dienstortes kann nicht unmittelbar auf die Bestimmung des Kollektivvertrages übertragen werden, da der Arbeitnehmer bzw die Arbeitnehmerin auch am Zielort der Dienstreise zu Arbeitsleistungen verpflichtet ist und die Grundlage für diese Verpflichtung im Arbeitsvertrag zu suchen ist. Auch **zwei oder mehr Dienstorte**, von denen Dienstreisen aus angetreten werden, können vereinbart werden (vgl OLG Wien 22. Juni 2017, 9 Ra 146/16f, ARD 6572/9/2017).

> **Beispiel:** Eine Arbeitnehmerin mit Wohnsitz in Wr. Neustadt vereinbart, dass die Tätigkeiten entweder in der Zentrale in Wien oder in der Betriebstätte in Eisenstadt erbracht werden. – Wird die Arbeitnehmerin von Montag bis Mittwoch in Wien und von Donnerstag bis Freitag in Eisenstadt eingesetzt, kommt es zu keinen Dienstreisen. Eine Fahrt zwischen Eisenstadt und Wien an einem Tag müsste hingegen wohl als Dienstreise interpretiert werden, da der auf den konkreten Tag bezogene Dienstort über Anordnung des Arbeitgebers bzw der Arbeitgeberin verlassen wird (dem folgend OLG Wien 22. Juni 2017, 9 Ra 146/16f, ARD 6572/9/2017). Der Begriff des Dienstortes besitzt insofern nicht nur eine räumliche, sondern auch eine zeitliche Komponente.

Außerhalb von Wien stellt der Handelsangestellten-KV für das Vorliegen einer Dienstreise darauf ab, ob die Dienstreise an einen Ort, der mehr als 12 km vom normalen Dienstort entfernt ist, führt. Liegt diese Voraussetzung vor, muss zusätzlich geprüft werden, ob dieser Ort nicht im Bereich des Gemeindegebietes liegt, in dem sich der Dienstort befindet.

> **Beispiel:** Eine Arbeitnehmerin betreut als Bezirksleiterin im Unternehmen des Arbeitgebers 32 Filialen in dem ihr zugewiesenen Verkaufsbezirk. Sie ist dabei für alle Filialen in diesem Verkaufsbezirk verantwortlich und unmittelbare Vorgesetzte aller Filialleiter und Filialleiterinnen. Die Filialen liegen zwischen 1,1 und 84,8 Straßenkilometer voneinander entfernt. Die Arbeitnehmerin hat diese Filialen durchschnittlich einmal alle zwei Wochen aufzusuchen, bestimmte Filialen wöchentlich. Sie besucht die Filialen von zu Hause aus nach einem von ihr nach den jeweiligen Bedürfnissen festgelegten Routen-

plan. Als Bezirksleiterin verrichtet sie ihre Tätigkeit ausschließlich in den Filialen, über einen Arbeitsplatz in der (in einem anderen Bundesland liegenden) Zentrale des Unternehmens verfügt sie nicht. – Hiezu OGH 28. Juni 2012, 8 ObA 10/12x, ARD 6259/2/2012 = infas 2012, A 82: Hat ein Unternehmen mehrere Betriebsstätten (Filialen) und erbringt eine Bezirksleiterin ihre Tätigkeiten ausschließlich in den Filialen ihres Verkaufsbezirks, sind Dienstort der Arbeitnehmerin die Gemeindegebiete jener Gemeinden im Verkaufsbezirk, in denen der Arbeitgeber eine Betriebsstätte unterhält, bzw der örtliche Bereich im Umkreis von 12 Straßenkilometern von diesen Filialen. Ist die zweite Anspruchsvoraussetzung des KV für Tagesgelder, nämlich eine Dauer der Fahrten zwischen den Dienstorten von mehr als drei Stunden, nicht erfüllt (hier: maximale Entfernung 84,8 km), besteht daher jedenfalls kein Anspruch auf Reiseaufwandsentschädigung nach dem Handelsangestellten-KV.

Mitentscheidend für die Frage des Dienstortes ist mitunter, wo der Arbeitnehmer bzw die Arbeitnehmerin **überwiegend eingesetzt** wird. Dies schließt aber nicht aus, dass eine Betriebsstätte als Dienstort vereinbart wird, in der sich der Arbeitnehmer bzw die Arbeitnehmerin nur sporadisch aufhält.

Beispiel: Mit einer Pharmareferentin wird als Dienstort Wien festgelegt, wobei ihre hauptsächliche Aufgabe darin besteht, Tierärzte vor Ort zu besuchen. Die für die Arbeitnehmerin verpflichtenden Schulungen finden hingegen am Dienstort in Wien statt. – Hiezu OGH 22. Oktober 2009, 8 ObA 60/09w, infas 2010, A 42: Während die ständige Vertretertätigkeit eine Dienstreise darstellt, vermag die Schulung am Dienstort nicht die Voraussetzungen einer Dienstreise zu erfüllen, da der vereinbarte Dienstort eben nicht verlassen wird.

[3]) Im Bereich der Reisekosten- und Reiseaufwandsentschädigungen kommt es zu einer besonderen **Verschränkung von Arbeits-, Sozial- und Steuerrecht**. Die Bestimmungen des Steuerrechts legen an sich nur fest, welche Aufwandsentschädigungen dem Arbeitnehmer bzw der Arbeitnehmerin auch steuerfrei ausbezahlt werden können. Der arbeitsrechtliche Anspruch bleibt hievon unberührt und ist vorweg zu prüfen (eingehend dazu *Fritz-Schmied/Naderhirn/Resch*, Handbuch Aufwandersatz [2008] 17 ff). Hat der Arbeitnehmer bzw die Arbeitnehmerin Anspruch auf höhere Aufwandsentschädigungen als steuerrechtlich vorgesehen sind, dann ist der Differenzbetrag lohnsteuerpflichtig. Der Anspruch des Arbeitnehmers bzw der Arbeitnehmerin ändert sich hiedurch jedoch nicht.

Der **steuerrechtliche Dienstreisebegriff** wird grundsätzlich in § 26 Z 4 EStG definiert. Dieser Bestimmung zufolge, an die sich die kollektivvertragliche Bestimmung anlehnt, liegt eine Dienstreise dann vor, wenn ein Arbeitnehmer bzw eine Arbeitnehmerin über Auftrag des Arbeitgebers bzw der Arbeitgeberin

– seinen/ihren Dienstort (Büro, Betriebsstätte, Werksgelände, Lager usw) zur Durchführung von Dienstverrichtungen verlässt oder
– so weit entfernt von seinem/ihrem ständigen Wohnort (Familienwohnsitz) arbeitet, dass ihm/ihr eine tägliche Rückkehr an seinen/ihren ständigen Wohnort (Familienwohnsitz) nicht zugemutet werden kann.

Ausgehend von dieser Definition hat der Gesetzgeber die steuer- und sozialrechtliche Behandlung von Reisevergütungen als Folge einer Aufhebung durch den VfGH (22. Juni 2006, ARD 5714/10/2006) neu geregelt (**Reisekosten-Novelle 2007** – RK-Novelle 2007, BGBl I 45/2007; ausführlich zu dieser Novelle und zum Folgenden *Fritz-Schmied/Naderhirn/Resch*, Handbuch Aufwandersatz [2008]); *Prinz*, Personalverrechnung in der Praxis[33] [2022], 565 ff):

Steuerbefreit sind nach § 3 Abs 1 Z 16b EStG 1988 Reiseaufwandsentschädigungen unter folgender Voraussetzung:

> „16b. Vom Arbeitgeber als Reiseaufwandsentschädigungen gezahlte Tagesgelder und Nächtigungsgelder, soweit sie nicht gemäß § 26 Z 4 zu berücksichtigen sind, die für eine
> – Außendiensttätigkeit (zB Kundenbesuche, Patrouillendienste, Servicedienste),
> – Fahrtätigkeit (zB Zustelldienste, Taxifahrten, Linienverkehr, Transportfahrten außerhalb des Werksgeländes des Arbeitgebers),
> – Baustellen- und Montagetätigkeit außerhalb des Werksgeländes des Arbeitgebers,
> – Arbeitskräfteüberlassung nach dem Arbeitskräfteüberlassungsgesetz, BGBl 196/1988, oder eine
> – vorübergehende Tätigkeit an einem Einsatzort in einer anderen politischen Gemeinde gewährt werden, soweit der Arbeitgeber aufgrund einer lohngestaltenden Vorschrift gemäß § 68 Abs 5 Z 1 bis 6 zur Zahlung verpflichtet ist. Die Tagesgelder dürfen die sich aus § 26 Z 4 ergebenden Beträge nicht übersteigen. Kann im Falle des § 68 Abs 5 Z 6 keine Betriebsvereinbarung abgeschlossen werden, weil ein Betriebsrat nicht gebildet werden kann, ist von einer Verpflichtung des Arbeitgebers auszugehen, wenn eine vertragliche Vereinbarung für alle Arbeitnehmer oder bestimmte Gruppen von Arbeitnehmern vorliegt. Reiseaufwandsentschädigungen sind

nicht steuerfrei, soweit sie anstelle des bisher gezahlten Arbeitslohns oder üblicher Lohnerhöhungen geleistet werden" (zu den lohngestaltenden Vorschriften s insb *Löschnigg/Rainer*, „Öffnungsklauseln" iSd § 26 Z 7 lit a EStG – arbeitsrechtliche und steuerrechtliche Überlegungen Teil 2, RdW 2006, 223).

Nach § 49 Abs 3 Z 1 ASVG sind Vergütungen des Dienstgebers, mit welchen er die durch dienstliche Verrichtungen veranlassten Aufwendungen des Dienstnehmers abgilt, **sozialversicherungsrechtlich beitragsfrei**, sofern für diese auch keine Steuer (vgl § 26 EStG) zu bezahlen ist. Der sozialversicherungsrechtliche Entgeltbegriff orientiert sich damit am Steuerrecht. Insofern kann auf die obigen Erläuterungen verwiesen werden (vgl dazu *Geppert* [Hrsg], Sozialversicherung in der Praxis – Handbuch [Losebl] 4.8.3.2; s weiters *Prinz*, Personalverrechnung in der Praxis[33] [2022], 564 f).

[4]) Bei Dienstreisen mit der **Bahn** bedarf es laut Abschnitt 5 Pkt B Z 1.2. Handelsangestellten-KV der ausdrücklichen **Zustimmung** des Arbeitgebers bzw der Arbeitgeberin, wenn die I. Klasse, ein Luxuszug oder ein Schlafwagen genutzt wird. Ansonsten werden (nur) die Kosten der II. Klasse ersetzt. Welche Kriterien der Arbeitgeber bzw die Arbeitgeberin bei der Genehmigung zB der I. Klasse für ausschlaggebend erachtet, bleibt grundsätzlich ihm/ihr überlassen. Allenfalls ergibt sich ein Maßstab aus betrieblichen Reiserichtlinien. Die Bewilligung kann schriftlich, mündlich oder durch schlüssige Handlung erteilt werden. Der ausdrückliche Wille des Arbeitgebers bzw der Arbeitgeberin muss jedoch stets erkennbar sein. Eine pauschale Erteilung der Bewilligung ist möglich. Da im KV im Zusammenhang mit Bahnreisen nicht vom Ersatz der „tatsächlichen Kosten", sondern von jenen der II. Klasse die Rede ist, kann davon ausgegangen werden, dass ein Arbeitnehmer bzw eine Arbeitnehmerin, der/die im Besitz eines entsprechenden Ermäßigungsausweises der ÖBB ist, die Kosten der Fahrt II. Klasse („Vollpreis") ersetzt bekommt, obwohl er/sie aufgrund des Ausweises nur den sog Halbpreis entrichten muss.

[5]) Der Arbeitnehmer bzw die Arbeitnehmerin kann ihren **Privat-Pkw** nur mit schriftlicher Genehmigung des Arbeitgebers bzw der Arbeitgeberin für Dienstreisen verwenden.

[6]) Als Abdeckung für den Aufwand bei Haltung und Benützung des Fahrzeuges gewährt der Arbeitgeber bzw die Arbeitgeberin ein entsprechendes **Kilometergeld**. Damit sind auch sämtliche Maut- und Parkgebühren abgegolten. Wird ein Kilometergeld gewährt, hat der Arbeitnehmer bzw die Ar-

beitnehmerin keinen darüber hinausgehenden kollektivvertraglichen Rechtsanspruch auf weitergehende Abgeltung von Reisekosten.

ABSCHNITT 6
BRANCHENSPEZIFISCHE SONDERBESTIMMUNGEN

A. Pharmazeutischer Großhandel[1])

1. **Folgende Regelungen gelten für alle Arbeitnehmerinnen jener Betriebe, die der Berufsgruppe des pharmazeutischen Großhandels im Bundesgremium des Handels mit Arzneimitteln, Drogerie- und Parfümeriewaren sowie Chemikalien und Farben laut aktualisierter Auflistung (wird im Kollektivvertrag angeführt) angehören[2]).**

2. **Abweichend zu ABSCHNITT 2) B.1.1. wird entsprechend § 12a ARG[3]) die Beschäftigung in der Auslieferung am Samstag bis 15:00 Uhr und darüber hinaus für die Zustellung am Samstag bis 18.00 Uhr zugelassen. Ab 13.00 Uhr gebührt ein Zuschlag von 50%.**

3. **Der Anspruch auf das Dienstjubiläum anlässlich einer Dienstzeit von 30 Jahren in der Höhe von zwei Bruttomonatsgehältern besteht für alle Arbeitnehmerinnen, deren Arbeitsverhältnis vor dem Umstiegsstichtag[4]) begründet wurde[5]).**

4. **Abweichend zu ABSCHNITT 4) A.6. beträgt die Weiterbeschäftigung für Lehrlinge, deren Lehrverhältnis vor dem Umstiegsstichtag begründet wurde, 6 Monate.**

[1]) Für die **Angestellten des pharmazeutischen Großhandels** wurde bis 2022 ein eigener Kollektivvertrag abgeschlossen. Schon vor 2022 waren sich aber die Kollektivvertragsparteien einig, den KV für den pharmazeutischen Großhandel auslaufen zu lassen. Dementsprechend wurde für 2023 kein neuer Kollektivvertrag mehr verhandelt. Eine formelle Derogation des Kollektivvertrages erfolgte nicht. Im Ergebnis wird man aber aus dem zeitlichen Zusammenhang, den Übergangsbestimmungen und dem Unterlassen entsprechender Kollektivvertragsverhandlungen von einer materiellen Derogation des KV für die Angestellten des pharmazeutischen Großhandels ausgehen können. Vor allem Pkt III Z 2 des KV für die Angestellten des pharmazeutischen Großhandels sah vor, dass spätestens zum 1.1.2022 alle Arbeitsverhältnisse in den KV Handel überführt sein mussten.

[2]) Die Übergangsbestimmungen verweisen auf jene Betriebe, die der Berufsgruppe des pharmazeutischen Großhandels angehören. Da seit 2023 kein KV Pharmazeutischer Großhandel mehr abgeschlossen wurde und der KV 2022 materiell derogiert wurde (s Erl 1), fehlt nunmehr diese Auflistung auf der Ebene des Kollektivvertrages – früher war die Liste der Unternehmen im Anhang 2 des KV Pharmazeutischer Großhandel enthalten. Der Hinweis auf eine „aktualisierte Auflistung" im KV-Text ist irreführend, kann aber ignoriert werden.

[3]) Gemäß **§ 12a ARG** kann ein Kollektivvertrag Ausnahmen von der Wochenend- und Feiertagsruhe zulassen, wenn dies zur Verhinderung eines wirtschaftlichen Nachteils sowie zur Sicherung der Beschäftigung erforderlich ist (vgl *Lutz/Heilegger/Dunst*, ARG[6] [2021] Rz 4 zu § 12a). Die Kollektivvertragspartner hatten von dieser Möglichkeit Gebrauch gemacht und am 21. Oktober 2021 einen bis 30.6.2022 zeitlich befristeten Zusatzkollektivvertrag Pharmazeutischer Großhandel, Angestellte, abgeschlossen. Dieser normierte die Abgeltung an Samstagen und Sonntagen im Zusammenhang mit der An- und Auslieferung von Impfstoffen und für Tätigkeiten, die für eine ordnungsgemäße Arzneimittelversorgung der Bevölkerung unerlässlich sind. Der Zusatzkollektivvertrag wurde nicht verlängert. Die Zulassungsnorm des Abschnitt 6 Pkt. A Z 2 Handels-KV erlaubt aber weiterhin die Beschäftigung in der Auslieferung am Samstag bis 15:00 Uhr und in der Zustellung am Samstag bis 18:00 Uhr.

[4]) Der **Umstiegsstichtag** ist jener Tag, an dem das Unternehmen vom KV Pharmazeutischer Großhandel in den Handelsangestellten-KV wechselt. Die entsprechenden Vorgaben finden sich in Pkt III des KV Pharmazeutischer Großhandel 2022 (s Erl 1).

[5]) Im Gegensatz zu den allgemeinen Bestimmungen des Handelsangestellten-KV in Abschnitt 1 sieht der Abschnitt 6 Pkt A Z 3 des Handels-KV auch bei einer Beschäftigungsdauer von 30 Jahren ein **Jubiläumsgeld** vor. Durch den Wechsel in den Handelsangestellten-KV (s Erl 1) bleibt diese Zahlung erhalten. Dies gilt aber nur für jene Arbeitnehmer und Arbeitnehmerinnen, die sich vor dem Umstiegstag (s Erl 3) in einem Arbeitsverhältnis zum Unternehmen befinden.

B. Versand- und Onlinehandel

1. Folgende Regelungen gelten für alle Arbeitnehmerinnen jener Betriebe, die im Wege des Fernabsatzes (Verwendung von ein oder mehreren Fernkommunikationsmittel, wie zB Katalog, Internet, Telefon, Fax) Waren gegenüber Verbrauchern anbieten und im Versandweg an diese zustellen oder über „Click and Collect“ zur Abholung bereitstellen. Ausgenommen sind Arbeitnehmerinnen von Unternehmen lt Abs 2.

1.1. Die Beschäftigung wird entsprechend des § 12a ARG wie folgt zugelassen:

1.1.1. Samstag von 13:00 Uhr bis 18:00 Uhr

1.1.2. Sonn- und Feiertage von 08:00 bis 18:00 Uhr

1.2. Zugelassen sind Arbeitsleistungen im Zusammenhang mit der Beratung von Kundinnen, allgemeinen Preisauskünften, der Annahme von Bestellungen, Geschäftsanbahnungen und Terminkoordinationen. Nicht zugelassen sind planerische und konzeptionelle Tätigkeiten und die Ausarbeitung von Kostenvoranschlägen.

1.3. Am Samstagnachmittag, sofern dies ein Werktag ist, gebührt für die Zeit von 13:00 bis 18:00 Uhr ein Zuschlag für die Normalarbeitszeit von 50%.

2. Folgende Regelungen gelten für alle Arbeitnehmerinnen der Mitgliedsunternehmen des Bundesgremiums des Versand-, Internet- und allgemeinen Handels hinsichtlich jener Betriebe, die mehr als 50 % des Umsatzes mit Waren tätigen, die im Wege des Fernabsatzes (Verwendung von ein oder mehreren Fernkommunikationsmittel, wie zB Katalog, Internet, Telefon, Fax) gegenüber Verbrauchern angeboten und im Versandweg an diese zugestellt werden.

2.1. Die Beschäftigung wird entsprechend des § 12a ARG wie folgt zugelassen.

2.1.1. an Samstagen

2.1.2. an Sonn und Feiertagen

2.2. Zugelassen sind Arbeitsleistungen im Zusammenhang mit der Beratung von Kundinnen, allgemeinen Preisauskünften, der Annahme von Bestellungen, Geschäftsanbahnungen und Termin-

koordinationen. Nicht zugelassen sind planerische und konzeptionelle Tätigkeiten und die Ausarbeitung von Kostenvoranschlägen.

2.3. Am Samstagnachmittag, sofern dies ein Werktag ist, gebührt für die Zeit von 13:00 bis 20:00 Uhr ein Zuschlag für die Normalarbeitszeit von 50 %. Darüber hinaus gebührt

2.3.1. von 20 - 22 Uhr ein Zuschlag von € 3,92 pro Stunde

2.3.2. von 22 - 6 Uhr ein Zuschlag von € 5,17 pro Stunde

2.3.3. Diese Beträge erhöhen sich jeweils um denselben Prozentsatz wie das kollektivvertragliche Mindestgehalt der Beschäftigungsgruppe C Stufe 1.

3. Wird eine Arbeitnehmerin während der Wochenendruhe beschäftigt ist in der folgenden oder in derselben Kalenderwoche, die Normalarbeitszeit so zu verteilen, dass zwei zusammenhängende Tage arbeitsfrei bleiben.

4. Eine Trennung der beiden arbeitsfreien Tage kann vereinbart werden, wenn einer der freien Tage der Sonntag ist und in der folgenden Kalenderwoche der Samstag und der Sonntag arbeitsfrei bleiben.

5. Bei nachweislicher Gesundheitsgefährdung durch die Arbeitsleistung nach 20:00 Uhr hat die Arbeitnehmerin einen Anspruch auf Versetzung auf einen Tagesarbeitsplatz, soweit, dies betrieblich möglich ist. Bei der Beschäftigung von Arbeitnehmerinnen an Abenden bzw an Sonn- und Feiertage ist auf unbedingt notwendige Betreuungspflichten gegenüber Kindern bis zu 12 Jahren Bedacht zu nehmen.

6. Arbeitnehmerinnen dürfen wegen der Ablehnung von Arbeitsleistungen an Sonn- und Feiertagen nicht benachteiligt werden.

C. Videotheken

1. Folgende Regelungen gelten für alle Arbeitnehmerinnen der Mitgliedsunternehmen des Bundesgremiums des Elektro- und Einrichtungsfachhandels, deren Unternehmensgegenstand die Vermietung (Verleih) von Bild- und Tonträgern ist.

2. Gemäß § 12a des Arbeitsruhegesetzes wird die Beschäftigung von Arbeitnehmerinnen im Zusammenhang mit der Vermietung von Bild- und Tonträgern in Videotheken an Samstagen bis 22.00 Uhr und an Sonn- und Feiertagen von 10.00 Uhr – 19.30 Uhr zugelassen.

3. Bei nachweislicher Gesundheitsgefährdung durch die Arbeitsleistung im Zusammenhang mit der Vermietung von Bild- und Tonträgern nach 20.00 Uhr hat die Arbeitnehmerin einen Anspruch auf Versetzung auf einen Tagesarbeitsplatz, sofern dies betrieblich möglich ist. Bei der Beschäftigung von Arbeitnehmerinnen am Abend ist auf die unbedingt notwendigen Betreuungspflichten gegenüber Kindern bis zu 12 Jahren Bedacht zu nehmen.

4. Wegen der speziellen Arbeitszeitregelung werden die in ABSCHNITT 3) A 4. festgelegten kollektivvertraglichen Mindestgehälter um jeweils zumindest 7 % erhöht.

5. Wird eine Arbeitnehmerin an einem Samstag nach 13.00 Uhr mit der Vermietung von Bild- und Tonträgern beschäftigt, hat der nachfolgende Samstag zur Gänze arbeitsfrei zu bleiben. In folgenden Fällen ist die Beschäftigung am folgenden Samstag nach 13.00 Uhr zulässig:

5.1. Vollzeitbeschäftigte Arbeitnehmerinnen auf ausdrücklichen Wunsch der Arbeitnehmerin, wenn vereinbart wird, dass innerhalb der entsprechenden Arbeitswoche zumindest zwei zusammenhängende Tage arbeitsfrei bleiben.

5.2. Arbeitnehmerinnen, mit denen eine Arbeitsleistung ausschließlich für Arbeitsleistungen an Samstagen, an Sonn- und Feiertagen oder an Samstagen und Sonntagen vereinbart ist.

6. Keine Anwendung finden sämtliche aufgrund der Lage der Normalarbeitszeit bzw. für Mehrarbeitsleistungen gebührenden besonderen Zuschlags- bzw. Freizeitregelungen dieses Kollektivvertrages für Arbeitsleistungen an Werktagen sowie für Arbeitsleistungen an Sonn- und Feiertagen (ABSCHNITT 2). Diese sind durch das erhöhte Mindestgehalt der Gehaltstafeln im Sinne des Pkt 4. pauschal abgegolten.

7. Für die Beschäftigung von Arbeitnehmerinnen am 8. Dezember kommen die Bestimmungen dieses Kollektivvertrages gemäß ABSCHNITT 2) I zur Anwendung.

D. Tabaktrafiken

Für alle Angestellten, die vor dem 1. Jänner 1998 in eine Tabaktrafik eingetreten sind (auch Aushilfskräfte), auf welche das AngG Anwendung findet gilt abweichend zu ABSCHNITT 1) H. folgende Regelung:

Für die ununterbrochene Betriebszugehörigkeit von je 10 Jahren in ein und demselben Betrieb erhält der Arbeitnehmer jeweils ein Jubiläumsgeld in der Höhe eines Monatsgehaltes, das anlässlich des Antrittes des Erholungsurlaubes auszuzahlen ist. Als Betriebszugehörigkeit gelten auch Unterbrechungen des Dienstverhältnisses, wenn sie die Gesamtdauer von 3 Monaten nicht überschreiten und die Lösung des Dienstverhältnisses nicht durch vorzeitigen Austritt ohne wichtigen Grund oder durch vorzeitige Entlassung infolge eines wichtigen Grundes erfolgt ist.

ABSCHNITT 7
ABSCHLIESSENDE BESTIMMUNGEN

A. Verfalls- und Verjährungsbestimmungen[1])

1. Allgemeine Bestimmung

Soweit in diesem Kollektivvertrag nicht anders geregelt, sind Ansprüche der Arbeitgeberin sowie der Arbeitnehmerin bei sonstigem Verfall innerhalb von 6 Monaten nach Fälligkeit schriftlich dem Grunde nach geltend zu machen[2]). Bei rechtzeitiger Geltendmachung bleibt die gesetzliche Verjährungsfrist gewahrt[3]).

2. Arbeitszeitaufzeichnungen

2.1. Die Arbeitgeberin hat (außer in den Fällen gemäß § 26 Abs (2) bis (5) AZG, zB Gleitzeit, Reisende) laufend Aufzeichnungen über die von ihren Arbeitnehmerinnen geleisteten Arbeitszeiten zu führen, die der Arbeitnehmerin bis spätestens am Ende der folgenden Gehaltsperiode zur Bestätigung vorzulegen sind. Der Zeitraum der Vorlage kann über Betriebsvereinbarung, in Betrieben ohne Betriebsrat über den Arbeitsvertrag (Dienstzettel) verlängert werden[4]).

2.2. Verweigert die Arbeitnehmerin die Unterschrift mit begründetem Hinweis auf eine höhere Arbeitszeitleistung, so hat sie Ansprüche aufgrund einer höheren Arbeitszeitleistung innerhalb von 6 Monaten ab Vorlage der Arbeitszeitaufzeichnung schriftlich geltend zu machen. Für die so geltend gemachten Ansprüche gelten die Verjährungsfristen des ABGB[5]).

2.3. Etwaige seitens der Arbeitnehmerin nach dem Verfahren gemäß der Punkte 2.1. und 2.2. nicht geltend gemachte Arbeitszeiten verfallen nach Ablauf von 2 Monaten.

2.4. Werden von der Arbeitgeberin entgegen diesen Bestimmungen die laufenden Aufzeichnungen nicht geführt oder vorgelegt, so verfallen Ansprüche, sofern sie nicht dem Grunde nach schriftlich geltend gemacht wurden, nach Ablauf von 6 Monaten nach Fälligkeit, sofern gemäß Punkt 2.5. nichts anderes bestimmt ist[6]).

2.5. Werden die Aufzeichnungen nicht geführt, in wesentlichen Teilen nicht geführt oder werden sie nicht vorgelegt, so beträgt diese

Frist 12 Monate, sofern wegen des Umfanges des Betriebes diese Aufzeichnungen von der Arbeitgeberin üblicherweise nicht überwiegend persönlich geführt werden und die Arbeitnehmerinnen nicht in diese Aufzeichnungen Einsicht nehmen können.

3. Zeitguthaben, Zeitausgleich[7])

Bei Abgeltung von Arbeitszeit, Mehrarbeit, Überstunden und Zuschlägen in Form von Zeitausgleich hat die Arbeitgeberin ein Zeitkonto zu führen. Das Zeitkonto muss mindestens einmal im Quartal der Arbeitnehmerin zur Bestätigung der Richtigkeit vorgelegt werden. Bestätigt die Arbeitnehmerin die Richtigkeit des Zeitkontos, sind weitere Ansprüche auf Zeitguthaben ausgeschlossen. Wird die Richtigkeit nicht bestätigt, gelten die Bestimmungen gemäß Punkt 1. Von der Arbeitgeberin anerkannte Zeitgutschriften verfallen nicht.

4. Gehaltsansprüche

Gehaltsansprüche aufgrund von Unstimmigkeiten hinsichtlich der Einstufung verfallen mangels Geltendmachung mit Ablauf von einem Jahr. Bei rechtzeitiger Geltendmachung bleibt die dreijährige Verjährungsfrist des § 1486 ABGB aufrecht[8]).

5. Reisekosten- und Reiseaufwandsentschädigungen

Ansprüche aus Reisekosten oder Reiseaufwandsentschädigungen müssen spätestens innerhalb von 3 Monaten nach Beendigung der Dienstreise bzw der vereinbarten oder aufgetragenen Vorlage des Fahrtenbuches bei sonstigem Verfall bei der Arbeitgeberin durch Rechnungslegung bzw Vorlage des Fahrtenbuches geltend gemacht werden[9]).

[1]) Mit dem Handelsangestellten-KV 2001 wurde erstmals die Regelung der Verfalls- und Verjährungsbestimmungen in einem eigenen Abschnitt zusammengefasst. Bis dahin wurden die einzelnen Fristen in den betreffenden Abschnitten geregelt. Seit dem Handelsangestellten-KV 2018 sind nun auch die Verfallsregelungen in Zusammenhang mit den Reisekosten in Abschnitt 7 enthalten, die zuvor in Abschnitt XVI Pkt F geregelt waren (s Erl 9).

Kollektivvertragliche „Ausschlussfristen", „Verfallsklauseln" bzw „Verjährungsklauseln" haben den erklärten Zweck, die Abwicklung arbeitsrechtlicher Ansprüche entweder schon während des aufrechten Arbeitsverhältnisses, in erster Linie aber nach dessen Beendigung zu beschleunigen. Dabei ist durch Auslegung zu ermitteln, ob es um die Verkürzung der gesetzlichen Verjährungsfrist (insbesondere der dreijährigen Verjährungsfrist gem § 1486 Z 5 ABGB) geht, oder ob nach Fristablauf ein völliger Untergang des Anspruches eintreten soll. Letzteres kommt vor allem bei Fristen für die Anmeldung bzw außergerichtliche Geltendmachung von Ansprüchen in Betracht. Hingegen sollen Fristen für eine gerichtliche Geltendmachung grundsätzlich einer verkürzten Verjährungsfrist zugeführt werden (vgl allg hiezu *Vollmaier*, Verjährung und Verfall [2009]; *Thöny/Maier*, Verfall und Verjährung im Arbeitsrecht [2011]; *Eypeltauer*, Verfall und Verjährung im Arbeitsrecht, DRdA 2013, 377).

Der Rechtsprechung zufolge sind Verkürzungen der gesetzlichen Verjährungsfrist durch **Kollektivvertrag zulässig**, solange dadurch **nicht die Geltendmachung des Anspruches in sittenwidriger Weise erschwert** wird (OGH 21. September 1954, 4 Ob 97/54, Arb 6062; OGH 23. April 1968, 4 Ob 17/68, Arb 8515). Zu kurz sind zB sechs Wochen (OGH 15. Oktober 1985, 4 Ob 110/84, Arb 10.475), im Allgemeinen ausreichend sind dagegen zB drei Monate (OGH 26. November 1997, 9 ObA 163/97d, DRdA 1998, 264 mit Bespr v *Resch* = ZAS 1998, 152 mit Bespr v *Madl;* OGH 24. April 2012, 8 ObA 86/11x, DRdA 2013, 243 mit Bespr v *Eypeltauer* = ecolex 2012, 718; OGH 26. Februar 2014, 9 ObA 1/14h, DRdA 2015, 34 mit Bespr v *Grillberger* = ecolex 2014, 728 mit Bespr v *Eypeltauer* = ZAS 2015, 32 mit Bespr v *Graf-Schimek* = ARD 6395/1/2014; OGH 15. Dezember 2015, 8 ObA 85/15f, DRdA-infas 2016, 213 mit Bespr v *Kozak*), unter besonderen Umständen allenfalls auch schon zwei Monate (OGH 21. Oktober 1992, 9 ObA 182/92, ARD 4438/16/93; OGH 12. Juli 2000, 9 ObA 166/00b, ARD 5178/8/2000). Die in Abschnitt 7 normierte sechsmonatige Verfallsfrist erscheint vor dem Hintergrund dieser Judikatur unbedenklich.

[2]) Nach dem klaren Wortlaut regelt Abschnitt 7 Pkt A Z 1 eine **Verfallsfrist**. Diese Verfallsfrist bezieht sich auf **sämtliche Ansprüche** aus dem Arbeitsverhältnis, sofern der Handelsangestellten-KV nicht Sonderregelungen enthält (OGH 2. April 2009, 8 ObA 90/08f, wbl 2009, 355). Wurde die Verfallsfrist außergerichtlich geltend gemacht, fällt diese Wirkung durch die teilweise Einschränkung der eingebrachten Klage nicht wieder weg (OGH 30. Mai 2007, 9 ObA 43/07z, ARD 5794/3/2007 = ASoK 2008, 36). Für eine **außergerichtliche Geltendmachung** kollektivvertraglicher Ansprüche innerhalb der Verfallsfrist ist es der Rechtsprechung zufolge

ausreichend, wenn der Arbeitnehmer bzw die Arbeitnehmerin die Ansprüche soweit konkretisiert, dass der Arbeitgeber bzw die Arbeitgeberin erkennen kann, welche Ansprüche ihrer Art nach gemeint sind. Eine ziffernmäßige Konkretisierung der Ansprüche muss zwar grundsätzlich nicht erfolgen, doch reicht eine völlig undifferenzierte Geltendmachung zur Wahrung der Verjährungsfrist nicht aus (OLG Linz 18. Juni 2013, 12 Ra 42/13b, ARD 6356/3/2013). Stellt der Arbeitnehmer bzw die Arbeitnehmerin auf einen bestimmten Rechtsgrund und eine umfänglich genau umschriebene Forderung ab, sind davon allfällige weitere Ansprüche aus demselben Rechtsgrund nicht erfasst (OGH 29. August 1990,9 ObA 180/90, Arb 10.889; vgl zuletzt OGH 24. April 2013, 9 ObA 34/13k, ARD 6334/3/2013). Wenn also zB ein exakter Betrag hinsichtlich einer Abfertigungsforderung geltend gemacht wird, kann der Arbeitgeber einer Erhöhung der Forderung nach Ablauf der Verfallsfrist den Einwand des Verfalls entgegenhalten (OGH 27. Jänner 2017, 8 ObA 75/16m, ARD 6542/6/2017 = RdW 2017, 512). Als **nicht ausreichende Geltendmachung** iSd Abschnittes 7 Pkt A Z 1 Handelsangestellten-KV wurde die tägliche Eintragung der Beginn- und Endzeiten sowie der Pausenzeiten in ein EDV-Erfassungssystem durch einen Schichtleiter angesehen, mit dem ein All-inclusive-Gehalt vereinbart war. Das OLG Linz kam zu der Auffassung, dass aus den täglich erfolgenden Eintragungen der Arbeitszeit – die wesentlichen Schwankungen unterworfen war – nicht abzuleiten war, dass damit die Abgeltung der nach Saldierung aller geleisteten Stunden sich (möglicherweise) ergebenden Mehr- bzw Überstunden begehrt wird (OLG Linz 18. Juni 2013, 12 Ra 42/13b, ARD 6356/3/2013; vgl weiters zur mangelnden Geltendmachung von Überstunden OGH 25. März 2014, 9 ObA 30/14y, ARD 6398/9/2014 = ASoK 2014, 406 = DRdA 2014, 442 = infas 2014, A 72 [KV für Speditionsangestellte]; OGH 28. Mai 2015, 9 ObA 40/15w [KV für Arbeiter im Hotel- und Gastgewerbe]).

Die Verfallsfrist bezieht sich aber **nicht** auf **Kondiktionsansprüche** des Arbeitgebers bzw der Arbeitgeberin wegen **irrtümlich erbrachter rechtsgrundloser Leistungen** iSd § 1431 ABGB, da Kollektivverträge gem § 2 Abs 2 Z 2 ArbVG nur die gegenseitigen aus dem Arbeitsverhältnis entspringenden Rechte und Pflichten der Arbeitnehmer bzw Arbeitnehmerinnen und der Arbeitgeber bzw Arbeitgeberinnen regeln können. Der Rechtsprechung zufolge handelt es sich dabei nur um typische, wesentliche oder regelmäßig wiederkehrende Inhalte eines Arbeitsverhältnisses (OGH 20. Oktober 1981, 4 Ob 108/81, DRdA 1983, 180 mit krit Bespr v *Wachter* = ZAS 1983, 102 mit krit Bespr v *Geppert* = ARD 3428/3/82; OGH 7. November 2002, 8 ObA 176/02v, ARD 5402/3/2003; vgl weiters die Kritik von *Jabornegg*, Grenzen kollektivvertraglicher

Rechtssetzung und richterliche Kontrolle, JBl 1990, 205). Wird bspw einem Handelsangestellten die gesetzliche Abfertigung irrtümlich zweimal ausbezahlt, unterliegt der Rückforderungsanspruch nicht der Verfallsbestimmung des Abschnittes 7 Pkt A Z 1 (OGH 19. Dezember 2013, 9 ObA 151/13s, ARD 6386/9/2014).

Für Überstunden, die nicht von einer **Überstundenpauschale** (vgl hiezu Erl 10 zu Abschnitt 2 Pkt G Z 3) abgedeckt sind, kann die Verfallsfrist nicht zu laufen beginnen, bevor der **Anspruch** überhaupt **feststellbar** ist. Als frühester Zeitpunkt für den Beginn des Fristenlaufs wird jener anzusehen sein, zu dem die Überstunden eines Beobachtungszeitraumes abrechenbar sind (OGH 29. Jänner 2014, 9 ObA 166/13x, ARD 6392/12/2014; vgl weiters OGH 27. Mai 2014, 9 ObA 44/14g, ecolex 2014, 989 mit Bespr v *Eypeltauer* = Arb 13.155 = ARD 6409/7/2014 = infas 2014, A 88).

[3]) Unter gesetzlichen Verjährungsfristen versteht der Handelsangestellten-KV vor allem die Fristen nach §§ 1478 und 1486 Z 5 ABGB. Die lange Verjährungsfrist beträgt 30 Jahre, die kurze hingegen drei Jahre.

[4]) Der Arbeitgeber bzw die Arbeitgeberin ist ohnedies bereits gem § 26 Abs 1 S 1 AZG zur Führung von **Aufzeichnungen über die geleisteten Arbeitsstunden** verpflichtet (vgl *Schrank*, Arbeitszeitgesetze[6] [2021] Rz 20 ff zu § 26 AZG; *ders*, Die Neuerungen bei den Arbeitszeitaufzeichnungen, ZAS 2015, 169; *Löschnigg*, Arbeitsrecht[13] [2017] 6/497 ff; vgl zur Führung von Arbeitszeitaufzeichnungen *NN*, Arbeitszeitaufzeichnungen, ARD 6359/3/2012; s weiters OGH 30. Juli 2013, 8 ObA 46/13t, ARD 6359/1/2013). Eine Ausweitung des Vorlagezeitraumes kann durch Betriebsvereinbarung bzw Einzelvertrag vorgenommen werden.

[5]) Die Verjährungsfrist für Entgeltansprüche beträgt gem § 1486 Z 5 ABGB drei Jahre (vgl Erl 3).

[6]) Zwar muss für die „Geltendmachung" von Überstundenentgelt kein förmliches Einmahnen vorliegen, dem Erklärungsempfänger muss aber zumindest ein erkennbares ernstliches Fordern einer Leistung im Sinn einer wenigstens aus den Umständen zu erschließenden Willenserklärung zugehen. Dabei kommt es primär nicht auf den Willen des Erklärenden, sondern vielmehr auf das Verständnis an, das ein redlicher Erklärungsempfänger aus der Erklärung gewinnen durfte bzw musste. Diese Voraussetzung ist etwa dann erfüllt, wenn eine Angestellte ihre Ansprüche durch monatliche Weiterleitung ihrer Arbeitszeitaufzeichnungen an ihren un-

mittelbaren Vorgesetzten geltend macht (OGH 18. April 2007, 8 ObA 13/07f, ARD 5785/3/2007). Hingegen ist für eine Geltendmachung nicht ausreichend, dass ein Arbeitnehmer seine Arbeitszeitaufzeichnungen regelmäßig am Computer des Arbeitgebers abspeichert, wobei diese Aufzeichnungen nicht einmal den Monat anführen, für den sie gelten sollen (OLG Wien 20. Mai 2005, 9 Ra 181/04k, ARD 5629/3/2005). Ebenfalls nicht ausreichend sind Angaben in Spesenabrechnungen, denen die tatsächliche Arbeitszeit nicht zu entnehmen ist (OLG Wien 13. April 2005, 9 Ra 191/04f, ARD 5634/3/2005).

[7]) Das durch den Arbeitgeber bzw die Arbeitgeberin zu führende Zeitkonto über die Zeitgutschriften, daraus resultierende Zeitguthaben und den konsumierten Zeitausgleich sind dem Arbeitnehmer bzw der Arbeitnehmerin mindestens einmal in jedem Kalendervierteljahr (Quartal) zur Bestätigung vorzulegen. Wird die Richtigkeit des Zeitkontos durch den Arbeitnehmer bzw die Arbeitnehmerin nicht bestätigt, sind die offenen bzw unrichtigen Ansprüche dem Grunde nach gem Abschnitt 7 Pkt A Z 3 geltend zu machen.

[8]) **Entgeltforderungen** sowie Ansprüche auf Aufwandersatz aus einem Dienstverhältnis verjähren gem § 1486 Z 5 ABGB binnen **drei Jahren**. Auf die **Verjährung** kann weder im Voraus verzichtet, noch kann eine längere Verjährungsfrist als die im Gesetz vorgesehene vereinbart werden. Die Vereinbarung einer kürzeren Verjährungsfrist ist hingegen zulässig (§ 1502 ABGB).

Der Handelsangestellten-KV verkürzt die Frist zur Geltendmachung dieser Ansprüche. Gem Abschnitt 7 Pkt A Z 1 Handelsangestellten-KV **verfallen** sämtliche Ansprüche des Arbeitgebers bzw der Arbeitgeberin sowie des Arbeitnehmers bzw der Arbeitnehmerin – sofern an anderer Stelle des Kollektivvertrages nicht anders geregelt ist – **binnen sechs Monaten** nach Fälligkeit, wenn sie bis dahin nicht zumindest dem Grunde nach schriftlich geltend gemacht wurden. Die Bestimmung des Abschnittes 7 Pkt A Z 4 stellt diesbezüglich eine Sonderregelung für Gehaltsansprüche aufgrund von **Einstufungsdivergenzen** dar. Diese verfallen – ebenfalls mangels Geltendmachung – erst mit **Ablauf eines Jahres** (OGH 24. Juni 2004, 8 ObA 15/04w, ARD 5538/13/2004; OLG Wien 16. Dezember 2009, 8 Ra 101/09w, ARD 6067/6/2010; OGH 17. Dezember 2019, 9 ObA 130/19m, ARD 6689/7/2020; *Rauch*, Neue wichtige Judikatur zu einzelnen Kollektivverträgen, ASoK 2010, 390). Eine **rechtzeitige Geltendmachung** der Ansprüche hat nach beiden Bestimmungen zur Folge, dass dem Arbeitnehmer bzw der Arbeitnehmerin die **dreijährige Verjäh-**

rungsfrist des § 1486 Z 5 ABGB gewahrt bleibt. Zur Verhinderung des Verfalls genügt nach herrschender Auffassung grundsätzlich eine außergerichtliche Geltendmachung der Ansprüche. Lediglich wenn einschlägige Vorschriften es ausdrücklich verlangen, ist eine gerichtliche Geltendmachung erforderlich (OGH 21. Oktober 1992, 9 ObA 210/92, ARD 4438/19/93). Auch im Fall einer außergerichtlichen Geltendmachung muss das Verlangen so konkret sein, dass der Arbeitgeber bzw die Arbeitgeberin erkennen kann, welche Ansprüche ihrer Art nach gemeint sind. Zwar wird der bloße Hinweis, dass sämtliche noch offenen Ansprüche aus dem Arbeitsverhältnis geltend gemacht werden, nicht genügen; umgekehrt ist eine ziffernmäßige Konkretisierung in der Regel nicht erforderlich (OGH 2. April 2009, 8 ObA 90/08f, infas 2009, A 55; OGH 24. Februar 1999, 9 ObA 37/99b, ARD 5080/19/99; OGH 10. Juni 1998, 9 ObA 80/98z, Arb 11.735; OGH 23. Dezember 1998, 9 ObA 257/98d, RdW 1999, 548; OGH 20. Mai 1998, 9 ObA 106/98y, infas 1998, A 141; OGH 14. Oktober 1980, 4 Ob 117/80, ARD 3300/19/81 = DRdA 1981, 250). Auch Abschnitt 7 Pkt A Z 1 Handelsangestellten-KV stellt für seinen Anwendungsbereich nochmals explizit klar, dass zur Wahrung der gesetzlichen Verjährungsfrist lediglich eine schriftliche Geltendmachung dem Grunde nach erforderlich ist. Da Arbeitnehmer und Arbeitnehmerinnen in der Vergangenheit vielfach unterlassen hatten, ihre Ansprüche rechtzeitig im aufrechten Dienstverhältnis zu stellen, sollte durch diesen Hinweis im Kollektivvertrag ein vernünftigerer Zugang zum Recht geschaffen werden. Die Angestellten sollten ermutigt werden, bereits im aufrechten Arbeitsverhältnis ihre Ansprüche schriftlich zumindest dem Grunde nach geltend zu machen.

Der OGH hat bereits mehrfach zur Verfallsklausel des Abschnittes 7 Pkt A Z 4 (vormals Abschnitt A Z 4 bzw bis 2020 Abschnitt 6 Pkt A Z 4) Stellung genommen und dabei unter anderem klargestellt, dass diese nur im Zusammenhang mit der **Verpflichtung des Arbeitgebers** bzw der **Arbeitgeberin** zur Ausfolgung des die Einstufung enthaltenden **Dienstzettels** (§ 6 Abs 3 AngG, § 2 AVRAG, Abschnitt 1 Pkt C Z 1.3. Handelsangestellten-KV) zu sehen ist (vgl OGH 20. November 1991, 9 ObA 190/91, Arb 10.976; OGH 12. April 1995, 9 ObA 20/95, ARD 4680/27/95). Erst damit sei es dem Arbeitnehmer bzw der Arbeitnehmerin möglich, seine/ihre Einstufung und den sich daraus ergebenden kollektivvertraglichen Entgeltanspruch zu prüfen. Hat der Arbeitgeber bzw die Arbeitgeberin seine/ihre Pflicht zur Bekanntgabe der Einstufung verletzt, kann er/sie sich nicht auf die Unterlassung der fristgerechten Geltendmachung berufen. Zu beachten ist in diesem Zusammenhang jedoch, dass die Verpflichtung zur Aushändigung eines Dienstzettels gem § 2 Abs 4 AVRAG entfällt, wenn bereits ein schriftlicher Arbeitsvertrag alle erforderlichen Angaben enthält (vgl *Reissner* in Neumayr/Reissner [Hrsg], Zeller Kommentar zum Arbeitsrecht[3] [2018] Rz 16 zu § 2 AVRAG).

Zu beachten ist, dass sowohl die gesetzliche Verjährungsfrist des § 1486 ABGB, als auch die dargestellten kollektivvertraglichen Verfallsfristen für die Dauer der Leistung eines **Präsenz-, Ausbildungs- oder Zivildienstes** bzw **militärischer Dienstleistungen von Frauen** gehemmt sind (§ 6 Abs 1 Z 1 APSG).

Im Zusammenhang mit der **Corona-Virus-Krise** wurden darüber hinaus sämtliche arbeitsrechtlichen Verjährungs- und Verfallsfristen gem § 18b Abs 2 AVRAG einer Fortlaufshemmung unterstellt. Dies galt auch für die hier vorgesehenen kollektivvertraglichen Fristen zum Stand der Neufassung dieser Erläuterung von 16. März bis 30. April 2020. Bei Andauern der Krise war diese Anordnung durch Verordnung bis Ende 2020 erstreckbar (vgl *Löschnigg*, Arbeitsrecht[13] – Nachtrag 2020 [2020] 6/253a). Aktuell (Stand 31.12.2022) ist eine weitere gesetzliche Fristenhemmung nicht vorgesehen.

[9]) Die Drei-Monats-Frist ist eine **Fall- oder Präklusivfrist**. Dies bedeutet, dass nach Ablauf von drei Monaten der Anspruch untergeht. Klauseln, denen zufolge Ansprüche innerhalb gewisser Fristen geltend zu machen sind, andernfalls die Ansprüche untergehen, sollen einer raschen Klärung eventuell noch offener Ansprüche dienen (allg hiezu *Vollmaier*, Verjährung und Verfall [2009]; *Thöny/Maier*, Verfall und Verjährung im Arbeitsrecht [2011]; *Eypeltauer*, Verfall und Verjährung im Arbeitsrecht, DRdA 2013, 377; *Jabornegg*, Verjährung und Verfall im Arbeitsrecht, DRdA 2015, 71). Kollektivvertragliche Fallfristen sind grundsätzlich zulässig, sofern sie nicht gesetzlich zwingende Fallfristen verkürzen. Kollektivvertragliche Fristen sind iSd § 879 ABGB sittenwidrig, wenn sie die Geltendmachung der Ansprüche ohne sachlichen Grund übermäßig erschweren (OGH 23. April 1968, 4 Ob 17/68, Arb 8515; OGH 21. Oktober 1986, 14 Ob 167/86, DRdA 1989, 196 mit Bespr v *Pfeil*). Der Rechtsprechung zufolge sind Verfallsklauseln mit einer Frist drei Monaten wie im Fall des Handelsangestellten-KV zulässig (OGH 21. Oktober 1992, 9 ObA 182/92, ARD 4438/16/93). Das bloße Ausfüllen eines Tätigkeitsberichtes bzw des Fahrtenbuches wird nicht als Geltendmachung iS derartiger Fallfristklauseln verstanden (OLG Wien 16. Dezember 2009, 8 Ra 74/09z, ARD 6071/2/2010).

B. Begleitgruppe und Schlichtungsstelle

1. Zur Beilegung von Meinungsverschiedenheiten in der Auslegung dieses Kollektivvertrages wird eine Schlichtungsstelle errichtet. Diese Schlichtungsstelle kann seitens der Arbeitgeberinnen von den zuständigen Kammerorganisationen, seitens der Angestellten von der Gewerkschaft GPA angerufen werden.

   Diese Schlichtungsstelle hat bei Fragen zur Auslegung dieses Kollektivvertrages innerhalb von 3 Monaten zusammenzutreten. Die Schlichtungsstelle besteht aus 3 Vertreterinnen der Arbeitgeberinnen und 3 Vertreterinnen der Angestellten. Betrifft der Spruch der Schlichtungsstelle eine besondere Branchengruppe, so ist dies bei der Zusammensetzung der Schlichtungsstelle sowohl von der Arbeitgeberinnen- als auch von der Angestelltenseite durch die Beiziehung je einer Vertreterin der betreffenden Branche entsprechend zu berücksichtigen[1]).

   Die Vorsitzende wird abwechselnd je Sitzung aus den Reihen der Arbeitgeberinnen und Angestellten gewählt und hat nur eine Stimme. Die Schlichtungsstelle ist nur bei Anwesenheit aller Beisitzer beschlussfähig; es entscheidet die Stimmenmehrheit. Kann keine Einigung erzielt werden, dann unterwerfen sich beide Vertragspartner dem Schiedsspruch des Bundeseinigungsamtes.

2. Streitigkeiten und Meinungsverschiedenheiten im Zusammenhang mit der Beschäftigung am 8. Dezember sollen von einer in jedem Bundesland zu errichtenden, paritätisch besetzten Schlichtungsstelle geklärt werden. Diese Schlichtungsstelle besteht aus zwei Vertreterinnen der Arbeitgeberinnen und zwei Vertreterinnen der Angestellten[2]).

3. Die Kollektivvertragsparteien vereinbaren eine gemeinsame Beobachtung und Evaluierung in das neue Beschäftigungsgruppenschema durch eine Begleitgruppe. Diese Begleitgruppe besteht aus je 2–4 Personen, die einerseits von der Bundessparte Handel und andererseits von der Gewerkschaft GPA genannt werden. Aufgabe dieser Begleitgruppe ist es, Anfragen zur Einstufung zu bearbeiten, bei Differenzen auf betrieblicher Ebene zu vermitteln, die praktische Handhabbarkeit und die Auswirkungen auf Betriebsabläufe und Arbeitnehmerinnen zu dokumentieren und daraus notwendige Änderungsmaßnahmen abzuleiten und zu vereinbaren[3]).

4. Die Kollektivvertragsparteien vereinbaren eine gemeinsame Evaluierung der Regelungen zur Viertagewoche, Altersteilzeit und Bildungskarenz bis Ende 2022. Dabei wird die praktische Handhabbarkeit und die Auswirkung auf Betriebsabläufe überprüft. Zur Optimierung der Regelungen werden darauf basierend notwendige Änderungsmaßnahmen entwickelt.

[1]) Zur Beseitigung von Unklarheiten und Streitigkeiten im Vorfeld gewinnt das Instrumentarium der Schlichtung zusehends an Bedeutung. Während **Schiedsgerichtsklauseln** die Entscheidung von Streitigkeiten aus dem Arbeitsverhältnis an Schiedsgerichte übertragen und nur entsprechend den Beschränkungen des § 9 Abs 2 ASGG gültig sind (vgl *Peschek*, Neue Möglichkeiten für Schlichtungsverfahren im Arbeitsrecht, RdW 2003, 153; *Nunner-Krautgasser* in *Reissner/Neumayr* [Hrsg], Zeller Handbuch Arbeitsvertrags-Klauseln^2 [2019] Rz 75.01 ff), sind kollektivvertragliche **Schlichtungsklauseln**, die die Anrufung eines ordentlichen Gerichts erst nach Durchführung eines Schlichtungsverfahrens vorsehen, grundsätzlich zulässig (s insb OGH 18. Februar 1975, 4 Ob 1/75, Arb 9322; weiters *Kuderna*, Schlichtungsstellen für Rechtsstreitigkeiten aus dem Arbeitsverhältnis, DRdA 1978, 3).

Sowohl die Schlichtungsstelle nach Z 1 als auch die Schlichtungsstellen nach Z 2 werden – dem Wortlaut zufolge – als unverbindliche fakultative Instanzen zur Beilegung von Auslegungsdivergenzen und sonstigen Auffassungsunterschieden zu verstehen sein. Weder die Befassung bzw Anrufung der Schlichtungsstelle nach Z 1 noch der Schlichtungsstelle nach Z 2 kann als Voraussetzung für die gerichtliche Geltendmachung interpretiert werden. Die Kollektivvertragsparteien wollten nur die **Möglichkeit einer außergerichtlichen Interpretationskontrolle** schaffen.

Gem § 2 Abs 2 Z 6 ArbVG können auch **„gemeinsame Einrichtungen der Kollektivvertragsparteien“** im normativen Teil des Kollektivvertrages geregelt werden (allg vgl *Martinek*, Die gemeinsamen Einrichtungen der Kollektivvertragsparteien, in FS Strasser [1983] 425). Typischerweise sind hierunter gemeinsame Aus- und Weiterbildungsrichtlinien, Sozialfonds, Arbeitsstiftungen und dergleichen zu verstehen. Schlichtungsstellen iSd Abschnittes 7 Pkt B des Handelsangestellten-KV können jedenfalls auch darunter subsumiert werden.

Die Anrufungsmöglichkeit der Schlichtungsstelle ist umfassend angelegt. Die Schlichtungsstelle kann für sämtliche Fragen der Auslegung des Kollektivvertrages herangezogen werden. Werden die **Arbeits- und Sozialgerichte** angerufen, dann sind sie an eine vorangegangene Entscheidung der Schlichtungsstelle **nicht gebunden**. Da aber die Beisitzer von jenen Interessenvertretungen nominiert werden, die den Kollektivvertrag abgeschlossen haben und die Entscheidungsfindung vom Einstimmigkeitsprinzip getragen ist, wird der faktische Einfluss nicht zu unterschätzen sein.

Wesentliche Voraussetzung für die Zulässigkeit einer Schlichtungsklausel ist ein Mindestmaß an **Bestimmtheit** und **Objektivität** der anzurufenden Stelle (OGH 10. Mai 1983, 4 Ob 42/83, DRdA 1984, 334 mit Bespr v *Binder* = ZAS 1984, 231 mit Bespr v *Rummel*).

[2]) Während die Schlichtungsstelle nach Abschnitt 7 Pkt B Z 1 aus sechs Mitgliedern besteht, weisen die speziell für den **8. Dezember** einzurichtenden **Schlichtungsstellen** nur vier Mitglieder auf. Die allgemeinen Verfahrensregeln der Z 1 (zB Vorsitzführung) werden auch für die Schlichtungsstellen nach Z 2 gelten.

[3]) Für die **Dauer des Übergangs** in das neue Beschäftigungsgruppenschema des Gehaltssystems NEU, dh von 1.12.2017 bis 1.1.2022 (s hiezu die Erl zu den Übergangsbestimmungen in Abschnitt 3 Pkt C), richten die Kollektivvertragsparteien eine „**Begleitgruppe**" ein. Diese Begleitgruppe tagt zur Bearbeitung von Anfragen zur Einstufung, wodurch eine **authentische Interpretation** der Bestimmungen des neuen Gehaltssystems erzielt werden kann. Ihr kommt überdies eine vermittelnde Funktion bei Differenzen auf betrieblicher Ebene zu, etwa betreffend den Übertrittsstichtag (s hiezu Erl 1 zu Abschnitt 3 Pkt C Z 1) sowie zur Evaluierung des neuen Gehaltssystems für künftige Vereinbarungen.

Die Begleitgruppe stellt – wie auch die Schlichtungsstellen nach den Z 1 und 2 – eine gemeinsame Einrichtung der Kollektivvertragsparteien gem § 2 Abs 2 Z 6 ArbVG dar.

C. Schlussbestimmungen

1. Bestehende höhere Gehälter und günstigere arbeitsrechtliche Vereinbarungen (individuelle Regelungen oder betriebliche Übungen) werden durch diesen Kollektivvertrag nicht berührt.[1])

2. Mit Inkrafttreten dieses Kollektivvertrages verlieren die Bestimmungen des bisher gültigen Kollektivvertrags vom 23. November 2021 ihre Gültigkeit.

[1]) Der Handelsangestellten-KV beinhaltet einseitig zwingendes Recht (vgl *Löschnigg*, Arbeitsrecht[13] [2017] 3/012). Dies bedeutet, dass bestehende günstigere Regelungen im Arbeitsvertrag oder in Betriebsvereinbarungen zulässig bleiben und zukünftige günstigere Regelungen weiterhin abgeschlossen werden können (allgemein hiezu s *Mosing*, Das Günstigkeitsprinzip im Arbeitsrecht [2018]).

WIRTSCHAFTSKAMMER ÖSTERREICH

Der Präsident:	Der Generalsekretär:
Dr. Harald Mahrer	Abg. z.NR Karlheinz Kopf

SPARTE HANDEL
der
WIRTSCHAFTSKAMMER ÖSTERREICH

Der Obmann:	Die Spartengeschäftsführerin:
Dr. Rainer Trefelik	Mag. Iris Thalbauer

ÖSTERREICHISCHER GEWERKSCHAFTSBUND
GEWERKSCHAFT GPA

Die Vorsitzende:	Der Bundesgeschäftsführer:
Barbara Teiber, MA	Karl Dürtscher

ÖSTERREICHISCHER GEWERKSCHAFTSBUND
GEWERKSCHAFT GPA
Wirtschaftsbereich Handel

Der Vorsitzende:	Stellvertretende Abteilungsleiterin:
Martin Müllauer	Helga Fichtinger

ANHÄNGE

Anhänge zur besseren Anwendung und Auslegung des Kollektivvertrages

Anhang 1)	Muster: Dienstzettel Gehaltssystem NEU Allgemein
Anhang 2)	Muster: Dienstzettel Gehaltssystem NEU ALL-In
Anhang 3)	Muster: Vertrag für Ferialpraktikantinnen
Anhang 4)	Übersicht Referenzfunktionen (Tabelle)
Anhang 5)	Detailbeschreibungen der Referenzfunktionen
Anhang 6)	Ausbildungsverordnung zum/zur Einzelhandelskaufmann/-frau
Anhang 7)	Relevante Lehrabschlussprüfungsersätze
Anhang 8)	Erlass des BMWFJ nach § 34a BAG
Anhang 9)	Erlass BMB zur Durchführung von Pflichtpraktika an kaufmännischen Lehranstalten
Anhang 10)	Historische Entwicklung der Karenzzeitenanrechnung

Anhang 1) Muster: Dienstzettel Gehaltssystem NEU

DIENSTZETTEL

(* Nichtzutreffendes streichen)

I. a) Arbeitgeber(in):...
b) Arbeitnehmer(in): Herr/Frau* ....
wohnhaft in ....

II. Beginn des Dienstverhältnisses ....

III. Das Dienstverhältnis ist unbefristet*/ bis .... befristet*. Der erste Monat des Dienstverhältnisses gilt als Probemonat im Sinne des § 19 Abs. 2 AngG, während dessen das Dienstverhältnis von jedem Vertragsteil jederzeit gelöst werden kann.*

Mitarbeitervorsorgekasse (inkl. Anschrift): ....
....

IV. Die Kündigungsbestimmungen richten sich nach den jeweils geltenden gesetzlichen Regelungen sowie dem Kollektivvertrag für Angestellte und Lehrlinge im Handel. Während der ersten fünf Jahre der Angestelltentätigkeit kann das Dienstverhältnis jeweils zum 15. oder Letzten eines jeden Kalendermonats gekündigt werden.*

V. Das Dienstverhältnis unterliegt den Bestimmungen des Kollektivvertrages für Angestellte und Lehrlinge im Handel sowie den jeweils für den Betrieb geltenden Betriebsvereinbarungen.* Diese liegen ....(Ort).. zur Einsichtnahme auf.

VI. Gemäß dem Kollektivvertrag für Angestellte und Lehrlinge im Handel werden Sie in die Gehaltstabelle des Gehaltssystems NEU, Beschäftigungsgruppe ...., Stufe .... eingestuft. Wobei festgestellt wird, dass Sie jeweils mit .... eines jeden Jahres in ein neues Angestelltenjahr treten.

VII. Mit Ihrer Verwendung als .... sind insbesondere folgende Aufgaben verbunden:
....
Sie beachten alle betrieblichen Ordnungs- und Sicherheitsvorschriften und führen alle mit der vorgesehenen Verwendung verbundenen Arbeiten weisungsgemäß durch. Vorübergehend dürfen Ihnen auch andere Tätigkeiten zugewiesen werden.

VIII. Ihr gewöhnlicher Arbeitsort ist:
....
Mit der Tätigkeit ist regelmäßig Außendienst im Bereich ....verbunden.*

IX. Die wöchentliche Normalarbeitszeit beträgt gemäß Abschnitt 2) des Kollektivvertrages 38,5 Stunden.

Bei Teilzeitbeschäftigung: Die vereinbarte wöchentliche Normalarbeitszeit beträgt .... Stunden. *

Die Vereinbarung über die Verteilung der wöchentlichen Normalarbeitszeit auf die einzelnen Wochentage richtet sich nach den Bestimmungen des Abschnittes 2) des Kollektivvertrages für Angestellte und Lehrlinge im Handel.

Der Dienstgeber ist berechtigt, im Rahmen der gesetzlichen bzw. kollektivvertraglichen Bestimmungen Mehr- bzw. Überstundenarbeit zu verlangen. Die Abgeltung der Mehrleistungen erfolgt nach den Bestimmungen des Kollektivvertrages.

X. Ihr monatliches Grundgehalt beträgt .... Euro.

Darüber hinaus hat der/die* Angestellte Anspruch auf folgende Entgeltbestandteile: *
....

Für die Sonderzahlungen gelten die Bestimmungen des Kollektivvertrages für Angestellte und Lehrlinge im Handel.

Die Auszahlung der monatlichen Bezüge erfolgt gemäß § 15 AngG am Ende eines Monats.

Die Überweisung der laufenden Bezüge auf ein Gehaltskonto gilt als vereinbart.*

XI. Für Reisekosten und Reiseaufwandsentschädigungen gelten folgende Vereinbarungen:
a) die kollektivvertraglichen Bestimmungen*
b) ....*

XII. Ihr Urlaubsanspruch richtet sich nach den Bestimmungen des Urlaubsgesetzes. Für das Urlaubsausmaß werden gemäß § 3 UrlG

.... angerechnet.

XIII. Jede künftige Änderung der hier festgehaltenen Rechte und Pflichten, die nicht unmittelbar auf Gesetz, Kollektivvertrag oder Betriebsvereinbarung beruht, bedarf der Schriftform.

......................................, am ....
(Ort)

Bei Fragen zum Dienstzettel oder der Einstufung wenden Sie sich bitte an Ihre Interessenvertretung

für Unternehmen:

Wirtschaftskammer Österreich
Bitte wenden Sie sich direkt an die
Wirtschaftskammerorganisation Ihres Bundeslandes
Die Kontakte finden Sie unter
www.wko.at

WKO DER HANDEL

für ArbeitnehmerInnen:

Gewerkschaft GPA
Servicehotline: 050301-21000
E-Mail: handel@gpa.at
www.gpa.at/handel

gpa MEINE GEWERKSCHAFT

Anhang 2) Muster: Dienstzettel Gehaltssystem NEU - All-In

DIENSTZETTEL All-In-Vereinbarung

(* Nichtzutreffendes streichen)

I. a) Arbeitgeber(in):..
b) Arbeitnehmer(in): Herr/Frau* ....
wohnhaft in ....

II. Beginn des Dienstverhältnisses ....

III. Das Dienstverhältnis ist unbefristet*/ bis .... befristet*. Der erste Monat des Dienstverhältnisses gilt als Probemonat im Sinne des § 19 Abs. 2 AngG, während dessen das Dienstverhältnis von jedem Vertragsteil jederzeit gelöst werden kann.*

Mitarbeitervorsorgekasse (inkl. Anschrift): ....
....

IV. Die Kündigungsbestimmungen richten sich nach den jeweils geltenden gesetzlichen Regelungen sowie dem Kollektivvertrag für Angestellte und Lehrlinge im Handel. Während der ersten fünf Jahre der Angestelltentätigkeit kann das Dienstverhältnis jeweils zum 15. oder Letzten eines jeden Kalendermonats gekündigt werden.*

V. Das Dienstverhältnis unterliegt den Bestimmungen des Kollektivvertrages für Angestellte und Lehrlinge im Handel sowie den jeweils für den Betrieb geltenden Betriebsvereinbarungen.* Diese liegen ....(Ort).. zur Einsichtnahme auf.

VI. Gemäß dem Kollektivvertrag für Angestellte und Lehrlinge im Handel werden Sie in die Gehaltstabelle des Gehaltssystems NEU, Beschäftigungsgruppe ...., Stufe .... eingestuft. Wobei festgestellt wird, dass Sie jeweils mit .... eines jeden Jahres in ein neues Angestelltenjahr treten.

VII. Mit Ihrer Verwendung als .... sind insbesondere folgende Aufgaben verbunden: ....
Sie beachten alle betrieblichen Ordnungs- und Sicherheitsvorschriften und führen alle mit der vorgesehenen Verwendung verbundenen Arbeiten weisungsgemäß durch. Vorübergehend dürfen Ihnen auch andere Tätigkeiten zugewiesen werden.

VIII. Ihr gewöhnlicher Arbeitsort ist:
....
Mit der Tätigkeit ist regelmäßig Außendienst im Bereich ....verbunden.*

IX. Die wöchentliche Normalarbeitszeit beträgt gemäß Abschnitt 2) des Kollektivvertrages 38,5 Stunden.

Die Vereinbarung über die Verteilung der wöchentlichen Normalarbeitszeit auf die einzelnen Wochentage richtet sich nach den Bestimmungen des Abschnittes 2) des Kollektivvertrages für Angestellte und Lehrlinge im Handel.

Der Dienstgeber ist berechtigt, im Rahmen der gesetzlichen bzw. kollektivvertraglichen Bestimmungen Mehr- bzw. Überstundenarbeit zu verlangen. Die Abgeltung der Mehrleistungen erfolgt nach den Bestimmungen des Kollektivvertrages.

X. „Aufgrund Ihrer Einstufung ergibt sich ein kollektivvertragliches Mindestgehalt von .... brutto. Vereinbart ist jedoch ein All-In Gehalt in Höhe von .... brutto. Die Differenz setzt sich aus einer Überzahlung in der Höhe von ....brutto (Grundgehalt für die Normalarbeitszeit gemäß § 2 Abs (2) Z 9 iVm § 2g AVRAG) und der All-in-Pauschale in der Höhe von ....brutto zusammen. Die All-in-Pauschale gilt im Durchschnitt alle wie immer gearteten entgeltpflichtigen Mehr- und Überstunden an Werktagen (im rechnerischen Höchstausmaß pro Kalenderjahr), Überstunden an Sonn- und Feiertagen, sowie alle Zuschläge für Arbeitsleistungen im Rahmen der erweiterten Öffnungszeiten gemäß Abschnitt 2) F des Kollektivvertrages ab.“

Darüber hinaus hat der/die* Angestellte Anspruch auf folgende Entgeltbestandteile: *
....
Für die Sonderzahlungen gelten die Bestimmungen des Kollektivvertrages für Angestellte und Lehrlinge im Handel.

Anhang 2/2

Die Auszahlung der monatlichen Bezüge erfolgt gemäß § 15 AngG am Ende eines Monats.

Die Überweisung der laufenden Bezüge auf ein Gehaltskonto gilt als vereinbart.*

XI. Für Reisekosten und Reiseaufwandsentschädigungen gelten folgende Vereinbarungen:
a) die kollektivvertraglichen Bestimmungen*
b) ....*

XII. Ihr Urlaubsanspruch richtet sich nach den Bestimmungen des Urlaubsgesetzes. Für das Urlaubsausmaß werden gemäß § 3 UrlG

.... angerechnet.

XIII. Jede künftige Änderung der hier festgehaltenen Rechte und Pflichten, die nicht unmittelbar auf Gesetz, Kollektivvertrag oder Betriebsvereinbarung beruht, bedarf der Schriftform.

...., am ....
(Ort)

Bei Fragen zum Dienstzettel oder der Einstufung wenden Sie sich bitte an Ihre Interessenvertretung

für Unternehmen:

Wirtschaftskammer Österreich
Bitte wenden Sie sich direkt an die
Wirtschaftskammerorganisation Ihres Bundeslandes
Die Kontakte finden Sie unter
www.wko.at

WKO DER HANDEL

für ArbeitnehmerInnen:

Gewerkschaft GPA
Servicehotline: 050301-21000
E-Mail: handel@gpa.at
www.gpa.at/handel

gpa MEINE GEWERKSCHAFT

Anhang 3) Muster: Vertrag für Pflichtpraktikantinnen

(* Nichtzutreffendes streichen)

1. a) Arbeitgeber(in):..

   b) Praktikant(in): Herr/Frau* ....

   Geburtsdatum..

   wohnhaft in ....

   besuchte Schule .... Jahrgang/Klasse.........................

2. Gesetzliche(r) Vertreter(in):...

   wohnhaft in ....

3. Zur Erfüllung des im Lehrplan vorgeschriebenen Pflichtpraktikums wird zwischen den Vertragspartnern ein als Ausbildungsverhältnis gestaltetes Arbeitsverhältnis abgeschlossen. Dieser Vertrag regelt die beiderseitigen Pflichten und Rechte im Zuge der Durchführung des im Lehrplan verpflichtend vorgeschriebenen Pflichtpraktikums.

Das Pflichtpraktikum dient der Ergänzung und Vervollkommnung der in den praktischen Unterrichtsgegenständen erworbenen Kenntnisse und Fertigkeiten sowie der Formung der Persönlichkeit, vor allem der Berufshaltung, durch die Auseinandersetzung mit der Berufswirklichkeit.

4. Das Pflichtpraktikum beginnt am ...., und endet am.............................

Die wöchentliche Arbeitszeit beträgt ausschließlich Pausen .... Stunden und wird gemäß dem Lehrplan der ....(Schule) in den Bereichen bzw. Abteilungen .... geleistet. Es wird der/dem Praktikanten(in) ermöglicht, Einblick in die Organisation und Aufgaben dieser Bereiche/Abteilungen zu bekommen.

Die arbeits- und sozialrechtlichen Vorschriften, insbesondere auch die Bestimmungen des Bundesgesetzes über die Beschäftigung von Kindern und Jugendlichen sind einzuhalten.

5. Das Praktikantenverhältnis unterliegt dem Kollektivvertrag für Angestellte und Lehrlinge im Handel sowie den jeweils für den Betrieb geltenden Betriebsvereinbarungen und den sonstigen arbeitsrechtlichen Vorschriften. Diese liegen .... (Ort) zur Einsichtnahme auf.

Das monatliche Entgelt richtet sich nach den Bestimmungen des ABSCHNITT 4), B. Vergütung für Pflichtpraktikanten und beträgt € .... brutto.

Für die Sonderzahlungen gelten die Bestimmungen des Kollektivvertrages für Angestellte und Lehrlinge im Handel.

Die Auszahlung der monatlichen Bezüge erfolgt gemäß § 15 AngG am Ende eines Monats. Die Überweisung der laufenden Bezüge auf ein Gehaltskonto gilt als vereinbart.

6. Der gewöhnliche Arbeitsort ist:

....

7. Hinsichtlich des gebührenden Erholungsurlaubes sind die urlaubsrechtlichen Bestimmungen anzuwenden.

8. Der Praktikant/Die Praktikantin verpflichtet sich, die ihm/ihr im Rahmen der Zielsetzung des Praktikums aufgetragenen, der Ausbildung dienenden Arbeiten gewissenhaft durchzuführen und die vorgegebene Arbeitszeit einzuhalten. Er/Sie hat die Betriebs- und Hausordnung zu beachten und Verschwiegenheit über Geschäfts- und Betriebsgeheimnisse zu wahren.

9. Der Arbeitgeber verpflichtet sich, auf eigene Kosten dem Praktikanten/der Praktikantin bei Beendigung des Pflichtpraktikums ein Zeugnis über die zurückgelegte Praxiszeit zwecks Vorlage bei der Schule auszustellen.

10. Der Praktikantenvertrag kann einvernehmlich oder von beiden Teilen jeweils einseitig bei Vorliegen eines in Analogie zu § 15 Berufsausbildungsgesetz wichtigen Grundes vorzeitig gelöst werden. Weiters gelten die Kündigungsbestimmungen des Kollektivvertrages für Angestellte und Lehrlinge im Handel.

11. Der Vertrag wird in drei Ausfertigungen errichtet. Eine Ausfertigung verbleibt beim Dienstgeber, eine zweite ist dem Praktikanten/der Praktikantin und eine weitere der zuständigen Schule auszufolgen.

(Ort)..............................., am ....

....	....
gelesen und ausdrücklich einverstanden	gelesen und ausdrücklich einverstanden
Der Arbeitgeber	Der Pflichtpraktikant/Die Pflichtpraktikantin

Bei Fragen zum Vertrag wenden Sie sich bitte an Ihre Interessenvertretung

für Unternehmen:

Wirtschaftskammer Österreich
Bitte wenden Sie sich direkt an die
Wirtschaftskammerorganisation Ihres Bundeslandes
Die Kontakte finden Sie unter
www.wko.at

für ArbeitnehmerInnen:

Gewerkschaft GPA
Servicehotline: 050301-21000
E-Mail: handel@gpa.at
www.gpa.at/handel

Anhang 4) Übersicht Referenzfunktionen (Tabelle)

Gruppe	A	B	C	D	E	F	G	H
Einkauf				• Einkaufsassistenz	• Junior Category Management	• Disponent (Beschaffung) • Category Management bzw Einkauf	• Category Management bzw Einkauf	
Verkauf/ Vertrieb		*Regalbetreuerinnen im Angestelltenverhältnis, Angestellte im Verkauf, ohne abgeschlossene Berufsausbildung in einem kaufmännischen Beruf, sofern sie nicht höher einzustufen sind.*	• Verkauf	• Verkauf	• Verkauf • Abteilungsleitung • Marktleitung bzw Filialleitung	• Fachbetreuung • Marktleitung bzw Filialleitung • Verkaufsaußendienst bzw Key Account • Vertriebsberatung	• Gebietsleitung • *Niederlassungsleitung/ Hausleitung* • Key Account (Vertriebsleitung)	
Marketing/ Kommunikation			• Customer Care Agent	• Supervisor Customer Care Center • Data Analyst • Onlinemarketing Management • Onlineshop Management • SEO Management	• Social Media Betreuung • Medienfachfrau • Business Intelligence • Teamleitung	• Marketingfachfrau • Kundenbeziehungs-management • Produktentwicklung • Social Media Betreuung	• Marketingfachfrau • Öffentlichkeitsarbeit • Produktentwicklung	
Kaufm./admin. Dienstleistungen			• Assistenz (Sekretariat) • Rechnungskontrolle • Debitorenbuchhaltung	• Assistenz (Sekretariat) • Buchhaltung • Personalverrechnung	• Assistenz/Referent Fachbereich • Personalverrechnung • Buchhaltung • Sicherheitsfachkraft	• Abteilungsleitung • Controlling • Personalentwicklung • Personalverrechnung • Bilanzbuchhaltung • Revision • Team-/Gruppenleitung	• Abteilungsleitung • Bereichsleitung • Controlling • Personalentwicklung • Revision	*Geschäftsführung bzw Vorstand*
Logistik	• Lagerhilfsarbeit-nehmerinnen • Helferinnen im Angestellten-verhältnis	• Warenübernahme (im Anlieferbereich)			• Betriebslogistik	• Supply Chain Management bzw Warenflussleitung	• Supply Chain Management bzw Warenflussleitung	
Technischer Dienst	• Reinigungskräfte • Parkplatzwächter			• Haustechnik	• Betriebsanlagentechnik • Kundendiensttechnik • Haustechnik	• Betriebsanlagentechnik	• Bautechnik/Planung • Immobilienmanagement • Qualitätsmanagement	
IT				• Support-Helpdesk	• EDV-Technik	• Programmierung - Datenbank- und Softwareentwicklung • Systemadministration - Netzwerktechnik - Datenbankadministration	• Programmierung - Datenbank- und Softwareentwicklung • Projektmanagement	

Anhang 5) Detailbeschreibungen der Referenzfunktionen

Für die Entwicklung des neuen Gehaltssystems im Handel wurde im Auftrag der Kollektivvertragsparteien diese Beschreibung zur besseren Verständlichkeit und Anwendung des Beschäftigungsgruppenschemas erstellt.

Institut für Bildungsforschung der Wirtschaft

Referenzfunktionen Handel

Endbericht

Wolfgang Bliem
Alexander Petanovitsch
Emanuel Van den Nest

Wien, Juli 2017

Übersicht der Arbeitswelten und Referenzfunktionen im Handel

Arbeitswelten	Referenzfunktionen
Einkauf	Einkaufsassistenz Junior Category Management Disponent (Beschaffung) Category Management / Einkauf
Verkauf / Vertrieb	Verkauf Abteilungsleitung Marktleitung / Filialleitung Fachbetreuung Verkaufsaußendienst / Key Account Vertriebsberatung Gebietsleitung
Marketing / Kommunikation	Customer Care Agent Supervisor Customer Care Center Data Analyst Onlinemarketing Management Onlineshop Management SEO Management Social Media Betreuung Medienfachfrau Business Intelligence Teamleitung Marketingfachfrau Kundenbeziehungsmanagement (CRM) Produktentwicklung Öffentlichkeitsarbeit
Kaufmännische/administrative Dienstleistungen	Assistenz (Sekretariat) Rechnungskontrolle Debitorenbuchhaltung Buchhaltung Personalverrechnung Assistenz / Referent Fachbereich Sicherheitsfachkraft Abteilungsleitung Controlling Personalentwicklung Bilanzbuchhaltung Revision Team-/Gruppenleitung Bereichsleitung
Logistik	Warenübernahme Betriebslogistik Supply Chain Management/ Warenflussleitung
Technischer Dienst	Haustechnik Betriebsanlagentechnik Kundendiensttechnik Bautechnik / Planung Immobilienmanagement (Anlagen-/Liegenschaftsmanagement) Qualitätsmanagement
IT	Support-Help-Desk EDV-Technik Programmierung – Datenbank-/Softwareentwicklung Systemadministration – Netzwerktechnik – Datenbankadministration Projektmanagement

Detailbeschreibung
Der Kollektivvertrag sieht vor, dass Arbeitnehmerinnen entsprechend Ihrer Tätigkeit im Beschäftigungsgruppenschema (A bis H) einzustufen sind. Bei der Einstufung der Arbeitnehmerin ist die Beschreibung der Beschäftigungsgruppe ausschlaggebend. Die dienen als zusätzliche Orientierung.
Scheint die Referenzfunktion in mehreren Beschäftigungsgruppen auf, erfolgt die Einstufung in jene Beschäftigungsgruppe, deren Beschreibung der Tätigkeit der Arbeitnehmerin entspricht. Dies gilt auch wenn die Tätigkeit der Beschreibung einer Beschäftigungsgruppe entspricht, in der die Referenzfunktion nicht angeführt ist.

Arbeitswelt 1: Einkauf

Referenzfunktion	Einkaufsassistenz
Tätigkeiten	Einkaufsassistenten ... beobachten den Markt, insb. die Preisentwicklungen holen Angebote ein und vergleichen sie erstellen Auswertungen und Analysen von Einkaufskennzahlen pflegen laufend die Stammdaten hinsichtlich Lieferanten und Artikeln
Beschreibung	Einkaufsassistenten beobachten den Markt und die Preisentwicklungen, holen Angebote ein und bereiten die Entscheidungsgrundlagen durch Angebotsvergleiche vor. Sie verwalten die Stammdaten der Lieferanten und Artikel und bereiten Vertrags- und Preisverhandlungen vor.
Ziel	bestmögliche Unterstützung der Einkäufer und Disponenten

Referenzfunktion	Junior Category Management
Tätigkeiten	Junior Category Manager ... unterstützen den Category Manager bei der Planung und Steuerung des Sortiments und der Artikelauswahl unterstützen bei der Entwicklung von Verkaufskonzepten und der Weiterentwicklung der Sortimentsstrategie nehmen an Verhandlungen mit Lieferanten sowie Lieferanten- und Messebesuchen teil übernehmen teilweise eigenverantwortlich die strategische und operative Planung eines Sortimentsteils
Beschreibung	Junior Category Manager unterstützen den Category Manager bei der Planung und Gestaltung des Sortiments in einer Warenkategorie. Sie arbeiten an der Sortimentszusammensetzung mit und nehmen an Verhandlungen mit Lieferanten teil. Sie sind an der Platzierung und Präsentation der Produkte ihrer Warenkategorie am Point of Sale beteiligt, kalkulieren die Preisgestaltung einschl. Aktionen und analysieren Absatz- und Verkaufszahlen. In Teilbereichen übernehmen sie eigenverantwortlich Monitoring, Analyse und Optimierung des Sortiments.
Ziel	Unterstützung des Category Managers bei der optimalen Gestaltung des Verkaufssortiments zur Erreichung von Absatz- und Marktanteilszielen in der jeweiligen Warenkategorie

Referenzfunktion	Disponent (Beschaffung)
Tätigkeiten	Disponenten ... ermitteln den Warenbedarf kontrollieren Lagerbestände vereinbaren Einzelheiten der Warenlieferung mit Lieferanten bestellen Waren analysieren Daten und werten sie aus (Warenumschlag, ABC-Analysen)
Überschneidungen	Logistik (Schwerpunkt), Verkauf
Beschreibung	Disponenten organisieren die Warenbeschaffung und die bedarfs- und zeitgerechte Verteilung im Unternehmen. Sie kontrollieren die Lagerbestände, ermitteln in Abstimmung mit dem Verkauf und dem Lager den Warenbedarf und bestellen zu den vereinbarten Lieferterminen die Ware. Als Entscheidungsgrundlage analysieren sie Kennzahlen aus dem Warenumschlag.
Ziel	zeit- und bedarfsgerechte Versorgung der Verkaufsabteilungen mit Waren zu optimalen Konditionen; sichern die Verfügbarkeit der Waren

Referenzfunktion	Category Management / Einkauf
Tätigkeiten	Category Manager /Einkäufer ... planen und optimieren das Sortiment in einer Warenkategorie und entscheiden über Sortimentsgestaltung und Produktaufnahmen analysieren Absatz- und Marktanteilszahlen der Category verhandeln mit Lieferanten (Industrie, Großhandel) und kaufen Waren ein, veranlassen gegebenenfalls Produktentwicklung kalkulieren die Verkaufspreise, planen und gestalten Aktionspreise und Verkaufsaktionen planen, organisieren und koordinieren die Produktpräsentation (Platzierung am PoS)
Beschreibung	Category Manager/Einkäufer planen und gestalten das Sortiment in einer Warenkategorie. Sie entscheiden über die Sortimentszusammensetzung, verhandeln mit Lieferanten, testen und beschaffen Produkte. Sie planen die Platzierung und Präsentation der Produkte ihrer Warenkategorie am Point of Sale, kalkulieren die Preisgestaltung einschl. Aktionen und analysieren Absatz- und Verkaufszahlen.
Ziel	optimale Gestaltung des Verkaufssortiments zur Erreichung von Absatz- und Marktanteilszielen in ihrer Warenkategorie

Anhang 5/5

Arbeitswelt 2: Verkauf / Vertrieb

Referenzfunktion	Verkauf
Tätigkeiten	Verkäufer und Fachverkäufer ... führen (vertiefte) Verkaufs- und Beratungsgespräche mit Kunden, bis hin zur Erteilung von Praxistipps präsentieren Ware übersichtlich im Verkaufsraum, pflegen und gestalten Regale; passen Waren erforderlichenfalls auf Kundenwunsch an oder bereiten sie zu zeichnen Preise aus nehmen Reklamationen von Kunden entgegen und behandeln sie, tauschen Waren um ermitteln den Warenbedarf und melden ihn an Lager bzw. Einkauf kontrollieren Bestand- und Qualität der Waren
Beschreibung	Verkäufer und Fachverkäufer beraten und betreuen Kunden. Sie erfragen den Kundenwunsch, erklären den Kunden, wo sie die gewünschte Ware im Verkaufsraum finden, beraten über die Beschaffenheit und Verwendung der Artikel, über Qualitäts-, Funktions- und Preisunterschiede verschiedener Ausführungen und Marken. Sie betreuen die Regale im Verkaufsraum, legen und stellen die Waren aus und zeichnen die Preise aus. Außerdem melden sie den Warenbedarf an das Lager.
Ziel	stellen die Verkaufsfähigkeit des Betriebes sicher (Warenpräsentation, Qualitätskontrolle ...) und sorgen durch die Tätigkeit für Kundenzufriedenheit und Kundenbindung

Referenzfunktion	Abteilungsleitung
Tätigkeiten	Abteilungsleiter ... wickeln die jeweiligen Abteilungsaufgaben selbstständig und eigenverantwortlich ab planen, organisieren und koordinieren die Abteilungsaufgaben organisieren Teams/Gruppen für abgrenzbare Aufgabenbereiche Personalplanung, Mitarbeiterführung: teilen die Teamleiter und Mitarbeiter ein, weisen sie ein und leiten sie an arbeiten operative mit, u. a. bei komplexen und erfolgskritischen Aufgaben kommunizieren mit den Teamleitern, Bereichsleitern sowie ggf. mit der Geschäftsführung und mit Geschäftspartnern, Behörden usw. sind für Budgetierung, Controlling und Reporting verantwortlich; haben Geschäfts- und Ergebnisverantwortung für die Abteilung
Überschneidungen	kommt in allen Arbeitswelten vor, ist aber administrationstypisch
Beschreibung	Abteilungsleiter sind in ihrer jeweiligen Abteilung für die Planung, Organisation und Koordination der jeweiligen Abteilungsaufgaben verantwortlich. Sie planen und organisieren die Umsetzung der Aufgaben, teilen Teams ein und koordinieren die unterschiedlichen Teams. Sie weisen die Teamleiter und Mitarbeiter ein und arbeiten an verschiedenen Aufgaben selbst operativ mit. Sie kontrollieren die Umsetzung/Erfüllung der Aufgaben und die Zielerreichung und verantworten die Ergebnisse gegenüber ihren Vorgesetzen und der Geschäftsführung.

Referenzfunktion	Marktleitung / Filialleitung
Tätigkeiten	Marktleiter / Filialleiter ... führen die Mitarbeiter in fachlicher, disziplinärer und organisatorischer Hinsicht; arbeiten bei der Personaleinstellung und Beendigung von Arbeitsverhältnissen mit Warenbewirtschaftung: bestellen termingerecht und in richtiger Menge und stellen die Ware in der Filiale bereit; kontrollieren die Warenwirtschaft/Bestellvorschläge; bearbeiten Bestellvorschläge sind für die Warenpräsentation in der Filiale/im Markt und für die Filialgestaltung im Rahmen der Vorgaben verantwortlich sind für die wirtschaftliche Gebarung der Filiale verantwortlich

	stellen die Einhaltung aller Vorschriften und Vorgaben und die Zielerreichung sicher
Beschreibung	Marktleiter / Filialleiter sind in die Personaleinstellung und Beendigung von Arbeitsverhältnissen von Mitarbeitern – je nach Vorgabe des Unternehmens – eingebunden. Sie schulen Mitarbeiter ein und leiten sie fachlich an. Sie behalten einen Überblick über den Umsatz, kontrollieren die Warenbewirtschaftung und die Umsetzung der Vorgaben und Richtlinien des Unternehmens. Sie sind für die Arbeitsplanung verantwortlich und stehen als zentrale Ansprechpartner insbesondere für Mitarbeiter und Kunden zur Verfügung.
Ziel	Sicherstellung der Verkaufsfähigkeit der Filiale/des Marktes, der Einhaltung der Vorgaben durch die Zentrale und der Erreichung der Zielvorgaben

Referenzfunktion	Fachbetreuung
Tätigkeiten	Fachbetreuer ... schulen und betreuen standortübergreifend das Verkaufspersonal über die Produkte und Produktgruppen eines bestimmten Fachbereiches informieren das Verkaufspersonal über Besonderheiten, Neuerungen der jeweiligen Produkte und Produktgruppen setzen gemeinsam mit dem Verkaufspersonal verkaufsfördernde Maßnahmen im jeweiligen Fachbereich um bzw. kontrollieren die Umsetzung vereinbarter Maßnahmen entwickeln ggf. verkaufsfördernde Maßnahmen im Fachbereich kontrolliert die Einhaltung von Vorgaben zur Warenpräsentation
Beschreibung	Fachbetreuer schulen das Verkaufspersonal in bestimmten Produkten und Produktgruppen. Sie informieren die Verkäufer über Besonderheiten ihrer Produktgruppe und besprechen, wie diese Produkte und Produktgruppen den Kunden präsentiert werden können. Sie entwickeln ggf. verkaufsfördernde Maßnahmen und kontrollieren die Umsetzung vereinbarter Maßnahmen.
Ziel	Sicherstellung des produktbezogenen Fach-Know-hows beim Verkaufspersonal

Referenzfunktion	Verkaufsaußendienst / Key Account
Tätigkeiten	Verkaufsaußendienstmitarbeiter / Key Accounts ... betreuen Geschäftskunden insbesondere im Außendienst, planen und organisieren Kundenbesuche und führen sie durch verkaufen Produkte an (Schlüssel-)Kunden bahnen die Geschäftsbeziehung mit neuen Kunden an und pflegen die Beziehung zu bestehenden Kunden durch laufende Kontakte und Informationen repräsentieren das Unternehmen insgesamt beim Kunden informieren die Kunden über neue Produkte und Angebote, über Bestellmöglichkeiten, Konditionen usw. fungieren als erste Ansprechperson bei allen Anfragen von Geschäftskunden
Beschreibung	Verkaufsaußendienstmitarbeiter / Key Accounts betreuen Geschäftskunden in allen Belangen. Sie bahnen die Geschäftsbeziehung an, pflegen den Kundenkontakt und informieren die Kunden über neue Produkte und Angebote, aber auch über alle Veränderungen in der Geschäftsbeziehung, wie z. B. neue Konditionen, neue Bestellsysteme und verkaufen Produkte an (Schlüssel-)Kunden. Sie fungieren als erste Anlaufstelle für alle Kundenfragen und leiten diese an die zuständigen Abteilungen weiter.
Ziel	Erhöhung und Sicherung der Kundenbindung durch gezielten und regelmäßigen Kundenkontakt und Informationsfluss

Referenzfunktion	Vertriebsberatung
Tätigkeiten	Vertriebsberater ... beraten das Verkaufspersonal oder Wiederverkäufer über verkaufsfördernde Maßnahmen verkaufen im Großhandel ggf. an den Wiederverkäufer planen verkaufsfördernde Maßnahmen und unterstützen das Verkaufspersonal (Wiederverkäufer) bei der Umsetzung schulen das Verkaufspersonal (Wiederverkäufer) in Verkaufstechniken, Kundenbetreuung und Reklamationsmanagement
Beschreibung	Vertriebsberater unterstützen das Verkaufspersonal oder Wiederverkäufer bei der Entwicklung ihres „Verkaufs-Know-hows". Sie schulen in Verkaufstechniken und Kundenbetreuung, geben Tipps zur Umsetzung verkaufsfördernder Maßnahmen und unterstützen das Verkaufspersonal oder Wiederverkäufer bei der Umsetzung verkaufsfördernder Maßnahmen. Weiters verkaufen sie Waren an Wiederverkäufer.
Ziel	Förderung und Weiterentwicklung des „Verkaufs-Know-hows" beim Verkaufspersonal / Wiederverkäufer

Referenzfunktion	Gebietsleitung
Tätigkeiten	Gebietsleiter ... sind für die Aufrechterhaltung des Filialbetriebes innerhalb einer ihnen zugewiesenen Region verantwortlich kontrollieren und unterstützen die Filialen innerhalb eines ihnen zugewiesenen Gebietes tragen die Endverantwortung für die Personalbesetzung sind für die Einhaltung aller Vorschriften und Vorgaben und für die Zielerreichung verantwortlich
Beschreibung	Gebietsleiter kontrollieren und unterstützen die Filialen eines Gebietes und sichern so die Aufrechterhaltung des Filialbetriebes. Sie tragen die Verantwortung für die Einhaltung und Umsetzung aller Vorschriften und Vorgaben des Unternehmens und sind für die Personalbesetzung endverantwortlich.
Ziel	als verantwortlich Beauftragte sind sie für die Sicherstellung des reibungslosen Filialbetriebes innerhalb einer Region zuständig

Arbeitswelt 3: Marketing/Kommunikation

Referenzfunktion	Customer Care Agent
Tätigkeiten	Customer Care Agents ... übernehmen den 1st-Level-Kundensupport am Telefon bzw. über E-Mail, Briefe, Fax etc. und dokumentieren ihre Tätigkeiten (bspw. über CRM-Systeme) beantworten Kundenanfragen, geben Auskünfte und nehmen Reklamationen entgegen leiten Kundenanfragen bei Bedarf an die jeweils zuständigen Stellen weiter arbeiten in Abstimmung mit ihrem jeweiligen Supervisor
Beschreibung	Customer Care Agents bieten den Kunden Unterstützung bei Problemlagen, geben Auskünfte und nehmen Reklamationen in Form von telefonischer und/oder schriftlicher (E-Mail) Korrespondenz entgegen und dokumentieren diese Beratungsprozesse. Bei Bedarf leiten sie die Anfragen an die jeweils zuständigen, in der Frage kompetenten Stellen im Unternehmen weiter.
Ziel	Problemlösung bei Kundenanfragen und Sicherstellung der Kundenzufriedenheit

Referenzfunktion	Supervisor Customer Care Center
Tätigkeiten	Supervisor Customer Care Center ... sind für ihr Support-Team bzw. ihre Abteilung verantwortlich steuern eigenständig die Abwicklung der laufenden Tätigkeiten im Kundensupport evaluieren und optimieren die Beratungsprozesse der Customer Care Agents u.a. über Zielvorgaben sind zuständig für die Rekrutierungs- und Aus- und Weiterbildungsprozesse innerhalb ihrer Abteilung sind für die kontinuierliche Verbesserung der Kundenzufriedenheit und der Kundenbindung verantwortlich arbeiten mit Kunden (Geschäftspartner, Außendienstmitarbeiter etc.) zusammen, um die Kundenwünsche besser bearbeiten zu können
Beschreibung	Supervisor Customer Care Center sind für den möglichst reibungslosen Ablauf des Kundensupports durch das ihnen unterstellte Team verantwortlich. Sie kontrollieren, bewerten und optimieren dieses Angebot laufend, indem bspw. bestimmte Zielvorgaben erstellt werden. Sie sind außerdem für die Rekrutierung und Aus- und Weiterbildung in ihrer Abteilung zuständig. Zu ihren Aufgaben zählt auch eine enge Zusammenarbeit mit ihren Kunden, um das Beratungs- und Supportangebot laufend an die Kundenwünsche anzupassen.
Ziel	Steuerung, laufende Kontrolle und Optimierung der Support-Tätigkeit des unterstellten Teams, um die Kundenzufriedenheit zu gewährleisten

Referenzfunktion	Data Analyst
Tätigkeiten	Data Analysts ... sammeln und erfassen Daten verschiedenster Herkunft (insb. Kundendaten, Verkaufszahlen, aus den Bereichen Marketing und Social-Media, Logistik und Transport, Verkehr etc.) werten mit informationstechnischen, statistischen und mathematischen Methoden und Instrumenten diese Daten aus und analysieren sie hinsichtlich bestimmter Zielvorgaben oder Problemstellungen prüfen die Daten in Hinblick auf Qualität und Konsistenz bereiten ihre Analysen in Form von Berichten auf präsentieren die Analyseergebnisse den betroffenen Unternehmensabteilungen und leiten Handlungsempfehlungen, Trends, Prognosen etc. daraus ab warten bestehende und entwickeln und implementieren neue Datenerfassungs- und -analysesysteme
Überschneidungen	IT

Beschreibung	Der Data Analyst sammelt und erfasst Daten aus unterschiedlichen Quellen (insb. Kundendaten) und bewertet und analysiert diese unter Berücksichtigung bestimmter Zielvorgaben oder Fragestellungen. Zu diesem Zweck setzt er verschiedenste statistische und mathematische Modelle und Werkzeuge ein. Seine Analyseergebnisse bereitet er in Berichtsform auf, leitet daraus Handlungsempfehlungen, Trends und Prognosen ab und präsentiert sie den betroffenen Unternehmensabteilungen.
Ziel	Reduktion der Komplexität großer Datenmengen und Ableitung von Handlungsempfehlungen für die Fachabteilungen, damit diese in der Lage sind, wichtige geschäftliche Entscheidungen zu treffen

Referenzfunktion	Onlinemarketing Management
Tätigkeiten	Onlinemarketing Manager ... entwickeln und bewerten Online-Marketingkonzepte und -strategien (bspw. E-Mail-, Social-Media- und Suchmaschinenmarketing, Newsletter, Onsite-Aktionen, Content-Marketing) und steuern und koordinieren deren Umsetzung kontrollieren und analysieren die laufenden Online-Marketing Maßnahmen in ihrem Bereich und informieren die Unternehmens- bzw. Abteilungsverantwortlichen beobachten und analysieren permanent Trends, Markt- und Konjunkturdaten sowie Mitbewerber optimieren die Onlineauftritte hinsichtlich Funktionalität, Usability und Datenqualität (bspw. über SEO - Suchmaschinenoptimierung) ermitteln die Wünsche der Kunden (bspw. über Befragungen)
Überschneidungen	IT
Beschreibung	Onlinemarketing Manager sind für die Entwicklung und Umsetzung von Online-Marketingkonzepten etwa über soziale Medien oder Suchmaschinen verantwortlich. Zu ihren Aufgaben zählt auch die Analyse und Optimierung der laufenden Online-Marketing Maßnahmen und die permanente Beobachtung von Trends, Markt- und Konjunkturdaten und Mitbewerbern. Sie arbeiten eng mit den betroffenen Fachabteilungen im Unternehmen und mit internen und externen Entwicklern (bspw. Web- und Grafik-Designer, Software- oder App-Entwickler etc.) zusammen.
Ziel	Steigerung der Umsätze und Marktanteile, Kundenbindung sowie Neukundenakquisition

Referenzfunktion	Onlineshop Management
Tätigkeiten	Onlineshop Manager ... steuern und entwickeln den Onlineshop anhand von Umsatz- und Ertragszielen wählen das Artikelsortiment für den Onlineshop aus, gestalten die Warenpräsentation und sind für die Preiskalkulation verantwortlich kontrollieren und optimieren das Service im Bereich der Logistik arbeiten mit Onlinemarketing Manager bei der Entwickelung von Online-Vertriebs- und Marketingstrategien zusammen sind für den Onlineauftritt hinsichtlich Funktionalität, Usability und Datenqualität verantwortlich vermitteln den technischen Dienstleistern (Entwicklern) die Anforderungen an den Onlineshop erfassen und analysieren die Verkaufsprozesse, das Kaufverhalten der Kunden und deren Bedürfnisse beobachten und analysieren den Wettbewerb und Markttrends
Überschneidungen	IT
Beschreibung	Onlineshop Manager steuern und entwickeln den Onlineshop, indem sie etwa anhand von analysierten Kundenbedürfnissen das Artikelsortiment aussuchen und die Waren präsentieren, sich um den Einkauf neuer Produkte kümmern, Online-Vertriebs- und Marketingstrategien entwickeln und den Onlineauftritt kontrollieren und dessen Funktionalität sicherstellen. Dazu arbeiten sie auch eng mit technischen Dienstleistern (Entwicklern) zusammen. Außerdem beobachten und analysieren sie den Mitbewerb und Markttrends.

Ziel	Sicherstellung der Verkaufsfähigkeit des Onlineshops und der Kundenzufriedenheit sowie Neukundenakquisition

Referenzfunktion	**SEO Management**
Tätigkeiten	SEO Manager ... analysieren laufend die Suchalgorithmen der großen Suchmaschinen betreuen die technischen Aspekte von Websites, bspw. durch Analyse und Optimierung von Quelltexten erstellen Leitfäden, welche Themen auf einer neuen Seite enthalten sein müssen und legen das Wording zu dem Thema und die inhaltliche Gestaltung der Seite fest erstellen „Backlinks", d.h. Links auf die eigene Webseite von Webseiten Dritter (bspw. durch Linkpartnerschaften) optimieren den Auftritt in sozialen Medien, um die Ergebnisse von Suchmaschinen zu beeinflussen beobachten Märkte und Trends und erstellen Rankingberichte und Reports
Überschneidungen	IT
Beschreibung	SEO-Manager analysieren Struktur und Inhalt von Webseiten, deren Suchmaschinenergebnisse sowie Suchmaschinenalgorithmen und Suchbegriffe. Dazu verwenden sie verschiedene Methoden und Instrumente (bspw. Keyword-Analyse, Webcrawling, Site Clinics etc.). Aus diesen Analysen leiten sie Verbesserungsmöglichkeiten für die Suchpositionierung der Seiten ab. SEO-Manager sorgen auch dafür, dass von externen Webseiten auf die eigene Seite verlinkt wird (bspw. durch Linkpartnerschaften) und optimieren den Auftritt in sozialen Medien.
Ziel	SEO-Manager sorgen dafür, dass Internetinhalte in Suchmaschinenergebnissen in den vorderen Rängen erscheinen und so von Nutzern im World Wide Web gefunden werden

Referenzfunktion	**Social Media Betreuung**
Tätigkeiten	Social Media Betreuer ... konzipieren die Social Media Auftritte des Unternehmens, einschließlich Online-Verkaufsportale und Marktplätze betreuen die eigenen Social Media Auftritte redaktionell und beobachten das Unternehmensbild in der Online-Diskussion (z. B. auf Bewertungsplattformen) reagieren zeitnah auf unternehmensbezogene Userbeiträge koordinieren die Umsetzungsarbeiten zwischen IT, Marketing und Vertrieb stellen die laufende Betreuung von Verkaufsportalen durch den Vertrieb sicher
Beschreibung	Social Media Betreuer entwickeln Strategien, um das Unternehmen im Internet präsentieren zu können. Sie erstellen und betreuen Unternehmensprofile auf Onlineplattformen (z. B. Facebook) und beobachten das öffentliche Bild des Unternehmens und die Reaktionen auf die eigene Präsenz im Internet, um die medialen Strategien nach diesem Bild auszurichten. Sie organisieren und betreuen Foren, Communities und E-Commerce-Portale (Verkaufsportale und Marktplätze) und analysieren Zugriffswerte.
Ziel	Sicherstellung einer aktuellen und positiven Onlinepräsenz des Unternehmens

Referenzfunktion	**Medienfachfrau**
Tätigkeiten	Medienfachmänner ... betreuen die Medienkanäle des Unternehmens, sowohl Print- als auch Online-Medien bereiten die Inhalte für Printpublikationen (Folder, Flyer, Broschüren ...) grafisch auf betreuen, gestalten und warten Online-Plattformen gestalten Mitarbeiter- und Kundenzeitungen gestalten die Unternehmenskommunikation redaktionell (recherchieren und schreiben die Inhalte)

Beschreibung	Medienfachmänner betreuen die Medienkanäle des Unternehmens im Online- und im Printbereich. Sie bereiten mediale Inhalte grafisch auf und recherchieren und schreiben die Inhalte für die interne und externe Kommunikation. Sie gestalten Mitarbeiter- und Kundenzeitungen, betreuen und warten die Online-Plattformen sowohl grafisch als auch inhaltlich.
Ziel	optimale redaktionelle und grafische Darstellung der Unternehmenskommunikation

Referenzfunktion	Business Intelligence
Tätigkeiten	Business Intelligence ... entwickeln und konzipieren Modelle zur betrieblichen Datenanalyse identifiziere relevante Datenbestände in den einzelnen Fachabteilungen erfassen, konsolidieren und analysieren Daten über das eigene Unternehmen, die Kunden oder die Marktentwicklung hinsichtlich bestimmter Zielvorgaben oder Fragestellungen verknüpfen Daten aus unterschiedlichen Quellen (bspw. Kunden-Feedbacks, Rechnungen, Reklamationen, Customer Touch Points, Online-Surf- und Kaufverhalten, CRM etc.) und erstellen und betreuen Business Intelligence-Plattformen leiten aus ihren Analysen Strategien und Handlungsempfehlungen ab (bspw. zu Geschäfts- oder Arbeitsabläufen, Kunden- und Lieferantenbeziehungen, Produkteinführungen, Kostensenkung und Risikominimierung etc.) erstellen Kennzahlen, verfassen Berichte präsentieren die Ergebnisse ihrer Analysen den Abteilungs- und Unternehmensverantwortlichen
Überschneidungen	IT
Beschreibung	Intelligence erfassen und analysieren Daten, um diese für Entscheidungsprozesse nutzbar zu machen. Hierzu verwenden sie verschiedenste IT-Technologien und Anwendungen und verknüpfen dabei auch Daten aus unterschiedlichen Quellen. Sie berichten laufend über ihre Tätigkeiten und leiten aus ihren Analysen Strategien und Handlungsempfehlungen für die Entscheidungsträger im Unternehmen ab. Sie arbeiten eng mit Data Analysts zusammen.
Ziel	Reduktion der Datenkomplexität, um für die Verantwortlichen im Unternehmen Entscheidungsprozesse zu erleichtern

Referenzfunktion	Teamleitung
Tätigkeiten	Teamleiter ... sind verantwortlich für Teamaufbau und -steuerung und die Weiterentwicklung der Mitarbeiter anhand der unternehmensspezifischen Managementprinzipien entwickeln strategische Marketingplanung und -maßnahmen weiter und setzen diese in Abstimmung mit der Geschäftsführung im Team um definieren Ziele und Akquisitionspläne zusammen mit dem Team erstellen Kunden-, Markt- und Wettbewerbsanalysen und liefern regelmäßig Reports an das Management überprüfen den Erfolg der Maßnahmen im Rahmen des Marketingcontrollings koordinieren die Zusammenarbeit mit externen Dienstleistern und Agenturen
Überschneidungen	kommt in allen Arbeitswelten vor, ist aber administrationstypisch
Beschreibung	Teamleiter im Bereich des Marketings entwickeln strategische Marketingplanung und -maßnahmen und setzen diese gemeinsam mit ihrem Team um. Dabei sind sie für verschiedenste Marketingmaßnahmen zuständig (Broschüren, Flyer, Newsletter, Social Media Auftritte, Homepages etc.) und geben anderen Unternehmensabteilungen Feedback über Kundenerwartungen- und Marktbedürfnisse, Produkterfolg etc. Sie definieren Ziele und Akquisitionspläne, erstellen Kunden-, Markt- und Wettbewerbsanalysen und berichten darüber. Des Weiteren sind sie für Teamaufbau und -steuerung und die Weiterentwicklung der Mitarbeiter verantwortlich.
Ziel	erfolgreiche Entwicklung und Umsetzung von Marketingmaßnahmen

Referenzfunktion	Marketingfachfrau
Tätigkeiten	Marketingfachmänner ... führen Markt- und Meinungsanalysen durch bzw. beauftragen diese planen und entwickeln Werbemaßnahmen und Marketingkonzepte wählen Werbemittel und Werbeträger aus buchen und kaufen Anzeigenplätze für Werbeeinschaltungen bilden die Schnittstelle zu externen Marketingagenturen
Beschreibung	Marketingfachmänner entwickeln Marketingkonzepte, planen Werbemaßnahmen und Werbekampagnen sowie Messen, Firmenevents und andere Marketing-Veranstaltungen. Sie führen Markt- und Meinungsanalysen durch und verfolgen, wie die Produkte oder Dienstleistungen des Unternehmens in der Öffentlichkeit bzw. am Markt aufgenommen werden. Sie wählen geeignete Werbemittel und Werbeträger aus, buchen und verkaufen Anzeigeplätze und bilden die Schnittstelle zu externen Marketingagenturen.
Ziel	Entwicklung einer attraktiven Werbestrategie, um Neukunden zu gewinne und bestehende Kunden an das Unternehmen zu binden

Referenzfunktion	Kundenbeziehungsmanagement (CRM)
Tätigkeiten	Kundenbeziehungsmanager (CRM) ... pflegen Kundenkontakte präsentieren das Unternehmen gegenüber den Kunden initiieren kundenspezifische Verkaufsförderungsmaßnahmen aufgrund permanenter Marktbeobachtung und Analyse des Kundenverhaltens und der Kundenstruktur führen potenzielle und bestehende Kunden in einen Dialog mit dem Unternehmen
Überschneidungen	mit Verkauf
Beschreibung	Kundenbeziehungsmanager (CRM) gewinnen Kunden und binden sie durch laufende Kontakte an das Unternehmen. Sie repräsentieren das Unternehmen gegenüber den Kunden, stehen für Anfragen aller Art zur Verfügung und bilden die Schnittstelle zwischen den Kunden und den Unternehmensabteilungen. Sie erheben und analysieren die Kenndaten der Kunden und die Marktlage. Auf Grundlage dieser Analysen entwickeln sie Programme, die zur Bindung und Erweiterung des Kundenstocks und zur kundenspezifischen Förderung des Verkaufs dienen.
Ziel	Verstärkte und nachhaltige Kundenbindung zum Unternehmen

Referenzfunktion	Produktentwicklung
Tätigkeiten	Produktentwickler ... führen Bedarfs- und Marktanalysen, Marktforschung durch und veranlassen diese kreieren Eigenmarken und entwickeln Werbelinien akquirieren Hersteller für Eigenmarken entwickeln die Promotion der Produkte stimmen die Position des Produktes im Sortiment ab
Überschneidungen	gewisse Überschneidung mit Category Management, arbeitswelttypisch
Beschreibung	Produktentwickler entwickeln Ideen und Konzepte für Produkte, etwa Eigenmarken, und sind für die Umsetzung der Prototypen verantwortlich. Dafür analysieren sie Produkte am Markt, ihren Bedarf, und optimieren bereits bestehende Produkte. Sie präsentieren ihre Produkte und akquirieren Hersteller für Eigenmarken.
Ziel	Schaffung von Wettbewerbsvorteilen durch eigene Handelsmarken

Referenzfunktion	Öffentlichkeitsarbeit
Tätigkeiten	Öffentlichkeitsarbeiter ... gestalten die Unternehmenskommunikation nach Innen und Außen konzipieren, planen, organisieren Presseauftritte, Kunden- und Mitarbeiterevents initiieren Imagekampagnen und begleiten deren Umsetzung kommunizieren mit den Medienfachleuten über die Aufbereitung der Inhalte

	beraten die Unternehmensführung in ihren Medienkontakten informieren die Medien über Entwicklungen und Neuigkeiten des Unternehmens nehmen Medienanfragen entgegen und bearbeiten sie planen Krisenkommunikation und führen sie durch
Beschreibung	Öffentlichkeitsarbeiter gestalten die Unternehmenskommunikation nach innen und außen. Sie verfassen und veröffentlichen Pressetexte, planen und organisieren Presseauftritte, Kunden- und Mitarbeiterevents und halten laufend Kontakt zu Medienvertretern. Sie nehmen Medienanfragen entgegen und informieren von sich aus über Entwicklungen und Neuigkeiten im Unternehmen. Sie beraten die Unternehmensführung in ihren Medienkontakten und initiieren Imagekampagnen. Erforderlichenfalls führen sie auch die Krisenkommunikation durch.
Ziel	positive Darstellung des Unternehmens nach außen

Arbeitswelt 4: Kaufmännische/administrative Dienstleistungen

Referenzfunktion	Assistenz (Sekretariat)
Tätigkeiten	Assistenten (Sekretariat) ... führen Sekretariatsarbeiten durch: bearbeiten ein- und ausgehende Post, teilen Termine ein und koordinieren sie, überwachen Fristen usw. bereiten interne Besprechungen und Besprechungen mit Geschäftspartnern vor und koordinieren Termine planen und organisieren Ablage- und Ordnungssysteme (Büroorganisation) schreiben Berichte/Protokolle über den Verlauf von Verhandlungen und Besprechungen (protokollieren) planen, begleiten und organisieren z. B. Veranstaltungen, Besprechungen, ggf. Dienstreisen
Überschneidungen	keine, arbeitswelttypisch
Beschreibung	Assistenten (Sekretariat) unterstützen Vorgesetzte bei ihren Aufgaben, indem sie Tagesabläufe und Termine planen, Besprechungen vorbereiten und dokumentieren und Unterlagen aufbereiten. Sie organisieren und begleiten ggf. Dienstreisen, empfangen Kunden und führen Telefongespräche, E-Mail- und Schriftverkehr mit Kunden und Mitarbeitern.
Ziel	Entlastung der Managementebenen von alltäglichen administrativen Tätigkeiten

Referenzfunktion	Rechnungskontrolle
Tätigkeiten	Beschäftigte in der Rechnungskontrolle ... erfassen und überprüfen Eingangsrechnungen und Belege auf inhaltliche und rechnerische Richtigkeit und Vollständigkeit klären Differenzen ab bzw. veranlassen Berichtigungen kontieren und buchen die Eingangsrechnungen, stimmen die Konten ab legen Belege (elektronisch) ab veranlassen und prüfen fristgerechte Überweisung der offenen Rechnungen pflegen und verwalten die Lieferanten-Stammdaten
Überschneidungen	Einkauf
Beschreibung	Beschäftigte in der Rechnungskontrolle erfassen die eingehenden Rechnungen und überprüfen sie auf rechnerische und inhaltliche Vollständigkeit und Richtigkeit. Bei Abweichungen und Fehlern klären sie die Differenzen auf und veranlassen die Richtigstellung. Sie kontieren die Belege, erfassen sie in der Kreditorenbuchhaltung und legen die Belege ab (zunehmend elektronisch). Häufig führen sie auch die Pflege der Lieferanten-Stammdaten durch.
Ziel	sorgt für die Richtigkeit der Zahlungsflüsse und nachträglichen Rechnungskorrekturen

Referenzfunktion	Debitorenbuchhaltung
Tätigkeiten	Debitorenbuchhalter ... erfassen und verwalten offene Forderungen an Kunden und erstellen und prüfen zu diesem Zweck Ausgangsrechnungen und Zahlungseingänge legen Debitorenkonten an und verwalten diese (digital) wirken bei der Prüfung und Bewertung die Kundenbonität mit ermitteln Zahlungsverzüge und kümmern sich um das Mahnungswesen (Mahnungen verfassen und versenden, Mahngebühren einheben etc.) bei komplett ausbleibender Zahlung veranlassen sie die Einleitung rechtlicher Schritte dokumentieren Reklamationen und Gutschriften wirken bei Monats-, Quartals- und Jahresabschlüssen mit erstellen Statistiken für das Management
Überschneidungen	Kreditorenbuchhaltung
Beschreibung	Debitorenbuchhalter erfassen und verwalten offene Forderungen an Kunden in Form von Debitorenkonten und prüfen die Kundenbonität. Sie ermitteln Zahlungsverzüge, kümmern sich um das Mahnungswesen und veranlassen bei ausbleibenden Zahlungen die Einleitung rechtlicher Schritte. Die Mitwirkung bei Monats-, Quartals- und Jahresabschlüssen und die Erstellung von Statistiken für das Management gehören ebenfalls zu ihren Aufgaben.
Ziel	Sicherstellung der Liquidität des Unternehmens

Referenzfunktion	Buchhaltung
Tätigkeiten	Buchhalter ... führen diverse Buchhaltungen (Debitoren-, Kreditoren-, Anlagenbuchhaltung usw.) inkl. Mahnwesen und Zahlungsverkehr überprüfen, kontieren (Festlegen des Buchungssatzes) und erfassen Eingangs- und Ausgangsrechnungen, Bankauszügen usw. arbeiten bei Monats-, Quartals- und Jahresabschlüssen mit nehmen monatliche Umsatzsteuervoranmeldungen vor
Beschreibung	Buchhalter sammeln und ordnen Belege (z. B. Rechnungen, Quittungen, Bankauszüge), überprüfen die Richtigkeit der Belege, vergeben laufende Nummern und kontieren die Belege. Anschließend werden die Buchungen in das verwendete EDV-Programm übertragen. Am Monatsende bereiten Buchhalter die Formulare (meist nur noch elektronisch) und Listen für die Entrichtung von Steuern und Abgaben vor (z. B. Umsatzsteuer) und führen die Meldungen an die Behörden über Onlinemeldesysteme durch.
Ziel	laufende und korrekte Aufzeichnung der Geschäftsvorgänge

Referenzfunktion	Personalverrechnung
Tätigkeiten	Personalverrechner ... nehmen die Lohn- und Gehaltsabrechnungen vor führen Lohn- und Gehaltskonten, Personaldaten; verwalten Dienst- und Werkverträge etc. berechnen Arbeitszeiten und berücksichtigen Überstunden, Urlaube, Ausfallszeiten, Krankenstände etc. kontrollieren Zeiterfassungssysteme und rechnen sie ab berechnen Lohnsteuern und Sozialversicherungsbeiträge und andere lohnabhängige Abgaben, berücksichtigen Sonderzahlungen etc. weisen Löhne und Gehälter an stehen ggf. als arbeitsrechtliche Ansprechpartner zur Verfügung
Überschneidungen	keine, arbeitswelttypisch
Beschreibung	Personalverrechner berechnen und verrechnen die Löhne und Gehälter sowie Sozialversicherungs- und Lohnabgaben für die Mitarbeiter eines Unternehmens. Sie führen Buch über Krankenstände und Urlaubszeiten, Dienstreisen und Überstunden und berechnen aufgrund dieser Aufzeichnungen die monatlichen Arbeitszeiten der Mitarbeiter. Sie rechnen die Abgaben mit der Krankenkasse (Sozialversicherung) und dem Finanzamt (Lohnsteuer und Lohnnebenkosten) ab.
Ziel	fristgerechte Abwicklung der Lohn- und Gehaltsverrechnung

Referenzfunktion	Assistenz (Fachbereich)
Tätigkeiten	Assistenten (Fachbereich) ... erarbeiten Entscheidungsgrundlagen für operative und strategische Entscheidungen und bereiten diese vor sammeln fachspezifische Daten, Kennzahlen und Statistiken und werten diese aus nehmen Soll-Ist-Vergleiche vor beobachten die Einhaltung betrieblicher Kennzahlen (z. B. Absatz- und Umsatzzahlen) bereiten das Reporting des jeweiligen Fachbereiches vor erarbeiten Grundlagen für Budgetierung und Kostenrechnung erarbeiten Konzepte/Entwürfe für Verträge und Angebote halten Kontakte zu Lieferanten, Kunden, Geschäftspartnern, Kreditinstituten und Behörden
Überschneidungen	kommt praktisch in allen Arbeitswelten vor
Beschreibung	Assistenten unterstützen im Fachbereich z. B. Vorgesetzte in der inhaltlichen Arbeit und führen auch Projektteile selbstständig durch. Sie sammeln, recherchieren Informationen, Daten, Kennzahlen und Statistiken und werten sie aus. Sie erarbeiten Vorschläge und Konzepte, die ihren Vorgesetzten als Entscheidungsgrundlage dienen und erarbeiten Grundlagen für Budget und Kostenrechnung.
Ziel	Entlastung von Entscheidungsträgern des Fachbereiches von fachlichen Routinetätigkeiten

Referenzfunktion	Sicherheitsfachkraft
Tätigkeiten	Sicherheitsfachkräfte ... informieren und beraten Führungskräfte/Personalverantwortliche, Mitarbeiter, Personalvertreter über Arbeitssicherheit und Unfallverhütung analysieren den Betrieb und ermitteln und schätzen Gefahrenquellen ein sorgen für die Installation und Wartung von sicherheitstechnischen Einrichtungen (bspw. Alarmsysteme, Brandmeldeanlagen etc.) organisieren und führen Unterweisungen durch (bspw. Erste-Hilfe-Kurse, Brandschutzübungen etc.) führen technische Messungen durch (bspw. Lärm, Beleuchtung, Staubbelastung etc.) erstellen interne Sicherheitsanweisungen und arbeiten Brandschutzpläne und Evakuierungsmaßnahmen aus planen Arbeitsabläufe und Arbeitsplätze unter Berücksichtigung der Arbeitsergonomie und wirken bei der Planung von Arbeitsstätten mit
Überschneidungen	Technischer Dienst
Beschreibung	Sicherheitsfachkräfte beraten die einzelnen Unternehmensabteilungen, Personalvertreter und Mitarbeiter über Arbeitssicherheit und Arbeitsgestaltung und unterstützen die Fachabteilungen – beispielsweise auf der Verkaufsfläche, im Backoffice oder im Lager – bei der Erfüllung der entsprechenden gesetzlichen Vorgaben. Sie überprüfen die Sicherheitseinrichtungen und Arbeitsbedingungen, veranlassen gemeinsam mit den Fachabteilungen erforderliche Maßnahmen in allen Unternehmensbereichen und berichten ihre Erkenntnisse und Vorschläge regelmäßig der Geschäftsleitung.
Ziel	Gewährleistung der Sicherheit am Arbeitsplatz für Mitarbeiter und Kunden

Referenzfunktion	Abteilungsleitung
Tätigkeiten	Abteilungsleiter ... wickeln die jeweiligen Abteilungsaufgaben selbstständig und eigenverantwortlich ab planen, organisieren und koordinieren die Abteilungsaufgaben organisieren Teams/Gruppen für abgrenzbare Aufgabenbereiche Personalplanung, Mitarbeiterführung: teilen die Teamleiter und Mitarbeiter ein, weisen sie ein und leiten sie an arbeiten operative mit, u. a. bei komplexen und erfolgskritischen Aufgaben kommunizieren mit den Teamleitern, Bereichsleitern sowie ggf. mit der Geschäftsführung und mit Geschäftspartnern, Behörden usw.

	sind für Budgetierung, Controlling und Reporting verantwortlich; haben Geschäfts- und Ergebnisverantwortung für die Abteilung
Überschneidungen	kommt in allen Arbeitswelten vor, ist aber administrationstypisch
Beschreibung	Abteilungsleiter sind in ihrer jeweiligen Abteilung für die Planung, Organisation und Koordination der jeweiligen Abteilungsaufgaben verantwortlich. Sie planen und organisieren die Umsetzung der Aufgaben, teilen Teams ein und koordinieren die unterschiedlichen Teams. Sie weisen die Teamleiter und Mitarbeiter ein und arbeiten an verschiedenen Aufgaben selbst operativ mit. Sie kontrollieren die Umsetzung/Erfüllung der Aufgaben und die Zielerreichung und verantworten die Ergebnisse gegenüber ihren Vorgesetzten und der Geschäftsführung.

Referenzfunktion	Controlling
Tätigkeiten	Controller ... entwickeln ein Informations- und Kontrollsystems zu den geplanten und tatsächlichen Unternehmensentwicklungen und führen es durch führen ggf. Kostenrechnungen durch und erstellen gemeinsam mit den Bereichs- und Abteilungsleitern Budgets und Vorausrechnungen kontrollieren die Budgeteinhaltung erstellen Soll-Ist-Vergleiche und führen Abweichungsanalysen durch berechnen Unternehmenskennzahlen, führen Benchmarking durch bereiten Unternehmensdaten für operative und strategische Entscheidungen auf führen unternehmensinternes Reporting durch
Beschreibung	Controller erfassen und analysieren wirtschaftliche Kennzahlen des Unternehmens und führen ggf. Kostenrechnungen durch. Sie beraten die Unternehmensleitung bei operativen und strategischen Entscheidungen, bereiten Führungsentscheidungen vor und erstellen Budgets und Vorausrechnungen. Sie kontrollieren die Einhaltung des Budgets und führen Soll-Ist-Vergleiche und darauf aufbauend Abweichungsanalysen durch.
Ziel	optimale Information der Entscheidungsträger über die Unternehmensentwicklung

Referenzfunktion	Personalentwicklung
Tätigkeiten	Personalentwickler ... eruieren gemeinsam mit den Fachabteilungen den Personalbedarf und entwickeln Maßnahmen zur Deckung des Personalbedarfs führen Maßnahmen zur Potenzialerkennung und Potenzialentwicklung der Mitarbeiter durch entwickeln, organisieren und evaluieren inner- und außerbetriebliche Aus-, Weiterbildungs- und Entwicklungsmaßnahmen für Mitarbeiter und Lehrlinge entwickeln Konzepte zur Mitarbeitermotivation und Arbeitgeberattraktivität erarbeiten Konzepte zur Führungskräfteentwicklung und Nachfolgeplanung und setzen sie um moderieren Workshops, begleiten Veränderungsprozesse in den Fachabteilungen und organisieren Auswahlprozesse
Beschreibung	Personalentwickler erarbeiten Qualifikations- und Kompetenzprofile und planen und organisieren innerbetriebliche und außerbetriebliche Weiterbildungs- und Entwicklungsmaßnahmen. Gemeinsam mit den Fachabteilungen planen sie den Personalbedarf entsprechend der Unternehmensentwicklung und der vorhandenen Personalressourcen. Sie führen Gespräche mit Mitarbeitern zur Erhebung der Entwicklungspotenziale und -möglichkeiten, entwickeln Konzepte und Methoden zur Mitarbeitermotivation, Arbeitgeberattraktivität sowie geeignete Aus- und Weiterbildungsprogramme und organisieren Auswahlprozesse.
Ziel	optimale Nutzung der Entwicklungspotenziale der Mitarbeiter im Unternehmen und Professionalisierung des Personalmarketings

Referenzfunktion	Bilanzbuchhaltung
Tätigkeiten	Bilanzbuchhalter ... erstellen Monats-, Quartals- und Jahresabschlüsse und Bilanzen basierend auf nationalen und internationalen Standards im Rechnungswesen erstellen gemeinsam mit der Steuerberatung betriebliche Steuererklärungen bspw. für Umsatzsteuer, Einkommens- und Körperschaftssteuer etc. arbeiten aktiv an der Aufstellung von Budgets für die einzelnen Kostenstellen mit ermitteln Kennzahlen aus den Bilanzen, die für die Fachabteilungen und Geschäftsführung als Entscheidungsgrundlage dienen arbeiten mit Steuerberatern, Wirtschaftsprüfern und den Finanzbehörden zusammen sind für das Reporting der geschäftlichen Zahlen an Banken und Investoren verantwortlich
Beschreibung	Bilanzbuchhalter wirken bei der laufenden Buchführung von Unternehmen mit und erstellen die Monats-, Quartals- und Jahresabschlüsse sowie betriebliche Steuererklärungen. Sie ermitteln den Gewinn oder Verlust des Unternehmens, nehmen Auswertungen vor, errechnen betriebswirtschaftliche Kennzahlen und berichten der Unternehmensführung. Zu ihren Aufgaben gehört auch eine enge Kooperation mit Kreditinstituten, Investoren, Wirtschaftsprüfung/Steuerberatungen und Finanzbehörden.
Ziel	laufende und korrekte Aufzeichnung der Unternehmensgebarung insbesondere zum Bilanzstichtag und Unterstützung der Geschäftsführung

Referenzfunktion	Revision
Tätigkeiten	Revisoren ... überprüfen, ob die Prozesse in den einzelnen Abteilungen durchgängig und lückenlos ablaufen kontrollieren die Einhaltung aller vorhandenen Vorgaben, Richtlinien, Betriebsvereinbarungen usw. analysieren und bewerten die Abläufe in den Fachabteilungen und beurteilen die Effizienz und Wirtschaftlichkeit der Abläufe und Prozesse dokumentieren die Revisionsergebnisse und besprechen Optimierungs- und Verbesserungsvorschläge mit den betroffenen Abteilungen und mit der Geschäftsführung
Beschreibung	Beschäftigte in der Revision kontrollieren die Einhaltung von internen und externen Vorgaben und Richtlinien. Sie planen die Prüfung von betrieblichen Abläufen auf ihre Wirtschaftlichkeit und Effizienz, führen sie durch, analysieren und dokumentieren sie. Auf Grundlage dieser Prüfung liefern sie der Unternehmensleitung und den Abteilungen Vorschläge, um die Abläufe zu verbessern.
Ziel	Optimierungs- bzw. Risikopotenziale für betriebliche Abläufe identifizieren

Referenzfunktion	Team- / Gruppenleitung
Tätigkeiten	Team- / Gruppenleiter ... wickeln die jeweiligen Teamaufgaben selbstständig und eigenverantwortlich ab planen, organisieren und koordinieren die Teamaufgaben teilen Mitarbeiter ein, weisen sie ein und leiten sie an bzw. führen die Mitarbeiter; wirken bei der Auswahl der Mitarbeiter mit arbeiten operativ bei den jeweiligen Teamaufgaben mit kontrollieren die Zielerreichung, haben Geschäfts- und Ergebnisverantwortung für die Teamaufgaben kommunizieren mit den Abteilungs- und Bereichsleitern sowie ggf. der Geschäftsführung und mit Geschäftspartnern, Behörden usw.
Überschneidungen	kommt in allen Arbeitswelten vor, ist aber administrationstypisch
Beschreibung	Team- bzw. Gruppenleiter sind innerhalb einer Abteilung für die selbstständige Abwicklung eines definierten Aufgabenbündels verantwortlich. Sie planen und organisieren die Umsetzung der Aufgaben, teilen die ihnen zugeordneten Mitarbeiter ein, weisen sie an bzw. führen sie und arbeiten

	selbst an der Umsetzung der Aufgaben mit. Sie kontrollieren die Umsetzung/Erfüllung der Aufgaben und verantworten die Ergebnisse gegenüber ihren Vorgesetzen und ggf. der Geschäftsführung.

Referenzfunktion	Bereichsleitung
Tätigkeiten	Bereichsleiter ... führen ihren jeweiligen Fachbereich selbstständig und eigenverantwortlich planen, organisieren und koordinieren die Bereichsaufgaben organisieren Abteilungen und Teams/Gruppen für abgrenzbare Aufgabenbereiche innerhalb des Fachbereiches führen die Personalplanung, Mitarbeiterauswahl durch und führen die Mitarbeiter führen Besprechungen mit Abteilungsleitern, Teamleitern sowie mit der Geschäftsführung und mit Geschäftspartnern, Behörden usw. durch koordinieren den eigenen mit anderen Fachbereichen und Abteilungen anderer Fachbereiche sind für Budgetierung, Controlling und Reporting des Fachbereiches verantwortlich haben die Geschäfts- und Ergebnisverantwortung für den Fachbereich
Überschneidungen	kommt in allen Arbeitswelten vor, ist aber administrationstypisch
Beschreibung	Bereichsleiter führen und verantworten einen Fachbereich innerhalb eines Unternehmens. Sie organisieren die Abteilungen innerhalb ihres Fachbereiches, sind für die Personalplanung, Mitarbeiterauswahl und -führung verantwortlich und koordinieren die Aufgabenerfüllung zwischen den eigenen Abteilungen und Abteilungen anderer Fachbereiche. Sie planen und budgetieren die Aufgaben des Bereiches und kontrollieren und verantworten die Zielerreichung.

Arbeitswelt 5: Logistik

Referenzfunktion	Warenübernahme
Tätigkeiten	Warenübernehmer ... übernehmen Waren und kontrollieren den Eingang übernehmen und kontrollieren Lieferpapiere führen die Erstkontrolle (Qualität) durch, stellen oberflächliche Schäden, Verpackungsschäden fest und reklamieren die Mängel nehmen die Zubuchungen im Warenwirtschaftssystem vor lagern die Ware ein bzw. veranlassen die Einlagerung etikettieren die Ware
Beschreibung	Warenübernehmer übernehmen Waren, kontrollieren sie am Eingang auf Vollständigkeit, Qualität und oberflächliche Schäden und reklamieren gegebenenfalls die Waren. Sie übernehmen und kontrollieren Lieferpapiere und nehmen die Zubuchungen im Warenwirtschaftssystem vor. Sie etikettieren ggf. die Ware und veranlassen die Einlagerung oder nehmen sie selbst vor.
Ziel	Einlagerung ordnungsgemäßer (bestellkonformer) Ware ins Warenlager

Referenzfunktion	Betriebslogistikkauffrau
Tätigkeiten	Betriebslogistikkaufmänner ... organisieren und überwachen die Logistikkette und steuern automatisierte Abläufe organisieren und überwachen die Kommissionierungsvorgänge organisieren die Einlagerung, Umlagerung, Auslagerung der Waren kontrolliert die erforderlichen Lagerbedingungen
Überschneidungen	keine, arbeitswelttypisch – enger Kontakt zu Einkauf und Verkauf
Beschreibung	Betriebslogistikkaufmänner planen und steuern die logistischen Abläufe im Unternehmen. Sie organisieren die Ein-, Um- und Auslagerung der Waren und kontrollieren die notwendigen Bedingungen für Lagerung und Transport. Weiters prüfen sie die Qualität der Waren, überwachen den Lagerbestand und veranlassen erforderlichenfalls Bestellvorgänge.
Ziel	ordnungsgemäße Lagerung und Bereitstellung der Waren im Unternehmen

Referenzfunktion	Supply Chain Management / Warenflussleitung
Tätigkeiten	Supply Chain Manager / Warenflussleiter ... führen die logistische Planung und Kontrolle des gesamten Warenflusses von der Anlieferung über die innerbetriebliche Disposition bis zur Verteilung durch werten regelmäßig Lieferfähigkeitsdaten, Fehlmengen, Lagerkennzahlen aus und bereiten die Daten auf prüfen die Bestell- und Lieferrhythmen bewerten die Lieferanten und wählen sie aus, führen Lieferantengespräche zur Verbesserung der Anliefersituation
Überschneidungen	keine, arbeitswelttypisch – enger Kontakt zu Einkauf und Verkauf
Beschreibung	Supply Chain Manager planen, gestalten und kontrollieren den Waren- und Materialfluss ins und im Unternehmen, sodass dieser sowohl kostengünstig als auch zeitlich optimal erfolgt. Sie überwachen Lieferzeiten, berechnen die optimalen Lagerbestände und tauschen sich dafür sowohl mit den Mitarbeitern in Einkauf (Disponenten), Verkauf und in der Logistik aus. Sie berechnen Lagerkennzahlen und besprechen mit Lieferanten Möglichkeiten zur Optimierung der Liefersituation.
Ziel	bildet die Schnittstelle zwischen Einkauf, Lieferanten, Logistik und Vertrieb und gewährleistet Bereitstellung der richtigen Menge an Waren zum richtigen Zeitpunkt am richtigen Ort

Arbeitswelt 6: Technischer Dienst

Referenzfunktion	Haustechnik
Tätigkeiten	Haustechniker ... stellen haustechnische Einrichtungen wie Heizungs-, Lüftungs- und Klimaanlagen, Aufzugsanlagen, Alarm- und Sicherheitsanlagen ein und kontrollieren sie führen einfache Wartungs- und Reparaturarbeiten durch beauftragen Wartungs-, Reparatur- sowie Reinigungsdienste organisieren und koordinieren größere Servicearbeiten ggf. Alarmbereitschaft
Beschreibung	Haustechniker führen kleinere Wartungs- und Reparaturarbeiten selbst durch und organisieren und koordinieren größer angelegte Servicearbeiten. Sie beauftragen Wartungs-, Reparatur- und Reinigungsdienste und führen alltägliche Arbeiten an der Betriebs- und Büroausstattung durch.
Ziel	Aufrechterhaltung des laufenden Betriebes durch alltägliche handwerkliche und einfache technische Serviceleistungen

Referenzfunktion	Betriebsanlagentechnik
Tätigkeiten	Betriebsanlagentechniker ... stellen komplexe technische Betriebsanlagen ein und sichern den laufenden Betrieb, insb. automatisierter Lager- und Kommissionierungssysteme führen elektronische Fehlersuche und -analyse durch beheben Fehler und Defekte selbstständig
Beschreibung	Betriebsanlagentechniker stellen elektrische, elektronische und logistische Anlagen im Betrieb ein und halten sie instand. Sie kontrollieren die Anlagen auf Störungen und Defekte. Dabei kalkulieren sie Zeit- und Kostenaufwand von Reparaturen und führen diese dann entweder selbstständig durch oder veranlassen sie.
Ziel	reibungsloser Betrieb komplexer technischer Betriebsanlagen

Referenzfunktion	Kundendienst/-technik
Tätigkeiten	Kundendienst/-techniker ... montieren insb. technische Geräte beim Kunden und schließen die Geräte an (z. B. Strom-, Wasser-, Satellitenanschlüsse) und prüfen die ordnungsgemäße Funktionsweise nehmen Kundenreklamationen und -anfragen entgegen, stellen Ursachen für Fehler fest, beheben die Fehler und tauschen schadhafte Teile aus beraten die Kunden über den richtigen Betrieb, die richtige Pflege und Wartung insb. technischer Geräte stellen den Kunden passende Zusatzprodukte vor, informieren über die Anwendungsmöglichkeiten und verkaufen diese Produkte
Beschreibung	Kundendienst/-techniker schließen vor allem technische Geräte beim Kunden an, führen Funktionskontrollen durch und beheben Fehler und Störungen. Den Kundenkontakt nutzen sie, um die Kunden auf geeignete Zusatzprodukte aufmerksam zu machen und diese zu verkaufen. Sie beraten die Kunden über den korrekten Betrieb und die richtige Pflege und Wartung von Produkten.
Ziel	Sicherung der Kundenbindung und Kundenzufriedenheit und Ermöglichung von Zusatzverkäufen

Referenzfunktion	Bautechnik / Planung
Tätigkeiten	Bautechniker / Planer ... planen und entwickeln Projekte kalkulieren Projekte, koordinieren Baustellen schreiben Projekte aus, vergeben Aufträge und überwachen Auftragnehmer und Professionisten betreuen die Ausführungsarbeiten führen Abrechnungen und Nachkalkulationen durch
Beschreibung	Bautechniker sind für den Neu- und Umbau von Filialen und/oder Innenraumgestaltung verantwortlich. Sie vergeben Aufträge an Professionisten. Sie planen und kalkulieren solche Bauprojekte, anschließend koordinieren

	und steuern sie die Ausführung auf der Baustelle. Nach Fertigstellung des Baus, rechnen sie die Kosten ab und kalkulieren sie nach. Sie planen und koordinieren die nachträgliche Einrichtung insbesondere von Heizungs-, Lüftungs-, Klima-, Aufzugs-, Alarm- und Sicherheitsanlagen. Dafür erstellen sie Zeit- und Kostenpläne und wählen Angebote technischer Anbieterfirmen aus.
Ziel	bautechnische Projektentwicklung zur optimalen Gestaltung der baulichen Infrastruktur

Referenzfunktion	**Immobilienmanagement (Anlagen-/ Liegenschaftsmanagement)**
Tätigkeiten	Immobilienmanager (Anlagen-/Liegenschaftsmanager) ... kontrollieren und überwachen Mietzinsabrechnungen, verhandeln Mietverträge und schließen sie ab, führen Vergebührungen durch suchen neue Bestandsobjekte, besichtigen mögliche neue Liegenschaften stellen eventuelle Schäden an den Bestandsobjekten fest, beauftragen Professionisten mit der Instandsetzung, kontrollieren die Arbeiten der Professionisten ermitteln laufend die Betriebskosten, kontrollieren sie und rechnen sie ab überprüfen die Einhaltung der vereinbarten Leistungen aus den Mietverträge (z. B. Müllentsorgung, Schneeräumung)
Beschreibung	Immobilienmanager suchen neue Immobilien für das Unternehmen und besichtigen sie. Sie verhandeln Mietverträge und schließen sie ab. Sie kontrollieren und überwachen die Abrechnungen des Mietzinses sowie der Betriebskosten und zahlen diese. Sie verwalten die Immobilien, begutachten sie auf Schäden und überprüft die Einhaltung der vereinbarten Leistungen aus den Mietverträgen.
Ziel	kunden- und mitarbeiteradäquate Gebrauchsfähigkeit der Bestandsobjekte

Referenzfunktion	**Qualitätsmanagement**
Tätigkeiten	Qualitätsmanager ... kontrollieren laufend die Qualität kritischer Waren insb. im Frische-, Gesundheits- und Gefahrgutbereich und die damit verbundenen Prozesse auf Basis von Vorschriften und festgelegten Standards prüfen Frische, Zusammensetzung, Herkunft stellen Liefer-, Lager- und Verkaufsbedingungen im Hinblick auf Qualitätsstandards sicher legen Manipulationsabläufe für „kritische" Waren fest und definieren diese schulen Mitarbeiter, die mit diesen Waren zu tun haben
Überschneidungen	Qualitätsmanger können grundsätzlich in allen Arbeitswelten in unterschiedlichen Zusammenhängen vorkommen.
Beschreibung	Qualitätsmanager kontrollieren und prüfen die Qualität von Produkten – besonders im Frische-, Gesundheits- und Gefahrengutbereich – auf die erforderliche und erwartete Qualität. Sie werten die gewonnen Daten aus, entwickeln Qualitätsstandards und Maßnahmen, damit die Waren diese Standards nachhaltig erfüllen können. Außerdem schulen sie Mitarbeiter im Umgang mit den betreffenden Produkten.
Ziel	Gewährleistung der erforderlichen und vom Kunden erwarteten Produktqualität und Vermeidung von Qualitätsverlusten

Arbeitswelt 7: IT

Referenzfunktion	Support-Help-Desk
Tätigkeiten	Beschäftigte im Support-Help-Desk ... bieten vorwiegend internen Support bei Anwendungsfragen oder Hard- und Softwareproblemen an nehmen Anfragen von Mitarbeitern zu EDV-Problemen telefonisch, per E-Mail oder online entgegennehmen bieten Lösungen innerhalb des eigenen Kompetenzbereiches an bzw. beauftragen Experten mit der Problembehandlung führen erforderliche Schulungen durch
Beschreibung	Beschäftigte im Support-Help-Desk unterstützen die Mitarbeiter des Unternehmens bei Fragen und Problemen mit Software und Hardware online und vor Ort. Sie beheben das Problem selbst, leiten die Kollegen an, wie diese das Problem beheben können oder beauftragen Experten mit der Problembehandlung. Weiters besteht ihre Aufgabe darin, Mitarbeiter in der Anwendung von IT zu schulen.
Ziel	Lösung von EDV-Anwenderproblemen in allen laufenden Tätigkeiten

Referenzfunktion	EDV-Technik
Tätigkeiten	EDV-Techniker ... planen die erforderliche Hardware-Ausstattung und wählen sie gemäß den Vorgaben aus besorgen, verteilen und installieren die Geräte richten die Arbeitsplätze ein und verkabeln sie installieren die benötigte Software und geben den Mitarbeitern eine Ersteinschulung führen Reparaturen und Anpassungen an der Hardware durch
Beschreibung	EDV-Techniker planen die Ausstattung der Hardware und wählen sie aus. Sie beschaffen die Hardware, richten sie am Arbeitsplatz ein, verkabeln sie und installieren die notwendige Software, etwa Betriebssysteme. Außerdem führen sie Reparaturen und Anpassungen der Hardware vor.
Ziel	Bereitstellung der erforderlichen funktionierenden EDV-Arbeitsplätze

Referenzfunktion	Programmierung – Datenbank-/Softwareentwicklung
Tätigkeiten	Programmierer – Datenbank-/Softwareentwickler ... entwickeln und programmieren unternehmensspezifische Anwendungen für die einzelnen Fachabteilungen entlang der betrieblichen Prozessabläufe passen Standardprogramme an den Unternehmensbedarf an – stellen vorhandene Lösungen ein und passen sie an programmieren (bauen) Zugriffsberechtigungen erstellen Programmbeschreibungen und Userguides und schulen Support und Help-Desk-Angestellte
Beschreibung	Programmierer – Datenbank-/Softwareentwickler entwickeln und programmieren Software, die das Unternehmen benötigt. Entweder erstellen sie dabei neue Programme, oder sie passen bereits bestehende dem Bedarf des Unternehmens an. Sie testen die von ihnen entwickelten und adaptierten Programme und geben diese für den regulären Betrieb frei. Sie erstellen Programmbeschreibungen und Arbeitsanweisungen und schulen den Support.
Ziel	Bereitstellung und Anpassung unternehmensspezifischer Softwarelösungen

Referenzfunktion	Systemadministration – Netzwerktechnik – Datenbankadministration
Tätigkeiten	Systemadministratoren – Netzwerktechniker – Datenbankadministratoren ... planen Netzwerke und Serverkapazitäten und richten sie ein, konfigurieren Server und Großrechner und stellen sie ein führen laufende Datenverwaltung und Datensicherung durch, betreuen Datenbanksysteme

	spielen Softwareprogramme ein spielen Updates ein richten Datensicherheits- und Datenschutzvorkehrungen ein richten Internetverbindungen, gesicherte Fernzugriffe ein (home office) analysieren und beheben Fehlermeldungen und Betriebsstörungen
Beschreibung	Systemadministratoren – Netzwerktechniker – Datenbankadministratoren richten Computersysteme und Computernetzwerke ein und betreuen sie laufend. Sie planen die erforderlichen Serverkapazitäten, die Netzwerkstrukturen und legen Berechtigungen fest. Sie beraten das Management in der Anschaffung von neuen Systemen, führen Wartungsarbeiten durch und beheben Fehler. Sie gewährleisten die laufende Datensicherung, stellen Internetzugänge her und treffen Sicherheits- und Datenschutzvorkehrungen.
Ziel	störungsfreie, vernetzte Zusammenarbeit im Unternehmen und Sicherung aller digitaler Unternehmensdaten

Referenzfunktion	**Projektmanagement**
Tätigkeiten	Projektmanager ... planen, organisieren Projekte (z. B. IT), führen sie durch und koordinieren sie verhandeln Projektziele, gestalten den Projektablauf, einzelne Projektschritte, Projektetappen und Teilleistungsziele usw., definieren und erläutern sie stellen Projektteams zusammen, teilen Projektmitarbeiter ein und koordinieren sie erarbeiten Terminpläne, Ablaufpläne, Kostenpläne, Meilensteine usw. und kontrollieren sie laufend bereiten Projekt-Kennzahlen für die Geschäftsleitung auf und präsentieren sie
Überschneidungen	kann grundsätzlich in allen Arbeitswelten vorkommen
Beschreibung	Projektmanager wirken angefangen von der Planung und Konzeption bis zur organisatorischen Durchführung der Projekte mit und beachten dabei die von der Geschäftsleitung vorgelegten Vorgaben und Ziele. Zu ihren wichtigsten Aufgaben zählen die Projektplanung, die laufende Kontrolle des Projektfortschritts und der Zielerreichung, die Einsatzplanung und Dokumentation sowie die Führung des Projektteams.
Ziel	Abwicklung von (IT-)Projekten im Rahmen der Zielsetzung sowie der geplanten Fristen und Kosten

Impressum

ibw-Endbericht

Unter Mitarbeit von:
Mag. Wolfgang Bliem
Alexander Petanovitsch
Emanuel Van den Nest (MA)

Projektabschluss: September, 2014
Nachtrag: Juli 2017
Wien, 2017

Medieninhaber und Herausgeber:
ibw
Institut für Bildungsforschung der Wirtschaft
(Geschäftsführer: Mag. Thomas Mayr)
Rainergasse 38 | 1050 Wien
T: +43 1 545 16 71-0
F: +43 1 545 16 71-22

info@ibw.at
www.ibw.at
ZVR-Nr.: 863473670

Kontakt:
bliem@ibw.at

Auftraggeber:
Bundessparte Handel der Wirtschaftskammer Österreich
GPA-djp – Gewerkschaft der Privatangestellten

Geschlechtsspezifische Bezeichnungen und Formulierungen gelten in der Regel sinngemäß für beide Geschlechter.

Anhang 6) Ausbildungsordnung zum/zur Einzelhandelskaufmann/-frau

BUNDESGESETZBLATT
FÜR DIE REPUBLIK ÖSTERREICH

Jahrgang 2015 **Ausgegeben am 26. Mai 2015** **Teil II**

113. Verordnung: **Einzelhandel-Ausbildungsordnung**

113. Verordnung des Bundesministers für Wissenschaft, Forschung und Wirtschaft über die Berufsausbildung im Lehrberuf Einzelhandel (Einzelhandel-Ausbildungsordnung)

Auf Grund der §§ 8, 24 und 27 des Berufsausbildungsgesetzes (BAG), BGBl. Nr. 142/1969, zuletzt geändert durch das Bundesgesetz BGBl. I Nr. 129/2013, wird verordnet:

Lehrberuf Einzelhandel

§ 1. (1) Der Lehrberuf Einzelhandel ist mit einer Lehrzeit von drei Jahren und folgenden Schwerpunkten eingerichtet:

1. Allgemeiner Einzelhandel,
2. Baustoffhandel,
3. Einrichtungsberatung,
4. Eisen- und Hartwaren,
5. Elektro-Elektronikberatung,
6. Feinkostfachverkauf,
7. Gartencenter,
8. Kraftfahrzeuge und Ersatzteile,
9. Lebensmittelhandel,
10. Parfümerie,
11. Schuhe,
12. Sportartikel,
13. Telekommunikation,
14. Textilhandel,
15. Uhren- und Juwelenberatung.

(2) Aufbauend auf die Inhalte des Schwerpunktes Allgemeiner Einzelhandel ist maximal die Ausbildung in einem der Schwerpunkte gemäß Z 2 bis Z 15 möglich.

(3) In den Lehrverträgen, Lehrzeugnissen, Lehrabschlussprüfungszeugnissen und Lehrbriefen ist der Lehrberuf in der dem Geschlecht des Lehrlings entsprechenden Form (Einzelhandelskaufmann oder Einzelhandelskauffrau) zu bezeichnen.

(4) Die Schwerpunktausbildung ist jedenfalls im Lehrvertrag durch einen entsprechenden Hinweis neben der Bezeichnung des Lehrberufs zu vermerken.

Arbeitsgebiet

§ 2. Das Arbeitsgebiet des/der Einzelhandelskaufmanns/frau umfasst insbesondere:

1. fachkräftebezogene Tätigkeiten in Handelsunternehmen oder anderen selbstständigen Unternehmen mit unterschiedlichen Größen, Betriebsformen und Sortimenten, wobei
2. die Verkaufstätigkeit der Mittelpunkt des kaufmännischen Aufgabenfeldes ist.
3. Darüber hinaus steuern sie den Waren- und Datenfluss in beratungs- und selbstbedienungsorientierten Betrieben und
4. unterstützen Unternehmensprozesse aus betriebswirtschaftlicher und kundenorientierter Sicht von der Beschaffung bis zum Verkauf.

Berufliche Handlungskompetenzen

§ 3. (1) Mit dem positiven Abschluss der Lehrabschlussprüfung und der Berufsschule unter Berücksichtigung von § 23 und § 27 Berufsausbildungsgesetz (BAG) verfügt der/die Einzelhandelskaufmann/frau über folgende zentrale berufliche Handlungskompetenzen. Diese umfassen jeweils eine fachliche, methodische, personale und soziale Dimension. Sie befähigen den/die Einzelhandelskaufmann/frau in seinem/ihrem Beruf selbstständig und eigenverantwortlich zu handeln.

1. Allgemeiner Einzelhandel:

Der/die Einzelhandelskaufmann/frau – Schwerpunkt Allgemeiner Einzelhandel

a) plant im Bewusstsein für die Wichtigkeit von lebensbegleitendem Lernen seine/ihre (weitere) Aus- und Weiterbildung für seinen/ihren individuellen beruflichen und persönlichen Erfolg,
b) entwickelt durch Selbstreflexion persönliche Stärke,
c) bildet sich anhand der gesellschaftlichen und wirtschaftlichen Vorgänge eine eigene Meinung und Position,
d) kann die Bedeutung eines gepflegten Erscheinungsbildes des Verkäufers oder der Verkäuferin erklären,
e) kann mit Kunden und Kundinnen unter Berücksichtigung einschlägiger Kommunikations- und Feedbackregeln in Dialog treten, sie informieren und beraten,
f) verkauft Waren und Dienstleistungen unter Einsatz seiner/ihrer Warenkenntnisse und bietet Serviceleistungen an,
g) nimmt Bestellungen und Kundenaufträge entgegen und wickelt diese ab,
h) kann die Grundlagen von Garantie und Gewährleistung erklären,
i) nimmt Reklamationen entgegen und behandelt diese,
j) kennt die Bedeutung einer nachhaltigen, ökologischen Produktion und die Auswirkungen der Globalisierung,
k) ermittelt den Warenbedarf und wirkt bei der Warenbeschaffung mit,
l) wirkt bei der Warenannahme und Warenkontrolle mit, kontrolliert und pflegt Warenbestände, zeichnet Ware aus und lagert diese,
m) platziert und präsentiert Waren im Verkaufsraum und wirkt bei Maßnahmen der Verkaufsförderung mit,
n) bedient die Kassa und führt Kassaabrechnungen durch,
o) wertet Kennziffern und Statistiken für die Erfolgskontrolle aus und leitet Maßnahmen daraus ab,
p) wirkt bei der Planung und Organisation von Arbeitsprozessen mit,
q) setzt Informations- und Kommunikationstechniken ein,
r) arbeitet team-, kunden- und prozessorientiert und setzt dabei seine/ihre Service- und Dienstleistungskompetenz ein.

(2) Wird der Lehrling in einem der folgenden Schwerpunkte ausgebildet, verfügt der/die Einzelhandelskaufmann/frau über nachstehende zusätzliche berufliche Handlungskompetenzen:

2. Baustoffhandel:

Der/die Einzelhandelskaufmann/frau – Schwerpunkt Baustoffhandel

a) liest Baupläne in Hinblick auf die fachgerechte Mengenübermittlung und Verwendung von Baustoffen,
b) informiert über die Eigenschaften und Einsatzmöglichkeiten von Baustoffen, Bauhilfsstoffen sowie über die zur Be- und Verarbeitung erforderlichen Werkzeuge und Kleinmaschinen,
c) informiert über die bei der Verwendung von Baustoffen wesentlichen Rechtsvorschriften,
d) berät bei der Produktauswahl vor allem hinsichtlich der technischen Eigenschaften und der Anwendungsmöglichkeiten,
e) holt Angebote auf Grund spezieller Kundenwünsche und Baupläne ein.

3. Einrichtungsberatung:

Der/die Einzelhandelskaufmann/frau – Schwerpunkt Einrichtungsberatung

a) liest Baupläne hinsichtlich einer möglichen Einrichtungsgestaltung und gestaltet Skizzen und Einrichtungspläne gemäß Kundenwünschen,
b) wirkt bei der Planung der Warenbeschaffung unter Berücksichtigung aktueller Wohntrends und Messeneuheiten, saisonaler und regionaler Erfordernisse mit,
c) wirkt bei der Einholung von Angeboten auf Grund spezieller Kundenwünsche und Einrichtungspläne mit,
d) präsentiert das betriebliche Warensortiment verkaufsgerecht und wirkt bei der Gestaltung von Kojen und Musterensembles mit Einrichtungsgegenständen mit,
e) entwickelt Einrichtungsideen unter Berücksichtigung von Funktion, Form und Farbe.

4. Eisen- und Hartwaren:

Der/die Einzelhandelskaufmann/frau – Schwerpunkt Eisen- und Hartwaren

a) informiert über die fachgerechte Anwendung und Verwendung der einzelnen Produkte der Produktgruppen Beschläge, Werkzeuge, Kleinmaschinen, Schlösser und Materialien zur Befestigungstechnik,
b) berät Heimwerker/innen sowie gewerbliche Abnehmer/innen und bietet fachliche Hilfestellung an,
c) informiert über den Brandschutz, die Brandschutzklassen sowie über Versicherungswerte,
d) übernimmt Service- und Reparaturaufträge und wickelt diese ab,
e) wirkt bei der Vermietung von Arbeitsmaschinen und Geräten mit.

5. Elektro-Elektronikberatung:

Der/die Einzelhandelskaufmann/frau – Schwerpunkt Elektro-Elektronikberatung

a) kann Gebrauchsanweisungen und Anleitungen für die Montage und Inbetriebnahme umsetzen,
b) wirkt bei der Beschaffungsplanung unter Berücksichtigung neuer Technologien und Trends sowie der Produktzyklen und der Preisentwicklung mit,

c) berät bei der Produktauswahl vor allem hinsichtlich der technischen Eigenschaften, der Einstellungen, der Anwendungsmöglichkeiten und der Inbetriebnahme,
d) informiert über die bei der Produktverwendung einzuhaltende Sicherheitsvorschriften vor dem Hintergrund der Regelungen der Produkthaftung,
e) informiert über Wirtschaftlichkeit, Energiebedarf und Energieeffizienz der Produkte unter Berücksichtigung von Kundenverhalten und Produktlebenszyklus.

6. Feinkostfachverkauf:

Der/die Einzelhandelskaufmann/frau – Schwerpunkt Feinkostfachverkauf

a) kontrolliert Wareneingänge unter Berücksichtigung der Qualität, Haltbarkeit und Frische sowie des Aussehens der Feinkostwaren (Brot und Backwaren, Käse, Wurst und Fleisch sowie spezielle Feinkostwaren),
b) beurteilt Fleischteile und Nebenprodukte nach ihrer Art und Qualität, Verwendungs- und Verarbeitungsmöglichkeit,
c) lagert, kühlt und pflegt das Feinkostsortiment fach- und produktgerecht,
d) bereitet das betriebliche Feinkostsortiment vor, stellt es bereit und präsentiert es verkaufsgerecht,
e) berät bei der Auswahl und Zusammenstellung sowie über die Zubereitung und informiert über den Verzehr von Fleisch, Fleischwaren und Wurstwaren,
f) garniert und stellt kalte und warme Imbissartikel her,
g) wirkt bei Maßnahmen der Lebensmittelhygiene mit.

7. Gartencenter:

Der/die Einzelhandelskaufmann/frau – Schwerpunkt Gartencenter

a) wirkt bei der Beschaffungsplanung unter Berücksichtigung des Kundenkreises, saisonaler und regionaler Erfordernisse, der Verkaufsschwerpunkte und des Marktsegments des Lehrbetriebs mit,
b) kontrolliert Wareneingänge unter Berücksichtigung der Qualität und des Aussehens der Pflanzen,
c) informiert über Eigenschaften, Standortansprüche, Pflegemaßnahmen der Pflanzen sowie über gärtnerische Gestaltungsmöglichkeiten,
d) bereitet das betriebliche Warensortiment vor, stellt es bereit und präsentiert es verkaufsgerecht,
e) behandelt, pflegt und lagert Blumen und Pflanzen.

8. Kraftfahrzeuge und Ersatzteile:

Der/die Einzelhandelskaufmann/frau – Schwerpunkt Kraftfahrzeuge und Ersatzteile

a) wirkt bei der Beschaffungsplanung von Automobilen, deren Ersatzteilen und Zubehör mit,
b) informiert über Fahrzeugtechnologien, insbesondere deren Umwelt- und Sicherheitsaspekte und Betriebskosten bzw. Restwert,
c) erstellt Angebote auf Grund spezieller Kundenwünsche,
d) wirkt bei der Beratung hinsichtlich der verschiedenen Finanzierungsmöglichkeiten (zB Leasing) und Versicherungsmöglichkeiten mit,
e) informiert über die produktbezogenen rechtlichen Bestimmungen (zB Gewährleistung, kraftfahrrechtliche Bestimmungen usw.).

9. Lebensmittelhandel:

Der/die Einzelhandelskaufmann/frau – Schwerpunkt Lebensmittelhandel

a) kontrolliert Wareneingänge unter Berücksichtigung der Qualität, Haltbarkeit und Frische sowie des Aussehens der Nahrungs- und Genussmittel,
b) berät über die Aufbewahrung, Zusammenstellung, Zubereitung und informiert über den Verzehr von Nahrungs- und Genussmitteln,
c) berät bei der Produktauswahl und bietet Serviceleistungen an,
d) präsentiert das betriebliche Warensortiment verkaufsgerecht und informiert über Aktionen und Ergänzungsartikel,
e) stellt Waren zusammen und verpackt diese gemäß Kundenwünschen,
f) wirkt bei Maßnahmen der Lebensmittelhygiene mit.

10. Parfümerie:

Der/die Einzelhandelskaufmann/frau – Schwerpunkt Parfümerie

a) wirkt bei der Beschaffungsplanung unter Berücksichtigung aktueller Trends, Designerlinien und saisonaler und regionaler Erfordernisse mit,
b) präsentiert das betriebliche Warensortiment verkaufsgerecht nach saisonalen und modischen Aspekten und Warengruppen,
c) berät bei der Produktauswahl hinsichtlich Parfums, Gesichts- und Körperpflegeprodukte und informiert über deren Zusammensetzung und Wirkungsweise,
d) berät über Make-Up hinsichtlich Stil, Farbe, Modetrends, Zusammensetzung und Verträglichkeit,
e) informiert über die Sonneneinwirkung auf der Haut sowie über Sonnenfilter und Hautpflege.

11. Schuhe:

Der/die Einzelhandelskaufmann/frau – Schwerpunkt Schuhe

a) wirkt bei der Beschaffungsplanung unter Berücksichtigung aktueller Modetrends, Designerlinien und saisonaler und regionaler Erfordernisse mit,

b) bereitet das betriebliche Warensortiment vor, stellt es bereit, präsentiert es verkaufsgerecht und gestaltet modische Ensembles,

c) berät bei der Produktauswahl vor allem hinsichtlich Farbe, Stil und Funktion unter Berücksichtigung modischer Einflüsse und Trends und informiert über Materialien, Verträglichkeit und Pflege der Schuhe,

d) informiert über Schuhtypen unter Berücksichtigung der gesundheitlichen Aspekte und der Anatomie des Fußes,

e) bietet modische Kombinationen, Accessoires und Zubehör an,

f) führt Mehrkundenberatung durch.

12. Sportartikel:

Der/die Einzelhandelskaufmann/frau – Schwerpunkt Sportartikel

a) präsentiert Sportartikel und Sportbekleidung verkaufsgerecht und gestaltet modische Ensembles,

b) berät bei der Produktauswahl vor allem hinsichtlich Farbe, Stil und Funktion unter Berücksichtigung modischer Einflüsse und Trends und informiert über Materialien, Verträglichkeit und Pflege der Textilien,

c) informiert über die richtige Verwendung von Sportgeräten sowie über die dazu notwendigen gesundheitlichen sowie physiotherapeutischen und orthopädischen Voraussetzungen,

d) bietet Kombinationen, Accessoires und Zusatzartikel an,

e) bietet Serviceleistungen des Sportartikelhandels an und führt diese aus,

f) berät über die für die verschiedenen Sportarten adäquaten Schutzausrüstungen.

13. Telekommunikation:

Der/die Einzelhandelskaufmann/frau – Schwerpunkt Telekommunikation

a) wendet Gebrauchsanleitungen sowie andere technische Unterlagen an,

b) bearbeitet branchenübliche Kundenanliegen (zB SIM-Karten tauschen, Sperren, Reparaturannahmen, Auskunft über Tarife und Einzelgesprächsnachweise usw.),

c) berät bei der Produktauswahl und informiert über grundlegende technische Entwicklungen und die Trends der angebotenen Warengruppen sowie über das entsprechende Zubehör,

d) informiert über Verbindungselemente unter Berücksichtigung der Anschlussmöglichkeiten,

e) bietet Zusatzverkäufe an und führt Folgeverkäufe zur besseren Nutzung der technischen Möglichkeiten und zur Anpassung an den technischen Fortschritt durch.

14. Textilhandel:

Der/die Einzelhandelskaufmann/frau – Schwerpunkt Textilhandel

a) wirkt bei der Planung der Warenbeschaffung unter Berücksichtigung aktueller Modetrends, Designerlinien, saisonaler und regionaler Erfordernisse mit,

b) präsentiert das betriebliche Warensortiment verkaufsgerecht und gestaltet modische Ensembles,

c) berät bei der Produktauswahl vor allem hinsichtlich Farbe und Stil unter Berücksichtigung modischer Einflüsse und Trends sowie über die Zusammensetzung, die Verträglichkeit und die Pflege der Textilien und Accessoires,

d) schätzt Kunden und Kundinnen hinsichtlich der Konfektionsgröße und des persönlichen Kleidungstils richtig ein,

e) führt Mehrkundenberatung durch.

15. Uhren- und Juwelenberatung:

Der/die Einzelhandelskaufmann/frau – Schwerpunkt Uhren- und Juwelenberatung

a) berät bei der Produktauswahl vor allem hinsichtlich Stil und Funktion unter Berücksichtigung modischer Einflüsse und Trends,

b) informiert über die Pflege und Aufbewahrung von Schmuck, Edelsteinen und Perlen/Kulturperlen,

c) informiert über die Pflege und Handhabung von Uhren und Uhrbändern,

d) reinigt und pflegt Schmuck, Edelsteine und Perlen/Kulturperlen,

e) bietet uhren- und schmuckspezifische Serviceleistungen an.

Berufsbild

§ 4. (1) Der Erwerb der angeführten beruflichen Handlungskompetenzen ist Ziel der Lehrlingsausbildung. Für die Ausbildung im Lehrberuf Einzelhandel wird das nachstehende Berufsbild, gegliedert in folgende Ausbildungsbereiche, festgelegt:

1. Der Ausbildungsbetrieb

1.1. Bedeutung und Struktur des Einzelhandels

1.2. Der Ausbildungsbetrieb

1.3. Stellung des Ausbildungsbetriebes am Markt

1.4. Arbeitsorganisation und Ausbildung im dualen System

1.5. Information und Kommunikation

1.6. Sicherheit, Gesundheits- und Umweltschutz bei der Arbeit

2. Persönliche und soziale Kompetenz
 2.1. Persönlichkeitsentwicklung
 2.2. Teamarbeit, Kooperation und Konfliktlösungskompetenz
 2.3. Selbstverantwortung und Motivation
 2.4. Meinungsbildung in gesellschafts- und wirtschaftspolitischen Sachverhalten
3. Warensortiment
4. Beratung und Verkauf
 4.1. Grundlagen
 4.2. Kunden- und dienstleistungsorientiertes Verhalten
 4.3. Beratungs- und Verkaufsgespräche
 4.4. Umtausch, Beschwerden und Reklamationen
 4.5. Verhalten in schwierigen Situationen
5. Servicebereich Kassa
 5.1. Kassensysteme und Kassieren
 5.2. Kassaabrechnung
6. Marketing-Grundlagen
 6.1. Verkaufsvorbereitung
 6.2. Warenpräsentation
 6.3. Werbemaßnahmen und Verkaufsförderung
 6.4. Preisbildung
7. Warenwirtschaft
 7.1. Grundlagen
 7.2. Warenbestellung
 7.3. Wareneingang
 7.4. Warenlagerung
 7.5. Bestandskontrolle und Inventur
8. Rechnungswesen
 8.1. Grundlagen

Die angeführten Berufsbildpositionen sind spätestens in dem jeweils angeführten Lehrjahr beginnend derart zu vermitteln, dass der Lehrling zur Ausübung qualifizierter Tätigkeiten im Sinne der beruflichen Handlungskompetenzen befähigt wird.

1. Allgemeiner Einzelhandel:

Pos.	1. Lehrjahr	2. Lehrjahr	3. Lehrjahr
1.	Der Ausbildungsbetrieb		
1.1	Bedeutung und Struktur des Einzelhandels		
1.1.1	Kenntnis der Bedeutung und der Struktur des Einzelhandels	–	–
1.1.2	Kenntnis der Trends und Entwicklungen in der Branche		
1.2	Der Ausbildungsbetrieb		
1.2.1	Kenntnis der Rechtsform und der Betriebsform des Lehrbetriebes		
1.2.2	Kenntnis des organisatorischen Aufbaus sowie der Aufgaben, Zuständigkeiten und Zusammenhänge der einzelnen Betriebsbereiche		
1.2.3	Kenntnis der jeweiligen betrieblichen Qualitätsvorgaben bzw. des betrieblichen Qualitätsmanagementsystems		–
1.2.4	–	–	Anwenden der betrieblichen Qualitätsvorgaben bzw. des betrieblichen Qualitätsmanagementsystems
1.2.5	Funktionsgerechtes Verwenden der betrieblichen Einrichtungen, Geräte und technischen Hilfsmittel des Verkaufs		
1.3	Stellung des Ausbildungsbetriebes am Markt		
1.3.1	Kenntnis der Werte und Visionen des Ausbildungsbetriebes, der Ziele und der Marktposition des Lehrbetriebes sowie der Standorteinflüsse		
1.3.2	Kenntnis des betrieblichen Umfeldes samt der Geschäftsbeziehungen des Lehrbetriebs		
1.3.3	Kenntnis der Waren bzw. Warengruppen und Dienstleistungen des Lehrbetriebes		
1.4	Arbeitsorganisation und Ausbildung im dualen System		
1.4.1	Kenntnis der behördlichen Aufsichtsorgane, Sozialversicherungen und Interessenvertretungen inklusive ihrer Aufgaben und Befugnisse im Betrieb		
1.4.2	Kenntnis der aushangpflichtigen arbeitsrechtlichen Vorschriften		
1.4.3	Kenntnis der sich aus dem Lehrvertrag und aus dem Berufsausbildungsgesetz bzw. Kinder- und Jugendlichen-Beschäftigungsgesetz ergebenden Rechte und Pflichten		

Pos.	1. Lehrjahr	2. Lehrjahr	3. Lehrjahr
1.4.4	Rechtliches und rechnerisches Kontrollieren des Gehaltszettels, der Lehrlingsentschädigung bzw. des Gehaltes		
1.4.5	Kenntnis der Inhalte und Ziele der Ausbildung sowie der einschlägigen Weiterbildungs- und Entwicklungsmöglichkeiten		
1.4.6	Kenntnis der Wichtigkeit der Lehrabschlussprüfung und der damit verbundenen rechtlichen Aspekte		
1.5	Information und Kommunikation		
1.5.1	Kenntnis der Grundlage des Datenschutzes	–	–
1.5.2	Anwenden aktueller Informations- und Kommunikationsmittel		
1.5.3	Verantwortungsbewusstes Umgehen mit sozialen Netzwerken und neuen digitalen Medien und situationsgerechtes Einsetzen zur Kommunikation im Geschäftsbereich		
1.6	Sicherheit, Gesundheits- und Umweltschutz bei der Arbeit		
1.6.1	Kenntnis der Grundlagen und Anwendung der Arbeitsergonomie (zB richtiges Heben, Tragen, Bewegen von Lasten usw.)		
1.6.2	Kenntnis der Sicherheitsrisiken um Unfälle zu vermeiden. Beachtung der rechtlichen Vorschriften, ökologischen Aspekte und Vorschriften des Arbeits- und Gesundheitsschutzes sowie der einschlägigen Schutz- und Sicherheitsvorschriften		
1.6.3	Kenntnis der entsprechenden Vorschriften des Umweltschutzes und der Entsorgung	–	–
1.6.4	–	Mitwirken bei der rechtlich-betriebskonformen Abfallentsorgung	
2.	Persönliche und soziale Kompetenz		
2.1	Persönlichkeitsentwicklung		
2.1.1	–	Finden von Lösungen und darauf aufbauend Fällen von berufstypischen Entscheidungen im Kompetenzbereich	
2.1.2	–	Beurteilen der Qualität der durchgeführten Arbeiten und Ableiten von möglichen Verbesserungen	
2.1.3	Entwickeln der Fähigkeit die Allgemeinbildung zu vertiefen und fachspezifisch einzusetzen		
2.2	Teamarbeit, Kooperation und Konfliktlösungskompetenz		
2.2.1	Eigenständiges Arbeiten im Team und Identifizieren mit der Aufgabe im Unternehmen		
2.2.2	–	Zielgruppengerechtes und lösungsorientiertes Kommunizieren mit Kunden und Kundinnen, Vorgesetzten, Kollegen und Kolleginnen und anderen Personengruppen	
2.2.3	Selbst motiviertes Arbeiten, Fähigkeiten zur Selbstreflexion und Annehmen und Geben von Feedback		
2.3	Selbstverantwortung und Motivation		
2.3.1	Kenntnis des eigenen Verantwortungsbereiches		
2.3.2	Bewusstmachen des eigenen Handelns, Erkennen von Konsequenzen und Einbeziehen dieser in die persönliche Weiterentwicklung		
2.3.3	Kenntnis der Bedeutung des lebensbegleitenden Lernens für die berufliche und persönliche Entwicklung sowie Erkennen und Planen der eigenen beruflichen Aufstiegs- und Weiterentwicklungsmöglichkeiten		
2.4	Meinungsbildung in gesellschafts- und wirtschaftspolitischen Sachverhalten		
2.4.1	Kenntnis über den Aufbau und die Wirkungsweise des demokratischen Systems in Österreich, insbesondere im Zusammenhang mit demokratischen Beteiligungsmöglichkeiten		
2.4.2	–	Kenntnis der Mitgliedschaften Österreichs in europäischen und internationalen Organisationen und der sozial-, wirtschafts- und gesellschaftspolitischen Auswirkungen	
2.4.3	Kenntnis der grundlegenden marktwirtschaftlichen und sozialpolitischen Zusammenhänge		–
2.4.4	–	Verstehen von Medienberichten zu gesellschafts-, sozial- und wirtschaftspolitischen Themen	
3.	Warensortiment		
3.1	Kenntnis des betrieblichen Sortiments hinsichtlich der fachlichen Zusammensetzung, Breite, Tiefe und Herkunft, Eigenschaften, Beschaffenheit, Form, Ausführung, Sorten, Größen sowie Verwendungsmöglichkeiten und Umweltverträglichkeit		
3.2	Kenntnis der branchenspezifischen Warenkennzeichnung, Normen und Produktdeklaration		
4.	Beratung und Verkauf		
4.1	Grundlagen		
4.1.1	Kenntnis der verkaufsbezogenen rechtlichen Bestimmungen und der rechtlichen Grundlagen für das Zustandekommen von Kaufverträgen und ihrer Bestandteile		–

Pos.	1. Lehrjahr	2. Lehrjahr	3. Lehrjahr
4.1.2	Kenntnis des Ablaufes und der Gestaltung des Verkaufsgespräches	–	–
4.1.3	Kenntnis der Regeln der verkaufsorientierten Gesprächsführung		–
4.1.4	–	Anbieten von Ergänzungs- und Ersatzartikeln sowie Serviceleistungen	
4.1.5	Fachgerechtes Verpacken und Ausfolgen der Ware	–	–
4.1.6	–	Kenntnis der Bedeutung einer nachhaltigen, ökologischen Produktion und der Auswirkungen der Globalisierung	
4.2	Kunden- und dienstleistungsorientiertes Verhalten		
4.2.1	Kenntnis des betriebsinternen Erscheinungsbildes und der Bedeutung des gepflegten Erscheinungsbildes eines Verkäufers oder einer Verkäuferin	–	–
4.2.2	Freundliches und zuvorkommendes Begrüßen und Verabschieden von Kunden/innen	–	–
4.2.3	Kenntnis der Bedeutung von Kundenbindungsprogrammen		–
4.2.4	Anwenden und Erläutern des Nutzens des Kundenbindungsprogramms für Betrieb und Kunden/innen		–
4.3	Beratungs- und Verkaufsgespräche		
4.3.1	Führen von Verkaufsgesprächen, Ermitteln des Bedarfs und der Wünsche der Kunden und Kundinnen und Ableiten von Verkaufsargumenten; Berücksichtigen von Fragen und Einwänden der Kundinnen und Kunden		
4.3.2	Beraten in Verkaufssituationen entsprechend der Produktkenntnis in sprachlich richtiger Form; Eingehen auf unterschiedliche Kundentypen, Kundenwünsche und Kundenerwartungen		
4.3.3	Informieren und Beraten über Wareneigenschaften, Verwendungsmöglichkeiten, Warenpflege, Warenqualität, Qualitäts- und Preisunterschiede sowie bedarfs- und wunschgemäße Warenvorlage auf Grund der Waren- und Verkaufskenntnisse		
4.3.4	–	Verwenden und Verstehen der für den Beruf relevanten Fachausdrücke und üblichen Bezeichnungen	
4.3.5	Mitwirken bei der Erstellung von Angeboten und/oder Informationen über die betriebliche Leistung		
4.3.6	–	–	Führen einfacher Beratungs- und Verkaufsgespräche in englischer Sprache
4.3.7	–	Umgehen mit schwierigen Gesprächssituationen	
4.4	Umtausch, Beschwerden und Reklamationen		
4.4.1	–	Kenntnis und Information über Grundlagen von Garantie und Gewährleistung	
4.4.2	Kenntnis der branchenrelevanten Regelungen zum Konsumentenschutz		
4.4.3	Bearbeiten von Beschwerden, Reklamationen und Umtausch nach den betrieblichen Regelungen unter Beachtung der branchenüblichen Vorgangsweisen		
4.5	Verhalten in schwierigen Situationen		
4.5.1	Kenntnis der betriebsüblichen Maßnahmen zur Vorbeugung von Ladendiebstahl und rechtskonformes und betriebsspezifisch angemessenes Verhalten in diesen Situationen		
5.	Servicebereich Kassa		
5.1	Kassensysteme und Kassieren		
5.1.1	–	Kenntnis und Anwendung der mit dem Geldverkehr verbundenen Sicherheitsmaßnahmen; Bedienen der Kassa	
5.1.2	–	Kenntnis der rechtlichen Bestimmungen zur Ausstellung von Rechnungen	
5.1.3	–	Verantwortungsvolles Abwickeln des Zahlungsvorganges mit dem Kassasystem (zB Scannerkassa) des Lehrbetriebs unter Beachtung der dabei vom Betrieb vorgegebenen Regeln im Kundenumgang	
5.1.4	–	Kennen aller im Betrieb akzeptierten Zahlungsmittel und Überprüfen dieser anhand der Merkmale auf ihre Echtheit und Gültigkeit	

Pos.	1. Lehrjahr	2. Lehrjahr	3. Lehrjahr
7.2.5	–	–	Grundkenntnisse über die betriebswirtschaftlichen Auswirkungen einer falschen Bestellung
7.3	Wareneingang		
7.3.1	–	–	Überwachen von Lieferterminen und Setzen von Maßnahmen bei Lieferverzug
7.3.2	–	Annehmen von Waren und Überprüfen der Wareneingänge und Bearbeiten der Lieferpapiere	
7.3.3	–	Feststellen von Mängeln und Ergreifen von Maßnahmen unter Einschluss anfallender schriftlicher Arbeiten	
7.4	Warenlagerung		
7.4.1	Kenntnis der Lagerungsvorschriften, der Organisation und der Arbeitsabläufe im Lager		
7.4.2	–	Mitwirken bei der produktgerechten Lagerung unter Beachtung von Ordnung, Wirtschaftlichkeit und Sicherheit	
7.4.3	–	Kenntnis der Aufgaben der in den Bereichen Warenwirtschaft und Lagerung eingesetzten Vorrichtungen und Geräte, für die keine formalen Ausbildungen erforderlich sind	
7.5	Bestandskontrolle und Inventur		
7.5.1	Prüfen der Warenbestände auf Menge und Qualität		
7.5.2	–	Einleiten von entsprechenden Maßnahmen bei Bestandsabweichungen	
7.5.3	Kenntnis der Bedeutung und Mitarbeit bei notwendigen Arbeiten bei der Inventur		
8.	Rechnungswesen		
8.1	Grundlagen		
8.1.1	–	Kenntnis über die Aufgaben und die Funktion sowie wichtiger Begriffe des betrieblichen Rechnungswesens und der verschiedenen Belege	
8.1.2	–	Grundkenntnisse über betriebliche Steuern und Abgaben	
8.1.3	–	–	Kenntnis der verschiedenen betriebswirtschaftlichen Kennzahlen und den daraus abzuleitenden Maßnahmen
8.1.4	–	Bearbeiten und Interpretieren von Dateien und Statistiken	
8.1.5	Durchführen von einschlägigen Schriftverkehrsarbeiten inklusive Ablage		
8.1.6	–	–	Grundkenntnisse über den Zahlungsverkehr mit Lieferanten/innen, Kunden/innen, Behörden, Post, Geld- und Kreditinstituten
8.1.7	–	–	Grundkenntnisse des Verfahrens bei Zahlungsverzug
8.1.8	–	Grundkenntnisse des betrieblichen Rechnungswesens	
8.1.9	Kenntnis des Kaufvertrages und seiner Bestandteile		

(2) Für die zusätzliche Ausbildung in einem der Schwerpunkte werden folgende ergänzende und konkretisierende Berufsbildpositionen festgelegt. Die angeführten Berufsbildpositionen sind spätestens in dem jeweils angeführten Lehrjahr beginnend derart zu vermitteln, dass der Lehrling zur Ausübung qualifizierter Tätigkeiten im Sinne der beruflichen Handlungskompetenzen befähigt wird.

2. Baustoffhandel:

Pos.	1. Lehrjahr	2. Lehrjahr	3. Lehrjahr
3.	Warensortiment		
3.3	Kenntnis des Sortiments nach dem Warenschlüssel für Baustoffe (Grundbaustoffe für den Hoch- und Tiefbau sowie Baustoffe und Elemente für den Ausbau)		
3.4	Kenntnis der für die Ver- und Bearbeitung der Baustoffe notwendigen Werkzeuge und Kleinmaschinen		
3.5	–	Kenntnis über Bauchemie, Baubiologie und Ökologie	
4.	Beratung und Verkauf		
4.1	Grundlagen		
4.1.7	Grundkenntnisse über die verschiedenen Bauverfahren sowie spezifischer Begriffe (Tiefbau, Hochbau)	–	–

Pos.	1. Lehrjahr	2. Lehrjahr	3. Lehrjahr
7.2.5	–	–	Grundkenntnisse über die betriebswirtschaftlichen Auswirkungen einer falschen Bestellung
7.3	Wareneingang		
7.3.1	–	–	Überwachen von Lieferterminen und Setzen von Maßnahmen bei Lieferverzug
7.3.2	–	Annehmen von Waren und Überprüfen der Wareneingänge und Bearbeiten der Lieferpapiere	
7.3.3	–	Feststellen von Mängeln und Ergreifen von Maßnahmen unter Einschluss anfallender schriftlicher Arbeiten	
7.4	Warenlagerung		
7.4.1	Kenntnis der Lagerungsvorschriften, der Organisation und der Arbeitsabläufe im Lager		
7.4.2	–	Mitwirken bei der produktgerechten Lagerung unter Beachtung von Ordnung, Wirtschaftlichkeit und Sicherheit	
7.4.3	–	Kenntnis der Aufgaben der in den Bereichen Warenwirtschaft und Lagerung eingesetzten Vorrichtungen und Geräte, für die keine formalen Ausbildungen erforderlich sind	
7.5	Bestandskontrolle und Inventur		
7.5.1	Prüfen der Warenbestände auf Menge und Qualität		
7.5.2	–	Einleiten von entsprechenden Maßnahmen bei Bestandsabweichungen	
7.5.3	Kenntnis der Bedeutung und Mitarbeit bei notwendigen Arbeiten bei der Inventur		
8.	Rechnungswesen		
8.1	Grundlagen		
8.1.1	–	Kenntnis über die Aufgaben und die Funktion sowie wichtiger Begriffe des betrieblichen Rechnungswesens und der verschiedenen Belege	
8.1.2	–	Grundkenntnisse über betriebliche Steuern und Abgaben	
8.1.3	–	–	Kenntnis der verschiedenen betriebswirtschaftlichen Kennzahlen und den daraus abzuleitenden Maßnahmen
8.1.4	–	Bearbeiten und Interpretieren von Dateien und Statistiken	
8.1.5	Durchführen von einschlägigen Schriftverkehrsarbeiten inklusive Ablage		
8.1.6	–	–	Grundkenntnisse über den Zahlungsverkehr mit Lieferanten/innen, Kunden/innen, Behörden, Post, Geld- und Kreditinstituten
8.1.7	–	–	Grundkenntnisse des Verfahrens bei Zahlungsverzug
8.1.8	–	Grundkenntnisse des betrieblichen Rechnungswesens	
8.1.9	Kenntnis des Kaufvertrages und seiner Bestandteile		

(2) Für die zusätzliche Ausbildung in einem der Schwerpunkte werden folgende ergänzende und konkretisierende Berufsbildpositionen festgelegt. Die angeführten Berufsbildpositionen sind spätestens in dem jeweils angeführten Lehrjahr beginnend derart zu vermitteln, dass der Lehrling zur Ausübung qualifizierter Tätigkeiten im Sinne der beruflichen Handlungskompetenzen befähigt wird.

2. Baustoffhandel:

Pos.	1. Lehrjahr	2. Lehrjahr	3. Lehrjahr
3.	Warensortiment		
3.3	Kenntnis des Sortiments nach dem Warenschlüssel für Baustoffe (Grundbaustoffe für den Hoch- und Tiefbau sowie Baustoffe und Elemente für den Ausbau)		
3.4	Kenntnis der für die Ver- und Bearbeitung der Baustoffe notwendigen Werkzeuge und Kleinmaschinen		
3.5	–	Kenntnis über Bauchemie, Baubiologie und Ökologie	
4.	Beratung und Verkauf		
4.1	Grundlagen		
4.1.7	Grundkenntnisse über die verschiedenen Bauverfahren sowie spezifischer Begriffe (Tiefbau, Hochbau)	–	–

Pos.	1. Lehrjahr	2. Lehrjahr	3. Lehrjahr
4.1.8	Grundkenntnisse über Baukonstruktionen und ihrer Merkmale		–
4.1.9	–	–	Kenntnis über Feuchtigkeits- und Brandschutz, Wärme- und Schalldämmung
4.1.10	Grundkenntnisse über das Lesen von Bauplänen im Hinblick auf die fachgerechte Verwendung bzw. den Einsatz von Baumaterialien		–
4.1.11	–	–	Kenntnis der für den Einsatz der Baustoffe wesentlichen baurechtlichen Bestimmungen
4.1.12	Grundkenntnisse über die EU-Bauprodukte-Verordnung		
4.3	Beratungs- und Verkaufsgespräche		
4.3.8	–	–	Informieren über Finanzierungs- und Fördermöglichkeiten
7.	Warenwirtschaft		
7.2	Warenbestellung		
7.2.6	–	Einholen von Angeboten auf Grund spezieller Kundenwünsche und Baupläne	

3. Einrichtungsberatung:

Pos.	1. Lehrjahr	2. Lehrjahr	3. Lehrjahr
1.	Der Ausbildungsbetrieb		
1.5	Information und Kommunikation		
1.5.4	Durchführen der für den Einrichtungsfachhandel spezifischen Schriftverkehrsarbeiten, insbesondere Auftragsbestätigungen, Bestellungen, Lieferauskünfte, Ablage und Evidenz		
4.	Beratung und Verkauf		
4.1	Grundlagen		
4.1.7	–	Mitwirken beim Erstellen von Skizzen und Einrichtungsplänen nach Kundenwünschen	
4.1.8	–	Lesen und Verstehen von Bauplänen	
4.3	Beratungs- und Verkaufsgespräche		
4.3.8	–	Entwickeln von Einrichtungsideen unter Berücksichtigung von Funktion, Form und Farbe	
6.	Marketing-Grundlagen		
6.2	Warenpräsentation		
6.2.5	Mitwirken bei der Gestaltung von Kojen und Musterensembles		
7.	Warenwirtschaft		
7.1	Grundlagen		
7.1.5	–	Mitwirken bei der Einkaufsplanung unter Berücksichtigung von aktuellen Wohntrends und Messeneuheiten sowie saisonaler und regionaler Erfordernisse und Verkaufsschwerpunkte	
7.2	Warenbestellung		
7.2.6	–	Mitwirken bei der Einholung von Angeboten auf Grund spezieller Kundenwünsche und Einrichtungspläne	
7.4	Warenlagerung		
7.4.4	Kenntnis und Beachtung der produktspezifischen Lagervoraussetzungen (zB Sonneneinstrahlung, Feuchtigkeit) und Überwachung des Lagerbestandes		

4. Eisen- und Hartwaren:

Pos.	1. Lehrjahr	2. Lehrjahr	3. Lehrjahr
3.	Warensortiment		
3.3	Kenntnis des betrieblichen Warensortiments (insbesondere Beschläge, Werkzeuge, Kleinmaschinen, Schlösser, Materialien zur Befestigungstechnik) hinsichtlich der fachlichen Zusammensetzung, Breite, Tiefe, Eigenschaften, Form, Ausführung, Sorten, Qualität, Größen sowie Verwendungsmöglichkeiten und Umweltverträglichkeit		
4.	Beratung und Verkauf		
4.1	Grundlagen		
4.1.7	Grundkenntnisse über die produktbezogenen Normen und rechtlichen Bestimmungen zB über die Entsorgung und die damit verbundenen Kosten von für den Eisen- und Hartwarenhandel typischen Produkten und über die den Handel treffenden Rücknahmeverpflichtungen (Batterie- und Lampenverordnung)		
4.1.8	Grundkenntnisse über Anleitungen für die Montage und die Inbetriebnahme von Arbeitsmaschinen und Geräte		
4.1.9	Grundkenntnisse über die notwendigen Anschlusswerte		–

Pos.	1. Lehrjahr	2. Lehrjahr	3. Lehrjahr
4.1.10	Kenntnis der Ver- und Bearbeitung von Holz, Metall und Beton und die dafür notwendigen Werkzeuge und Maschinen		
4.1.11	Kenntnis der für die Anwendung der Maschinen und Geräte notwendigen Bedienungs- und Sicherheitseinrichtungen		
4.1.12	–	Kenntnis über Energiebedarf, Anschlusswerte und Leistung der Elektromaschinen	
4.1.13	Kenntnis der produktbezogenen Normen und Bestimmungen zB ÖNORMEN, Brandklassen		
4.1.14	–	Kenntnis über Brandschutzwerte und Schalldämmung	
4.1.15	–	Kenntnis über das Erstellen von Schließplänen	
4.1.16	Kenntnis über die Möglichkeiten der Zustellung und Montage		
4.1.17	Kenntnis des fachgerechten Einbaus von Beschlägen (zB Türschließer)		
4.1.18	–	–	Kenntnis und Beratung über Brandschutzklassen und die Versicherungswerte von Tresoren und anderen feuerfesten Schränken
4.1.19	Kenntnis über die Wirtschaftlichkeit und den Energiebedarf der Produkte für den vom Kunden oder der Kundin vorgesehenen Einsatz		
4.1.20	–	Grundkenntnisse über Finanzierungs- und Förderungsmöglichkeiten	
4.3	Beratungs- und Verkaufsgespräche		
4.3.8	–	–	Informieren über Brandschutzklassen und Versicherungswerte von Tresoren und anderen feuerfesten Schränken
4.3.9	Übernehmen und Abwickeln von Serviceaufträgen		
4.3.10	Informieren über Ersatzteile und Zubehör		
4.3.11	–	–	Informieren über Brandschutz
4.3.12	Beraten von Heimwerker/innen bzw. gewerblichen Abnehmer/innen und Anbieten fachlicher Hilfestellungen		
4.3.13	Informieren über die fachgerechte Anwendung und Verwendung der einzelnen Produkte der Produktgruppen Beschläge, Werkzeuge, Kleinmaschinen, Schlösser, Materialien zur Befestigungstechnik		
4.3.14	Informieren über den Energiebedarf, die Anschlusswerte und die Leistung von Elektromaschinen und Geräten		
4.3.15	Mitwirken bei der Vermietung von Arbeitsmaschinen und Geräten		
4.3.16	–	Beraten auf Basis der Kundenangaben hinsichtlich der technischen Infrastruktur, für die Inbetriebnahme eines technischen Gerätes zB Anschlüsse für Strom laut Typenschild bzw. Gebrauchsanleitung und/oder Schaltplan	
4.4	Umtausch, Beschwerden und Reklamationen		
4.4.4	–	Übernehmen und Abwickeln von Reparaturaufträgen unter Berücksichtigung der Garantie- und Gewährleistungsbestimmungen	

5. Elektro-Elektronikberatung:

Pos.	1. Lehrjahr	2. Lehrjahr	3. Lehrjahr
1.	Der Ausbildungsbetrieb		
1.5	Information und Kommunikation		
1.5.4	–	Durchführen der für den Elektro- und Elektronikhandel spezifischen Schriftverkehrsarbeiten, insbesondere Auftragsbestätigungen, Bestellungen, Lieferauskünfte, Ablage und Evidenzen	
3.	Warensortiment		
3.3	Kenntnis der im Elektro- und Elektronikhandel üblichen generellen und markenspezifischen Warenbezeichnungen und Fachausdrücke		
3.4	–	Grundkenntnisse über produktspezifische physikalische Kennwerte und Leistungsmerkmale (zB Leistung, Spannung) und die Berücksichtigung dieser hinsichtlich der Produktverwendung	
3.5	Kenntnis über notwendige Kennzeichnung betreffend Energieeffizienz und fachgerechte Entsorgung		
4.	Beratung und Verkauf		
4.1	Grundlagen		

Pos.	1. Lehrjahr	2. Lehrjahr	3. Lehrjahr
4.1.7	Lesen von Gebrauchsanweisungen und Anleitungen für Montage und Inbetriebnahme		–
4.1.8	Grundkenntnisse über die Anschlusswerte und die Energieberatung		–
4.1.9	–	Kenntnis über Energiebedarf, Anschlusswerte und Leistung der Elektro- und Elektronikgeräte	
4.1.10	Kenntnis über die technische Installation und elektronische Einstellung der Geräte		
4.1.11	Kenntnis der produktbezogenen Normen und rechtlichen Bestimmungen, zB über die Entsorgung von für den Elektrohandel typischen Produkten (Kühl- und Gefriergeräte-Entsorgungsplakette) und die damit verbundenen Kosten und über den Handel treffende Rücknahmeverpflichtungen (Batterie- und Lampenverordnung) und Elektroaltgeräteverordnung		
4.1.12	Kenntnis über Möglichkeiten der Zustellung und Montage bzw. Einbau		
4.3	Beratungs- und Verkaufsgespräche		
4.3.8	Informieren über die bei der Produktverwendung einzuhaltende Sicherheitstechnik im Hinblick auf Produkthaftung		
4.3.9	–	Kenntnis und Beratung über die Wirtschaftlichkeit und den Energiebedarf und die Energieeffizienz der Produkte für den vom Kunden vorgesehenen Einsatz unter Berücksichtigung des gesamten Produktlebenszyklus	
4.3.10	–	Abklären der technischen Infrastruktur beim Kunden für die Inbetriebnahme eines technischen Gerätes: zB Anschlüsse für Strom und Wasser laut Typenschild bzw. Gebrauchsanleitung und/oder Schaltplan, Einbaumöglichkeiten, Absicherung	
4.3.11	–	Abklären der räumlichen Voraussetzungen beim Kunden für Abmessungen, Abstand, Lautstärke bzw. Klangvolumen	
4.3.12	Informieren über die Richtung der technischen Entwicklung und die Trends der angebotenen Warengruppe		
4.3.13	Informieren über das für die Verwendung der technischen Geräte benötigte Zubehör		
4.3.14	Informieren über Verbindungselemente unter Berücksichtigung der Anschlussmöglichkeiten beim Kunden oder der Kundin		
4.3.15	–	Durchführen von Zusatz- und Folgeverkäufen zur besseren Nutzung der technischen Möglichkeiten und zur Adaptierung an den technischen Fortschritt im Bereich der Elektro- und Elektronikgeräte	
7.	Warenwirtschaft		
7.1	Grundlagen		
7.1.5	–	Mitwirken bei der Einkaufsplanung unter Berücksichtigung neuer Technologien und Trends sowie der Produktzyklen und der Preisentwicklung	

6. Feinkostfachverkauf:

Pos.	1. Lehrjahr	2. Lehrjahr	3. Lehrjahr
4.	Beratung und Verkauf		
4.1	Grundlagen		
4.1.7	Handhaben und hygienisches Warten der zu verwendenden Werkzeuge, Maschinen, Geräte, Arbeitsbehelfe und Kühlanlagen		
4.1.8	–	Kenntnis der einzelnen Vieharten, deren Fleischteile, deren Bezeichnung und Verwendung	
4.1.9	–	Kenntnis der küchenmäßigen Verwendbarkeit und Zubereitung von Feinkostprodukten	
4.1.10	Kenntnis der Vorschriften der Lebensmittelhygiene, Mitwirken bei Maßnahmen in der Lebensmittelhygiene		
4.3	Beratungs- und Verkaufsgespräche		
4.3.8	Beraten über die praxisgerechte Verwendung von Feinkostprodukten (Zusammenstellung, Mengenbedarf, Aufbewahrung und Verzehr)		
4.3.9	Beraten über die Aufbewahrung, Zusammenstellung, Zubereitung und Informieren über den Verzehr von Feinkostprodukten		
4.3.10	–	Entgegennehmen und Abwickeln von Kundenbestellungen	
6.	Marketing-Grundlagen		
6.1	Verkaufsvorbereitung		
6.1.2	Auspacken, Sortieren, Auszeichnen und fachgerechtes, kundenorientiertes Präsentieren von Feinkostprodukten		
6.2	Warenpräsentation		
6.2.5	Fachgerechtes Platzieren der Waren unter Berücksichtigung von Qualität insbesondere der Frische, der Haltbarkeit und des Aussehens		

Pos.	1. Lehrjahr	2. Lehrjahr	3. Lehrjahr
6.2.6	–	Laden- und küchenfertiges Herrichten von Feinkostprodukten	
6.2.7	Aufschneiden von Wurstwaren und Käse, einfache Garnierungsarbeiten; Grundzüge des Plattenlegens		–
6.2.8	–	Arrangieren, Garnieren und Präsentieren von Aufschnittplatten; Herstellen von kalten und warmen Imbissartikeln	
6.2.9	–	Mitwirken bei Dekoration und Thekengestaltung	
7.	Warenwirtschaft		
7.1	Grundlagen		
7.1.5	Mitwirken bei der Einkaufsplanung unter Berücksichtigung saisonaler und regionaler Erfordernisse sowie für Feinkostprodukte spezifischer Vorlaufzeiten		
7.3	Wareneingang		
7.3.4	Kontrollieren der Wareneingänge unter Berücksichtigung der Qualität insbesondere der Haltbarkeit, der Frische und des Aussehens der Feinkostprodukte (Brot und Backwaren, Käse, Wurst und Fleisch sowie spezieller Feinkostwaren)		
7.4	Warenlagerung		
7.4.4	Kenntnis und fachgerechte Lagerung von Feinkostprodukten		–
7.4.5	–	Beurteilen von Feinkostprodukten nach ihrer Art, Qualität und Lagerfähigkeit	

7. Gartencenter:

Pos.	1. Lehrjahr	2. Lehrjahr	3. Lehrjahr
3.	Warensortiment		
3.3	–	Kenntnis der Faktoren, die das betriebliche Warensortiment bestimmen, wie Jahreszeit, Preisgestaltung, Einkaufsmöglichkeiten und Verkaufsmöglichkeiten	
3.4	Kenntnis der branchenspezifischen Zertifizierungen		
4.	Beratung und Verkauf		
4.1	Grundlagen		
4.1.7	Kenntnis der handelsüblichen Blumen und Pflanzen und der spezifischen Standort- und Pflegemaßnahmen		
4.1.8	Kenntnis der artspezifischen Maßnahmen zu Pflanzenschutz, Düngung und Bewässerung		
4.1.9	–	Kenntnis von Mangelerscheinungen, Krankheiten und Schädlingsbefall bei Pflanzen und der zu treffenden Gegenmaßnahmen	
4.1.10	Kenntnis über die Möglichkeit der Warenzustellung		–
4.3	Beratungs- und Verkaufsgespräche		
4.3.8	Informieren über Eigenschaften, Standortansprüche, Pflegemaßnahmen der Pflanzen sowie über gärtnerische Gestaltungsmöglichkeiten		
6.	Marketing-Grundlagen		
6.2	Warenpräsentation		
6.2.5	Kenntnis der Bedeutung von Visual Merchandising		–
6.2.6	Gestalten, Platzieren und Präsentieren von besonderen Angeboten; Blickfang, Beleuchtung		
7.	Warenwirtschaft		
7.1	Grundlagen		
7.1.5	–	Mitwirken bei der Einkaufsplanung unter Berücksichtigung des Kundenkreises, saisonaler und regionaler Erfordernisse, der Verkaufsschwerpunkte und des Marktsegments des Lehrbetriebs	
7.3	Wareneingang		
7.3.4	–	Kenntnis und Erkennung einschlägiger Mängel, Krankheiten und Schädlingen bei Pflanzen	
7.4	Warenlagerung		
7.4.4	Behandeln und Pflegen der Pflanzen im Lagerbestand		

8. Kraftfahrzeuge und Ersatzteile:

Pos.	1. Lehrjahr	2. Lehrjahr	3. Lehrjahr
1.	Der Ausbildungsbetrieb		
1.5	Information und Kommunikation		
1.5.4	Kenntnis und Anwendung der betriebs- und fahrzeughandelsspezifischen Informations- und Kommunikationssysteme zur Bearbeitung unterschiedlicher Geschäftsvorgänge, insbesondere in den Bereichen Neuwagen und Gebrauchtwagen, Kundendienst, Ersatzteile, Zubehör, Finanzierung und Versicherung		
3.	Warensortiment		

Pos.	1. Lehrjahr	2. Lehrjahr	3. Lehrjahr
3.3	–	Kenntnis über die Fahrzeugtechnologien, insbesondere deren Umwelt- und Sicherheitsaspekte und Betriebskosten bzw. Restwert	
3.4	–	Kenntnis der produktbezogenen rechtlichen Bestimmungen (zB Verordnungen über die Entsorgung von Produkten, Produkthaftung, Gewährleistungen, Fernabsatz, kraftfahrrechtliche Bestimmungen usw.)	
4.	Beratung und Verkauf		
4.1	Grundlagen		
4.1.7	–	Kenntnis der betriebs- und markentypischen Sortimentspolitik	
4.1.8	–	–	Kenntnis über die Erstellung von Kundeninformationen (zB im Internet)
4.3	Beratungs- und Verkaufsgespräche		
4.3.8	Kenntnis und Anwendung der betriebs- und fahrzeughandelsspezifischen Informations- und Kommunikationssysteme zur Bearbeitung unterschiedlicher Geschäftsvorgänge, insbesondere in den Bereichen Neuwagen und Gebrauchtwagen, Kundendienst, Ersatzteile, Zubehör, Finanzierung und Versicherung		
4.3.9	–	–	Erstellen von Angeboten auf Grund spezieller Kundenwünsche
4.3.10	–	Feststellen des Produktions- und Lieferstatus	
4.3.11	–	Kenntnis der Finanzdienstleistungsprogramme unterschiedlicher Anbieter (Kredit, Leasing, Versicherung)	
4.3.12	–	–	Mitwirken bei der Beratung hinsichtlich der verschiedenen Finanzdienstleistungs-angebote; Vorbereiten von Finanzierungs- und Leasingverträgen bzw. Versicherungsanträgen
6.	Marketing-Grundlagen		
6.4	Preisbildung		
6.4.4	Grundkenntnisse über den Marktpreis		–

9. Lebensmittelhandel:

Pos.	1. Lehrjahr	2. Lehrjahr	3. Lehrjahr
3.	Warensortiment		
3.3	Kenntnis der Vorschriften der Lebensmittelhygiene		
3.4	Mitwirken bei Maßnahmen in der Lebensmittelhygiene		
4.	Beratung und Verkauf		
4.3	Beratungs- und Verkaufsgespräche		
4.3.8	Beraten über die Aufbewahrung, Zusammenstellung, Zubereitung und Informieren über den Verzehr von Nahrungs- und Genussmitteln		
4.3.9	Zusammenstellen und geschenkmäßiges Verpacken der Waren nach Kundenwünschen		
6.	Marketing-Grundlagen		
6.2	Warenpräsentation		
6.2.5	–	Fachgerechtes Platzieren der Waren unter Berücksichtigung von Qualität insbesondere der Frische, der Haltbarkeit und des Aussehens	
6.2.6	Kenntnis der Qualitätsklassen und der Lebensmittelkennzeichnung (insbesondere von Obst und Gemüse)		
6.2.7	–	Platzieren von Aktionen und Ergänzungsartikeln	
6.2.8	Mitwirken bei der Organisation und Durchführung von betriebsspezifischen verkaufsfördernden Maßnahmen wie Verkostungen und Betreuung von Stammkunden		
7.	Warenwirtschaft		
7.1	Grundlagen		
7.1.5	–	Mitwirken bei der Einkaufsplanung unter Berücksichtigung saisonaler und regionaler Erfordernisse sowie der für Nahrungs- und Genussmittel spezifischen Vorlaufzeiten	
7.3	Wareneingang		
7.3.4	Kontrollieren der Wareneingänge unter Berücksichtigung der Qualität, insbesondere der Haltbarkeit, der Frische und des Aussehens der Nahrungs- und Genussmittel		
7.4	Warenlagerung		

Pos.	1. Lehrjahr	2. Lehrjahr	3. Lehrjahr
7.4.4	Kenntnis der produkt- und betriebsspezifischen Lagerungsvorschriften unter Berücksichtigung von Hygiene, Licht und Temperatur		–
7.4.5	–	Produktgerechtes Lagern unter Beachtung der Haltbarkeit und Frische	

10. Parfümerie:

Pos.	1. Lehrjahr	2. Lehrjahr	3. Lehrjahr
1.	Der Ausbildungsbetrieb		
1.3	Stellung des Ausbildungsbetriebes am Markt		
1.3.4	Kenntnis über die Besonderheiten des Depotsystems	–	–
3.	Warensortiment		
3.3	Kenntnis der branchenüblichen deutschen und fremdsprachigen Warenbezeichnungen und Fachausdrücke		
3.4	Kenntnis der Duftstoffe und der Duftgruppen		
3.5	Grundkenntnisse der Herrenkosmetik in Hinblick auf Gesichtspflege und Rasur		
4.	Beratung und Verkauf		
4.1	Grundlagen		
4.1.7	Grundkenntnisse der in der Kosmetik verwendeten Mittel und Duftstoffe, ihrer Eigenschaften, An- und Verwendungsmöglichkeiten		
4.1.8	Grundkenntnisse der Gesichtshaut, ihrer Struktur und Funktion; Kenntnis der Hauttypen und -zustände		
4.1.9	Grundkenntnisse über Hautveränderungen, Hautanomalien sowie Veränderungen der Fingernägel		
4.1.10	Kenntnis der Bedürfnisse der Körperpflege sowie Anforderungen (Reinigung, spezielle Pflege, Deodorant) und Beratung unter Berücksichtigung der gewerberechtlichen Bestimmungen, insbesondere der Kosmetik (Schönheitspflege)		
4.1.11	Grundkenntnisse der Gesichtsformen, Brauen, Lippen und Vorschläge für ein optimales Make-Up		
4.1.12	Kenntnis der Sonneneinwirkung auf die Haut sowie der Sonnenfilter und Hautpflege		
4.3	Beratungs- und Verkaufsgespräche		
4.3.8	–	Durchführen der Farb-, Duft- und Stilberatung bezogen auf die dekorative Kosmetik unter Berücksichtigung modischer Einflüsse und Trends	
4.3.9	–	–	Schminken unter Berücksichtigung der gewerberechtlichen Bestimmungen
4.3.10	–	Anbieten von Accessoires und Zusatzartikeln	
6.	Marketing-Grundlagen		
6.2	Warenpräsentation		
6.2.5	–	Anwendungsbezogenes Präsentieren der Waren nach saisonalen und modischen Aspekten und Warengruppen	

11. Schuhe:

Pos.	1. Lehrjahr	2. Lehrjahr	3. Lehrjahr
3.	Warensortiment		
3.3	Kenntnis des betrieblichen Warensortiments hinsichtlich der fachlichen Zusammensetzung, Breite, Tiefe und Herkunft, Eigenschaften, Form, Ausführung, Qualität und Art des Materiales, Größen sowie Verwendungs- und Tragemöglichkeiten, Sohlenbeschaffenheit (Mode und Trends, Farben)		
3.4	–	Kenntnis der produktbezogenen rechtlichen Bestimmungen zB Schuhkennzeichnung, Produkthaftung, Gewährleistung	
4.	Beratung und Verkauf		
4.1	Grundlagen		
4.1.7	Grundkenntnisse der Anatomie des Fußes	–	–
4.1.8	Kenntnis über die richtige Schuhpflege und Schuhpflegemittel	–	–
4.1.9	Kenntnis über die unterschiedlichen Schuhweiten		–
4.1.10	Kenntnis über die gesundheitlichen Aspekte bestimmter Schuhmodelle		–
4.2	Kunden- und dienstleistungsorientiertes Verhalten		

Pos.	1. Lehrjahr	2. Lehrjahr	3. Lehrjahr
4.2.5	Kenntnis der Bedeutung des modischen Erscheinungsbildes eines Verkäufers oder einer Verkäuferin	–	–
4.3	Beratungs- und Verkaufsgespräche		
4.3.8	–	Anbieten modischer Kombinationen und Accessoires (zB Tasche, Gürtel, Schals, Tücher, Fußbekleidung)	
4.3.9	–	Anbieten von Zubehör (Strecker, Pflegemittel)	
4.3.10	–	Durchführen der Farb- und Stilberatung unter Berücksichtigung modischer Einflüsse und Trends	
4.3.11	–	Informieren über häufige gesundheitliche Probleme der Füße	
4.3.12	Informieren über sachgerechte Schuhpflege		–
4.3.13	Informieren über die richtige Anwendung der Pflegemittel		–
4.3.14	–	Beraten über die richtigen Schuhe als Bestandteil des modischen Gesamterscheinungsbildes	
4.3.15	–	Informieren über die Schuhtypen unter Berücksichtigung der gesundheitlichen Aspekte und der Anatomie des Fußes	
4.3.16	Informieren über die Gefahr eventuellen Abfärbens des Leders		
4.3.17	Informieren über mögliche Veränderungen des Obermaterials		
4.3.18	–	Übernehmen und Weiterleiten von Reparaturaufträgen unter Berücksichtigung von Gewährleistung und Garantie	
6.	Marketing-Grundlagen		
6.2	Warenpräsentation		
6.2.5	–	Gestalten und Präsentieren modischer Sets (Schuh/Tasche), Visual Merchandising	
7.	Warenwirtschaft		
7.1	Grundlagen		
7.1.5	–	Mitwirken bei der Einkaufsplanung unter Berücksichtigung aktueller Modetrends, Designerlinien, saisonaler und regionaler Erfordernisse sowie Verkaufsschwerpunkte	
7.1.6	–	Mitwirken bei der Einkaufsplanung unter Berücksichtigung der spezifischen Zielgruppe und des Marktsegmentes des Lehrbetriebes	
7.4	Warenlagerung		
7.4.4	–	Verwalten und Kontrollieren des Lagers, Feststellen und Überwachen des Warenbestandes (per Hand oder EDV-unterstützt)	
7.5	Bestandskontrolle und Inventur		
7.5.4	–	Mitwirken bei der Bewertung der Inventur	

12. Sportartikel:

Pos.	1. Lehrjahr	2. Lehrjahr	3. Lehrjahr
1.	Der Ausbildungsbetrieb		
1.1	Bedeutung und Struktur des Einzelhandels		
1.1.3	–	Kenntnis über das Sportartikelangebot	
1.1.4	–	Mitwirken bei der Marktbeobachtung und Marktanalyse	
3.	Warensortiment		
3.3	Kenntnis des betrieblichen Warensortiments hinsichtlich Materialien, Trends und Marken		
3.4	Kenntnis der branchenüblichen Warenbezeichnungen und Fachausdrücke, Maße und Normen von Sportgeräten		
4.	Beratung und Verkauf		
4.1	Grundlagen		
4.1.7	Lesen von Gebrauchsanleitungen und Aufbauanleitungen		
4.1.8	Kenntnis der für die Sportausübung notwendigen Werkstoffe und Hilfsstoffe, ihrer Eigenschaften, Verwendungsmöglichkeiten und Bearbeitungsmöglichkeiten		
4.1.9	Grundkenntnisse über Sport und Sportarten		–
4.1.10	–	Kenntnis über die für den Betrieb relevanten Sportarten	
4.1.13	Kenntnis der Textilpflegekennzeichen		
4.1.14	Kenntnis der Zusammensetzung, Funktion und Verträglichkeit der Materialien		
4.1.15	–	Kenntnis der produktbezogenen rechtlichen Bestimmungen	
4.3	Beratungs- und Verkaufsgespräche		
4.3.8	Bedarfs- und wunschgemäße Warenvorlage; Informieren über Wareneigenschaften, Verwendungsmöglichkeiten, Pflege, Qualitäts- und Preisunterschiede		
4.3.9	Informieren über die der Sportart adäquaten Schutzausrüstungen		

Pos.	1. Lehrjahr	2. Lehrjahr	3. Lehrjahr
4.3.10	–	Durchführen der Farb- und Stilberatung unter Berücksichtigung modischer Einflüsse und Trends	
4.3.11	Informieren über das Verwenden von Sportgeräten und der dafür notwendigen gesundheitlichen sowie physiotherapeutischen und orthopädischen Voraussetzungen		
4.3.12	–	Anbieten von Kombinationen, Accessoires und Zusatzartikeln	
4.3.13	Beraten über die gesundheitlichen Vorteile der Sportausübung		
4.6	Serviceleistungen		
4.6.1	Kenntnis über die Montage und den Zusammenbau von Sportartikeln wie zB Ski, Snowboard, Rad, Rackets, Fitnessgeräte, Trendsportartikel im Sinne der Rechte der Händler laut der Gewerbeordnung		
4.6.2	–	Kenntnis über Service und Reparatur von Sportartikeln, wie zB Snowboard, Rad, Rackets, Fitnessgeräte, Trendsportartikel (Demontieren und Montieren von einfachem Zubehör und Zusatzeinrichtungen) im Sinne der Rechte der Händler laut der Gewerbeordnung	
4.6.3	–	Kenntnis über die fach- und funktionsgerechte Wartung, Prüfung und Einstellung von Geräte- und Anlagenteilen	
4.6.4	–	–	Kenntnis über die Fehlersuche und Fehlerbehebung an Sportgeräten
4.6.5	–	–	Handhaben und Instandhalten der zu verwendenden Werkzeuge, Arbeitsbehelfe, Maschinen, Geräte und Vorrichtungen
6.	Marketing-Grundlagen		
6.2	Warenpräsentation		
6.2.5	–	Präsentieren von Sportartikeln und Sportbekleidung (Visual Merchandising)	

13. Telekommunikation:

Pos.	1. Lehrjahr	2. Lehrjahr	3. Lehrjahr
1.	Der Ausbildungsbetrieb		
1.1	Bedeutung und Struktur des Einzelhandels		
1.1.3	Grundkenntnisse der der Telekommunikationsbranche zu Grunde liegenden Technologien		–
1.5	Information und Kommunikation		
1.5.4	Durchführen von spezifischen Schriftverkehrsarbeiten (Anmeldungen bei Telekommunikationsunternehmen) für die Telekommunikationsbranche		
3.	Warensortiment		
3.3	Kenntnis der in der Telekommunikation üblichen generellen und markenspezifischen Warenbezeichnungen und Fachausdrücke		
3.4	Grundkenntnisse über produktspezifische Kennwerte und Leistungsmerkmale und deren Berücksichtigung hinsichtlich der Produktverwendung		
3.5	Grundkenntnisse der für die im Betrieb angebotenen Warengruppen relevanten Vorschriften und Maßnahmen betreffend Sicherheit, Entsorgung und Umweltschutz		
3.6	Kenntnis über notwendige Kennzeichnung betreffend Energieeffizienz und fachgerechte Entsorgung		
4.	Beratung und Verkauf		
4.1	Grundlagen		
4.1.7	Kenntnis der Medien für die Informationsgewinnung über neue Produkte und Services		–
4.1.8	Lesen und Anwenden von Gebrauchsanweisungen und anderen technischen Unterlagen		
4.1.9	Kenntnis über Voraussetzungen für die Inbetriebnahme bzw. Einbau (zB Freisprecheinrichtungen) von Telekommunikationsgeräten, -zubehör und -diensten		
4.3	Beratungs- und Verkaufsgespräche		
4.3.8	Anwendungsbezogenes Vorführen der Ware		
4.3.9	–	Bearbeiten der branchenüblichen Kundenanliegen (zB SIM-Karten tauschen, Sperren, Reparaturannahmen, Auskunft über Tarife und Einzelgesprächsnachweise usw.)	
4.3.10	Informieren über die Richtung der technischen Entwicklung und die Trends der angebotenen Warengruppe		
4.3.11	Informieren über für die Verwendung der technischen Geräte benötigtem Zubehör		
4.3.12	Informieren über Verbindungselemente unter Berücksichtigung der Anschlussmöglichkeiten		

Pos.	1. Lehrjahr	2. Lehrjahr	3. Lehrjahr
4.3.13	Durchführen von Zusatz- und Folgeverkäufen zur besseren Nutzung der technischen Möglichkeiten und zur Adaptierung an den technischen Fortschritt		

14. Textilhandel:

Pos.	1. Lehrjahr	2. Lehrjahr	3. Lehrjahr
4.	Beratung und Verkauf		
4.1	Grundlagen		
4.1.7	Kenntnis der Textilpflegekennzeichen		–
4.1.8	Kenntnis der Zusammensetzung und Verträglichkeit der Materialien		
4.2	Kunden- und dienstleistungsorientiertes Verhalten		
4.2.5	Kenntnis der Bedeutung des modischen Erscheinungsbildes eines Verkäufers oder einer Verkäuferin	–	–
4.3	Beratungs- und Verkaufsgespräche		
4.3.8	–	Durchführen der Farb- und Stilberatung unter Berücksichtigung modischer Einflüsse und Trends	
4.3.9	Anbieten modischer Kombinationen, Accessoires und Zusatzartikel		
6.	Marketing-Grundlagen		
6.2	Warenpräsentation		
6.2.5	–	Gestalten und Präsentieren modischer Ensembles (Visual Merchandising)	
7.	Warenwirtschaft		
7.1	Grundlagen		
7.1.5	–	Mitwirken bei der Einkaufsplanung unter Berücksichtigung aktueller Modetrends, Designerlinien und saisonaler und regionaler Erfordernisse sowie Verkaufsschwerpunkte	
7.1.6	–	Mitwirken bei der Einkaufsplanung unter Berücksichtigung der spezifischen Zielgruppe (insbesondere deren Alter und Bekleidungsgröße) und des Marktsegmentes des Lehrbetriebes	

15. Uhren- und Juwelenberatung:

Pos.	1. Lehrjahr	2. Lehrjahr	3. Lehrjahr
1.	Der Ausbildungsbetrieb		
1.5	Information und Kommunikation		
1.5.4	Durchführen der betriebsbezogenen einschlägigen Schriftverkehrsarbeiten, wie zB Meldungen an die Punzierungskontrollbehörde, Dokumentation der Reparaturannahme, Ablage und Evidenz		
3.	Warensortiment		
3.3	Kenntnis der Edelmetalle, deren Legierungen, der gesetzlichen Feingehalte, Oberflächenveredelungen, deren Eigenschaften und Unterscheidungsmöglichkeiten		
3.4	Kenntnis der branchenspezifisch verwendeten unedlen Metalle, deren Legierungen, deren Eigenschaften und Verwendungsmöglichkeiten		
3.5	Kenntnis des Punzierungsgesetzes und der EU-Nickelverordnung		
3.6	Kenntnis der Perlen, Kulturperlen, Korallen, Bernstein und ihrer Imitationen und des Artenschutzes		
3.7	Kenntnis der wichtigsten Edel- und Schmucksteine, ihrer Bezeichnungen, Schliffarten, Farben, Vorkommen, Synthesen und Imitationen		
3.8	Kenntnis der Diamanten, Vorkommen, ihrer Schliffarten, Klassifizierung nach Farbe, Reinheit, Schliff und Gewicht, Synthesen und Imitationen		
3.9	Kenntnis der Funktionsweise der verschiedenen Uhrentypen (elektronisch, mechanisch) wie zB Quartz, Handaufzug, Automatik, deren Eigenschaften wie Wasserdichte, Ganggenauigkeit		
4.	Beratung und Verkauf		
4.1	Grundlagen		
4.1.7	Reinigen und Pflegen von Schmuck, Edelsteinen und Perlen/Kulturperlen mit Reinigungsmitteln und Geräten unter Vermeidung von Beschädigungen		
4.1.8	–	Montieren und Längenanpassen von Leder- und Metalluhrbändern bei Armbanduhren sowie Ersetzen von Federstegen	
4.1.9	Öffnen und Schließen von Großuhren, Weckern und einfachen Armbanduhren zum Batteriewechsel sowie Kontrolle auf Funktionsfähigkeit		
4.1.10	Messen der Ringweite unter Berücksichtigung der Tages- und Jahreszeit (Temperaturverhältnisse) sowie der Verschiedenartigkeit der Ringinnenwölbungen		
4.1.11	–	Anbieten von spezifischen Serviceleistungen (zB Reparaturen und Erzeugungsmöglichkeiten)	
4.3	Beratungs- und Verkaufsgespräche		

Pos.	1. Lehrjahr	2. Lehrjahr	3. Lehrjahr
4.3.8	–	Erläutern der Möglichkeit von Hautunverträglichkeiten der verschiedenen Edelmetalle und der branchenspezifisch verwendeten unedlen Metalle	
4.3.9	–	Informieren über die Pflege und Aufbewahrung von Schmuck, Edelsteinen und Perlen/Kulturperlen usw.	
4.3.10	–	Informieren über die Pflege und Handhabung von Uhren und Uhrbändern (zB Service und Batteriewechsel	
4.3.11	–	Durchführen der Stilberatung unter Berücksichtigung modischer Einflüsse und Trends	
4.4	Umtausch, Beschwerden und Reklamationen		
4.4.4	–	Kenntnis der Gewährleistung und der markenspezifischen Fristen für die Garantie	
4.5	Verhalten in schwierigen Situationen		
4.5.2	–	–	Kenntnis der Geldwäschebestimmungen und der daraus abzuleitenden Maßnahmen
4.5.3	Kenntnis des richtigen Verhaltens bei Überfällen, Raub, Diebstahl und Betrug		
4.5.4	–	Kenntnis grundlegender für den Betrieb relevanter Vorschriften und Maßnahmen betreffend den Versicherungsschutz	

(3) Bei der Vermittlung sämtlicher Berufsbildpositionen ist den Bestimmungen des Kinder- und Jugendlichen-Beschäftigungsgesetzes 1987 (KJBG), BGBl. Nr. 599/1987, zu entsprechen.

Lehrabschlussprüfung

Gliederung

§ 5. (1) Die Lehrabschlussprüfung gliedert sich in eine theoretische und in eine praktische Prüfung.

(2) Die theoretische Prüfung umfasst den Gegenstand Geschäftsfall.

(3) Die theoretische Prüfung entfällt, wenn der/die Prüfungskandidat/in das Erreichen des Lehrziels der letzten Klasse der fachlichen Berufsschule oder den erfolgreichen Abschluss einer die Lehrzeit ersetzenden berufsbildenden mittleren oder höheren Schule nachgewiesen hat.

(4) Die praktische Prüfung umfasst die Gegenstände Präsentation und Fachgespräch.

Theoretische Prüfung

Allgemeine Bestimmungen

§ 6. (1) Die theoretische Prüfung hat schriftlich zu erfolgen. Sie kann für eine größere Anzahl von Prüfungskandidaten/innen gemeinsam durchgeführt werden, wenn dies ohne Beeinträchtigung des Prüfungsablaufs möglich ist. Die theoretische Prüfung kann auch in rechnergestützter Form erfolgen, wobei jedoch alle wesentlichen Schritte für die Prüfungskommission nachvollziehbar sein müssen.

(2) Die theoretische Prüfung ist grundsätzlich vor der praktischen Prüfung abzuhalten.

(3) Die Aufgaben haben nach Umfang und Niveau dem Zweck der Lehrabschlussprüfung und den Anforderungen der Berufspraxis zu entsprechen. Sie sind den Prüfungskandidaten/innen anlässlich der Aufgabenstellung getrennt zu erläutern.

Geschäftsfall

§ 7. (1) Die Prüfung umfasst einen dem Schwerpunkt entsprechenden Geschäftsfall, einschließlich des dazugehörigen Schrift- und Zahlungsverkehrs und hat sich auf sämtliche nachstehende Bereiche zu erstrecken:

1. Leistungsbereich Beschaffung einschließlich Schriftverkehr,
2. Leistungsbereich Absatz.

(2) Die Prüfungskommission hat unter Bedachtnahme auf den Zweck der Lehrabschlussprüfung und die Anforderungen der Berufspraxis sowie unter Berücksichtigung der Schwerpunktausbildung jedem/jeder Prüfungskandidaten/in eine schriftliche Arbeit zu stellen, die in der Regel in 150 Minuten ausgearbeitet werden kann.

(3) Die Prüfung kann auch in programmierter Form mit Fragebögen erfolgen. In diesem Fall sind aus jedem Bereich je zehn Aufgaben zu stellen.

(4) Die Prüfung ist nach 180 Minuten zu beenden.

Praktische Prüfung

Präsentation

§ 8. (1) Die Prüfung erfolgt mündlich vor der gesamten Prüfungskommission. Der/die Prüfungskandidat/in hat sämtliche nachstehende Themenbereiche aus seiner/ihrer praktischen Tätigkeit zu präsentieren:

1. Der Ausbildungsbetrieb,
2. Persönliche und soziale Kompetenz,

3. Marketing-Grundlagen,
4. Warenwirtschaft.

(2) Zur Vorbereitung auf diese Präsentation muss der/die Prüfungskandidat/in anhand von Vorgaben ein schriftliches Konzept (von Hand oder rechnergestützt) erstellen. Dazu steht dem/der Prüfungskandidaten/in eine Vorbereitungszeit von zumindest 45 Minuten, jedoch längstens 60 Minuten, zur Verfügung.

(3) Die Prüfung hat basierend auf dem schriftlichen Konzept die Präsentation der erarbeiteten Inhalte der Themenbereiche zu umfassen. Im Anschluss daran hat die Prüfungskommission die Möglichkeit, Fragen zur weitergehenden Bearbeitung der erarbeiten Inhalte zu stellen.

(4) Die Präsentation samt Fragestellung soll zumindest 15 Minuten zu dauern. Sie ist nach 20 Minuten zu beenden. Eine Verlängerung um höchstens zehn Minuten hat im Einzelfall zu erfolgen, wenn der Prüfungskommission ansonsten eine zweifelsfreie Bewertung der Leistung des/der Prüfungskandidaten/in nicht möglich ist.

Fachgespräch

§ 9. (1) Die Prüfung erfolgt mündlich vor der gesamten Prüfungskommission. Es ist eine Situation aus der praktischen Tätigkeit der/des Prüfungskandidatin/en anhand von ein bis drei Warengruppen (gemäß dem Schwerpunkt des/der Prüfungskandidaten/in) des Lehrbetriebes der/des Prüfungs-kandidatin/en zu simulieren. Diese Warengruppen werden nach Wahl der/des Prüfungskandidatin/en festgelegt. Im Mittelpunkt hat die Überprüfung der fachlichen Qualifikation sowie der kunden- und serviceorientierten Handlungsfähigkeit des/der Prüfungskandidaten/in zu stehen. Dies hat durch die Führung eines Verkaufs- oder Beratungsgesprächs in möglichst lebendiger Form zu erfolgen.

(2) Im Rahmen der Aufgabenstellung sind sämtliche nachstehende Kenntnisse und Fähigkeiten integriert zu überprüfen:

1. Warensortiment,
2. Beratung und Verkauf,
3. Servicebereich Kassa.

(3) Das Fachgespräch soll für jeden/jede Prüfungskandidaten/in zumindest 15 Minuten dauern. Eine Verlängerung um höchstens zehn Minuten hat im Einzelfall zu erfolgen, wenn der Prüfungskommission ansonsten eine zweifelsfreie Bewertung der Leistung des/der Prüfungskandidaten/in nicht möglich ist.

Wiederholungsprüfung

§ 10. (1) Die Lehrabschlussprüfung kann wiederholt werden.

(2) Bei der Wiederholung der Prüfung sind nur die mit „Nicht genügend" bewerteten Prüfungs-gegenstände zu prüfen.

Verhältniszahlen

§ 11. (1) Gemäß § 8 Abs. 12 BAG werden abweichend vom § 8 Abs. 5 BAG folgende Regelungen betreffend der Verhältniszahlen festgelegt.

(2) Folgende Verhältniszahlen betreffend das Verhältnis der Anzahl der Lehrlinge zur Anzahl der im Betrieb beschäftigten, fachlich einschlägig ausgebildeten Personen werden festgelegt:

1. eine fachlich einschlägig ausgebildete Person .... ein Lehrling,
2. zwei bis drei fachlich einschlägig ausgebildete Personen ... zwei Lehrlinge,
3. vier fachlich einschlägig ausgebildete Personen .... drei Lehrlinge,
4. fünf bis sechs fachlich einschlägig ausgebildete Personen... vier Lehrlinge,
5. sieben bis acht fachlich einschlägig ausgebildete Personen . fünf Lehrlinge,
6. neun bis elf fachlich einschlägig ausgebildete Personen .... sechs Lehrlinge,
7. ab zwölf fachlich einschlägig ausgebildete Personen für je drei Personen ein weiterer Lehrling.

(3) Auf die Verhältniszahlen sind Lehrlinge in den letzten sechs Monaten ihrer Lehrzeit und Lehrlinge, denen unter Anwendung des § 28 oder § 29 BAG mindestens zwei Lehrjahre ersetzt wurden, nicht anzurechnen.

(4) Auf die Verhältniszahlen sind fachlich einschlägig ausgebildete Personen, die nur vorübergehend oder aushilfsweise im Betrieb beschäftigt sind, nicht anzurechnen.

(5) Werden in einem Betrieb in mehr als einem Lehrberuf Lehrlinge ausgebildet, dann sind Personen, die für mehr als einen dieser Lehrberufe fachlich einschlägig ausgebildet sind, nur auf die Verhältniszahl eines dieser Lehrberufe anzurechnen. Wenn aber in einem Betrieb nur eine einzige, jedoch für alle in Betracht kommenden Lehrberufe fachlich einschlägig ausgebildete Person beschäftigt ist, dürfen – unter Beachtung der für die einzelnen in Betracht kommenden Lehrberufe jeweils festgelegten Verhältniszahlen – insgesamt höchstens zwei Lehrlinge ausgebildet werden.

(6) Ein/eine Ausbilder/in ist bei der Ermittlung der Verhältniszahl gemäß § 8 Abs. 5 BAG als eine fachlich einschlägig ausgebildete Person zu zählen. Wenn er/sie jedoch mit Ausbildungsaufgaben in mehr als einem Lehrberuf betraut ist, ist er/sie als eine fachlich einschlägig ausgebildete Person bei den Verhältniszahlen aller Lehrberufe zu zählen, in denen er/sie Lehrlinge ausbildet.

(7) Folgende Verhältniszahlen betreffend das Verhältnis der Anzahl der Lehrlinge zur Anzahl der im Betrieb beschäftigten Ausbilder/innen sind einzuhalten:

1. Auf je fünf Lehrlinge zumindest ein/eine Ausbilder/in, der/die nicht ausschließlich mit Ausbildungsaufgaben betraut ist.
2. Auf je fünfzehn Lehrlinge zumindest ein/eine Ausbilder/in, der/die ausschließlich mit Ausbildungsaufgaben betraut ist.

Die Verhältniszahl gemäß Abs. 2 darf jedoch nicht überschritten werden.

(8) Ein/eine Ausbilder/in, der/die mit Ausbildungsaufgaben in mehr als einem Lehrberuf betraut ist, darf – unter Beachtung der für die einzelnen Lehrberufe jeweils festgelegten Verhältniszahlen gemäß § 8 Abs. 3 lit. b BAG – insgesamt höchstens so viele Lehrlinge ausbilden, wie es der höchsten Verhältniszahl gemäß § 8 Abs. 3 lit. b BAG der in Betracht kommenden Lehrberufe entspricht.

Inkrafttreten und Schlussbestimmungen

§ 12. (1) Diese Verordnung tritt mit 1. Juni 2015 in Kraft.

(2) Die Verordnung über die Berufsausbildung im Lehrberuf Einzelhandel, BGBl. II Nr. 429/2001, in der Fassung der Verordnung BGBl. II Nr. 140/2011, tritt unbeschadet des Abs. 4 mit Ablauf des 31. Mai 2015 außer Kraft.

(3) Lehrlinge, die am 31. Mai 2015 im Lehrberuf Einzelhandel ausgebildet werden, können gemäß der in Abs. 2 angeführten Verordnung bis zum Ende der vereinbarten Lehrzeit weiter ausgebildet werden und können bis ein Jahr nach Ablauf der vereinbarten Lehrzeit zur Lehrabschlussprüfung auf Grund der in der Verordnung gemäß Abs. 2 enthaltenen Prüfungsvorschriften antreten.

(4) Die Lehrzeit, die im Lehrberuf Einzelhandel gemäß der in Abs. 2 angeführten Verordnung zurückgelegt wurde, ist auf die Lehrzeit im Lehrberuf Einzelhandel gemäß dieser Verordnung voll anzurechnen.

Mitterlehner

BUNDESGESETZBLATT

FÜR DIE REPUBLIK ÖSTERREICH

Jahrgang 2017 **Ausgegeben am 16. Mai 2017** **Teil II**

130. Verordnung: **Änderung der Einzelhandel-Ausbildungsordnung**

130. Verordnung des Bundesministers für Wissenschaft, Forschung und Wirtschaft, mit der die Einzelhandel-Ausbildungsordnung geändert wird

Auf Grund der §§ 8, 8a, 24 und 27 des Berufsausbildungsgesetzes, BGBl. Nr. 142/1969, zuletzt geändert durch das Bundesgesetz BGBl. I Nr. 78/2015, wird verordnet:

Die Einzelhandel-Ausbildungsordnung, BGBl II Nr. 113/2015, wird wie folgt geändert:

1. Nach § 1 Abs. 1 Z 15 wird der Punkt durch einen Beistrich ersetzt und folgende Z 16 angefügt:

„16. Digitaler Verkauf."

2. § 1 Abs. 2 lautet:

„(2) Aufbauend auf die Inhalte des Schwerpunktes Allgemeiner Einzelhandel ist unbeschadet Abs. 2a maximal die Ausbildung in einem der Schwerpunkte gemäß Abs. 1 Z 2 bis Z 15 möglich."

3. Nach dem § 1 Abs. 2 werden folgende Abs. 2a und 2b eingefügt:

„(2a) Nur der Schwerpunkt gemäß Abs. 1 Z 16 kann ergänzend zu den Schwerpunkten gemäß Abs. 1 Z 1 bis Z 15 gewählt werden.

(2b) Der Schwerpunkt „Digitaler Verkauf" ist als Ausbildungsversuch eingerichtet. In die Ausbildung in diesem Schwerpunkt kann bis zum Ablauf des 30. Juni 2022 eingetreten werden."

4. Dem § 3 Abs. 2 wird folgende Z 16 angefügt:

„16. Digitaler Verkauf:

Der/Die Einzelhandelskaufmann/frau mit dem zusätzlichen Schwerpunkt Digitaler Verkauf

a) kann die Einsatzmöglichkeiten von mobilen Endgeräten im Rahmen der Verkaufstätigkeit abschätzen, ist sich aber auch der Risiken der digitalen Welt bewusst,

b) kann mobile Endgeräte bei seinen/ihren Verkaufs- und Beratungsgesprächen kunden- und bedarfsgerecht einsetzen,

c) nutzt mobile Endgeräte beim Anbieten von Ergänzungs- und Ersatzartikeln und anderer betrieblicher Serviceleistungen,

d) weiß mit Retouren aus dem Multi-Channel-Selling (Online kaufen – Offline retournieren) umzugehen,

e) wirkt beim Beantworten von online-Anfragen im Rahmen seines/ihres Tätigkeitsbereiches mit."

5. Dem § 4 Abs. 2 wird folgende Z 16 angefügt:

„16. **Digitaler Verkauf**

Pos.	1. Lehrjahr	2. Lehrjahr	3. Lehrjahr
1.	**Der Ausbildungsbetrieb**		
1.1	**Bedeutung und Struktur des Einzelhandels**		
1.1.3	Kenntnis der Möglichkeiten der Verbindung des stationären mit dem digitalen Handel		
1.1.4	–	Kenntnis des Aufbaus und des Wertes einer aktuellen Kundendatei	Mitarbeiten beim Aufbau und Aktualisieren einer Kundendatei
1.2	**Der Ausbildungsbetrieb**		
1.2.6	–	Funktionsgerechtes Verwenden und Aktualisieren (Aufladung, Updates usw.) von mobilen Endgeräten (Tablets, Smartphones usw.) sowie Kenntnis über das Zusammenwirken mit weiterer Unternehmenssoftware (zB Zusammenwirken Onlineshop mit Enterprise Resource Planning (ERP) und Customer Relationship Management (CRM))	
1.5	**Information und Kommunikation**		
1.5.4	–	Einschätzen der möglichen Gefahren der digitalen Welt (wie zB Mobbing, Missbrauch von Daten usw.)	

Pos.	1. Lehrjahr	2. Lehrjahr	3. Lehrjahr
4.	**Beratung und Verkauf**		
4.1	**Grundlagen**		
4.1.7	–	Grundkenntnisse der gesetzlichen Grundlagen für Multi-Channel-Sellings	Kenntnis der wesentlichen gesetzlichen Grundlagen für Multi-Channel-Sellings
4.1.8	–	Kenntnis des Nutzens eines mobilen Endgerätes (zB Einsatz von Bildern, Videos, Emotionen, Zusatzinformationen usw.) im Verkaufsgespräch sowie des Ablaufs und der Gestaltung eines Verkaufsgespräches unter Verwendung von mobilen Endgeräten	
4.2	**Kunden- und dienstleistungsorientiertes Verhalten**		
4.2.5	–	–	Kenntnis der Bedeutung von Kundenbindungsprogrammen speziell im Bereich des Multi-Channel-Sellings
4.3	**Beratungs- und Verkaufsgespräche**		
4.3.8	–	Kenntnis des Multi-Channel-Sellings (Shop, online-Shop, usw.) unter Einsatz neuer Medien	
4.3.9	–	Kenntnis der Recherchemöglichkeiten im Internet (zB über Online-Artikelangebot, Vergleichspreise, Verfügbarkeit, technische Unterlagen usw.) sowie der Möglichkeiten des Erkennens von seriösen und fundierten Internet-Quellen	Recherchieren im Internet (zB über Online-Artikelangebot, Vergleichspreise, Verfügbarkeit, technische Unterlagen usw.) sowie Erkennen von seriösen und fundierten Internet-Quellen
4.3.10	–	Führen von Verkaufsgesprächen sowie Beraten von Kunden und Kundinnen unter Verwendung mobiler Endgeräte (zB Einsatz von Bildern, Videos, Emotionen, Zusatzinformationen usw.)	
4.3.11	–	Anbieten von Ergänzungs- und Ersatzartikeln und anderer betrieblicher Serviceleistungen (wie zB Wartung, Reparatur, Prüfung, Einstellung, Fehlersuche und Fehlerbehebung) unter Verwendung mobiler Endgeräte	
4.4	**Umtausch, Beschwerden und Reklamationen**		
4.4.4	–	Kenntnis der rechtlichen Grundlagen in Bezug auf Rückgabe, Garantie, Gewährleistung, Lieferverzug, AGB, Kostenvoranschlag, Fernabsatz sowie Service- und Reparaturabwicklungen im Online-Bereich	
4.4.5	–	–	Bearbeiten und Abwickeln von Retouren aus dem Multi-Channel-Selling (Online kaufen – Offline retournieren)
5.	**Servicebereich Kassa**		
5.1	**Kassensysteme und Kassieren**		
5.1.7	–	–	Kenntnis der Zahlungsmöglichkeiten und Zahlungsabwicklung bei E-Commerce
6.	**Marketing-Grundlagen**		
6.2	**Warenpräsentation**		
6.2.5	–	Kenntnis der Präsentation der Waren im Multi-Channel-Selling (zB Umgang mit digitalen Inhalten wie Bildern, Videos usw. und Usability)	
6.3	**Werbemaßnahmen und Verkaufsförderung**		
6.3.4	–	–	Kenntnis der betriebsspezifischen verkaufsfördernden Maßnahmen im E-Commerce-Bereich (wie zB Newsletter, soziale Medien, Online-Bewertungssysteme, Suchmaschinenmarketing usw.)
7.	**Warenwirtschaft**		
7.1	**Grundlagen**		

Pos.	1. Lehrjahr	2. Lehrjahr	3. Lehrjahr
	–	Kenntnis der Abläufe im Online-Bereich wie Warenbewegungen und Logistik samt der daraus sich ergebenden Digitalbelege und Verwaltungssysteme	

"

6. Dem § 5 wird folgender Abs. 5 angefügt:

„(5) Wurde der/die Prüfungskandidat/in auch im Schwerpunkt Digitaler Verkauf ausgebildet, ist diese Ausbildung bei der praktischen Prüfung zu berücksichtigen."

7. § 7 Abs. 1 erster Satz lautet:

„§ 7. (1) Die Prüfung umfasst einen dem Schwerpunkt (ausgenommen der Schwerpunkt Digitaler Verkauf) entsprechenden Geschäftsfall, einschließlich des dazugehörigen Schrift- und Zahlungsverkehrs und hat sich auf sämtliche nachstehende Bereiche zu erstrecken:"

8. Der bisherige § 12 erhält die Bezeichnung „13."; *folgender neuer § 12 samt Überschrift wird eingefügt:*

„Evaluierung

§ 12. Die Zweckmäßigkeit der Ausbildung im Schwerpunkt Digitaler Verkauf ist unter Heranziehung eines Berufsforschungsinstitutes zu evaluieren. Der Bundes-Berufsausbildungsbeirat hat bis zum 30. Juni 2021 ein Gutachten (Befund, Motivenbericht und Schlussfolgerungen) über die Überführung des Schwerpunktes Digitaler Verkauf in die Regelausbildung an den Bundesminister für Wissenschaft, Forschung und Wirtschaft zu erstatten. Sofern bei der Erarbeitung eines Gutachtens keine Stimmeneinhelligkeit zustande kommt, ist gemäß § 31 Abs. 7 des Berufsausbildungsgesetzes vorzugehen."

9. Im neuen § 13 wird folgender Abs. 5 angefügt:

„(5) § 1 Abs. 1 Z 16, 2, 2a und 2b, § 3 Abs. 2 Z 16, § 4 Abs. 2 Z 16, § 5 Abs. 5, § 7 Abs. 1 und § 12 in der Fassung der Verordnung BGBl. II Nr. 130/2017 treten mit 1. Juni 2017 in Kraft."

Mitterlehner

Anhang 7) Relevante Lehrabschlussprüfungsersätze

Abgelegte Lehrabschlussprüfung im Lehrberuf	**Ersetzte Lehrabschlussprüfung im Lehrberuf bzw in den Lehrberufen**
Archiv-, Bibliotheks- und InformationsassistentIn	Buch- und Medienwirtschaft- Buch- und Musikalienhandel Buch- und Medienwirtschaft- Buch- und Pressegroßhandel Buch- und Medienwirtschaft- Verlag Bürokaufmann/-frau
Bankkaufmann/-frau	Bürokaufmann/-frau
Betriebsdienstleistung	Bürokaufmann/-frau
Betriebslogistikkaufmann/-frau	Bürokaufmann/-frau
Buch- und Medienwirtschaft- Buch- und Musikalienhandel	Archiv-, Bibliotheks- und InformationsassistentIn Buch- und Medienwirtschaft- Buch- und Pressegroßhandel Buch- und Medienwirtschaft- Verlag Bürokaufmann/-frau Einzelhandel - alle Schwerpunkte Großhandelskaufmann/-frau
Buch- und Medienwirtschaft- Buch- und Pressegroßhandel	Archiv-, Bibliotheks- und InformationsassistentIn Buch- und Medienwirtschaft- Buch- und Musikalienhandel Buch- und Medienwirtschaft- Verlag Bürokaufmann/-frau Einzelhandel - alle Schwerpunkte Großhandelskaufmann/-frau
Buch- und Medienwirtschaft- Verlag	Archiv-, Bibliotheks- und InformationsassistentIn Buch- und Medienwirtschaft- Buch- und Musikalienhandel Buch- und Medienwirtschaft- Buch- und Pressegroßhandel Bürokaufmann/-frau Einzelhandel - alle Schwerpunkte Großhandelskaufmann/-frau
Drogistin	Einzelhandel - alle Schwerpunkte
E-Commerce-Kaufmann/-frau	Bürokaufmann/-frau
EDV-Kaufmann/-frau	Einzelhandel - alle Schwerpunkte
EinkäuferIn	Betriebslogistikkaufmann/-frau Bürokaufmann/-frau Großhandelskaufmann/-frau
Einzelhandel - Allgemeiner Einzelhandel	Foto- und Multimediakaufmann/-frau
Einzelhandel - Baustoffhandel	Foto- und Multimediakaufmann/-frau
Einzelhandel - Digitaler Verkauf (AV)	Foto- und Multimediakaufmann/-frau
Einzelhandel - Einrichtungsberatung	Foto- und Multimediakaufmann/-frau
Einzelhandel - Eisen- und Hartwaren	Foto- und Multimediakaufmann/-frau
Einzelhandel - Elektro-Elektronikberatung	Foto- und Multimediakaufmann/-frau
Einzelhandel - Feinkostfachverkauf	Foto- und Multimediakaufmann/-frau
Einzelhandel - Gartencenter	Foto- und Multimediakaufmann/-frau

Abgelegte Lehrabschlussprüfung im Lehrberuf	Ersetzte Lehrabschlussprüfung im Lehrberuf bzw in den Lehrberufen
Einzelhandel - Kraftfahrzeuge und Ersatzteile	Foto- und Multimediakaufmann/-frau
Einzelhandel - Lebensmittelhandel	Foto- und Multimediakaufmann/-frau
Einzelhandel - Schwerpunkt Parfümerie	Foto- und Multimediakaufmann/-frau
Einzelhandel - Schwerpunkt Schuhe	Foto- und Multimediakaufmann/-frau
Einzelhandel - Schwerpunkt Sportartikel	Foto- und Multimediakaufmann/-frau
Einzelhandel - Telekommunikation	Foto- und Multimediakaufmann/-frau
Einzelhandel - Textilhandel	Foto- und Multimediakaufmann/-frau
Einzelhandel - Uhren- und Juwelenberatung	Foto- und Multimediakaufmann/-frau
Finanz- und Rechnungswesenassistenz	Bürokaufmann/-frau
Finanzdienstleistungskaufmann/-frau	Bürokaufmann/-frau
Foto- und Multimediakaufmann/-frau	Einzelhandel - alle Schwerpunkte
Großhandelskaufmann/-frau	Bürokaufmann/-frau
Hotel- und GastgewerbeassistentIn	Bürokaufmann/-frau
Hotelkaufmann/-frau (AV)	Bürokaufmann/-frau Hotel- und GastgewerbeassistentIn
Immobilienkaufmann/-frau	Bürokaufmann/-frau
Industriekaufmann/-frau	Bürokaufmann/-frau
Medizinproduktekaufmann/-frau	Einzelhandel - alle Schwerpunkte
Mobilitätsservice	Bürokaufmann/-frau
Personaldienstleistung	Bürokaufmann/-frau
RechtskanzleiassistentIn	Bürokaufmann/-frau
ReisebüroassistentIn	Bürokaufmann/-frau
Speditionskaufmann/-frau	Bürokaufmann/-frau
Speditionslogistik	Bürokaufmann/-frau
Sportadministration	Bürokaufmann/-frau
Steuerassistenz	Bürokaufmann/-frau
Versicherungskaufmann/-frau	Bürokaufmann/-frau
VerwaltungsassistentIn	Bürokaufmann/-frau
Waffen- und MunitionshändlerIn	Einzelhandel - alle Schwerpunkte

Stand: 1.1.2022

Anhang 8) Erlass des BMWFJ nach §34a BAG

bmwfj

Bundesministerium für
Wirtschaft, Familie und Jugend

An die
Lehrlingsstellen der Wirtschaftskammern

Name/Durchwahl:
Dr. Karl Wieczorek/5812
Geschäftszahl:
BMWFJ-33.800/0005-I/4/2012

Antwortschreiben bitte unter Anführung der Geschäftszahl an die E-Mail-Adresse karl.wieczorek@bmwfj.gv.at richten.

Gleichhaltung von schulischen Ausbildungsabschlüssen mit facheinschlägigen Lehrabschlüssen gemäß § 34a BAG

Sehr geehrte Frau Lehrlingsstellenleiterin, sehr geehrte Lehrlingsstellenleiter,

§ 34a BAG legt hinsichtlich der in der Bestimmung genannten Rechtsgebiete bei erfolgreichem Abschluss einer berufsbildenden (mind. dreijährigen) mittleren oder höheren Schule dieselben Rechtswirkungen wie bei Ablegung der Lehrabschlussprüfung in einem facheinschlägigen Lehrberuf fest:

"Für den Bereich der beruflichen Qualifikationen, des Arbeitsrechtes einschließlich der Kollektivverträge sowie des Sozialversicherungsrechtes gilt das Prüfungszeugnis, mit dem der erfolgreiche Abschluss einer mindestens dreijährigen berufsbildenden mittleren Schule, einer mindestens dreijährigen land- und forstwirtschaftlichen Fachschule, einer berufsbildenden höheren Schule oder deren Sonderformen einschließlich der Schulversuche nachgewiesen wird, zumindest als Nachweis einer mit einer facheinschlägigen Lehrabschlussprüfung abgeschlossenen beruflichen Ausbildung."

Aus Wortlaut und Intention dieser Regelung ergibt sich somit die rechtliche Wirkung, dass die Vereinbarung einer (Rest)Lehrzeit für Absolventen einer der genannten berufsbildenden Schulen in einem in den Ausbildungsinhalten gleichartigen Lehrberuf nicht zulässig ist.

Der Antritt zur Lehrabschlussprüfung (auf freiwilliger Basis) bleibt allerdings möglich, um den Nachweis der beruflichen Qualifikationen auch auf diese Weise

I/4
1011 Wien | Stubenring 1 | Tel.: +43 (0)1 711 00 - 5812 | Fax: +43 (0)1 711 00 93 - 5812 | DVR 0037257
E-Mail: karl.wieczorek@bmwfj.gv.at | www.bmwfj.gv.at

erbringen und ein Lehrabschlussprüfungszeugnis erhalten zu können. Diese Auslegung wird durch den Bericht des Handelsausschusses in Zusammenhang mit der Berufsausbildungsgesetz-Novelle BGBl. Nr. 23/1993 (877 der Beil. zu den Sten. Prot. des NR XVIII. GP) bestätigt, demgemäß § 34a BAG einen Schulabsolventen nicht daran hindert, sich einer Lehrabschlussprüfung zu unterziehen.

Die nachstehende Liste gleichwertiger Schul- und Lehrabschlüsse dient den Lehrlingsstellen zur Rechtsklarheit bei der Anwendung des § 34a BAG. Sie bezieht sich auf technisch-gewerbliche, kaufmännische und humanberufliche und Schulen.

Die Lehrlingsstellen haben daher im Falle der Anmeldung eines Lehrvertrages mit einem Absolventen einer der in der Liste angeführten Schulen über einen entsprechenden Lehrberuf die Eintragung des Lehrvertrages gemäß § 20 Abs. 3 lit. a BAG zu verweigern.

1. Technische und gewerbliche Schulen

5-jährige Höhere Lehranstalt für	**Lehrberuf**
Elektronik u. technische Informatik	Elektronik – Angewandte Elektronik
Informatik	Informationstechnologie - Informatik
Informationstechnologie	EDV-Systemtechnik
Bautechnik	Maurer/in
Gebäudetechnik	Installations- und Gebäudetechnik
Elektrotechnik	Elektrotechnik
Innenraumgestaltung u. Holztechnik	Tischlerei
Maschinenbau	Metalltechnik - Maschinenbautechnik
Grafik- und Kommunikationsdesign	Medienfachmann/frau - Mediendesign
Textildesign	Bekleidungsgestaltung
Mechatronik	Mechatronik
Chemie/Chemieingenieurwesen	Chemielabortechnik
Werkstofftechnik	Werkstofftechnik
Kunststofftechnik	Kunststofftechnik
EDV- und Organisation	EDV-Systemtechnik

Fachschule für	**Lehrberuf**
Bautechnik und Bauwirtschaft	Maurer/in
Tischlerei	Tischlerei
Elektrotechnik	Elektrotechnik
Elektronik	Elektronik – Angewandte Elektronik
Maschinenbau-Fertigungstechnik	Metalltechnik - Maschinenbautechnik
Maschinen- und Anlagentechnik	Metalltechnik - Maschinenbautechnik
Maschinen- und Kraftfahrzeugtechnik	Kraftfahrzeugtechnik
Chemische Technologie und Umwelt-	Chemielabortechnik

technik	
Mechatronik	Mechatronik
Computer- und Kommunikationstechnik	Informationstechnologie - Technik
Malerei und Gestaltung	Maler/in und Anstreicher/in
Chemische Betriebstechnik	Chemielabortechnik

2. Kaufmännische Schulen

Schule	**Lehrberuf**
5-jährige Handelsakademie (einschließlich Schulversuche und Fachrichtungen)	• Bürokaufmann/frau • Buchhaltung
3-jährige Handelsschule	Bürokaufmann/frau *)

mit Praktikum „praktische Bürotätigkeit"

3. Humanberufliche Schulen

5-jährige Höhere Lehranstalt für	**Lehrberuf**
wirtschaftliche Berufe einschließlich Sonderformen und Ausbildungsschwerpunkte	• Hotel- und Gastgewerbeassistent/in • Restaurantfachmann/frau • Koch/Köchin
Tourismus (einschließlich Sonderformen und Ausbildungsschwerpunkte)	• Hotel- und Gastgewerbeassistent/in • Restaurantfachmann/frau • Koch/Köchin • Reisebüroassistent/in
Mode und Bekleidungstechnik einschließlich Sonderformen und Ausbildungsschwerpunkte	Bekleidungsgestaltung Hauptmodul Damenbekleidung
Mode einschließlich Sonderformen und Ausbildungsschwerpunkte	Bekleidungsgestaltung Hauptmodul Damenbekleidung

Fachschule für	**Lehrberuf**
Fachschule für wirtschaftliche Berufe	• Restaurantfachmann/frau • Bürokaufmann/frau
Hotelfachschule	• Hotel- und Gastgewerbeassistent/in • Restaurantfachmann/frau • Koch/Köchin
Tourismusfachschule	Hotel- und Gastgewerbeassistent/in
Gastgewerbefachschule	• Restaurantfachmann/frau • Koch/Köchin • Bürokaufmann/frau
Fachschule für Mode	Bekleidungsgestaltung Hauptmodul Damenbekleidung
Fachschule für Sozialberufe	Betriebsdienstleistungskaufmann/frau

Das BMWFJ ersucht um Einhaltung bei der Vollziehung und geeignete organisatorische Maßnahmen im Rahmen des Eintragungsverfahrens zur Eruierung des Vorliegens facheinschlägiger Schulabschlüsse.

Das BMWFJ weist darauf hin, dass bei Vorliegen einer Gleichhaltung gemäß § 34a BAG die Anrechnungsbestimmung für verwandte Lehrberufe gemäß § 13 Abs. 2 lit. b BAG anzuwenden ist.

Dieses Schreiben ist beginnend auf Lehrverträge mit Absolventen einer der angeführten berufsbildenden Schulen in einem entsprechenden Lehrberuf, die ab Einlangen dieses Schreibens abgeschlossen werden, anzuwenden.

Mit freundlichen Grüßen
Wien, am 28.02.2013
Für den Bundesminister:
Mag.iur. Alexander Hölbl, LLM

Signaturwert	LiLyFSly8A6h0QsmUmG36XkU79XUn8sqavmK49Kjtq6h46uXVa7t88gBq3m994jj5 zdJ0PXk0QQSnnyKtUER1ahf4MUqvdj3Blom1Xg0RtOJI1dzaCOCxA/oFUYF4vFCQt H6H5uVAlndm+bARLziK/5Y30M3Ahdza+BWc+zm3XY=	
	Unterzeichner	Bundesministerium für Wirtschaft, Familie und Jugend
	Datum/Zeit-UTC	2013-02-28T12:00:59+01:00
	Aussteller-Zertifikat	CN=a-sign-corporate-light-02,OU=a-sign-corporate-light-02,O=A-Trust Ges. f. Sicherheitssysteme im elektr. Datenverkehr GmbH,C=AT
	Serien-Nr.	513089
	Methode	urn:pdfsigfilter:bka.gv.at:binaer:v1.1.0
Hinweis	Dieses Dokument wurde amtssigniert.	
Prüfinformation	Informationen zur Prüfung der elektronischen Signatur finden Sie unter: https://www.signaturpruefung.gv.at/. Die Bildmarke und Hinweise zur Verifikation eines Papierausdrucks sind auf https://www.bmwfj.gv.at/amtssignatur oder http://www.help.gv.at/ veröffentlicht.	

BMWFJ-33.800/0005-I/4/2012 Seite 4 von 4

Anhang 9) Erlass BMB zur Durchführung von Pflichtpraktika an kaufmännischen Lehranstalten

BM BF Bundesministerium für Bildung und Frauen

An alle LSR/SSR für Wien

Durchführung des Pflichtpraktikums an kaufmännischen Lehranstalten
(Handelsakademie, Handelsschule, Aufbaulehrgang an Handelsakademien)

Die Schülerinnen und Schüler der mittleren und höheren kaufmännischen Lehranstalten (Handelsakademie, Handelsschule, Aufbaulehrgang an Handelsakademien) haben nach den Bestimmungen der Lehrpläne für die Handelsakademie, die Handelsschule sowie dem Aufbaulehrgang an Handelsakademien (BGBl. II Nr. 209/2014, vom 27. August 2014) ein als Arbeitsverhältnis ausgestaltetes Pflichtpraktikum in einem Unternehmen oder in einer Organisation während ihrer schulischen Ausbildung, in der unterrichtsfreien Zeit, zu absolvieren. Dieses dient der Ergänzung und Vertiefung der in den Unterrichtsgegenständen erworbenen Kenntnisse und Fertigkeiten.

Das Pflichtpraktikum soll weiters Einsicht in soziale Beziehungen sowie betrieblich-organisatorische Zusammenhänge fördern und den Schülerinnen und Schülern einen Einblick in die Arbeitswelt ermöglichen. Neben fachlichen sollen außerdem soziale und personale Kompetenzen erworben werden.

Das Pflichtpraktikum dient auch dazu, die im Unterricht erworbenen Kenntnisse im Bereich des Arbeitsrechts weiter zu vertiefen.

Mit dem Pflichtpraktikum sammeln die Schülerinnen und Schüler Erfahrungen, die helfen, die Unterrichtsinhalte besser zu verstehen und die auch bei späteren Bewerbungen von Vorteil sind. Auch suchen Unternehmen und Organisationen Absolventinnen und Absolventen mit einer guten Ausbildung und praktischer Erfahrung. Die Praktikumszeit kann für den Aufbau von beruflichen Netzwerken genutzt werden und erleichtert damit den späteren Berufseinstieg.

Praktika können im In- und Ausland absolviert werden. Auslandspraktika werden über das EU-Bildungsförderungsprogramm Erasmus+ (Berufsbildung und Mobilität, www.bildung.erasmusplus.at) finanziell unterstützt.

Geschäftszahl: BMBF-23.025/0002-II/3/2015
Sachbearbeiterin: MR Mag. Katharina Kiss
Abteilung: II/3
E-Mail: katharina.kiss@bmbf.gv.at
Telefon/Fax: +43 1 531 20-4404/531 20-814404
Ihr Zeichen:

Antwortschreiben bitte unter Anführung der Geschäftszahl.

Minoritenplatz 5
1014 Wien
Tel.: +43 1 531 20-0
Fax: +43 1 531 20-3099
ministerium@bmbf.gv.at
www.bmbf.gv.at

DVR 0064301

1. Erstinformation

Die Schülerinnen und Schüler sind über das Pflichtpraktikum möglichst frühzeitig, zB im Rahmen der Erstinformation in den Vorschulen durch die Bildungsberatung, bei der Anmeldung an der Schule, beim Aufnahmegespräch, im Rahmen des Elternabends sowie in der Unterrichtsarbeit im I. Jahrgang bzw. in der 1. Klasse zu informieren.

2. Finden eines Praktikumsplatzes, Einbindung in den Unterricht, Betreuung

Grundsätzlich obliegt das Finden eines entsprechenden Praktikumsplatzes der Schülerin bzw. dem Schüler in Eigenverantwortung, unter Nutzung der eigenen Netzwerke, zB Eltern, Verwandte, Bekannte, Freunde.

Die Schule wird jedoch angehalten, der Schülerin bzw. dem Schüler bei der Suche nach Praktikumsplätzen, im Rahmen ihrer Möglichkeiten, Unterstützung anbieten. Dies kann zB durch Nutzen von Kontakten zu Unternehmen, mit denen die Schule in Kooperation steht, zu Wirtschaftsbetrieben in der näheren Umgebung, zu Lieferanten der Schule, zum Eltern- und Absolventenverein erfolgen. Offizielle Anlässe (zB Unternehmertag, Girls Day) sowie die Netzwerke mit Wirtschafts- und Arbeiterkammer bilden weitere Möglichkeiten der Kontaktaufnahme.

Das Erstellen eines „Praktikums-Pools" in Form einer Datenbank, in denen Unternehmen bzw. Organisationen, die über Praktikumsplätze verfügen, erfasst werden, wird angeregt, wobei die entsprechenden datenschutzrechtlichen Bestimmungen zu beachten sind.

Die Vor- und Nachbereitung des Pflichtpraktikums hat im Besonderen im Unterrichtsgegenstand „Business Behaviour" (Handelsakademie, Aufbaulehrgang an Handelsakademien), „Kundenorientierung und Verkauf" sowie „Betriebswirtschaftliche Übungen einschließlich Übungsfirma, Projektmanagement und Projektarbeit" (Handelsschule), unter dem Gesichtspunkt der Karriereplanung, zu erfolgen.

Die Schülerinnen und Schüler sind vor dem Beginn des Pflichtpraktikums über ihre Rechte und Pflichten als Praktikantin bzw. Praktikant zu informieren und darauf hinzuweisen, dass sie sich bei Problemen auch an die Interessenvertretungen der Arbeitnehmer und Arbeitnehmerinnen wenden können.

Kontaktdaten/Links:[1]

Arbeiterkammer: Pflichtpraktikumsbroschüre über Rechte & Pflichten der Pflichtpraktikantinnen und Pflichtpraktikanten, Muster-Arbeitsvertrag, Arbeitszeitkalender, Tipps:
www.arbeiterkammer.at/beratung/bildung/schule/Praktikum.html

Bewerbungstipps Link zur Broschüre „Bewerbungstipps - Einfach überzeugend":
http://www.arbeiterkammer.at/service/broschueren/Bildung/bewerbungstipps_einfach_ueberzeugend.html

Kontakt für Rechtsberatung: www.arbeiterkammer.at > links oben „Bundesland" auswählen > rechts oben „Kontakt" > Bezirksstelle auswählen

[1] Stand: Jänner 2015

Gewerkschaft der Privatangestellten, Druck, Journalismus, Papier:

Toolbox mit Infomationsvideos, Powerpointpräsentationen zu rechtlichen Rahmenbedingungen für den Bereich der Pflichtpraktika, Ferialarbeitsverhältnisse und Volontariate:
www.jugend.gpa-djp.at

Meldestelle für problematische Praktika, Informationen über problematische Arbeits- bzw. Praktika-Verträge:
www.watchlist-praktikum.at

Die Rechtsberatung der Gewerkschaft der Privatangestellten, Druck, Journalismus, Papier ist unter 050301-21510 bzw. jugend@gpa-djp.at erreichbar

Wirtschaftskammer: www.wko.at
www.wko.at/Ausbildungsverhaeltnisse

Bundesministerium für Arbeit, Soziales und Konsumentenschutz:
www.sozialministerium.at/ > Arbeit > Arbeitsrecht > PraktikantInnen

Jugendinfostellen: www.jugendinfos.at

Es wird empfohlen, die administrative Verwaltung des Praktikums im Klassenverband durch die Klassenvorständin bzw. den Klassenvorstand durchführen zu lassen. Die Schülerverwaltungssoftware „Sokrates BUND“ hat eine möglichst einfache Eingabeform vorzusehen. Das Führen einer Übersicht über die bereits absolvierten Praxiszeiten, Erinnerung bzw. Motivation bei fehlenden Zeiten gehören in den Zuständigkeitsbereich der Lehreinnen und Lehrer von „Business Behaviour“ bzw. „Kundenorientierung und Verkauf“.

Die Lehrerinnen und Lehrer der entsprechenden Unterrichtsgegenstände sollen mit den Unternehmen (Praxisstätten), in denen die Schülerinnen und Schüler ihre Praxis ableisten, Kontakt halten.
Nach § 11 Abs. 9 SchUG ist die Schülerin bzw. der Schüler verpflichtet das Pflichtpraktikum außerhalb des schulischen Unterrichtes in der vorgeschriebenen Zeit abzulegen. Das Pflichtpraktikum ist jedenfalls vor Abschluss der lehrplanmäßig letzten Schulstufe zurückzulegen.

Erweist sich das Finden eines Praktikumsplatzes als schwierig, sind unter Einbeziehung der Schulleitung, der Schülerin bzw. des Schülers, gegebenenfalls der Erziehungsberechtigten, der betreuende Lehrperson, auf Wunsch der Schülerin bzw. des Schülers die Schülervertretung und gegebenenfalls der Schulbehörde 1. Instanz in einem Gespräch Lösungen suchen. Der Zeitpunkt des Gespräches ist so anzusetzen, dass die Schülerin bzw. der Schüler in Folge in der Lage ist, das Pflichtpraktikum vollständig zu absolvieren.

3. Zeitdauer

Das Pflichtpraktikum hat für Schülerinnen und Schüler an einer Handelsakademie 300 Arbeitsstunden[2], an einer Handelsschule sowie an einem Aufbaulehrgang an Handelsakademien jeweils 150 Arbeitsstunden[3] zu umfassen. Es ist in der unterrichtsfreien Zeit, sinnvollerweise nach dem II. Jahrgang bzw. der 2. Klasse, im Aufbaulehrgang an Handelsakademien nach dem I. Jahrgang, und möglichst vor Eintritt in den letzten Jahrgang bzw. Klasse zu absolvieren.[4] Ausnahmen im Einzelfall prüft die Schulleitung.

[2] Eine Arbeitsstunde umfasst 60 Minuten.

[3] Im Schulversuch Handelsschule umfasst das Pflichtpraktikum 160 Arbeitsstunden.

[4] § 25 Abs. 8 SchUG - In berufsbildenden Schulen und Anstalten der Lehrerbildung und der Erzieherbildung, in denen der Lehrplan Pflichtpraktika und Praktika außerhalb des schulischen Unterrichtes vorsieht, ist der Schüler zum Aufsteigen in die nächsthöhere

Das Pflichtpraktikum soll in den Hauptferien abgelegt werden. Bei Bedarf kann dieses auch in mehreren Tranchen von zumindest einwöchiger Dauer gegliedert werden. Schulbezogene Veranstaltungen gemäß § 13a des Schulunterrichtsgesetzes, BGBl. Nr. 472/1986, zuletzt geändert durch das Bundesgesetz BGBl. I Nr. 76/2013, sind im Ausmaß der tatsächlich erbrachten Arbeitszeit auf die vorgeschriebene Mindestdauer des Praktikums anzurechnen, wenn sie die Zielsetzungen des Pflichtpraktikums erfüllen.

4. Facheinschlägigkeit

Das Pflichtpraktikum der Schülerinnen und Schülern hat facheinschlägig zu sein.

Die Bewertung des Praktikumsplatzes in Bezug auf Facheinschlägigkeit richtet sich nach dem Bildungsziel der jeweiligen Schulform und liegt im Aufgabenbereich und in der Verantwortung der Schulleitung. Der Dokumentation des Pflichtpraktikums im Praktikumsportfolio zum Nachweis der Facheinschlägigkeit kommt ein besonderer Stellenwert zu.

Die Facheinschlägigkeit ist beim Pflichtpraktikum von Schülerinnen und Schülern der Handelsschule weiter zu fassen. So sind z.B. Tätigkeiten im Handelsbereich durchwegs facheinschlägig.

5. Arbeitsverhältnis und Versicherungsschutz

Das Pflichtpraktikum ist in der Regel in Form eines Arbeitsverhältnisses mit einer Entlohnung nach den kollektivvertraglichen Entgeltregelungen absolviert werden. Arbeitsrechtliche Bestimmungen, insbesondere das Kinder- und Jugendlichen-Beschäftigungsgesetz 1987, BGBl. Nr. 599/1987, zuletzt geändert durch das Bundesgesetz BGBl. I Nr. 138/2013, und das Arbeitszeitgesetz, BGBl. Nr. 461/1969, zuletzt geändert durch das Bundesgesetz BGBl. I Nr. 71/2013 sind zu beachten. Für Schülerinnen und Schüler unter 18 Jahren gelten dazu besondere Bestimmungen, zB beträgt die tägliche, maximale Arbeitszeit acht Stunden. Weiters sind die jeweiligen kollektivvertraglichen Vorschriften zu beachten.

Sind die Merkmale eines Arbeitsverhältnisses - Weisungsgebundenheit, persönliche Arbeitspflicht, Eingliederung in den Arbeitsprozess, vorgegebene Aufgaben und Zeiten – überwiegend erfüllt, so besteht für die Schülerinnen und Schüler das Recht auf entsprechendes Entgelt, Entgeltfortzahlung bei Krankheit, Urlaubsanspruch und es gelten die Rechte und Pflichten aus den entsprechenden Rechtsvorschriften (insbesondere Angestelltengesetz, Kollektivverträgen usw.). Insbesondere entsteht durch das Arbeitsverhältnis die Sozialversicherungspflicht (Anmeldung bei der zuständigen Gebietskrankenkasse) und gegebenenfalls auch die Lohnsteuerpflicht. Gewerkschaft als auch Arbeiterkammer bieten ihre Unterstützung, zur Überprüfung ob ein Arbeitsverhältnisses gegeben ist, an.

Schülerinnen und Schüler, die in Österreich nicht arbeiten dürfen, benötigen für ein Pflichtpraktikum keine Beschäftigungsbewilligung. Die entsprechenden Meldeverpflichtungen nach den Bestimmungen des § 3 Abs. 5 Ausländerbeschäftigungsgesetz (BGBl. Nr. 218/1975 idgF), sind zu beachten.

Ist kein Arbeitsverhältnis gegeben (nur in Ausnahmefällen denkbar und von der Schulleitung genau zu prüfen), d.h. es erfolgt keine Entlohnung, sind die Schülerinnen und Schüler durch die Schülerunfallversicherung versichert.

Stehen Schülerinnen und Schüler während ihres Schulbesuches in einem Arbeitsverhältnis, zB in einer (geringfügigen) Nebenbeschäftigung in Handelsunternehmen oder anderen Unternehmen bzw. Organisationen, wird dieses, wenn es den Erfordernissen des Pflichtpraktikums ent-

Schulstufe nicht berechtigt bzw. kann die lehrplanmäßig letzte Schulstufe nicht erfolgreich abschließen, wenn er das vor dem abgelaufenen Schuljahr vorgeschriebene Pflichtpraktikum oder Praktikum nicht zurückgelegt hat. Diese Rechtsfolgen treten im Falle des § 11 Abs. 10 nicht ein.

spricht, auf das Pflichtpraktikum angerechnet. Zusammenhängenden Tranchen bei einem Arbeitgeber von mindestens einer Arbeitswoche werden als zusammenhängende mehrwöchige Beschäftigung beim selben Arbeitsgeber verstanden. Um Rechtsunsicherheiten bei der Anrechnung von Arbeitsverhältnissen zu vermeiden, ist es erforderlich die entsprechenden Nachweise über das Arbeitsverhältnis/die Arbeitsverhältnisse möglichst frühzeitig, in jedem Fall aber vor Eintritt in die letzte Schulstufe der betreuenden Lehrperson bzw. der Schulleitung zur Anerkennung vorlegen. Ein entsprechender Anerkennungsvermerk ist Teil des Praktikumsportfolios.

6. Aufzeichnungen

Die Schülerinnen und Schüler haben in geeigneter Weise Aufzeichnungen in Form eines Praxisportfolios zu führen; dieses ist in den entsprechenden Unterrichtsgegenständen auszuwerten. Firmenbestätigungen, Zeugnisse, Zertifikate usw. mit denen das Absolvieren des Pflichtpraktikums nachgewiesen wird, sind Teil des Praxisportfolios. Entsprechende Vorlagen eines Praxisportfolios stehen den Schülerinnen und Schülern zur Verfügung.

Das Praxisportfolio ist bis zum Ende des Wintersemesters der letzten Schulstufe fertigzustellen. Ist dieses in der Handelsschule der Ausgangspunkt der Projektarbeit, so ist das Praxisportfolio bis zum Beginn der Arbeiten an der Projektarbeit abzuschließen.
Es wird empfohlen, diejenigen Teile des Praxisportfolios, welche die Art des Praktikums im Rahmen des Pflichtpraktikums an Handelsschulen nachweisen, in Anlehnung an die Bestimmung des § 1 Z a der Verordnung über die Aufbewahrungsfristen von in den Schulen zu führenden Aufzeichnungen (BGBl. Nr. 449/1978), sechzig Jahre nach dem Schuljahr der Fertigstellung des Praxisportfolios aufzubewahren.

7. Beurteilung, Entfall, Abschließende Prüfungen, Übergangsregelungen

Eine Beurteilung des Pflichtpraktikums, das außerhalb des schulischen Unterrichts zurückzulegen ist, ist nicht vorzunehmen (§ 18 Abs. 13 SchUG).

Macht eine Schülerin bzw. ein Schüler glaubhaft, dass sie bzw. er, trotz persönlichen Bemühens sowie der Inanspruchnahme von Unterstützungsmaßnahmen der Schule,[5] ein vorgeschriebenes Pflichtpraktikum nicht absolvieren kann, weil keine derartige Praxismöglichkeit bestand[6], oder weist sie bzw. er nach, dass sie bzw. er an der Zurücklegung aus unvorhersehbaren oder unabwendbaren Gründen verhindert war, so entfällt für sie bzw. ihn die Verpflichtung zur Zurücklegung des Pflichtpraktikums (§ 11 Abs. 10 SchUG).

Zur Ablegung der Hauptprüfung im Rahmen der abschließenden Prüfungen (sRDP, Abschlussprüfung) sind diejenigen Kandidatinnen und Kandidaten berechtigt, die sämtliche im Lehrplan vorgesehene Pflichtpraktika zurückgelegt haben (§ 36a Abs. 1 Z 3, SchUG)). Die Bestimmungen des § 11 Abs. 10 SchUG finden Anwendung.[7]

Die Bestimmung des § 36a Abs. 1 Z 3 SchUG tritt hinsichtlich dreijähriger mittlerer Schulen mit 1. September 2018 und hinsichtlich fünfjähriger höherer Schulen mit 1. September 2020 in Kraft. Sie sind damit auf die Schülerinnen und Schüler erstmalig anzuwenden, die ab dem Schuljahr 2016/17 in die kaufmännischen Schulen eintreten.

---

[5] zB Inanspruchnahme des „Praktikums-Pools"; Gespräch der Schulleitung mit der Schülerin bzw. dem Schüler, unter Einbeziehung der Erziehungsberechtigten, betreuender Lehrperson, auf Wunsch der Schülerin bzw. des Schülers die Schülervertretung, gegebenenfalls der Schulbehörde 1. Instanz mit dem Ziel die Absolvierung des Pflichtpraktikums zu ermöglichen (siehe Seite 3, 2. Absatz)

[6] Aufgrund der regionalen Arbeitsmarktsituation besteht keine Praxismöglichkeit. Die Absolvierung des Pflichtpraktikums in anderen Regionen des Bundeslandes bzw. des benachbarten Bundeslandes ist zeitlich und räumlich nicht zumutbar.

[7] Siehe unter Zeitdauer

Folgende Übergangsregelungen gelten für Repetentinnen und Repetenten, die durch eine Klassen- bzw. Jahrgangswiederholung von den Lehrplänen HAS 2003, HAK 2004, AUL 2006 in die Lehrplangeneration 2014 wechseln. Folgende Praxiszeiten sind zu erbringen:

	Handelsschule (150h Pflichtpraktikum)		Handelsakademie (300h Pflichtpraktikum)		Aufbaulehrgang an Handelsakademien (150h Pflichtpraktikum)	
Schuljahr	Eintritt als Repetentin bzw. Repetent in die	zu erbringende Praxiszeiten	Eintritt als Repetentin bzw. Repetent in den	zu erbringende Praxiszeiten	Eintritt als Repetentin bzw. Repetent in den	zu erbringende Praxiszeiten
2014/15	1. Klasse	150 h	I. Jahrgang	300 h	I. Jahrgang	150 h
2015/16	2. Klasse	150 h	II. Jahrgang	300 h	II. Jahrgang	150 h
2016/17	3. Klasse	-	III. Jahrgang	300 h	III. Jahrgang	-
2017/18			IV. Jahrgang	150 h		
2018/19			V. Jahrgang	-		

8. Gleichhaltung von schulischen Ausbildungsabschlüssen mit facheinschlägigen Lehrabschlüssen

Entsprechend dem Erlass zur Gleichhaltung von schulischen Ausbildungsabschlüssen mit facheinschlägigen Lehrabschlüssen gemäß § 34a BAG (BMWFJ-33.800/0005-I/4/2012, vom 28. Februar 2013) sind Absolventinnen und Absolventen der Handelsschule, die ein Praktikum „praktische Bürotätigkeit" absolviert haben, einer ausgelernten Bürokauffrau bzw. einem ausgelernten Bürokaufmann gleichgestellt.

9. Weitere Informationen[8]

Arbeiterkammer: Arbeitnehmerveranlagung: www.arbeiterkammer.at/service/broschueren/SteuerundGeld/index.html

Gewerkschaft: www.ferienjob.or.at und www.jugend.gpa-djp.at

Praktikums-Checklisten: www.oesterreichisches-jugendportal.at

Bundesministerium für Familien und Jugend: www.bmfj.gv.at/ministerin/Aktuelles/Themen/Praktika-Check.html

Praxisportfolio: www.hak.cc/Ausbildung/Praktikum

Die Schulstandorte werden ersucht, Informationen zum Pflichtpraktikum auf ihren Websites zu veröffentlichen.

Mit gleicher Erledigung ergeht selbiger Erlass auch an alle kaufmännischen Schulen sowie als Kopie an die zuständige Schulaufsicht.

Wien, 15. Jänner 2015
Für die Bundesministerin:
OStR Mag. Katharina Kiss

Elektronisch gefertigt

[8] Stand: Jänner 2015

Seite 7 von 7 zu Geschäftszahl BMBF-23.025/0002-II/3/2015

Signaturwert	VsJJ3x6ZU+k3n7C9/7csnuUYvw/Ci2ZD5/q35UAtZZWQg38hJr+qxjdc4TJRms62DPCjtuZMIX/P+kZnnjUI9nJmqR XybKAJZ/+B0ofDWG2nXi5qF/T2S0sFGaFFrjgmy12zJbCwRoT54ak6iqDDj9TXPNxaCjnFgA2G70cs3aUdBvJEe9ol b12cj2nH39htETnzEqMPx96xn5bTFnsz+mVShGpC9FQmNBIXpT3LUA9iuqWWyEYrsZgSOMDe177nGa7Y314wh6Qsl /YwVXCPf9a+xyIsD9tYwCkGRFacLmZ0PcGMP80dgNdF8nxmaAjttYiNIF+W3gnIMaiBdYWXA==	
REPUBLIK ÖSTERREICH BUNDESMINISTERIUM FÜR BILDUNG UND FRAUEN @ AMTSSIGNATUR	Unterzeichner	Bundesministerium für Bildung und Frauen
	Datum/Zeit	2015-01-19T12:03:54+01:00
	Aussteller-Zertifikat	CN=a-sign-corporate-light-02,OU=a-sign-corporate-light-02,O=A-Trust Ges. f. Sicherheitssysteme im elektr. Datenverkehr GmbH,C=AT
	Serien-Nr.	1179688
	Hinweis	Dieses Dokument wurde amtssigniert
Prüfinformation	Informationen zur Prüfung der elektronischen Signatur finden Sie unter: http://www.signaturpruefung.gv.at Informationen zur Prüfung des Ausdrucks finden Sie unter: http://www.bmbf.gv.at/verifizierung	

Anhang 10) Historische Entwicklung der Karenzzeitenanrechnung

	Karenzbeginn vor dem 01.01.2012	Karenzbeginn ab dem 01.01.2012	Karenzbeginn ab dem 01.12.2017	Karenzbeginn ab dem 01.01.2019
Vorrückungen Altes System	keine Anrechnung	10 Monate für das 1. Kind		
Vorrückungen Neues System			bis zum 2. Geburtstag jedes Kindes (max. 22 Monate je Kind)	
Kündigungsfrist	10 Monate für 1. Karenzurlaub im Arbeitsverhältnis			bis zum 2. Geburtstag jedes Kindes (max. 22 Monate je Kind)
Dauer der Entgeltfortzahlung bei Krankheit				
Urlaubsausmaß				
Jubiläumsgeld				
Vordienstzeiten Altes System	keine Anrechnung	10 Monate für das 1. Kind		
Vordienstzeiten Neues System	max. 24 Monate (Kinderbetreuungszeiten)			

Für Geburten ab dem 1. August 2019 werden, gemäss der gesetzlichen Bestimmungen, Zeiten der Elternkarenz bis zum 2. Geburtstag des Kindes für alle dienstzeitabhängigen Ansprüche angerechnet. Die Anrechnung gilt zudem für jedes Kind.

Stichwortverzeichnis

A

B

E

F

G

H

I

Q

R

S

T

V